PORTISCH   JAHRE DES AUFBRUCHS
           JAHRE DES UMBRUCHS

Hugo Portisch

ÖSTERREICH II

Jahre des Aufbruchs
Jahre des Umbruchs

Kremayr & Scheriau

Dieses Werk basiert auf den Folgen 24–31
der Fernseh-Dokumentation „ÖSTERREICH II"
und wurde in Zusammenarbeit
mit dem ORF erstellt.

Die Kapitel des Buches sind chronologisch angeordnet
und anders gereiht als die Folgen der Fernsehserie.
Einzelne Kapitel tragen daher auch andere Titel als die TV-Folgen.

1. Auflage

© 1996 by Verlag Kremayr & Scheriau, Wien
Alle Rechte vorbehalten
Lektorat: Dr. Helga Zoglmann
Schutzumschlaggestaltung: Kurt Rendl
unter Verwendung eines Fotos der Presseagentur Votava, Wien
Grafische Gestaltung und Herstellung: Franz Hanns
Satz und Repro: Druckhaus Grasl
Druck und Bindung: Mladinska Knjiga, Ljubljana

ISBN 3-218-00611-2

INHALT

ZUM GELEIT	Eine Wende auch für Österreich	7
Kapitel 1	DIE WIEDERVEREINIGUNG ÖSTERREICHS	11

Was tun mit dem „Deutschen Eigentum"? · Der Proporz wird festgeschrieben · Die Welt, Europa mitgestalten · Eine Neutralität besonderer Art · Der Streit um das „Wiener Memorandum" · Aufstand in Ungarn · Sowjetpanzer gegen Budapest · Das Bundesheer erhält Schießbefehl · Vom Umgang mit der Erblast

Kapitel 2	ÖSTERREICHS WEG IN DIE WELT	65

Die SPÖ und die Kirche · Einigung über das Konkordat · Besuch im Weißen Haus · Die USA verletzen den Luftraum · Besuch im Kreml · Drei Atomreaktoren errichtet · Von der EXPO zum Zwanzgerhaus · Die Sprache der „Wiener Gruppe" · Eigene Flugzeuge, eigene Schiffe · Wettlauf im Weltraum

Kapitel 3	RINGEN UM DEN FRIEDEN	130

Gipfeltreffen in Wien · Die DDR mauert sich ein · Hart am Atomkrieg vorbei · Es geht um Südtirol · Die ersten Sprengstoffattentate · Südtirol kommt vor die UNO · Der Mailänder Prozeß · Das Paket und der Operationskalender · Österreicher in den Kongo · Olympia Innsbruck und WIG Wien · Karajan und der Opernskandal · Ein Mord in der Oper · Die Gastarbeiter kommen · Handschlag über den Gräbern

Kapitel 4	KRISENJAHRE	190

Der Fall Otto Habsburg · Die Reformer stürzen Gorbach · Der Fall Olah · Die Revolte von Fußach · Der Rundfunk-Skandal · Das erste Volksbegehren der Republik · Der Wiener Zeitungskrieg · Die Besetzung der „Kronen Zeitung" · Kennedy wird ermordet · Der Fall Borodajkewycz · Immer wieder – die NS-Verbrechen · Krach um die Biennale

Kapitel 5	DIE ERSTE ALLEINREGIERUNG	254

Abschied von den Gründervätern · Jonas wird Bundespräsident · Die ÖVP erringt die absolute Mehrheit · Erste Konfrontation: Rundfunkreform · Kreisky löst Pittermann ab · Der „Koren-Plan" und die Folgen

Kapitel 6	AUFRUHR UND UMBRUCH – 1968	282

Die Studentenrevolte · Der Wiener Aktionismus · Christiaan Barnard verpflanzt ein Herz · Der Prager Frühling · Die Invasion des Warschauer Pakts · Das Bundesheer erhält wieder Schießbefehl · Der „Panzerkommunismus" · Ein Geheimagent springt ab · Die „Einsatzzentrale Berg" · Die Regierung Klaus in Bedrängnis

Kapitel 7	DIE ÄRA KREISKY: DIE REFORMEN	330

Kreisky ist schneller · Die Überraschung: Eine Minderheitsregierung · Weichenstellungen auch in der Außenpolitik · Jonas besiegt Waldheim · Über die EFTA bis in die EU · Der Fall Karl Schranz · Kreiskys ORF-Gegenreform · Die hartumkämpfte Fristenlösung · Terroristen schlagen zu · Der Ortstafel-Konflikt

Kapitel 8	DIE ÄRA KREISKY: DIE KONFLIKTE	386

Überfall auf die OPEC · Die ersten Bürgerinitiativen · Wiens Bürgermeister tritt zurück · Der Einsturz der Reichsbrücke · Kirchschläger wird Bundespräsident · Schleinzer führt die ÖVP · Ein tragischer Tod · Kreisky holt sich einen Kronprinzen · Konflikt um den harten Schilling · Androsch muß gehen · Der Konflikt Kreisky–Wiesenthal · Der Kampf um die Arena · Zwentendorf scheidet die Geister · Volksabstimmung gegen die Atomkraft · Das Ende der Ära Kreisky

ANHANG	Das Projekt und seine Helfer	437	Personenregister	443
	Literatur	439	Bildnachweis	447

ZUM GELEIT

Eine Wende auch für Österreich

„Österreich II" war als Fernsehserie ein unerwartet großer Erfolg. 31 Folgen à 90 Minuten wurden ausgestrahlt, Millionen Zuschauer sahen sie. „Österreich II" ist ein einzigartiges Unternehmen geblieben, in keinem anderen Land der Welt wurde dessen jüngere Geschichte in dieser Form und Ausführlichkeit medial so aufgearbeitet. Viele tausend Filmdokumente – gesucht, gefunden und gesammelt praktisch auf der ganzen Welt – haben es ermöglicht, die geschichtlichen Ereignisse und die handelnden Personen auf den Bildschirmen wieder lebendig werden zu lassen, Geschichte zum Miterleben.

Und doch hat auch die filmische Darstellung im Fernsehen ihre Grenzen. Eine dieser Grenzen heißt Zeit. Ereignisse, ihre Ursachen und Auswirkungen lassen sich auch in 90 Minuten nur in Kurzform wiedergeben. Aber das „Österreich II"-Team hat um vieles mehr an Informationen, Bildern, Dokumenten, Aussagen von Zeitzeugen zusammengetragen, als in den Fernsehdokumentationen wiedergegeben werden konnte. Materialien, die es erlauben, auch die Hintergründe und Zusammenhänge der geschichtlichen Abläufe zu erkennen. Auch war ich bestrebt, in den Fernsehfolgen die Tatsachen möglichst allein für sich sprechen zu lassen, die Zuschauer sollten sich stets selbst ein Bild machen können von dem, was da war. Aber die Zuschauer haben auch das Recht zu erfahren, wie der Autor das, was gewesen ist, einschätzt, welche Meinung er dazu hat. Vor allem geht es auch darum, aus dem Geschehen von damals die Folgen für das Heute abzuleiten und mögliche Lehren für das Morgen zu ziehen.

So habe ich schon zu den ersten 23 Folgen von „Österreich II" zwei Begleitbücher verfaßt, die über die Inhalte der TV-Serie zum Teil weit hinausgehen, in denen ich vieles von den Hintergründen und Zusammenhängen unserer jüngeren Geschichte darlegen konnte. Auch hat das reichhaltige und vielfach bis dahin einer breiteren Öffentlichkeit noch unbekannte Fotomaterial einen zusätzlichen Einblick in diese Geschichte und auf die handelnden Personen erlaubt.

Der erste Band ist – wie die ersten 12 Folgen der Fernsehserie – allein den Ereignissen des Jahres 1945 gewidmet. Dementsprechend sein Titel „Die Wiedergeburt unseres Staates". Im zweiten Band werden jene dramatischen Jahre des Wiederaufbaus und des Ringens um den Staatsvertrag und damit um die endgültige Freiheit Österreichs geschildert, die in den Fernsehfolgen 13 bis 23 dokumentiert wurden. Dieser zweite Band erschien unter dem Titel „Der lange Weg zur Freiheit".

Sowohl was die Fernsehserie als auch was die Bücher betraf, wollten der ORF und auch ich es bei der Rekonstruktion dieser ersten zehn Jahre der Zweiten Republik bewenden lassen. Im Jahr 1955, als der damalige Außenminister Leopold Figl im Schloß Belvedere nach Unterzeichnung des Staatsvertrags begeistert ausrief „Österreich ist frei!", war die Zweite Republik eigentlich auch schon vollkommen eingerichtet. Sie hatte ihre Verfassung, ihr Rechtssystem, alle ihre Institutionen, das politische System wie die Wirtschaft und die Gesellschaft funktionierten auf ihre ganz spezifische Art und Weise. So wie sie 1945 und in den weiteren neun Jahren danach entstanden waren, so waren sie nun etabliert. Durch Reformen konnten sie verbessert, der Zeit angepaßt werden, aber – so schien es – im wesentlichen waren sie da, um weitgehend unverändert so zu bleiben: Die beiden großen politischen Parteien, die bürgerliche ÖVP, die sozialdemokratische SPÖ, die kleine, sich als Opposition verstehende FPÖ, das Regieren mit Hilfe der Parteizentralen der Kammern und des Gewerkschaftsbunds, die Sozialpartnerschaft als das eigentliche gesellschaftliche und wirtschaftliche Ausgleichsgetriebe, der allüberall immer noch verankerte Parteienproporz, die verstaatlichte Industrie als Tummelplatz parteipolitischer Interessen und Instrument zur Regelung des Arbeitsmarkts. Und da war natürlich auch die Neutralität, sie schien Österreich erstmals in seiner so harten und wechselvollen Geschichte, besonders in diesem Jahrhundert, Ruhe und Sicherheit zu garantieren: Österreich vom Westen wie vom Osten als jeweiligen Vorposten und Musterstaat gehegt und sogar geliebt. Österreich hatte im Vergleich zu seiner Einwohnerzahl den größten Brocken der Marshallplan-Hilfe erhalten, es war Gründungsmitglied der Vorläuferorganisation der Europäischen Gemeinschaften, der „Organisation für wirtschaftliche Zusammenarbeit in Europa", der OEEC, und der Nachfolgeorganisation OECD, es war Mitglied der UNO und des Europarates, es fand Unterschlupf bei der EFTA, aber gehörte zu den ersten, die die Assoziation mit der Europäischen Wirtschaftsgemeinschaft, der EWG, anstrebten und schließlich auch durchsetzten. Österreich hatte sein eigenes Wirtschaftswunder, das dem deutschen nur um wenig nachstand, und es konnte sich auch in der Weltpolitik als Vermittler und Gesprächsort anbieten. Es mußte der NATO nicht beitreten und konnte seine Verteidigung vernachlässigen, da es von der NATO ohnedies geschützt wurde, und konnte von dieser sicheren Position aus auch beste Kontakte zum Osten pflegen. Der Eiserne Vorhang entlang unserer Grenzen sperrte die anderen ein, nicht aber die Österreicher aus.

All das änderte sich schlagartig mit der Wende im Jahr 1989. Es dauerte einige Zeit, bis man das zu begreifen anfing. Plötzlich waren die Grenzen gegenüber dem Osten offen, Personen und Waren konnten passieren, Personen und Produkte begannen zu konkurrieren. Die Tschechen, die Slowaken, die Ungarn, die Rumänen, sie mußten nicht mehr den mühsamen Weg über einen neutralen Vermittler suchen, sie konnten über Österreich hinweg ihre Kontakte, ihren Handel direkt mit dem Westen herstellen. Auch die EWG hatte sich von einer fast ausschließlichen Zollunion zu einem weitgehend echten gemeinsamen Markt entwickelt, zu einer Union, die nun auf alle Lebensbereiche einzuwirken begann. All das hatte unmittelbare Auswirkungen auf Österreich. Es hatte sich nun einer doppelten, ja dreifachen Konkurrenz zu stellen: Als Wirtschaftsstandort mit höchstem sozialen Niveau war es mit den Billiglohnländern im Osten konfrontiert, seine Produkte mußten nun nicht nur mit Produkten konkurrieren, die der Westen im billigen Osten herstellen ließ, sondern auch schon mit den Produkten, die der billige Osten dem Westen anzubieten in der Lage war. Und fast gleichzeitig dazu setzte in Ost- und Südostasien jene rasante Wirtschaftsentwicklung ein, die noch mehr europäische Arbeitsplätze absaugte und noch billigere Angebote auf den Markt brachte. Auch politisch verlor Österreich seine Vorpostenrolle, es war nicht mehr der demokratisch-freiheitliche Flugzeugträger im roten Meer und auch nicht mehr der gesuchte, weil für alle Westtransaktionen leicht zugängliche Partner für den Osten. Ernüchterung auch in der Neutralitätsfrage: Die nun zugänglichen Aussagen östlicher Generalstäbler bestätigten, was man eigentlich immer schon hat wissen müssen, nämlich daß in der ersten Minute eines Kriegs zwischen Ost und West die Truppen des Warschauer Pakts die Grenzen Österreichs überschritten und ihre Eilmärsche in Richtung Bayern und Oberitalien angetreten hätten.

Aus all dem waren Konsequenzen zu ziehen. Die erste zog

Österreich mutig und mit erstaunlicher Eindeutigkeit: Mit einer Zwei-Drittel-Mehrheit stimmte die österreichische Wählerschaft dem Beitritt Österreichs zur Europäischen Union zu. Zur Aufgabe der Neutralität und zum Bekenntnis einer gesamteuropäischen Verteidigung konnte sich Österreich nicht so schnell entschließen, aber auch das stand nun zunehmend zur Debatte. Wie so vieles andere auch: Die verstaatlichte Industrie, sie konnte der neuen Konkurrenzlage weitgehend nicht standhalten, die vielgepriesene und über viele Jahre hinweg so notwendige Sozialpartnerschaft war von einer Opfergemeinschaft vielfach zu einer Lizitationsgemeinschaft geworden – „gibst du mir, so geb ich dir" –, hatte auf diese Weise Schutzzonen für die Wirtschaft und „wohlerworbene Rechte" für Beamte und Arbeitnehmer geschaffen. Die einen wie die anderen verhinderten Konkurrenzfähigkeit, die nun so dringend gebraucht wurde. Das Deficitspending des Staates, genaugenommen der Parteien, konnte nicht fortgesetzt werden. Wählerstimmen ließen sich nicht mehr kaufen mit dem Geld der Steuerzahler. Vom Gratisstudium über die Gratisschulbücher und Gratisschulfahrten bis zum zweiten bezahlten Karenzjahr, von der Kinderbeihilfe bis zum 27. Lebensjahr für Studenten, bis zur Frühfrühpension und was es da alles sonst noch gab und gibt, erwies sich als nicht mehr finanzierbar. Sparpakete wurden geknüpft und damit tiefe Einschnitte in die Wirtschaft und in das Leben fast jedes einzelnen Österreichers getätigt.

Nun war doch alles anders als vorher. Wir leben zwar weiterhin in der Zweiten Republik, also in „Österreich II", aber wir sind mit einer ganzen Reihe völlig neuer Probleme und Lebensumstände konfrontiert. Viele können nicht verstehen, was da passiert ist und wieso es so kommen konnte. Und doch waren die Ansätze dazu seit langem gegeben und sogar erkennbar. Waren die ersten zehn Jahre der Zweiten Republik geradezu ein Wunderwerk an Aufbauwillen, wirtschaftlichem Aufstieg und schwer erarbeitetem Wohlstand, so hatte man sich, auch infolge der für Österreich so überaus günstigen internationalen Entwicklung, zu lange auf diesen Leistungen und Errungenschaften ausgeruht.

Der 50. Geburtstag der Zweiten Republik im Jahr 1995 hätte ein glanzvolles Fest werden können. So aber stand er vielmehr im Zeichen des Erkennens von Versäumnissen, im Zeichen des scharfen Winds der Konkurrenz aus Ost wie aus West. Der ORF sah es als seine öffentlich-rechtliche Aufgabe an, sich dieser Problematik zu stellen. Was war geschehen seit jenem Tag, da der Staatsvertrag unterzeichnet wurde und die alliierten Truppen abgezogen waren? Welche politischen, wirtschaftlichen, kulturellen, gesellschaftlichen Entwicklungen und Veränderungen waren seither eingetreten? Wo liegen die Ursachen für das, was heute ist, welche Weichenstellungen haben dazu geführt, welche Personen haben sie veranlaßt und weshalb? „Österreich II" sollte versuchen, diese Fragen zu beantworten. Die Aufarbeitung der jüngsten österreichischen Geschichte für das Medium Fernsehen war weiterzuführen, in einer dritten Staffel.

Die Inhalte dieser dritten Staffel der Fernsehserie „Österreich II" liegen diesem Buch zugrunde. Sie wurden erweitert, Zusammenhänge und Hintergründe, Ursachen und Auswirkungen konnte ich in diesem Buch ausführlicher darstellen, als es in der Fernsehserie möglich war. Ein umfassendes Bildmaterial ergänzt die gezeigten Filmberichte und ladet den Beschauer zur genaueren Betrachtung dessen ein, was einmal war und wer es gewesen ist. Die Absicht dieses Buches ist die gleiche, die die Fernsehserie und die beiden ersten Bücher geleitet hat: Zu erkennen, woher wir kommen, um zu wissen, wo wir uns befinden, was uns helfen könnte, den künftigen Weg zu finden. Eine Absicht, nicht mehr.

Hugo Portisch

DIE WIEDERVEREINIGUNG ÖSTERREICHS

An der Jahreswende 1955/56 haben wir es mit einem anderen Österreich zu tun als mit jenem der zehn Jahre, die zwischen dem Kriegsende und dem Abschluß des österreichischen Staatsvertrags lagen. Der Vertrag ist unterzeichnet, die alliierten Truppen sind abgezogen, Österreich hat sich zur Neutralität bekannt. Die Sowjets haben das Original des Staatsvertrags mitgenommen: Geschichts- und prestigebewußt, wie sie sind, soll das einzige Original in Moskau aufbewahrt werden. So als hätte Österreich diesen Vertrag nur der Sowjetunion zu verdanken. Daß dem nicht so ist und daß gerade die sowjetische Besatzung Österreich mehr belastet hat als die der westlichen Alliierten, läßt sich mit einem Blick auf das von den Sowjets hinterlassene Erbe leicht erkennen. Es dauert eine Weile, ehe die Österreicher statistisch alles erfaßt haben, was da in der ehemaligen sowjetischen Zone zurückgeblieben ist: an die 400 Industrie- und Handelsbetriebe, 110 000 Hektar landwirtschaftliche Nutzfläche, dazu die Erdölfelder rund um Zistersdorf und Matzen sowie die Donaudampfschiffahrtsgesellschaft – sie alle waren von der Sowjetunion als Deutsches Eigentum zuerst beschlagnahmt, dann in Besitz genommen worden. Rund zehn Jahre lang wurden sie als sowjetische Betriebe geführt. Nun hat Österreich sie von der Sowjetunion gekauft, für 150 Millionen Dollar und Lieferungen von 10 Millionen Tonnen Erdöl plus 2 Millionen Dollar zusätzlich für die DDSG.

Man würde meinen, dies sei preisgünstig. Ja und nein; ja, in Anbetracht der Vielzahl der Betriebe und der noch vermuteten Erdöl- und Erdgasreserven; nein, wenn man bedenkt, daß ein Großteil dieser Betriebe und insbesondere die Erdölfelder in Wirklichkeit zumindest mehrheitlich österreichisches Eigentum waren, das aber während der Annexion Österreichs durch Hitler-Deutschland zu Deutschem Eigentum geworden war. Nein auch, wenn man sich den Zustand der meisten dieser Betriebe näher ansieht. Ihr Maschinenpark stammt noch aus der Vorkriegs- oder Kriegszeit und ist in den zehn Jahren sowjetischer Verwaltung nicht erneuert worden. Nur wenige dieser Betriebe sind daher wirtschaftlich, das heißt mit Gewinn zu führen. Bei vielen zahlt sich eine Erneuerung nicht mehr aus, und allesamt sind sie kaum westlicher, auch westösterreichischer, Konkurrenz gewachsen. Selbst die Erdölfelder gleichen zum Teil einer Mondlandschaft: Die Sowjets haben hier die Bohrtürme und Förderanlagen mit überschweren Kettenfahrzeugen jahrelang querfeldein gezogen, ohne die dadurch entstandenen Bodenschäden je zu beheben.

Aber es geht nicht nur um dieses zurückgekaufte Deutsche Eigentum: Die gesamte bisherige sowjetische Besatzungszone ist wirtschaftlich unterentwickelt, ein Gutteil der Bausubstanz in den Städten und Dörfern ist renovierungsbedürftig, wenn nicht gar verfallen. Daran sind nicht die Sowjets schuld. Man hat in diesen zehn Besatzungsjahren nur viel weniger in dieser Zone investiert, denn bis in die allerjüngste Zeit hat man dem Frieden nicht getraut, hat befürchtet, es könnte auch in Österreich noch zu einer Teilung des Landes kommen, so wie Deutschland geteilt worden ist. Gründe zu dieser Befürchtung hatte man genug: zuerst die kommunistischen Machtergreifungen in Ungarn, in der Tschechoslowakei und in der

Sowjetzone Deutschlands, die Berliner Blockade, der Krieg in Korea. Erst der Tod Stalins im Jahr 1953 brachte eine Wende, brachte nach und nach Entspannung und damit wieder Vertrauen in eine bessere Zukunft, auch in Ostösterreich. Doch das Jahr 1953 liegt nun erst eine kurze Spanne Zeit zurück, viel zu kurz, um in Österreichs Ostzone schon eine wirtschaftliche Erholung eingeleitet zu haben. Die kann erst jetzt in Angriff genommen werden.

So tritt das von Besatzung und alliierter Bevormundung befreite Österreich seinen neuen, unabhängigen Weg gleich mit einer doppelten Belastung an: Es muß die hohen Ablösen für das Deutsche Eigentum an die Sowjetunion bezahlen, und es hat gleichzeitig die abgelösten Betriebe wie überhaupt die gesamte Ostzone zu sanieren, sie auf den in Westösterreich bereits erreichten Standard anzuheben.

Aber wie so oft in jenen Jahren tragen glückliche Umstände wesentlich zur Bewältigung dieser Aufgaben bei. So erklärt sich die Sowjetunion bereit, die Ablösesumme von 150 Millionen Dollar in Warenlieferungen entgegenzunehmen. Das heißt, viele der bisherigen Betriebe der USIA – unter dieser Abkürzung war die sowjetische Verwaltung dieser Betriebe bekannt – können mit ihren veralteten Maschinen weiter produzieren, und wenn die erzeugten Produkte auch nicht ganz westlichem Standard entsprechen, so werden sie von der Sowjetunion doch abgenommen, denn auch bisher waren diese Produkte in die Sowjetunion geliefert worden. Dieser Umstand ermöglicht es nun, die Produktion aufrechtzuerhalten und damit auch die Arbeitsplätze zu sichern. Aber nun müßten die Steuerzahler in ganz Österreich für den weiteren Betrieb und für die allfällige Neuausstattung dieser Fabriken aufkommen. Doch da gibt es noch den Marshallplan, genauer – es gibt die sogenannten ERP-Konten, die aus dem Marshallplan stammen.

Zur Erinnerung: Die USA hatten sich 1947 bereit erklärt, wesentlich zum Wiederaufbau des kriegszerstörten Europa beizutragen – mit dem Plan, der schließlich den Namen des damaligen US-Außenministers George Marshall tragen wird. Der Plan sah vor, daß die USA Hilfsgüter aller Art, von landwirtschaftlichen Produkten bis zu Industrieausrüstungen und Transportmitteln, den Europäern kostenlos zur Verfügung stellen, was eben zum Wiederaufbau gebraucht wurde. Diese Güter wurden in den Ländern, denen der Marshallplan zugute kam, in der jeweiligen Landeswährung verkauft. Die solcherart eingenommenen Gelder kamen auf besondere Konten, die gemäß der offiziellen Bezeichnung des Marshallplans – European Recovery Program – ERP-Konten genannt wurden. Diese ERP-Konten waren zwar bei den jeweiligen nationalen Banken angesiedelt, aber nicht so ohne weiteres für die Regierungen verfügbar. Denn die USA wollten einerseits verhindern, daß diese Gelder „aufgegessen" oder zu Budgetsanierungen verwendet würden, andererseits konnten sie mit diesen Geldern immer auch noch politischen Druck auf die Regierungen ausüben, falls sie diesen für notwendig hielten. Die Regierungen hatten also, wollten sie ERP-Gelder in Anspruch nehmen, entsprechend begründete Ansuchen an die amerikanischen Kontrollorgane zu stellen.

Das tut nun auch die österreichische Bundesregierung, um solche ERP-Gelder für die Sanierung der Ostzone einsetzen zu können. 122,5 Millionen Schilling – das entspricht in den neunziger Jahren einer Kaufkraft von mehr als einer Milliarde Schilling – holt sie sich aus dem ERP-Konto, um sie in die USIA-Betriebe und in das Kohlenbergwerk Grünbach zu stecken. In einer Aktion ähnlich dem Marshallplan liefern die USA auf Ersuchen der österreichischen Regierung landwirtschaftliche Überschußgüter und Nahrungsmittel, deren Gegenwert von 580 Millionen Schilling Österreich als ein langfristiger Kredit zur Verfügung steht. Auch diese Gelder fließen großteils in die Ostzone. Und da dies alles noch zuwenig ist, behebt die Regierung bald darauf weitere 700 Millionen Schilling aus dem ERP-Konto sowie 350 Millionen Schilling Gegenwertmittel aus einem zweiten Überschußgüterabkommen mit den USA. Im ersten Jahr der vollen Freiheit fließen daher allein an Counterpartmitteln aus amerikanischen Hilfsgütersendungen 1,75 Milliarden Schilling in die österreichische Wirtschaft. Der Löwenanteil davon wird zur Sanierung der Ostzone aufgewendet. Eine Art zweiter Marshallplan, der für die Ostzone Österreichs nachholt, was ihr während der Besatzungszeit entgangen ist.

Wir haben es hier mit einem Vorgang zu tun, den man im Jargon der neunziger Jahre wohl als „Wiedervereinigung Österreichs" bezeichnen könnte. Die Kluft zwischen West- und Ostösterreich ist natürlich in den fünfziger Jahren nicht so groß, wie sie Anfang der neunziger Jahre zwischen West- und Ostdeutschland gewesen ist, aber immerhin groß genug, um gewaltige Anstrengungen zum Ausgleich dieses Gefälles nötig zu machen. Und es dauert auch viele Jahre, bis dieser Ausgleich vollendet ist, bis die Städte und Dörfer in Niederösterreich, im Burgenland und im Mühlviertel so schmuck aussehen wie jene in Salzburg oder Tirol, bis die Menschen in Niederösterreich auch den Standard der Kärntner und Vorarlberger erreicht haben, bis die verfallenen Schlösser vor dem Ruin bewahrt, wieder hergerichtet und einem gemeinnützigen Zweck zugeführt sind, bis die Straßen Niederösterreichs, des Burgenlands und des Mühlviertels die Qualität der Straßen Westösterreichs aufweisen. Das gilt im übrigen auch weitgehend für Wien. Denn auch hier gab es den sowjetischen Sektor, und auch in Wien wurde wegen der Präsenz der Sowjettruppen verhältnismäßig wenig investiert. Die Wiedervereinigung Österreichs ging vermutlich langsamer vor sich als in den neunziger Jahren die Wiedervereinigung Deutschlands. Aber diese langsamere Gangart, die Tatsache, daß die bisherigen Sowjetbetriebe ihre im Westen kaum konkurrenzfähigen Waren weiterhin in den Ostblock liefern konnten und daß die österreichische Regierung dafür nicht nur österreichische, sondern auch amerikanische Steuergelder aufwenden konnte, all das trug wesentlich dazu bei, daß die österreichische Wiedervereinigung sanfter verlief als die deutsche.

Was tun mit dem „Deutschen Eigentum"?

Die österreichische Bundesregierung macht sich, wie man sieht, die alten, jahrelang gewachsenen Beziehungen zu den bisherigen Besatzungsmächten zunutze. Vor allem jene mit den USA, woher ein Großteil der benötigten Wirtschafts- und Finanzhilfe kam, aber sie setzt auch das seit Stalins Tod stetig verbesserte Verhältnis zur Sowjetunion, ja das fast freundschaftliche Vertrauen der Sowjetführung unter Nikita Chruschtschow zu Bundeskanzler Julius Raab ein, um Moskau zu einer Reduzierung der im Staatsvertrag festgelegten Ablöselieferungen zu bewegen. Wir werden sehen, daß die Österreicher und auch Julius Raab selbst dabei nicht zimperlich sind, der jeweils umworbenen Seite, den USA wie der Sowjetunion, mit großer Verneigung zu danken. Das spüren wir deutlich etwa aus der Erklärung Julius Raabs, mit der er den 580-Millionen-Schilling-Kredit aus dem Verkauf amerikanischer Überschußgüter am 7. Februar 1956 quittiert: „Im Werte von 580 Millionen Schilling wird Österreich aus den USA Nahrungsmittel und andere landwirtschaftliche Güter beziehen können, ohne dafür aus dem Devisenschatz der Nationalbank auch nur einen einzigen Dollar abzweigen zu müssen ... Da aus dem Verkauf der importierten Güter noch in diesem Jahr der Schillinggegenwert auf ein Konto des Bundes einfließt, werden beträchtliche Mittel zur Verfügung stehen, aus denen wir langfristige Investitionsdarlehen an die Wirtschaft gewähren können. Mit besonderer Freude und großer Genugtuung kann ich berichten, daß die amerikanischen Stellen meinen Wunsch gebilligt haben, daß die Kredite in erster Linie zum Wiederaufbau der Wirtschaft von Wien, Niederösterreich, Burgenland und Oberösterreich nördlich der Donau verwendet werden. Die Vertreter der USA haben Verständnis dafür gezeigt, daß die Investitionsprobleme in den von den Russen seinerzeit besetzten Gebieten vordringlich gelöst werden müssen. Wenn es zur Zeit der Besatzung nur im beschränkten Maße möglich war, ERP-Aufbaukredite an Betriebe dieser besonders betroffenen Bundesländer zu gewähren, so wird dies nun durch diese Aktion – wenigstens zum Teil – nachgeholt." Und in seinem Schlußsatz bekennt sich Raab noch einmal zur politischen Zielsetzung des Marshallplans: „Ich möchte feststellen, daß ich in offiziellen Erklärungen es nie versäumt habe zu betonen, daß ohne Hilfe der USA, die Europa erhalten hat, dieser alte Kontinent dem Kommunismus verfallen wäre." Es wird noch ausführlich darüber zu berichten sein, was Raab an die Adresse der Sowjetführung zu sagen hat, wenn er zwei Jahre später an der Spitze einer Regierungsdelegation in Moskau um Reduzierung der Ablöselieferungen ansucht.

Das Geld, zumindest für den Anfang der Sanierung Ostösterreichs, wäre nun da. Aber jetzt geht es um die Frage, was letztlich mit diesen Betrieben, vor allem mit den Erdölfeldern geschehen soll. Die Sowjetunion hat dies alles ja als ihr Staatseigentum betrachtet und hat dieses Eigentum an die Republik Österreich verkauft. Geknüpft an einige politische Bedingungen: Die Erdölfelder und Ölschürfkonzessionen dürfen nicht in ausländisches Eigentum übergehen, und das übrige ehemals Deutsche Eigentum (ausgenommen Vermögenschaften, die erzieherischen, kulturellen, karitativen und religiösen Zwecken dienen, sowie persönliches Kleineigentum, dessen Wertobergrenze schließlich mit 260 000 Schilling festgelegt wird) darf nicht mehr an die früheren deutschen Eigentümer oder andere deutsche Personen übertragen werden. Aber es ist der Bundesregierung nicht untersagt, diese nun im Staatseigentum befindlichen Objekte österreichischen Privatpersonen zu verkaufen, sie Genossenschaften oder Aktiengesellschaften zu übertragen. An dieser Frage scheiden sich nun die Geister: Die ÖVP setzt sich für eine weitgehende Privatisierung des Deutschen Eigentums aus Sowjetbesitz ein. Die SPÖ will ihrer damaligen Ideologie treu bleiben, die noch im Marxismus wurzelt und deren Ziel eine möglichst umfassende Verstaatlichung der Produktionsmittel und Bodenschätze ist. Privateigentümer sind in den Augen der Sozialisten noch immer Kapitalisten. Und dem Kapitalismus ist zu mißtrauen, nur über das Staatseigentum ließe sich das Volksvermögen gerecht, zum Wohle aller, einsetzen. In erster Linie geht es dabei um den großen Bereich Erdöl, um die erschlossenen Felder und die zu erschließenden Fördergebiete, um die noch in der Erde schlummernden Reserven an Öl und Erdgas, aber auch um die dazugehörenden Raffinerie- und Tankstellenkapazitäten.

ÖVP und SPÖ sitzen nun schon elf Jahre in einer Koalitionsregierung beisammen. Gemeinsam verfügen sie im Parlament über 147 von 165 Abgeordneten, vom Rest entfallen 14 Abgeordnete auf die FPÖ und 4 auf die Kommunisten. Die große Koalition ist also wirklich groß, fast übermächtig. Streit wird daher auch selten mit der Opposition ausgetragen, die in jedem Fall machtlos bleibt, wirklichen Streit (auch mit entsprechenden Konsequenzen) gibt es zwischen den beiden Koalitionsparteien. Wir werden noch sehen, wie die Mechanismen zur Konfliktbereinigung zwischen den Großkoalitionären normalerweise funktionieren. Aber es gibt Probleme, wo diese Mechanismen nicht mehr funktionieren. Das hängt nicht unbedingt

Man sieht sie selten allein, den Bundeskanzler Julius Raab und den Vizekanzler Adolf Schärf. Die zwei Männer stehen symbolisch für die große Koalition von ÖVP und SPÖ, die Österreich 21 Jahre lang regiert, auch wenn die Personen an der Spitze mit der Zeit wechseln.

nur vom Problem als solchem ab, da spielt oft auch anderes mit. So auch an jener Wende von 1955 auf 1956.

Schon unmittelbar nach Abzug der letzten Besatzungstruppen, im Herbst 1955, drängt ein Teil der ÖVP-Spitze auf Neuwahlen. Regulär würde die Legislaturperiode dieser Regierung bis zum Jahr 1957 dauern. Aber man glaubt, gute Gründe zu haben, auf Neuwahlen zu drängen: Für Österreich sei mit Abzug der Besatzungstruppen ein neues Zeitalter angebrochen, eines, in dem es nicht mehr unbedingt notwendig sei, stets eine geschlossene Front gegenüber den Besatzungsmächten zu bewahren, Einigkeit um jeden Preis zu demonstrieren. Jetzt gelte es, das Haus Österreich neu einzurichten. Es liegt nahe, daß jede der beiden großen Parteien dies nach ihren eigenen weltanschaulichen Vorstellungen tun will. Also gilt es für jede der beiden Großen, eine möglichst klare Mehrheit zu gewinnen, um eben ihr Konzept durchsetzen zu können. Dabei rechnet man sich in der ÖVP die besseren Chancen aus. Der Zeitpunkt scheint besonders günstig: Gilt doch Julius Raab als der Kanzler, der den Staatsvertrag heimgebracht hat, und ist es doch Leopold Figl, der als Außenminister in der Schlußphase der Staatsvertragsverhandlungen hohe Popularitätswerte dazugewonnen hat. Die Bevölkerung werde dies honorieren, so meint man in der ÖVP. Aber ihr Obmann, Julius Raab, ist da nicht so sicher. Er erinnert daran, daß Winston Churchill England im Krieg zum Sieg geführt hatte und daher mit den höchsten Popularitätswerten rechnen konnte, dennoch wurde er bei der ersten Wahl nach dem Krieg abgewählt, machte die Labour Party das Rennen. So gibt es im Herbst 1955 keine Neuwahlen. Aber Anfang 1956 stehen

Im Mittelpunkt des Wahlkampfs 1956 steht die Frage, was mit den von den Sowjets geräumten Erdölfeldern und Industrien geschehen soll. Die SPÖ tritt dafür ein, sie als Staatsbetriebe weiterzuführen, die ÖVP will sie zumindest teilweise privatisieren. In der Wahlpropaganda bezichtigt die ÖVP die SPÖ, den Weg Moskaus gehen zu wollen (links). Die FPÖ sagt auf ihren Wahlplakaten deutlich, was sie gerne möchte: einen Keil in die große Koalition treiben, um diese und den mit ihr verbundenen Proporz aufzubrechen (unten).

die Entscheidungen um die Zukunft des Deutschen Eigentums an. Und da prallen die gegensätzlichen Auffassungen von ÖVP und SPÖ so hart aufeinander, daß in beiden Parteien der Entschluß reift, in dieser Frage – und nicht nur in dieser – das Volk entscheiden zu lassen. Also Neuwahlen auszuschreiben. Sie werden für den 13. Mai angesetzt.

In den Mittelpunkt des Wahlkampfs stellen beide Parteien die Frage, deretwegen die Koalition auseinandergegangen ist: Was geschieht mit den Erdölfeldern, was mit den anderen verstaatlichten Betrieben, und zwar nicht nur mit denen, die man aus dem Sowjetbesitz übernommen hat, auch mit jenen, die schon vorher verstaatlicht waren. Zur Erklärung bedarf es auch da eines kurzen Rückblicks: 1946 wurde es klar, daß die Sowjetunion die von ihr beschlagnahmten Erdölfelder und Betriebe nicht oder nicht so bald wieder freigeben würde, da sie doch nicht österreichisches, sondern – nach sowjetischer Interpretation – Deutsches Eigentum wären. Da ließ sich die österreichische Regierung rasch etwas einfallen: Wenn der Nationalrat alles, was da eventuell als Deutsches Eigentum angesprochen werden könnte, mit einem Schlag verstaatlicht, dann wäre dies alles österreichisches Staatseigentum. Ein marxistischer Staat wie die Sowjetunion müßte dies doch respektieren, Staatseigentum müßte für die Sowjets unantastbar sein. So versuchte man es: 1946 wurde ein Verstaatlichungsgesetz beschlossen, das die wichtigsten der von den

Auf den Wahlplakaten der SPÖ wird die ÖVP als schwarzer Mann dargestellt, der dem Volk, indem er Bohrturm und Kanister fortträgt, dessen Eigentum stiehlt (rechts). Beide Parteien greifen mit ihrer Propaganda auf alte und, wie sie meinen, bewährte Muster zurück: Der schwarze Mann war im letzten Wahlkampf schon als „Rentenklau" unterwegs.

Sowjets beanspruchten Betriebe und insbesondere die Erdölfelder in das Eigentum der Republik Österreich überführte. Doch nicht nur diese. Man konnte ja kein Gesetz nur für die Sowjetzone beschließen, verstaatlicht wurde auch alles, was in West- und Südösterreich in die gleiche Kategorie fiel. So etwa auch die sogenannten Reichswerke Hermann Göring in Linz, die spätere VÖEST, und vieles mehr. Genutzt hat dieses Gesetz nur teilweise: Die Sowjets scherten sich nicht darum, die Westalliierten aber übergaben noch im Lauf des Jahres 1946 das meiste von ihnen beschlagnahmte Deutsche Eigentum den Österreichern zu treuen Händen.

Jetzt aber, 1956, erhebt sich die Frage, ob nun alles, was damals in einer Art Notwehraktion verstaatlicht worden ist, nun auch verstaatlicht bleiben soll. Die SPÖ sagt ja, zumindest die großen Betriebe und die Bodenschätze, die ÖVP tritt im Prinzip für Privateigentum ein und will den verstaatlichten Wirtschaftssektor einschränken. Vor allem auch, weil die verstaatlichte Industrie bislang zum Regierungsbereich der Sozialisten gehörte, deren zuständiger Minister, Karl Waldbrunner, damit über einen so entscheidenden Teil der österreichischen Wirtschaft zu befinden hat, daß die ÖVP ihn beschuldigt, daraus bereits ein eigenes „Königreich Waldbrunner" gemacht zu haben. Eines ist allerdings auch allen klar: Es gibt in Österreich, wenn überhaupt, nur sehr wenige Unternehmer, die über ausreichend Kapital verfügen, um die größeren Betriebe aus diesem Königreich er-

Der Vorsitzende der SPÖ und Vizekanzler Adolf Schärf gibt seine Stimme ab. Aber auch die Wahl 1956 wird die Kräfteverhältnisse zwischen den beiden Großparteien nicht ändern. Die ÖVP bleibt mandatsstärkste Partei, die SPÖ muß sich erneut mit dem zweiten Platz zufriedengeben. Versuche, aus dieser Koalitionsehe auszubrechen, scheitern.

werben zu können. Also denkt man in der ÖVP über eine andere Möglichkeit der Privatisierung nach. Der damalige ÖVP-Staatssekretär im Finanzministerium, Hermann Withalm, propagiert die Idee einer Auflage von Volksaktien. Jedermann sollte in der Lage sein, ein Stück der Industrien und Bodenschätze Österreichs zu besitzen – indem man diese Betriebe und Güter zu Aktiengesellschaften umwandelt und ihre Aktien in kleinen Stückelungen auf den Markt bringt. Aber natürlich wünscht man nicht, daß nun Tausende Kleinaktionäre Einfluß auf die Betriebsführung nehmen, daher sollte ein guter Teil dieser Aktien nicht mit Stimmberechtigung verbunden sein, lediglich den Anspruch auf Besitz und Dividende dokumentieren. Man nennt sie Volksaktie, weil man hofft, daß sie von vielen Österreichern erworben wird und man solcherart bisherige lohnabhängige Arbeitnehmer zur besitzenden Klasse aufsteigen lassen könnte.

Withalm erklärt in einem Wahlwerbefilm das Anliegen der ÖVP: „Das Entstehen der großen Industrien im 19. Jahrhundert hat große Menschenmassen zu besitzlosen Proletariern gemacht. Der Sozialismus hat daraus die Forderung abgeleitet, alle Produktionsmittel zu enteignen. Ein Blick in die Oststaaten lehrt, daß dadurch die Lage des Arbeiters aber nur verschlechtert wird. Wir sind dafür, daß der Arbeiter Eigentum an Produktionsmitteln erwirbt." Die Volksaktie sei der Weg dazu. Anders die Sozialisten: Ihr Denken wird stark beeinflußt von den Erfahrungen der zwanziger und dreißiger Jahre. Es sind Erfahrungen mit einem Kapitalismus, der rücksichtslos allein auf Profitmaximierung aus ist, wenig bis keine Rücksicht auf die Menschen nimmt und dessen Proponenten oft nicht in Österreich, sondern irgendwo in den Hauptquartieren multinationaler Konzerne sitzen.

Das Konzept ist gescheitert

Insbesondere der Vorsitzende der SPÖ, Vizekanzler Adolf Schärf, will Einflüsse solcher internationaler Konzerne von Österreich fernhalten. In diesem Denken wird er von Karl Waldbrunner kräftig unterstützt. Der Idee der ÖVP, die Privatisierung durch Volksaktien durchzuführen, mißtraut die SPÖ. Wird dem Prinzip der Privatisierung zugestimmt, so würden sich doch auch große Bewerber ein-

Siegesstimmung bei der ÖVP. Von rechts nach links: Generalsekretär Alfred Maleta, der spätere Handelsminister Fritz Bock, Bundeskanzler Julius Raab, Finanzminister Reinhard Kamitz, Außenminister Leopold Figl, Unterrichtsminister Heinrich Drimmel, ÖVP-Geschäftsführer Josef Scheidl, im Hintergrund der Generalsekretär des Wirtschaftsbunds Fritz Eckert.

finden, und da es im eigenen Land wenig Kapital gibt, werde es internationales Kapital sein, das sich hier festsetzt. Und gegen dieses hätten es die Gewerkschaften schwer, sich durchzusetzen. Auch hieße das den Verlust parteipolitischer Kontrolle über diese wenigen, aber großen Sektoren der Wirtschaft. Die Auseinandersetzung um diese Frage wird von beiden Seiten sehr hart geführt, beide glauben, daß dies die zentrale Frage der Zukunft der österreichischen Wirtschaft ist.

Die Wahlen am 13. Mai 1956 bringen das von der ÖVP erhoffte Ergebnis: 82 Mandate sprechen ihr die Wähler zu, das sind um 8 mehr als bisher. Die SPÖ verliert zwar nicht, aber sie kann ihren Mandatsstand nur um ein Mandat erweitern, von 73 auf 74. Woher diese Mandate kommen, ist aus dem Ergebnis leicht abzulesen: Die großen Verlierer dieser Wahl sind die Freiheitlichen, sie schrumpfen von 14 auf 6 Mandate, die verlorenen 8 Mandate sind offenbar der ÖVP zugute gekommen. Und die Kommunisten, die es damals noch im Parlament gibt, haben von ihren bisherigen 4 Mandaten eines an die SPÖ abgegeben, immerhin sitzen sie noch mit drei Abgeordneten im Nationalrat.

Man würde meinen, daß ein derart eindeutiges Wahlergebnis nun die Position der ÖVP in einem Maße stärkt, daß diese ihre Vorstellungen von der Umgestaltung der Wirtschaft durchsetzen könnte. Und so scheint es auch zu sein: Der ÖVP fehlt ein einziges Mandat zur absoluten Mehrheit, allein kann sie also nicht regieren. Eine kleine Koalition mit der FPÖ kommt für sie aus mehreren Gründen nicht in Frage: Der amtierende Bundespräsident Theodor

Körner hatte sich schon einmal – bei der letzten Wahl – vehement gegen die Aufnahme von FPÖ-Ministern in die Regierung gewehrt, er würde auch jetzt eine kleine Koalition mit der FPÖ nicht zulassen; auch hat die FPÖ ja gerade bei dieser Wahl schwer verloren, die Hereinnahme einer Verliererpartei in die Regierung würde also auch der Öffentlichkeit kaum verständlich zu machen sein. Außerdem: Bis vor kurzem hieß die FPÖ noch „Verband der Unabhängigen", kurz VdU. Als VdU war die Partei von Herbert Kraus und Viktor Reimann gegründet worden (siehe Österreich II, 2. Band: „Der lange Weg zur Freiheit"). Kraus und Reimann wollten mit der Partei ehemalige Nationalsozialisten auf den Weg der Demokratie führen, sie solcherart wieder in das normale politische Leben eingliedern. Doch das Experiment war gescheitert: Innerhalb des VdU setzen sich, nach anfänglichen Wahlerfolgen, wieder Rechtsnationale und zum Teil ganz offen nazistische Elemente durch, für die Österreich weiterhin ein deutsches Land ist, das eines Tages wohl wieder zu Deutschland gehören müßte, für die der Anschluß 1938 eine historische Notwendigkeit und Großtat war und die die Niederlage des Dritten Reichs und damit Hitlers bedauern. Kraus und Reimann treten aus dem VdU aus, die neuen Elemente dort verwandeln den VdU in die FPÖ, die Freiheitliche Partei Österreichs. All diese Vorgänge sind Ursache der schweren Wahlniederlage der FPÖ. Bemerkenswert: Offenbar lehnt ein großer Teil der Wähler des früheren VdU die neue alte Richtung ab. Aber auch schon aus diesem Grund kommt die FPÖ als Koalitionspartner 1956 für niemanden in Frage.

So sitzen sie also wieder beisammen, die Spitzenpolitiker der ÖVP und der SPÖ, und verhandeln über die Grundlagen für eine Neuauflage der großen Koalition. Raab kann da als strahlender Sieger auftreten, und er tut es auch. Für ihn und seine Unterhändler geht es darum, das Hauptziel der ÖVP aus dem vergangenen Wahlkampf zu erreichen – die Zerschlagung des Königreichs Waldbrunner. Aber am Ende der langwierigen Koalitionsverhandlungen steht zwar das Ende des Königreichs Waldbrunner, aber nicht dessen Zerschlagung: Der große Komplex der verstaatlichten Industrie wird dem Minister Waldbrunner abgenommen und der Kompetenz des Bundeskanzleramts unterstellt, nicht jedoch aufgelöst. Und auch im Verlauf der nächsten Jahre werden nur sehr bescheidene Privatisierungen vorgenommen. Statt dessen wird die sogenannte Industrie- und Bergbauverwaltungsgesellschaft m. b. H. gegründet, IBV, und an ihre Spitze Hans Igler berufen. Igler, jung, dynamisch, ein enger Vertrauter Raabs im ERP-Büro, soll nun dafür sorgen, daß die verstaatlichte Industrie aus der parteipolitischen Umklammerung befreit, wenn geht privatisiert, aber auf jeden Fall nach privatwirtschaftlichen Grundsätzen geführt werden soll. Igler, heute danach befragt, was er von der damaligen Zielsetzung verwirklichen konnte: „Die drei Grundsatzthesen waren: Privatisierung, Abbau des politischen Proporzes innerhalb der verstaatlichten Industrie und Flexibilität am Markt. Dieses Konzept ist schlicht und einfach, das muß man sagen, gescheitert." In diesem Satz steckt mehr als die Beurteilung einer bereits lange zurückliegenden Episode. Dieser Satz umschreibt das Schicksal der verstaatlichten Industrie in Österreich von damals bis in die neunziger Jahre und damit auch einen Gutteil der wirtschaftlichen und politischen Entwicklung, ja auch der Finanzgebarung dieser Republik in den vier Jahrzehnten, die dem Staatsvertrag gefolgt sind.

Denn was ist damals geschehen? Die ÖVP hat die Wahlen 1956 gewonnen, aber die SPÖ ist fest entschlossen, ihren Teil der Kontrolle über die ihr bis dahin unterstellten Sektoren der Politik und der Wirtschaft nicht aufzugeben. Und, das bestätigen Zeugen der damaligen Verhandlungen, der ÖVP ist das letztlich recht: Auch sie weiß einen gesicherten Besitzstand zu schätzen. Wahlergebnisse sollen freilich honoriert werden, indem je nach Mandatsverteilung entsprechende Teile des Besitzstandes einer Partei an die andere abzutreten sind. Der politische Stil aber wird nicht mehr geändert. Reformen, wenn überhaupt, können sich nur innerhalb dieser festgelegten und bald verkrusteten Strukturen bewegen.

Der Proporz wird festgeschrieben

Es waren die ersten Wahlen nach Abzug der Besatzungsmächte, die ersten Wahlen in einem nun endgültig freien, unabhängigen Österreich. Die Parteien, die Regierung – sie könnten jetzt einen völlig neuen politischen Stil finden, neue Wege im Parlamentarismus, im Wechselspiel der gesellschaftlichen, wirtschaftlichen und kulturellen Kräfte einschlagen. Sie tun es nicht. Im Gegenteil, was sich bisher eher unter dem Druck der Besatzungsmächte und den Notwendigkeiten eines opfervollen Wiederaufbaus ergeben hat, das wird jetzt unveränderbar festgeschrieben. Am Ende der Verhandlungen über die Regierungsbildung steht ein Koalitionsabkommen, in dem es wörtlich heißt: „Im Verhältnis zwischen Österreichischer Volkspartei und Sozialistischer Partei Österreichs gilt grundsätzlich der bei den Wahlen vom 13. Mai 1956 erzielte Proporz. Dieser Proporz ist insgesamt bei den Vorschlägen für die Leitungsfunktionen bei den verstaatlichten Unternehmungen anzuwenden. Dies gilt auch für die Besetzung der Aufsichtsräte und Vorstände bei den verstaatlichten Banken. Über deren Berufung sowie Änderung der Statuten und der Geschäftsführung der Banken entscheidet die Bundesregierung."

So also ist das: Die Direktionen, die Vorstände, die Aufsichtsräte in den verstaatlichten Betrieben werden auf Vorschlag der Parteien besetzt, und damit zieht nun endgültig der „Proporz" in fast alle Bereiche des wirtschaftlichen Lebens ein. Denn zur „Verstaatlichten" gehören ja keineswegs nur Industriebetriebe, sondern alles, was der Republik Österreich, was dem Bund untersteht. Und mehr noch: auch alles, was sich unter der Kontrolle der verstaatlichten Banken befindet. Und das ist viel, denn die Creditanstalt-Bankverein und die Österreichische Länderbank verfügen jede für sich über ein ganzes Konglomerat von Wirtschaftsbetrieben. In jener Zeit spricht man allgemein von etwa 60 bis 70 Prozent der österreichischen Wirtschaft, die in der einen oder anderen Form dem Einflußbereich des Staates und damit – laut Koalitionsabkommen – dem Einfluß der beiden Großparteien unterstehen. Würden die Parteien diesen Einfluß dahingehend geltend machen, daß in die Direktionen und Vorstände möglichst die Fähigsten entsandt werden, so wäre dies vielleicht noch hinzunehmen. Doch dem ist nicht so: Den Parteien geht es in erster Linie um Machtausübung, um Kontrolle und Mitbestimmung. Und das heißt, nicht unbedingt die Fähigsten, sondern die parteipolitisch Verläßlichsten sind in den Direktionsstuben anzusiedeln. Dort haben sie dafür zu sorgen, daß die Parteiinteressen nicht zu kurz kommen, daß die eigene Klientel in den Betrieben unterkommt, daß die Partei einen möglichst großen Einfluß auf den Betrieb ausübt. Damit kontrollieren die Parteien nicht nur einen Großteil der österreichischen Wirtschaft, sondern auch einen Großteil des Arbeitsmarkts. Eine wahre Geschichte macht die Runde: Selbst der Posten einer Toilettenfrau in einem öffentlichen WC wird nach dem Proporz vergeben, ohne Parteibuch ist da nichts zu machen.

Wenn es nur um die öffentlichen Toiletten ginge! In dem soeben geschlossenen Koalitionsabkommen wird festgelegt: Was die Erdöl- und Erdgasvorkommen betrifft, so werden sie einer neu zu gründenden Aktiengesellschaft, der Österreichischen Mineralölverwaltung (ÖMV), zu unterstellen sein. Da dort eher mit einer roten, sozia-

Bei den Olympischen Winterspielen 1956 feiert das österreichische Team große Erfolge: Toni Sailer triumphiert mit drei Goldmedaillen in allen drei alpinen Schibewerben. Sissy Schwarz und Kurt Oppelt holen die Goldmedaille im Eiskunstlauf der Paare. Anderl Molterer gewinnt die Silbermedaille und Walter Schuster die Bronzemedaille im Riesentorlauf (Bild links mit Toni Sailer). Regina Schöpf (rechts) holt sich die Silbermedaille im Damenslalom und Thea Hochleitner die Bronzemedaille im Riesentorlauf (rechts außen). Die erst 16jährige Ingrid Wendl beginnt ihre steile Karriere bei diesen Winterspielen mit der Bronzemedaille im Eiskunstlauf (rechts Mitte).

listischen Dominanz zu rechnen ist, soll die schwarze, ÖVP-geführte Niogas (Niederösterreichische Gaswirtschafts-AG) zumindest die reichen Erdgasvorkommen anknabbern dürfen. Was den Rundfunk betrifft, wird der Einfluß der Parteien noch direkter: „Die Angelegenheiten des Rundfunks gehen auf die Bundesregierung über." Eine eigene Rundfunkgesellschaft sei zu gründen, die selbstverständlich ausschließlich nach dem Proporz besetzt und geleitet werden wird. Auch innerhalb der Ministerien kontrolliert man sich gegenseitig: In die wichtigsten Ministerien entsenden ÖVP und SPÖ Staatssekretäre, die den Ministern der jeweils anderen Partei auf die Finger zu schauen haben.

Werden solcherart große Teile der Wirtschaft und praktisch der gesamte Verwaltungsbereich des Bundes der Kontrolle der beiden Großparteien unterstellt, so engen sie auch noch den Wirkungsbereich des Parlaments weitgehend ein. Denn auch das wird im neuen Koalitionsabkommen festgelegt: „Zur Sicherung einer reibungslosen Arbeit wird ein Koalitionsausschuß, bestehend aus je fünf Vertretern beider Parteien, einberufen ..." Was immer an wichtigen Fragen zu entscheiden ist, wird zuallererst diesem Koalitionsausschuß vorgelegt. Er untersteht keinerlei Kontrolle, er berät und entscheidet hinter verschlossenen Türen. Er ist auch der Öffentlichkeit gegenüber zu keiner Auskunft verpflichtet. Aber was er beschließt, das gilt als paktiert. Und das wird in der Regel dann auch so von der Regierung beschlossen. Was aber der Koalitionsausschuß abgesegnet und die Regierung beschlossen hat, das wird von den Fraktionen der beiden Regierungsparteien im Parlament meist ohne jede Änderung zum Gesetz erhoben. Gewiß, es bleiben dennoch Streitpunkte offen, meist solche, bei denen es um Fragen der Ideologie geht, wie etwa ob man Otto Habsburg, den ältesten Sohn des letzten österreichischen Kaisers, nach Österreich zurückkehren lassen darf oder ob die Strafen für Abtreibung gemildert werden sollen. Auch versucht die SPÖ, als kleinerer Koalitionspartner, nach außen hin eine Art Oppositionsrolle zu spielen: Sie faßt zwar im Koalitionsausschuß und in der Regierung die Beschlüsse gemeinsam mit der ÖVP, aber sie hat dann im Parlament einiges daran auszusetzen. Das kann jedoch nicht darüber hinwegtäuschen, daß mit diesem Koalitionsabkommen 1956 das nunmehr völlig freie und unabhängige Österreich im großen und ganzen der Kontrolle und dem Einfluß der beiden Großparteien unterstellt worden ist. Und doch: Mit diesen Beschlüssen leiten ÖVP und SPÖ auch schon den Niedergang der großen Koalition ein. Es wird noch zehn Jahre dauern, ehe sie in Brüche geht. Aber wir werden sehen, auf welch zunehmenden Widerstand diese Aufteilung in eine rote und eine schwarze Reichshälfte in der Bevölkerung stößt.

Die Welt, Europa mitgestalten

Während also in der Innenpolitik keine neuen Wege beschritten werden, wird der durch den Staatsvertrag und den Abzug der Alliierten gewonnene Freiraum in der Außenpolitik von Österreich sofort und auch maximal genützt. Noch zu Besatzungszeiten hatte sich Österreich um die Aufnahme in die Vereinten Nationen, in die UNO, beworben. Damals in der Hoffnung, als Mitgliedsstaat der UNO die internationale Staatengemeinschaft für das Hauptanliegen Österreichs mobilisieren zu können: für den endlichen Abschluß des Staatsvertrags und den Abzug der Besatzungsmächte. Doch die Bewerbung Österreichs scheiterte am Veto der Sowjetunion. Ost und West blockierten einander im Sicherheitsrat, und das wirkte sich auch auf die Aufnahme neuer Mitgliedsstaaten aus. Es ging in diesen Jahren vorwiegend um die Aufnahme jener Staaten, die im Zweiten Weltkrieg auf der Seite Deutschlands standen und nun wieder in die internationale Völkerfamilie integriert werden sollten. Zu den Bewerbern gehörten Italien und Österreich, Rumänien und Ungarn. Doch die Sowjets sahen in der Aufnahme Österreichs und Italiens eine Stärkung des westlichen Lagers, der Westen revanchierte sich mit der Blockierung der Aufnahmeansuchen Rumäniens und Ungarns. Im Sicherheitsrat der UNO zeigt sich jetzt, welch einschneidende Änderung der Abschluß des österreichischen Staatsvertrags im weltpolitischen Klima mit sich gebracht hat. Ohne große Debatte werden nun Österreich und Italien, Ungarn und Rumänien und auch noch Finnland und Laos in die Vereinten Nationen aufgenommen – einstimmig. Das wird im UNO-Hauptquartier am New Yorker East River als ein großer Tag, als eine Wende in der Weltpolitik gefeiert. Das Prestige der UNO ist noch sehr hoch. Der Schwede Dag Hammarskjöld ist in jenen Tagen Generalsekretär der UNO. Er fordert nun die Neuen auf, ihre Sitze einzunehmen. Als Vertreter Österreichs zieht Kurt Waldheim in die Generalversammlung ein. 17 Jahre später wird Waldheim selbst zum Generalsekretär der Vereinten Nationen gewählt werden.

In der Welt herrscht Aufbruchsstimmung, besonders in Westeuropa. In Deutschland, in Frankreich marschieren Jugendliche mit den Fahnen der Europabewegung, einem grünen E auf weißem Grund, an die Grenze, öffnen die Grenzbalken vor den Augen der Zöllner und umarmen einander. „Weg mit den Grenzen! Her mit einem vereinten Europa!" So steht es auf den Schildern, die sie nun aufstellen, auf französisch und auf deutsch – aber sie wollen keine Franzosen und keine Deutschen mehr sein: Sie kommen aus Europa, sie wollen „nur noch Europäer" sein. Diese Stimmung wissen auch die Staatsmänner zu nützen: In Paris und in Bonn wird der Vertrag vorbereitet, den ein Jahr später in Rom die Regierungschefs von sechs europäischen Staaten – Frankreich, Deutschland, Italien, die Niederlande, Belgien und Luxemburg – unterzeichnen werden, die Gründungsurkunde der Europäischen Wirtschaftsgemeinschaft, der EWG, die später zur EG und schließlich zur EU werden wird.

Österreich, das neue souveräne Österreich, fühlt sich ganz und gar als ein Teil dieses Europas. Und unbeschadet seiner Neutralitätserklärung bewirbt es sich nun auch um die Aufnahme in den Europarat. Beide Schritte, die Aufnahme in die UNO und das Aufnahmeansuchen an den Europarat, scheinen in der Retrospektive nichts Besonderes zu sein, beide Institutionen haben in der Zeit, die seither vergangen ist, viel an Prestige verloren, und ihre Öffnung für so viele Staaten läßt eine Aufnahme in diese Gremien nicht mehr als etwas so Großartiges erscheinen. Doch damals haben UNO und Europarat einen anderen Stellenwert. Und die Aufnahme in diese beiden Gremien war auch gleichbedeutend mit einer entscheidenden Weichenstellung in der österreichischen Außenpolitik. Dieses Österreich will sich nicht hinter seiner Neutralität verstecken, es will mitwirken an der Gestaltung der Welt, an der Gestaltung Europas. Es ist bereit, Partei zu ergreifen – für das Recht gegen das Unrecht, für den Frieden gegen die Aggression, für die Freiheit gegen die Unfreiheit, für Demokratie gegen Diktatur. So jedenfalls erfordern es die Satzungen der UNO, auch wenn sich ein guter Teil der dort vertretenen Staaten nicht daran hält. Aber so erfordern es auch die Satzungen des Europarats, ja schon dessen Aufnahmebedingungen: Nur Staaten mit einer einwandfreien demokratischen Verfassung und auch mit einer einwandfreien demokratischen Praxis, insbesondere auf dem Gebiet der Menschenrechte, können Mitglied des Europarats werden. Die Schweiz jedenfalls hält einen Beitritt zur UNO und damals auch zum Europarat für unvereinbar mit ihrem Status als neutraler Staat, zu sehr befürchten die Schweizer, in beiden Foren zur Parteinahme gezwungen zu werden. Und dem ist auch so. Doch Österreich kennt da keine Scheu. Sieben Jahre Hitler-Diktatur und zehn Jahre Umgang mit den Besatzungsmächten haben es gelehrt, daß man sich gegen Diktatur und Unfreiheit aktiv zur Wehr zu setzen hat, daß dergleichen Schicksal nicht nur einem selbst nie mehr wieder widerfahren darf, sondern auch anderen nicht widerfahren sollte. Die österreichische Regierung ist entschlossen, sich dafür einzusetzen, und sieht darin keinen Widerspruch zur soeben beschlossenen Neutralität. Denn diese ist – wie die Mitglieder der Bundesregierung immer wieder betonen – eine rein militärische Neutralität, Gesinnung und Gesellschaftsordnung seien davon in keiner Weise berührt. Im Europarat sitzen nur Nationen mit freier demokratischer Gesellschaftsordnung. Die Mitgliedschaft ist gleichbedeutend mit einem Bekenntnis zur westlichen Staatengemeinschaft. Mit seinem Beitritt unterstreicht Österreich, daß es sich dieser westlich-demokratischen Staatengemeinschaft zugehörig fühlt.

Eine Neutralität besonderer Art

Die politische Führung ist sich auch völlig darüber im klaren, daß die Neutralität Österreich im Fall einer großen kriegerischen Auseinandersetzung zwischen West und Ost nicht schützen wird. Österreich, das bestätigt jeder Militärstratege, wäre in einem derartigen Krieg für beide Seiten ein „Durchmarsch-Land". Die Sowjets setzten ja immer schon voraus, daß Österreich im Kriegsfall ein Verbündeter des Westens sein würde, und in Moskau rechnet man damit, daß die NATO den durch Österreichs Neutralität entstandenen Keil zwischen der NATO-Front in Deutschland und der NATO-Front in Italien durch eine Besetzung Westösterreichs sofort wieder schließen würde. Umgekehrt setzt man im NATO-Hauptquartier als selbstverständlich voraus, daß die Sowjetunion die Neutralität Österreichs im Kriegsfall nicht respektieren würde. Sowohl die in Ungarn stationierten Sowjettruppen als auch die dem Warschauer Pakt angehörenden Armeen Ungarns und der Tschechoslowakei würden versuchen, so rasch wie möglich über österreichisches Gebiet nach Oberitalien und Bayern vorzustoßen. Daß diese Überlegungen völlig richtig waren, ist uns nach dem Zusammenbruch der Sowjetunion sowohl vom Generaloberst im sowjetischen Generalstab, Andrian Danilewitsch, als auch von Generalmajor Robert Széles, dem früheren stellvertretenden Generalstabschef des Warschauer Pakts, voll bestätigt worden – darüber wird später noch zu berichten sein. Die österreichische Bundesregierung gibt sich jedenfalls in den fünfziger und sechziger Jahren keinen Augenblick der Illusion hin, die Neutralität als solche könnte Österreich im Ernstfall schützen. Andererseits aber ist man auch nicht bereit, Österreich – wie es die Schweiz tut – so aufzurüsten, daß seine eigene Verteidigung halbwegs glaubhaft erscheinen könnte. In Wirklichkeit vertraut man darauf, daß das Abschreckungspotential der NATO groß genug sein werde, um einen Krieg zu verhindern, aber sollte er doch ausbrechen, würde das Schicksal Österreichs mit dem des Westens untrennbar verbunden sein. Daher auch das vorbehaltlose Bekenntnis Österreichs zur westlich-demokratischen Staatengemeinschaft.

Das ist nicht nur Theorie, das wird auch in der Praxis demonstriert. Die Sowjetunion bzw. die kommunistischen Parteien hatten die Tatsache genutzt, daß sich Österreich gegenüber einem propagandistischen Mißbrauch nicht wehren konnte, solange Sowjettruppen hier stationiert waren. So wurden zwei kommunistische Frontorganisationen in der Sowjetzone Wiens angesiedelt: der Weltgewerkschaftsbund und der Weltfriedensrat. Ursprünglich sollten sie von Westeuropa aus agieren, um dem naheliegenden Verdacht, daß sie in Wirklichkeit Ostblockinteressen vertraten, entgegenzuwirken. Aber bald durchschaut, wurde ihnen die Tätigkeit in Belgien und Frankreich untersagt. So machten sie Österreich zu ihrem Hauptquartier, ein demokratisch-westliches Land, das sie dank sowjetischer Besatzung nicht ablehnen konnte. Doch jetzt zögert Österreich nicht. Bereits im Februar 1956 verfügt das Innenministerium die Auflösung des „Vereins Weltgewerkschaftsbund". Begründung: Überschreitung des statutgemäßen Wirkungskreises und Gefährdung der staatlichen Interessen Österreichs. Dazu Innenminister Oskar Helmer: „Wir müssen verlangen, daß sich Ausländer strikte jeder Tätigkeit enthalten, die unsere Beziehungen zu anderen Ländern gefährden könnte." Nicht lange danach wird auch dem Weltfriedensrat die Tür gewiesen.

Das sind keineswegs selbstverständliche Schritte, dazu gehört Mut. Denn noch weiß man nicht, was in Moskau unter Umständen als eine Verletzung der Neutralität angesehen wird und ob die Sowjetunion nicht darauf aus sein wird, die einschränkenden Bestimmungen des Staatsvertrags so zu nützen, daß man Österreich selbst einen Bruch des Vertrags vorwerfen könnte. Immerhin stehen die sowjetischen Panzer nur 60 Kilometer von Wien entfernt an der ungarischen Grenze. Und entlang der ungarischen wie der tschechoslowakischen Grenze kommt es unentwegt zu Grenzzwischenfällen, werden Flüchtlinge beschossen, auch wenn sie schon auf österreichischem Gebiet sind, werden Österreicher festgenommen, obwohl sie noch auf österreichischem Gebiet sind, und auch der österreichische Luftraum wird immer wieder verletzt. Es gehört also Mut dazu, Schritte zu setzen, die in Moskau Verärgerung hervorrufen müssen. Doch es gibt keine sowjetische Intervention, offenbar soll weiterhin bewiesen werden, daß die beiden Organisationen mit der Sowjetunion als solcher nichts zu tun hätten. Sie übersiedeln nach Prag, immerhin in ein Land, das zwar dem Ostblock angehört, aber (noch) nicht von sowjetischen Truppen besetzt ist.

Gleichzeitig ist die österreichische Regierung bemüht, mit den früheren Besatzungsmächten und auch mit den unmittelbaren Nachbarn Österreichs gut auszukommen. Das ist anfangs gar nicht so einfach. Gerade durch den Abzug der sowjetischen Truppen aus Österreich empfinden sich die kommunistisch regierten Nachbarstaaten, Tschechoslowakei und Ungarn, in ihrer Flanke bedroht. Sie reagieren unterschiedlich: die Tschechoslowaken, indem sie den Eisernen Vorhang – die Drahtverhaue, die Minenfelder, die Wachtürme entlang der Grenze – verstärken und ihre Grenztruppen eine aggressive Haltung einnehmen; die Ungarn zunächst mit dem Versuch, die gegenseitigen Beziehungen zu verbessern.

Mit seinen beiden südlichen Nachbarn, Jugoslawien und Italien, hat Österreich ebenfalls Probleme. Gutnachbarlichen Beziehungen mit Jugoslawien steht immer wieder das gespannte Verhältnis zur slowenischen Volksgruppe in Kärnten im Wege, und mit Italien bahnt sich ein ernster Konflikt in der Frage Südtirol an – Probleme mit zwei Minderheiten, über die noch ausführlich zu berichten sein wird.

Doch auch mit dem größten Nachbarn Österreichs, mit der Bundesrepublik Deutschland, gibt es eine ernsthafte Krise. Nach Auffassung der Bonner Regierung und insbesondere des Bundeskanzlers Konrad Adenauer hätte Österreich im Staatsvertrag nie die Bedingung akzeptieren dürfen, daß das von der Sowjetunion zurückgekaufte Deutsche Eigentum an seine ursprünglichen deutschen Besitzer nicht zurückgegeben werden dürfe. Die Bundesrepublik verdächtigt die Österreicher, daß sie dieser Klausel nicht nur nicht widerstanden, sondern sie vielleicht sogar inspiriert hätten. Österreich wird beschuldigt, sich auf diese Weise früheren deutschen Besitz anzueignen und sich dabei auf ein Diktat der Besatzungsmächte zu berufen. Adenauer greift Österreich im deutschen Bundestag an, die

deutsche Presse schießt sich auf Österreich ein: 1938 hätten die Österreicher Hitler begeistert empfangen und den Anschluß an Deutschland begrüßt, jetzt betrachte Österreich Deutsches Eigentum offenbar als Eigentum von Feinden, das es mit Hilfe der Sowjets konfiszieren könne.

Der deutsche Bundeskanzler Konrad Adenauer vor der römisch-deutschen Kaiserkrone in der Wiener Schatzkammer (oben). Sein Besuch in Wien beendet eine Periode der Verstimmung zwischen Deutschland und Öster-

Spannung Wien–Bonn

In der Tat ist das österreichisch-deutsche Verhältnis getrübt. Der Missionschef der deutschen Botschaft in Wien, Botschafter Mueller-Graaf, wird zur Berichterstattung nach Bonn einberufen. Vorläufig kehrt er auf seinen Posten nicht zurück. Die harten Worte aus Bonn werden in Wien erwidert. Österreich sei kein Gau Deutschlands, heißt es auf dem Ballhausplatz. Und die der ÖVP nahestehende „Neue Wiener Tageszeitung" schreibt sogar: „Man wird sich endlich überlegen müssen, ob nicht Maschinen aus der Tschechoslowakei genau denselben Dienst leisten können wie solche anderer Herkunft. Ob nicht Polen verschiedene Erzeugnisse in gleicher Güte liefern kann wie westliche Staaten." Doch da erhebt der Generalsekretär der ÖVP, Alfred Maleta, warnend seine Stimme: „Die staatsrechtliche und militärische Neutralität Österreichs darf keinen Zweifel über die gesinnungsmäßige Zugehörigkeit des Landes zum Westen aufkommen lassen."

Nun ist man bemüht, das gestörte Verhältnis zur Bundesrepublik Deutschland zu reparieren. Eine Kommission wird eingesetzt, die die vermögensrechtlichen Fragen klären soll. Aber es dauert immerhin bis zum Juni 1957, also mehr als zwei Jahre nach Abschluß des Staatsvertrags, ehe der Vertrag unterschriftsreif ist, in dem die gegenseitigen Ansprüche geregelt und auch die Fragen des Deutschen Eigentums geklärt sind. Das sogenannte „kleine Deutsche Eigentum" in der Höhe bis zu 260000 Schilling (10000 US-Dollar) wird deutschen Staatsbürgern bzw. deren Erben zurückgestellt, entweder in natura oder in bar. Wobei die Österreicher nun großzügig vorgehen – als Grundlage gilt der steuerliche Einheitswert, der oft weit unter dem tatsächlichen Wert liegt, so daß auch höhere Werte unter die 260000-Schilling-Grenze fallen und daher zurückgegeben werden können. Der mit der Abwicklung dieser Fragen beauftragte damalige Staatssekretär und spätere Minister Fritz Bock berichtet davon, wie sehr man auch bemüht war, früheres Deutsches Eigentum nicht mehr als solches anzusehen: „Da kann ich eine kleine Geschichte erzählen, wie ich selbst – und ich bin noch heute stolz darauf – das Recht gebrochen habe. Unter den depositierten deutschen Eigentümern befand sich auch das ehemalige Königshaus Hannover... Da bin ich draufgekommen, daß in der Liste der erbberechtigten Prinzen und Prinzessinnen von Hannover sich auch die

reich. Bonn hatte den Österreichern vorgeworfen, deutsche Interessen im Staatsvertrag geopfert zu haben. Rechts die beiden Bundeskanzler Raab und Adenauer beim großen Staatsempfang im Schloß Schönbrunn.

damalige griechische Königin befunden hat, eine Enkelin des letzten hannoveranischen Königs, und damit war sie keine deutsche Staatsbürgerin mehr, daher konnte ich ihr das gesamte Vermögen der Familie Hannover zurückstellen. Warum? Der König von Hannover hat 1866 auf seiten Österreichs gegen die Preußen gekämpft, hat seinen Krieg wie Österreich verloren, verlor auch Thron und Krone und lebte als Flüchtling und Gast Kaiser Franz Josephs später in Wien. Aber deutsche Staatsbürger waren die Hannoveraner geblieben. Und nun sollte ihnen deswegen ihr Vermögen weggenommen werden. Das war mir zuviel. Ich darf hinzufügen, daß man mir später das Großkreuz des griechischen Phönix-Ordens verliehen hat, Phönix aus der Asche! Einer der wenigen Orden, die ich mir verdient habe durch Abfassung eines Aktes."

Unter dem Titel „kleines Deutsches Eigentum" werden bis 1962 insgesamt Liegenschaften, Beteiligungen an österreichischen Firmen, Barforderungen und Wertpapiere in der Gesamthöhe von 214 Millionen Schilling zurückerstattet. Das ist nicht wenig. Als „Ausgleich" zahlt die Bundesrepublik Deutschland an Österreich 140 Millionen Schilling, da man von Österreich nicht erwarten kann, daß es sowohl der Sowjetunion eine Ablöse zahlt, als auch dann deutschen Staatsbürgern den Wert ihres früheren Eigentums erstattet. Die Bundesrepublik verpflichtet sich auch im Gegenzug, Ansprüche österreichischer Bürger an das Deutsche Reich anzuerkennen und diese zu befriedigen. Dazu gehören vor allem frühere Spareinlagen, Forderungen an deutsche Versicherungsinstitute, unbezahlte Warenlieferungen. Diese österreichischen Ansprüche machen fast 700 Millionen Schilling aus. Die Bundesrepublik hat also schließlich mehr an Österreicher zu zahlen als Österreich an Deutsche. Doch in Bonn wie in Wien wird der Vermögensvertrag als Grundlage neuer, ungetrübter, ja freundschaftlicher Beziehungen zwischen den beiden Staaten angesehen. Höhepunkt dieses Ausgleichs ist dann der erste Staatsbesuch des deutschen Bundeskanzlers Konrad Adenauer in Wien von 13. bis 17. Juni 1957, bei dem der Vermögensvertrag offiziell unterzeichnet wurde.

Der Streit um das „Wiener Memorandum"

Die Auswirkungen des Staatsvertrags sind also mannigfaltig. Auch das Verhältnis Österreichs zu den USA und zu Frankreich wird durch vermögensrechtliche Fragen belastet. Fünf Tage vor Abschluß des Staatsvertrags, also am 10. Mai 1955, hatten die Botschafter der Westmächte die österreichische Bundesregierung verpflichtet, die Eigentumsansprüche westlicher Ölgesellschaften abzugelten, auch wenn im Staatsvertrag diese Werte der Republik Österreich übertragen werden sollten. Denn natürlich hatte das Deutsche Reich ausländische Beteiligungen an den österreichischen Erdölfeldern, an Raffinerien und Tankstellen beschlagnahmt, und in den Augen der Sowjets waren sie damit zu Deutschem Eigentum geworden. Aber nach Ansicht der USA, Großbritanniens und Frankreichs sind diese Firmen zu entschädigen, und zwar nicht nur in dem Ausmaß ihrer Vorkriegsbeteiligungen, sondern in der Höhe des nunmehrigen Werts dieser Anteile. Raab, Schärf, Figl und Kreisky war klar, daß ihr Einverständnis als Voraussetzung für die uneingeschränkte Zustimmung der Westmächte zum Staatsvertrag gewertet würde. Sie paraphierten das Protokoll dieser Unterredung, das als „Wiener Memorandum" in die Geschichte eingeht. In dem Memorandum wurde festgelegt, daß die Frage der Entschädigung der westlichen Ölfirmen spätestens 21 Monate nach Abschluß des Staatsvertrags geregelt sein müßte. Doch die schließlich erhobenen Forderungen erscheinen der Bundesregierung übertrieben hoch, nämlich rund 100 Millionen

Memorandum

über die Ergebnisse der Besprechungen zwischen Mitgliedern der österreichischen Bundesregierung und den Botschaftern Ihrer Königlichen Britannischen Majestät und der Vereinigten Staaten von Amerika

Aus Anlaß der Botschafterkonferenz in Wien haben zum Zwecke des ehesten Abschlusses des österreichischen Staatsvertrages zwischen dem Botschafter Ihrer Königlichen Britannischen Majestät, Sir Geoffrey Arnold WALLINGER, K.C.M.G., und dem Botschafter der Vereinigten Staaten von Amerika, Herrn Llewellyn E. THOMPSON, einerseits und den Mitgliedern der österreichischen Bundesregierung, Herrn Bundeskanzler Ing. Julius RAAB, Vizekanzler Dr.Adolf SCHÄRF, Bundesminister für die Auswärtigen Angelegenheiten, Dr.h.c.Leopold FIGL, Staatssekretär für die Auswärtigen Angelegenheiten Dr. Bruno KREISKY, andererseits, Besprechungen mit folgendem Ergebnis stattgefunden:

2. Die Firmen Anglo-Saxon Petroleum Co.Ltd. und Standard Oil Co.-N.J. werden hinsichtlich ihrer vor dem Inkrafttreten des Staatsvertrages bestandenen indirekten 50%igen (je 25%igen) Beteiligung an der Korneuburger Raffinerie im Sinne der Erklärung vom 29.November 1949 angemessen befriedigt werden.

3. Die Firmen Anglo-Saxon Petroleum Co.Ltd. und Standard Oil Co.-N.J. werden hinsichtlich ihrer 50%ige (je 25%ige) indirekte Beteiligung an den im östlichen Österreich gelegenen Verteileranlagen der Deutschen Gasolin AG. und der Gasolin Ges.m.b.H. dadurch befriedigt werden, dass an sie der 50%ige deutsche Anteil an den Verteileranlagen der Deutschen Gasolin AG. und ihrer Tochtergesellschaft Gasolin Ges.m.b.H. im westlichen Österreich übertragen wird.

4. Hinsichtlich einer allfälligen amerikanischen 25%igen indirekten Beteiligung an der Htel Nordbahn-Gesellschaft und hinsichtlich einer allfälligen 5,06%igen britischen indirekten Beteiligung an der Osram Ges.m.b.H. werden Anteilsrechte gleichen inneren Wertes in wirtschaftlich gleichartigen anderen Unternehmungen in Österreich eingeräumt werden. Falls die österreichische Bundesregierung hiezu nicht in der Lage wäre, werden die Anteilsberechtigten hiefür angemessen befriedigt werden.

5. Die Fabrik in Atzgersdorf der österreichischen UNILEVER AG., die britisch-holländisches Eigentum ist, wird sobald als möglich an die österreichische UNILEVER AG. übergeben werden.

6. Die Firmen Rohölgewinnungs-Aktiengesellschaft (RAG), Van Sickle und möglicherweise Austrogasco und Steinberg-

Ausgefertigt in drei Exemplaren in deutscher Sprache. Zur Beurkundung des oben Angeführten wird dieses Memorandum paraphiert.

Wien, am 10. Mai 1955.

Auszüge aus dem sogenannten „Wiener Memorandum". Auch die Westmächte sicherten sich Ablösesummen und Rückstellungen, ehe sie bereit waren, den Staatsvertrag zu unterschreiben. Sie vertraten dabei die Interessen amerikanischer, britischer, französischer und holländischer Ölgesellschaften. Da Österreich den geforderten Zahlungen nur zögernd nachkommt, gibt es immer wieder Unstimmigkeiten zwischen Wien und Washington.

Dollar, was damals einem Wert von 2,6 Milliarden Schilling entspricht. Zusätzliche Kosten des Staatsvertrags! Zusätzlich zu den starken Belastungen durch die Ablösezahlungen an die Sowjetunion! So kommt es immer wieder zu schweren Differenzen zwischen den österreichischen und den westlichen Unterhändlern, immer wieder zu Zurückweisungen der Ansprüche der Ölfirmen. Auch immer wieder zu Interventionen, insbesondere der amerikanischen Regierung, wenn die Verhandlungen ins Stocken geraten. Und sie stocken oft lange Zeit. Bis im Jahr 1959 die Amerikaner schließlich die Daumenschrauben anziehen: Sie sperren Kredite aus dem ERP-Fonds, erschweren Kredite bei der Weltbank und bei der amerikanischen Import-Export-Bank und selbst die Kredite zum Erwerb amerikanischer landwirtschaftlicher Überschußgüter. Schließlich erklärt sich Österreich bereit, die westlichen Ansprüche mit 359 Millionen Schilling abzugelten. Immerhin ist es der österreichischen Seite damit gelungen, diese Ansprüche erheblich zu senken.

Sie sind also nicht gering, die Lasten, die sich aus dem Staatsvertrag und aus der Wiedervereinigung Ost- und Westösterreichs ergeben. Und es bedarf nicht nur eines großen Verhandlungsgeschicks, diesen Berg von Forderungen zu erträglichen Bedingungen abzubauen, es bedarf auch großer finanzieller Opfer der gesamten österreichischen Bevölkerung. Aber diese Opfer werden ohne Murren ertragen, die Freiheit ist diesen Preis und wäre auch noch einen höheren Preis wert.

Hätte jemand daran gezweifelt, spätestens im Oktober 1956 hätten ihn die Ereignisse im Nachbarland Ungarn auf den Boden der damaligen Realität zurückgeholt: Aufstand in Ungarn, Aufstand gegen die stalinistische Führung des Landes, Aufstand gegen die sowjetische Besatzung. Die Ungarn fordern Freiheit für ihr Land, und viele setzen ihr Leben ein in der besten Tradition magyarischer Befreiungskämpfe. Es sind die Schriftsteller, die als erste aufbegehren, und es sind die Studenten, die als erste zum Gewehr greifen. Doch innerhalb von Stunden schließen sich ihnen auch die Arbeiter an. Gekämpft wird zunächst nur mit der verhaßten ungarischen Geheimpolizei AVH. Doch dann greifen die Sowjettruppen ein, rollen sowjetische Panzer gegen die Aufständischen in Budapest. Da stellen sich auch große Teile der ungarischen Volksarmee auf die Seite der Aufständischen, rollen ungarische Panzer gegen die sowjetischen. Der Sowjetangriff wird eingestellt, das sowjetische Oberkommando befiehlt den Rückzug seiner Truppen aus Budapest. Die Aufständischen scheinen gesiegt zu haben.

Die geheime Kritik an Stalin

Diese Ereignisse kommen nicht unerwartet. Der gesamte Ostblock ist in seinen Grundfesten erschüttert, und zwar schon seit Februar dieses Jahres 1956. Von 14. bis 25. Februar hat in Moskau der XX. Parteitag der KPdSU getagt. Es ist der erste Parteitag nach dem Tod Stalins. Das Hauptreferat hält der Erste Sekretär der Partei, Nikita Chruschtschow. Schon in diesem Referat schlägt Chruschtschow kritische Töne an: Vieles sei nicht in Ordnung gewesen, was sich unter Stalins Herrschaft in der Sowjetunion abgespielt habe. Der schlechte Zustand der Landwirtschaft, die Misere in der Lebensmittelversorgung, die Zustände in der Industrie und in der Verwaltung, sie alle seien durch schwere Fehler, durch Fehlentscheidungen Josef Stalins hervorgerufen worden. Unruhe macht sich breit in den Rängen der Parteitagsdelegierten. Wenn Chruschtschow solche Behauptungen aufstelle, so möge er auch die Beweise auf den Tisch legen. Und genau das geschieht nun. Chruschtschow verbannt die Delegierten ausländischer kommunistischer Parteien aus dem Saal, darunter

auch hochrangige Vertreter der Bruderparteien in den anderen Ostblockstaaten. Die Sowjetdelegierten sind nun unter sich. Als erstes verbietet ihnen Chruschtschow, irgendwelche Notizen zu machen über das, was er zu sagen habe, und er gebietet ihnen, mit niemandem über das zu sprechen, was sie zu hören bekommen werden. Chruschtschow spricht über Stalin. Delegierte, die damals dabei waren, schildern heute noch erregt, wie der Parteitag in Schrecken erstarrte, als Chruschtschow Stalin beschuldigte, die großen Verschwörungen der dreißiger und später der vierziger Jahre selbst ausgeheckt zu haben, daß die Hingerichteten in Wirklichkeit unschuldig gewesen seien, daß Stalin selbst den Befehl gegeben habe, ihre Geständnisse zu erpressen. Chruschtschow zählt die Namen prominenter Parteiführer auf, es sind ganze Garnituren früherer Politbüros, bis zu 70 Prozent der Mitglieder früherer Zentralkomitees der

Vor dem XX. Parteitag der KPdSU hält Nikita Chruschtschow eine Geheimrede, in der er einen Teil der von Stalin angeordneten Verbrechen aufdeckt, besonders dessen vernichtendes Vorgehen gegen die eigenen Genossen. Mit dieser Rede leitet Chruschtschow eine entscheidende politische Wende im gesamten Ostblock ein.

KPdSU: hingerichtet auf Befehl eines krankhaft mißtrauischen Stalin, der zur Beruhigung der eigenen Psyche nicht nur in der Sowjetunion, auch in den Bruderländern ein Spitzel- und Denunziantensystem aufgezogen habe, dem viele Tausende zum Opfer gefallen seien. Zum ersten Mal wird vor dem Plenum eines Parteitags auch über das Testament Lenins gesprochen, über Lenins Warnung vor Stalin: Stalin hätte in einer ganzen Serie von Fällen seine Intoleranz, seine Brutalität und seinen Mißbrauch der Macht bewiesen. Chruschtschow schildert, wie die Verfahren fabriziert, die Geständnisse durch Folter erpreßt, die Urteile von vornherein anbefohlen waren. Chruschtschow stehen Tränen in den Augen, als er berichtet, wie er selbst auf Stalins Befehl auf den Tisch steigen und wie ein Bär tanzen mußte, um den Diktator zu erheitern.

Diese persönliche Wehklage ist der Angelpunkt: Chruschtschow prangert an, aber er analysiert nicht, er fragt nicht nach den Ursachen, nicht danach, wieso dies alles möglich war, und auch nicht danach, wieso er und viele andere, die sich nun in den ersten Reihen dieses Parteitags befinden, dies alles hingenommen haben. Solcherart gelingt Chruschtschow nicht, was er mit dieser Anklagerede offenbar bezwecken will: nämlich Stalin für all die Verbrechen, für alle Fehler und jede Misere des Sowjetsystems verantwortlich zu machen, aber das System selbst und seine neue Führung blankzuwaschen, zu retten. Es gelingt ihm nicht innerhalb des Parteitags und auch nicht außerhalb. Die Delegierten sind geschockt, und keineswegs alle sind mit Chruschtschows Vorgehen einverstanden. Vielen ist klar, daß – wenn dies einer breiten Öffentlichkeit zu Ohren käme – man auch sie für die vergangenen Taten verantwortlich machen würde. Auch geht es nicht nur um Parteiführer, Millionen gewöhnlicher Bürger wurden unschuldig eingesperrt, starben in den Arbeitslagern, dem Gulag. Viele fürchten auch, daß Chruschtschows Eingeständnisse die Sowjetunion als solche schwer diskreditieren würden. Und daß solcherart auch die sowjetische Herrschaft über die Brudernationen im Ostblock in Frage gestellt werden könnte. Wie recht sie doch haben. Natürlich bleibt Chruschtschows Abrechnung mit Stalin nicht geheim. Auch kann es ja nicht nur bei einer derartigen Anklage bleiben, aus ihr sind Konsequenzen zu ziehen: Die unschuldig Hingerichteten, insbesondere die hohen und früher so verehrten Parteiführer sind zu rehabilitieren, die noch in den Gefängnissen und Arbeitslagern des Gulag befindlichen Gefangenen sind unverzüglich freizulassen. Und das nicht nur in der Sowjetunion.

In Polen, in der Tschechoslowakei, in Ungarn hat es in den vierziger Jahren Schauprozesse gegeben, in denen prominente Parteiführer angeklagt, verurteilt und danach hingerichtet wurden. Opfer des Stalinschen Mißtrauens, aber auch Opfer der Intrigen in den eigenen Parteien. Nicht alle sind tot, die man damals auf dem Gerichtsweg ausschaltete. Die Parteiführungen in allen Ostblockstaaten geraten jetzt unter Druck: Wann werden die unschuldig Hingerichteten rehabilitiert, wann die noch Lebenden aus den Gefängnissen entlassen, und wie gedenkt man das schändliche Unrecht gutzumachen? Unruhe macht sich breit, die Fragwürdigkeit der politischen Führungen wird erkannt. Die Menschen sind nicht bereit, alles nur auf Stalin schieben zu lassen. Die Regime als solche sind ihnen seit langem verhaßt. Anläßlich einer internationalen Messe, und daher unter den Augen eines internationalen Publikums, kommt es im polnischen Posen zum Aufstand, getragen von der polnischen Arbeiterschaft. Sicherheitskräfte werden eingesetzt, der Aufruhr wird brutal unterdrückt. 53 Tote und über 300 Verletzte bleiben auf der Strecke. Aber in ganz Polen wächst nun die Unruhe, wird der Ruf nach dem Sturz des Regimes laut. Dieses sucht seine Rettung in einer Flucht nach hinten: Der 1948/49 wegen angeblicher titoistischer

Tendenzen entmachtete Wladislaw Gomulka wird rehabilitiert, erneut in das Zentralkomitee aufgenommen und soll am 21. Oktober 1956 zum Ersten Sekretär der Partei gewählt werden. Ein Opfer des Stalinismus an der Spitze der Partei, das sollte die Massen beruhigen. Aber mit Gomulka zieht noch eine Anzahl weiterer Opfer früherer Schauprozesse in das Politbüro ein. Und sie kritisieren nicht nur Stalin, sondern auch die Sowjetunion, das sowjetische Unterdrückungssystem, die sowjetische Oberherrschaft über Polen.

Das ist Moskau zuviel. Chruschtschow, begleitet von den Mitgliedern des ZK-Präsidiums Lazar Kaganowitsch, Anastas Mikojan und Wjatscheslaw Molotow, trifft mit einem Regierungsflugzeug in Warschau ein. Unmißverständlich an ihrer Seite die beiden Marschälle und Kriegshelden Grigori Schukow und Iwan Konjew. Gleichzeitig werden die sowjetischen Truppen in Polen in Alarmbereitschaft versetzt, die ersten Panzereinheiten bewegen sich gegen Warschau. Aber die Sowjetführer haben es jetzt nicht mehr mit willfährigen Satelliten zu tun. An der Spitze der polnischen Sicherheitskräfte steht der ebenfalls erst vor kurzem rehabilitierte General Waclaw Komar. Er läßt alle öffentlichen Gebäude besetzen und gibt Befehl, sie gegen einen sowjetischen Angriff zu schützen. Teile des polnischen Militärs beziehen vor den Toren Warschaus Stellung, bereit, sich den Sowjettruppen entgegenzustellen. Vergeblich appellieren die Sowjetführer an die polnische Partei, von diesem offensichtlich auch gegen die Sowjetunion gerichteten Reformkurs abzulassen, zumindest die Symbolfigur Gomulka nicht an die Spitze der Partei zu stellen. Die Polen aber geben nicht nach. Die Sowjetdelegation muß Warschau unverrichteterdinge verlassen, gedemütigt gibt sie nach: Die Sowjettruppen in Polen werden in die Kasernen zurückbeordert.

Aufstand in Ungarn

Doch nun kommt es zur Kettenreaktion. Lange schon werden in Ungarn die gleichen Forderungen erhoben, wie sie die Aufständischen in Posen und jetzt auch die Reformkommunisten in Warschau auf ihre Fahnen geheftet haben. Zentrum des Aufbegehrens ist der Petöfi-Klub, eine Vereinigung ungarischer Schriftsteller. Die Vorgänge in Polen mobilisieren aber auch die ungarischen Studenten. Zuerst in Szeged, dann in Budapest stellen mehrere tausend Studenten der politischen Führung das Ultimatum, binnen 14 Tagen größere Freiheit und bessere Lebensbedingungen zu gewähren. Ihr Forderungskatalog: volle Pressefreiheit, Abschaffung der Todesstrafe, Zulassung von Reisen ins westliche Ausland, Einstellung der Zensur, eine unabhängige Innen- und Außenpolitik, die nur noch die Interessen der ungarischen Nation vertritt, Absetzung der jetzigen Parteiführung und Wiedereinsetzung von Imre Nagy als Ministerpräsidenten und seine Berufung zum Ersten Sekretär der Ungarischen Partei der Werktätigen. Den polnischen Kommilitonen versichern die ungarischen Studenten ihre Solidarität im Kampf um Freiheit und Reformen. Gleichzeitig erklären die Studenten korporativ ihren Austritt aus dem kommunistischen Jugendverband.

Das Beispiel der Studenten zündet. Einen Tag später, am 23. Oktober, kommt es in Budapest zu zwei Großkundgebungen unter Teilnahme breiter Bevölkerungsschichten. Die studentischen Forderungen werden voll unterstützt und noch einige weitere hinzugefügt: allgemeine freie Wahlen unter Mitwirkung neuer, unabhängiger Parteien, vollständige Presse- und Meinungsfreiheit, Neuregelung der Beziehungen zwischen Ungarn und der Sowjetunion auf der Basis voller Gleichberechtigung und Nichteinmischung, Abzug der Sowjettruppen aus Ungarn, Schluß mit der wirtschaftlichen Aus-

Als erste reagieren die Kommunisten in Polen auf die Abrechnung Chruschtschows mit dem Stalinismus, sie holen den von den Stalinisten geächteten, aber populären Wladislaw Gomulka (Mitte) aus der Versenkung und an die Spitze der Partei. In Posen war es bereits zum Aufstand und zum Blutbad gekommen, die Berufung Gomulkas soll die Bevölkerung beruhigen.

beutung Ungarns durch die Sowjetunion. Dann erschallt der Ruf: „Russen hinaus!" Aus den mitgeführten rotweißgrünen Fahnen werden die kommunistischen Hoheitszeichen herausgeschnitten, diese Fahnen mit Loch werden zum Symbol des Aufstands. Mit der alten ungarischen Hymne auf den Lippen marschieren mehr als hunderttausend Demonstranten zum Regierungsgebäude, belagern es und fordern die Einsetzung von Imre Nagy als neuen Ministerpräsidenten Ungarns.

Dieser Imre Nagy ist eine schillernde Figur: Im Ersten Weltkrieg wird er als österreichisch-ungarischer Soldat an der Ostfront von den Russen gefangen. Im Gefangenenlager wird er Kommunist und nach Lenins Machtergreifung Soldat der Roten Armee. Als solcher macht er Geschichte: Er gehört zu dem Kommando, das die Zarenfamilie zu erschießen hat. Nagy ist also ein Kommunist und Revolutionär der ersten Stunde. Nach der Machtergreifung der Kommunisten in Ungarn wird er Landwirtschaftsminister und mit der Kollektivierung der Landwirtschaft betraut. Als es dann 1948/49 gegen die sogenannten „Titoisten" in der ungarischen KP-Führung losgeht, also bewährte Genossen wie der Außenminister Laszlo Rajk verurteilt und hingerichtet werden, hat Imre Nagy Bedenken. Ihm kann man nicht an, aber man kann ihn kaltstellen. Und das tut auch der damalige Erste Sekretär Matyas Rakosi, Stalins Statthalter in Budapest. Rakosi ist es, der seine Genossen in der Parteiführung denunziert, die Schauprozesse veranlaßt, die Todesurteile fordert. Und mit Gewalt versucht Rakosi, Ungarn in allen Bereichen nach dem Muster der Sowjetunion zu formen, mit Hunderten, mit Tausenden Opfern. Doch

nach Chruschtschows Geheimrede kann sich Rakosi nicht mehr an der Spitze der ungarischen Kommunisten halten. Er muß nun zugeben, daß die Schauprozesse ungerechtfertigt und die Verurteilten und Hingerichteten unschuldig waren. Die Überlebenden dieser Prozesse werden jetzt auch in Ungarn auf freien Fuß gesetzt, es sind Hunderte. Am 18. Mai 1956 bekennt sich Rakosi schuldig an der „Duldung und Förderung des Personenkults", und er gibt auch seine Verantwortung an den Justizmorden zu. An die Stelle Rakosis treten andere: Ernö Gerö, in Wirklichkeit ein treuer Weggefährte Rakosis, der wohl Garant dafür sein soll, daß sich in Ungarn nicht viel ändert. Der damals linientreue Kommunist Andras Hegedüs ist Ministerpräsident. Die Menge vor dem Regierungsgebäude mißtraut beiden, Gerö wie Hegedüs. Sie ruft nach Imre Nagy, dem von Rakosi kaltgestellten und schließlich sogar aus der Partei ausgeschlossenen Nagy. Zweifellos, auch er ist Kommunist, aber er hat Verbindung gehalten mit den kritischeren Schriftstellern, er gehört zum Kreis des Petöfi-Klubs, er war und ist ein Gegner Rakosis. Und eines ist der Menge offenbar auch klar: Man wird das kommunistische Regime, man wird vor allem die sowjetischen Besetzer nicht los, wenn man jetzt auf einen Nichtkommunisten setzt. Die erhobenen Forderungen wird man nur mit Hilfe von Reformkommunisten durchsetzen können. Man folgt damit dem Beispiel der Polen, die mit Gomulka ja auch einen Altkommunisten an die Spitze der Partei geholt haben.

Ernö Gerö meldet sich über das Radio, beschimpft die Demonstranten, singt ein Loblied auf die Sowjetunion, betont die Notwen-

Am Anfang des ungarischen Volksaufstands steht eine Sympathiekundgebung der Budapester Studenten und Intellektuellen für jene Polen, die sich in Posen gegen die stalinistische Unterdrückung erhoben haben. Ihrer gedenkt man vor dem Denkmal des ungarischen Freiheitsdichters Sandor Petöfi, der als Soldat 1849 im Kampf gegen die Habsburger gefallen ist (rechts oben). Danach brechen die Studenten auf in einem noch friedlichen Zug in Richtung des Rundfunkgebäudes (oben).

Matyas Rakosi unterwarf Ungarn seiner Herrschaft. Stalin und die Sowjetunion waren ihm dabei Vorbild. Und wie Stalin, so beseitigte auch Rakosi seine möglichen Rivalen in der Partei durch falsche Beschuldigungen, Schauprozesse und Todesurteile. Der prominenteste Kommunist, den Rakosi solcherart beseitigen ließ, war Laszlo Rajk, der Außenminister der kommunistisch beherrschten Regierung Ungarns. Rechts: Laszlo Rajk mit Rakosi (rechts).

digkeit der Anwesenheit sowjetischer Truppen in Ungarn. Die Demonstranten reagieren mit äußerster Empörung, drohen das Regierungsgebäude zu stürmen. Da setzt die Führung die Armee ein: Soldaten sollen die Demonstranten verjagen. Aber als die Soldaten am Schauplatz erscheinen, werden sie jubelnd begrüßt. Sie sind Ungarn, sie sind Verbündete! Das zeigt Wirkung: Die Soldaten solidarisieren sich mit den Demonstranten. Aus der nahegelegenen Kilianskaserne werden Waffen geholt. Aus der Demonstration ist ein Aufstand geworden. Sprechchöre kommen auf: „Weg mit den Stalinisten! Mehr Demokratie!" Der Dichter Sandor Petöfi wird zitiert: „Nie wieder werden wir Sklaven sein!" Und immer wieder: „Ruszkik haza!" – „Russen nach Hause!" Die Menge zieht nun zum Denkmal Josef Stalins, einer übergroßen Statue des Diktators. Es gelingt den Demonstranten, die gewaltige bronzene Figur aus ihrer Verankerung zu reißen, sie zu stürzen. Lediglich die Stiefel Stalins bleiben auf dem Denkmalsockel stehen.

Vom Stalindenkmal zieht die Menge zum Rundfunkgebäude. Die Rundfunkleitung wird mit Sprechchören als Lügner beschimpft, die Demonstranten fordern eine wahrheitsgetreue Berichterstattung über die Vorgänge in Ungarn. Das Gebäude ist von Polizei und Geheimpolizei scharf bewacht. Als einige Demonstranten versuchen, sich Zugang zu verschaffen, offenbar mit dem Ziel, selbst zu den Mikrophonen zu gelangen, eröffnet die Polizei das Feuer. Es gibt die ersten Toten. Doch nun wird auch zurückgeschossen. Arbeitermilizen kommen aus den Fabriken und nehmen an der Seite der Studenten den Kampf auf, vor allem gegen den verhaßten Staatssicherheitsdienst. Das Straßenpflaster wird aufgerissen, Barrikaden werden errichtet. Die Aufständischen schießen sich den Weg zu den Regierungszentren frei.

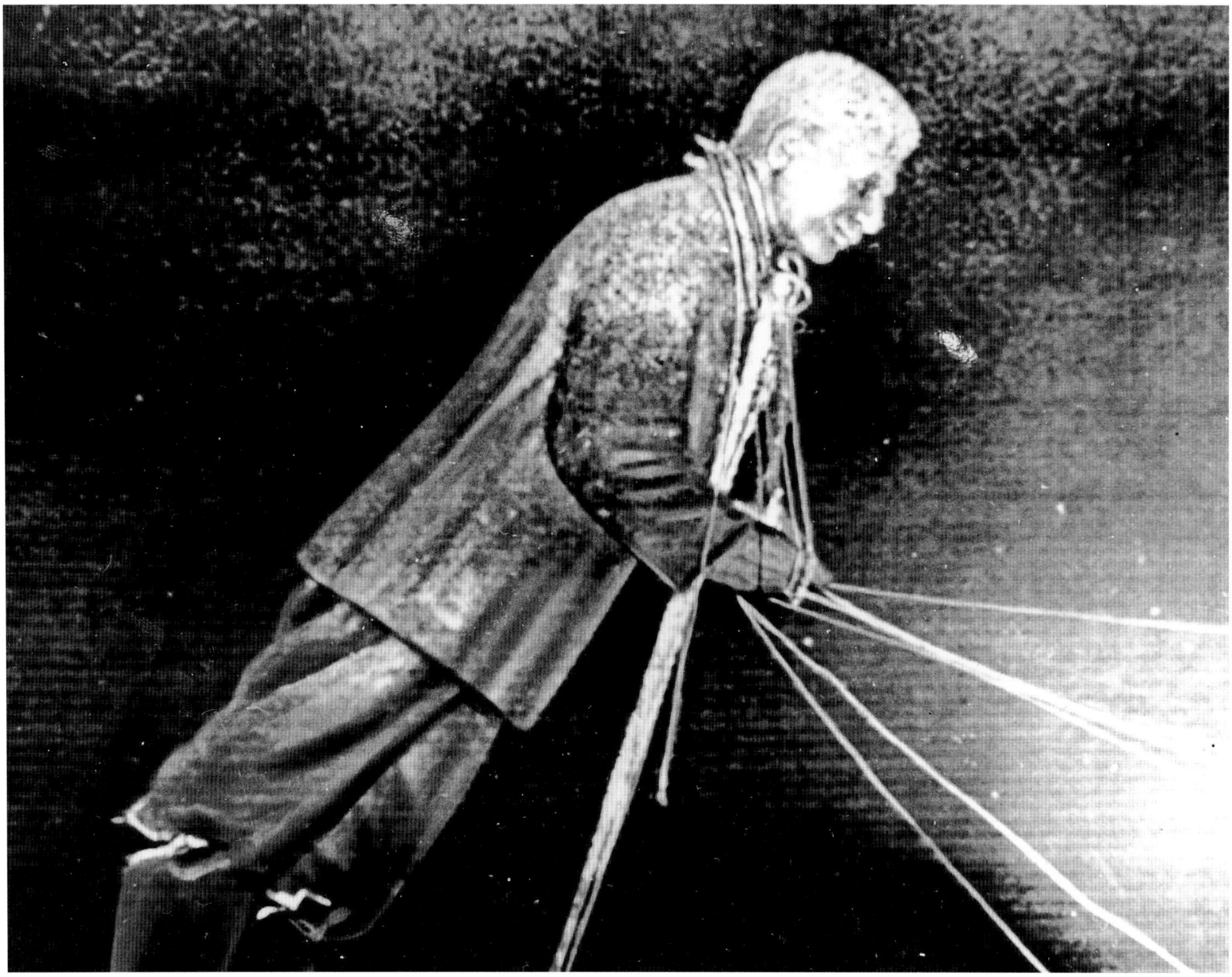

Unter diesem Druck gibt die Partei nach und folgt dem polnischen Beispiel: Zwei Verfolgte der Stalin-Ära, vor kurzem noch entmachtet, werden an die Spitze des Staates und der Partei gestellt. Imre Nagy wird neuer Ministerpräsident, Janos Kadar neuer Parteichef. Beide waren sie Widersacher Rakosis, beide gelten als Antistalinisten, Kadar saß unter Rakosi sogar jahrelang im Gefängnis. Imre Nagy versucht, die Öffentlichkeit zu beruhigen, verspricht, die geforderten Reformen durchzuführen. Aber die Sowjets warten nicht ab – ihre Besatzungstruppen greifen ein, versuchen Budapest zu besetzen. Das läßt den Aufstand sofort wieder aufflammen. Nun stehen die Ungarn im Kampf gegen die Sowjetarmee. Es ist der 25. Oktober 1956. Für die sowjetischen Panzer sollte es ein leichtes sein, mit den nur leicht bewaffneten Aufständischen fertigzuwerden. Doch da fährt die ungarische Armee mit ihren schweren Waffen auf, mit Panzern und Kanonen. Aus dem Aufstand ist ein Freiheitskampf geworden, ein Kampf gegen die sowjetische Besetzung. Und diesen Kampf verlieren die Sowjets zunächst einmal. Über zweitausend sowjetische Soldaten werden in den Straßen Budapests getötet, über hundert Panzer und gepanzerte Fahrzeuge werden außer Gefecht gesetzt. Die Sowjettruppen erhalten den Befehl zum Rückzug.

Die aufgebrachte Menge zieht zum Stalindenkmal und bringt die überlebensgroße Statue zu Fall (links oben). Am nächsten Morgen stehen nur noch Stalins Stiefel auf dem Denkmalsockel (oben). Die Statue selbst wird bei den Straßenkämpfen von den Aufständischen als Barrikade verwendet (rechts) und nach den Kämpfen zertrümmert (links).

Sowjetpanzer gegen Budapest

Die Sowjetunion ist in Budapest mit einem ihrer klügsten Diplomaten vertreten, mit Botschafter Juri Andropow. Er kommt aus dem Zentralkomitee der Partei, und er wird später zum Chef des KGB ernannt werden. Ab 1973 Vollmitglied des Politbüros der KPdSU, wird er Anfang der achtziger Jahre als Nachfolger Leonid Breschnews das Amt des Staats- und Parteichefs der Sowjetunion innehaben. Seine steile Karriere verdankt er nicht zuletzt seiner Haltung während des ungarischen Volksaufstands. Andropow gibt dem neuen ungarischen Ministerpräsidenten Nagy die Zusicherung, daß die Sowjettruppen nicht nur bereit seien, aus Budapest abzuziehen, sondern auch Ungarn zu verlassen. Dazu müßten allerdings Verhandlungen geführt werden. Nagy gibt das umgehend der ungarischen Öffentlichkeit bekannt. Jubel herrscht in den Straßen von Budapest. Trotz der noch brennenden Häuser, der vielen Ruinen, der vielen Toten. Doch Moskau denkt nicht daran, sich in Ungarn geschlagen zu geben. Schon am 23. Oktober, zu Beginn des Aufstands, war der damalige Vorsitzende des KGB, General Iwan Serow, auf dem sowjetischen Militärflughafen bei Budapest gelandet. Er ist ein Spezialist für die Niederschlagung von Aufständen, hat in der Stalin-Zeit unter Anwendung brutalster Methoden die Deportationen im Kaukasus durchgeführt und im Baltikum jeden Widerstand mit Waffengewalt unterdrückt. Jetzt soll er die Ungarn in die Knie zwingen. Doch die Hoffnung, daß dies noch mit Hilfe des ungarischen Staatssicherheits-

Die Aufständischen haben gesiegt, die ungarische Armee hat sich auf ihre Seite gestellt (links oben). Die Sowjettruppen haben sich zurückgezogen, aber sie sind aus Ungarn nicht abgezogen. So werden sie aufgefordert, „nach Hause zu gehen" (links unten). Die Kämpfe in Budapest aber schlugen der Stadt schwere Wunden (oben).

diensts gelingen könnte, schwindet schnell: Im ganzen Land wird gerade dieser Staatssicherheitsdienst von Aufständischen angegriffen, werden die Hauptquartiere der AVH gestürmt und vielfach niedergebrannt. Wo immer Sowjettruppen in die Kämpfe einzugreifen versuchen, werden auch sie unter zum Teil hohen Verlusten zunächst zurückgedrängt.

Imre Nagy verkündet die Auflösung des Staatssicherheitsdiensts. AVH-Angehörige werden beim Verlassen ihrer belagerten Stützpunkte von der Menge gelyncht. Nagy verfügt auch die sofortige Entlassung der politischen Häftlinge. Unter ihnen befindet sich Kardinal Jozsef Mindszenty. Er wird von einer Armeeeinheit befreit und im Triumph nach Budapest gebracht. Unter dem anhaltenden Druck der Straße erklärt sich Nagy nun auch bereit, Politiker anderer Parteien in sein Kabinett aufzunehmen, und zwar nicht gefügige Kollaborateure, sondern jene Demokraten, die von Rakosi ausgeschaltet und inhaftiert worden sind. Auch die bisher verbotene Partei der Kleinen Landwirte – früher die Mehrheitspartei Ungarns – wird wieder zugelassen. Ebenso die bisher verbotene Sozialdemokratische Partei. Ungarn ist auf dem Wege, eine Demokratie zu werden. Die Pressefreiheit wird wiederhergestellt: Über Nacht bringen die Parteien wieder ihre eigenen Zeitungen heraus. Sie alle stellen Forderungen an die Regierung, nach noch mehr Freiheit, nach noch mehr Demokratie. Eine der Forderungen aber überragt alle anderen: Raus mit den Sowjets, und raus mit Ungarn aus dem Warschauer Pakt! Ungarn soll neutral werden wie Österreich. Der damalige österreichi-

Der Kommunist Imre Nagy bildet die neue ungarische Regierung und lädt die Politiker der wiedergegründeten demokratischen Parteien zur Zusammenarbeit ein. Den Generalmajor Pal Maleter bestellt er zum neuen Verteidigungsminister, um den Sieg der Revolution abzusichern. Bild oben: Nagy (Mitte) mit dem Führer der Partei der Kleinen Landwirte Zoltan Tildy und Verteidigungsminister Maleter. Aus dem kommunistischen Gefängnis befreit, Ungarns Kardinal Jozsef Mindszenty (links).

Das Gebäude des ungarischen Rundfunks nach dem Kampf. Das Transparent verkündet, daß das ungarische Radio ein freies Radio geworden ist – für den Moment.

sche Botschafter in Budapest, Walther Peinsipp, bestätigt, daß das österreichische Beispiel starken Einfluß auf das Denken der Aufständischen in Budapest hatte. Österreich war es gelungen, die sowjetische Besatzung loszuwerden, offenbar im Austausch für die Neutralitätserklärung. Vielleicht, so hofft man in Budapest, könnte dies auch Ungarn gelingen.

Doch zu diesem Zeitpunkt sind die Würfel schon gefallen: Am 30. Oktober treffen zwei hochrangige Mitglieder des sowjetischen Politbüros in Budapest ein, Anastas Mikojan und Michail Suslow. Sie kämen, um zu verhandeln, erklären sie. Und tatsächlich beginnen nun im Budapester Parlamentsgebäude Verhandlungen zwischen dem neuen ungarischen Verteidigungsminister Pal Maleter und dem ungarischen Generalstabschef Istvan Kovacs einerseits und dem sowjetischen Militärkommando andererseits. Erstaunlich, was die Sowjets zunächst akzeptieren:

1. Die Sowjetunion werde die Souveränität der ungarischen Regierung respektieren und sich nicht in die inneren Angelegenheiten des Landes einmischen.

2. Die sowjetischen Truppen werden Ungarn bis zum 15. Januar 1957 verlassen. Bis dahin seien die Ungarn verpflichtet, die Sowjettruppen logistisch zu unterstützen und mit Nahrung zu versorgen.

3. Die Sowjettruppen sind beim Verlassen ungarischer Garnisonen als Befreier zu begrüßen und feierlich zu verabschieden.

4. Alle sowjetischen Kriegerdenkmäler und Kriegsgräber sind künftig von Ungarn zu erhalten und zu pflegen.

Pal Maleter unterrichtet Imre Nagy. Die Ungarn scheinen fast alles erreicht zu haben, was sie wollten. Aber einer warnt – der soeben von Imre Nagy zum Oberbefehlshaber der Nationalgarde bestellte General Bela Kiraly. Er verfügt über beunruhigende Informationen: Die sowjetischen Panzer, die Budapest verlassen haben, haben wieder kehrtgemacht und formen offenbar einen Belagerungsring rund um Budapest. Gleichzeitig haben starke sowjetische Panzerverbände die Grenze zwischen der Karpato-Ukraine und Ungarn überschritten und rücken zügig in Richtung Budapest vor. Später erfährt man, daß es gleich vier Sowjetdivisionen waren, die da in Ungarn eingefallen sind. Imre Nagy kontaktiert den Sowjetbotschafter Andropow. Dieser beruhigt: Die einmarschierenden Truppen seien nur dazu da, den sowjetischen Abzug zu decken. Es gebe keine Einkreisung Budapests. Die Sowjetführung werde sich an die besprochenen Vereinbarungen halten. Andropow lügt. Die Sowjetführung hat bereits beschlossen, den ungarischen Aufstand mit Gewalt zu beenden. Alles, was jetzt kommt, sind nur noch Täuschungsmanöver.

Was dann geschah, hat uns General Kiraly als Zeitzeuge detailliert geschildert. Hier zusammengefaßt sein Bericht: Am 3. November hatte man sich also über die Hauptpunkte der ungarischen Forderungen geeinigt. Am Abend sollte das Abkommen unterzeichnet werden, und zwar im sowjetischen Hauptquartier. Die ungarische Militärdelegation unter der Führung von Maleter sollte das Abkommen unterschreiben. Es war vereinbart, daß sich die Ungarn alle halben Stunden im Regierungsgebäude melden. Das taten sie auch bis 23 Uhr. Als um 23.30 Uhr kein Anruf kam, schickte General Kiraly einen Panzer zum Sowjethauptquartier, um nachzuschauen. Die Besatzung wurde von den Sowjets sofort entwaffnet und gefangengenommen. Maleter und seine Delegation waren schon vorher von sowjetischen KGB-Leuten am Verhandlungstisch verhaftet worden. Die sowjetischen Generäle zeigten sich überrascht von dieser Aktion, ob sie es wirklich waren, bleibt dahingestellt. In der Nacht auf den 4. November war also klar, daß die Sowjets lediglich verhandelt hatten, um Zeit zu gewinnen. Später hieß es, der Sowjetunion sei keine andere Wahl geblieben, da die Regierung Nagy den Austritt Ungarns aus dem Warschauer Pakt und die künftige Neutralität Ungarns angekündigt hatte. Laut General Kiraly sei die Sache jedoch umgekehrt gelaufen. Erst als Imre Nagy erkannt hatte, daß die Sowjets mit starken Kräften auf Budapest losmarschierten, habe er zu dieser Erklärung Zuflucht genommen. Nagy habe gehofft, die Welt (die UNO) würde Ungarn eher beistehen, wenn es nicht mehr Mitglied des Warschauer Pakts wäre und wenn es sich für neutral erklärte. In diesem Sinn wurde auch die ungarische Delegation bei den Vereinten Nationen angewiesen, alles in ihrer Macht Stehende zu tun, um innerhalb der UNO eine starke Unterstützung für Ungarn zu mobilisieren.

Doch in der UNO spielt Ungarn in diesen Tagen keine zentrale Rolle: Israel und Ägypten befinden sich im Krieg, Großbritannien und Frankreich greifen ein, um, wie sie verkünden, den Suezkanal zu schützen. Die Sowjetunion droht mit der Entsendung eigener Truppen. Die USA befürchten, der Konflikt könnte zu einem großen Krieg eskalieren. Außerdem steht man in Amerika unmittelbar vor einer Präsidentschaftswahl. So richten sich fast alle Anstrengungen der internationalen Diplomatie auf eine Beilegung des Nahostkonflikts. Die Appelle Ungarns werden zwar im Hauptquartier der UNO vorgetragen, doch bleibt jede praktische Unterstützung aus.

General Kiraly und Ministerpräsident Nagy sind in ständigem telefonischen Kontakt. Kiraly berichtet, wie die sowjetischen Truppen auf ihrem Weg nach Budapest eine ungarische Garnison nach der anderen angreifen, bis sie schließlich den äußeren Verteidi-

Noch glauben die Ungarn, daß die Sowjets ihre Zusage auf vollkommenen Abzug erfüllen werden. Verteidigungsminister Maleter (oben) wird im sowjetischen Hauptquartier vom Sowjetgeneral Malinin mit Handschlag empfangen (links oben). Danach wird verhandelt – die ungarische Delegation links, die sowjetische rechts (unten). Die Ungarn werden vom Verhandlungstisch weg verhaftet, Maleter wird später erschossen.

gungsring der Hauptstadt erreichen. Imre Nagy gibt immer wieder Weisung, die Sowjets unter keinen Umständen als erste anzugreifen. Wenn geschossen werde, müsse einwandfrei feststehen, daß es sich um eine sowjetische Aggression handelt. Bis zum Schluß will es Imre Nagy nicht glauben, daß die Sowjetunion zu einem solchen Betrug fähig sei. Erst als Kiraly meldet, daß die Sowjetpanzer bereits an seinem Hauptquartier vorbeifahren in Richtung auf das Parlament, entschließt sich Nagy über Radio Budapest der Welt in englischer Sprache folgendes mitzuteilen: „Hier spricht Imre Nagy. In den frühen Stunden dieses Morgens haben die sowjetischen Truppen einen Angriff auf die ungarische Hauptstadt unternommen mit dem offensichtlichen Ziel, die demokratische Regierung der ungarischen Volksrepublik zu stürzen. Unsere Truppen stehen im Kampf mit den sowjetischen Streitkräften. Das ist meine Botschaft an das ungarische Volk und an die gesamte Welt." Kiraly versucht Nagy zu bewegen, doch den eigenen Truppen und der Welt zu sagen, daß die Sowjetunion einen Krieg gegen Ungarn eröffnet habe, daß sich Ungarn im Krieg mit der Sowjetunion befinde. Doch dazu ist der Kommunist und langjährige Freund der Sowjetunion, Imre Nagy, nicht bereit. Ein Angebot Kiralys, die Regierung auszufliegen, zunächst nach Westungarn oder auch nach dem Westen, lehnt Nagy ebenso bestimmt ab. Statt dessen begibt er sich in die jugoslawische Botschaft, wo er und eine Reihe anderer Regierungsmitglieder Asyl erhalten. Nagy hofft, von hier aus die Verhandlungen mit den Sowjets fortsetzen zu können.

Am 4. November meldet sich der ungarische Schriftstellerverband mit einem verzweifelten Appell an die Welt: „Unsere Zeit ist kurz. Die Tatsachen sind bekannt, helft Ungarn, helft der ungarischen Nation, den Arbeitern, den Bauern, den Intellektuellen! Hilfe! Hilfe! Hilfe!" Rund tausend sowjetische Panzer dringen zu diesem Zeitpunkt in Budapest ein. Die Sowjetluftwaffe wirft Brand- und Sprengbomben auf die Stadt ab. In späteren Veröffentlichungen heißt es, 15 sowjetische Panzerdivisionen und 4 motorisierte Divisionen seien eingesetzt gewesen, um den ungarischen Widerstand zu brechen. An diesem 4. November befindet sich der neue Erste Sekretär der ungarischen Kommunisten, Janos Kadar, bereits auf sowjetischem Boden in der Karpato-Ukraine, wo er auf Sowjetbefehl eine „ungarische Revolutionsregierung der Arbeiter und Bauern" bildet. Kadar hat sich damit auf die Seite der sowjetischen Invasion gestellt. Als Ministerpräsident der neuen Regierung ersucht er nun auch offiziell die Sowjetunion um militärische Hilfe, um die „Konterrevolution" in Ungarn niederzuschlagen. Über Radio Szolnok ruft Kadar die Ungarn auf, das volksdemokratische System zu verteidigen.

Trotz der gewaltigen Übermacht der Sowjettruppen leisten die Aufständischen in Budapest bis zum 7. November Widerstand. In Teilen der ungarischen Provinz wird sogar bis Mitte November gekämpft. Nach später vorliegenden Schätzungen sind während des ungarischen Aufstands an die 25 000 Ungarn und etwa 7 000 Sowjetsoldaten ums Leben gekommen.

Am 21. November sichert die Regierung Kadar Imre Nagy und seiner Begleitung einen freien Abzug aus der jugoslawischen Botschaft zu. Als die Gruppe tags darauf die Botschaft verläßt, wird sie von sowjetischen KGB-Leuten umstellt, verhaftet, in einen bereitstehenden Bus gezerrt und noch am gleichen Tag über die Grenze nach Rumänien gebracht. Am 26. November verspricht die ungarische Regierung, Imre Nagy und seine Freunde „für ihre Verbrechen nicht vor Gericht zu stellen". Eineinhalb Jahre lang versucht man, Nagy mit allen Mitteln zu bewegen, ein Geständnis abzulegen: Für die Sowjetunion und die Regierung Kadar wäre es von größter Wichtigkeit, würde Nagy „gestehen", daß er im Auftrag ausländischer Kräfte gehandelt und damit Ungarn und die Sache des Volkes verraten hätte. Weder Nagy noch seine Mitstreiter sind zu diesem Geständnis zu bewegen. 1958 werden sie in einem Geheimprozeß zum Tod verurteilt, hingerichtet und in unbezeichneten Gräbern verscharrt.

Soweit die damaligen Ereignisse in Ungarn. Es ist wichtig, deren Ablauf zumindest in groben Zügen zu kennen, um zu verstehen, was im gleichen Zeitraum als Reaktion auf die ungarischen Ereignisse in Österreich vor sich ging.

Das Bundesheer erhält Schießbefehl

Am Nachmittag des 24. Oktober 1956 treten im Innenministerium in der Wiener Herrengasse die Spitzen der Polizei, der Gendarmerie und des Bundesheers zu einer rasch einberufenen Sitzung zusammen. Revolution in Budapest. Es kommt bereits zu Kämpfen zwischen den ungarischen Aufständischen und Sowjettruppen. Die österreichische Gendarmerie meldet, daß entlang der österreichisch-ungarischen Grenze offenbar auch schon Aufständische die Kontrolle übernommen haben: Auf den ungarischen Grenzstationen wehen die rotweißgrünen Fahnen mit dem Loch in der Mitte, das kommunistische Emblem ist herausgeschnitten. Die österreichische Exekutive steht jedoch vor der Frage, ob der Aufstand in Ungarn siegen wird oder ob noch schwere Kämpfe mit der Sowjetarmee und deren Sieg zu erwarten sind. In diesem Fall ist mit einem Vordringen der Sowjets bis zur österreichischen Grenze mit allen Konsequenzen zu rechnen: mit dem Übertritt von fliehenden Aufständischen auf österreichisches Gebiet, mit dem Versuch der Sowjets, diese zu verfolgen, daher auch mit sowjetischen Übergriffen auf österreichisches Hoheitsgebiet. Man beschließt eine Verstärkung der Gendarmerieposten im gesamten Grenzgebiet. Das Bundesheer erhält den Befehl, Alarmeinheiten zu bilden und die Gendarmerie jeweils zu verstärken. Ein Flugzeug und ein Hubschrauber werden für Aufklärungs- und Erkundungszwecke bereitgestellt.

Der Zeitpunkt der Krise hätte nicht ungünstiger sein können. Vor knapp zehn Tagen erst, am 15. Oktober, waren die ersten Rekruten des neuen Bundesheers eingerückt, 13 000 des Jahrgangs 1937. An Stammpersonal gab es 900 Offiziere, 500 Offiziersschüler und 6 000 Mann Kaderpersonal. Insgesamt standen also rund 20 000 Soldaten zur Verfügung, nein, 13 000 von ihnen hatten zwar schon eine Uniform an und auch ein Gewehr ausgefaßt, aber Soldaten waren sie noch nicht. Und doch mußte man nun mit ihnen operieren. Immer noch in der Hoffnung, die Krise in Ungarn möge rasch vorbeigehen.

Am Anfang schien es auch so. Binnen drei Tagen hatten die Aufständischen gesiegt, waren die Sowjets aus Budapest abgezogen. Doch schon am 2. November merkt man entlang der österreichisch-ungarischen Grenze, daß sich das Blatt zu wenden beginnt. Da und dort treffen sowjetische Einheiten an der Grenze ein, ziehen sich Aufständische zurück. Die Aufklärung meldet einerseits einen massiven Vorstoß starker sowjetischer Kräfte auf Budapest, andererseits sind sie auch im Vormarsch in Richtung Westen, auf Österreich zu. Nun kann alles eintreten, was man von Anfang an befürchtet hat. Trotz der Schwäche des Bundesheers und der Hoffnungslosigkeit, einen bewaffneten Kampf mit der Sowjetarmee bestehen zu können, werden die vorhandenen Kräfte des Bundesheers in Kampfbereitschaft gesetzt, beziehen sie entlang der Grenze Stellungen.

Die österreichische Bundesregierung weiß, daß sich Österreich in Wirklichkeit nicht verteidigen kann. Umso mehr setzt sie ihre Hoffnung auf eine Zusicherung des Westens, vor allem der USA, daß ein Überschreiten der österreichischen Grenze durch sowjetische Truppen von Amerika und damit von der NATO nicht geduldet

Bela Kiraly, General und Oberbefehlshaber der Nationalgarde: Die Sowjets kommen wieder.

Die beiden Männer hinter den Kulissen: der sowjetische Botschafter in Budapest, Juri Andropow (rechts), und der an die Spitze der ungarischen Kommunisten aufgerückte Janos Kadar (links). Nach dem Sieg der Sowjetpanzer bildet Kadar die neue ungarische Regierung, Andropow wird Jahrzehnte später Staats- und Parteichef der Sowjetunion.

werden würde. Der österreichische Botschafter in Washington, der frühere Außenminister Karl Gruber, wird beauftragt, die Haltung der US-Regierung dringend zu erkunden. Nicht, daß Österreich den Krieg wünscht, das schon gar nicht. Aber eine Garantieerklärung der USA, daß ein Angriff auf Österreich einen großen Krieg auslösen würde, sollte die Sowjetunion von einem solchen Schritt abhalten. Denn eines wäre vom politischen und militärischen Standpunkt der Sowjets her durchaus logisch: Es war die Räumung der Sowjetzone Österreichs, durch die die ungarische Westgrenze „entblößt" wurde, es war das Beispiel Österreich, das die Ungarn hoffen lassen konnte, daß auch sie die sowjetische Besatzung loswerden könnten. Und daß Ungarn dann im weiteren Verlauf auch zur Demokratie werden könnte. Der Aufstand könnte also in den Augen der Sowjets eng mit den Ereignissen in und um Österreich zusammenhängen. Und so könnte Moskau sich auch entschließen, den Status quo ante wiederherzustellen, das heißt nach Niederschlagung des ungarischen Aufstands auch die Ostzone Österreichs wieder zu besetzen. Und was würden die Westmächte in diesem Fall tun? Zuschauen? Auch ihre Zonen wieder besetzen? Das wünschte sich sicherlich so mancher NATO-General, wäre damit doch die Nord-Süd-Verbindung der NATO wiederhergestellt. So liegt der Bundesregierung alles daran, eine solche Entwicklung von vornherein auszuschließen. Dazu aber scheint es nur ein Mittel zu geben, nämlich der Sowjetunion mit dem großen Krieg zu drohen.

Und siehe da, in Washington trifft man damit auf Verständnis. Es gibt zwar keine ausdrückliche Garantieerklärung, aber unmißverständliche Warnungen. „Streng geheim", kabelt Botschafter Gruber am 5. November an das Außenamt in Wien: „Gestern abend hatte ich eine Aussprache mit einem der Verteidigungsminister. Dieser fragte mich, ob in Österreich Besorgnisse wegen allfälliger russischer Pressionen bestehen. Ich antwortete nein, die Lage (erfordert) natürlich ständige Beobachtung. Mein Mitredner schloß diese Aussprache mit der pointierten Bemerkung: ‚I can assure you they would not get away with this.' " („Ich kann Ihnen versichern, daß sie damit nicht durchkämen.") Und dann kommt auch das amerikanische Außenministerium mit einer Erklärung heraus, die zwar eine Antwort auf sowjetische Beschuldigungen darstellt, aber in ihrer Konsequenz doch recht eindeutig ist: „Der sowjetische Delegierte bei den Vereinten Nationen hat in dem Versuch, das unentschuldbare Vorgehen seiner Regierung in Ungarn zu rechtfertigen, probiert, Behauptungen der kontrollierten kommunistischen Presse Glaubwürdigkeit zu verleihen, denen zufolge von der Regierung der Vereinigten Staaten gestützte Elemente vom Territorium des neutralen Österreich aus den mutigen Versuchen des ungarischen Volkes, das sowjetische Joch abzuschütteln, politischen Anreiz oder Unterstützung geboten hätten. Eine solche Behauptung ist absolut falsch. Die Vereinigten Staaten haben den neutralen Charakter Österreichs geachtet und werden ihn auch weiterhin achten; sie sind der Ansicht, daß die Verletzung der territorialen Integrität oder der inneren Souveränität Österreichs natürlich eine ernste Bedrohung des Friedens bedeuten würde." Die „Washington Post" titelt dazu: „Would Be ‚Threat to Peace': US Warns Russia Not to Violate Austria's Borders or Neutrality" – „Das wäre eine Bedrohung des Friedens: US warnen Rußland davor, Österreichs Grenzen oder Neutralität zu verletzen".

Die österreichische Bundesregierung scheut nicht davor zurück, die Sowjetunion zur Einstellung der Kampfhandlungen in Ungarn aufzufordern. Sie richtet folgenden Appell an die Regierung der Union der Sozialistischen Sowjetrepubliken: „Die österreichische Regierung verfolgt mit schmerzlicher Anteilnahme das nun schon fünf Tage andauernde blutige und verlustreiche Geschehen im benachbarten Ungarn. Sie ersucht die Regierung der UdSSR mitzuwirken, daß die militärischen Kampfhandlungen abgebrochen werden und das Blutvergießen aufhöre. Gestützt auf die durch die Neutralität gesicherte Freiheit und Unabhängigkeit Österreichs, tritt die österreichische Bundesregierung für eine Normalisierung der Verhältnisse in Ungarn mit dem Ziele ein, daß durch die Wiederherstellung der Freiheit im Sinne der Menschenrechte der europäische Friede gestärkt und gesichert werde."

Kein anderes neutrales Land hat in dieser eindeutigen Form für die Freiheitsrechte der Ungarn das Wort ergriffen. Doch nun ist die Bundesregierung auch noch vor die Frage gestellt, ob in Anbetracht der gegen Westen vordringenden Sowjettruppen und der zu erwartenden großen Flüchtlingswelle die österreichische Ostgrenze gesperrt oder offen gehalten werden sollte. Man läßt in Bern anfragen, wie sich die neutrale Schweiz in diesem Fall verhalten würde. Doch die Schweiz würde sich in diesem Fall nicht anders verhalten, als sie sich in einem solchen Fall schon einmal verhalten hat, nämlich als Juden und Antinazis aus dem Dritten Reich in die Schweiz fliehen wollten: Grenze zu und strenge Aufnahmebedingungen, wer sie nicht erfüllen kann, wird zurückgewiesen. Es fehlt auch nicht an Warnungen: Wenn sich Österreich gegenüber flüchtenden ungarischen Aufständischen hilfsbereit zeigen sollte, so müßte es mit einer entsprechenden harten Reaktion der Sowjetunion rechnen. Wie hart, das wäre abzuwarten. Selbst die bedingungslose Aufnahme ungari-

In der Nacht vom 5. auf den 6. November 1956 bereitet sich das Bundesheer auf einen Kampf mit eindringenden sowjetischen Einheiten vor. Mit diesem Geheimbefehl (rechts im Faksimile) werden die einzelnen Einheiten in ihre Verteidigungsstellungen dirigiert. Bundesregierung und Bundesheer sind entschlossen, kämpfend Widerstand zu leisten und nicht – wie im Jahr 1938 – Österreich kampflos untergehen zu lassen.

GEHEIM

GRUPPENKOMMANDO I
Zahl 1.038-gehIII/Gz/56

Beilage ___ zu GrKdo I
Zl. 839 geh./3/56
Ev. Nr. 1

Befehl
für die Umgruppierung in der Nacht zum 5. November 1956
(mündlich im Laufe des Nachmittags 5.11.56 voraus).

1) In der Nacht zum 6.11.1956 sind die zum Grenzschutz eingesetzten Infanterieeinheiten der Gruppe I zurückzunehmen: Im Abschnitt der 1. Brigade in die Linie BRUCK/LEITHA – GROSS-MITTERN, in Abschnitt der 2. Brigade in die Linie BRUCK/L – LEITNDORF. Vorwärts dieser Linien verbleiben nur die bisher dort eingesetzten Panzeraufklärungskräfte sowie vereinzelte mot.Spä trupps.

In vorgenannten Linien ist durch die Brigaden eine stützpunktartige **Verteidigung unter Verwendung der Infanterieeinheiten aufzubauen.**

Die übrigen bisher unterstellten Einheiten stehen den Brigaden zur Kampfführung zur Verfügung. An Verstärkungen werden durch ArtRgt1 im Laufe der Nacht 1. und 2. Brigade je ein Pak-Zug zugeführt.

Alle erforderlichen Bewegungen sind als Übungsnachtmärsche zu bezeichnen; die mündlich angeordneten Übungsnachtmärsche sowohl der Jungmänner als auch der Alarmeinheit RWB, Alarmeinheit PJgB 1 und Alarmeinheit PJgB 9 unterbleiben.

2) Im Falle eines Angriffes ist wie folgt zu verfahren:
Jede Grenzverletzung ist durch die feststellende Einheit fernmündlich als Staatsgespräch zu melden
    a) direkt an das BMfLV
    b) auf dem Dienstweg an das vorgesetzte Kommando.

In gleicher Weise ist zu verfahren, wenn auffallendes Motorengeräusch fremder fliegender Verbände festgestellt wird. Nach Möglichkeit ist die Flugrichtung anzugeben.

Kampfaufträge: Vor überlegenem Feind sind einhaltend kämpfend zurückzuführen:

    1. Brigade durch das TRIESTINGTAL in den Raum südlich ST.PÖLTEN,

    2. Brigade über die Linie MÖDLING-SCHWECHAT südlich an WIEN vorbei entlang der Bundesstraße 1 in den Raum ST.PÖLTEN.

    3. Brigade hat Alarmeinheit PJgB 9 so bereitzuhalten, daß diese über KREMS herangeführt werden kann, um auf den Höhen westlich ST.PÖLTEN beiderseits der Bundesstraße 1 eine Auffangstellung zu beziehen.

scher Flüchtlinge sei problematisch, auch dies könnte zu unfreundlichen Reaktionen der Sowjetunion führen.

Erneut ist die Haltung der damaligen Bundesregierung zu bewundern: Obwohl sie sich des Ernstes der Lage voll bewußt ist, schlägt sie alle warnenden Ratschläge aus und beschließt ohne zu zögern, daß die Grenze gegenüber Ungarn offen zu halten ist, daß alle Flüchtenden in Österreich ohne jede Formalität aufzunehmen sind, einerlei ob sie über Papiere verfügen oder nicht. An das Bundesheer ergeht ein eindeutiger Befehl: „Wer österreichisches Gebiet bewaffnet betritt, ist zu entwaffnen, wer sich widersetzt, auf den ist das Feuer zu eröffnen. Das gilt auch für sowjetrussische Einheiten." Der spätere General Heinz Scharff stand damals mit den Soldaten an der Grenze. Er berichtet: „Die Truppen des Bundesheers hatten vom Beginn an einen eindeutigen Befehl für den Waffengebrauch. Es war das Feuer zu eröffnen, wenn einzelne Bewaffnete oder bewaffnete Formationen auf Aufforderung nicht wieder zurückgehen in das ungarische Gebiet oder nicht die Waffen ablegen. Und es war das Feuer zu eröffnen, wenn solche Einzelpersonen oder Formationen auf österreichischem Gebiet auf wen immer das Feuer eröffnen." Damit ist auch klar: Sollten Sowjetsoldaten flüchtende Ungarn auf österreichisches Gebiet verfolgen und versuchen, auf diese Ungarn in Österreich das Feuer zu eröffnen, dann hat das Bundesheer Befehl, auf diese Sowjetsoldaten zu schießen.

Der Autor dieses Buches hatte später Gelegenheit, mit führenden Herren der Schweizer Regierung und Armee über die damalige Situation zu sprechen. Sie wären, so erklärten sie, zunächst einmal entsetzt gewesen: Die Sowjets mußten, ihrer Ansicht nach, die österreichische Haltung als Provokation empfinden, und ein sowjetischer Einmarsch in Österreich hätte auch die Schweizer Sicherheit und Verteidigung unmittelbar berührt. Die Österreicher hätten mit dem Feuer gespielt.

Eine spontane Welle der Hilfsbereitschaft

Doch die Haltung der Bundesregierung, voll unterstützt durch das Parlament und durch die österreichische Bevölkerung, geht als Ruhmesblatt in die Geschichte der damaligen Ereignisse ein. Der Verlauf der österreichischen Grenze wird nun mit rotweißroten Fahnen markiert. In der Nacht werden entlang der Grenze Feuer entzündet. Die Flüchtlinge sollen wissen, wann und wo sie sicheren Boden erreichen. Und sie kommen. Sie kommen zunächst zu Hunderten, dann zu Tausenden. An manchen Tagen sind es bis zu 6000. Es kommen zunächst die, die dem Bombardement durch Panzer und Flugzeuge in Budapest entkommen wollten, Zivilisten, meist ganze Familien. Aber manchmal auch nur Kinder. Sie wurden von ihren Eltern weggeschickt mit einer Tafel um den Hals, die ihren Namen und ihr Geburtsdatum angibt. Dazu der Satz: „Helft, wir bleiben, um zu kämpfen."

Und die Österreicher helfen. Eine ungeheure Welle spontaner Hilfsbereitschaft geht durch das Land. Allüberall, vom Burgenland bis Vorarlberg, wird für die Flüchtlinge gesammelt: Geld, Kleidung, Schuhe, Nahrungsmittel. Gleichzeitig bieten Tausende Österreicher ihre eigenen Wohnungen zur Aufnahme von Flüchtlingen an. Die um diese Jahreszeit meist leerstehenden Hotels und Pensionen öffnen – zunächst ohne jegliche finanzielle Zusicherung durch die Regierung – ihre Pforten. Viele Schulen werden in Notquartiere umgewandelt. Die Bundesbahn stellt alle entbehrlichen Waggons an die Grenze: Sie dienen als erste Notunterkunft und danach zum Weitertransport der Flüchtlinge. Die großen Hilfsorganisationen – das Rote Kreuz, die Caritas, die Volkshilfe, die Arbeiter-Samariter, die Johanniter, die

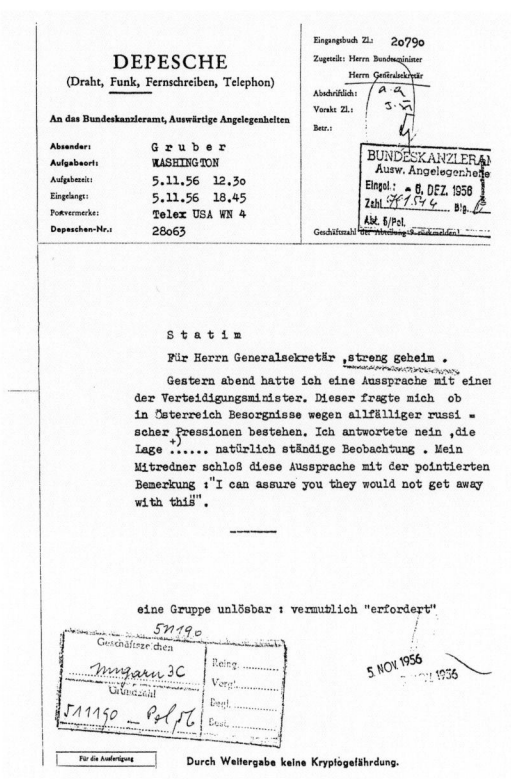

„Streng geheim" berichtet der österreichische Botschafter in Washington, Karl Gruber, nach Wien von der Versicherung aus dem amerikanischen Verteidigungsministerium, eine Bedrohung Österreichs durch die Sowjets würde nicht hingenommen werden.

Die österreichische Bundesregierung richtet einen mutigen Appell an die Sowjetregierung, mit dem Blutvergießen aufzuhören und die „Freiheit im Sinne der Menschenrechte" wiederherzustellen. Den Wortlaut dieses Appells sollen die österreichischen Botschafter in Moskau, Paris, London, Washington und Budapest den jeweiligen Regierungen zur Kenntnis bringen, und der Wortlaut des Appells soll auch bei der UNO, beim Europarat und bei der UNO-Filiale in Genf hinterlegt werden (rechts oben und unten).

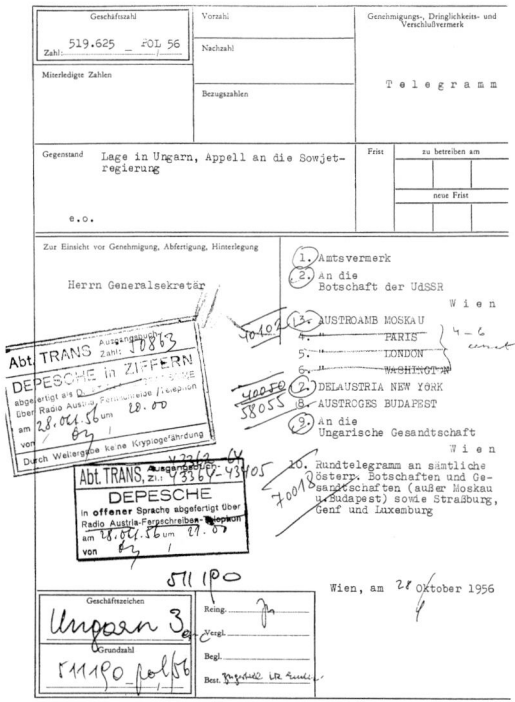

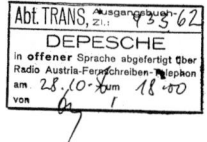

Pfadfinder und noch viele andere –, sie alle errichten entlang der Grenze Auffangstationen. Hier erhalten die Flüchtlinge, die oft nur leicht bekleidet und total durchnäßt die rettende Grenze erreichen, ihre erste warme Kleidung und ihre erste warme Mahlzeit. Und es gibt keine Bürokratie: Erst viel später, wenn sie die Flüchtlingslager oder andere Unterkünfte erreicht haben, werden die Flüchtlinge registriert.

Zunächst auch wird die gesamte Flüchtlingsbetreuung aus dem österreichischen Bundesbudget und durch Spenden der Hilfsorganisationen und der Bevölkerung finanziert. Übrigens: Überall in Österreich finden auch Straßensammlungen statt. Politiker, Schauspieler, Schriftsteller, sie alle gehen mit der Sammelbüchse auf die Straße. Diese Sammlungen stehen unter dem Motto: „Wer ärmer ist als die Flüchtlinge braucht uns nichts zu geben." Die bekannte Schauspielerin Johanna Matz, die damals ebenfalls auf der Straße sammelte, erinnert sich: „Alles kam auf mich zu. Ich war also sehr erfreut, was da alles in diese kleine Büchse hinein kam. Ganz Österreich war von dieser Welle ergriffen. Es war eine unglaubliche Zeit. Ich war dankbar, in Freiheit leben zu können, im Westen zu sein und auch schon helfen zu können, anderen helfen zu können. Das war für mich nach dem Krieg, und was wir alles erlebt hatten, ein ganz unglaubliches Gefühl des Zusammengehörens."

Das Bundesheer hat sich an der Grenze eingegraben. Doch was geschieht, wenn die Kämpfe die österreichische Grenze erreichen? Werden die Sowjets stehenbleiben, oder werden sie weitermarschieren? Der österreichische Verteidigungsminister Ferdinand Graf und der Generaltruppeninspektor Erwin Fussenegger schließen einen solchen sowjetischen Vorstoß nicht aus. Die Rückverlegung des Bundesheers in zwei Sperrstellungen wird angeordnet: Eine Brigade wird zwischen Bruck und Petronell, die andere in der Wiener Neustädter Pforte, zwischen Sauerbrunn und Großhöflein, in Stellung gebracht. Dazu General Scharff: „Um wenigstens etwas Widerstand zu leisten, einen Kampf um Zeitgewinn, viel mehr war ja bei diesem Kräfteverhältnis nicht zu erwarten, sollte es zu einem Überschreiten der Grenze durch sowjetische Truppen kommen." Dahinter steckt eine politische Überlegung: Man hat Österreich nach dem Zweiten Weltkrieg große Vorwürfe gemacht, daß es sich 1938 den Hitler-Truppen ohne jeden Widerstand ergeben hatte. Nicht ein Schuß wurde damals abgefeuert. Hätte das Bundesheer damals jedoch geschossen, und wäre der Widerstand auch nur kurz gewesen, hätte es überhaupt einen Schießbefehl gegeben, so wäre dies Österreich nach dem Krieg von den Alliierten hoch angerechnet worden. Der Jubel um Hitler und das Ergebnis der Volksabstimmung über den Anschluß an Deutschland wären durch solchen Widerstand immerhin relativiert worden. Das ist die Erfahrung der damaligen Bundesregierung, eine Erfahrung aus jüngster österreichischer Geschichte. So ist man fest entschlossen, diesmal Widerstand zu leisten, wenn erneut eine ausländische, eine diktatorische Macht Österreichs Unabhängigkeit durch militärischen Einmarsch bedrohen sollte. Diesmal werde man durch eine eindeutige Haltung der österreichischen Bevölkerung und der Welt ein eindeutiges Zeichen geben.

In der Nacht zum 6. November ergeht ein geheimer Befehl an die Soldaten des Bundesheers: „Im Falle eines Angriffs ist wie folgt zu verfahren." In dem Befehl heißt es wörtlich: „Kampfaufträge: Vor dem überlegenen Feind sind die Verbände hinhaltend kämpfend auf die Höhen westlich von St. Pölten zurückzuführen, dort ist eine Verteidigungsstellung aufzubauen."

Gleichzeitig versucht sich die Bundesregierung jedoch auch diplomatisch abzusichern. Die Militärattachés der vier früheren Besatzungsmächte, der Sowjetunion, der USA, Großbritanniens und

51

Frankreichs, werden eingeladen, die österreichisch-ungarische Grenze persönlich in Augenschein zu nehmen. Das tun sie auch. Und überall, entlang der gesamten Grenze, wird ihnen bewiesen, daß die ungarischen Aufständischen von österreichischer Seite oder über österreichisches Territorium hinweg keinerlei militärische Hilfe erhalten, daß flüchtende Aufständische sofort entwaffnet und interniert werden. Tatsächlich kommt es entlang der Grenze nur zu wenigen Zwischenfällen. Immer wieder einmal wird auf Flüchtlinge geschossen, auch wenn sie schon österreichischen Boden erreicht haben, nur ganz selten aber werden sie von Sowjetsoldaten verfolgt. Es gibt einen einzigen schweren Zwischenfall: Als drei Sowjetsoldaten bei Rechnitz Flüchtenden über die österreichische Grenze nachsetzen und auf Anruf nicht bereit sind, ihre Verfolgungsjagd abzubrechen, eröffnen österreichische Zollwachebeamte das Feuer. Ein Sowjetsoldat wird schwer verwundet und stirbt kurz darauf, ein weiterer kann flüchten, der dritte wird festgenommen und später den Sowjets übergeben. Und es gibt auch einen grotesken Zwischenfall: Am 23. November überschreitet ein Schweizer in voller Miliziuniform und schwer bewaffnet die österreichisch-ungarische Grenze, um am ungarischen Freiheitskampf teilzunehmen. Niemand hat das richtig bemerkt, es war ja auch kaum vorstellbar. Der Schweizer Milizionär kommt solcherart ungehindert nach Ungarn. Nach einigen Tagen kehrt er zurück: Es tue ihm leid, er sei zu spät gekommen. Er wird entwaffnet und den Schweizer Behörden übergeben.

Mit rotweißroten Fahnen wird die österreichische Grenze markiert. Die Gendarmerie hat Weisung, alle Flüchtlinge ohne jede Formalität durchzulassen. Nicht zuletzt im Gedenken an jene Österreicher, die 1938 fliehen wollten und nicht konnten, weil die Nachbarn ihre Grenzen gesperrt hatten.

Dann kommen sie, zuerst Hunderte, dann Tausende, um über Österreichs Grenze in die Freiheit zu fliehen. Am Ende werden es über 180 000 Ungarn sein, die Österreich als Flüchtlinge aufnimmt. Die meisten von ihnen kommen ohne Gepäck, haben nicht mehr mit als die Kleidung, die sie tragen.

53

In Wien brennen die KP-Lokale

Nach und nach strecken die Aufständischen in Ungarn die Waffen. Zum letzten Mal meldet sich ein ungarischer Freiheitssender mit einer Botschaft an die Welt: „Völker der Welt! Auf den Wachtürmen des tausendjährigen Ungarn verlöschen die letzten Feuer. Hilfe, Hilfe! Gott mit Euch und Gott mit uns!" Die Völker hören den Hilferuf, und die Menschen gehen auf die Straße: „Freiheit für Ungarn! SOS, rettet Ungarn!" Überall im Westen finden Demonstrationen statt. „Ungarns Freiheit ist ermordet worden! Was wird aus unserer Freiheit?" heißt es in Westberlin. In Paris, in Rom, in London, in New York, überall wird für Ungarn demonstriert, überall appellieren die Menschen an ihre Regierungen, doch nicht untätig zuzuschauen. Doch die Regierungen lassen es bei Protesten bewenden. Europa ist geteilt, Ungarn gehört zur anderen Hälfte, zur sowjetischen. Jede militärische Hilfe würde den großen Krieg bedeuten. Diese Untätigkeit bringt die Menschen noch mehr auf. In Rom versuchen Demonstranten, die sowjetische Botschaft zu stürmen. In einer regelrechten Straßenschlacht wehren Polizei und Kriminalbeamte den Angriff ab. In Paris führt die Regierung den Demonstrationszug an, legt Kränze für die gefallenen Ungarn nieder. Aber die Geste beruhigt die Gemüter nicht. Die Menge zieht weiter zum Hauptquartier der Kommunistischen Partei Frankreichs. Das Gebäude wird gestürmt, Möbel und Akten werden auf die Straße geworfen und angezündet.

Ausschreitungen auch in Österreich. Gerade an dem Tag, an dem in Budapest die letzten Bastionen der Freiheitskämpfer fallen, hält in Wien die Kommunistische Partei Österreichs eine Feier zum Jahrestag der russischen Oktoberrevolution ab – im Messepalast. Vor dem Palast sammeln sich nun Demonstranten, vor allem Studenten. In Sprechchören fordern sie die Absage der kommunistischen Veranstaltung. Das stellt die Polizei und die Regierung vor ein Problem. Kann die KP-Feier nicht geschützt werden, könnte die österreichische Regierung beschuldigt werden, nicht mehr Herrin der Lage zu sein. Sollte man nach einem Vorwand suchen, in Österreich einzumarschieren, so könnte man sich auf diese Vorgänge berufen. Innenminister Oskar Helmer und der Wiener Polizeipräsident Josef Holaubek beschließen, den Schutz der KP-Feier unter allen Umständen sicherzustellen. Andererseits würde ein gewaltsames Vorgehen gegen die Demonstranten helle Empörung bei der Bevölkerung auslösen. Holaubek, nie verlegen, wenn es darum geht, Gewaltanwendung durch schlaue Überlegung zu ersetzen, weiß den Ausweg: Er versteht es, den Demonstranten heimlich die Nachricht zukommen zu lassen, daß die KP-Funktionäre nun bald die Feier schließen und dann durch ein Seitentor möglichst unbemerkt den Messepalast verlassen wollen. Um dies zu verhindern, ziehen die Demonstranten zum Seitentor – während Holaubek am entgegengesetzten Ende des Messepalasts die KP-Funktionäre sicher aus dem Gebäude geleiten läßt. Aber die demonstrierenden Studenten ziehen nun weiter. Dazu Holaubek: „In der Nacht ist es bis drei Uhr früh zu ganz gefährlichen Unruhen in Wien gekommen. Es wurde eine Reihe von KP-Lokalen beschädigt, zum Teil auch zerstört. Begonnen hat das zuerst unmittelbar in der Umgebung des Messepalasts, doch dann zogen sie in die Innere Stadt und in die angrenzenden Bezirke."

Mit dem Ruf „Freiheit für Ungarn!" werden kommunistische Fahnen verbrannt und Parteilokale gestürmt. Einrichtungsgegenstände werden auf die Straße geworfen und angezündet. In fast allen Bezirken brennen die Scheiterhaufen. Die Polizei kann nur noch versuchen, den Schaden zu begrenzen und vor allem die politisch heikelsten Objekte zu schützen: das sowjetische Siegesdenkmal auf dem Schwarzenbergplatz und das sowjetische Botschaftsgebäude. Das al-

Spontan wird für die Flüchtlinge gesammelt. Auch viele prominente Schauspieler gehen mit der Sammelbüchse auf die Straße. Rechts von oben nach unten: Johanna Matz, Fritz Muliar, Susi Nicoletti.

Johanna Matz: Ein ganz unglaubliches Gefühl des Zusammengehörens.

lerdings gelingt ihr, die Sowjetunion dürfte keinen Grund haben, sich zu beschweren. Doch sie hat einen. Sie beschuldigt Österreich, die Lieferung von Waffen und anderem wichtigen Gerät an die Aufständischen in Ungarn unter Verletzung des österreichischen Territoriums zugelassen zu haben.

In der Zeit zwischen dem ersten Aufstand in Budapest am 23. Oktober und dem sowjetischen Angriff am 4. November waren aus ganz Europa Hilfszüge quer durch Österreich nach Ungarn unterwegs: mit Lebensmitteln, mit Medikamenten, mit Hilfslazaretten und Sanitätspersonal. Weder damals noch danach konnte nachgewiesen werden, daß mit diesen Hilfslieferungen auch Waffen transportiert worden wären. Im übrigen hätten das die Aufständischen auch nicht notwendig gehabt: Nachdem sich die ungarische Armee mit ihnen verbündet hatte, verfügten sie ausreichend über Waffen, um ihren ersten Sieg über die Geheimpolizei und die Sowjets zu erringen. Und danach hätte ihnen auch keine Waffenlieferung aus dem Westen mehr geholfen.

Konkret werden die Anschuldigungen gegen Österreich, als die Moskauer „Prawda" die österreichische Botschaft in Budapest bezichtigt, solche Waffen als „Hilfslieferungen" an die Aufständischen verteilt zu haben. Die Bundesregierung weist diese Behauptung scharf zurück. Auch die österreichische Vertretung bei der UNO wendet sich energisch gegen diese Behauptungen. Doch dann verstummt das sowjetische Störfeuer: Es ist die neue ungarische Regierung unter Janos Kadar, die sich bei der österreichischen Botschaft für die humanitäre Hilfe bedankt, die den Ungarn durch Österreich in dieser schweren Zeit zuteil geworden sei. Eines von mehreren Zeichen, daß die Regierung Kadar, zwar von den Sowjets eingesetzt, doch nicht ganz auf den alten Kurs der Rakosi-Zeit zurückschwenken will, ja daß sie demnächst auch erträgliche, wenn schon nicht gute, Beziehungen mit Österreich suchen wird. In Ungarn selbst aber geht diese Regierung mit ungeheurer Schärfe gegen die unterlegenen Aufständischen und deren Führer vor. Tausende werden gefangengenommen und in die Sowjetunion deportiert. Hunderte werden hingerichtet. Das volle Ausmaß dieser Strafmaßnahmen wird erst viele Jahre später, nach der Wende im Jahr 1989, bekannt: 2000 Todesurteile, 20000 langjährige Freiheitsstrafen.

Dementsprechend hält der Flüchtlingsstrom aus Ungarn nach Österreich weiterhin an. Letztlich sind es insgesamt über 180000 Menschen, die Zuflucht in Österreich suchen. Bundeskanzler Julius Raab schildert die Lage in dramatischen Worten vor dem Nationalrat: „Unendliches Leid und bittere Not sind über Männer, Frauen und Kinder eines Landes hereingebrochen, mit dem wir durch eine jahrhundertealte Schicksalsgemeinschaft verbunden waren. In spontaner Hilfsbereitschaft haben alle Schichten unserer Bevölkerung in diesen Tagen versucht, Leid und Elend dort zu lindern, wo es mit unseren bescheidenen Kräften möglich war und noch möglich ist. Ich bin dessen gewiß, daß das österreichische Volk weiterhin das Menschenmögliche tun wird. Ich danke allen, die sich in den Dienst der Nächstenliebe gestellt haben." Gleichzeitig wendet sich die Regierung mit einem Hilferuf an 20 Staaten der Welt. Die österreichischen Botschafter werden beauftragt, bei den dortigen Regierungen vorstellig zu werden und „... im besonderen darauf hinzuweisen, daß Österreich der Situation im Hinblick auf die ständig wachsende Zahl der Flüchtlinge nicht Herr werden könne, falls nicht auch andere Staaten möglichst rasch im vollen Umfange ... die Mitverantwortung und Lasten tragen". Dringend ersucht die österreichische Regierung diese Staaten, sie mögen sich „zur Aufnahme von laufenden Flüchtlingstransporten unter Wegfall aller Formalitäten bereit erklären, um die hiesige Situation zu erleichtern". Dann folgt ein Nach-

Als die Nachricht vom Sowjetangriff auf Budapest in Wien eintrifft, kommt es hier, wie auch in anderen westeuropäischen Städten, zu empörten Demonstrationen (links). Eine aufgebrachte Menschenmenge versucht, den Wiener Messepalast zu stürmen, wo die KPÖ eine Feier zum Jahrestag der bolschewistischen Revolution abhält (rechts oben). Als die Polizei dies verhindert, werden in einigen Wiener Bezirken kommunistische Parteilokale verwüstet, Möbel und Akten angezündet (rechts unten).

satz: „Letzte Nacht sind allein 5 000 Flüchtlinge eingelangt, nach den letzten Nachrichten ist auch für heute ein Zustrom von mehreren tausend Flüchtlingen zu erwarten." Langsam, aber doch reagiert nun die Welt. Die USA erklären sich bereit, 21 500 Flüchtlinge sofort aufzunehmen. Eine doppelte Luftbrücke wird eingerichtet, von Wien und München nach New York. Dann springen auch andere ein: Die Schweiz will 10 000 Flüchtlinge aufnehmen, die Bundesrepublik Deutschland 16 000, Holland 5 000, Belgien 3 000. Israel ist bereit, alle jüdischen Flüchtlinge aufzunehmen. Großbritannien, Frankreich und Kanada öffnen ihre Grenzen für alle, die kommen wollen.

Nixon kommt nach Österreich

Hoher Besuch aus Amerika meldet sich an: Vizepräsident Richard Nixon will sich an Ort und Stelle über das Ausmaß des Flüchtlingsproblems in Österreich orientieren. Er kommt im Auftrag des Präsidenten Eisenhower und in Antwort auf weitere dringende Hilfeansuchen Österreichs. Er trifft am 19. Dezember 1956 mit einer Maschine der US-Luftwaffe am Flughafen Schwechat ein. Nach Gesprächen mit Bundespräsident Theodor Körner und den Spitzen der Bundes-

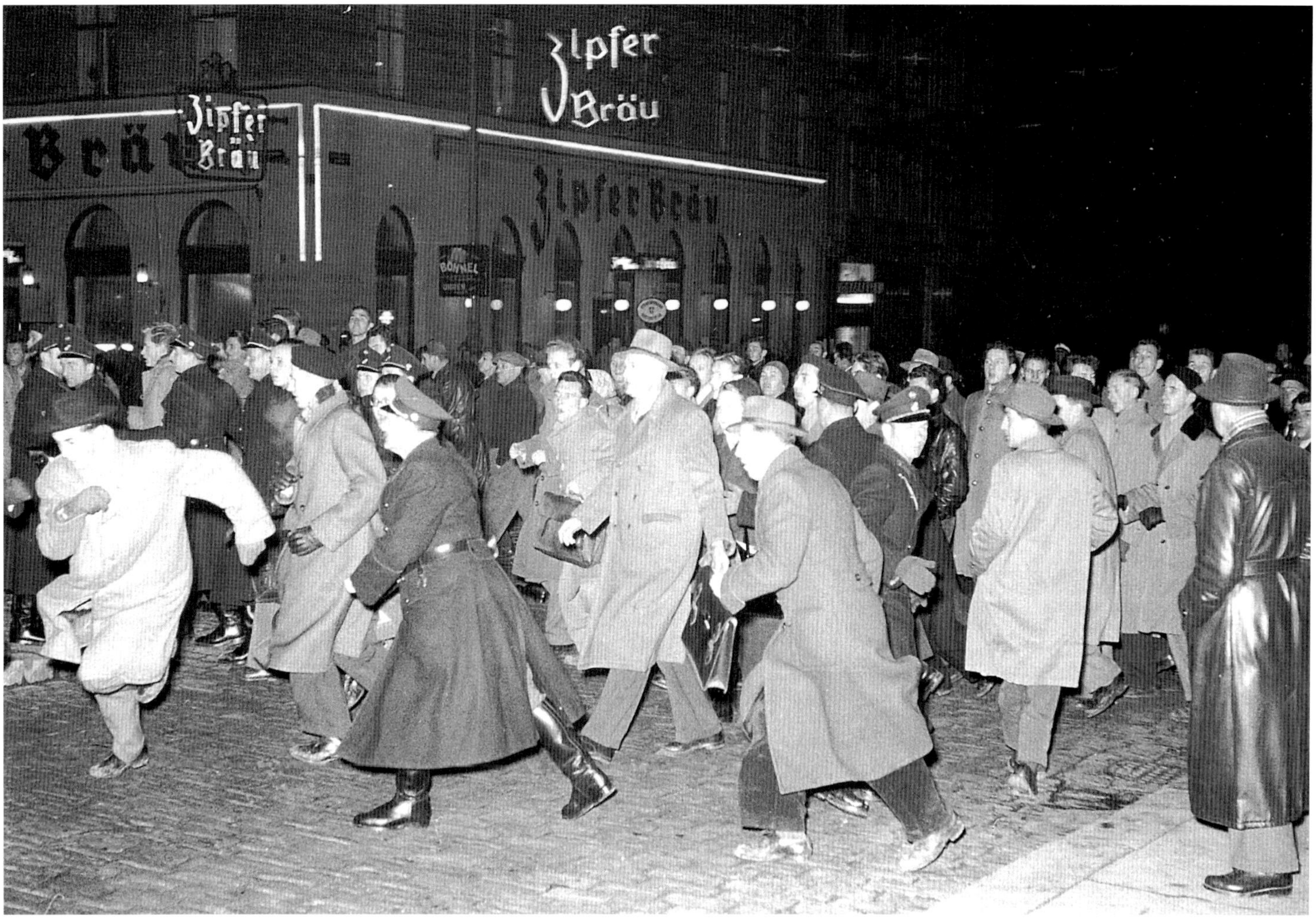
Zipfer
Bräu
Bräu
Zipfer
Bräu
Zipfer Bräu

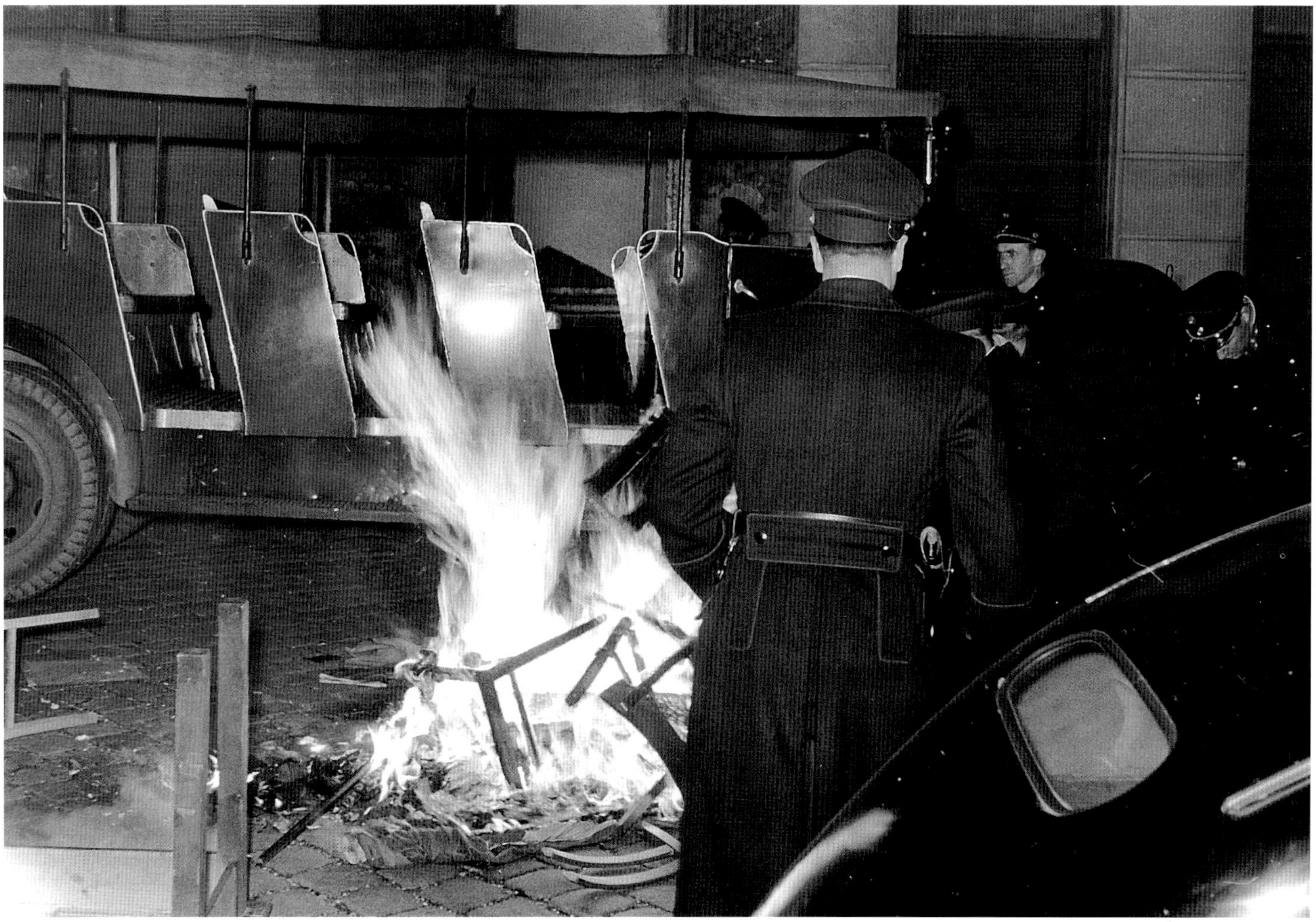

regierung besucht Nixon die Auffanglager für Flüchtlinge in unmittelbarer Grenznähe, in Neusiedl am See und in Andau. Danach hält er sich längere Zeit im großen Auffang- und Durchgangslager in Eisenstadt auf und begibt sich anschließend in das Flüchtlingslager Traiskirchen. Was er in diesen Lagern sieht, die Gespräche, die er dort mit Flüchtlingen führt, bewegen Nixon sichtlich. Insbesondere die Berichte, auf welche Weise sich diese Menschen nach Österreich durchzuschlagen hatten, die tagelangen Fußmärsche, oft fernab der Straßen, um den Patrouillen nicht in die Hände zu fallen. Und dann der Augenblick, in dem sie die erste österreichische Fahne sehen, die letzten hundert Meter, die sie zur Grenze laufen, immer in der Angst, verfolgt und beschossen zu werden.

Flüchtlinge aus Ungarn: Sie wissen nicht, was die Zukunft für sie bringt, sie wissen nur, was hinter ihnen liegt. Alte kommen und Junge, Städter und Bauern – und auch Kinder ohne Eltern.

Am 21. Dezember um 2.30 Uhr früh verläßt ein Wagen die US-Botschaft in Wien: Nixon fährt an die Grenze, er will das alles selbst sehen. An der Grenze steigt er aus, stapft durch die Dunkelheit, schließt sich einer österreichischen Patrouille an und erlebt nun, was an dieser Grenze seit vielen Tagen jede Nacht vor sich geht: Erschöpfte Menschen, die mit letzter Kraft den freien Boden Österreichs erreichen. Einige von ihnen werden nun auf diesem Boden als erstes vom amerikanischen Vizepräsidenten begrüßt. Dann kehrt Nixon nach Wien zurück, besucht weitere Flüchtlingslager und begibt sich anschließend nach Salzburg in die ehemaligen amerikanischen Militärunterkünfte in Camp Roeder und Glasenbach – auch sie dienen jetzt als Flüchtlingslager. So beeindruckt ist Nixon von all dem, was er in Österreich erlebt hat, daß er nach seiner Rückkehr in die USA eine Verdoppelung der Aufnahmequote für ungarische Flüchtlinge in Amerika verkündet und der österreichischen Bundesregierung großzügigere amerikanische Finanzhilfe zusagt. In der bedrängten Situation war der Besuch Nixons und war vor allem das Resultat dieser Reise für die österreichische Regierung sehr wichtig. Aber dafür wird sie von seiten der Sowjetunion und der Kommunisten erneut verdächtigt, mit Nixon aggressive Pläne gegenüber dem Sowjetblock besprochen zu haben. Heute, da alle Protokolle über die damaligen Gespräche in Österreich wie in den USA offenliegen, ist eindeutig bewiesen, daß es nur um die Flüchtlingsfrage ging und um sonst nichts.

Von den rund 180 000 ungarischen Flüchtlingen wandern letztlich fast 170 000 von Österreich aus weiter. Knapp 10 000 bleiben im Lande. Eine von ihnen, Eva Szöts, berichtet über die Stimmung in Österreich, wie man sie sich einige Jahre später kaum noch vorstellen kann: „Die Leute, die uns empfangen haben, die Österreicher, die einfachen Menschen, die Organisationen, die hatten nicht nur Anteilnahme und Verständnis unserer Lage gegenüber, sie haben uns Sympathie, Zuneigung und Liebe entgegengebracht. Wir wurden nicht angefeindet, man hat nicht böse geschaut, wenn wir einmal laut gelacht haben. Wir hatten nicht das Gefühl, Menschen zweiter Klasse zu sein. Ganz im Gegenteil, wir hatten irgendwie eine Sonderposition, egal wo wir hingegangen sind, in Ämter oder wo auch immer, wir sind immer anders behandelt worden, besser behandelt worden als die anderen. Das war für uns ein großer Trost, denn wir waren wirklich heimatlos, und wir hatten sehr wenig Hoffnung für unsere Zukunft. Wir haben immer gedacht, es wird ein Wunder geschehen müssen, daß wir aus diesem einen Paar Schuh' herauskommen und daß wir irgend etwas einmal schaffen können, mit nichts in der Hand. Aber das hat uns Hoffnung gegeben."

Eva Szöts: Wir waren wirklich heimatlos und hatten sehr wenig Hoffnung.

Vom Umgang mit der Erblast

Für Österreichs Hilfe bedankt sich eine Organisation in besonderer Weise, der Jüdische Weltkongreß. Eine Abordnung, die eigens von

New York nach Wien gekommen ist, dankt Bundeskanzler Raab für die vorbildliche Aufnahme und religiöse Betreuung der jüdischen Flüchtlinge aus Ungarn. Nahum Goldmann, der Präsident des Jüdischen Weltkongresses, überreicht dem Bundeskanzler eine Anerkennungsmedaille. Der Geste kommt besondere Bedeutung zu: Goldmann hat bisher oft vergeblich mit Raab und den Österreichern um eine gerechtere und großzügigere Behandlung der jüdischen Opfer des NS-Regimes verhandelt. Diesmal kommt Goldmann nicht als Mahner, sondern als Dankender.

Überhaupt kommt Österreich in dieser Zeit eine Welle von Sympathie, Anerkennung und Dankbarkeit aus der ganzen Welt entgegen. Großartig, wie sich dieses kleine Land in so ernster und nicht ungefährlicher Situation verhalten hat: Mutig gegenüber der Sowjetunion, eindeutig in der Frage der Verteidigungsbereitschaft (auch wenn es wohl nur eine symbolische Verteidigung gewesen wäre beim damaligen Zustand des Bundesheers) und vor allem großherzig und opferwillig gegenüber den Flüchtlingen aus Ungarn. Im Parlament findet man auch eine politische Erklärung für diese Haltung: 1938, als die Hitler-Truppen in Österreich einmarschierten, versuchten Zehntausende Österreicher das Land zu verlassen, vorwiegend Juden, aber auch politische Gegner des NS-Regimes. Doch die Nachbarstaaten sperrten ihre Grenzen. Und nur mit großer Mühe, wenn überhaupt, konnten diese Menschen Einreisevisa in andere Länder erhalten. 65 000 jüdischen Mitbürgern gelang die Flucht nicht mehr, sie starben in den Vernichtungslagern des Hitler-Regimes. Daraus habe man die Lehre gezogen: In einer ähnlichen Situation hat Österreich seine Grenzen weit aufzumachen, hat die Flüchtenden zunächst aufzunehmen und nicht erst nach Paß und Visum zu fragen.

Österreich gibt damit ein Vorbild. Und es hätte den Augenblick nutzen können, um mit sich selbst und gegenüber der Welt bezüglich der eigenen jüngsten Vergangenheit ins reine zu kommen. Gerade weil man sich auf die Erfahrung des Jahres 1938 beruft – damals ohne Widerstand untergegangen, diesmal wird Widerstand geleistet, und damals machten andere ihre Grenzen dicht, wir halten sie diesmal offen –, hätte man die Erblast aus diesem Anschlußjahr und der NS-Zeit jetzt anzusprechen gehabt. Dazu hätte es allerdings einer weiteren Erkenntnis und eines Bekenntnisses bedurft: der Erkenntnis, daß 1938 Österreich zwar als Staat ausgelöscht worden ist, daß aber die Österreicher an dem, was damals auf österreichischem Boden im Dritten Reich geschah, in einem hohen Maße beteiligt waren. Dazu das Bekenntnis: Aus der sich daraus ergebenden Mitschuld vieler Österreicher ergibt sich eine Mitverantwortung auch des neuen Österreichs, der Zweiten Republik. Diese doppelte Konsequenz wurde damals nicht gezogen, und es wird bis zum Jahr 1991 dauern, bis Bundeskanzler Franz Vranitzky eine entsprechende Erklärung im Parlament abgibt. So werden Rückstellungen an vertriebene Österreicher, Erbschaften von Ermordeten, Entschädigungen für geschehenes Unrecht von dieser Zweiten Republik immer nur zögernd geleistet, oft von der Bürokratie blockiert und wenn schon zugestanden, dann in einer recht demütigenden Weise. Das sind die Gründe, weshalb sich Österreich immer wieder mit Klagen und Anschuldigungen, insbesondere in den USA, aber auch sonst in der Welt konfrontiert sieht. Und das bis hinauf in die neunziger Jahre. Der spätere „Fall Waldheim" wird dafür symptomatisch sein. Damals, unmittelbar nach der Ungarnkrise, als Nahum Goldmann am Ballhausplatz vorsprach, hätte ein offenes Bekenntnis und ein großzügiges Angebot die Beziehungen Österreichs sowohl zu den überlebenden Opfern der NS-Zeit – und diese waren ja Österreicher – wie zu den internationalen jüdischen Organisationen und auch zum amerikanischen Kongreß auf eine neue Basis stellen können. Österreich und auch der nachkommenden Generation von Österreichern wäre so manches erspart geblieben. Manches, aber nicht die oben erwähnte Erkenntnis und nicht das Bekenntnis.

Anderwärtig nützt Österreich damals die Gunst der Stunde. Es wirbt für sich in der UNO, im Europarat, bei anderen internationalen Organisationen, es versucht die Welt zu verpflichten, Österreich nicht nur jetzt, sondern auch in Zukunft beizustehen, in Österreich einen wichtigen Vorposten westlicher Interessen, aber gleichzeitig auch einen Mittler zwischen West und Ost zu sehen. Und das gelingt der österreichischen Diplomatie in einem hohen Maß.

Was den Westen betrifft, so ist das verständlich. Nicht ganz so, was die Sowjetunion angeht. In Moskau war man über die österreichische Haltung während der Ungarnkrise nicht erfreut. Für einen Moment hatte man sogar befürchtet, Österreich könnte die Vorhut für die NATO spielen: In jenen Tagen, als Einheiten des österreichischen Bundesheers direkt an die ungarische Grenze verlegt wurden. Für gelernte Generalstäbler bedeutete dies, daß das Bundesheer sich zu einer Offensive bereit machte, denn um sich zu verteidigen, hätte man die Gebirgszüge dahinter zu besetzen gehabt. So konnten die ersten Bewegungen des Bundesheers mißverstanden werden, als bilde man eben die Vorhut für nachkommende starke NATO-Einheiten. Doch die sowjetische Aufklärung zerstreute diese Befürchtung dann relativ schnell: Bei der NATO bewegte sich nichts. Schließlich zogen sich auch die Bundesheereinheiten bald auf die einzig möglichen Verteidigungsstellungen zurück.

Eine Delegation des Jüdischen Weltkongresses aus New York, geführt von dessen damaligem Präsidenten Nahum Goldmann, spricht bei Bundeskanzler Raab vor und dankt ihm für die vorbildliche Betreuung der jüdischen Flüchtlinge in Österreich. Als sichtbares Zeichen dieses Danks wird dem Bundeskanzler eine Medaille überreicht, mit der im Jahr 1956 die 300-Jahr-Feier der Wiederzulassung der Judenschaft als Religionsgemeinschaft in England gefeiert wurde.

Der amerikanische Vizepräsident Richard Nixon trifft in Österreich ein, um sich persönlich von der Lage der ungarischen Flüchtlinge ein Bild zu machen. Unser Bild zeigt ihn im Gespräch mit Außenminister Figl, rechts im Bild der amerikanische Botschafter Llewellyn Thompson. Nixon sagt den Österreichern die Hilfe der USA bei der Bewältigung der Flüchtlingsfrage zu.

Aber das war nicht der einzige die Sowjets störende Zwischenfall. Die großen Sympathien der Österreicher für die Aufständischen in Ungarn waren unverkennbar. Die Aufforderung der Bundesregierung an die Sowjetunion, dem Blutvergießen Einhalt zu gebieten, die antisowjetischen Schlagzeilen der meisten österreichischen Zeitungen, die Kundgebungen und Demonstrationen in Wien und vielen anderen Orten Österreichs, der Sturm auf die KP-Lokale, all das unterstrich in den Augen der Kreml-Führung eine prinzipiell antisowjetische Haltung Österreichs und der Österreicher. Dazu kamen dann auch noch die spontanen und großzügigen Hilfslieferungen an die Aufständischen, schließlich die Aufnahme der rund 180 000 ungarischen Flüchtlinge in Österreich. In dieses Bild paßte auch der Hinauswurf des kommunistisch dominierten Weltgewerkschaftsbundes und des Weltfriedensrates durch die österreichischen Behörden. Und noch etwas: Am 20. Januar 1957, noch stark berührt von den Vorgängen in Ungarn, schlägt Julius Raab in einer Rundfunkrede vor, auch Ungarn solle neutral werden wie Österreich. Je ein neutraler Staat diesseits und jenseits des Eisernen Vorhangs würden zur Beruhigung Mitteleuropas wesentlich beitragen. Auch über einen solchen Vorschlag ist man in Moskau nicht erfreut. Das Verhältnis zwischen dem soeben erst – auch mit sowjetischer Unterschrift – unabhängig und frei gewordenen Österreich und der Sowjetunion ist Anfang 1957 getrübt. Moskau beschuldigt Österreich, seine Verpflichtung zur Neutralität nicht eingehalten zu haben. Österreich antwortet, daß alles, was ihm da vorgeworfen werde, nichts mit Neutralität zu tun habe. Die Neutralität verpflichte Österreich lediglich, im Kriegsfall militärisch neutral zu bleiben. Und selbst nach sowjetischer Auffassung habe es in Ungarn keinen Krieg gegeben, nur den Versuch einer „Konterrevolution".

Aber natürlich ist Österreich daran interessiert, sein Verhältnis zur Sowjetunion wieder zu normalisieren, ja wenn möglich sogar freundschaftlich zu gestalten. Dahinter stecken handfeste Überlegungen: Die im Staatsvertrag vereinbarten hohen Ablöselieferungen an Erdöl tun besonders weh. Österreich, das durch den Staatsvertrag ohnedies finanziell schwer belastet ist, will versuchen, einen Nachlaß in diesen Lieferungen zu erhalten. Auch benötigt man die Zustimmung der Sowjetunion bei so manchen internationalen Vorhaben: Österreich will Unterorganisationen der UNO nach Wien holen, schon aus sicherheitspolitischen Erwägungen, würde Wien doch solcherart, nach New York und Genf, dritte UNO-Stadt werden. Man glaubt daran, daß dies den „Immunitätscharakter" Österreichs stärken würde. Aber im Sicherheitsrat der UNO geht nichts ohne die Zustimmung der Sowjetunion. Der österreichische Botschafter in Moskau, Norbert Bischoff, wird beauftragt, das Klima zwischen der Sowjetunion und Österreich zu verbessern. Und er hat bald eine überraschende Nachricht zu übermitteln: Der damalige Erste stellvertretende Ministerpräsident der Sowjetunion Anastas Mikojan beruft sich auf eine früher ergangene Einladung und kündigt seinen Besuch in Österreich an. Mikojan ist nicht nur hochrangiger Regierungsfunktionär, er ist auch seit 1926 Mitglied des Politbüros der KPdSU. Man weiß aber auch, daß Mikojan wenige Stunden vor dem Sowjetangriff auf Budapest gemeinsam mit dem Chefideologen des Kreml, Michail Suslow, in der ungarischen Hauptstadt eingetroffen war: Hatte er zu vermitteln versucht, oder hatte er die Offensive geleitet? War er ein Vermittler oder ein Scharfmacher?

Einerseits ist man in Wien froh, doch wieder – und noch dazu auf so hoher Ebene – Kontakt mit der Sowjetführung aufnehmen zu können. Andererseits sieht man dem Besuch mit gemischten Gefühlen entgegen: Kommt Mikojan, um den Österreichern die Leviten zu lesen? Der damalige Leiter der Völkerrechtsabteilung im Außenministerium und spätere Außenminister und Bundespräsident, Rudolf Kirchschläger, erinnert sich: „Wir haben damals nicht gewußt, was der Grund für diesen Besuch war. Rückschauend meine ich, daß die Sowjetunion nicht daran interessiert war, die Spannung zu weit zu treiben. Das lag nicht in der politischen Zielsetzung der Sowjetunion. Sie wollte ja eher die ganze ungarische Revolution vergessen lassen. Doch damals haben wir diesem Besuch Mikojans mit Spannung entgegengesehen." Mikojan trifft am 23. April 1957 in Wien ein. Man empfängt ihn am Flughafen Schwechat mit „großem Bahnhof". Bundeskanzler Raab ist da, Außenminister Figl, Innenminister Helmer, Verkehrsminister Waldbrunner und gleich drei Staatssekretäre, Kreisky, Gschnitzer und Grubhofer. Vizekanzler Adolf Schärf befindet sich auf Wahlreise, aber er versäumt nicht, Mikojan selbst von dort herzlich zu grüßen. Auch Mikojan kommt mit großer Begleitung – acht Spitzenfunktionäre des Außenministeriums sind in seinem Gefolge. Als Mikojan mit seiner Begrüßungsrede in Schwechat beginnt, fällt den Österreichern ein Stein vom Herzen: Der hohe Sowjetpolitiker betont in herzlichen Worten, wie sehr er sich freue, in Österreich zu sein, dieser „Schatzkammer der Weltkultur", bei den Österreichern, „diesem so arbeitsamen und begabten Volk"...

Ganz so herzlich geht es dann bei den offiziellen Unterredungen am Ballhausplatz zunächst nicht zu. Dazu Kirchschläger: „Ich war

Während Österreich in der sowjetischen Presse beschuldigt wird, über die von der österreichischen Botschaft in Budapest geleiteten Hilfssendungen Waffen an die Aufständischen geliefert zu haben, bedankt sich der neue ungarische Regierungschef Janos Kadar ausdrücklich für die großzügigen Hilfeleistungen Österreichs. Unser Bild rechts zeigt Janos Kadar, der vom österreichischen Botschafter Walther Peinsipp (links) begrüßt wird.

dabei beim Gespräch Mikojan–Figl. Und es begann doch mit geziemend ernsten und besorgten Worten. Mikojan sagte, ‚wissen Sie, was Sie da mit Ihrer Neutralität aufgeführt haben und wie Sie Ihre Neutralität in der Ungarnfrage interpretiert haben, nein, nein, das war keine Neutralität, nein, sicher nicht'. Aber dann fuhr er fort – ‚Neutralität ist eben für Sie auch noch eine junge Pflanze'. Und das war das Stichwort für Figl: ‚Da haben Sie sehr recht, Herr Ministerpräsident, wissen Sie, ich versteh' was von Pflanzen, und es ist ja interessant, wie die Pflanzen verschieden sind. Die eine braucht ein großes Loch, die andere ein kleines, die eine braucht einen Stock, an den man sie anhängen kann, die andere geht zugrund' an dem Stock, die eine braucht viel Wasser, die andere wenig.' Der Mikojan, immerhin ein Armenier, hat immer wieder versucht, den Figl zu unterbrechen und hat gesagt, ja, Herr Figl, Sie haben schon recht, aber wir haben von der Neutralität gesprochen. Ja, ja, sagt der Figl darauf, genau. Und dann hat er wieder in seiner von Fachkenntnis getragenen Pflanzenkunde fortgesetzt. Und nachdem das, ich kann das jetzt schwer sagen, vielleicht acht, zehn Minuten so gegangen ist, hat der Mikojan schließlich gesagt, ‚Na ja, also was ist da der nächste Punkt?' Wir gingen dann zu den Wirtschaftsgesprächen über. Und ich muß Ihnen sagen, ich weiß bis heute nicht, war der Figl damals so schlau, oder ist ihm tatsächlich die Freude an den Pflanzen übergequollen."

Und in der Tat, das Eis ist gebrochen. Mikojan besucht eine Galavorstellung des „Rosenkavalier" in der Staatsoper, er inspiziert die Großmarkthalle und erkundigt sich eingehend nach der Fleischversorgung Wiens und den Fleischpreisen, er applaudiert den Lipizzanern in der Spanischen Reitschule und läßt sich in der benachbarten

Österreichs Haltung während des ungarischen Aufstands hat die Sowjetunion verärgert. Aber nicht nur Wien, auch Moskau ist an der Wiederherstellung freundlicher Beziehungen zwischen den beiden Ländern interessiert. Im April 1957 trifft Anastas Mikojan, Erster stellvertretender Ministerpräsident der Sowjetunion, in Wien ein, um dieses gute Verhältnis wiederherzustellen, auf unserem Bild begrüßt von Außenminister Figl.

Nationalbibliothek armenische und altbyzantinische Handschriften zeigen, die man extra für ihn bereitgestellt hat. Er legt einen Kranz beim Sowjetdenkmal auf dem Schwarzenbergplatz nieder, gedenkt der bei der Befreiung Österreichs gefallenen Sowjetsoldaten. Dann kommt es zur Begegnung Mikojan–Raab. In sachlichen Worten schildert Mikojan die Weltlage: Der Suezkrieg und die Ereignisse in Ungarn hätten gezeigt, daß weder Ost noch West einen Krieg beginnen wollen. Jeder respektiere die Interessen des anderen. Die Sowjetunion lege jedoch großen Wert auf eine aufrechte Neutralitätspolitik Österreichs. Und nun zählt Mikojan das erwartete Sündenregister der Österreicher während der Ungarnkrise auf. Aber er zieht daraus nur einen Schluß: Die Sowjetunion wünsche gute Beziehungen zwischen Österreich und Ungarn. Mikojan hört sich auch den Vorschlag Raabs an, Ungarn den gleichen neutralen Status zu gewähren wie Österreich. Aber hier wird Mikojan eindeutig und streng: Österreich sei ein Sonderfall und unter den heutigen Gegebenheiten nicht wiederholbar. Es sei derzeit unmöglich, einzelne Staaten aus dem Bündnis zu entlassen.

Und das war's auch schon. Es gibt einen großen Regierungsempfang und danach eine Reise Mikojans durch Österreich: Er besucht das Kraftwerk Kaprun, erklärt bei einem Bankett in Salzburg, „Mozart soll über NATO und den Warschauer Pakt den Sieg davontragen", besucht auf ausdrücklichen eigenen Wunsch die Kaiservilla in Bad Ischl, wo er von der Urenkelin Kaiser Franz Josephs, der Erzherzogin Marie Louise, charmant durch die Räumlichkeiten geführt wird. Anschließend ist er in der VÖEST zu Gast und läßt sich auf Tauschgeschäfte von österreichischem Stahl gegen sowjetische Kohle und Erze ein. Als sich Mikojan am 27. April von Österreich verabschiedet, ruft er den Österreichern zu: „Auf Wiedersehen, Freunde!" Was die Erleichterungen in den Ablöselieferungen betrifft, so hat Mikojan die Spitzen der österreichischen Regierung zu einem Gegenbesuch in Moskau eingeladen – man könne über alles reden.

1956 – das erste Jahr nach Abschluß des Staatsvertrags und der Neutralitätserklärung Österreichs. Das erste Jahr in voller Freiheit und Unabhängigkeit. Und auch schon das schwerste Jahr in der Geschichte der Zweiten Republik, ein Jahr voll der Herausforderungen und auch Gefahren. Mut und Standfestigkeit hat es gefordert. Und auch ein offenes Herz, Mitgefühl und Menschlichkeit über alle politischen Erwägungen hinweg. Es war ein Jahr der Bewährung. Österreich hat sie bestanden.

ÖSTERREICHS WEG IN DIE WELT

Es ist Zeit, sich wieder der österreichischen Innenpolitik zuzuwenden. Die Ungarnkrise ist noch nicht überwunden, da erreicht die Österreicher eine traurige Nachricht aus der Wiener Hofburg. Der zweite Bundespräsident der Zweiten Republik, Theodor Körner, ist tot. Er ist am 4. Januar 1957 im 84. Lebensjahr gestorben. Hier ist nicht nur ein „großer alter Mann" der österreichischen Innenpolitik dahingegangen. Körner war zu einer Art Symbolfigur geworden. Dazu muß man seinen Werdegang kennen: Generalstabschef der k. u. k. Armee im Ersten Weltkrieg, aber bis 1924 auch General der ersten demokratischen Republik Österreich und danach militärischer Berater des sozialdemokratischen Schutzbunds. Er warnte vor der zunehmenden Militarisierung in der österreichischen Innenpolitik und lehnte daher auch eine Kommandofunktion im Schutzbund ab, aber er mußte doch zusehen, wie im Februar 1934 der Schutzbund geschlagen, die Sozialdemokratie ausgeschaltet und der autoritäre Staat unter Dollfuß ausgerufen wird. Das wurde für Körner zu einem fast traumatischen Erlebnis. Den Bürgerkrieg, die Ausschaltung der Hälfte der Bevölkerung aus dem politischen Geschehen machte Körner auch verantwortlich für die Schwäche Österreichs gegenüber Hitler-Deutschland und den Nationalsozialisten. Nie wieder, so meinte er, dürfen Österreicher gegen Österreicher stehen. Der Zweite Weltkrieg war noch nicht zu Ende, da wurde Körner, immerhin schon 72 Jahre alt, vom sowjetischen Stadtkommandanten, Generalleutnant Alexej Blagodatow, als Bürgermeister von Wien eingesetzt. In seine Bürgermeisterschaft fallen die so mühsamen, aber gleichzeitig auch so erfolgreichen Jahre des Wiederaufbaus.

Nach dem Tod des ersten Bundespräsidenten der Zweiten Republik, Karl Renner, am 31. Dezember 1950, wird Theodor Körner von der SPÖ in den Wahlkampf um die Bundespräsidentschaft entsandt. Es ist die erste Berufung eines Bundespräsidenten durch Volkswahl. Körner siegt im zweiten Wahlgang mit 51,12 Prozent über den ÖVP-Kandidaten Heinrich Gleißner, den bisherigen Landeshauptmann von Oberösterreich. Nun ist Körner auf dem Posten, der es ihm möglich macht, seine Erfahrungen aus der Ersten Republik in den politischen Alltag der Zweiten Republik einzubringen. Und in diesem Sinn stellt er die Weichen. Die Nationalratswahlen 1953 scheinen eine Wende zu bringen: Erstmals ist die SPÖ stimmenstärkste Partei, und nur auf Grund des Wahlsystems bleibt die ÖVP mit einem Mandat im Nationalrat im Vorsprung (74 ÖVP, 73 SPÖ). Doch auf Grund der Stimmenmehrheit beansprucht die SPÖ mehr Regierungsbeteiligung. Die Verhandlungen werden hart geführt und ziehen sich in die Länge. Schließlich tritt der damalige Bundeskanzler Leopold Figl für eine Dreierkoalition unter Einschluß des Verbandes der Unabhängigen ein, der Vorläuferin der FPÖ. Da läßt Körner Figl sowie die beiden Parteiobmänner Raab und Schärf zu sich rufen und besteht ausdrücklich auf der Zusammenarbeit der beiden großen Parteien unter Ausschluß des VdU. Körner ortet im VdU noch eine Menge nationalsozialistischen Gedankenguts. Ein VdU-Abgeordneter hatte gerade erklärt, „daß jedermann die Notwendigkeit der wirtschaftlichen und politischen Änderung der Staatsform einsehen muß". Der VdU schon damals auf dem Weg zur

"Dritten Republik"? Man nannte es nicht so, aber Körner hegte Befürchtungen in diese Richtung: Der VdU sei keine staatserhaltende Partei, und Körner schließt deshalb eine Regierungsbeteiligung des VdU aus. Die große Koalition wird also fortgesetzt, Figl scheidet als Bundeskanzler aus (er wird im November 1953 Außenminister), Julius Raab ist der neue Bundeskanzler einer weiterhin nur aus ÖVP und SPÖ bestehenden großen Koalition.

Theodor Körner ist also so etwas wie ein Garant für den inneren Frieden. Das wird von folgenden Generationen wohl nicht mehr ganz verstanden. Aber damals in den fünfziger Jahren, da war der Bürgerkrieg von 1934, war die selbstzerfleischende Politik der Ersten Republik, waren Hitler und der Krieg noch in lebhaftester Erinnerung. Man hatte zwar nach dem Krieg unter dem Druck der Ereignisse zueinander gefunden, hatte auch manches eingesehen – überbrückt war der tiefe Graben zwischen dem christlichen und dem sozialdemokratischen Lager noch nicht. Und die Furcht war groß, daß es erneut zur innenpolitischen Konfrontation kommen könnte. So sah man in Theodor Körner mehr als nur einen Bundespräsidenten mit limitierten Aufgaben. Er würde eine neuerliche Entzweiung nicht zulassen, er würde so lange auf einer Zusammenarbeit zwischen ÖVP und SPÖ bestehen, bis ein Rückfall in die Bürgerkriegsmentalität nicht mehr möglich wäre.

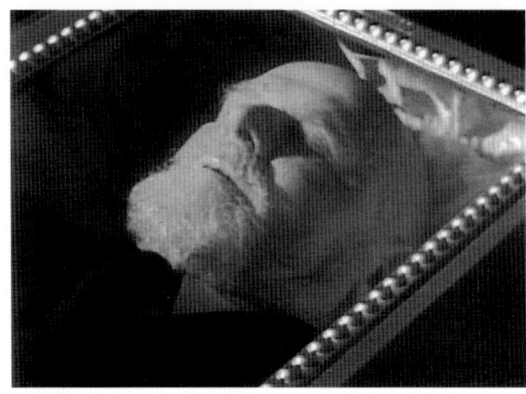

Dieser Theodor Körner ist nun tot. Doch selbst in seinem Testament stellt er noch eine Weiche zur weiteren Aussöhnung. Zur Überraschung der SPÖ-Spitze wünscht sich Körner ein kirchliches Begräbnis. Ein Sozialist, ein Mann des Schutzbunds! Für viele der damaligen Sozialisten ist dies zunächst kaum vorstellbar. Aber natürlich ist der Wunsch zu respektieren. Körner wird in Erinnerung und Anerkennung seiner Leistung als Bürgermeister von Wien im Wiener Rathaus aufgebahrt. Und zum ersten Mal seit Sozialdemokraten im Rathaus regieren, betritt ein Wiener Erzbischof in vollem Ornat dieses Gebäude, in seinem Gefolge mehrere Bischöfe und andere hohe kirchliche Würdenträger. Der Leichnam Körners wird eingesegnet, in Anwesenheit der Mitglieder der Bundesregierung, auch in Anwesenheit der hohen Funktionäre der SPÖ. Vom Rathaus aus setzt sich dann der Trauerzug über die Ringstraße in Richtung Schwarzenbergplatz in Bewegung, ihm voraus die hohe Geistlichkeit. Ein Mann der Versöhnung, ein Garant des inneren Friedens, wird zu Grabe getragen.

Doch nun gilt es, einen Nachfolger für Körner zu wählen. Zwischen Hofburg und Bundeskanzleramt scheint sich ein neues Kapitel österreichischer Geschichte anzubahnen. Während die Bundesregierung zu einer Trauersitzung zusammentritt, könnte die Wahl des nächsten Bundespräsidenten bereits das Ende der großen Koalition zwischen ÖVP und SPÖ einleiten. Schon bei den letzten beiden Nationalratswahlen hat es sich gezeigt, daß beide Parteien mit der gegenseitigen Behinderung im Regieren nicht mehr zufrieden sind. Zwar hat man die Kontrolle über alle öffentlichen Bereiche des Landes untereinander aufgeteilt – siehe das letzte Koalitionsabkommen –, aber das kam auch einer ständigen Pattstellung innerhalb der Regierung gleich. In beiden Parteien mehrten sich die Stimmen – und der Druck –, endlich die eigenen Vorstellungen, ohne Behinderung durch einen Partner, verwirklichen zu können. Die Wahl eines neuen Bundespräsidenten könnte der Auftakt sein für eine derartige Weichenstellung. Was Körner verweigert hat, nämlich eine Zusammenarbeit mit dem VdU, dagegen kann nun niemand ein Veto einlegen. Julius Raab sieht darin eine Chance, in Österreich wieder eine solide bürgerliche Mehrheit zu schmieden. Er verständigt sich mit dem damaligen Obmann der FPÖ, der Nachfolgepartei des VdU, Anton Reinthaller: ÖVP und FPÖ sollten einen gemeinsamen Kandi-

Im „roten" Rathaus segnet Erzbischof Franz König den Leichnam des verstorbenen Bundespräsidenten Theodor Körner ein (linke Seite). Zehntausende Menschen nehmen im dichten Spalier von diesem beliebten Staatsmann Abschied.

daten für die Bundespräsidentschaft aufstellen. Darüber sind sich Raab und Reinthaller ziemlich rasch einig – für Reinthaller bedeutet dies eine wesentliche Aufwertung seiner soeben erst stark dezimierten Partei (siehe Nationalratswahl 1956). Schwieriger ist schon die Frage, wer dieser gemeinsame Kandidat sein soll. Der Obmann des ÖAAB, Lois Weinberger, hat da einen Vorschlag: den emeritierten Universitätsprofessor Dr. Wolfgang Denk, einen bekannten Arzt und Gelehrten. Für das Wahlbündnis mit der FPÖ macht Raab einige Zusagen: Man werde eine Novelle zur Änderung des Wahlrechts im Parlament einbringen und damit die wahlarithmetische Benachteiligung der FPÖ aufheben – ÖVP und FPÖ würden ge-

meinsam für diese Novelle stimmen und damit die SPÖ überstimmen. Daß die große Koalition an einem solchen Vorgehen zerschellen könnte, ist ein Risiko, das Raab eingeht, schließlich hätten die Sozialisten in einem solchen Fall mehr zu verlieren, nämlich die Regierungsbeteiligung.

Raab und Reinthaller tragen Professor Denk die Kandidatur zur Bundespräsidentschaft an. Der Gelehrte nimmt an, fühlt sich außerordentlich geehrt. Er ist ein Mann altösterreichischen Zuschnitts, besonnen, der Parteipolitik fremd. In einer Fernsehansprache erklärt er: „Ich brauche wohl nicht zu betonen, wie sehr mich die letzten Stunden bewegt haben. Denn ich bin mir der hohen Auszeichnung und der verantwortungsvollen Aufgabe, die mit dem hohen Amt des Bundespräsidenten verbunden ist, vollkommen bewußt. Ich habe diese Kandidatur nicht angestrebt. Sollte aber das österreichische Volk mir seine Stimme geben, so verpflichte ich mich dazu und verspreche, auch in meinem neuen Wirkungskreis Helfer des Volkes zu sein." Das klingt gut, aber nicht kämpferisch. Anders schon der Kandidat der SPÖ. Die Sozialisten gehen aufs Ganze, kandidieren ihren bekanntesten Mann – den bisherigen SPÖ-Vorsitzenden und Vizekanzler Adolf Schärf. In seiner Antrittsrede erklärt er, „getreu dem Ideal meiner Jugend ein entschlossener Schützer unschuldiger Verfolgter, ein Verteidiger der persönlichen Rechte und der politischen Freiheit jedes Staatsbürgers, kurz: ein Kämpfer für die Idee des Rechtstaates zu sein". Schärf beruft sich darauf, ein Schüler und Freund Renners und Körners gewesen zu sein, somit legitimiert, ihre Nachfolge anzutreten.

Professor Wolfgang Denk, ein Arzt, wird von ÖVP und FPÖ gemeinsam als Kandidat für die Bundespräsidentschaft aufgestellt. Nach der Annahme der Kandidatur prostet Julius Raab dem Kandidaten Denk zu.

Die SPÖ stellt ihren Vorsitzenden und Vizekanzler Adolf Schärf zur Wahl als Nachfolger Karl Renners und Theodor Körners auf. Der traditionelle Mai-Aufmarsch steht im Zeichen der Wahlwerbung für Schärf.

Am 5. Mai 1957 wird gewählt. Allgemein wird mit dem Sieg des bürgerlichen Kandidaten Denk gerechnet, verfügen doch ÖVP und FPÖ gemeinsam über die Mehrheit der Wählerstimmen. Doch der allen bekannte und versierte Politiker Schärf wird dem unpolitischen und bisher unbekannten Denk vorgezogen: Schärf erhält 51, Denk 49 Prozent der Stimmen.

Die SPÖ und die Kirche

Doch was bei dieser Wahl geschah, gibt allen zu denken. Einerseits hatte Julius Raab versucht, mit der Bundespräsidentenwahl eine neue bürgerliche Mehrheit im Land herzustellen, andererseits hat eine Mehrheit der Österreicher den SPÖ-Kandidaten gewählt. Ein Teil der ÖVP und auch ein Teil der FPÖ-Wähler hatten offenbar ein Zusammengehen der Christlichen und der Nationalen nicht goutiert. Das ist eine weitere Chance für die SPÖ: Jetzt gilt es, die bei dieser Wahl erzielte Mehrheit zu konsolidieren, ja möglichst noch auszubauen. Und waren es nicht vor allem überzeugte Katholiken, die den Schwenk der ÖVP zur FPÖ nicht mitgetragen hatten? Hatte Theodor Körner der Partei mit seinem Letzten Willen da nicht auch den Weg gewiesen: Versöhnung mit der Kirche, wählbar werden für Katholiken? Anders wird man eine absolute Mehrheit im Land wohl kaum erreichen können.

Aber war die Kirche, war die kirchliche Politik einer sozialdemokratischen Wählerschaft zuzumuten? Würde man da nicht mehr Parteigenossen vor den Kopf stoßen, als Wähler dazugewinnen? Doch die SPÖ und mit ihr Österreich hat es nun mit einem neuen Mann an der Spitze der katholischen Kirche zu tun, mit dem neubestellten Erzbischof von Wien, Franz König. Er war Bischof von St. Pölten, als er nach dem Tod des Wiener Erzbischofs und Kardinals Theodor Innitzer von Papst Pius XII. auf diesen Posten gestellt wurde. Viel wußte man von dem aus Niederösterreich nach Wien berufenen Kleriker nicht. Obwohl man aus seiner Biographie hätte erkennen müssen, daß es sich hier um einen Mann mit hohem Intellekt und auch großer internationaler Erfahrung handelte: Philosophie und Theologie studierte er in Rom an der Gregoriana; altpersische Religion und Sprache am Bibelinstitut des Vatikans; Sozialwissenschaft an der Universität Lille; orientalische Studien absolvierte er an der Universität Wien, aber hier machte er sich auch die Rechtswissenschaft zu eigen, wird Privatdozent, und an der Universität Salzburg Professor für Moraltheologie. Doch König sieht sich weder als Gelehrter noch als ein Vertreter hoher Kirchenpolitik. Seine damaligen Anfänge als Erzbischof von Wien schildert er vierzig Jahre später so: „Ich selbst war zehn Jahre lang in der Seelsorge, in der Diözese St. Pölten, und habe als Kaplan gelernt, ich muß auf die Menschen zugehen, ich muß mit ihnen sprechen, sie müssen mich kennenlernen, und dann erst kann ich mit ihnen reden, ihre Vorurteile ein bißchen abbauen. So bin ich also nach Wien gekommen, nicht mit einem großen politischen Programm – ich werde jetzt mit einem großen Konzept beginnen –, sondern aus meinem Drang, als Seelsorger auf die Leute zuzugehen, habe ich mir gedacht, die Kirche ist damals ganz in die Nähe der Volkspartei oder der Christlichsozialen Partei gerückt worden, galt als absolute Gegnerin der Sozialistischen Partei, und ich schiebe das einmal beiseite, ich gehe auf die Menschen, auch auf die führenden Menschen zu und versuche, ob man da nichts ändern kann." Ganz besonders erinnert sich König an die Wahl Adolf Schärfs zum Bundespräsidenten: „Ich schickte ihm ein Telegramm und hab' heute noch ein bißchen das Entsetzen in den Ohren in den politischen Kreisen: Um Gottes willen, der Erzbischof gratuliert, wie wenn nichts geschehen wäre, einem sozialistischen Kandidaten, der Bundespräsident geworden ist."

Innerhalb der SPÖ beginnt ein Umdenken. Denn auch an der Spitze der SPÖ steht nun ein neuer Mann: Bruno Pittermann, der dem zum Bundespräsidenten gewählten Adolf Schärf als Parteiführer nachfolgt. Schärf, der als Agnostiker gilt, wäre es schwer gefallen, als Parteivorsitzender eine Brücke zur Kirche zu finden. Aber Pittermann, ein Protestant, ist da eher ein Pragmatiker. Er gilt als Repräsentant einer neuen, jüngeren Generation, auch wenn er am Tag seines Amtsantritts als SPÖ-Vorsitzender schon 52 Jahre alt ist. Mit Pittermann rückt eine ganze Reihe jüngerer Politiker in die oberste Führung der SPÖ ein: Bruno Kreisky, Christian Broda, Franz Olah. Und Pittermann holt auch noch Jüngere heran, den damals 24jährigen Leopold Gratz und den 28jährigen Fred Sinowatz. Sie alle haben keine Berührungsängste gegenüber der katholischen Kirche, Franz Olah ist sogar ein bekennender Katholik. Es wird Zeit, so meinen sie, der SPÖ ein neues Parteiprogramm zu geben. Denn noch gilt das alte, aus der Ersten Republik stammende Linzer Programm, das 1947 von Julius Deutsch und Karl Ausch lediglich für die neuen Verhältnisse adaptiert worden ist. Natürlich glaubt man in der Führungsspitze der SPÖ nicht mehr an die Diktatur des Proletariats,

Franz König: Ich gehe auf die Menschen zu.

Der neue Erzbischof von Wien, Franz König, überrascht durch seine Weltoffenheit und durch seine Fähigkeit, Gegensätze zu überbrücken, ohne grundsätzliche Standpunkte aufzugeben. Er baut politische Vorbehalte gegenüber der Kirche besonders auf sozialistischer Seite ab.

hält auch den Marxismus nicht mehr für die alleinseligmachende Ideologie. Aber wirklich abgeschworen hat man dem Klassenkampf noch nicht, neue Grundsätze sind noch nicht formuliert.

Von den 700 000 Parteimitgliedern sind rund 580 000 erst im letzten Jahrzehnt der SPÖ beigetreten. Von den Kampfzeiten der Sozialdemokratie in der Ersten Republik, vom Kulturkampf, von der Ausschaltung der Arbeiterbewegung 1933/34 wissen sie aus eigenem Erleben nur wenig. Der Mitgliederanteil der Industriearbeiter, also der Kern der Bewegung, hat anteilsmäßig abgenommen: Neue Schichten sind zur Partei gestoßen – Angestellte, Beamte, Freischaffende, sogar Gewerbetreibende. Die SPÖ ist nicht mehr die geschlossene Kampfpartei des Linzer Programms aus 1926, sie hat sich zur Staatspartei entwickelt, die seit Jahren Regierungsverantwortung trägt. Im Hauptquartier der SPÖ in der Löwelstraße studiert man die Nachkriegsprogramme der westeuropäischen Parteien, die in der Sozialistischen Internationale zusammengefaßt sind. Sie unterscheiden sich erheblich von der tradierten Ideologie der österreichischen Sozialdemokraten. Pittermann beauftragt ein kleines Komitee mit der Ausarbeitung eines Entwurfs zu einem neuen Parteiprogramm. Bemerkenswert die Mitglieder dieses Komitees: Benedikt Kautsky, Fritz Klenner, Bruno Kreisky und der SPÖ-Zentralsekretär Alois Piperger. Für damalige Politikerbegriffe sind sie alle jung, von ihrem Werdegang her aufgeschlossen. Der von ihnen erarbeitete Vorentwurf für ein neues Parteiprogramm wird im November 1957 dem 13. Parteitag der SPÖ in Salzburg von Benedikt

Die neuen Partner in der alten Koalition: Julius Raab und Bruno Pittermann. Die Gegensätze innerhalb der Regierung werden größer. Unter Pittermann versucht die SPÖ aus der Rolle des Juniorpartners herauszukommen, ihre Wählerbasis zu erweitern. Unter Pittermann wird die SPÖ immer mehr zur Opposition innerhalb der Koalition. Und Raab wie Pittermann schließen eine kleine Koalition mit der FPÖ nicht mehr ganz aus, obwohl es die nächsten 25 Jahre nicht dazu kommen wird. Links: Raab bei einem Staatsempfang; rechts: Pittermann auf Urlaub.

Kautsky in einem eindrucksvollen Referat vorgestellt. Doch nicht der Parteitag soll und kann dieses Programm diskutieren, vielmehr sollen die Delegierten es hinaustragen in die einzelnen Sektionen, die Mitglieder selbst sollen mitbestimmen. Dergleichen hat es noch nie gegeben. In 7 478 Veranstaltungen mit 315 055 Teilnehmern wird der Vorentwurf diskutiert.

1 073 Resolutionen, Abänderungsanträge und Vorschläge erreichen die Parteizentrale. Das Programmkomitee wird nun erweitert. Pittermann selbst, der Chefredakteur der „Arbeiter-Zeitung" Oscar Pollak, die Frauenzentralsekretärin Rosa Jochmann, der gewiegte Parlamentarier Karl Czernetz werden zugezogen. Das neue Programm, das im Mai 1958 einem außerordentlichen Parteitag der SPÖ im Wiener Konzerthaus vorgelegt wird, enthält entscheidende Änderungen und Weichenstellungen. Im Kapitel „Sozialismus – gestern und heute" wird grundsätzlich festgestellt: „Sozialismus ist eine Gesellschaftsordnung ... deren Ziel die freie Entfaltung der menschlichen Persönlichkeit ist. Ihre Vorbedingungen sind die Freiheit des Menschen und der Völker, Glaubens- und Gewissensfreiheit, wirtschaftliche Unabhängigkeit, gesellschaftliche Gleichberechtigung, Sicherheit der Existenz. Der Weg zu diesem Ziel ist die Demokratie. Zu ihr bekennt sich die SPÖ uneingeschränkt." Und weiter heißt es dann: „Die Arbeiter und Angestellten stehen mit ihrem Bekenntnis zur Demokratie nicht allein. Auch andere Gruppen der Gesellschaft bekennen sich zur Demokratie als der zweckmäßigsten und gerechtesten Gestaltung von Staat und Gesellschaft, in deren Rahmen die politischen und wirtschaftlichen Gegensätze mit den geringsten Reibungen ausgetragen und ausgeglichen werden können."

Unter dem Titel „Von der Klassenpartei zur Partei aller arbeitenden Menschen" wird Abschied vom Marxismus genommen: „Die moderne Gesellschaft hat sich völlig anders entwickelt, als Marx es im Kommunistischen Manifest voraussagte. An die Stelle einer Zweiteilung in Proletarier und Kapitalisten ist eine Vielfalt von Klassen und Gruppen getreten, und ebenso hat sich anstatt des unüberbrückbaren Gegensatzes zwischen den beiden einzigen Klassen ein sehr komplexes System verschiedenartiger Interessen entwickelt, die sich mannigfach kombinieren können."

Unter dem Titel „Sozialismus und Religion" werden ebenfalls völlig neue Töne angeschlagen: Der Sozialismus verlange „keineswegs eine starre Gleichförmigkeit der Auffassungen". Gleichviel, ob Sozialisten ihre Überzeugung aus den Ergebnissen marxistischer oder anders begründeter sozialer Analysen, ob aus religiösen oder humanitären Grundsätzen ableiten, alle erstreben ein gemeinsames Ziel: eine Gesellschaftsordnung der sozialen Gerechtigkeit, der höheren Wohlfahrt, der Freiheit und des Weltfriedens. Dann folgt ein weiterer bedeutender Satz: „Die Sozialisten achten das Bekenntnis zu einem religiösen Glauben wie zu einer nichtreligiösen Weltanschauung als innerste persönliche Entscheidung jedes einzelnen." Und: „Sozialismus und Christentum als Religion der Nächstenliebe sind miteinander durchaus vereinbar ... Sozialismus und Religion sind keine Gegensätze. Jeder religiöse Mensch kann gleichzeitig Sozialist sein."

Das neue Programm – es wird künftig „Wiener Programm" genannt werden – wird vom außerordentlichen Parteitag einstimmig angenommen. Das ist erstaunlich, denn mit den neuen Leitlinien nehmen die Delegierten Abschied von Grundsätzen, für die zumindest die älteren von ihnen im wahrsten Sinn des Wortes noch auf die Barrikaden gegangen sind. Insbesondere die sozialistischen Frauen trifft das hart. Sie hatten gehofft, daß das neue Parteiprogramm energisch die Abschaffung des Paragraphen 144 aus dem österreichischen Strafgesetzbuch fordern werde. Mit diesem Paragraphen wird

DAS NEUE PROGRAMM DER SPÖ

Mit einer Einleitung von
Vizekanzler Dr. Bruno Pittermann

1. Sozialismus — gestern und heute

Grundsätzliches

Sozialismus ist eine Gesellschaftsordnung, also eine Ordnung der Lebensverhältnisse und der Beziehungen der Menschen zueinander, deren Ziel die freie Entfaltung der menschlichen Persönlichkeit ist.

Ihre Vorbedingungen sind die Freiheit des Menschen und der Völker, Glaubens- und Gewissensfreiheit, wirtschaftliche Unabhängigkeit, gesellschaftliche Gleichberechtigung, Sicherheit der Existenz.

Der Weg zu diesem Ziel ist die Demokratie. Zu ihr bekennt sich die SPÖ uneingeschränkt.

Die Erfahrungen der letzten Jahrzehnte haben bewiesen, daß jeder Versuch, eine Diktatur zu errichten — gleichgültig in wessen Namen und zu welchem Zweck —, zu neuer Unfreiheit und Unterdrückung, zur Bildung neuer Klassen und damit zu neuer Ausbeutung führt.

Die Arbeiter und Angestellten stehen mit ihrem Bekenntnis zur Demokratie nicht allein. Auch andere Gruppen der Gesellschaft bekennen sich zur Demokratie als der zweckmäßigsten und gerechtesten Gestaltung von Staat und Gesellschaft, in deren Rahmen die politischen und wirtschaftlichen Gegensätze mit den geringsten Reibungen ausgetragen werden können. Während die übrigen Schichten der Gesellschaft ihre Interessen unter Umständen auch außerhalb einer Demokratie wahrnehmen können, bedeutet diese für die Arbeiterbewegung die Lebensluft, ohne die sie erstickt.

Von der Klassenpartei zur Partei aller arbeitenden Menschen

Die moderne Gesellschaft hat sich völlig anders entwickelt, als Marx es im Kommunistischen Manifest voraussagte. An die Stelle einer Zweiteilung in Proletarier und Kapitalisten ist eine Vielfalt von Klassen und Gruppen getreten, und ebenso hat sich anstatt des unüberbrückbaren Gegensatzes zwischen den beiden einzigen Klassen ein sehr komplexes System verschiedenartiger Interessen entwickelt, die sich mannigfach kombinieren können. Ohne daß der Gegensatz zwischen Lohnarbeiter und kapitalistischem Unternehmer aufgehoben worden wäre, hat sich das Bild der politischen und wirtschaftlichen Kämpfe wesentlich geändert.

Alte Klassen, die schon vor dem Kapitalismus bestanden und deren Untergang man früher als sicher ansah, haben sich erhalten; das gilt vor allem für Gewerbetreibende und Bauern. Keine dieser Gruppen hat freilich ihre alte Funktion unverändert beibehalten. Die Gewerbetreibenden sind zum Teil in den Verteilungs- oder Produktionsapparat der Großindustrie eingeschaltet worden; zum anderen Teil müssen sie ihre Rohstoffe, Maschinen, Werkzeuge von ihr zumeist zu monopolistisch bestimmten Preisen beziehen. Sie stehen daher einerseits wie der Arbeiter in einem gewissen Gegensatz zum kapitalistischen Unternehmer; andererseits teilen sie mit diesem das Interesse an hohen Preisen der von ihnen weitergegebenen und verarbeiteten Produkte und geraten dadurch wiederum in Widerstreit zu den Arbeitern, die ihre Abnehmer sind. Soweit sie selbst Arbeiter beschäftigen, dringen sie auf niedrige Löhne; da aber Arbeiter ihre ausschlaggebenden Kunden sind, ist für den Gang ihrer Geschäfte ein hohes Lohnniveau von entscheidender Bedeutung. Es ist daher nur der Ausdruck nüchterner Erwägung, wenn immer größere Teile dieser Gruppe ihre Interessengemeinschaft mit der Arbeiterschaft erkennen und den Weg zur Sozialistischen Partei finden.

Sozialismus und Religion

Der Sozialismus ist eine internationale Bewegung, die keineswegs eine starre Gleichförmigkeit der Auffassungen verlangt. Gleichviel, ob Sozialisten ihre Überzeugung aus den Ergebnissen marxistischer oder anders begründeter sozialer Analysen oder aus religiösen oder humanitären Grundsätzen ableiten, alle erstreben ein gemeinsames Ziel: eine Gesellschaftsordnung der sozialen Gerechtigkeit, der höheren Wohlfahrt, der Freiheit und des Weltfriedens.

Die Sozialisten achten das Bekenntnis zu einem religiösen Glauben wie zu einer nichtreligiösen Weltanschauung als innerste persönliche Entscheidung jedes einzelnen. Sie stehen daher zu dem Grundsatz der Gleichberechtigung aller Bekenntnisse in der staatlichen Ordnung.

Von den großen Religionsgemeinschaften erkennen insbesondere die christlichen Kirchen die Notwendigkeit von sozialen Reformen an. Sozialismus und Christentum als Religion der Nächstenliebe sind miteinander durchaus vereinbar. Zwischen dem auf einer sittlichen Gesinnung beruhenden Sozialismus und den Religionsgemeinschaften kann es keine Konflikte geben, wenn diese es vermeiden, für die Durchsetzung konfessioneller Forderungen in der Auseinandersetzung mit anderen Weltanschauungen staatliche Machtmittel anzuwenden.

Sozialismus und Religion sind keine Gegensätze. Jeder religiöse Mensch kann gleichzeitig Sozialist sein.

Der neue Vorsitzende der SPÖ, Bruno Pittermann, versucht, die Partei auch gegenüber Katholiken zu öffnen. Links: Auszüge aus dem von Pittermann vorgelegten neuen Programm der SPÖ: ein Bekenntnis zur Freiheit des Menschen, das Abgehen vom Klassenkampf, Distanzierung vom Marxismus und die Feststellung: „Sozialismus und Religion sind keine Gegensätze. Jeder religiöse Mensch kann gleichzeitig Sozialist sein." Das Bild oben zeigt Pittermann mit dem vatikanischen Kardinal-Staatssekretär Eugène Tisserant und dem Erzbischof von Salzburg Andreas Rohracher.

der Schwangerschaftsabbruch unter schwere Strafe gestellt. So werden Frauen, die eine Abtreibung für notwendig halten, in die Illegalität getrieben, oft werden die Eingriffe ohne ärztliche Hilfe vorgenommen. So manche Frau hat damit ihre Gesundheit und nicht wenige Frauen haben sogar ihr Leben verloren. Ärzte, die dennoch solche Eingriffe vornehmen, riskieren, für Jahre ins Gefängnis zu gehen – übrigens drohen die gleichen Strafen auch den Frauen. So ist es ein besonderes Anliegen des Frauenzentralkomitees der SPÖ, den Paragraphen 144 loszuwerden. Aber davon ist nun im Parteiprogramm nicht mehr die Rede: Wer Katholiken als Wähler gewinnen will, kann sich nicht mehr für die ersatzlose Abschaffung des Paragraphen 144 einsetzen. Die SP-Frauen sind schockiert. So auch Hella Hanzlik, die damalige Wiener Frauensekretärin der SPÖ: „Man hat uns nahegelegt, nicht in einem so scharfen Ton unsere Wünsche bekanntzugeben. Wir dürfen nicht reden über den Kulturkampf, nicht über Schulfragen, wir dürfen über viele Fragen nicht reden, die uns sehr am Herzen liegen, weil man fürchtet, daß dann die katholische Wählerschaft für uns nicht zu gewinnen ist."

Und darum geht es: Die Partei soll nun auch für überzeugte Katholiken wählbar werden. Pittermann sieht darin eine Chance, die SPÖ aus der Rolle der stets Zweiten zur Mehrheit zu führen. Der Einbruch in die katholische Wählerschaft soll ihr dazu verhelfen. Aber dazu gehört mehr als nur eine Einladung, der Partei beizutreten oder sie zu wählen. Die SPÖ muß da auch, sichtbar für die Katholiken, ihr

Verhältnis zur Kirche neu gestalten. Und dieses Verhältnis ist gestört. Nicht nur wegen der bisherigen ideologischen Ablehnung der Kirche und des Glaubens, sondern es geht auch um das Konkordat, um die staatlichen Beziehungen zwischen Österreich und dem Vatikan. Das Konkordat war 1933 ausgehandelt worden, und zwar vom damaligen Kardinal-Staatssekretär Eugenio Pacelli und dem damaligen Bundeskanzler Engelbert Dollfuß. Und so trägt das Konkordat auch deren Unterschriften. Dieser Staatssekretär Pacelli ist inzwischen Papst geworden, Pius XII. Als Vater des Konkordats mit Österreich wünscht er, daß auch das neue Österreich, die Zweite Republik, diesem Konkordat uneingeschränkt zustimmt. Die Sozialisten empfinden dies als Zumutung. Nicht nur weil in diesem Konkordat eine Reihe von Privilegien für die Kirche und für katholische Einrichtungen enthalten sind, sondern auch weil dieses Konkordat von jenem Bundeskanzler Dollfuß ausgehandelt und abgeschlossen worden ist, der im Februar 1934 auf Arbeiter schießen ließ, die Sozialdemokratie unterdrückte und einen autoritären Staat begründete. Die Konkordatsfrage ist in der SPÖ daher mit besonders starken Ressentiments belastet.

Die ÖVP hingegen wünscht die Bereinigung der Beziehungen zwischen Österreich und dem Vatikan und befürwortet die Wiederinkraftsetzung des Konkordats. Das jetzt frei und unabhängig gewordene Österreich sollte in seinen Außenbeziehungen möglichst alle Belastungen loswerden. Bundeskanzler Raab begibt sich im April 1958 in den Vatikan. Raab will den Papst ersuchen, in der Konkordatsfrage Konzessionen zu machen. Raab und seine Begleiter kommen als gläubige Katholiken. Der Papst erteilt den Österreichern seinen Segen. In der Konkordatsfrage aber bleibt er völlig unnachgiebig. Pius XII. will nichts revidieren, was er dereinst offenbar mit großem Einsatz selbst ausgehandelt hat. Raab kehrt unverrichteterdinge aus Rom zurück.

Einigung über das Konkordat

Sechs Monate später erkrankt Pius XII. und stirbt. Zu seinem Nachfolger wird Johannes XXIII. gewählt. Offenbar ein gemütlicher Papst, schon vom Typ her das Gegenteil von Pius XII.: Pius ein hagerer, strenger, dogmatischer Mann – Johannes beleibt, wohlwollend, offen und diskussionsbereit. Die gestörten Beziehungen des Vatikans zu Österreich beschäftigen den neuen Papst sofort. Franz König hat sich mit vielen anderen Erzbischöfen und Kardinälen im Vatikan eingefunden, um dem neuen Papst zu begegnen. Er rechnet nicht damit, in privater Audienz empfangen zu werden – der Papst, so meint er, hätte zur Zeit andere Sorgen. Aber zu seinem Erstaunen läßt ihn Johannes XXIII. rufen. König berichtet: „In seiner legeren, freundlichen Art sagte er mir folgendes: ‚Wissen Sie, meine Mitarbeiter haben mir gesagt, der Wiener Erzbischof soll solange nicht zum Kardinal ernannt werden, solange die Konkordatsfrage nicht geregelt ist. Aber', so fügt er hinzu, ‚ich mach's anders. Ich werde Sie zuerst zum Kardinal ernennen, nachher wird's leichter gehen.'" Und so geschieht es auch. Bereits im Dezember 1958 ernennt Johannes XXIII. den Wiener Erzbischof zum Kardinal. Das Eis zwischen dem Vatikan und Österreich beginnt zu schmelzen.

Der Widerstand der SPÖ kommt nicht nur aus einer ideologischen Wurzel. Eine volle Anerkennung des Konkordats aus dem Jahr 1933 würde unter anderem bedeuten, daß kirchlich geschlossene Ehen auch ohne standesamtliche Eintragung gültig wären. In der Hitlerzeit wurde das Prinzip umgekehrt: Allein die standesamtliche Trauung war gültig, Priester, die kirchliche Trauungen vor der standesamtlichen vornahmen, konnten bestraft werden. Das neue Öster-

Hella Hanzlik: Wir dürfen nicht reden über den Kulturkampf.

Bundeskanzler Julius Raab begibt sich in den Vatikan in der Hoffnung, bei Papst Pius XII. Konzessionen in der Frage des Konkordats erwirken zu können. Raab und seine Begleiter kommen als gläubige Katholiken. Der Papst erteilt ihnen seinen Segen, bleibt aber in der Frage des Konkordats unnachgiebig. Linke Seite oben, unteres Bild, von links nach rechts: Kanzlersekretär Erich Haider, Raab, Pius XII., der österreichische Botschafter beim Heiligen Stuhl Joseph Kripp und der Sektionschef im Bundeskanzleramt Eduard Chaloupka.

reich hat den Vorrang der standesamtlichen Ehe beibehalten. Auch zögert die Zweite Republik, die Wiedergutmachungsansprüche der Kirche zu erfüllen. In der NS-Zeit war eine Anzahl von Grundstücken und Liegenschaften der Kirche enteignet worden. Die Kirche fordert ihre Rückgabe. Das Konkordat sieht auch vor, daß der Staat die katholischen Schulen und andere kirchliche Einrichtungen voll unterstützt, insbesondere für das dort tätige Personal finanziell aufkommt. Es geht also nicht nur um Ideologie, sondern auch um Güter und um Geld. Und da die Republik in den Fragen der Wiedergutmachung und der Entschädigung auf so vielen Ebenen säumig ist – insbesondere auch gegenüber den aus Österreich vertriebenen Juden und Nazi-Gegnern –, fehlte in der SPÖ-Führung bis dahin die Einsicht, weshalb man gerade die kirchlichen Forderungen im vollen Maße erfüllen sollte. Das ändert sich jetzt. Mit dem päpstlichen Nuntius Giovanni Dellepiane und Kardinal König auf der einen und dem neuen Außenminister Bruno Kreisky sowie dem Unterrichtsminister Heinrich Drimmel auf der anderen Seite ist ein Verhandlungsteam gebildet worden, das allseits Kompromißbereitschaft zeigt. Dennoch dauert es noch bis zum Juni 1960, ehe die ersten Teilverträge zum Konkordat unterschriftsfertig sind: Die Kirche erhält ihre Güter zurück und jährliche Zahlungen von 100 Millionen Schilling, das Burgenland wird zur Diözese erhoben. Zwei Jahre später einigt man sich auch darüber, daß der Staat für 60 Prozent des Personalaufwands an den katholischen Schulen aufzukommen hat. Als Kreisky später Bundeskanzler wird, erhöht er den Staatsbeitrag auf 100 Prozent.

Die neuen Verträge mit dem Vatikan beruhen im großen und ganzen auf dem Konkordat des Jahres 1933. Doch diesmal werden die Verträge dem österreichischen Parlament vorgelegt und von den Abgeordneten bestätigt. Das macht für die SPÖ einen großen Unterschied. Die wahre Bedeutung dieser Verträge aber liegt nicht im Materiellen: Sie beenden das, was man in der Ersten Republik „den Kulturkampf" genannt hat, die unversöhnliche Gegnerschaft zwischen der sozialdemokratisch orientierten Bevölkerung und der Kirche, wobei aber diese wieder für viele gleichbedeutend war mit der Christlichsozialen Partei. Ein Stück tiefgreifenden Bruderzwists ist mit dem Abschluß der Konkordatsverträge beendet.

Besuch im Weißen Haus

Die Hauptsorge der österreichischen Außenpolitik aber gilt noch immer den Beziehungen zu den früheren Besatzungsmächten, insbesondere zu den USA und zur Sowjetunion. Beide sind Führungsmächte, die USA in der NATO, die Sowjetunion im Warschauer Pakt. Österreich liegt geographisch zwischen diesen beiden Bündnissystemen eingeklemmt. Und beide Seiten, der Westen wie der Osten, beobachten genau, wie sich dieses von den Besatzungstruppen nun geräumte Österreich gegenüber seinem Umfeld und im Spannungsfeld zwischen Ost und West verhält. Auch wirtschaftlich ist Österreich von den früheren Besatzungsmächten noch immer abhängig. Die Amerikaner gebieten nach wie vor über die Marshallplan-Gelder in Österreich, das sind viele hundert Millionen Schilling. Sie liegen in dem schon erwähnten ERP-Fonds. Ihre jeweilige Freigabe ist von der Zustimmung der amerikanischen Regierung abhängig. Der Sowjetunion gegenüber ist Österreich die Ablöselieferungen aus dem Staatsvertrag schuldig, Waren und Erdöl ebenfalls im Wert von vielen hundert Millionen Schilling. Und beide Großmächte sind abwechselnd nicht gut zu sprechen auf Österreich. Aus unterschiedlichen Gründen meinen Amerikaner wie Sowjets, daß Österreich die Interessen jeweils der anderen Seite vertrete.

Es kann nicht geleugnet werden, daß die österreichischen Politiker in ihrem Verhalten gegenüber den Großmächten eine gute Portion Opportunismus an den Tag legen. Manche meinen, dies wäre eine nationale Schwäche der Österreicher schlechthin. Andere sehen darin lediglich die Fortsetzung einer in Besatzungszeiten notwendigerweise angewandten Politik des sich „Durchwurschtelns" – wie sonst hätte man die Besatzungszeit relativ unbeschadet überdauern können.

Das Jahr 1958 stellt Österreich erneut auf die Probe, wenn auch bei weitem nicht so dramatisch wie das Jahr 1956 mit der Ungarnkrise. Es ist ein Jahr, in dem Bundeskanzler Julius Raab versuchen will, die Belastungen aus dem Staatsvertrag zu mildern. Sein erster Weg führt ihn zum Staatsbesuch in die USA, zu Präsident Dwight D. Eisenhower und Außenminister John Foster Dulles. Raab wird von beiden Staatsmännern besonders herzlich willkommen geheißen. Österreichs Haltung während des ungarischen Volksaufstands und bei der Aufnahme ungarischer Flüchtlinge erfährt hier noch immer große Anerkennung. Raab andererseits übergibt Eisenhower eine Urkunde, mit der Österreich dem US-Präsidenten einen wertvollen Gobelin zum Geschenk macht als symbolischen Dank für die Marshallplan-Hilfe. Eisenhower zeigt sich freudig erstaunt: Österreich sei das erste und bisher einzige Land, das sich mit einem solchen Geschenk als Dank für die US-Hilfe bei ihm eingestellt habe. Die beiderseitige Geste zeugt von der grundsätzlich freundschaftlichen

---

KONKORDAT
ZWISCHEN DEM HEILIGEN STUHLE
UND DER REPUBLIK OESTERREICH.

Seine Heiligkeit Papst Pius XI. und die Republik Oesterreich, die in dem Wunsche einig sind, die Rechtslage der katholischen Kirche in Oesterreich zum Besten des kirchlichen und religiösen Lebens in gegenseitigem Einvernehmen in dauerhafter Weise neu zu ordnen, haben beschlossen, eine feierliche Uebereinkunft zu treffen.

Zu diesem Zwecke haben Seine Heiligkeit zu Ihrem Bevollmächtigten

Seine Eminenz den Hochwürdigsten Herrn Kardinal Eugen Pacelli, Ihren Staatssekretär,

und der Herr Bundespraesident der Republik Oesterreich den Herrn Bundeskanzler Dr. Engelbert Dollfuss und

den derzeit auch mit der Führung des Bundesministerium für Unter-

Zu Artikel XXII, 3.

Unter anderem treten hiemit die Gesetze vom. 7. V. 1874, Reichsgesetzblatt Nr. 50 und Nr. 51 in ihrem ganzen Umfange ausser Kraft.

In der Vatikanstadt, am 5. Juni 1933.

E. Card. Pacelli

Der neue Papst, Johannes XXIII. Gleich nach seiner Wahl empfängt er den Erzbischof von Wien: „Ich mach's anders. Ich werde Sie zuerst zum Kardinal ernennen, nachher wird's leichter gehen."

Linke Seite: Auszüge aus dem Konkordat, das vom damaligen Kardinal-Staatssekretär Eugenio Pacelli mit dem damaligen Bundeskanzler Engelbert Dollfuß und dem damaligen Unterrichtsminister Kurt Schuschnigg ausgehandelt und am 5. Juni 1933 im Vatikan unterzeichnet worden ist. Pacelli ist mittlerweile Papst geworden, Pius XII. Und dieser will von „seinem" Konkordat nicht abrücken.

Einstellung der beiden Staaten zueinander. John Foster Dulles übernimmt es dann, mit Raab die unangenehmeren Fragen zu erörtern. Zunächst geht es um das Wiener Memorandum. Bis spätestens 1957 hätten die österreichischen Verpflichtungen aus dem Memorandum erfüllt sein sollen, nämlich die Rückstellungen bzw. Abgeltungen an die westlichen Erdölfirmen. Jetzt, Mitte 1958, seien die Verhandlungen noch immer nicht zu einem guten Ende gekommen. Raab verweist darauf, daß die Forderungen der Ölfirmen zunächst stark überhöht gewesen seien, man aber jetzt bald zu einem realistischen Ergebnis kommen werde. Dulles gibt sich mit dieser Zusicherung zufrieden. Tatsächlich aber wird es noch zwei Jahre dauern, ehe Öster-

reich die im Wiener Memorandum übernommenen Verpflichtungen erfüllt. Das trägt Österreich, besonders von seiten der Amerikaner und der Franzosen, den Vorwurf ein, die Verpflichtungen gegenüber der Sowjetunion genau einzuhalten und pünktlichst zu bezahlen, während man den Westen jahrelang vertröste.

Nach dem Memorandum erinnert Dulles Raab an eine weitere Verpflichtung Österreichs: an die Entschädigung der Opfer des Nationalsozialismus, insbesondere der Juden. Raab verweist darauf, daß Österreich für den jüdischen Hilfsfonds 550 Millionen Schilling bereitgestellt habe. Die jüdischen Organisationen aber stellten nun darüber hinaus weitere Forderungen. Dulles schlägt vor, Österreich möge noch eine Abschlagszahlung von fünf Millionen Dollar leisten. Zu diesem Zeitpunkt gibt es 30000 Anspruchsberechtigte, die bisher keine Entschädigung für Eigentumsverluste und Vertreibung erhalten haben. Fünf Millionen Dollar, das ergäbe etwas weniger als 170 Dollar für jeden dieser Vertriebenen. Dulles erklärt rundheraus, daß die USA jede weitere Intervention bezüglich dieser Entschädigungsfragen einstellen würden, falls Österreich bereit sei, diese Pauschalsumme von fünf Millionen zu zahlen. Raab zeigt sich da nicht einsichtig: Er sei zwar bereit zu verhandeln, aber es müsse „endlich einmal Schluß gemacht werden" mit den Forderungen. Die Haltung nicht nur Raabs, sondern auch der späteren österreichischen Bundesregierungen ist bezeichnend für die Einstellung Österreichs zu dieser heiklen Frage. Der deutsche Bundeskanzler Konrad Adenauer und alle seine Nachfolger haben da stets eine andere Haltung eingenommen: Sie bekannten die Schuld und Verantwortung Deutschlands an den Hitler-Verbrechen ein und erfüllten die sich daraus ergebenden finanziellen Verpflichtungen gegenüber den überlebenden Opfern und auch gegenüber den überlebenden Nachkommen der Ermordeten. Österreich als Staat – das wurde schon erwähnt – bekannte

Abschnitt für Abschnitt wird das Konkordat erneuert und findet jetzt auch die Zustimmung der SPÖ. Der Vermögensvertrag zwischen Österreich und dem Heiligen Stuhl wird von Außenminister Kreisky und Unterrichtsminister Drimmel gemeinsam mit dem päpstlichen Nuntius in Wien, Giovanni Dellepiane, unterzeichnet. Stehend, links im Bild, der Leiter der Rechtsabteilung im Außenministerium Rudolf Kirchschläger, rechts Kardinal König.

VERTRAG
zwischen dem
HEILIGEN STUHL
und der
REPUBLIK ÖSTERREICH
ZUR REGELUNG VON
VERMÖGENSRECHTLICHEN
BEZIEHUNGEN

Zwischen dem Heiligen Stuhl,
  vertreten durch dessen Bevollmächtigten, Seine Exzellenz, den Herrn Apostolischen Nuntius in Österreich, Titularerzbischof von Stauropolis, Dr. Giovanni DELLEPIANE in Wien,

und der Republik Österreich,
  vertreten durch deren Bevollmächtigte,
    Herrn Dr. Bruno KREISKY, Bundesminister für Auswärtige Angelegenheiten,
    und
    Herrn Dr. Heinrich DRIMMEL, Bundesminister für Unterricht,
wird nachstehender Vertrag geschlossen:

Artikel I

Der Heilige Stuhl und die Republik Österreich sind übereingekommen, mit diesem Vertrag gewisse vermögensrechtliche Beziehungen zwischen der Katholischen Kirche und dem Staat zu regeln und verschiedene Vorschriften des Konkordates vom 5. Juni 1933 sowie des Zusatzprotokolls abzuändern.

Artikel X

Dieser Vertrag, dessen deutscher und italienischer Text authentisch ist, soll ratifiziert und die Ratifikationsurkunden sollen so bald wie möglich in Rom ausgetauscht werden. Er tritt mit dem Tage des Austausches der Ratifikationsurkunden in Kraft.

Zu Urkund dessen haben die Bevollmächtigten diesen Vertrag in doppelter Urschrift unterzeichnet.

Geschehen in Wien am 23. Juni 1960

Für die Republik Österreich:
Per la Repubblica Austriaca:

---

sich weder zu einer Mitschuld noch zu einer Mitverantwortung und empfahl den Opfern, sich mit ihren Forderungen an den einzigen Nachfolger des Dritten Reichs zu wenden, nämlich die Bundesrepublik Deutschland. Letztlich konnte Österreich seinen Verpflichtungen doch nicht entgehen, letztlich hat es wahrscheinlich auch gar nicht so wenig an Abgeltungen und Wiedergutmachung bezahlt, aber die Art und Weise, wie man sich zunächst dagegen wehrte und jede Mitverantwortung von sich schob, hat die österreichisch-jüdischen und auch die österreichisch-amerikanischen Beziehungen immer wieder belastet. Das kommt auch bei diesem Staatsbesuch Raabs im Jahr 1958 in Washington klar zum Ausdruck. Und zwar nicht nur im Weißen Haus. Am 20. Mai empfängt Julius Raab in Washington eine jüdische Abordnung unter der Führung von Nahum Goldmann. Auch Goldmann verweist darauf, daß der Hilfsfondsbetrag von 550 Millionen Schilling zumindest ein Drittel der Anspruchsberechtigten ohne jede Entschädigung ließe. Raab zeigt kein Verständnis: Österreich könne den Betrag nicht erhöhen, die Verteilung müsse eben so durchgeführt werden, daß sich „für jeden etwas ausgeht". Goldmann verlangt auch eine Wiedergutmachung für die den Juden enteigneten Wertpapiere und Bankdepots. Raab meint, Goldmann möge sich mit dieser Forderung an Bonn wenden. Goldmann verlangt die Wiederherstellung der alten Miet- und Bestandsrechte. Raab: Unmöglich, aber Rückwanderer könnten eine Gemeindewohnung erhalten. Goldmann meint, Österreich sollte die von den jüdischen Emigranten entrichtete Reichsfluchtsteuer zurückerstatten. Nein, sagt Raab, das wäre von seiten Österreichs ein Eingeständnis der Mitschuld und die könne es nicht geben, weil Österreich damals nicht existiert habe. Nach seiner Rückkehr aus den USA wird Raab dem Ministerrat berichten, daß Goldmann „interessanterweise" nichts von der von Dulles vorgeschlagenen Abschlagszahlung von fünf Millionen Dollar erwähnt habe. So greift auch Österreich diesen Vorschlag nicht mehr auf. Die Versäumnisse von damals werden Österreich noch viele Vorwürfe eintragen, auch den Vorwurf, sich seiner eigenen Vergangenheit nicht stellen zu wollen.

Ansonsten ist Raabs Besuch in den USA ein großer Erfolg. Er bereist fast das ganze Land: New York, Washington, Chicago, Denver, Albuquerque, den Grand Canyon, Las Vegas, Los Angeles, San Francisco. Er wird überall freundschaftlich empfangen, erhält ein Ehrendoktorat an der Notre Dame University in South Bend, Indiana, er feiert ein Wiedersehen mit Vizepräsident Richard Nixon und besucht den Generalsekretär der UNO, Dag Hammarskjöld. Vor seiner Abreise richtet Raab eine gefilmte Botschaft an die Österreicher: „Meine lieben Landsleute, ich spreche hier von meinem Hotelzimmer aus Washington und sende vor allem einmal an alle Österreicher drüben in der Heimat recht herzliche Grüße. Wir sind hier sehr freundlich aufgenommen worden, und alle Verhandlungen, die wir mit den Staatsmännern, mit Herrn Präsidenten Eisenhower, Staatssekretär Dulles, Vizepräsident Nixon geführt haben, waren von freundschaftlichem Geiste getragen. Und es konnte auch eine Reihe von offenen Fragen positiv erledigt werden." Zu diesen positiv erledigten Fragen gehören auch die österreichischen Kreditwünsche gegenüber der Weltbank und der amerikanischen Import-Export Bank.

Die USA verletzen den Luftraum

Das war im Mai 1958. Zwei Monate später, am 14. Juli, werden im Irak König Feisal II., die königliche Familie, der Ministerpräsident und andere Regierungsmitglieder von Putschisten ermordet. Es war der König, der mit den USA ein strategisch wichtiges Bündnis abgeschlossen hatte, den sogenannten Bagdad-Pakt. Dieser Pakt war praktisch eine Verlängerung der Verteidigungslinie der NATO entlang der sowjetischen Grenzen bis nach Mittelasien. Denn im Bagdad-Pakt waren außer dem Irak auch die Türkei, der Iran und Pakistan vertreten. Mit dem Sturz und der Ermordung König Feisals wird nun der Irak aus dem Pakt herausgebrochen. Das Putschisten-Regime ist antiwestlich und prosowjetisch orientiert. Es findet auch sofort Sympathien in Syrien und in Ägypten. Und damit wird die gesamte westliche Position im arabischen Raum gefährdet. Im Libanon wird der Putsch im Irak von Teilen der Bevölkerung jubelnd gefeiert. Die prowestliche Regierung unter Staatspräsident Camille Chamoun gerät unter Druck, befürchtet, selbst gestürzt zu werden. Auch aus dem prowestlichen Jordanien kommt ein Hilferuf. Der junge König Hussein rechnet mit einem Staatsstreich, dessen Ziel sein Sturz wäre. Chamoun und Hussein rufen die Westmächte zu Hilfe. Sie berufen sich dabei auf die sogenannte Eisenhower-Doktrin. Nach dem Suezkrieg 1956 hatte Präsident Eisenhower gemeinsam mit König Saud von Saudi-Arabien die Grundzüge einer Politik entworfen, die den prowestlichen Regimen in diesem Raum einerseits Sicherheit und andererseits weitgehende wirtschaftliche Kooperation garantieren sollten. Dazu gehörte, daß die USA zum Einsatz von Streitkräften bereit seien, falls ein arabischer Staat um militärische Hilfe „gegen eine bewaffnete Aggression seitens irgendeines vom internationalen Kommunismus kontrollierten Landes" ersuchen sollte. Nach dem Putsch in Bagdad gilt nun der Irak als ein „vom internationalen Kommunismus kontrolliertes Land". Dem Hilferuf aus dem Libanon und aus Jordanien ist gemäß der Eisenhower-Doktrin Folge zu leisten.

Das berührt auch Österreich. Denn ehe noch die ersten amerikanischen Truppen zur Hilfeleistung im Libanon landen, wird der amerikanische Botschafter in Wien, Freeman Matthews, am Ballhausplatz vorstellig und ersucht die österreichische Regierung, 32 amerikanischen Transportflugzeugen die Genehmigung zum Überfliegen österreichischen Territoriums zu erteilen. Die Flugzeuge kämen aus Deutschland und sollten dazu eingesetzt werden, westliche Staatsbürger aus dem Libanon zu evakuieren. Die Genehmigung wird erteilt. Österreich ersucht die USA, im Ernstfall auch die im Libanon befindlichen österreichischen Bürger zu evakuieren. Es liegt also auch ein österreichisches Interesse an diesen Flügen vor. Offiziell handelt es sich um eine humanitäre Aktion. Zu gleicher Zeit aber werden in Deutschland stationierte amerikanische Luftlandetruppen und eine Infanteriedivision zur sogenannten „Task Force 201" zusammengefaßt und zum Abflug in den Libanon bereitgestellt. Die Maschinen, die am 16. Juli von den amerikanischen Luftwaffenbasen Fürstenfeldbruck und Erdingen in Bayern starten und kurz darauf Tirol überfliegen, transportieren rund 1 600 Soldaten und 350 Tonnen Waffen. Es sind auch nicht nur 32, sondern 60 und mehr Großraumtransporter, und sie werden von einem Jagdflugzeuggeschwader begleitet. Der Luftraum über Tirol erbebt vom Dröhnen der Motoren, was die Tiroler an die Bombergeschwader des Zweiten Weltkriegs erinnert.

Gleichzeitig taucht vor der Küste des Libanon die 6. Flotte der US-Marine auf – 70 Kriegsschiffe mit insgesamt 40 000 Soldaten an Bord. Die Invasion hat begonnen. Sie wird übrigens unblutig verlaufen, im Zuge der gesamten Operation verliert ein einziger amerikanischer Soldat sein Leben. Auf libanesischer Seite wird niemand getötet. Während die Amerikaner Beirut und einige Stützpunkte im Libanon besetzen, landen britische Truppen in Jordanien und sichern die Herrschaft König Husseins. Der Größe dieses Einsatzes entsprechend bleibt es natürlich nicht bei den 60 Transportmaschinen, die Österreich überfliegen. Am 17. Juli folgen weitere Kontingente amerikanischer Transporter – die Zahl kann nicht genau festgestellt

Julius Raab wird bei seinem Staatsbesuch in den USA von Präsident Dwight D. Eisenhower im Weißen Haus empfangen, das Gespräch verläuft herzlich. Danach aber erinnert der amerikanische Außenminister John Foster Dulles den Bundeskanzler an die noch nicht erfüllten Verpflichtungen Österreichs aus dem „Wiener Memorandum" und gegenüber den jüdischen Opfern des Nationalsozialismus.

Arthur Pipan: Wenn ich den Befehl bekomme, dann schieße ich auch.

werden, die Maschinen brauchen zehn Minuten, um Tirol zu überqueren – 40 Minuten lang hört man das Dröhnen der amerikanischen Flugzeuge.

In Wien ist man sich der Neutralitätsverpflichtung bewußt, gleichzeitig fühlt man sich mit den USA freundschaftlich verbunden. Also wählt man einen Ausweg: Außenminister Figl erklärt dem amerikanischen Botschafter, man werde nicht offiziell protestieren, aber der Presse eine Mitteilung übergeben, derzufolge die österreichische Regierung nicht genehmigte Überflüge nicht dulden könne. Es ist wohl die sanfteste Form eines Einwands. Als aber die Amerikaner ihre Luftbrücke auch am nächsten Tag fortsetzen, entschließt man sich am Ballhausplatz zu einer deutlicheren Aktion: Dem US-Botschafter wird nun doch eine Note überreicht, in der darauf verwiesen wird, daß die Überflüge eine Verletzung der österreichischen Lufthoheit darstellen, die die Bundesregierung nicht dulden könne. Gleichzeitig werden drei Düsenjäger der britischen Type Vampire und zwei Jagdflugzeuge der sowjetischen Type JAK 11 der jungen österreichischen Luftwaffe nach Innsbruck-Kranebitten verlegt. Die Piloten sollen den Luftraum über Tirol kontrollieren und haben Befehl, „einfliegende Maschinen mit allen zu Gebote stehenden Mitteln zur Landung zu zwingen". Außerdem wird der gesamte österreichische Luftraum über einer Höhe von 5000 Metern für alle Flüge außer Verkehrsflügen gesperrt. Einer der Piloten war Arthur Pipan, später Brigadier der österreichischen Luftstreitkräfte. Er erinnert sich: „Ich muß sagen, es war schon ein komisches Gefühl, weil es für uns der erste Einsatz war. Wir sollten moderne amerikanische Flugzeuge aufspüren, und es war eine Frage, ob es uns überhaupt gelingen könnte, mit einer Vampire solche Flugzeuge abzudrängen. Die Höhe wurde uns mit 8 000 bis 10 000 Metern angegeben. Wir legten uns also auf die Lauer und sind innerhalb des österreichischen Luftraums Sperre geflogen, haben Ausschau gehalten, ob amerikanische Flugzeuge kommen. Wir hatten scharfe Munition, aber keinen Schießbefehl. Wir wären jedoch jederzeit in der Lage gewesen, falls wir den Befehl bekommen, auch zu schießen." Und hätten sie geschossen? Pipan: „Wenn ich den Befehl bekomme, dann schieße ich auch." Ganz so ernst dürfte es die Bundesregierung nicht gemeint haben, der österreichische Protest hätte sonst andere Formen anzunehmen gehabt.

Ein Mehr an freundschaftlicher Haltung konnte sich die amerikanische Regierung wohl kaum erwarten. Dennoch zeigt man sich in Washington verschnupft. Man hätte gedacht, in Österreich auf größeres Verständnis für diese den Frieden im Nahen Osten sichernde Aktion zu stoßen. Und dazu wird auch gleich ein kleiner Verdacht geäußert: Wollen die Österreicher mit ihrer Haltung der Sowjetunion imponieren, in Moskau gute Stimmung machen, da doch eine österreichische Regierungsdelegation vor dem Abflug zu einem Staatsbesuch in die Sowjetunion stehe?

Im Gegensatz zu Österreich legt die Sowjetunion bei den Amerikanern Protest ein: Die USA hätten mit den Überflügen die österreichische Neutralität verletzt. Die Sowjets protestieren nicht in Wien, sondern in Washington. Nun wehrt sich Österreich: Die Sowjetunion, so erklärt die Bundesregierung, sei nicht berechtigt, eine Verletzung der österreichischen Neutralität gegenüber den USA zum

Amerikanische Truppen landen 1958 an der Küste des Libanon, um westliche Interessen im Nahen Osten abzusichern (unten). Verstärkungen werden auf dem Luftweg von Deutschland über Österreich nach dem Nahen Osten gebracht (oben). Um eine weitere Verletzung des österreichischen Luftraums zu verhindern, wird einer Jägerstaffel des Bundesheers befohlen, die Amerikaner, wenn möglich, zum Abdrehen zu zwingen. Das Bild rechts oben zeigt drei dieser Düsenjäger der Type Vampire.

Gegenstand eines Protests zu machen. Auch sei nicht die Neutralität verletzt worden, sondern nur die österreichische Lufthoheit. Die Ereignisse rund um diesen Nahost-Einsatz der Amerikaner lassen erkennen, wie sensitiv die Großmächte auf die jeweilige Haltung der Österreicher reagieren. Dabei handelt es sich keineswegs um eine wirklich große Krise. So wie die Sowjets bei der Niederschlagung des ungarischen Aufstands von den USA nicht gestört wurden, so läßt es die Sowjetunion nun beim Einsatz amerikanischer und britischer Truppen im Nahen Osten mit einem Protest bewenden. Ihre Einflußzonen respektieren die Supermächte gegenseitig, aber die, die dazwischen liegen, werden jeweils kräftig abgemahnt.

Besuch im Kreml

Der von den Amerikanern angesprochene Staatsbesuch der Österreicher in der Sowjetunion ist für den Zeitraum von 21. bis 28. Juli des Jahres 1958 angesetzt. Die Österreicher fliegen in großer Besetzung: Bundeskanzler Raab, Vizekanzler Pittermann, Außenminister Figl, Staatssekretär Kreisky. Die Sowjets entsenden eine Regierungsmaschine nach Wien, um die Österreicher abzuholen (die Austrian Airlines stecken noch in den Kinderschuhen, sie haben ihre Linienflüge erst im März dieses Jahres aufgenommen, nach Osteuropa geht es überhaupt erst ab dem Jahr 1959 – doch darüber wird noch zu berichten sein). Ist schon die Entsendung einer sowjetischen Regierungsmaschine eine außergewöhnliche Geste, so gibt es dann in Moskau auch noch einen unerwartet großen Empfang für die Öster-

Die österreichische Regierungsdelegation vor ihrer Abreise nach Moskau. Von links nach rechts: Kreisky, Raab, Pittermann, Figl und der spätere Botschafter in Moskau Herbert Grubmayr. Die Sowjetführung hatte eigens ein Regierungsflugzeug nach Wien gesandt, um die Österreicher abzuholen.

reicher. Regierungs- und Parteichef Nikita Chruschtschow und sein Stellvertreter Anastas Mikojan sind da und begrüßen die Österreicher mit Blumensträußen, als handle es sich nicht um einen Staatsbesuch, sondern um das Wiedersehen mit alten Freunden. Natürlich gibt es auch das übliche militärische Gepränge: die Staatshymnen, Vorbeimarsch einer Ehrenformation der Sowjetarmee, danach Vorstellung des diplomatischen Corps und Begrüßungsansprachen. Diese fallen besonders herzlich aus. Bundeskanzler Raab läßt sich offenbar von dieser Herzlichkeit mitreißen: In seiner Antwort lobt er die Sowjetunion und dankt ihr für den Abschluß des österreichischen Staatsvertrags. Das kann leicht mißverstanden werden – so als ob nur der Sowjetunion das Zustandekommen des Staatsvertrags zu verdanken sei. Das schmerzt den ebenfalls zur Begrüßung erschienenen amerikanischen Botschafter in Moskau Llewellyn Thompson. Er war der letzte amerikanische Hochkommissar in Österreich und maßgebend am Zustandekommen des Staatsvertrags beteiligt. Er weiß, wie oft die Sowjets den Abschluß dieses Vertrags mit ihrem Njet verhindert haben. Thompson hält die Bemerkung Raabs für eine große Undankbarkeit, berichtet dies nach Washington und wird auch schon beauftragt, noch während des österreichischen Besuchs in Moskau den Österreichern sein Befremden auszudrücken. Die Sache wird mit einer Unterredung zwischen Raab und Thompson in der österreichischen Botschaft dann bereinigt: An der Freundschaft Österreichs gegenüber den USA habe sich nichts geändert. Für die Österreicher aber erneut ein Zeichen, wie aufmerksam ihr Verhalten beobachtet wird.

Natürlich war die Bemerkung Raabs kein Zufall, auch kein „Ausrutscher". Die Österreicher wollen etwas von den Sowjets, und zwar nicht wenig: Sie sind gekommen, um die Sowjetunion um einen kräftigen Nachlaß bei den noch ausstehenden Erdöllieferungen zu ersuchen. 7 Millionen Tonnen Erdöl hätte Österreich auf Grund des Staatsvertrags noch als Ablöse zu liefern. Die Sowjets werden nun gebeten, Österreich die Hälfte dieser Lieferungen zu erlassen. Chruschtschow und Mikojan gehen auf diesen Wunsch ein. Man benötige zwar das leichte österreichische Öl und könne es zur Zeit nicht ersetzen, aber wenn die Österreicher einverstanden seien, würde die Sowjetunion im Gegenzug 3,5 Millionen Tonnen schweres sowjetisches Heizöl kostenlos an Österreich liefern. Und wie sie einverstanden sind: Das ist ein ganz erheblicher Nachlaß. Natürlich kann man argumentieren, daß die gesamten Öllieferungen in die Sowjetunion an sich ungerechtfertigt wären, da Österreich damit sozusagen seine eigenen Ölquellen zurückkaufen mußte, aber Verträge sind nun einmal Verträge, auch mit dem Erdöl wurde für den Abzug der Besatzung gezahlt.

In bester Laune setzen die Österreicher nun ihren Staatsbesuch fort. Die Reise geht von Moskau nach Leningrad, wie Sankt Petersburg damals noch heißt. Die Österreicher tun, was hier alle Touristen tun, sie besichtigen diese historisch so interessante und architektonisch so schöne Stadt am Ufer der Newa: den Winterpalast des Zaren, die heutige Staatliche Eremitage, das Denkmal Peters des Großen, das Kirow-Theater (heute wieder Mariinskij-Theater) mit seinem berühmten Ballett. Von diesem Besuch in Leningrad ist uns ein bezeichnendes Filmdokument erhalten. Unter anderem besuchen die Österreicher auch das große Fußballstadion, das ebenfalls Lenins Namen trägt. In Anbetracht des grünen Rasens und eines Fußballs legen einige von ihnen die Sakkos ab und beginnen nun zu kicken. Der Chef des Bundespressedienstes, Sektionschef Fritz Meznik, ein Fußballamateur aus Leidenschaft, macht den Tormann, Figl und Pittermann kämpfen um den Ball und erzielen sogar Tore. Die

Die Österreicher werden in Moskau besonders herzlich empfangen. Nikita Chruschtschow stellt sich persönlich mit einem Blumenstrauß für Julius Raab ein. Im Hintergrund Figl und Kreisky.

übrigen Delegationsmitglieder applaudieren. Die Österreicher erholen sich. Sie haben die Verhandlungen in Moskau erfolgreich hinter sich gebracht. Die Erleichterung ist ihnen anzusehen.

Drei Atomreaktoren errichtet

Als am 22. September 1958 in der Wiener Hofburg die Internationale Atomenergiebehörde, IAEA, zu ihrer Generalkonferenz zusammentritt, kann Österreich mit den Sympathien so gut wie aller Teilnehmerstaaten rechnen. Wien ist UNO-Stadt geworden, neben New York, neben Genf. Die IAEA schlägt ihr ständiges Hauptquartier in Wien auf, von hier aus soll sie zumindest alle zivilen Atomkraftwerke der Welt überwachen, deren Sicherheit und ausschließlich friedliche Nutzung. Die Ansiedlung der IAEA wird auf dem Ballhausplatz nicht nur vom politisch-diplomatischen Standpunkt aus begrüßt, man sieht darin auch eine Chance, Österreich, rascher als es sonst möglich gewesen wäre, Anschluß an das Atomzeitalter finden zu lassen. Denn es erscheint nicht denkbar, einer solchen Behörde Heimstatt zu bieten, ohne selbst an der Weiterentwicklung der Atomkraft teilzuhaben. Folgerichtig wurde schon 1956 eine österreichische Studiengesellschaft für Atomenergie gegründet und der Bau eines Reaktorzentrums angeordnet. Von der Öffentlichkeit wird dieser Schritt Österreichs in das Atomzeitalter größtenteils begrüßt. So wie in der übrigen Welt glaubten auch viele in Österreich, daß der Atomenergie die Zukunft gehört: Eine, wie man meint, saubere Energie, die darüber hinaus auch noch unerschöpflich scheint. Und doch gibt es schon damals eine besorgte Minderheit, und es regt sich auch

In zähen Verhandlungen ist es den Österreichern gelungen, die Sowjets zum Verzicht auf die Hälfte der Erdöllieferungen zu bewegen, die Österreich der Sowjetunion auf Grund des Staatsvertrags noch als Ablöse schuldet (oben). Der weitere Verlauf des Staatsbesuchs wird zur Erholungsfahrt. Im Fußballstadion von Leningrad versuchen Pittermann und Figl, dem Sektionschef Fritz Meznik ein Tor zu schießen (Bildfolge rechts).

schon Widerstand. Der österreichische Atomreaktor soll in Götzendorf in Niederösterreich errichtet werden. Doch da machen Atomgegner die Runde, prophezeien Atomkatastrophen auch ohne Kriege, Katastrophen durch den Betrieb von Atomreaktoren. Es kommt zu einer der ersten Bürgerinitiativen: „Gegen den Atomtod!"

Der aus den USA heimgekehrte österreichische Atomphysiker Michael Higatsberger war mit der Errichtung des Reaktors beauftragt worden. Als er sich mit dem Widerstand der Einwohner von Götzendorf konfrontiert sieht, will er den Auftrag zurücklegen. Higatsberger erinnert sich: „Ich bin zu dem Schluß gekommen, das kann man in Österreich nicht machen, und wollte meinen Vertrag wieder lösen, nach Amerika zurückgehen. Da erscheint eines Tages ein Herr Franz Görz in meinem Büro. Meine Sekretärin meldet ihn an, das wäre der Bürgermeister von Seibersdorf. Da habe ich gesagt: ‚Auch einer, der protestieren will. Wir werden ihn empfangen, werden uns anhören, was er zu sagen hat und werden seinen Protest entgegennehmen.' Aber ganz im Gegenteil, der Bürgermeister kam herein und sagte: 'Ich möchte Sie namens unserer Gemeinde einladen. Alle Bürger über 14 sind der Auffassung, Sie sollen dieses Forschungszentrum auf unserem Grund und Boden bauen.'" Franz Görz, auf seine damalige Vorsprache bei Higatsberger angesprochen, berichtet: „Die haben gestutzt und haben mir nicht geglaubt. Und dann haben's g'sagt, ob wir denn keine Atomangst haben. Das war gleich eine der ersten Fragen. Hab' ich gesagt: ‚Wenn ich euch so anschau', habe ich nicht den Eindruck, daß ihr Selbstmörder seid. Weil arbeiten tut's ja ihr da drinnen und nicht wir.' Dann habe ich ihnen das auf der Landkarte gezeigt und habe ihnen gesagt: ‚Das ist ein schlechter Boden, den wollen wir loswerden, ihr zahlt für den Quadratmeter genau das, was wir zahlen für einen guten Boden, etwa 2,80 Schilling. Nur mit dem Unterschied, daß ihr einen schlechten Boden kriegt, und wir kaufen uns dafür einen guten.' Na, und das war nun schon einmal ein Aufschwung für die Bauern. Außerdem haben alle Leute, die das gewollt haben, dann im Reaktorzentrum Arbeit gefunden. Und selbst heute ist das noch so, daß die ganze Umgebung vom Forschungszentrum lebt. Jeder, der will, bekommt dort Arbeit, ich glaube, in Seibersdorf gibt es keine Familie, in der nicht ein Mitglied dort arbeitet. Und das ist ein sicherer Arbeitsplatz. Und ich schwöre Ihnen, in 23 000 Jahren sind zumindest noch vier Posten da, die den Reaktor bewachen, wenn er einmal stillgelegt ist."

So dachte der Bürgermeister und so dachten die Seibersdorfer vor dem Reaktorunglück von Tschernobyl im Jahr 1986. Aber so denken viele auch noch danach: Seibersdorf, das ist in ihren Augen eben nur ein Forschungsreaktor, kein Kraftwerk. Und Seibersdorf entspricht auch den höchsten Sicherheitsanforderungen. Das Reaktorzentrum dient als Versuchs- und Ausbildungsstätte. Dazu Higatsberger: „Erstens sollten junge Leute, die an den Hochschulen ihre Diplomarbeit machen, eine Chance haben, an modernsten Einrichtungen ausgebildet zu werden. In Seibersdorf haben wir durchschnittlich hundert Dissertanten und Diplomanden aller österreichischen Hochschulen. Und diese Leute bekommen eine internationale Ausbildung, die können jede beliebige Position in der Welt einnehmen. Aber auch in der friedlichen Verwertung der Atomenergie gibt es ungeahnte Möglichkeiten, von der Grundlagenforschung über die Energieerzeugung bis zur Isotopenanwendung in der Medizin." Auch Strahlenmessung gehört zum Aufgabenbereich von Seibersdorf, die Prüfung der Lebensmittel, der Luft und des Wassers auf radioaktive Verseuchung. Im März 1959 trifft ein „fahrbares Isotopenlaboratorium" in Wien ein, ein Strahlenmeßwagen. Zu diesem Zeitpunkt ist das Reaktorzentrum Seibersdorf noch nicht in Betrieb, und so wird dieser Meßwagen begrüßt, als wäre seine Existenz bereits der Anbruch des Atomzeitalters in Österreich: Der Strahlenmeßwagen wird auf den Heldenplatz geführt und von Kardinal König höchstpersönlich geweiht. Bundeskanzler Julius Raab ergreift das Wort, um dieses Ereignis gebührend zu feiern.

Eineinhalb Jahre später, am 29. September 1960, ist auch das Reaktorzentrum in Seibersdorf betriebsfertig – nach nur zweieinhalbjähriger Bauzeit. Hier ist es Bundespräsident Adolf Schärf, der mit Knopfdruck den Reaktor in Betrieb nimmt. Der Reaktor trägt den Namen „ASTRA" und ist zu diesem Zeitpunkt der modernste Atomreaktor Europas. Was die meisten nicht wissen: Seite an Seite mit ASTRA wird in Seibersdorf auch ein Forschungszentrum der Internationalen Atomenergiebehörde errichtet. Die beiden Projekte wurden sozusagen im Wettlauf miteinander erbaut. Der Beauftragte der IAEA, Professor Seligmann, hat mit Higatsberger um eine Flasche Sekt gewettet, daß die IAEA schneller sein werde. Als nun ASTRA in Betrieb genommen wird, überrascht Seligmann die Festversammlung, indem er Higatsberger wegen der verlorenen Wette die Sektflasche feierlich überreicht. Wenig später ist aber auch der IAEA-Komplex in Seibersdorf betriebsfertig. Seither ist dort viel geschehen. Auch manches Bahnbrechende. Um nur eines der vielen Forschungsprojekte zu nennen, mit denen ein beachtenswerter Erfolg erzielt wurde: In Seibersdorf wurden Millionen Tsetsefliegen gezüchtet und die Männchen mit Gamma-Strahlen steril gemacht. Die Tsetsefliege überträgt eine der schlimmsten Krankheiten Afrikas – die Schlafkrankheit. Die in Seibersdorf sterilisierten Männchen wurden in weiten Gebieten Afrikas ausgesetzt. Bei Paarung mit den heimischen Weibchen entstand kein Nachwuchs. So ging die Tsetse-

Im September 1960 wird das Reaktorzentrum Seibersdorf eröffnet. Es ist seither als Versuchs- und Forschungsstätte in Betrieb.

Franz Görz: Die ganze Umgebung lebt vom Forschungszentrum.

Bundespräsident Schärf greift ferngesteuert nach radioaktiven Substanzen. Rechts neben ihm der Leiter des Reaktorzentrums Michael Higatsberger.

Michael Higatsberger: Wir werden seinen Protest entgegennehmen.

Population rasch zurück, und in manchen afrikanischen Gebieten ist die Schlafkrankheit solcherart ausgerottet worden. Der Schlachthof in St. Marx hatte dabei auch seinen Part zu spielen: Die Millionen Tsetsefliegen in Seibersdorf mußten ernährt werden. Da sie Blutsauger sind, benötigen sie Blut, jahrelang sorgte eine eigens dafür eingerichtete Blutbank in St. Marx für die Ernährung der Tsetsefliegen in Seibersdorf.

Es ist interessant, daß sich die Österreicher an die Existenz eines Kernreaktors im niederösterreichischen Seibersdorf so sehr gewöhnt haben, daß sie in ihm offenbar keinerlei mögliche Gefahr sehen. Seibersdorf und sein Reaktor spielten bei all den Diskussionen um das Für und Wider der Atomenergie praktisch keine Rolle. Um es vorwegzunehmen: Im Jahr 1978 entschied in einer Volksabstimmung eine knappe Mehrheit der österreichischen Stimmbürger gegen die Inbetriebnahme des ersten Kernkraftwerks Österreichs im niederösterreichischen Zwentendorf. Seither ist zumindest die Mehrheit der Österreicher stolz darauf, aus Österreich ein Land frei von Atomenergie gemacht zu haben. Das Reaktorzentrum Seibersdorf aber ist nach wie vor in vollem Betrieb. Und es ist auch nicht das einzige Zentrum, in dem sich auf österreichischem Boden ein Atommeiler befindet. Die Technische Universität Graz betreibt einen Forschungsreaktor, und mitten in Wien gibt es einen solchen im Pratergelände, am Ufer des Donaukanals. Hier steht der Schulreaktor des Atominstituts der österreichischen Universitäten, eine interuniversitäre Forschungsstelle mit Studien- und Ausbildungsmöglichkeiten, ein Leichtwasserreaktor mit einer Leistung von 250 Kilowatt, betrieben mit 79 Brennelementen, die insgesamt 3,5 Kilogramm spaltbares Uran enthalten.

Nicht weit von diesem Reaktor entfernt ist dann viel später, in den siebziger Jahren, die sogenannte UNO-City entstanden, ein großer Gebäudekomplex, der mehreren UNO-Unterorganisationen Heimstätte bieten sollte. Es sind schließlich nur zwei geworden: die IAEA und danach die UNIDO, die Organisation der Vereinten Nationen für die industrielle Entwicklung hauptsächlich der Dritte-Welt-Länder. Die UNO-City ist heute eines der Wahrzeichen von Wien. Doch diese UNO-Stadt wäre ohne das österreichische Atomengagement Ende der fünfziger Jahre kaum je in Wien entstanden.

Auch in Wien wird ein Atomreaktor in Betrieb genommen – ein Versuchs- und Forschungsreaktor, der Schulreaktor des Atominstituts der österreichischen Universitäten. Er steht im Pratergelände, am Ufer des Donaukanals.

Von der EXPO zum Zwanzgerhaus

Doch nicht nur Österreich, die ganze Welt steht in jenen Jahren im Zeichen des Atoms, der großen Hoffnungen, die man in die Atomkraft setzt. Im April 1958 wird in Brüssel die Weltausstellung eröffnet: ihr Wahrzeichen ist ein 110 Meter hohes, begehbares Bauwerk in Form einer 150milliardenfachen Vergrößerung eines Alpha-Eisenkristalls. Das „Atomium", wie die Struktur genannt wird, drückt der gesamten Weltausstellung seinen Stempel auf – der Fortschritt der Welt liegt in den Erwartungen, die man in die Atomenergie setzt. In den USA wird das erste Handelsschiff mit einem Atomreaktor als Kraftquelle ausgerüstet, in der Sowjetunion wird ein großer Eisbrecher namens „Lenin" mit Atomkraft betrieben. Beide Supermächte bauen gleichzeitig auch schon atomar betriebene U-Boote, die Amerikaner auch einen atomar betriebenen Flugzeugträger.
Österreich wartet bei der Brüsseler Weltausstellung mit einem anderen Konzept auf. Nicht die Technik, sondern der Mensch steht im

So atomgläubig ist die Welt, daß das Modell eines Atompartikels zum Wahrzeichen der Weltausstellung in Brüssel gemacht wurde. Das „Atomium", wie das Bauwerk genannt wird, ist begehbar und enthält mehrere Aussichtsplattformen.

Mittelpunkt der Ausstellung im Österreich-Pavillon. Der Pavillon selbst, vom Wiener Architekten Karl Schwanzer geschaffen, will die Funktion Österreichs in Europa baulich zum Ausdruck bringen: Vom Boden abgehoben gleicht der Pavillon einer Brücke und soll solcherart die kulturelle und auch die politische Brückenfunktion Österreichs im Zentrum Europas darstellen. In der Ausstellung wird ein breites Spektrum an österreichischen Kunstschätzen gezeigt. Und das von Prof. Fritz Wotruba geschaffene drei Meter hohe und fast sechs Meter breite Bronze-Relief – eine Figurengruppe – ist als Ausdruck österreichischer Gegenwartskunst gedacht. Wien wird in der Ausstellung als Stadt der internationalen Begegnungen dargestellt – vom Preßburger Ehevertrag 1515 über den Wiener Kongreß 1815 bis zum Sitz der Atomenergieorganisation. Ein Teil der Ausstellung ist auch der Wiener Schule der Medizin gewidmet sowie den Beiträgen von Österreichern zum Fortschritt der Welt, Österreich kann da auf nicht weniger als 12 Nobelpreisträger verweisen. Aufsehen aber erregt der Österreich-Pavillon nicht nur durch seine Exponate, sondern noch mehr durch die Veranstaltungen, die es hier täglich gibt. So werden in einem Studio Musikstudenten mehrerer Nationen in der Interpretation österreichischer Musik instruiert, erhalten Solisten- und Ensembleunterricht und nehmen auch an Dirigentenkursen teil. Die Wiener Philharmoniker, die Sängerknaben, Dirigenten wie Karl Böhm und Herbert von Karajan – sie alle sind im Rahmenprogramm der Österreich-Ausstellung zu hören und zu sehen. Im Pavillon wird auch ein Kindergarten betrieben, mit dem die soziale Fürsorge und die fortschrittlichen Erziehungsmethoden vorgestellt werden, auf die Wien so stolz ist.

Geleitet wird die Österreich-Ausstellung vom Präsidenten der Sektion Industrie der Bundeskammer, Manfred Mautner Markhof sen. Seine Leistung erfährt hohe Anerkennung. Von 5. bis 8. Mai 1958

Die Hostessen, die im Österreich-Pavillon der Brüsseler Weltausstellung ihren Dienst versehen werden, am Strand von Ostende (oben). Ihre schicken Uniformen wurden von Österreichs Modezar Fred Adlmüller entworfen (rechts).

Der Österreich-Pavillon in Brüssel wurde zum kulturellen Mittelpunkt der Weltausstellung. Nach ihrer Heimkehr werden die besonders verdienstvollen Mitarbeiter und Hostessen von Handelsminister Fritz Bock ausgezeichnet (in der Mitte sitzend, flankiert vom österreichischen Regierungskommissär für die EXPO, Manfred Mautner Markhof, und dem Architekten des Österreich-Pavillons, Karl Schwanzer, rechts).

steht die Brüsseler EXPO im Zeichen der Österreich-Tage. Mautner Markhof begrüßt den aus Wien angereisten Bundespräsidenten Schärf, die Minister Figl, Kamitz und Bock sowie den Wiener Bürgermeister Franz Jonas und Bruno Kreisky. Prinz Albert, der Bruder des belgischen Königs Baudouin und dessen späterer Nachfolger, beehrt den Österreich-Pavillon mit seinem Besuch. Am 7. Mai zelebriert Erzbischof Franz König ein Pontifikalamt in der Kirche des Vatikan-Pavillons, und Karl Böhm dirigiert die Krönungsmesse von Mozart. Man investiert also viel, um die Welt mit den kulturellen, aber auch den wissenschaftlichen und wirtschaftlichen Leistungen Österreichs wieder vertraut zu machen. Es gilt viele Jahre nachzuholen, die durch Diktatur, Krieg und Besatzung verlorene Jahre waren. Die Regierung, die Künstler, die Wirtschaft stellen sich dieser Aufgabe mit viel Schwung und großem Engagement.

Nachholbedarf besteht vor allem auch in der Kunst. Schon der Ständestaat kehrte der Moderne den Rücken, unter Hitler galt sie als entartete Kunst, wurde verboten und verfolgt. Und nach dem Krieg dauert es eine Weile, ehe eine junge Generation österreichischer Künstler den Anschluß an die Kunstentwicklungen der westlichen Welt findet. Der Österreich-Pavillon auf der EXPO in Brüssel ist bereits als künftige Heimstatt eines Museums des 20. Jahrhunderts konzipiert. Nach Beendigung der Weltausstellung wird er abgetragen und im dritten Bezirk in Wien, im Schweizer Garten, dem Gelände zwischen Arsenal und Südbahnhof, Stück für Stück wieder zusammengestellt. Mitübersiedelt aus Brüssel ist Wotrubas monumentales Figurenrelief, das seither zum festen Bestand des Museums gehört. Viktor Matejka, der frühere Kulturstadtrat Wiens, kommentierte die Errichtung und Eröffnung dieses Museums des 20. Jahrhunderts mit den Worten: „Ich konnte mir kein schöneres Fest in diesem Jahrhundert vorstellen, zumindest im Rahmen der bildenden Kunst und für deren Zwecke, als die damalige Eröffnung: Das war nicht nur feierlich und erhebend, es hat unseren ganzen Gesichtskreis, uns Wienern und Österreichern, wahrlich erweitert." Eröffnet wird das Museum von seinem ersten Leiter, Werner Hofmann, mit einem Querschnitt durch das Kunstschaffen des 20. Jahrhunderts: von Egon Schiele bis Pablo Picasso. Auch österreichische Künstler der Gegenwart finden in dem Museum bald ihre Heimstatt. Diese Künstler kommen zunächst aus dem Kreis des Art Clubs (siehe „Österreich II", 2. Band: „Der lange Weg zur Freiheit"), unter ihnen auch die sogenannten Phantastischen Realisten wie Rudolf Hausner, Arik Brauer, Wolfgang Hutter, Ernst Fuchs, Anton Lehmden, Friedensreich Hundertwasser und der geniale Einzelgänger Kurt Moldovan.

Dem Architekten Karl Schwanzer ist mit dem Österreich-Pavillon ein besonderer Wurf gelungen: Die Konstruktion wird zerlegt, nach Wien gebracht und hier im Schweizer Garten wieder aufgestellt, wo es seither als Museum des 20. Jahrhunderts der modernen Kunst dient. Unter seinen ersten Direktoren, Werner Hofmann und Alfred Schmeller, wird das Zwanzgerhaus, wie es im Volksmund heißt, auch in Wien bald zu einem wichtigen kulturellen Treffpunkt.

Heimstatt der Abstrakten

Aber es gibt auch die Abstrakten, und sie scharen sich nun um die „Galerie nächst St. Stephan". Gründer dieser Galerie ist ein katholischer Priester, Otto Mauer, einer, der immer wieder gegen den Stachel löckt. In den zwanziger Jahren ist er in engem Kontakt mit der religiösen Erneuerungsbewegung „Neuland", während der NS-Zeit erregt er Aufsehen durch seine Sonntagspredigten in St. Augustin, einem Zentrum des katholisch-geistigen Widerstands gegen den Nationalsozialismus. Mauer wird mehrmals verhaftet, aber vom damaligen Kardinal Innitzer gegen Kaution immer wieder freibekommen. Nach dem Krieg wird er geistlicher Assistent der Katholischen Aktion, Mitherausgeber der Monatsschrift für Religion und Kultur „Wort und Wahrheit", in der Glaube, Wissenschaft und Kunst einander begegnen. 1954 wird Mauer, inzwischen vom Papst mit dem

Arnulf Rainer: Eine wichtige eigene Kunstentwicklung.

Monsignore Otto Mauer macht die Galerie nächst St. Stephan zur Heimstatt junger avantgardistischer Künstler. Das Bild zeigt Mauer bei einer Ausstellung von Kiki Kogelnik im Gespräch mit der Künstlerin, Arnulf Rainer und George Schwarz.

Maria Lassnig: Die haben uns einfach nicht verstanden.

Titel Monsignore bedacht, Domprediger zu St. Stephan in Wien. Zur gleichen Zeit eröffnet er eine Galerie, in der er die Werke moderner österreichischer Künstler auszustellen gedenkt, sie befindet sich in der Grünangergasse, und Mauer gibt ihr den Namen „Galerie nächst St. Stephan". Eröffnet wird sie mit Zeichnungen von Herbert Boeckl, und auch mit Werken von Alfred Kubin schlägt Mauer zunächst eine Schneise in den dichten Wald österreichischen Konservativismus. Mauer läßt es nicht mit dem Ausstellen bewenden, er sucht die Diskussion, die Auseinandersetzung, die Kontroverse. Und er trägt nicht wenig selbst dazu bei. Um ihn nun sammeln sich die großteils auch aus dem Art Club hervorgegangenen abstrakten Maler Wolfgang Hollegha, Josef Mikl, Markus Prachensky und Arnulf Rainer, aber auch zwei der damals noch seltenen Malerinnen, auch sie Avantgardisten, Maria Lassnig und Kiki Kogelnik, beide aus Kärnten. Die Abstrakten finden, wie zu erwarten, geteilte Aufnahme. Ein Teil der Kunstszene und ein Großteil des Publikums lehnen sie ab. Aber in Otto Mauer finden sie einen starken und wortgewaltigen Schutzpatron. Arnulf Rainer über Otto Mauer: „Es ist ja gar nichts Selbstverständliches, daß ein Geistlicher eine Galerie macht, heute fast undenkbar, weil das ja finanzielle Probleme mit sich bringt. Aber damals waren Mauer und seine Galerie ein halbes Kulturzentrum. Und es war auffällig, daß Mauer große Freude an der Interpretation dieser Kunst gehabt hat, eine Interpretation mit theologischem Vokabular und auch mit einer spirituellen Sicht, die alle fasziniert hat und die von vornherein einen ganz anderen Maßstab und eine ganz andere Sicht auf diese Nachkriegskunst eingeführt hat. Ich habe damals mit den sogenannten Übermalungen angefangen, zum Teil auf eigene Bilder, zum Teil auf fremde Bilder. Ich habe wohl gewußt, das hat einen religiösen Bezug, aber ich habe das nicht formulieren können, habe immer nach Worten gerungen. Es hat eine große

Schicht von Leuten gegeben, die mich als Verrückten angesehen haben, teilweise wohlwollend, teilweise kopfschüttelnd oder ablehnend. Aber Mauer hat seine Hand über mich gehalten, der hat gesagt, das ist ein ernst zu nehmender Mensch und das ist eine wichtige eigene Kunstentwicklung. Man hat ja damals hauptsächlich vom Sparen gelebt. Das heißt, man hat immer danach getrachtet, wie kann man sich das billigste Essen oder das billigste Material verschaffen. Im Dorotheum waren die alten Bilder billiger als neue Leinwände, und deswegen bin ich in gewissem Sinn auch zum Übermalen gekommen. Von den Bildern verkauft wurde fast nichts, außer der Mauer hat selber was gekauft, oder zu Weihnachten, wenn irgend jemand von ihm was gewollt hat, etwa der Mautner Markhof, irgendwelche Vorträge oder Predigten, dann hat er die Leute in die Galerie bestellt, und die haben dann etwas kaufen müssen."

Die Abstrakten haben es nicht leicht. Maria Lassnig stellt gemeinsam mit Rainer in ihrer näheren Heimat, in Kärnten, aus. Sie erinnert sich: „Es war eine mords Aufregung, Kärntner in Trachtenanzügen sind hingekommen und haben dagegen gewettert, das sei die Auflösung der Kunst. Die haben uns einfach nicht verstanden. Sie haben uns auch mit dem Verprügeln gedroht. Wir waren die Avantgarde. In den frühen fünfziger Jahren war ich das bestimmt mit den informellen Bildern, wo ich wirklich Farbe geschleudert habe und wo die Farbpatzen so allein auf der Leinwand waren, das war schon Avantgardismus, das kann man schon sagen." Kiki Kogelnik kommt aus Bleiburg und findet ihren Weg ebenfalls zu Otto Mauer und zur Galerie nächst St. Stephan. Schon 1958 sind in der Galerie ihre großformatigen, sehr bunten Bilder zu sehen. Otto Mauer persönlich läßt sich in Anbetracht der Bilder Kogelniks zu folgendem Text inspirieren: „Von dieser Leinwand erklingen Jazztrompeten, Choräle

einer neuen dithyrambischen Frömmigkeit, die sehr weltlich, aber auch sehr kindlich ist. Was ist ernster als Freude, was ist melancholischer als Glück? Im Raum der Leinwände bricht die Poesie des Frühlings aus, knattern die Fahnen des Volksfestes in der kleinen Landstadt Bleiburg, spielen die tausend bewegten Farben der Lichtreklame am Broadway in New York, der Lärm des Tingeltangels dröhnt und knallt vom Jahrmarkt des Lebens, und das Ringelspiel ladet permanent zum Einsteigen für die große Reise ein, von der man kaum merkt, daß sie im Kreis verläuft."

Mauers Interpretation der Werke jener Avantgarde ist in dieser selbst nicht unumstritten, ja findet so manches Mal auch Widerspruch bei seinen Schützlingen. Aber sie alle verdanken ihren künstlerischen

Nach den Phantastischen Realisten (siehe „Österreich II", 2. Band: „Der lange Weg zur Freiheit") gehören sie zur Avantgarde der österreichischen Malerei der fünfziger und sechziger Jahre. Linke Seite, von links nach rechts: Wolfgang Hollegha, Markus Prachensky und Josef Mikl. Oben: Kurt Moldovan in seinem Atelier.

Durchbruch zu einem guten Teil dem Mut und eben auch der sehr eigenwilligen Interpretation ihrer Kunst durch Mauer, der mit dieser Interpretation eine Art von Schutzschild für diese Gruppe gebildet hat.

Die Sprache der „Wiener Gruppe"

Als Avantgarde der Literatur gilt die sogenannte „Wiener Gruppe" der Autoren Friedrich Achleitner, Hans Carl Artmann, Konrad Bayer, Gerhard Rühm und Oswald Wiener. Auch sie kommt ursprünglich aus dem Wiener Art Club. Individuell durchaus verschieden, fühlen sich die Literaten durch ein progressives Konzept einander verbunden. Sie wollen die bisherigen Formen der Literatur sprengen, nicht zuletzt durch Provokation. Uns ist aus der damaligen Zeit eine gefilmte Lesung Gerhard Rühms erhalten, die deshalb so interessant ist, weil sie nicht nur den Autor in voller Aktion zeigt, sondern auch die Reaktionen eines von der Wortgewalt hingerissenen Publikums. Der Text: „Ping sagte Danke, Pong sagte Danke. Zing sagte Danke, Zong sagte Danke. Ting sagte Danke, Tong sagte Danke. Fing sagte Danke, Fong sagte Danke. Ging sagte Danke, Gong sagte Danke. Hing sagte Danke, Hong sagte Danke. Jing sagte Danke, Jong sagte Danke. King sagte Danke, Kong sagte Danke. Xing sagte Danke, Xong sagte Danke, eine Sekunde lang, eine Minute lang, eine Stunde lang, einen Tag lang, eine Woche lang, einen Monat lang, jahrelang, ein Jahrhundert lang, ein Jahrtausend lang, ein Lichtjahr lang. Dann wurde er krank." Die Wiener Gruppe sucht das Experiment mit den verschiedensten Bereichen der Sprache und, wie die Literaten meinen, auch die Überführung der Sprache in ästhetische Funktionen. Das tun sie oft gemeinsam, und entsprechend vielfältig sind die Ergebnisse ihres Bemühens: Lautdichtungen, Textmontagen, Dia-

"Wiener Gruppe" werden sie genannt, die literarischen Avantgardisten, die der Sprache eine neue Bedeutung geben. Links: Konrad Bayer und Oswald Wiener. Unten, von links nach rechts: H. C. Artmann, der den Dialekt zu einer neuen literarischen Kunstform entwickelt, Friedrich Achleitner und Gerhard Rühm. Sie alle erregen mit ihren Lesungen und Happenings nicht nur die Aufmerksamkeit der gesellschaftskritischen Jugend, sondern auch der internationalen literarischen Fachwelt.

lektdichtungen, Seh- und Hörtexte, aber auch Theaterstücke, Chansons, eine neue Adaptierung der Barockliteratur. Auch setzen sie sich mit dem Surrealismus auseinander, mit dem Dadaismus, mit der Sprachphilosophie Ludwig Wittgensteins. Dazu kommen gemeinsame Aktionen wie zwei „literarische cabarets", die durchaus als eine Vorwegnahme der späteren Happenings gelten können. 1958 findet das 1. dieser „literarischen cabarets" statt, in der Wiener Secession, und erzeugt erhebliche Aufregung. Als 1959 das „2. literarische cabaret" über die Bühne geht, muß es unter Polizeiaufsicht gestellt werden, es gibt eine Demonstration gegen die Provokation.

Als erster verläßt Artmann die Wiener Gruppe. Eine Sammlung seiner Dialektgedichte wird 1958 publiziert und wird vom Fleck weg zu einem großen Erfolg. Artmann geht von nun an seine eigenen Wege. Für einige Zeit verläßt er Österreich. Dann distanziert sich auch Oswald Wiener vom weiteren Treiben der Wiener Gruppe und beginnt sogar seine eigenen Werke aus dieser Zeit zu vernichten. Statt dessen schreibt er „Die Verbesserung von Mitteleuropa". Schließlich geht er nach Berlin und eröffnet dort eine Kneipe am Kurfürstendamm. Konrad Bayer beginnt 1961 die Arbeit an seinem Roman „Der sechste Sinn", 1962 erscheint in Paris sein Werk „starker toback". Zwei Jahre später sucht Bayer den Freitod. Friedrich Achleitner verläßt die Gruppe und wird Architekturkritiker. Schließlich geht auch Gerhard Rühm nach Berlin.

Das politische Kabarett erlebt in den fünfziger und sechziger Jahren eine Blütezeit, die jene der Vorkriegsjahre sogar noch übertrifft. Die Riege der Autoren und Darsteller ist groß und prominent; unter ihnen Gerhard Bronner, Michael Kehlmann, Georg Kreisler, Louise Martini, Carl Merz, Helmut Qualtinger, Kurt Sowinetz, Peter Wehle. Unter allen ragt Helmut Qualtinger mit seiner Fähigkeit, jede der darzustellenden Figuren nicht nur stimmlich, sondern auch in der Mimik überzeugend zu interpretieren, heraus. Gemeinsam mit Carl Merz schreibt er den satirischen Text zu der wohl beeindruckendsten Abrechnung mit dem politischen Opportunismus, mit dem Mitläufertum in der Nazizeit: „Der Herr Karl". Unser Bild zeigt Helmut Qualtinger in dieser Rolle.

Die schwierige Geburt der AUA

All das ist zunächst Nachholbedarf, die Jahre, um die Österreich durch Diktatur, Krieg und Besatzung zurückgeworfen worden ist, sind nachzuholen – auf fast allen Gebieten. Das ist in Kunst und Literatur rascher zu bewerkstelligen als in der Technik, in den Wissenschaften, in der Wirtschaft. Aber es lassen sich doch gewisse Parallelen ablesen, die gleichzeitigen Anstrengungen da wie dort, Eigenes, Österreichisches, Originelles hervorzubringen. Zu den Bereichen, von denen Österreich viele Jahre ausgeschlossen war, gehört auch das Flugwesen. Die Besatzungsmächte hatten Österreich 1945 den Bau, den Ankauf und die Konstruktion jeglicher Typen von Motor- und Gleitflugzeugen sowie jede zivile und militärische Betätigung in der Luft verboten. Ab 1949 durften Österreicher zum ersten Mal wieder in Segelflugzeuge einsteigen, alle anderen Verbote blieben aufrecht. Erst im Juni 1955, einen Monat nach Unterzeichnung des österreichischen Staatsvertrags, hebt der noch immer amtierende Alliierte Rat endlich die Beschränkungen für die österreichische Luftfahrt auf. Was jetzt kommt, ist für die damalige innenpolitische Situation typisch. ÖVP und SPÖ, jede der beiden Großparteien, will ihre eigene Fluglinie gründen. Und sie tun es auch. Im Dezember 1955 reicht der Österreichische Aero Club, der der ÖVP nahesteht, um Genehmigung zur Gründung einer privaten Fluggesellschaft ein, der

Air Austria. Da es an Erfahrung wie an Flugzeugen mangelt, wird die holländische Fluggesellschaft KLM mit 26 Prozent an der Air Austria beteiligt. Zu den Initiatoren und Gründungsmitgliedern gehört der umsichtige Wiener Landesparteiobmann der ÖVP Fritz Polcar, von ihm werden wir noch öfter hören. Drei Monate später ist auch die SPÖ soweit: Sie läßt von einer Gruppe Piloten, die ihr nahesteht, die Austrian Airways gründen. Auch hier gibt es einen ausländischen Partner, die skandinavische SAS mit 40 Prozent Beteiligung. Zunächst einmal brauchen beide Gesellschaften Piloten, die Air Austria schickt die ihren zur Ausbildung zur KLM, die Austrian Airways läßt ihre Piloten bei der SAS ausbilden. Als sie ausgebildet sind, fehlen ihnen dennoch die Flugstunden, die für die Erteilung einer Pilotenlizenz auf Linienflügen Voraussetzung sind. Beide Pilotengruppen, je zehn, gehen gemeinsam zur Lufthansa. Den beiden Fluggesellschaften fehlen also zunächst sowohl die Flugzeuge als auch die Piloten.

Aber es gibt auch keinen für einen normalen Passagierdienst ausgebauten Flughafen. Das Flugfeld in Aspern, das vor dem Krieg Wien als internationaler Flughafen diente, ist für die neuen Fluggeräte zu klein, das Flughafengebäude total veraltet. Man einigt sich darauf, das von der britischen Besatzungsmacht als Militärflughafen benützte Flugfeld Schwechat für den internationalen Liniendienst auszubauen. Zu dieser Zeit gibt es dort eine einzige Start- und Landebahn von nur 1500 Meter Länge. Sie wird auf 3000 Meter verlängert. Das britische Militär hatte auch nur ebenerdige Baracken für die Abfertigung seiner Soldaten und der wenigen Zivilmaschinen in Schwechat aufgestellt. Jetzt errichtet man einen neuen Kontrollturm und die wichtigsten Flugsicherungsanlagen und beginnt mit dem Bau eines Abfertigungsgebäudes. Bereits zwei Jahre nach Beginn der Bauarbeiten, im Jahr 1958, kann der Flughafen auch für größere Düsenflugzeuge in Betrieb genommen werden.

Die Flugbegleiterinnen heißen noch Stewardessen, und sie zählen zu den ersten der soeben gegründeten Austrian Airlines (oben). Und die ersten Flugzeuge der AUA gehören zu den damals modernsten: Turboprop-Maschinen der Type Vickers Viscount. Die AUA nimmt auch den Inlandsflugverkehr auf. Doch alle Flughäfen stammen noch aus der Vorkriegszeit. Rechts oben: Das Flughafengebäude von Graz-Thalerhof, auf dem Dach die Antenne, über die man die Funkverbindung mit den anfliegenden Piloten hält.

Walter Norden: Die AUA würde es bis heute nicht geben.

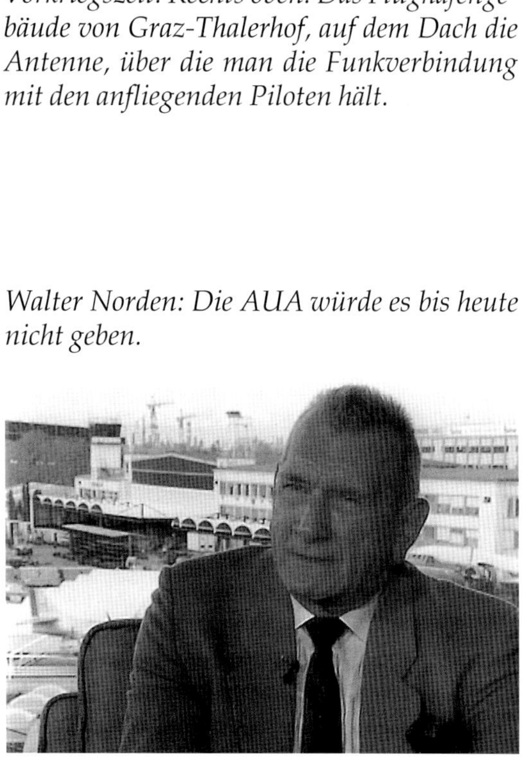

Der Flughafen Schwechat, in seinem damaligen Zustand, mit den ersten vier Verkehrsmaschinen der AUA (unten).

Bis dahin aber hat noch kein österreichisches Flugzeug sich vom Boden erhoben. Immerhin haben die beiden Parteien eingesehen, daß die Entwicklung zweier Fluggesellschaften ein ebenso sinn- wie hoffnungsloses Unterfangen war. Es bedarf eines eigenen Parteienübereinkommens, um nun die beiden Fluglinien zu einer einzigen zusammenzulegen – zu den Austrian Airlines, mit der Kurzbezeichnung AUA. Einbezogen wird weiterhin die SAS und die norwegische Gesellschaft Fred Olsens Flyselskap. Die Norweger steuern die ersten vier Flugzeuge der modernen Type Vickers Viscount bei, übrigens samt Besatzung. Während also im Cockpit noch Norweger sitzen, leuchten auf der Heckflosse der Flugzeuge bereits die rot-weiß-roten Farben. Im Februar 1958 beginnt ein fünfwöchiger Ausbildungskurs für Stewardessen, und am 31. März startet ein Flugzeug der AUA zu seinem ersten Flug. Er geht nach London. An Bord geladene Gäste – die Gründungsväter der AUA und Journalisten. Unter ihnen auch der Journalist Walter Norden. Er berichtet: „Ich habe auf dem Flug nach London damals den Abgeordneten Polcar gefragt, sagen Sie, wie konnte man diese Gesellschaft gründen, wo doch von Haus aus feststeht, daß das Geld dafür nicht reichen kann (die AUA war mit 60 Millionen Schilling Grundkapital ausgestattet worden, die in der Tat bei weitem nicht ausreichen, um das geplante Liniennetz zu bedienen). Polcar hat mir daraufhin eine Antwort gegeben, die bezeichnend war für die damalige Situation: ‚Ich weiß, wir haben ein uneheliches Kind gezeugt und haben es fremden Leuten vor die Tür gelegt. Aber ich bin sicher, in Österreich ist noch nichts zugrunde gegangen, was einmal da war. Und diese Gesellschaft wird auch weiterleben.' Er hat damit recht gehabt. Hätte man gewartet, bis alle Voraussetzungen erfüllt sind und alles Geld zur Verfügung steht, ich glaube, die AUA würde es bis heute nicht geben." Die Vickers-Viscount-Maschinen entsprechen damals dem letzten Stand der Technik, der Antrieb erfolgt durch vier Düsentriebwerke, die ihre Leistung auf Propeller übertragen. Diese laufen völlig vibrationsfrei. Die AUA kann damit ihre Passagiere verwöhnen, denn es gibt noch nicht viele Fluggesellschaften, die auf moderne Turboprop-Maschinen umgerüstet haben.

Aber ach, die Österreicher sind noch lange kein Volk von Fliegern. Im ersten Geschäftsjahr führt die AUA 2 344 Flüge durch und befördert 28 441 Passagiere, das sind im Schnitt nur 12 Passagiere pro Flug, das ergibt eine Auslastung von 25 Prozent. Die AUA schreibt nichts als rote Zahlen. Dabei gehörten Österreicher mit zu den ersten Flugpionieren der Welt. Just am 1. April 1958, als die Austrian Airlines ihren regulären Linienflugbetrieb aufnehmen, jährt sich zum vierzigsten Mal der Tag, an dem die k.k. Generalpost- und Telegraphenverwaltung die erste öffentliche, internationale, regelmäßig verkehrende Flugpostlinie der Welt in Betrieb genommen hat, 1918, zwischen Wien–Krakau–Lemberg und Kiew. Im Juli 1918 wurde die Linie Wien–Budapest eröffnet. Und fast auf den Tag genau, als die Austrian Airlines ihren Jungfernflug nach London starten, hatte die österreichische Luftverkehrs-AG ÖLAG 20 Jahre zuvor – noch vor der Annexion im Jahr 1938 – die Strecke Wien–London in Betrieb genommen. Man kann sich also bei der AUA auch auf Tradition stützen.

Im übrigen weitet die AUA ihr Flugnetz nun rasch aus. Im Mai 1958 fliegt man bereits nach Frankfurt, Zürich und Paris, einen Monat später folgt Rom. Die AUA beginnt sich auf Osteuropa zu spezialisieren, Warschau, Belgrad, Sofia, Bukarest und schließlich Moskau werden angeflogen. 1959 wird ein zweiter österreichischer Flughafen in das Verkehrsnetz einbezogen – Innsbruck. Aber einen regelmäßigen Liniendienst im Inland gibt es erst ab 1963. Mit alten zweimotorigen Propellermaschinen der Type DC3 fliegt die AUA schließlich Graz, Klagenfurt, Salzburg und Innsbruck an.

Sie sollen der Beginn einer wieder ins Leben gerufenen österreichischen Flugzeugindustrie sein, drei Prototypen des von den Rax-Werken in Wiener Neustadt entwickelten Schnellreiseflugzeugs. In Europa sind sie konkurrenzlos und erregen auf allen Flugschauen großes Interesse. Aber letztlich fehlt es an Geld, um aus der genialen Konstruktion auch ein bleibendes Geschäft zu machen.

In den vielen Jahren ihrer Existenz hatte die AUA ein einziges Flugunglück zu beklagen: Am 26. September 1960 stürzte die Vickers Viscount „Joseph Haydn" beim Anflug auf Moskau am Abend und bei schlechter Sicht kurz vor der Landung ab. Die genaue Absturzursache wurde nie eruiert, aber man vermutete, daß die Bodenstation dem Piloten falsche Höhenwerte übermittelt hatte. Bei dem Absturz kamen 30 Menschen ums Leben, sieben überlebten, von der Crew nur eine einzige Stewardeß.

1962 steht die AUA unmittelbar vor dem Bankrott. Um sie zu retten, werden nun Bund, Länder und Gemeinden an ihr beteiligt, das Grundkapital auf 150 Millionen Schilling unter Ausschluß des Bezugsrechts für bisherige Aktionäre aufgestockt. Damit sind alle bisher beteiligten privaten Miteigentümer ausgeschlossen, sie klagen über eine „kalte Enteignung". Und waren mehrheitlich doch froh, das Defizitunternehmen losgeworden zu sein. Beinahe alle Linien der AUA machen weiterhin hohe Verluste. Allein die Binnenflüge bringen in den Jahren zwischen 1963 und 1969 185 Millionen Schilling Verluste. Das Topmanagement der AUA wird ausgetauscht. Die Spitze wird zwar weiterhin nach dem Proporz besetzt, aber mit Anton Heschgl und Hubert Papouschek beginnt eine totale Reorganisation der AUA. 13 Prozent der damals 1735 Mitarbeiter der AUA werden entlassen, das sind 240 Personen. Um das Fluggerät zu vereinheitlichen, werden sämtliche Flugzeuge verkauft und durch Flugzeuge einer einzigen Type, der modernen zweistrahligen Douglas DC9 ersetzt. Dafür muß der Bund die Haftung für einen Kredit von fast zwei Milliarden Schilling übernehmen. Aber 1972 weist die AUA erstmals einen Bilanzgewinn von 8,6 Millionen Schilling aus.

Eigene Flugzeuge, eigene Schiffe

Doch Österreich will auch seine eigenen Flugzeuge bauen. Das hat ebenfalls Tradition: In den Flugzeugwerken von Wiener Neustadt wurden im Ersten wie im Zweiten Weltkrieg die damals jeweils modernsten Kampfflugzeuge hergestellt. Nach dem Ersten wie nach dem Zweiten Weltkrieg wurden die Flugzeugwerke auf Befehl der alliierten Mächte demontiert, zerstört. Jetzt will die Firma Simmering-Graz-Pauker mit der Konstruktion eines Schnellreiseflugzeugs die internationale Konkurrenz aufnehmen. Das Flugzeug wird im Rax-Werk Wiener Neustadt hergestellt. Die zweimotorige Maschine bietet vier Personen Platz und soll eine Spitzengeschwindigkeit von 360 Kilometern in der Stunde erreichen. Das wäre für Flugzeuge dieser Art eine außerordentliche Leistung. Nirgendwo in Europa wird ein derartiges Flugzeug damals erzeugt, sämtliche Sport- und kleinere Reisemaschinen kommen aus den USA. Aber die „M222", wie das Flugzeug aus Wiener Neustadt nun bezeichnet wird, könnte sich auch erfolgreich gegen die amerikanische Konkurrenz durchsetzen. Den beiden Konstrukteuren, Erich Meindl und Leopold Hager, ist hier etwas Außerordentliches gelungen. Die Probeflüge lassen die hervorragenden Flugeigenschaften der Maschine erkennen, und im Juni 1959 wird die „M222" auf dem Flugplatz Aspern der Öffentlichkeit vorgestellt. Gleich anschließend fliegt die Maschine über München und Straßburg zum Pariser Aero-Salon, zur großen Flugschau. Hier erregt sie auch international Aufsehen und wird von der Fachpresse mit viel Lob bedacht.

Im Rax-Werk setzt man große Erwartungen in die Konstruktion. Aber im August 1959 wagt Eduard Stefl, der damalige Chefpilot der AUA, mit der Maschine zuviel. Bei einem Testflug schaltet er einen der beiden Motoren aus und setzt mit nur einem Motor zur Landung an. Da er die Landebahn überschießt, zieht er das Flugzeug im Steilflug wieder hoch und versucht, über den stehenden Motor zu

Zu den ersten Passagieren der AUA gehörte Hanni Ehrenstrasser, die österreichische Miß Europa 1958.

wenden. Infolge zu geringer Geschwindigkeit gerät das Flugzeug ins Trudeln, und es gelingt dem Piloten bei der geringen Flughöhe nicht mehr, es abzufangen. Stefl und der mitfliegende Bordmechaniker Leopold Schwingenschlögl finden den Tod. Es wäre nicht Österreich, wenn daraufhin nicht eine unsachliche und gehässige Polemik in den Medien einsetzte, man möge doch die Finger vom Flugzeugbau lassen, da dies andere viel besser könnten. Aber es steht eindeutig fest: Die Maschine entspricht allen Anforderungen, der Absturz war auf einen Fehler des Piloten zurückzuführen. So wagt man doch den Bau einer zweiten, einer dritten und danach auch einer vierten Maschine. Zur Verstärkung des Konstruktionsbüros wird der Segelflugzeugkonstrukteur Rüdiger Kunz zugezogen, der die Aerodynamik verbessert und die Leistung des Flugzeugs erhöht, durch zwei Einspritzmotoren mit 180 PS und später sogar mit 200 PS. Jetzt entspricht das Flugzeug sogar den strengen amerikanischen Bauvorschriften und wird mit der Bezeichnung SGP 222 bei allen großen Flugschauen zum Kauf angeboten – in Hannover, Venedig, Cannes, Nizza, Paris, wo es 1963 die „Grande Medaille" erhält. Gleich danach wird die SGP 222 auch mit dem so schwierig zu erhaltenden amerikanischen FFA-Zertifikat ausgestattet. Man beschließt, die Serienfertigung aufzunehmen, für den Weltvertrieb wird die deutsche Firma Bölkow gewonnen. Jetzt wendet sich die SGP an ihren Eigentümer, die Republik Österreich, um den notwendigen Investitionskredit. Denn Simmering-Graz-Pauker ist ein verstaatlichter Betrieb, und als solcher untersteht er der Sektion IV des Bundeskanzleramts, die von Vizekanzler Bruno Pittermann geleitet wird. Pittermann läßt das Ansuchen von einer Kommission prüfen, die Prüfung dauert lange und endet mit einem negativen Bescheid ohne eigentliche Begründung. Man vermutet, daß wieder einmal parteipolitische Überlegungen im Spiel gewesen sein dürften. Jedenfalls gibt es keinen Kredit. Und daher auch keinen Flugzeugbau. Der Versuch, das ganze Projekt an ein ausländisches Unternehmen zu verkaufen, scheitert ebenfalls. Für den Ankauf der drei vorhandenen Flugzeuge gäbe es inländische Interessenten. Aber die SGP will ihre mit so viel Mühe und Geld umgesetzten Kenntnisse im Flugzeugbau nicht aus der Hand geben: Auf dem Flugplatz von Wiener Neustadt werden die Maschinen zerlegt, ihre Motoren und Instrumente verkauft, alles andere vernichtet. Ein österreichisches Schicksal.

Besser erging es einem Flugzeug, das die kleine Kärntner Privatfirma Josef Oberlerchner baut: Eine Schleppmaschine für Segelflugzeuge, die zunächst die Bezeichnung JOB 5 trägt. Sie ist vom Fleck weg ein Erfolg, wird weiterentwickelt und unter der Bezeichnung JOB 15 auch in die Schweiz und nach Deutschland exportiert. 35 Jahre nach dem Erstflug dieses Prototyps sind die meisten dieser Maschinen noch immer in Betrieb. Die JOB 15 wurde bis zum Jahr 1966 gebaut. Unter Segelfliegern galt die JOB 15 und gilt sie bis in die Gegenwart als „Arbeitspferd", das auch den modernen Flugzeugen kaum nachsteht.

Statt in die Luft wagt sich die Sektion IV auf die hohe See: Die VÖEST, ebenfalls ein verstaatlichter Betrieb, soll Hochseeschiffe bauen lassen. Damit könnten die hohen Frachtspesen für die amerikanische Kohle gesenkt werden. Auch wären die Schiffe Propagandisten für die hochwertigen, im LD-Verfahren der VÖEST hergestellten Stahlbleche. Die Sache hat eine Vorgeschichte. Genaugenommen beginnt diese in der österreichisch-ungarischen Monarchie. Österreich-Ungarn, das ja über mehrere Häfen an der Adria verfügte, besaß eine Handelsmarine von insgesamt einer Million Bruttoregistertonnen. Der 1836 in Triest gegründete Österreichische Lloyd zusammen mit den Hochseeschiffen der Donaudampfschiffahrtsgesellschaft hatten das größte Passagieraufkommen im Mittelmeerraum. Nach Verlust

Eines der vier Hochseeschiffe, die die VÖEST aus eigenem Stahl bauen läßt – die „Kremsertor", kurz vor ihrem Stapellauf. Links unten im Bild der für die verstaatlichten Betriebe und daher auch für die VÖEST zuständige Minister, Karl Waldbrunner.

der Adriahäfen und der Schiffe nach 1918 gab es in der Zweiten Republik keine Hochseeschiffahrt mehr. Aber im Zweiten Weltkrieg lernte man etwas hinzu: Die Schweiz besaß elf Handelsschiffe und konnte als neutrales Land mit dieser Flotte sowohl ihre eigene Versorgung aus Übersee als auch ihre Exporte nach Übersee während des gesamten Kriegs aufrechterhalten. Alle kriegführenden Parteien respektierten das Schweizer Kreuz auf hoher See. Die Erfahrung der Schweizer besagte auch, daß man mit einer eigenen Hochseeflotte die Frachtkosten reduzieren konnte, andererseits bei Fracht- und Liniendiensten für fremde Auftraggeber Devisen einnehmen kann.

So wollen zwei private österreichische Reedereien, gleich nach Abschluß des Staatsvertrags, in das Hochseegeschäft einsteigen, Rohner & Gehrig sowie der Österreichische Lloyd. Die Gelegenheit ist günstig, die USA verkaufen ihre aus der Kriegszeit stammenden Überschußschiffe der Type Liberty. Die österreichischen Unternehmer könnten sie preisgünstig erwerben. Aber dazu bedarf es erst einer rechtlichen Grundlage, eines eigenen österreichischen Seeflaggengesetzes. Das Gesetz wird am 17. Juli 1957 rechtswirksam. Es legt fest, daß der österreichische Eigentumsanteil an den Schiffen jeweils mehr als 75 Prozent betragen muß. Ebenso müssen die Finanzmittel zur Betreibung der Seeschiffahrt zu mehr als 75 Prozent in österreichischem Besitz sein. Österreichischen Staatsbürgern sind gleichzusetzen: der Bund, die Bundesländer, die Gemeinden und auch ordentliche Handelsgesellschaften, wenn mehr als 75 Prozent ihrer Gesellschafter österreichische Staatsbürger mit Wohnsitz in Österreich sind. Für den geplanten Ankauf von acht amerikanischen Liberty-Schiffen hätten die privaten Firmen Rohner & Gehrig und Österreichischer Lloyd an österreichischem Kapital rund 94 Millionen Schilling aufbringen müssen. Das ist zur damaligen Zeit aus privater Hand ohne größere Auslandsbeteiligung nicht zu realisieren. Die Liberty-Schiffe werden nicht gekauft.

Aber es gibt ein Unternehmen, das sich den Bau neuer Hochseeschiffe leisten kann, auch und gerade nach dem neuen Seeflaggengesetz: die VÖEST. Gemeinsam mit der Schlüsselreederei in Bremen gründet die VÖEST die Ister-Reederei und gibt der Flensburger Schiffsbaugesellschaft den Auftrag zum Bau eines Frachtschiffs. 80 Millionen Schilling bringt die VÖEST für ein einziges Hochseeschiff auf. Allerdings – es wird zur Gänze aus LD-Stahl gebaut, insgesamt 3 000 Tonnen Bleche und 800 Tonnen Profile. Am 15. Dezember 1958 läuft das Schiff in Flensburg vom Stapel. Die Gattin des Generaldirektors der VÖEST, Emma Hitzinger, tauft es auf den Namen „Linzertor". Es ist 157 Meter lang, 19 Meter breit, 12 Meter hoch und hat eine Tragfähigkeit von 14 000 Tonnen. Auf Wunsch der VÖEST ist es zusätzlich mit acht Doppelkabinen und einer Eignerkabine ausgestattet. Sie sollen künftig gesundheitsgefährdeten VÖEST-Arbeitern kostenlos für Erholungsfahrten zur Verfügung stehen. Nach einer Probefahrt sticht die „Linzertor" am 3. März 1959 zu ihrer ersten Amerikafahrt in See. Sie bringt 400 Stück Volkswagen-Käfer nach New York, fährt dann weiter nach Norfolk in Virginia, wo sie 13 000 Tonnen Kohle für die VÖEST an Bord nimmt. In Norfolk wird die „Linzertor" herzlich begrüßt, holt sie doch US-Kohle für einen Großkunden. Um für sich und die VÖEST-Stahlbleche Reklame zu machen, hat die „Linzertor" österreichisches Bier für die Presse mitgebracht, das auf eigenen Etiketten den Namen „Linzertor" trägt.

Es bleibt nicht bei diesem einen Schiff. Am 15. November 1960 findet auf der Weser-Werft in Bremen der Stapellauf des zweiten Hochseeschiffs der VÖEST statt. Diesmal ist es die Frau des österreichischen Vizekanzlers, Maria Pittermann, die das Schiff tauft: „Wienertor" heißt es, ist schneller, größer und schöner als die „Linzertor" und benötigt für eine Fahrt von Bremen nach Norfolk nur

Die „Linzertor" in voller Fahrt (oben) nach Houston in Texas. Auf dem Hinweg besteht ihre Ladung aus Volkswagen-Käfern und Volkswagen-Bussen, auf dem Rückweg bringt sie amerikanische Kohle für die VÖEST, die sich solcherart für die billige Kohle die teuren Transportkosten sparen will, was sich aber letztlich nicht rechnet. Auf jede der Fahrten nehmen die VÖEST-Schiffe erholungsbedürftige Mitarbeiter mit, links vor der Einschiffung und beim gemütlichen Kabinenplausch, bei dem es eigens für die „Linzertor" gebrautes Bier gibt.

zehn Tage. Der „Wienertor" folgt die „Kremsertor" und schließlich die „Buntentor". Die „Buntentor" ist das größte Schiff der VÖEST-Flotte. Sie kann 38 000 Tonnen befördern. Aber just zu der Zeit, da die „Buntentor" einsatzfähig ist, wird die Kohle als Energieträger immer mehr durch Erdgas ersetzt. Die Kohlentour nach Amerika ist nicht mehr gefragt. Auch die mit diesen Schiffen beabsichtigte Werbung für die LD-Stahlbleche bleibt ohne Erfolg. Weder kaufen die amerikanischen Hüttenwerke die Lizenzen für den LD-Stahl – wie man gehofft hatte –, noch werden mit Linzer Stahl weitere Schiffe gebaut. Die „Kremsertor" geht in einem Biskaya-Sturm bereits im Januar 1966 unter. Die „Linzertor" wird 1970 verkauft, dient noch jahrelang als Charterschiff und wird in den achtziger Jahren verschrottet. Die „Wienertor" teilt dieses Schicksal: 1976 an eine griechische Reederei verkauft, wird sie ebenfalls in den achtziger Jahren verschrottet. Die „Buntentor" fährt am längsten unter der Flagge der VÖEST, wird erst 1980 verkauft und liegt unter ihrem neuen Namen „Savoy Dean" im Schatt el Arab, als der Krieg zwischen dem Iran und dem Irak ausbricht. Dort wird sie von Bomben getroffen, brennt teilweise aus und wird ein Jahr später verschrottet. Die von der VÖEST versuchte Hochseeschiffahrt war also letztlich kein Erfolg.

Doch das ist nicht das Ende von Rot-Weiß-Rot auf hoher See. Neue Bestimmungen haben das ermöglicht. 1973 befahren 47 Schiffe unter österreichischer Flagge die Weltmeere. Die meisten von ihnen, weil die österreichischen Schiffahrtsbedingungen nun lockerer gehandhabt werden als die anderer europäischer Staaten. Unter den österreichischen Privatreedereien steht an erster Stelle die Öster-

reichische Lloyd Ges. m. b. H., die schließlich 1990 über 32 Hochseeschiffe verfügt. Sie nehmen Fracht auf in aller Welt und bringen sie in alle Welt. Für den österreichischen Überseehandel fahren sie nicht. Und von den insgesamt rund 350 Besatzungsmitgliedern dieser Schiffe sind nur zwei Österreicher, beide sind Kapitäne, das übrige Personal stammt aus Kroatien, aus der früheren Sowjetunion, aus Korea, den Philippinen und Deutschland. Der Heimathafen aller Schiffe, die unter rotweißroter Flagge registriert sind, ist Wien.

Obwohl diese Schiffe unter rotweißroter Flagge fast ausnahmslos auf ausländischen Werften gebaut worden sind, sind die einheimischen Werften von Korneuburg und Linz durchaus in der Lage, nicht nur Donauschiffe, sondern auch Hochseeschiffe zu bauen. Die Werft in Korneuburg, schon 1852 als Betrieb der Donaudampfschiffahrtsgesellschaft gegründet, wurde 1938 in die „Reichswerke Hermann Göring" eingegliedert und damit Teil der deutschen Rüstungsindustrie. Zwischen 1938 und 1945 werden dort 195 Einheiten gebaut, darunter sieben Passagierschiffe und acht Hochseeschiffe sowie Aufbauten für U-Boote. Das gilt es zu erwähnen, denn 1945 beansprucht die Sowjetunion die Korneuburger Werft als „Deutsches Eigentum" für sich und nimmt sie in Sowjetbesitz. In den zehn Besatzungsjahren werden in Korneuburg fast hundert Schiffseinheiten für die Sowjetunion gebaut.

Im Rahmen des Staatsvertrags wird die Werft Korneuburg gemeinsam mit der DDSG – ebenfalls von den Sowjets vereinnahmt – der Sowjetunion für zusätzliche zwei Millionen US-Dollar abgekauft. Und wie so manchem anderen vormaligen

Die Werft Korneuburg, ursprünglich von den Sowjets als Deutsches Eigentum konfisziert, baut auch nach Abzug der Sowjettruppen weiterhin Schiffe für die Sowjetunion. Das seetüchtige Passagierschiff „Ukraina", links vor dem Stapellauf, ist das hundertste Schiff, das Korneuburg in die Sowjetunion liefert.

USIA-Betrieb gelingt es auch der Korneuburger Werft, weiterhin für die Sowjetunion tätig zu sein. Diese läßt in Korneuburg die damals größten und luxuriösesten Passagierschiffe bauen: „Dunaj" und „Amur" sind je 85 Meter lang und fast 15 Meter breit, haben Platz für 210 Passagiere und werden ab 1959 von der sowjetischen Schiffahrtsgesellschaft für fahrplanmäßige Reisen von Wien nach Ismail am Schwarzen Meer eingesetzt. Die sowjetischen Aufträge für Korneuburg werden immer umfangreicher. Zehn Motorzugschiffe werden von den Sowjets in Auftrag gegeben, danach weitere, immer größere Passagierschiffe. Sie tragen russische Namen: „Wolga", „Dnjepr", „Maxim Gorki", „Alexander Puschkin", „Wassilij Surikow", „Ilja Repin", „Ukraina", „Moldavia", „Anton Tschechow" und „Lew Tolstoj". Die größten von ihnen können bis zu tausend Passagiere befördern. Und vier dieser Schiffe im Auftragswert von über einer Milliarde Schilling werden auf sibirischen Flüssen eingesetzt. Ihr Weg nach Sibirien ist lang und kompliziert: Über die Donau und das Schwarze Meer gelangen sie zum Asowschen Meer, von dort zum Don, über den Wolga-Don-Kanal und die Wolga bis in den Ladogasee und weiter nach Leningrad. Rund um Skandinavien geht es dann bis zur Mündung des Jenissei und schließlich zum Bestimmungshafen Krasnojarsk. Die Schiffe legen dabei eine Strecke von 22 000 Kilometern zurück. Aber die österreichische Qualitätsarbeit wird offenbar so geschätzt, daß es der Sowjetunion wert ist, diese Schiffe in Korneuburg bauen zu lassen. Es sind nicht nur Passagierschiffe und Schubschiffe, die Sowjetunion gibt auch eine ganze Reihe von Schiffen mit Spezialaufgaben in Korneuburg in Auftrag. Aufträge gibt es übrigens auch aus Griechenland, Deutschland, Schweden, Indonesien und Nigerien.

Natürlich arbeitet Korneuburg auch für das Inland: Die österreichischen Bundesbahnen bestellen für die Bodenseeschiffahrt das damals modernste und größte Ausflugsschiff für tausend Passagiere. Von ihm werden wir noch hören, es sollte auf den Namen „Karl Renner" getauft werden, doch das wurde durch einen Protest der Vorarlberger verhindert. Auch die DDSG stellt sich als Auftraggeber in Korneuburg ein. Auch sie läßt ein Passagierschiff bauen: Die „Theodor Körner" ist 87 Meter lang und kann 1100 Passagiere aufnehmen. Einige Jahre lang ist Korneuburg die größte Binnenwerft Europas. In den neunziger Jahren allerdings kommt es nicht nur zum Niedergang der DDSG, auch die Werft in Korneuburg gerät in Schwierigkeiten. Mit dem Ende der Sowjetunion bleiben weitere russische Neubauaufträge aus. Als letzte Sowjetorder wird in Korneuburg das Schiff „Ukraina" generalüberholt und verläßt im Mai 1992 die Werft.

Die Werft in Korneuburg ist nicht die einzige in Österreich. Da sie seit 1945 von den Sowjets beschlagnahmt ist, wird die Produktion in der seit 1840 bestehenden Schiffswerft Linz besonders gefördert. In der amerikanischen Besatzungszone gelegen, kommt sie – im Gegensatz zu Korneuburg – in den Genuß des Marshallplans, kann ihre technische Ausstattung immer auf dem neuesten Stand halten und verkauft ihre Schiffe nach dem Westen. 1957/58 sind es elf Motorfrachtschiffe für die Schweiz, und ab 1959 baut die Linzer Werft für verschiedene Auftraggeber Schiffe für den Rhein, den Bodensee und einige weitere Schweizer Seen. In Linz hat man eine Montagebauweise entwickelt, die es ermöglicht, die Schiffsteile per Bahn zum Bestimmungsort zu bringen, wo sie dann von Linzer Teams zusammengebaut werden. Aber in Linz werden auch große Ausflugsschiffe für die DDSG gebaut, die „Prinz Eugen" und die „Admiral Tegetthoff" für je 800 Passagiere. Und für den Genfer See liefert Linz mit der „Lausanne" das bisher größte Ausflugsschiff dieser Werft.

Die Motorisierungswelle setzt ein

Das sind – nach dem Staatsvertrag – Österreichs Vorstöße zu Wasser und zur Luft. Es gibt auch einen zur Erde. Schon vor Abzug der Besatzungsmächte setzt in Österreich eine bescheidene Motorisierungswelle ein. Der Wiederaufbau geht seiner Vollendung entgegen, die Hochkonjunktur in der westlichen Welt dauert im großen und ganzen an (mit kurzfristigen Rückschlägen), und auch den Menschen in Österreich bleibt nun nach Deckung der wichtigsten persönlichen Ausgaben ein bißchen Geld übrig. Dieses wird zunächst in Reisen, aber auch in Motorräder investiert. Nur ist das Motorrad nicht jedermanns Sache, und auch bisherige Motorradfahrer wünschen sich bald ein Fahrgestell mit Dach und vier Rädern. Die Steyr-Daimler-Puch AG hat im Autobau große Tradition. Vor dem Krieg hatte Steyr eine Reihe von Spitzenmodellen auf der Straße, darunter das international bewunderte Steyr-Baby (mit seinem neuartigen Boxermotor) und die Limousine Steyr 220. Nach dem Krieg gab es, was den Autobau betrifft, Schwierigkeiten. Die Amerikaner sahen es prinzipiell nicht gern, daß ihrer Autoindustrie von den Europäern mit eigenen Erzeugnissen Konkurrenz gemacht wurde. Und wo sie den Autobau verhindern oder verzögern konnten, taten sie es. Mit der Marshallplan-Hilfe und den ERP-Krediten hatten sie auch einen entsprechenden Hebel in der Hand. In einigen großen europäischen Autowerken waren sie Miteigentümer oder sogar Eigentümer, wie etwa bei Ford und Opel in Deutschland, die kamen ja auch ziemlich rasch wieder auf die Räder. Inwieweit amerikanische Verzögerungstaktik in Österreich die Wiederaufnahme des Autobaus behinderte, ist nicht mehr ganz nachvollziehbar. Aber der Autor dieses Buches hat aus dem Mund zweier amerikanischer Hochkommissare entsprechende Bemerkungen gehört.

Jedenfalls entschließt man sich bei Steyr erst 1954 dazu, die Autoproduktion wieder aufzunehmen. An große Wagen ist nicht gedacht, zu wenige Österreicher könnten sich die zu diesem Zeitpunkt leisten. Und für den Export ist man schon zu spät dran, und vermutlich auch zu kapitalschwach. Aber man erkennt völlig richtig den Bedarf an einem nicht allzu teuren Kleinwagen. Mit einer Investition von 100 Millionen Schilling wird im Werk Graz-Thondorf eine Produktionsstraße für einen Kleinstwagen ausgelegt, der auf den Namen „Puch 500" hören soll. Die Technik ist eine Mischform der früheren und bisherigen Steyr-Produkte, nämlich der Steyr-Babies und der Steyr-Motorräder: Der Puch 500 wird von einem Zweizylinder-Viertakt-Boxermotor angetrieben, der im Heck des Wagens montiert ist. Er erreicht eine Höchstgeschwindigkeit von 100 Kilometer pro Stunde, später gibt es auch eine Dieselversion. Nach dreijähriger Entwicklung läuft 1957 der erste Puch 500 vom Band. Und ist vom Fleck weg ein Verkaufsschlager: 1958 werden bereits über 7 000 Autos dieser Type verkauft. 1959 sind es fast 8 000. Danach lassen die Verkaufsziffern langsam nach, bis sie 1966 unter die Tausendergrenze fallen. Immerhin wird der Puch 500 bis 1973 erzeugt, insgesamt haben 43 220 dieser Autos das Steyr-Werk verlassen. Der Puch 500 war nicht zur Gänze ein österreichisches Erzeugnis, denn auch den Steyr-Werken ging zunächst einmal das Geld aus. So nützte man die ohnehin bestehenden Verträge mit Fiat und bezog von dort Teile der Karosserie und des Fahrgestells für den Kleinwagen. Und gar so billig war der Puch 500 auch nicht. 1957 kostete er ab Werk 23 000 Schilling und 1973, im letzten Produktionsjahr 32 900 Schilling. Im Vergleich dazu betrug der Durchschnittslohn für die Arbeiter im Steyr-Werk 1957 rund 1600 Schilling monatlich. Da mußte man schon kräftig sparen, um sich einen neuen Puch 500 leisten zu können. Wer aber einen hatte, befreundete sich sehr mit ihm.

Mit dem Puch 500 nimmt Steyr die heimische Autoproduktion wieder auf. Ein Kleinstwagen mit Heckmotor, der sich großer Popularität erfreut und anfangs sogar zur Standardausrüstung der Gendarmerie zählt. Die zunehmende Motorisierung erregt damals noch die Gemüter: Die sonntags heimkehrenden Autokolonnen werden von der Bevölkerung bestaunt.

Der rasch zunehmende Verkehr erfordert zusätzliche Polizeikräfte. Erstmals werden bei der Wiener Polizei Frauen rekrutiert, Politessen, wie sie bald genannt werden.

Für die meisten war es ihr erstes Auto. So imponierend war die Konstruktion dieses Kleinwagens, daß immerhin die damalige deutsche Autofirma NSU eine Zeitlang das Assembling des Puch 500 für Deutschland übernahm.

Apropos Auto: Nach Abzug der Besatzungsmächte setzt geradezu schlagartig die Motorisierung ein. Auch wenn es im Vergleich zu später noch nicht gar so viele Autos gibt, so verstopfen sie doch sehr bald die Straßen. An der Autobahn von Wien nach Salzburg wird noch gebaut, die Südautobahn existiert noch nicht, so drängt sich der gesamte Verkehr auf den engen, noch keineswegs ausgebauten Bundesstraßen. Serienunfälle und Staus sind an der Tagesordnung. Damals gibt es ein heutzutage kaum zu begreifendes Phänomen: An den Einfallstraßen Wiens und auch einiger Landeshauptstädte finden sich am Sonntag nachmittag Hunderte Zuschauer ein, die die heranrollenden Autokolonnen bewundern. Für sie sind sie Zeichen zunehmenden Wohlstands, und sie sind Gegenstand eigener Sehnsucht – einmal selbst ein Auto haben!

Dem zunehmenden Verkehr innerhalb der Städte versucht man nun durch Erweiterung der Straßen und schließlich auch mit dem Bau von Unterführungen beizukommen. Das paßt in die ganz allgemein große Bautätigkeit allüberall in Österreich, die nach dem Abzug der Besatzungsmächte eingesetzt hat: Baustellen, wo man hinsieht. An der Donau wird das Kraftwerk Ybbs-Persenbeug fertiggestellt, gleichzeitig ein neues errichtet, bei Aschach in Oberösterreich. Fünf weitere werden entlang der Donau noch folgen, sie werden in den Jahren zwischen 1965 und 1984 gebaut. Gleichzeitig werden die Bundesbahnen elektrifiziert. Der Großteil der Bahnstrecken wird Ende der fünfziger Jahre noch immer mit Dampflokomotiven befahren. Um den Semmering zu überwinden, müssen den Waggons oft zwei Lokomotiven vorgespannt werden. Mit Ruß und Rauch pfauchen sie durch die Gegend. Die Elektrifizierung aller wichtigen Bahnstrecken Österreichs wird insgesamt 25 Jahre in Anspruch nehmen. Die Fertigstellung jeder einzelnen Teilstrecke wird als ein Stück Fortschritt gefeiert. Der Dampflokomotive mag man heute romantisch verklärt gedenken, damals weinte man ihr keine Träne nach.

Mit einer Ausnahme: Die Salzkammergutbahn wird eingestellt. Sie war eine Schmalspurbahn und verkehrte gemächlich zwischen Bad Ischl und Salzburg, blieb in jedem Dörfchen stehen und manchmal auch, weil sich eine Kuh auf dem Bahngeleise nicht so schnell vertreiben ließ. Die einzelnen Waggons – auch sie ein bißchen im Spielzeugformat – hatten keinen Durchgang zueinander, die Fahrgäste konnten nur an den Haltestellen von einem Waggon zum anderen wechseln, der Schaffner aber vollbrachte wahre akrobatische Kunststücke, um über die Kupplungen hinweg von einem Waggon zum anderen zu kommen. Die putzige funkensprühende Lokomotive nannten die Einheimischen liebevoll ihren „feurigen Elias". 63 Jahre lang war diese Kleinbahn eine wichtige Verkehrsverbindung im Salzkammergut. Am 30. September 1957 tritt der feurige Elias seine letzte Fahrt an. An seiner Stelle verkehren nun Autobusse.

Überall Nachholbedarf, überall wird renoviert, wird modernisiert. Und es gelingt auch, immer wieder neue Kredite für all das zu erhalten. Geld wird auch zur Modernisierung des Telefonnetzes aufgenommen. Sie ist mehr als überfällig. Denn wer damals eine telefonische Verbindung außerhalb des Ortes wünscht, muß die Zentrale anrufen und dort die gewünschte Nummer anmelden. Die Nummern werden den Vermittlerinnen zugeteilt, die mit Kopfhörern und umgehängtem Mikrophon die Gespräche vermitteln, indem sie von einer Leitung zur anderen Drähte einstöpseln. Bei Überlastung der Leitungen gibt es lange Wartezeiten, auch wenn der anzurufende Partner sich in nur wenigen Kilometern Entfernung befindet. Dieses damals schon längst überalterte System hat seine lange Lebensdauer teilweise auch den Besatzungsmächten zu verdanken. Sie bestanden auf Telefonzensur, auf das Mithören der Gespräche, und dies ließ

Um Ruß und Rauch loszuwerden und um den Bahnbetrieb schneller und effizienter zu machen, werden die österreichischen Bahnstrecken elektrifiziert (rechts). Nach und nach werden die Dampflokomotiven aus dem Verkehr gezogen und durch Elektrolokomotiven ersetzt (rechts unten). Zu den Opfern der Modernisierung zählt auch die vielen Menschen lieb gewordene Salzkammergutbahn, deren funkensprühende Lokomotive im Volksmund der „feurige Elias" heißt (oben).

Antonia Kargl: Wir haben noch immer gestöpselt.

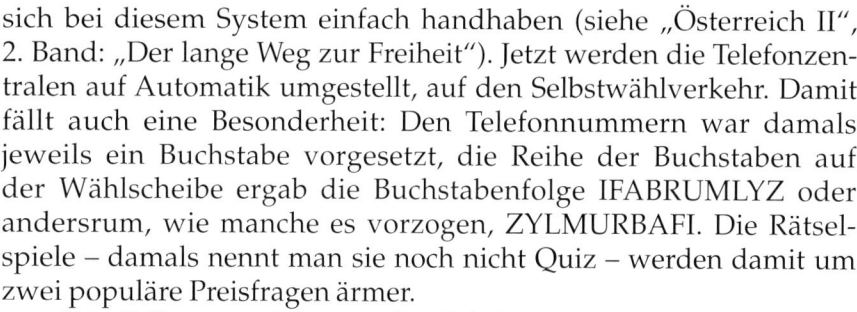

sich bei diesem System einfach handhaben (siehe „Österreich II", 2. Band: „Der lange Weg zur Freiheit"). Jetzt werden die Telefonzentralen auf Automatik umgestellt, auf den Selbstwählverkehr. Damit fällt auch eine Besonderheit: Den Telefonnummern war damals jeweils ein Buchstabe vorgesetzt, die Reihe der Buchstaben auf der Wählscheibe ergab die Buchstabenfolge IFABRUMLYZ oder andersrum, wie manche es vorzogen, ZYLMURBAFI. Die Rätselspiele – damals nennt man sie noch nicht Quiz – werden damit um zwei populäre Preisfragen ärmer.

Die Vollautomatisierung des Telefonnetzes nimmt zwar noch Jahre in Anspruch, aber eines Tages ist es soweit: Jeder Teilnehmer in Österreich kann jeden Teilnehmer selbst anwählen. Antonia Kargl war Österreichs letztes Telefonfräulein im Postamt Karlstein an der Thaya. Sie erinnert sich: „In einer Zeit, da man schon zum Mond hinauf wollte, und das auch schon probiert hat, sind wir noch immer vor dem Kastl gesessen und haben gestöpselt. Das war sehr anstrengend, weil man immer wieder hinausgeworfen wurde von irgendeinem Amt, denn die Verbindungen liefen ja nur von Amt zu Amt, nicht vom Teilnehmer über ein einziges Amt zum anderen Teilnehmer. Wenn man endlich die Vermittlung zustande gebracht hatte, zum Beispiel bis nach Vorarlberg, und darüber glücklich war, wurde man von irgendeinem Amt dazwischen wieder rausgeschmissen und mußte von vorne anfangen zu vermitteln. Natürlich habe ich durch die Vollautomatisierung dann meine Arbeit verloren, aber für das Telefonieren war es doch ein Vorteil, da nun jeder selbst wählen konnte, wen er wollte. Allerdings habe ich eine Kundschaft gehabt, einen Fabriksherrn im Ort, der ist zwei Tage nach der Automatisierung zum Schalter gekommen und hat gesagt: ‚Frau Kargl, ich muß Ihnen Ab-

bitte leisten. Ich habe Sie so oft sekkiert, wenn das Zustandekommen eines Gesprächs so lange gedauert hat. Aber ich versuche jetzt oft stundenlang, nach Wien durchzukommen, und es gelingt mir einfach nicht.' Ja, die Leitungen waren anfangs zu schwach, die haben sie dann erst verstärken müssen. Auch hat ein jeder jetzt telefonieren wollen, wo er das Telefon ganz einfach selbst bedienen konnte."

Ein weiterer entscheidender Schritt zum Zusammenwachsen Österreichs und auch zu seiner Modernisierung ist die Errichtung von Richtfunkstrecken für Telefon, Radio und Fernsehen. Es sind die Berggipfel, auf denen die Richtfunksender errichtet werden. Über Parabolantennen werden die Funksignale von Station zu Station geleitet. Das Streckennetz verbindet letztlich alle Bundesländer miteinander. Über Richtfunkstrecken und Koaxialkabel wird Österreich auch an das weltweite Telefon- und Fernsehnetz angeschlossen. Erstmals ist es dadurch möglich, Fernsehsendungen aus anderen Ländern zu übernehmen, etwa die Übertragungen der Eurovision. Das ist Jahre später, da man in Lichtgeschwindigkeit Bilder aus allen Ecken der Welt via Satellit in jeden Haushalt bringen kann, kaum noch vorstellbar – damals sind Schaltungen über die Grenze hinweg jedesmal noch eine kleine Sensation.

Zu den Großbauten der damaligen Zeit zählt auch die Wiener Stadthalle. Sie ist ein genialer Bau des österreichischen Architekten Roland Rainer. 1958 vollendet, ist sie zu dieser Zeit der größte Hallenbau in Europa. Die Stadthalle hat bis zu 16 000 Sitzplätze und ist eine Mehrzweckhalle für viele Gelegenheiten. In erster Linie dient sie Sportveranstaltungen, aber sie ist auch jederzeit in einen Zirkus zu verwandeln oder in eine Großbühne für Musicals und Konzerte. Sie zieht viele berühmte Künstler an. 1959 gibt „Satchmo" Louis Arm-

Entlang der Donau werden mit Hochdruck gewaltige Wasserkraftwerke gebaut. Links oben: Hier entstehen Staumauer und Schleusen für das Kraftwerk Altenwörth. Oben: Auch das Telefonnetz wird modernisiert. Die Handvermittlung weicht ebenso der Automatisierung wie die Buchstabenfolge auf den Wählscheiben der Telefone.

Oben rechts: Die Wiener Stadthalle, entworfen von Professor Roland Rainer. Zum Zeitpunkt ihrer Fertigstellung ist sie die größte Mehrzweckhalle Europas, dient vielen Sportarten, ist ein ideales Zirkuszelt, aber auch Varieté- und Musicalbühne. Oben: Die beliebten Entertainer Caterina Valente, Peter Kraus, Bill Ramsey und Louis Armstrong.

strong sein erstes Konzert in der total ausverkauften Stadthalle und ist so beeindruckt, daß er zwei Jahre später wiederkehrt. Duke Ellington, Ella Fitzgerald und viele andere folgen nach. Vico Torriani verwandelt die Stadthalle in einen Revuepalast à la Las Vegas. Torriani singt, die Revuegirls tanzen, es gibt Musik und Kostüme aus aller Herren Länder, und alles endet mit einem Happening in einem riesigen Schwimmbecken. Natürlich gibt es auch Jubel um die beliebtesten Schlagerinterpreten der damaligen Zeit, Caterina Valente, Bill Ramsey, Gus Backus, Ralph Bendix, Conny Froboess und Peter Kraus. Die große Revolution in der Unterhaltungsmusik steht noch bevor – die Beatles und der Beat. Elvis Presley wird zwar in den USA schon umjubelt, aber es dauert noch eine Weile, ehe seine Rock-and-Roll-Musik auch Europas Jugend begeistert. Vorderhand ist man hierzulande musikalisch noch recht zahm.

Wettlauf im Weltraum

Die Verhältnisse in Österreich normalisieren sich also. Nicht so die Verhältnisse in der Welt. Sie ist durch den Abzug der Besatzungsmächte aus Österreich weder ruhiger noch sicherer geworden, wie es der Aufstand in Ungarn, der Suezkrieg, die Libanon-Invasion beweisen. Zwischen den USA und der Sowjetunion findet ein gefährlicher Rüstungswettlauf statt. Ging es bisher im wesentlichen darum, wer bereits über welche Atomwaffen verfügt, so kommt jetzt eine neue Dimension hinzu – die Fähigkeit, diese Atomwaffen mittels Raketen im Land des Gegners zum Einsatz zu bringen. Bis dahin ist das nur den USA möglich, denn ihre Truppen stehen in Deutschland, in Italien, in der Türkei, und von dort kann man mit Mittelstreckenraketen das Gebiet der Sowjetunion erreichen. Die USA hingegen liegen außerhalb der Reichweite der Sowjetraketen. Das läßt verstehen, weshalb sich die Sowjetunion bald intensiv um die Freundschaft des neuen revolutionären Regimes unter Fidel Castro auf Kuba bemüht, liegt doch Kuba nur 90 Kilometer vor der Küste der USA. Und wie wir sehen werden, wird es auch prompt zu einer gefährlichen Raketenkrise rund um Kuba kommen. Doch der Raketenwettlauf zwischen der Sowjetunion und den USA beginnt schon früher: 1957 gelingt es der Sowjetunion, erstmals einen Satelliten in eine Umlaufbahn um die Erde zu bringen. Die Tatsache an sich ist schon eine Sensation, erstmals kreist ein künstlicher Trabant rund um die Erde. Aber als sensationell wird auch empfunden, daß es der Sowjetunion vor den Amerikanern gelungen ist, als erste im Weltraum präsent zu sein. „Sputnik" nennen die Russen ihren Satelliten, zu deutsch „der Weggefährte". Er ist nicht sehr groß, und er kann nicht sehr viel – seine vier Antennen geben nur Piepstöne von sich. Aber das Piepsen des Sputniks, das überall in der Welt abgehört werden kann, löst in Washington höchsten Alarm aus: Wer in der Lage ist, einen Satelliten in eine Umlaufbahn um die Erde zu bringen, wird demnächst in der Lage sein, einen Atomsprengkopf an jeden Punkt der Erde zu bringen. Die Sowjetraketen verfügen ab nun über eine interkontinentale Reichweite.

Den Amerikanern ist dergleichen bis jetzt nicht gelungen. Obwohl sie es natürlich auch versuchen. Aber bei ihnen gibt es einen Fehlstart nach dem anderen, immer wieder explodieren die Raketen entweder schon beim Start oder müssen bald danach gesprengt werden, weil sie auf die Erde zurückzufallen drohen. Da setzt Präsident Dwight D. Eisenhower den deutschen Raketenbauer Wernher von Braun an die Spitze des amerikanischen Raketenprogramms. Wir sind Wernher von Braun im Zuge unserer „Österreich II"-Recherchen schon mehrmals begegnet. Er hat im Zweiten Weltkrieg für Hitler die V2-Raketen konstruiert, getestet und einsatzfähig gemacht. Mit diesen V2-Raketen wurde mehrere Monate lang England beschossen, allerdings waren sie nicht steuerbar und daher auch nicht in ein bestimmtes Ziel zu bringen. Aber sie eigneten sich als Terrorwaffe. Motoren und auch Treibstoff für die V2-Raketen wurden damals auch auf dem Gebiet Österreichs hergestellt und zum Teil sogar hier getestet. Die dazu notwendigen Anlagen wurden von Insassen des Konzentrationslagers Mauthausen errichtet. Als es in einer Teststelle bei Redl-Zipf zu einer Explosion kommt, eilt Wernher von Braun herbei, um die Ursachen selbst zu untersuchen. Und bei Kriegsende zieht sich der gesamte Stab Wernher von Braun nach Reutte in Tirol zurück. Dort ergeben sich die deutschen Raketenbauer den Amerikanern (siehe „Österreich II", 1. Band: „Die Wiedergeburt unseres Staates"). Nur kurze Zeit werden sie als Gefangene behandelt, dann lädt man sie ein, ihre Arbeit fortzusetzen – in den USA. Wernher von Braun und ein Großteil seines Stabs übersiedeln nach Amerika, aber sie arbeiten zunächst als die Untergebenen der amerikanischen Raketentechniker. Jetzt erhält Wernher von Braun das Kommando über die gesamte amerikanische Raketenforschung. Und was man sich von ihm erwartet, erreicht er auch: Kaum noch Fehlstarts, die Amerikaner beginnen die Sowjets langsam einzuholen. Obwohl diese ihren Vorsprung noch einige Zeit halten können: Nach dem ersten Satelliten bringen sie mit der Hündin Laika das erste Lebewesen in den Weltraum, und mit Juri Gagarin auch den ersten Menschen. Das wird den nächsten amerikanischen Präsidenten John F. Kennedy veranlassen, ein ehrgeiziges Ziel zu verkünden: Spätestens am Ende der sechziger Jahre soll ein Amerikaner als erster Mensch auf dem Mond landen. Und auch dafür soll Wernher von Braun sorgen.

Aber zunächst sind die Amerikaner gegenüber den Sowjets im Raketenbau noch im Rückstand. Und Vorsprung in der Raketentechnik heißt auch Vorsprung in der Rüstung. Die Antwort der Amerikaner ist ein Spezialflugzeug mit der Typenbezeichnung U2. Es ist leicht, hat eine große Flügelspannweite und kann in Höhen fliegen, die damals zunächst von keiner Fliegerabwehr erreicht werden. Die U2, ausgestattet mit Spezialkameras und Sensoren aller Art, ist also zur Spionage bestens geeignet. Und dazu wird sie auch eingesetzt. U2-Flugzeuge starten auf einem geheimen Flugplatz in Pakistan, überfliegen und fotografieren die sowjetischen Rüstungszentren und landen auf einem NATO-Stützpunkt in Norwegen. Die Sowjets wissen das, aber sie sind zunächst machtlos: Da kein sowjetisches Flugzeug die Flughöhe der U2 erreicht, ist nicht nachweisbar, daß es sich um amerikanische Flugzeuge handelt. Doch dann entwickeln die Sowjets eine Fliegerabwehrrakete von bedeutend größerer Reichweite. Und am 1. Mai 1960 wird bei Swerdlowsk eine U2 mit einer solchen Rakete abgeschossen. Eine Weltsensation: Denn nun könnten die Sowjets die Amerikaner der Verletzung des sowjetischen Luftraums und der Spionage überführen. Allerdings unter einer Voraussetzung: Sie müßten nachweisen können, daß das abgeschossene Flugzeug tatsächlich im Auftrag der USA unterwegs war. Und das, so dachte der amerikanische Geheimdienst CIA, würde Moskau schwerfallen. Denn es gibt keinerlei Aufschrift auf der U2, aus der sich ableiten ließe, daß das Flugzeug in den USA produziert wurde. Natürlich ist es klar, daß kaum jemand anderer zur Konstruktion eines solchen Flugzeugs imstande wäre, aber zwischen wissen und beweisen ist ein großer Unterschied. Um zu beweisen, müßten die Sowjets den Piloten des Flugzeugs lebend in die Hand bekommen. Und dem glaubt die CIA vorgebeugt zu haben: Die Piloten der U2-Flugzeuge haben Befehl, sich im Fall eines Abschusses selbst zu töten. Die dafür vorgesehene Giftphiole ist Bestandteil der Notausrüstung der Piloten. Und tatsächlich wird der Abschuß der U2 von der Sowjetunion zunächst nicht gemeldet. Moskau schweigt. Und bei der CIA glaubt man, davongekommen zu sein.

Der amerikanische Botschafter in Moskau, der den Österreichern wohlbekannte Llewellyn Thompson, wird natürlich verständigt. Aber nur dahingehend, daß die Sowjets vermutlich Beschuldigungen erheben werden, doch werden sie diese nicht beweisen können. Wie es der Zufall will: In der äthiopischen Botschaft in Moskau wird zu Ehren des in der Sowjetunion auf Staatsbesuch weilenden Kaisers Haile Selassie ein großer Empfang gegeben. Geladen sind die Mitglieder der sowjetischen Regierung und des Politbüros der KPdSU. Und die Botschafter und Geschäftsträger aller akkreditierten Staaten. Auch der österreichische Missionschef Otto Eiselsberg. Dieser berichtet nun: „Bei dem Empfang erblicke ich plötzlich Polianski. Er war am 1. Mai (1960) Mitglied des Politbüros geworden. Ich gehe auf ihn zu, gratuliere und hebe mein Glas auf das jüngste Mitglied des Politbüros. Er bedankt sich und meint mit Blick auf den greisen Woroschilow, besser das jüngste als das älteste Mitglied des Politbüros zu sein. Inzwischen haben sich einige Botschafter osteuropäischer Staaten zu uns gesellt. Und einer von ihnen sagt: ‚So und jetzt trinken wir auf den Abschuß des Spionageflugzeugs.' Gerüchteweise hatte man schon davon gehört, aber es gab keine Bestätigung dafür. Ich jedenfalls komme der Aufforderung nicht nach. Darauf sagt mir einer der Botschafter: ‚Verschanzen Sie sich nicht hinter Ihrer Neutralität.' Darauf sage ich, das hat mit Neutralität nichts zu tun. Wenn Flugzeuge abgeschossen werden, gibt es Tote, und ich trinke nicht auf Tote. Darauf sagt Polianski: ‚Ljotschik ziwjot', zu deutsch ‚der Pilot lebt'. Daraufhin habe ich mein Glas erhoben und auf den technischen Fortschritt der Sowjetunion getrunken. Kurz danach er-

Am 2. August 1960 kommt es in Wien zum größten Unglück seit Bestehen der Straßenbahn: Ecke Billrothstraße-Döblinger Hauptstraße prallen zwei Straßenbahnzüge mit voller Wucht aufeinander. 14 Passagiere sterben, 80 werden zum Teil schwer verletzt. Rechts: Am Straßenrand versuchen sich Überlebende von ihrem Schock zu erholen. Links: Kleidungsstücke und Habseligkeiten der Verunglückten. Den Opfern der Katastrophe geben Tausende Wiener auf dem Zentralfriedhof das letzte Geleit (unten).

blicke ich Botschafter Thompson, ein Freund aus den Zeiten, da er Botschafter in Wien und Unterhändler für den Staatsvertrag war. Ich gehe zu ihm und berichte ihm von dem Gespräch. Und es war mir plötzlich völlig klar: man hatte Thompson vom Abschuß des Flugzeugs unterrichtet, aber nicht, daß es da vielleicht einen überlebenden Zeugen geben könnte. Als ich ihm den Polianski-Ausspruch ‚Ljotschik ziwjot', zitiere, wird er aschfahl und verläßt bald darauf den Empfang. So haben die Amerikaner wahrscheinlich als erstes von mir erfahren, daß der Pilot nicht tot ist, sondern lebend in sowjetischer Hand."

Der Pilot heißt Gary Powers, und er ist geständig. Die Trümmer der abgeschossenen U2 werden in Moskau ausgestellt, das Geständnis des Piloten veröffentlicht. Der Protest der Sowjetunion fällt entsprechend scharf aus. Früher einmal hätte ein derartiger Zwischenfall sogar einen Krieg auslösen können. In Anbetracht der atomaren Kapazitäten der beiden Supermächte kommt es jetzt nur zu einer schweren Krise. Schon vor Monaten war zwischen den vier Großmächten ein Gipfeltreffen vereinbart worden. Chruschtschow, Eisenhower und Macmillan sollten als Gäste Präsident de Gaulles nach Paris kommen. Bei den Gesprächen sollte es um die Zukunft Berlins und Deutschlands gehen. Jetzt stellt Chruschtschow das Treffen in Frage. Er sei nur dann bereit, Eisenhower zu begegnen, wenn dieser die Spionage öffentlich zugäbe, sich dafür in aller Form entschuldigte und das Versprechen abgäbe, die Flüge sofort einzustellen. Doch zunächst leugnen die USA, daß es sich um Spionageflüge gehandelt habe, ein Wetterflugzeug sei vom Kurs abgekommen.

Als sich das nach dem Geständnis von Gary Powers nicht mehr aufrechterhalten läßt, geht Eisenhower zum Gegenangriff über: Es sei die Sowjetunion, die eine gegenseitige Rüstungskontrolle nicht zulasse und damit einen Rüstungsstopp bzw. eine Abrüstung unmöglich mache. Nur durch solche Aufklärungsflüge könne sichergestellt werden, daß der Gegner keinen Überraschungsangriff plane. Und Eisenhower erneuert seinen schon früher vorgebrachten Vorschlag, den Himmel über den Territorien der USA und der Sowjetunion für gegenseitige Beobachtungsflüge zu öffnen. Eine Entschuldigung lehnt Eisenhower ab. So trifft Chruschtschow termingemäß in Paris ein, aber als es keine Entschuldigung Eisenhowers gibt, reist er wieder ab. Nicht ohne vorher vor der versammelten internationalen Presse in heftigsten Worten Eisenhower und die USA angegriffen zu haben.

Chruschtschow wettet um ein Schwein

Doch Chruschtschow hat in diesem Jahr 1960 noch eine weitere Reise in den Westen auf dem Programm: einen Staatsbesuch in Österreich. Und dieser wird nun zum Weltereignis, da es sich doch um die erste Begegnung mit Chruschtschow im westlichen Ausland nach dem Platzen der Gipfelkonferenz von Paris handelt. Welche Botschaft hat Chruschtschow für die Welt, welche Signale wird er setzen?

Aber zunächst läuft es umgekehrt. In Österreich wendet sich die Katholische Jugend an die Bevölkerung. Mit einem Flugblatt, das den Titel trägt „Für Freiheit und Menschenwürde". Ein Hirtenbrief der Bischöfe erinnert an die Unterdrückung der Völker und der Kirche im Ostblock, denn sie sehen in Chruschtschow den obersten Repräsentanten dieses Systems. Schließlich der kirchliche Aufruf: „Österreicher! Beweist Haltung!" – „Steht nicht Spalier, spendet keinen Beifall, betet für die verfolgte Kirche!" Der „Kurier" druckt zur Begrüßung Chruschtschows in russischer und in deutscher Sprache ein in der Sowjetunion verbotenes Gedicht von Boris Pasternak ab, der

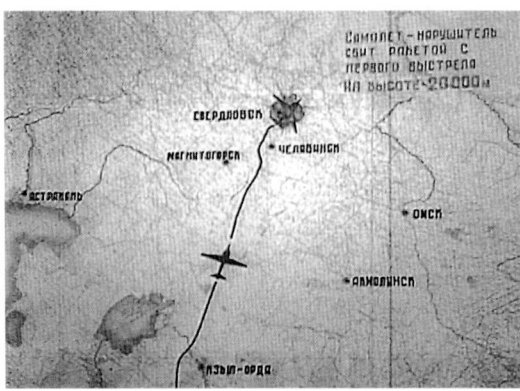

Ein amerikanisches Spionageflugzeug der Type U2 wird über der Sowjetunion abgeschossen. Oben: Flugzeug und Flugroute bis zur Abschußstelle. Der sowjetische Partei- und Regierungschef Nikita Chruschtschow läßt daraufhin eine Gipfelkonferenz mit dem US-Präsidenten Dwight D. Eisenhower scheitern. Rechts: Chruschtschow, begleitet von seinem Verteidigungsminister Marschall Malinowski, sagt in Paris zornig das Treffen mit Eisenhower ab.

Otto Eiselsberg: Der amerikanische Botschafter erbleichte.

„Express" titelt zur Begrüßung „Kinder, der Sandmann kommt". Man hat in Österreich die Ereignisse in Ungarn nicht vergessen, und man empfindet auch die fortwährenden Drohungen Chruschtschows gegen den Westen eher als friedensbedrohend denn als friedensfördernd. Auch steht man noch unter dem Eindruck des geplatzten Gipfels von Paris. Chruschtschow muß also mit einem kühlen Empfang durch die österreichische Bevölkerung rechnen. Umso mehr bemüht sich die Bundesregierung, diesen Besuch dennoch zu einem Erfolg werden zu lassen. Einerseits in der Hoffnung, etwas zur internationalen Entspannung beitragen zu können, andererseits weil man sich auch diesmal eine weitere Ermäßigung der Ablöselieferungen an die Sowjetunion aus dem Staatsvertrag erhofft. Und man ist natürlich auch daran interessiert, die Produkte der ehemaligen USIA-Betriebe weiterhin in der Sowjetunion absetzen zu können. So gibt es eine erhebliche Diskrepanz zwischen der offiziellen Behandlung des Staatsbesuchs und jener durch die Bevölkerung.

Chruschtschow trifft am 30. Juni 1960 mit einer viermotorigen Iljuschin Turboprop-Maschine in Schwechat ein. Als er und seine Frau Nina auf der Gangway erscheinen, ertönen 21 Salutschüsse aus Kanonen des Bundesheers. Die gesamte österreichische Staatsspitze ist anwesend: Bundespräsident Schärf, Bundeskanzler Raab, Vizekanzler Pittermann, Außenminister Kreisky, Innenminister Afritsch, Unterrichtsminister Drimmel und die Staatssekretäre Grubhofer und Gschnitzer. Das diplomatische Corps allerdings ist nur zum Teil vertreten. Viele westliche Diplomaten fehlen. Auch der amerikanische Botschafter ist nicht erschienen. Aber dann kann man nur staunen, wer da alles aus dem sowjetischen Regierungsflugzeug aussteigt: der stellvertretende Ministerpräsident Kossygin, Außenminister Gromyko, die Kulturministerin Furzewa, der General Sacharow und der Chefunterhändler der Sowjetunion bei den geplatzten Abrüstungsgesprächen in Genf, der stellvertretende Außenminister Sorin. Der Staatsbesuch ist also groß angelegt. Und in der Tat zieht Chruschtschow alle Register. Als erstes besucht er Bundespräsident Schärf und überreicht ihm und danach auch Raab je eine Nachbildung jenes kugelförmigen Metallwimpels, den die sowjetische Rakete Luna II zum Mond getragen hat. Chruschtschow und seine Begleitung wohnen im Hotel Imperial. Doch am nächsten Morgen steigt Chruschtschow nicht in die vor dem Hotel wartende Limousine, nein, unerwartet und außer Programm geht er zu Fuß über die Ringstraße in Richtung Staatsoper. Passanten, denen er begegnet, schüttelt er die Hand, beäugt die Geschäfte, entschwindet auf der Rolltreppe in der Jonas-Grotte – wie die Fußgängerunterführung auf der Opernkreuzung nach dem Bürgermeister Franz Jonas im Volksmund genannt wird. Chruschtschow kommt wieder zum Ring hinauf und setzt seinen Spaziergang bis fast zum Goethe-Denkmal fort. Er versucht, die kühle Haltung der Bevölkerung zu überwinden. Und er hat damit auch Erfolg. Anschließend gibt es Verhandlungen im Bundeskanzleramt, bei denen es vornehmlich um die Ablöselieferungen und um den Handelsverkehr geht.

Nina Chruschtschowa und ihre Tochter Elena Nikititschna besuchen inzwischen die Gemäldegalerie im Oberen Belvedere und am Nachmittag die Modeschule in Hetzendorf. Chruschtschow aber tritt auf: zuerst in der Automobilfabrik Floridsdorf, einen ehemaligen USIA-Betrieb, danach in der Wiener Handelskammer, da spricht er vor Arbeitern, dort vor Vertretern der Wirtschaft. Doch der Handel ist für Chruschtschow nur ein Nebenaspekt. Er, und das wird sehr bald klar, will seinen Aufenthalt in Österreich dazu benützen, einen Rundumschlag gegenüber dem Westen zu führen. Jeder Tag des Staatsbesuchs bietet dazu neue Gelegenheiten, wo immer er hinkommt, ergreift er das Wort und sorgt dafür, daß die vielen Vertreter der internationalen Presse auch dabei sind. In seinen Reden gibt es immer wieder dieselben Schwerpunkte: Es sind die USA, die den kalten Krieg aufrechterhalten, die Abrüstung vereiteln, aggressive Handlungen gegen die Sowjetunion setzen. Der engste Verbündete der USA sei die Bundesrepublik Deutschland. Sollte man sich wei-

Bei seinem ersten Staatsbesuch in Österreich überbringt Chruschtschow Bundeskanzler Raab ein besonderes Gastgeschenk: das Modell des Wimpels in Kugelform, der von einem sowjetischen Raumschiff auf den Mond gebracht worden ist.

Die sowjetischen Besucher auf der Staumauer von Kaprun. Von links nach rechts: Elena Nikititschna, die Tochter der Chruschtschows, stellvertretender Ministerpräsident Alexej Kossigyn, Kulturministerin Jekaterina Furzewa, Nina Chruschtschowa, Nikita Chruschtschow und Minister Karl Waldbrunner.

gern, mit der Sowjetunion eine Einigung über die Zukunft Berlins herbeizuführen, so werde die Sowjetunion mit der DDR einen Separatfrieden abschließen. Damit aber würde die Sowjetunion alle Zufahrtswege nach Berlin der Kontrolle der DDR unterstellen. Sollte der deutsche Bundeskanzler Adenauer seinen Plan verwirklichen, den Bundestag in Westberlin tagen zu lassen, dann könnte es passieren, daß gerade zu diesem Zeitpunkt der Separatfriede mit der DDR in Kraft tritt und dann „Adenauer bei Genosse Ulbricht um ein Rückreisevisum bitten muß". Chruschtschow beschuldigt die Bundesrepublik auch, Österreich zu bedrohen und erneut einen Anschluß herbeiführen zu wollen. Bei einem Besuch des Konzentrationslagers Mauthausen richtet Chruschtschow eine persönliche Attacke gegen Adenauer: „Das sowjetische Volk sowie alle friedliebenden Völker in der ganzen Welt können nicht ruhig und sorglos bleiben, wenn sie die Erklärung Adenauers zu hören bekommen, daß der Herrgott das deutsche Volk auserwählt habe, Europa vom Kommunismus zu retten. Gleicht denn das nicht verschiedenen Erklärungen des toll gewordenen Hitler, der bestrebt war, eine neue Ordnung in Europa zu schaffen, wobei eines ihrer Merkmale dieses Todeslager Mauthausen war?" Aber nicht nur die USA und Deutschland würden Österreichs Neutralität bedrohen, auch Italien, auf dessen Territorium NATO-Raketen stationiert seien, die über Österreich hinweg gegen die Sowjetunion gerichtet seien.

Und Chruschtschow wird nicht müde, darauf zu verweisen, daß die Sowjetunion auf der strikten Einhaltung der österreichischen Neutralität bestehe. Sie werde eine Verletzung dieser Neutralität unter keinen Umständen dulden. Chruschtschow warnt die Österreicher auch davor, durch Anlehnung an die EWG die österreichische

Neutralität zu gefährden. Der österreichischen Regierung sind diese Ausfälle und Angriffe gegen die mit Österreich befreundeten Nachbarstaaten und gegen die USA unangenehm. Aber Chruschtschow wird während seiner Reise durch Österreich von niemandem korrigiert oder gar zurechtgewiesen. In Wien besucht Chruschtschow noch das Rathaus, den ÖGB, die Österreichisch-Sowjetische Gesellschaft. Danach beginnt seine Rundreise durch die Bundesländer. Die Kolonne umfaßt nicht weniger als 52 PKWs und Autobusse. Chruschtschow selbst reist in einem Salonautobus der Bundespost und wird auf der gesamten Reise von Bundeskanzler Raab begleitet. Er besichtigt das Kraftwerk Ybbs-Persenbeug, besucht, wie schon erwähnt, das Konzentrationslager Mauthausen, trifft danach in Linz ein. Hier geht Chruschtschow wieder unter die Leute, spaziert durch die Stadt, besucht eine Konditorei, erkundigt sich im Autohaus Denzel nach der Qualität eines BMW 700, trägt sich bei Opel ins Gästebuch ein und begibt sich dann auf große Besichtigungstour in die VÖEST. In Wels erhält Chruschtschow als Gastgeschenk zwei Stiere, die auf die Namen Gustl und Komponist hören. In Bad Ischl besucht er, so wie vor ihm schon Mikojan, die Kaiservilla und fährt dann über Fuschl nach Salzburg. In jedem Bundesland wird Chruschtschow vom jeweiligen Landeshauptmann begrüßt. Und in jedem Bundesland droht er mit seinem „Separatfrieden mit der DDR". Als Chruschtschow zur Besichtigung der Tauernkraftwerke in Kaprun eintrifft, ist er so gut gelaunt wie noch nie: Eine sowjetische Langstreckenrakete hat über eine Distanz von 12 500 Kilometern ein Ziel im Pazifischen Ozean präzise getroffen. Man versteht: Das ist die Begleitmusik zu diesem Staatsbesuch im Westen.

Durch den Tauerntunnel geht es per Bahn weiter nach Klagenfurt und von dort nach Graz. Und während Chruschtschow auch hier seine Warnungen und Drohungen wiederholt, treffen inzwischen in Wien die ersten geharnischten Proteste ein: Der amerikanische Botschafter Matthews überbringt eine Demarche der US-Regierung, die in den Chruschtschow-Reden einen Mißbrauch des neutralen österreichischen Bodens erblickt. Der deutsche Botschafter Mueller-Graaf überbringt den Protest der deutschen Bundesregierung wegen all der Beleidigungen und Drohungen, mit denen Chruschtschow die Bundesrepublik und deren Kanzler bedacht hat.

Auch im Inland gibt es Kritik am Verhalten der Regierung: Sie habe bedeutend mehr an Gastfreundschaft getan, als notwendig gewesen wäre. International sei es nicht üblich, daß ein ausländischer Gast während des gesamten Staatsbesuchs vom Regierungschef persönlich begleitet werde. Kritisch vermerkt wird auch, daß die Sehenswürdigkeiten des Landes dem russischen Gast vom jeweiligen Ressortminister vorgeführt wurden: die Kraftwerke vom Energieminister, die Stahlwerke vom Vizekanzler, die Stiere vom Landwirtschaftsminister und das Konzentrationslager Mauthausen vom Nationalratspräsidenten und vom Innenminister. Es hätte auch nicht jede Mahlzeit und jedes Festbankett zu so gemütlicher, ausgelassener Annäherung führen müssen, wozu reichlich Wein und Wodka flossen.

Die gemütlichste all dieser Begegnungen findet auf dem väterlichen Bauernhof Leopold Figls statt. Figl kennt Chruschtschow aus den Tagen der Verhandlungen über den Staatsvertrag, als er als Außenminister mit Raab, Schärf und Kreisky in Moskau war. Chruschtschow bezeichnet sich selbst gerne als Bauer, Figl ist ein Bauer. So lädt der Bauer Figl den Bauern Chruschtschow auf seinen Bauernhof im Tullnerfeld ein. Stolz zeigt Figl dem russischen Gast sein Anwesen. Chruschtschow spart nicht mit Lob und Anerkennung. Danach gibt es eine herzhafte Jause. Man ißt und trinkt, und man redet auch, privat und offiziell. Chruschtschow kann es nicht

Nina und Elena Chruschtschowa zur Jause in der Modeschule Hetzendorf, bei der die Schülerinnen ihre Kreationen vorführen.

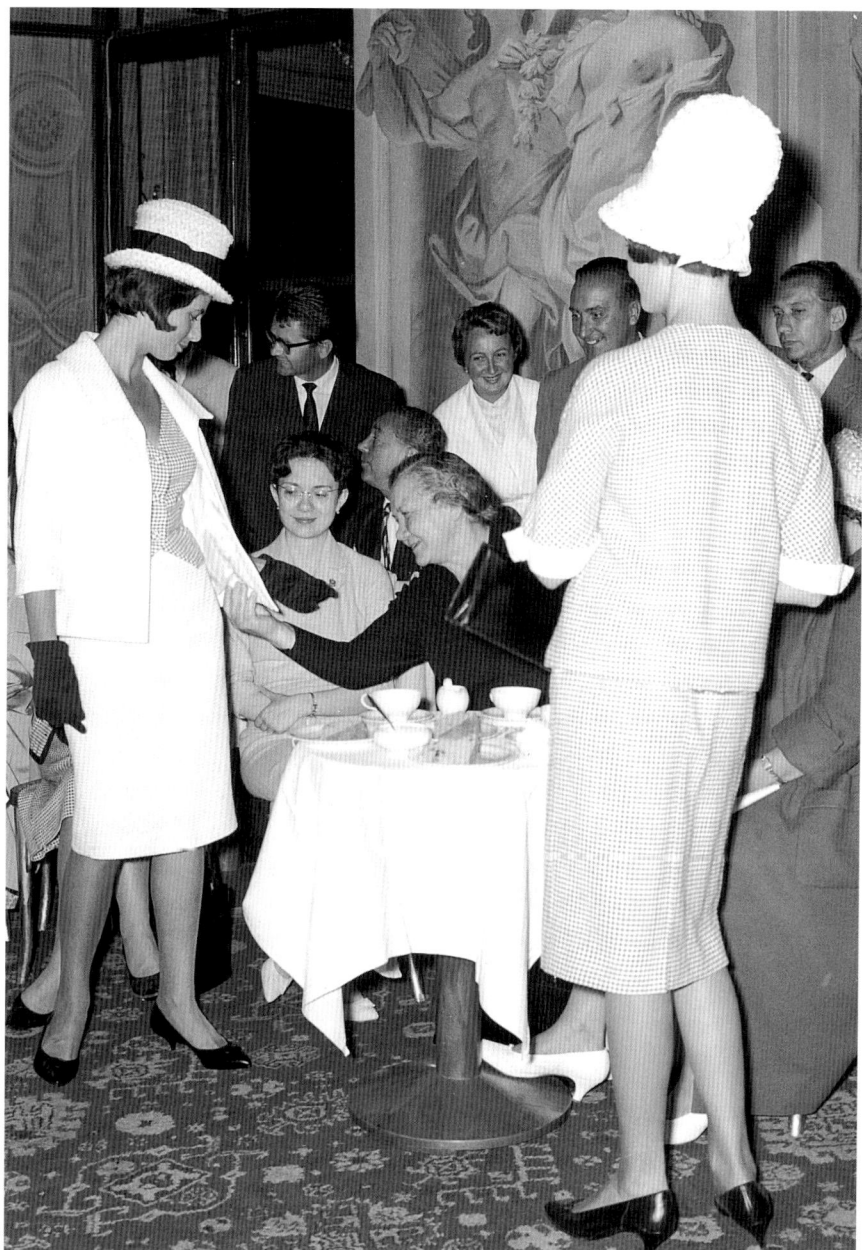

lassen: Selbst hier muß er in seiner Dankesansprache von der Überlegenheit des sozialistischen Systems sprechen. In der Sowjetunion würde der Mais viel höher wachsen, und viel dichter und viel besser, und daher auch höhere Erträge bringen. „Zehnmal soviel", übertreibt Chruschtschow. Das provoziert den Bauern Figl. Humorvoll, aber doch energisch bestreitet er Chruschtschows Angaben. Und Figl bietet Chruschtschow eine Wette an: Man werde russischen Kukuruz neben österreichischem anbauen und dann den Ertrag vergleichen. Der Verlierer soll dem Gewinner ein Schwein schenken. Das Wort Kukuruz für Mais wird in Rußland ebenso verwendet wie in Österreich. Chruschtschow nimmt die Wette an, und während die beiden auf die Wette anstoßen, krähen sie fast wie die Hähne: Kukuruz, Kukuruz, was die zahlreichen Personen der Begleitung zu lautem Lachen veranlaßt. Figl besteht noch darauf, daß „die Sau" ein Mindestgewicht haben müsse, „wenigstens 100 Kilogramm". Figl hat zehn Jahre lang den Umgang mit der russischen Besatzungsmacht gepflegt, er versteht es, auf die Russen einzugehen.

Hier sei vermerkt, daß der russische Kukuruz neben dem österreichischen tatsächlich bei Figls im Tullnerfeld gepflanzt worden ist. Und er wurde in Anwesenheit des sowjetischen Botschafters auch geerntet und mit dem Ertrag eines gleich großen österreichischen Kukuruzfeldes verglichen. Der österreichische Kukuruz hatte eindeutig

den höheren Ertrag gebracht. Für den Moment wird das vom sowjetischen Botschafter auch anerkannt, aber danach findet man, daß da doch einige Mißverständnisse vorgelegen sein müssen, so daß die Wette in dieser Form wohl nicht gelten könne. So hat das kapitalistische System im Tullnerfeld über das sozialistische doch nicht siegen dürfen.

Zum Abschluß seines Staatsbesuchs in Österreich gibt Chruschtschow im Festsaal der Wiener Hofburg eine Pressekonferenz für fast tausend in- und ausländische Journalisten. Dem Autor dieses Buches, damals Chefredakteur des „Kurier", wurde als erstem das Wort erteilt. Chruschtschow hatte während seiner Reise mehrfach erklärt, die Sowjetunion würde eine Verletzung der österreichischen Neutralität nicht dulden und sei auch bereit, diese Neutralität aktiv zu unterstützen. Aber genau das hatten die Österreicher stets zu vermeiden getrachtet: Keine der Großmächte dürfe je das Recht haben, die Neutralität Österreichs zu interpretieren und von sich aus bestimmen, wann diese verletzt sei und wodurch. Wogegen man sich ganz und gar wehrte, war ein Angebot, Österreich bei der Verteidigung seiner Neutralität zu helfen. Beides, die Interpretation der Neutralität wie das Hilfsangebot, hätte den Großmächten die Möglichkeit einer massiven Einmischung in österreichische Angelegenheiten eingeräumt, wenn nicht sogar das Recht, ihre früheren Zonen wieder zu besetzen. So lautete meine Frage an Chruschtschow, unter welchen Umständen die Sowjetunion die Neutralität Österreichs als verletzt ansehen würde, wie die von Chruschtschow genannte „Unterstützung" aussehen würde und ob die Sowjetunion zuvor das Einvernehmen und die Zustimmung der österreichischen Bundesregierung einholen würde oder ob sie auch ohne österreichische Zustimmung handeln könnte. Darauf Chruschtschow: „Das ist eine hypo-

Nach der Besichtigung des Bauernhofs der Familie Figl lädt Leopold Figl die sowjetischen Gäste zu einer herzhaften Jause ein. Als Chruschtschow meint, in der Sowjetunion würde pro Quadratmeter mehr Mais geerntet als hierzulande und Figl das bezweifelt, wird gewettet – um ein Schwein.

Ein Jahr später wird unter Aufsicht des sowjetischen Botschafters in Wien Viktor Awilow der Ertrag überprüft. Figl hat gewonnen und fordert sein Schwein: „Mindestens so groß muß es sein."

thetische Frage, es ist ja nur eine Mutmaßung, ob die Neutralität verletzt wird ... Ich möchte aber wiederholen, daß wir nicht müßig bleiben und nicht untätig zusehen werden, wenn die österreichische Neutralität verletzt wird ... Wir werden solche Maßnahmen ergreifen, die wir für nützlich halten werden." Das klingt nicht beruhigend, das bestärkt die auch am Ballhausplatz gehegten Befürchtungen, Chruschtschow könnte hier versuchen, den Status Österreichs neu zu interpretieren, indem sich die Sowjetunion das Recht herausnähme, die jeweilige Situation nach ihrem Gutdünken einzuschätzen und danach auch zu handeln.

Die österreichische Regierung hatte sich in ihrer Gastfreundschaft den sowjetischen Besuchern gegenüber unentwegt überboten. Sie hat dafür auch einiges erhalten: Von den noch offenen Ablöselieferungen an Erdöl lassen die Sowjets noch einmal 500 000 Tonnen nach. Und sie schließen auch längerfristige Verträge über die Weiterlieferung von Produkten aus den USIA-Betrieben in die Sowjetunion ab. Wirtschaftlich hat der Besuch also einiges gebracht. Aber politisch hat er auch einiges gekostet. Deutschland, die USA, Italien sind vergrämt, und ihr Mißmut richtet sich nicht sosehr gegen Chruschtschow als gegen die Österreicher, die Chruschtschows Anfeindungen widerspruchslos hingenommen haben. Bundeskanzler Raab versucht in letzter Minute, einiges davon gutzumachen. Als er Chruschtschow und die sowjetische Delegation auf dem Flughafen verabschiedet, weist er mit einem Schuß Humor darauf hin, daß Chruschtschow von der Redefreiheit, die in Österreich herrsche, reichlich Gebrauch gemacht habe. Zwar diplomatisch, aber doch distanziert sich Raab von Chruschtschows Angriffen. Und mit aller Dezidiertheit stellt Raab fest, daß Österreich von allen Staaten, insbesondere aber von den Großmächten erwarte, daß sie Österreichs Neutralität respektieren. Kaum ist der Staatsbesuch weg, hält der Bundeskanzler eine Radioansprache an die österreichische Bevölkerung: In ihr fällt die Distanzierung noch viel deutlicher aus, ebenso die Feststellung, daß für eine Interpretation seiner Neutralität nur Österreich und sonst niemand zuständig sei. Doch der Chruschtschow-Besuch hat einmal mehr gezeigt, daß die gewonnene Freiheit und der angenommene neutrale Status einer permanenten Verteidigung bedürfen und es Österreich keineswegs erlauben, gemütlich aus dem Weltgeschehen auszusteigen.

RINGEN UM DEN FRIEDEN

Wir haben hier einige Ereignisse und Daten aus der österreichischen Innenpolitik nachzuholen. Ein Ereignis mit nachhaltiger Konsequenz war im August 1957 ein Schlaganfall, den Bundeskanzler Raab erlitten hat. Während der Eröffnung des Rieder Volksfestes, einer landwirtschaftlichen Leistungsschau, bricht Raab zusammen, wird mit der Rettung nach Linz gebracht. Er übersteht die Krankheit mit kaum sichtbarem Schaden. Und im Oktober 1957 nimmt er seine Amtsgeschäfte auch wieder auf, als Kanzler und als Parteiobmann der ÖVP. Beide Ämter führt er mit fast gleicher Energie wie vor dem Schlaganfall. Aber wie das so ist: Von nun an wird Raab genau beobachtet, jede kleine Ermüdungserscheinung wird als Krankheitssymptom ausgelegt. Raab beginnt an Autorität einzubüßen, vor allem in seiner Partei. Am 10. Mai 1959 finden, wieder einmal vorgezogen, Nationalratswahlen statt. Das Resultat zeigt, daß die Öffnung der SPÖ, ihre Absage an den Marxismus, ihre neue Haltung gegenüber der Kirche, ihr pragmatischer Kurs Früchte getragen haben. Hatte die ÖVP bei den letzten Wahlen die absolute Mehrheit nur um ein Mandat verfehlt, so läuft es jetzt umgekehrt: die SPÖ wird mit 44,79 Prozent zur stimmenstärksten Partei Österreichs. Nur dem Wahlsystem verdankt die ÖVP, daß sie im Parlament dennoch mit einem einzigen Sitz in der Mehrheit bleibt: 79 Mandate (früher 82) gehen an die ÖVP, 78 (früher 74) an die SPÖ. Raab hat also den Wahlsieg von 1956 nicht wiederholen können. Die Partei ist angeschlagen, und viele ihrer Funktionäre meinen, daß dies auf die Schwäche Raabs zurückzuführen sei. Vier Monate nach den Wahlen kündigt Raab vor Vertrauensmännern der ÖVP in Schloß Wartholz bei Edlach an, daß er demnächst als Bundesparteiobmann zurücktreten werde.

Seit einiger Zeit schon hat sich ein Kreis von Reformern innerhalb der ÖVP zusammengefunden, die nun nach vorne drängen. Sie finden Unterstützung beim steirischen Landeshauptmann Josef Krainer sen., sie finden Vorkämpfer im Salzburger Landeshauptmann Josef Klaus, in Wien in Hermann Withalm, in Kärnten in Karl Schleinzer. Sie drängen auf eine Ablöse Raabs. Am 11. Februar 1960 wird beim Bundesparteitag der ÖVP in Wien der bisherige Dritte Präsident des Nationalrats und steirische Landesparteiobmann Alfons Gorbach zum neuen Bundesparteiobmann gekürt. Raab bleibt Bundeskanzler, sogar noch ein ganzes Jahr. Aber am 16. Februar 1961 ist es soweit. Raab gibt bei einer Semmering-Tagung der ÖVP bekannt, daß er nun auch als Bundeskanzler zurücktreten werde. Das geschieht am 11. April 1961. Raab und Pittermann ersuchen Bundespräsident Schärf um die Enthebung der gesamten Regierung, was auch gewährt wird. Danach empfängt der Bundespräsident den Bundesparteiobmann der ÖVP Gorbach und betraut ihn mit der Bildung der neuen Regierung. Gorbach hat die Ministerliste schon mitgebracht. Von seiten der SPÖ bleibt die Regierungsbesetzung, wie sie ist – Pittermann Vizekanzler, Kreisky Außenminister, Afritsch Innenminister, Broda Justizminister, Proksch Sozialminister, Waldbrunner Minister für Verkehr und Elektrizität sowie die beiden Staatssekretäre Rösch im Verteidigungs- und Weikhart im Handelsministerium. Aber die ÖVP wechselt nicht nur den Bundeskanzler aus: Der Salzburger Landeshauptmann Josef Klaus wird neuer Finanzmi-

Während der Eröffnungsfeier des Rieder Volksfestes am 31. August 1957 erleidet Bundeskanzler Julius Raab einen Schlaganfall. Er wird in das Krankenhaus der Barmherzigen Schwestern nach Linz überführt und ist nach einigen Tagen bereits wieder wohlauf. Nach einem Erholungsurlaub nimmt Raab im Oktober seine Amtsgeschäfte wieder auf. Obwohl der Kanzler als völlig wiederhergestellt gilt, wird sein Gesundheitszustand und seine künftige Amtsfähigkeit in der eigenen Partei bereits zur Diskussion gestellt. Aber erst im Februar 1960 tritt Raab als Bundesparteiobmann und ein Jahr später als Bundeskanzler zurück.

Auf dem Weg zum Bundespräsidenten: Julius Raab tritt als Bundeskanzler zurück und legt das Amt in die Hände von Alfons Gorbach (rechts im Bild). Bruno Pittermann (links) bleibt Vizekanzler auch in der Regierung Gorbach.

nister, der Kärntner Landesparteiobmann Karl Schleinzer löst Ferdinand Graf an der Spitze des Verteidigungsministeriums ab, Ludwig Steiner, langjähriger Kabinettschef Julius Raabs, ersetzt Franz Gschnitzer als Staatssekretär im Außenministerium, als Staatssekretär im Innenministerium folgt Otto Kranzlmayr Franz Grubhofer. Die Reformer sind also am Zug. Aber sie beherrschen die Partei noch nicht zur Gänze. Insbesondere um den Unterrichtsminister Heinrich Drimmel sammelt sich die Schar jener, die dem ungestümen Vorpreschen der Reformer Widerstand entgegensetzen wollen. Alfons Gorbach als Parteiobmann und Bundeskanzler ist daher nur ein von beiden Seiten respektierter Kompromißkandidat. Die Entscheidungsschlacht zwischen den „Alten" und den Reformern steht noch bevor.

Schwere Krise um Berlin

Und nun zurück zur Außenpolitik, genaugenommen zur Weltpolitik. Chruschtschow hatte seinen Staatsbesuch in Österreich kräftig dazu benützt, Drohungen nach allen Richtungen auszustoßen. Das hatte natürlich seinen Sinn und Zweck: Es sind Einschüchterungsversuche, der Westen soll zum Einlenken in den Fragen Berlin und Deutschland bewogen werden. Denn die Sowjetunion steht da vor einem ganz großen Problem: Berlin ist noch immer eine Vierzonenstadt, das heißt, zwischen dem sowjetischen Sektor und jenen der drei Westmächte gibt es keine Grenze. Die Deutschen aus der gesamten Sowjetzone Deutschlands können ungehindert in die Westsektoren Berlins gelangen. Und von dort mit dem Flugzeug nach dem Westen, in die Bundesrepublik Deutschland. Diese Gelegenheit wird von Zehntausenden genützt. Und es sind vor allem die Fachleute, die die DDR verlassen – Hochschullehrer, Ärzte, Facharbeiter, Prominente aus Kunst und Kultur. Der Aderlaß trifft die DDR gewaltig: In manchen Spitälern kann zeitweise nicht mehr operiert werden, Konzerte werden abgesagt, Vorlesungen fallen aus. Niemand kann mehr mit Sicherheit sagen, was wo stattfindet, denn es ist eine Frage, ob die Veranstalter noch da sein werden. Diese stark zunehmende Fluchtbewegung hat ihre Ursachen. Nach dem Tod Stalins, im Jahr 1953, war es (siehe „Österreich II", 2. Band: „Der lange Weg zur Freiheit") zum landesweiten Aufstand, vor allem der Arbeiter, in der DDR gekommen. Der Aufstand konnte nur mit Hilfe der Sowjettruppen niedergerungen werden. Das war ein Schock nicht nur für die Führung der Sozialistischen Einheitspartei, SED, wie die von den Kommunisten beherrschte Staatspartei in der DDR heißt, es war auch ein Schock für die Sowjetunion. Und so findet in der DDR nicht statt, was nach Chruschtschows Parteitagsrede 1956 etwa in Polen und in Ungarn zu den Aufständen geführt hat, nämlich eine Entstalinisierung. In der DDR hält die SED-Führung die Zügel straff in der Hand, und die Sowjets lassen sie gewähren. Walter Ulbricht steht dort an der Spitze.

Im Februar 1960 wird der Nationale Verteidigungsrat und im September 1960 der Staatsrat der DDR gegründet. In beiden Gremien übernimmt Ulbricht den Vorsitz. Er ist ein Hardliner, und er drängt auf eine forcierte Umgestaltung der DDR zu einem sozialistischen Musterstaat: Totale Wirtschaftseingliederung der DDR in den Ostblock, das Instrument dazu ist der COMECON (der Rat für gegenseitige Wirtschaftshilfe), das Bildungswesen wird allein nach sozialistischen Grundsätzen ausgerichtet. Die Kunst hat ausschließlich propagandistischen Zielen des Systems zu dienen. Die Zwangskollektivierung auf dem Lande wird forciert, gleichzeitig, nach sowjetischem Muster, der Ausbau der Schwerindustrie. Aber auch außenpolitisch schlägt Ulbricht einen harten Ton an: Hauptgegner ist die Bundesrepublik. Sie wird unentwegt angegriffen, der Kriegshetze und Kriegsplanung geziehen und als Bedrohungsbild aufgebaut. Die Bevölkerung in der DDR versteht dies richtigerweise als eine gezielte Verschärfung des Verhältnisses zwischen den beiden deutschen Staaten und auch als massiven Druck auf die Westmächte, ihre Position in Westberlin einzuschränken oder sogar aufzugeben. Man ahnt, daß da irgendwann auch in Berlin der Eiserne Vorhang runtergehen wird. Und so entschließen sich immer mehr DDR-Bürger zur Flucht nach dem Westen, solange dies noch möglich ist. Ulbricht weist die Sowjetunion auf die Gefahr hin, daß die DDR – wenn die Fluchtbewegung in dem Maße weitergeht – eines Tages wirtschaftlich ausgeblutet sein wird. Zu diesem Zeitpunkt ist die DDR aber schon einer der wichtigsten Wirtschaftpartner der Sowjetunion und außerdem natürlich das vorgeschobene Bollwerk des ge-

Die Regierung Gorbach–Pittermann. Sitzend von links nach rechts: Verkehrsminister Karl Waldbrunner, Vizekanzler Bruno Pittermann, Bundeskanzler Alfons Gorbach, Handelsminister Fritz Bock, Innenminister Josef Afritsch. Stehend: Finanzminister Josef Klaus, Staatssekretär im Verteidigungsministerium Otto Rösch, Staatssekretär im Außenministerium Ludwig Steiner, Staatssekretär im Handelsministerium Eduard Weikhart, Justizminister Christian Broda, Außenminister Bruno Kreisky, Unterrichtsminister Heinrich Drimmel, Landwirtschaftsminister Eduard Hartmann, Verteidigungsminister Karl Schleinzer, Staatssekretär im Innenministerium Otto Kranzlmayr, Sozialminister Anton Proksch. Die große Koalition ist wirklich groß – alle wichtigeren Ministerien werden von Staatssekretären der jeweils anderen Partei kontrolliert.

samten Ostblocks gegenüber dem Westen. Die Sowjetunion kann also eine Ausblutung der DDR nicht dulden. So ist es das Ziel der sowjetischen Außenpolitik, die Westmächte möglichst aus Berlin zu vertreiben, das Loch Berlin zuzustopfen.

Chruschtschow macht dazu einen Vorschlag: Der Viermächtestatus von Berlin soll aufgehoben und Berlin zur Freien Stadt erklärt werden. Berlin soll entmilitarisiert werden, und das heißt, die Westmächte müßten aus Berlin abziehen. Damit würde Berlin nolens volens der Kontrolle der DDR und der Sowjetunion anheimfallen. Chruschtschow schlägt auch den Abschluß von Friedensverträgen aller vier Siegermächte mit beiden deutschen Staaten vor. Dies aber würde bedeuten, daß die Westmächte die Teilung Deutschlands anerkennen und daß die bisher vom gesamten Westen und einem Großteil der Welt nicht anerkannte DDR als eigener Staat akzeptiert würde. Als solcher hätte die DDR natürlich auch die Kontrolle über die Zufahrtswege nach Berlin, die ja über ihr Territorium führen. Hinter diese Vorschläge setzt Chruschtschow eine Drohung: Sollten die Westmächte auf diese Vorschläge nicht eingehen, würde die Sowjetunion allein mit der DDR einen Separatfrieden schließen, also die Teilung Deutschlands und die Isolierung Berlins von sich aus herbeiführen. Chruschtschow wiederholt seine Forderung schließlich in Form eines Ultimatums. Allerdings schiebt er das Ablaufdatum des Ultimatums immer wieder hinaus, zuletzt nach dem Abschuß des amerikanischen U2-Flugzeugs und dem Platzen der Pariser Gipfelkonferenz: Mit Präsident Eisenhower wolle er nichts mehr zu tun haben, er warte jetzt auf den neuen amerikanischen Präsidenten.

Dieser Präsident wird im November 1960 in den USA gewählt: John Fitzgerald Kennedy. Mit 43 Jahren ist er der jüngste Präsident in der Geschichte der USA. Dennoch ein Vollblutpolitiker, Sohn eines früheren amerikanischen Botschafters, Absolvent der Harvard University und der London School of Economics, im Alter von 30 Jahren Abgeordneter im US-Kongreß, mit 36 schon Senator von Massachusetts. Er ist Kandidat der Demokratischen Partei und besiegt in diesem Wahlkampf Richard M. Nixon überraschend, denn immerhin war Nixon acht Jahre lang Vizepräsident unter Eisenhower und

schien daher für die Präsidentschaft prädestiniert. Bei seinem Amtsantritt, im Januar 1961, ist Kennedy außenpolitisch mit Chruschtschows Berlin-Ultimatum konfrontiert, begleitet von der Drohung eines Sonderfriedens mit der DDR. Aber es geht um noch mehr, es geht um den, wie es scheint, großen Vorsprung der Sowjetunion in der Raketenrüstung. Um diesen Vorsprung zu unterstreichen, schickt die Sowjetunion nicht nur Menschen in den Weltraum und sowjetische Wimpel auf den Mond, sondern führt auch laufend Zielübungen mit ihren Interkontinentalraketen durch, und das recht erfolgreich. Gleichzeitig läßt Chruschtschow auch eine Atombombe nach der anderen testen, mit immer größeren Sprengsätzen.

Kennedy ist entschlossen, Härte gegen Härte zu setzen, aber er will gerade dadurch versuchen, Chruschtschow zum Einlenken zu bewegen und vernünftige Kompromisse zu schließen. Kennedy strebt eine Einigung über Berlin an und will Chruschtschow auch vorschlagen, die Atomversuche auf beiden Seiten einzustellen. Gleichzeitig aber plant Kennedy, das Raketenprogramm der USA entscheidend zu stärken. Bei seiner Inauguration hält Kennedy eine mitreißende und weltweit vielbeachtete Ansprache. Zunächst fordert er Opfer vom amerikanischen Volk: „Fragt nicht, was euer Land für euch tun kann, fragt, was ihr für euer Land tun könnt!" Dann stärkt er den Verbündeten der USA den Rücken: „Alle Völker, seien sie uns wohlgesinnt oder nicht, sollen wissen, daß wir jeden Preis zahlen, jede Last tragen, jede Mühsal in Kauf nehmen, jedem Freund beistehen und jedem Feind entgegentreten werden, um die Fortdauer und den Sieg der Freiheit zu sichern." Einige Monate später setzt Kennedy der amerikanischen Nation ein neues Ziel: Spätestens am Ende dieses Jahrzehnts soll als erster Mensch ein Amerikaner auf dem Mond landen.

Damit fordert Kennedy von der amerikanischen Industrie eine gewaltige koordinierte Anstrengung. Denn bei der Mondlandung geht es nicht nur um Raketen, da ist alles gefordert, von der Computerindustrie bis zur Umsetzung von Solarenergie in Elektrizität, von druck- und kältefesten Stoffen bis zu Systemen der Lufterneuerung, von der Entwicklung völlig neuer Metallegierungen bis zur Konstruktion spezieller Mondfahrzeuge. Um dies alles bewerkstelligen zu können, hat unter der Leitung der NASA, der amerikanischen Weltraumbehörde, der größte organisatorische Zusammenschluß fast aller Zweige der amerikanischen Industrie stattzufinden. Im nachhinein betrachtet, war diese Forderung Kennedys der Beginn des Endes der Sowjetunion, denn durch diese Anstrengung erwirbt die amerikanische Rüstungsindustrie jenen technologischen Vorsprung, den die Sowjetunion unentwegt versucht einzuholen, wobei sie ihre eigenen Ressourcen fast völlig verausgabt – die gesamte übrige Wirtschaft der Sowjetunion bleibt dadurch katastrophal zurück. Aber davon ist man im Jahr 1961 noch weit entfernt. Im Raum steht Chruschtschows Ultimatum und hinter diesem Ultimatum eine dem Westen anscheinend überlegene Raketen- und Atomkapazität der Sowjetunion. Der neue Präsident der USA will daher sobald wie möglich mit Chruschtschow zusammentreffen und hofft, Chruschtschow zu annehmbaren Kompromissen bewegen zu können.

Gipfeltreffen in Wien

Jetzt kommt Österreich ins Spiel. Es offeriert Wien als Schauplatz für das bevorstehende Gipfeltreffen Kennedy–Chruschtschow. Als Termin für den Beginn der Gespräche wird der 3. Juni 1961 festgelegt. Kennedy bereitet sich auf diese Begegnung gut vor. Er fliegt nicht gleich nach Wien, sondern zuerst nach Paris zu einem dreitä-

Chruschtschow und Kennedy bei ihrer ersten Begegnung in Wien. Auf Wunsch der Fotografen wird der Händedruck wiederholt. Noch hoffen beide, daß die Wiener Gespräche eine Annäherung der Standpunkte in den wichtigsten weltpolitischen Fragen bringen werden.

Einer der Verhandlungstage fällt auf einen Sonntag. Das katholische Ehepaar Kennedy verläßt nach dem Gottesdienst den Stephansdom.

gigen Staatsbesuch. Denn das große Sorgenkind der Amerikaner ist der französische Staatspräsident Charles de Gaulle. Er hat Frankreich militärisch aus der NATO herausgenommen, er verfolgt eine eigene Europapolitik, die auf einer engen Zusammenarbeit mit der Bundesrepublik Deutschland beruht, aber unter der Voraussetzung, daß Frankreich in diesem Bündnis politisch das Sagen hat. Und das bedingt eine gewisse Frontstellung de Gaulles gegenüber den USA und Großbritannien. Es kommt daher immer wieder zu Alleingängen de Gaulles. Dazu gehört auch eine eigene französische Ostpolitik: De Gaulle spricht von einem künftigen Europa, das vom Atlantik bis zum Ural reichen müßte, also unter Einschluß Rußlands, doch werde dieses Europa auf friedlichem Wege zustande kommen. Wie das geschehen soll, ist damals jedem unklar, aber es gibt de Gaulle die Möglichkeit, auch gegenüber der Sowjetunion eine eigene freundlichere Haltung einzunehmen. Für Kennedy ist nun wichtig, daß die drei westlichen Schutzmächte in der Frage Berlin geschlossen auftreten, sodaß Chruschtschow nicht damit rechnen kann, Frankreich werde eine entschlossene Reaktion der NATO verhindern, falls es in Berlin hart auf hart ginge. Doch in der Frage Berlin will auch de Gaulle hart bleiben.

Solcherart politisch gestärkt, trifft Kennedy gemeinsam mit seiner attraktiven Frau Jacqueline in Wien ein. Auch Chruschtschow hat seine Frau mitgebracht. Wir kennen sie schon von seinem vorjährigen Staatsbesuch, die freundliche, mütterlich wirkende Nina.

Nina, die Frau Chruschtschows, und dessen Tochter aus erster Ehe, Julia Schumowa, nach einem Stadtbummel auf dem Weg zum Damen-Mittagessen im Palais Pallavicini (rechts), wo kurz darauf auch Jacqueline Kennedy eintrifft (unten).

Aber die beiden Politikergattinnen gehen in Wien getrennte Wege: Jackie, wie sie allgemein genannt wird, besucht die Spanische Hofreitschule, wo sie, begleitet vom österreichischen Bundeskanzler Gorbach, einer Galavorführung beiwohnt und danach vom Leiter der Reitschule, Oberst Podhajsky, in die Stallungen der Lipizzaner geführt wird. Der begeisterten Reiterin bereitet die Begegnung mit den Pferden große Freude. Nina Chruschtschowa hat sich ein anderes Programm gewünscht: Sie wird vom Wiener Kulturstadtrat Hans Mandl durch eine Cezanne-Ausstellung im Belvedere geführt.

Doch nicht nur die Frauen gehen in Wien getrennte Wege, auch ihre Männer. Chruschtschow und Kennedy treten am 3. Juni zu ihrem ersten Gespräch in der Residenz des US-Botschafters in Wien-Hietzing zusammen. Die Begrüßung ist noch recht freundlich. Aber rasch zeigt sich, daß Chruschtschow nicht gekommen ist, um Kompromisse einzugehen. Vermutlich gedrängt von der Führung der DDR, aber auch von der Sorge seiner politischen und militärischen Berater, geht Chruschtschow von seinem Berlin-Ultimatum nicht ab: Solange die Westmächte in Berlin sind und der Viermächtestatus der Stadt weiter besteht, bleibt den Ostdeutschen der Fluchtweg nach dem Westen offen. Daher fordert Chruschtschow nach wie vor die Aufhebung des Viermächtestatus, die Umwandlung Berlins in eine sogenannte Freie Stadt und ihre Entmilitarisierung und Neutralisierung. Gleichzeitig sollen die Siegermächte des Zweiten Weltkriegs mit beiden deutschen Staaten Friedensverträge abschließen. Das Ziel ist klar: Verdrängung der Westmächte aus Berlin und Konsolidierung der DDR durch deren internationale Anerkennung als souveräner Staat. Für den Westen hieße dies Aufgabe seiner Positionen in Berlin, wodurch die 2,5 Millionen Westberliner im Stich gelassen würden, und die Anerkennung der Teilung Deutschlands, womit die Grundlage des engen Bündnisses der Westmächte mit der Bundesrepublik Deutschland zutiefst erschüttert würde. Im Grunde genommen kann keiner der beiden Staatsmänner von seiner Position abrücken: Chruschtschow nicht, weil Berlin für die DDR und damit auch für die Sowjetunion eine tödliche Gefahr darstellt, Kennedy nicht, weil mit einem Nachgeben in der Frage Berlin die gesamte westliche Politik zusammenbrechen würde.

Dreieinhalb Stunden konferieren Kennedy und Chruschtschow an diesem 3. Juni in Wien und kommen sich in keiner Frage näher, auch nicht, was die Atombombenversuche und die Abrüstung betrifft. Kennedy wiederholt den bisherigen amerikanischen Stand-

Jackie Kennedy und das Ehepaar Chruschtschow beim Gala-Empfang, den der österreichische Bundespräsident Adolf Schärf den amerikanischen und den sowjetischen Gästen im Schloß Schönbrunn gibt (links). Nach dem Essen das obligate Foto für die Weltpresse: Gastgeber Bundespräsident Schärf mit seinen beiden Gipfel-Gästen (rechts).

punkt: Abrüstung auf beiden Seiten, aber unter internationaler Kontrolle. Das Kontrollorgan könnte die UNO sein. Chruschtschow wiederholt den bisherigen sowjetischen Standpunkt: Abrüstung ohne Kontrolle, aber nach einer bestimmten Zeit könnten die Waffenbestände nachgezählt werden. Dem Westen bleibt unverständlich, weshalb die Sowjetunion eine kontrollierte Abrüstung ablehnt, erregt dies doch den Verdacht, man wolle bei der Abrüstung schwindeln. Auch was die Einstellung der Atombombenversuche betrifft, fordert Kennedy eine internationale Überwachung, die von Chruschtschow ebenfalls abgelehnt wird. Also auch da keine Einigung.

Am Abend des 3. Juni laden die Österreicher die Gipfelgäste zu einem Galadiner in das Schloß Schönbrunn ein. Gastgeber ist Bundespräsident Schärf und als österreichische „First Lady" die Tochter des Bundespräsidenten, Martha Kyrle. Es ist die einzige Veranstaltung, an der beide Chruschtschows und beide Kennedys gemeinsam teilnehmen. Über tausend Vertreter der internationalen Medien sind angereist, um über das Gipfeltreffen zu berichten. Nur hier, im Schloß Schönbrunn, bekommen sie die Gipfelteilnehmer mit ihren Frauen gemeinsam vor die Kameras, natürlich auch die österreichischen Gastgeber. So gehen Bilder um die Welt, die die Gäste festlich gekleidet – Chruschtschow allerdings nur im dunklen Anzug, nicht im Smoking – im prunkvollen Rahmen des kaiserlichen Schlosses zeigen. Aber wirklich freundlich blicken nur die Österreicher in die Kameras. In den Gesichtern der Kennedys und der Chruschtschows spiegelt sich auch hier Zurückhaltung. Kenner

schließen allein schon daraus, daß es bei den Gesprächen keinen Durchbruch gegeben hat.

Und auch der nächste, der zweite Gesprächstag, an dem man in der sowjetischen Botschaft konferiert, bringt keinen Durchbruch. Was eine eventuelle Wiedervereinigung Deutschlands betrifft, so kann sich der Westen nur einen einzigen Weg dazu vorstellen: „Wiedervereinigung in Freiheit, nach freien Wahlen in beiden Teilen Deutschlands." Chruschtschow lehnt freie Wahlen vom Fleck weg ab. Vielmehr müßte es zuerst zu zwei souveränen deutschen Staaten kommen. Diese könnten aus ihren jeweiligen Bündnissen – der NATO und dem Warschauer Pakt – austreten und sollten danach nur schwach bewaffnet und neutral sein. Ein Konzept, das aus den schon oben angeführten Gründen für die Westmächte unannehmbar ist. Selbst der spätere Vietnam-Krieg wirft schon seine Schatten voraus. Seit längerer Zeit wird über das Schicksal von Laos, einem Teilstaat des früheren französischen Indochina, in Genf verhandelt. Das kommunistisch regierte Nordvietnam und damit die Sowjetunion versuchen, ihren Einfluß über Laos zu festigen, der Westen versucht, aus Laos einen neutralen Pufferstaat zu machen. Eine Einigung hat es bisher nicht gegeben. Das Thema wird in Wien berührt, und es ist der einzige Punkt, in dem Chruschtschow eine gewisse Kompromißbereitschaft andeutet. Aber auch an dieser Frage läßt sich erkennen, daß die Interessen der beiden Supermächte in der dritten Welt ebenso aufeinanderprallen werden wie in Europa.

Als Chruschtschow Kennedy nach den Gesprächen an die Tür der sowjetischen Botschaft begleitet, haben beide steinerne Gesichter aufgesetzt. Kennedy besteigt seinen Wagen, während Chruschtschow in einer fast verächtlichen Manier den Präsidenten mit einem kurzen Salut verabschiedet. Es gab später viele Interpretationen über den Verlauf des Wiener Gipfeltreffens. Eine ging in mehrere Geschichtsbücher ein: Chruschtschow hätte Kennedy unterschätzt, er habe in ihm einen international unerfahrenen jungen Mann gesehen, von dem er meinte, er würde mit ihm leichtes Spiel haben. Kennedy seinerseits, für den das Gipfeltreffen in der Tat die erste Begegnung mit dem großen Gegner darstellte, hätte tatsächlich eine gewisse Unsicherheit und Nervosität erkennen lassen. Mag sein. Fest steht, daß beide, Kennedy und Chruschtschow, auf ihren Standpunkten beharrten. Und diese sind unvereinbar. Doch Chruschtschow steht unter Zugzwang: Die Situation in Berlin muß so oder so für ihn, für das DDR-Regime bereinigt werden. Kennedy hatte Chruschtschow vor „einseitigen Schritten" gewarnt. Am 27. Juli, drei Wochen nach dem Gipfeltreffen, richten die drei Westmächte ein Memorandum an die Sowjetunion, in dem sie ihre Rechte in Berlin ausdrücklich bekräftigen und betonen, daß ihre Verantwortung für den Status Berlins sich auf alle vier Sektoren der Stadt beziehe. Sie treten damit der sowjetischen Auffassung entgegen, daß Ostberlin Teil der sowjetischen Besatzungszone sei und daher ein Teil der von der Sowjetunion als souverän anerkannten DDR. Auch dieses Memorandum ist darauf gerichtet, Chruschtschow von einseitigen Schritten abzuhalten.

Die DDR mauert sich ein

Doch in Moskau sind die Würfel schon gefallen. Die sowjetischen Streitkräfte in der DDR werden auf Kriegsstärke gebracht. Ihr bisheriger Oberkommandierender, Generaloberst Jakobowski, wird abgelöst. Der neue Oberbefehlshaber ist dem Westen wohl bekannt: Marschall Iwan Konjew. An der Seite Marschall Schukows hat er 1945 Berlin erobert (später wurde Konjew erster sowjetischer Hochkommissar in Österreich). Das Signal wird verstanden: Die auf Kriegsstärke gebrachten sowjetischen Streitkräfte werden von einem Mann geführt, der schon einmal Berlin erobert hat. Der NATO-Rat, das oberste Gremium des westlichen Verteidigungsbündnisses, tritt zusammen. Ein bewaffneter Konflikt wird nicht mehr für ausgeschlossen gehalten. Doch wann ist ein Casus belli gegeben? Der NATO-Rat legt dafür drei Möglichkeiten fest, man nennt sie die „three essentials". Als Kriegsgrund würde gelten: 1. Wenn die westlichen Truppen in Berlin von sowjetischen Truppen angegriffen werden. 2. Wenn der bisherige Status von Westberlin von der DDR oder der Sowjetunion militärisch verändert werde (also militärischer Einmarsch, ohne die westlichen Truppen anzugreifen). 3. Wenn die Zufahrtswege zwischen Westberlin und der Bundesrepublik unterbrochen werden.

Von 3. bis 5. August tagen in Moskau die Parteiführer aller Warschauer-Pakt-Staaten. Chruschtschow führt ihnen drastisch vor Augen, daß der jetzige Status von Berlin zu einer „kadermäßigen Ausblutung der DDR" führen muß. Am Ende der Tagung steht ein Beschluß aller Warschauer-Pakt-Staaten: Die bisherige Sektorengrenze der Sowjetzone muß zur Staatsgrenze der DDR werden. Und wie will man diese Staatsgrenze undurchlässig machen? Dazu hat man einen brutalen, aber einfachen und damit genialen Gedanken: Man werde blitzschnell entlang der bisherigen Sektorengrenze in Berlin eine Mauer errichten. Die Grenze zwischen der DDR und der Bundesrepublik ist ohnedies schon seit längerem durch den im ge-

samten Ostblock üblichen Eisernen Vorhang – Stacheldraht, Minenfelder, Wachtürme – gesperrt. Walter Ulbricht erteilt Erich Honecker, dem späteren Staatsratsvorsitzenden, die Stabsleitung für die Errichtung dieser Mauer. Man hat auch schon eine ideologische Rechtfertigung parat: Der Westen betreibe von Berlin aus eine „revanchistisch-faschistische Wühltätigkeit gegen die sozialistischen Länder". Um dem Einhalt zu gebieten, müsse man einen „antifaschistischen Schutzwall" errichten. Am 11. August tritt die Volkskammer der DDR zusammen und beauftragt den Ministerrat, „Maßnahmen zu ergreifen, da eine ernste Gefahr für den Frieden besteht". Am 12. August beschließt der Ministerrat der DDR, „die offene Grenze abzusichern". Im Schutz der einbrechenden Nacht fahren entlang der gesamten Sektorengrenze Kolonnen von Lastwagen auf, die das Material für die Errichtung des „Schutzwalls" herankarren. Dazu eine kleine Armee von Bauarbeitern, Volkspolizisten und Soldaten der Volksarmee. Die einen sollen die Mauer blitzschnell errichten, die anderen sollen dafür sorgen, daß keine Bürger der DDR im letzten Moment nach dem Westen fliehen. Hinter diesen ostdeutschen Bau- und Bewachungstrupps läßt Marschall Konjew sowjetische Panzer auffahren. Sollten die Westmächte versuchen, den Bau der Mauer zu verhindern, das heißt mit ihren Truppen in den Sowjetsektor eindringen, dann sollen die sowjetischen Streitkräfte zum Einsatz kommen. Zumindest wird dies damit angedroht.

Die westlichen Kontrollposten entlang der Zonengrenze, ebenso wie die Westberliner Polizei, werden von der Aktion völlig überrascht. Und überrascht zeigen sich auch die Stäbe der Westalliierten und die westlichen Regierungen. Als die Berliner am Morgen des 13. August erwachen, sind die Stacheldrahtzäune bereits gezogen, hinter denen die Mauer errichtet wird. Noch in der Nacht hat die Volkspolizei begonnen, auch die Wohnungen in den Häusern entlang der Zonengrenze zu räumen. Ihre Bewohner müssen in Minuten die Häuser verlassen. Die Fenster, die auf die Westsektoren gerichtet sind, werden zugemauert. Da und dort kommt es zu dramatischen Szenen. Wo immer einige fluchtwillige Ostdeutsche noch eine Chance sehen, versuchen sie, zwischen den Wachposten und den Bautrupps durchzulaufen, bleiben im Stacheldraht hängen, überwinden ihn und gelangen blutüberströmt noch in die Westsektoren. Geschossen wird zu diesem Zeitpunkt noch nicht. Im Hauptquartier der NATO und bei den Stäben der Westalliierten in Deutschland, in Berlin, vergleicht man die Handlungen der Sowjets und der DDR mit den „three essentials". Und muß feststellen, daß der Mauerbau keines davon verletzt: Weder werden die westlichen Truppen angegriffen, noch marschieren östliche Truppen in Westberlin ein, und, wie sich bald herausstellt, es wird auch der Personen- und Güterverkehr zwischen Westberlin und der Bundesrepublik nicht unterbrochen. Gemäß ihren eigenen Beschlüssen sieht die NATO also keinen Grund, bewaffnet einzugreifen. An sich könnten die Westmächte das versuchen, der Viermächtestatus Berlins gibt ihnen das Recht dazu, denn ausdrücklich sieht dieser Status vor, daß die Westmächte auch im Ostsektor der Stadt volle Bewegungsfreiheit haben. Doch auch daran hat Moskau gedacht: Amerikanische, britische und französische Patrouillen werden schon kurze Zeit später die wenigen Grenzübergänge in der Mauer ungehindert passieren können. Ein gewaltsames Eingreifen des Westens aber, um den Mauerbau zu verhindern, wäre wohl in den Augen der Sowjets ein Kriegsgrund. So

Der amerikanische Außenminister Dean Rusk und der sowjetische Außenminister Andrej Gromyko diskutieren, Kennedy und Chruschtschow folgen ihnen aufmerksam.

fahren zwar die westlichen Panzer entlang der Sektorengrenze auf, worauf prompt auch die Sowjetpanzer bis zur Mauer vorrollen, aber weiter geschieht nichts.

Ohnmächtig sieht der Regierende Bürgermeister von Berlin, Willy Brandt, zu, wie die Mauer vor dem Brandenburger Tor aufgerichtet wird. Neben ihm ein enger Mitarbeiter und Berater, Egon Bahr. Bahr wird dem Autor dieses Buches Jahre später berichten, wie sehr dieses Erlebnis Willy Brandt und auch ihn innerlich berührt hat. Von diesem Moment an sei ihnen klar gewesen, daß die Teilung Berlins und die Teilung Deutschlands „endgültig" vollzogen sei, und – daß die Westmächte nichts dagegen tun werden. In jenen Tagen sei in ihnen die Überlegung gereift, daß ein Zusammenleben der beiden Teile Deutschlands und möglicherweise auch die Überwindung der Teilung nicht mehr durch Konfrontation, sondern nur durch eine schrittweise Annäherung erfolgen könnte. Man kann den Beginn der späteren Ostpolitik des späteren Bundeskanzlers Willy Brandt daher wohl mit dem Tag des Mauerbaus datieren. Natürlich geht ein Aufschrei der Empörung durch die gesamte westliche Welt. Natürlich rufen die Berliner auf einer Massenkundgebung diese westliche Welt zu Hilfe. Und natürlich erkennt die Welt, erkennen vor allem die Deutschen, die Berliner, daß die Westmächte ihnen diese Hilfe verweigern, ja verweigern müssen, soll es nicht zu einem Krieg kommen. Und als es entlang der Mauer zu spontanen Demonstrationen der Westberliner gegen diese Mauer kommt, erhält die Volkspolizei erstmals den Schießbefehl. Wer, von welcher Seite auch immer, die Mauer zu überwinden trachte, auf den werde scharf geschossen. Der Westen wird die Berliner Mauer von da ab als „Schandmauer" bezeichnen. Die Sowjetunion wird sie „Friedensmauer" nennen. Im Grunde genommen stimmen beide Bezeichnungen: Es ist eine schändliche Tat, 17 Millionen Menschen, nämlich die Bevölkerung der DDR, einzumauern. Andererseits bot die Mauer der Sowjetunion und der DDR einen Ausweg aus ihrem Dilemma, ohne daß sie eine kriegerische Konfrontation eingehen mußten, in diesem Sinn half die Mauer, den Frieden zu bewahren.

Hart am Atomkrieg vorbei

Punkt eins der Tagesordnung des Gipfeltreffens von Wien, das Schicksal Berlins, ist damit abgehakt. Nicht so der Punkt zwei: die Eindämmung der Atomrüstung. Während Chruschtschow in Berlin mit dem Mauerbau einen friedlichen Ausweg aus seinem Dilemma findet, geht er in der Atom- und Raketenrüstung ein enormes Risiko ein. Die sowjetischen Raketen verfügen zwar, wie wir gesehen haben, schon über eine interkontinentale Reichweite, und die Amerikaner fühlen sich dadurch bedroht, aber strategisch sind diese Raketen noch nicht viel wert. Es wird noch einige Zeit dauern, ehe solche Raketen in genügender Zahl mit der entsprechenden Treffsicherheit und auch mit eigener Unverletzlichkeit vorhanden sein werden. Denn diese Raketen benötigen damals flüssigen Treibstoff, und es nimmt längere Zeit in Anspruch, sie aufzutanken. Dies würde der westlichen Aufklärung kaum entgehen. Und es wäre auch sofort feststellbar, wenn die Raketen gestartet werden. Da sie auf ihrem Flug nach Amerika etwa 25 Minuten benötigen, hätten die Amerikaner sowohl noch Zeit, eigene Interkontinentalraketen gegen die sowjetischen Raketenbasen abzufeuern, als auch durch die in Europa stationierten Mittelstreckenraketen Ziele in der Sowjetunion zu treffen. In einem solchen Raketen-Duell würde die Sowjetunion der Verlierer sein. Doch da bietet sich Chruschtschow eine einmalige Gelegenheit, das, wie er meint, Gleichgewicht in der gegenseitigen Raketenbedrohung herzustellen.

Eine der sowjetischen Raketenstellungen auf Kuba, von einem amerikanischen Aufklärungsflugzeug entdeckt und fotografiert. Die Fotos wurden von Experten ausgewertet – nie war die Welt einem Atomkrieg näher als in jenen Tagen.

Bald nach Kennedys Amtsantritt haben, mit amerikanischer Hilfe, Exilkubaner eine Invasion auf Kuba versucht, um Fidel Castro und dessen Regime zu stürzen. Die Exilkubaner – von der CIA bewaffnet und ausgebildet – landen am 17. April 1961 an einem Küstenstrich, der den Namen Schweinebucht trägt. Ihre Absicht ist es, dort einen Brückenkopf zu bilden, ihre Hoffnung ist es, daß ihre erfolgreiche Landung innerhalb der Bevölkerung einen Aufstand gegen Castro auslösen wird. Innerhalb des Brückenkopfs würde eine aus Exilkubanern bestehende neue Regierung die USA um Hilfe ersuchen. Und diese würde gewährt werden. Der Plan geht nicht auf. Die Invasion scheitert am Widerstand der Truppen Castros, die Exilkubaner werden besiegt, getötet, gefangengenommen. Die amerikanische Hilfe bleibt aus. Aber Fidel Castro sitzt der Schrecken in den Knochen. Was wäre geschehen, wenn hinter den Exilkubanern tatsächlich die Amerikaner gekommen wären? Das wäre sein Ende und das Ende seiner Revolution gewesen. Castro ist zu diesem Zeitpunkt kein Kommunist, genaugenommen ist er ein bürgerlicher Revolutionär, dessen Revolutionsziele sich – mit Ausnahme der vorgesehenen Landreform und der damit verbundenen zwangsweisen Beschlagnahme des Großgrundbesitzes – weitgehend mit den Idealen des amerikanischen Unabhängigkeitskrieges von 1776 decken. Doch jetzt sieht sich Castro um Hilfe um. Um wirtschaftlich zu überleben, benötigt er das Erdöl der Sowjetunion, um seine Sicherheit zu gewährleisten, benötigt er den militärischen Schutz der Sowjetunion. Er ruft Moskau um Hilfe. Und eines hat er aus den ungarischen Ereignissen gelernt: Die Sowjetunion greift dort ein, wo es gilt, die Existenz eines kommunistischen Regimes zu sichern. Castro wird über Nacht Kommunist, seine Revolution wird eine kommunistische, sein Regime ein leninistisches.

Chruschtschow nützt die Gelegenheit. Zwar ist er nicht bereit, wie dies Castro wünscht, Kuba in den Warschauer Pakt aufzunehmen und Castro damit eine automatische Verteidigungsgarantie zu geben, aber er verspricht massive militärische Hilfe. Massiv ist sie wirklich: Tausende sowjetische Offiziere werden als Berater, Ausbildner und Organisatoren nach Kuba entsandt. Mit ihnen die Waffen. Und keineswegs nur Gewehre, Kanonen, Panzer und Flugzeuge – auch Raketen und, wie man viel später erfahren wird, auch schon die dazugehörenden atomaren Sprengköpfe. Für die Raketen werden sofort Startrampen angelegt. Allerdings unterstehen diese Rampen, ebenso wie die Raketen und die Sprengköpfe, ausschließlich dem Befehl der Sowjets, die Kubaner können die Raketen also nicht von sich aus starten. Was damals allerdings niemand weiß und was erst lange nach dem Zusammenbruch der Sowjetunion von sowjetischen Offizieren berichtet wird, ist die Tatsache, daß die Sowjets damals, zur Beruhigung Castros, ihm eine erhebliche Zahl von atomaren Minen zur Verfügung gestellt haben. Diese wurden von den Kubanern entlang jener Küsten verlegt, die sich für eine etwaige amerikanische Invasion geeignet hätten. Ein Umstand, der der amerikanischen Aufklärung damals völlig entgangen ist. Aber es entgeht ihrer Aufmerksamkeit nicht, daß die Sowjets auf Kuba mehrere Raketenstellungen bauen und daß auch schon sowjetische Raketen auf Kuba eingetroffen und zu den Startrampen gebracht worden sind. U2-Flugzeuge werden eingesetzt, überfliegen Kuba, fotografieren die Rampen und Raketen. Nun gibt es keine Zweifel mehr: In kürzester Zeit können sowjetische Mittelstreckenraketen die USA bedrohen, Washington, New York und viele andere amerikanische Städte liegen in ihrer Reichweite.

Präsident Kennedy und seine Berater sind in höchstem Maß alarmiert. Was tun? Im Prinzip ist man sich im Weißen Haus zunächst einig darüber, daß Chruschtschow ultimativ aufgefordert werden solle, die Raketen unverzüglich aus Kuba abzuziehen. Aber man zweifelt daran, ob dies allein auch künftig die Sicherheit der USA garantieren würde. Insbesondere Verteidigungsminister Robert McNamara empfiehlt, Kuba auf jeden Fall zu invadieren, das Castro-Regime militärisch auszuschalten. Aber dann kommen die Bedenken: Wie würde die Welt reagieren, wie die amerikanischen Verbündeten in Europa? Und vor allem, was wäre die Antwort der Sowjetunion? Man versucht Zeit zu gewinnen. Am 22. Oktober 1962 wendet sich Präsident Kennedy über Hörfunk und Fernsehen an das amerikanische Volk: Er macht die Amerikaner mit der Situation auf Kuba vertraut und leitet daraus die nukleare Bedrohung der Vereinigten Staaten ab. Seine Ansprache beendet er mit einem Befehl an die amerikanischen Seestreitkräfte: Ab sofort haben sie jeden Transport offensiver militärischer Ausrüstungen nach Kuba auf dem Seeweg zu unterbinden. Alle Schiffe mit Destination Kuba werden gestoppt, solche, die derartige Waffen transportieren, werden gezwungen abzudrehen. Gleichzeitig appelliert Kennedy an Chruschtschow, diese „provokatorische Bedrohung des Weltfriedens" zu beenden. Die Sowjetregierung reagiert mit einer aggressiven Gegenbeschuldigung: Die Seeblockade sei ein Schritt zur Entfesselung eines weltweiten thermonuklearen Kriegs. Die Waffen auf Kuba dienten der Verteidigung Kubas gegen die Aggression der USA, sie hätten nur defensiven Charakter. Die USA schalten jetzt die UNO ein. Ihr Generalsekretär U Thant soll vermitteln. Der schlägt vor, die Sowjetunion möge ihre Waffenlieferungen an Kuba für zwei Wochen unterbrechen, womit die amerikanische Seeblockade ohne Konsequenzen bliebe. Die gewonnene Zeit mögen beide Seiten nützen, um die Krise in Verhandlungen beizulegen. Chruschtschow geht auf U Thants Vorschlag ein: Die sowjetischen Schiffe seien angewiesen worden, den Blockadering nicht zu durchbrechen. Gleichzeitig richtet Chruschtschow auch einen Brief an Präsident Kennedy. Er betont, daß er keine militärische Konfrontation mit den USA suche, „nur Wahnsinnige oder Selbstmörder, die die eigene Vernichtung wünschen und vor ihrem Tod die ganze Welt zerstören wollen, könnten derartiges tun. Wir aber wollen leben und wollen keinesfalls unser eigenes Land zerstören." Dann macht Chruschtschow einen Vorschlag: Die Sowjetunion würde keine Waffen mehr nach Kuba schicken, vorausgesetzt, die USA würden sich verpflichten, Kuba nicht anzugreifen. Nach einer solchen Verpflichtung könnten die sowjetischen militärischen Spezialisten von Kuba abgezogen werden. Das klingt ganz vernünftig. Aber zum gleichen Zeitpunkt richtet Fidel Castro ein Schreiben an Chruschtschow: Die amerikanische Invasion stehe unmittelbar bevor und werde mit Sicherheit stattfinden. Die Sowjetunion habe die Wahl, dies entweder tatenlos hinzunehmen oder den amerikanischen Aggressor ein für allemal auszuschalten. Dies wäre die Gelegenheit, betont Castro, Amerika für immer daran zu hindern, „den ersten Schlag eines Atomkrieges durchführen zu können". Es würde sich „um einen völlig gerechtfertigen Akt der Notwehr handeln, so hart und schrecklich die Lösung auch sein möge". Castro rät also Chruschtschow, die Atomraketen gegen die USA einzusetzen, und zwar sofort.

Während man im Weißen Haus noch berät, wie die Sache nun weitergeführt werden soll, trifft ein neuer Brief Chruschtschows an Kennedy ein. Und diesmal knüpft Chruschtschow eine weitere Bedingung an einen eventuellen Abzug der Sowjetraketen aus Kuba: Die USA mögen im Abtausch ihre Raketen aus der Türkei abziehen. Die Sowjetunion würde daraufhin die Unantastbarkeit der Türkei garantieren, wenn die USA gleiches bezüglich Kuba täten. Das ist neu und stellt das Weiße Haus vor ein Dilemma: Wie soll man der Türkei beibringen, daß sie auf ihren Schutz zu verzichten habe, nur weil die USA sich von einer kleinen Insel in der Karibik bedroht fühlten? McNamara und andere Berater des Präsidenten plädieren noch immer dafür, Kuba anzugreifen, Castro zu verjagen. Ihr Vorschlag: Man möge Chruschtschow den Abtausch der Raketen – Kuba/Türkei – anbieten, nicht aber die Sicherheit Kubas garantieren. Hatte Chruschtschow die Raketen nur deshalb nach Kuba gebracht, weil er sich durch die Raketen in der Türkei bedroht fühlt, dann hätte er mit dem Abtausch der Raketen die Bedrohung beseitigt, also etwas gewonnen. Kuba würde ihm danach nichts mehr wert sein, es hätte seine Schuldigkeit getan. Und die USA könnten die latente Bedrohung, die von Kuba auch in Zukunft ausgehen würde, militärisch beseitigen.

Mitten in diese Beratungen platzt die Nachricht, daß eines der amerikanischen U2-Flugzeuge von einer Fliegerabwehrrakete über Kuba abgeschossen worden sei. Aber man weiß, daß die Fliegerabwehrraketen auf Kuba ausschließlich sowjetischen Befehlen unterstehen. Also hat die Sowjetunion das Feuer eröffnet. Im Weißen Haus ist man sich einig: Dies muß mit einem Luftangriff auf Kuba beantwortet werden, und danach die Invasion. Aber Kennedy bremst die eifrigen Berater: Es sei nicht der erste Schritt, der ihn besorgt mache (nämlich der Luftangriff), sondern der zweite und der dritte und der vierte, die daraufhin folgen müßten. Eine Eskalation des Konflikts wäre unvermeidbar. „Und sind wir bereit, einen fünften und einen sechsten Schritt zu tun? Und werden unsere Alliierten dann noch hinter uns stehen?" Es ist interessanterweise immer wieder der frühere amerikanische Hochkommissar in Österreich, Llewellyn Thompson, der all das anders sieht. Thompson, zu diesem Zeitpunkt US-Botschafter in Moskau, war wegen seiner guten Kenntnisse der sowjetischen Mentalität zu den Beratungen im Weißen Haus hinzugezogen worden. Immer wieder wirft Thompson ein: Weshalb greifen wir nicht zurück auf den ersten Brief, in dem Chruschtschow einen einfachen Abtausch vorschlug – Abzug der Sowjetraketen und als Gegenleistung die Zusicherung der USA, Kuba nicht anzugreifen. Schließlich stimmt der Präsident Thompsons Vorschlag zu. In seiner Antwort an Chruschtschow bietet er für den Abzug der Sowjetraketen eine Sicherheitsgarantie für Kuba an. Die Raketen in der Türkei erwähnt er nicht.

Heute weiß man, daß es der Abschuß des amerikanischen Aufklärers über Kuba war, der geradezu blitzartig zu einer Änderung der sowjetischen Haltung und zum vollen Einlenken Chruschtschows geführt hat. Robert Kennedy, der Bruder des Präsidenten, der an allen Beratungen im Weißen Haus maßgebend beteiligt war, hatte den sowjetischen Botschafter in Washington, Anatoli Dobrynin, von dem Abschuß in Kenntnis gesetzt. Die US-Regierung wolle zwar den militärischen Konflikt nicht, aber er sei nicht zu verhindern, wenn die Sowjetunion nicht unverzüglich den Abbau ihrer Raketenbasen auf Kuba zusichere. Robert Kennedy: „Es war kein Ultimatum, sondern nur eine Tatsachenmitteilung. Er sollte verstehen, wenn sie die Raketenbasen nicht beseitigen, dann werden wir es tun." Chruschtschow läßt Castro wissen: Natürlich schickten die Amerikaner ihre Flugzeuge als Provokation. „Sie haben eines dieser Flugzeuge abgeschossen. Die Aggressoren werden diese Tatsache nun benützen, um ihre Ziele zu erreichen." Daraus geht hervor, daß Chruschtschow fest mit einer amerikanischen Invasion auf Kuba rechnete – und mit allen sich daraus ergebenden Konsequenzen. Chruschtschow ordnet an, die sowjetischen Raketenbasen auf Kuba unverzüglich abzubauen. Der Entschluß wird sofort von Radio Moskau bekanntgegeben. Der diplomatische Weg, Kennedy von diesem Entschluß Chruschtschows in Kenntnis zu setzen, würde zwei Stunden in Anspruch nehmen. Doch Chruschtschow ist offenbar so davon überzeugt, daß als Antwort auf den Abschuß die amerikanische Invasion Kubas unmittelbar bevorstehe, daß er die USA durch sofortiges Handeln überzeugen will: In größter Eile und deutlich sichtbar wird unverzüglich mit dem Abbau der Raketenbasen auf Kuba begonnen. Die Meldung der amerikanischen Aufklärer erreicht Kennedy früher als die Botschaft Chruschtschows.

McNamara, der nach dem Zusammenbruch der Sowjetunion von sich aus den damaligen Entscheidungen der Sowjets nachgegangen ist, erfährt zu seinem nachträglichen Schrecken, daß sein Rat, die Invasion Kubas auf jeden Fall durchzuführen, fast mit Sicherheit einen nuklearen Krieg ausgelöst hätte. Denn McNamara und der CIA wußten damals nicht, daß die invadierenden amerikanischen Truppen von den Kubanern mit den vorbereiteten atomaren Minen in die Luft gesprengt worden wären. Dazu McNamara: Ohne Zweifel hätten die USA daraufhin Kuba nuklear ausgelöscht. Ob aber dann die Sowjetunion stillgehalten hätte? Hätte sie versucht, im Austausch für Kuba Westberlin zu invadieren?

Niemals zuvor und auch niemals danach stand die Welt so nahe am Rande eines nuklearen Weltkriegs. Die Wende in der Kuba-Krise war der Abschuß des U2-Flugzeugs. Bis in die neunziger Jahre haben die USA selbst diesen Abschuß nicht bekanntgegeben – in der richtigen Einschätzung, daß der Tod eines amerikanischen Piloten, herbeigeführt durch eine sowjetische Rakete, die öffentliche Meinung in Amerika zum Überkochen gebracht hätte. Kennedy wäre unter enormen Druck geraten, und auch der Kongreß hätte einen sofortigen Schlag gegen Kuba gefordert. Blieb also die Tatsache an sich geheim, so konnte auch nie restlos aufgeklärt werden, wer den Abschuß getätigt hat. In vertraulichen Gesprächen nahmen die Russen in den neunziger Jahren die Schuld halb auf sich: ein Sowjetoffizier habe damals aus Nervosität voreilig gehandelt. Doch diese Behauptung sollte wohl nur Fidel Castro vor dem nachträglichen Zorn der

USA schützen. Nach letzten Erkenntnissen gab es eine handfeste Verschwörung der kubanischen Führung mit einigen sowjetischen Offizieren: Castro hatte sie davon überzeugt, daß der Augenblick richtig und gekommen war, die USA ein für allemal nuklear auszuschalten. Sie feuerten auf Wunsch Castros.

Die Kuba-Krise selbst wurde im übrigen großzügig beendet: Die Sowjets bauten ihre Raketen ab, und die USA haben die Integrität Kubas seither respektiert, auch wenn sie die Wirtschaftsblockade bis in die neunziger Jahre nicht aufgegeben haben. Bald danach zogen die Amerikaner auch ihre Raketen aus der Türkei ab. Raketenbestückte U-Boote und schließlich auch amerikanische Interkontinentalraketen boten der Türkei einen besseren Schutz.

Doch dies alles wird in den Schatten gestellt durch die Erkenntnisse, die Washington und Moskau auf Grund der Kuba-Krise gewonnen haben: Es kann nur allzuleicht zu Mißverständnissen, zu Fehlinterpretationen der Verhaltensweise des Gegners kommen, ein Atomkrieg wäre die Folge. In Zukunft könne man sich daher nicht auf Briefe und diplomatische Demarchen verlassen. Unmittelbar nach der Kuba-Krise und als deren Folge wird zwischen Washington und Moskau der sogenannte „heiße Draht" eingerichtet, eine Fernschreibverbindung zwischen dem Weißen Haus und dem Kreml, mehrfach gegen Störungen abgesichert. Von jetzt an kann jede Situation unmittelbar und sofort von der amerikanischen und der sowjetischen Führung geklärt werden.

Es geht um Südtirol

Nach den beiden schweren Krisen, Berlin und Kuba, bahnt sich in der Weltpolitik Entspannung an. Das sollte sich auch auf das zwischen den beiden Machtblöcken liegende Österreich auswirken. Doch Österreich ist mit eigenen außenpolitischen Problemen konfrontiert. Der Eiserne Vorhang und die damit verbundenen häufigen Grenzzwischenfälle sorgen für ein gespanntes Verhältnis zu Prag und zu Budapest, das Slowenen-Problem in Kärnten und die Tatsache, daß sich Jugoslawien als Schutzmacht der Slowenen fühlt und deren Rechte immer wieder einmahnt, läßt auch eine völlige Normalisierung der Beziehungen zu Belgrad nicht zu. Nun aber kommt es auch zu schweren Spannungen zwischen Wien und Rom. Zankapfel ist Südtirol.

Das hat seine Vorgeschichte: Wir erinnern uns (siehe „Österreich II", 2. Band: „Der lange Weg zur Freiheit"): 1946 hatten der damalige österreichische Außenminister Karl Gruber und der damalige italienische Ministerpräsident und Außenminister Alcide De Gasperi in Paris ein Abkommen über den künftigen Status von Südtirol unterzeichnet. Es enthielt nur wenige, aber entscheidende Punkte: Nach 1939 vor die Wahl gestellt, völlig italianisiert zu werden oder nach Deutschland umzusiedeln, hatten unter dem Druck sowohl der deutschen Nazis als auch der italienischen Faschisten über 80 Prozent der Südtiroler für die Umsiedlung optiert. 75 000 von ihnen sind auch bis 1943 ausgewandert. Die meisten von ihnen wollen nun nach dem Krieg zurückkehren. Im Gruber-De Gasperi-Abkommen verpflichtet sich Italien, jeden Rückkehrwilligen wieder aufzunehmen und ihm die italienische Staatsbürgerschaft zurückzugeben. Das ist zu einem Zeitpunkt, da viele Millionen Deutsche aus Polen, aus der Tschechoslowakei, aus Ungarn, Rumänien, aus Jugoslawien vertrieben werden, kein geringes Zugeständnis. Weiters verpflichtet sich Italien in dem Abkommen, den Südtirolern und der deutschen Minderheit in Trient eine Autonomie einzuräumen, insbesondere eigene deutsche Schulen, und Zweisprachigkeit in sämtlichen Ämtern, bei der Polizei und vor Gericht. Ebenso Zugang zu den öffentlichen Ämtern und eine Reihe von Selbstverwaltungen, besonders auch im sozialen Wohnbau. Dafür verzichtet Österreich auf seinen bisherigen Anspruch auf eine Rückgliederung Südtirols (es war nach dem von Österreich-Ungarn verlorenen Ersten Weltkrieg sozusagen als Kriegsbeute von den Siegermächten Italien zugesprochen worden), und das bedingt auch einen Verzicht auf die Forderung nach Selbstbestimmung der Südtiroler. Denn Selbstbestimmung hieße voraussichtlich, daß die Mehrheit der Südtiroler sich für eine Rückkehr nach Österreich ausgesprochen hätte. Viele in Südtirol und auch in Österreich sind damals der Meinung, Karl Gruber hätte in Paris mit diesem Verzicht zu viel hergegeben. Aber objektiv betrachtet wäre eine Forderung nach Abtretung Südtirols durch Italien an Österreich ein völlig hoffnungsloses Beginnen gewesen. Die Siegermächte des Zweiten Weltkriegs hatten Italien bereits gezwungen, Istrien an Jugoslawien abzutreten, Triest vorderhand als Freie Stadt zu betrachten, ebenfalls mit der Aussicht, an Jugoslawien zu fallen, und sie haben Italien seinen Inselbesitz in der Ägäis und dazu auch noch alle Kolonien – Libyen, Äthiopien, Eritrea und Somalia – aberkannt. Da war Südtirol nicht mehr drin. Immerhin war Österreich während des Kriegs ein Bestandteil des Dritten Reichs und die Österreicher deutsche Soldaten, während Italien schon 1943 kapitulierte und seither an der Seite der Alliierten gestanden war. Statt also Aussichtsloses aufrechtzuerhalten, hatte Gruber immerhin eine Reihe fundamentaler Zugeständnisse Italiens erreicht. Und was sich später als noch wichtiger erweisen sollte: Das Gruber-De Gasperi-Abkommen wurde im Friedensvertrag verankert, den Italien 1947 mit den Siegermächten des Zweiten Weltkriegs geschlossen hat; das ist ein internationaler Vertrag, und sein Inhalt daher auch international einklagbar. Dieser Umstand wird es Österreich künftig ermöglichen, die Frage Südtirol neu aufzurollen, vor internationale Foren zu bringen und international Druck auf Italien auszuüben. Vieles, was das Gruber-De Gasperi-Abkommen an Rechten und Zugeständnissen für die Südtiroler noch nicht enthält, wird man auf diese Weise doch noch durchsetzen können.

Soweit die Vorgeschichte. Und nun die Geschichte: Einige Punkte des Gruber-De Gasperi-Abkommens erfüllt Italien pünktlich, so etwa die Zurücknahme aller rückkehrwilligen Optanten. Andere Punkte scheint Italien zu erfüllen: So die Zusagen auf Selbstverwaltung in vielen Bereichen, einschließlich der Schulautonomie. Entsprechende Verordnungen werden in Rom erlassen, nicht jedoch die dazu notwendigen Durchführungsbestimmungen. Da dies die Südtiroler nicht gleich erkennen, bedanken sie sich vorschnell für die Vollstreckung des Gruber-De Gasperi-Abkommens. Später wird Italien diesen Dank als Bestätigung dafür vorweisen, daß das Gruber-De Gasperi-Abkommen bereits erfüllt sei und keinerlei weitere Zugeständnisse Italiens an Südtirol notwendig seien. Doch das Ärgste kommt erst. Die neue Verfassung Italiens sieht dessen Aufgliederung in Regionen vor, die weitgehende Vollmachten zur Selbstverwaltung erhalten. Die Regionen wieder sind in Provinzen aufgeteilt, die ebenfalls einen bestimmten Grad von Eigenverwaltung ausüben, aber natürlich von zwei starken übergeordneten Instanzen abhängig sind, nämlich der Regionalregierung und der Zentralregierung in Rom. Im Zuge dieser Neugliederung Italiens werden die Provinzen Südtirol und Trient zu einer Region zusammengefaßt. Die bedeutend wichtigere Funktion hat somit die Regionalregierung und das regionale Parlament, der Regionalrat. Die neue Verfassung tritt 1948 in Kraft. Am 18. April wird gewählt, und nun wird offenbar, was da geschehen ist: In der Region Trentino-Südtirol leben zwei Drittel Italiener und ein Drittel deutschsprachige Südtiroler. Dementsprechend fallen 32 Sitze im Regionalrat an Italiener, 13 Sitze an Südtiroler. Im

Sepp Kerschbaumer, ein einfacher Kaufmann und vielfacher Familienvater, ruft zum Widerstand gegen die zunehmenden Italianisierungsversuche in Südtirol auf. In dem von ihm gegründeten Befreiungsausschuß für Südtirol, BAS, sammelt er Gleichgesinnte. Unser Bild zeigt Kerschbaumer im Kreise seiner Familie. Nach den Sprengstoffanschlägen wird Kerschbaumer verhaftet, verurteilt und stirbt im Gefängnis.

Regionalausschuß, wie die Regionalregierung bezeichnet wird, stehen zwei Südtiroler fünf Italienern gegenüber. Die in Paris zugesicherte Autonomie aber wird nun auf die gesamte Region Trentino-Südtirol angewendet, und das heißt, sie wird mehrheitlich von Italienern ausgelegt und bestimmt.

Das führt zu starken Spannungen und zu Unruhe in der Südtiroler Bevölkerung. Die Südtiroler fühlen sich einmal mehr als Staatsbürger zweiter Klasse, und sie sehen sich auch durch eine zunehmende Italianisierung in ihrem völkischen Bestand bedroht. Hauptpunkt ihrer Klagen: Die italienische Zuwanderung steigt weiter an, beschleunigt durch die Bevorzugung von Italienern bei der Vergabe öffentlicher Stellen und von Sozialwohnungen. Dadurch Verstärkung der Arbeitslosigkeit und auch der Wohnungsnot unter der deutschsprachigen Bevölkerung. Auch die zugesagte Zweisprachigkeit wird in den meisten Bereichen nicht verwirklicht. Nun befürchten die Südtiroler den kulturellen und wirtschaftlichen Untergang ihrer Volksgruppe. Das deutschsprachige Organ der Südtiroler, die Zeitung „Dolomiten", spricht am 28. Oktober 1953 von einem „Todesmarsch der Südtiroler". Das damals noch besetzte Österreich konnte zu diesem Zeitpunkt den Südtirolern nicht viel helfen. Aber jetzt, da Österreich seine volle Souveränität zurückgewonnen hat, wird es in Sachen Südtirol aktiv. Im Juli 1956 verweist Bundeskanzler Raab in der Regierungserklärung darauf, daß „nicht alle Bestimmungen des Pariser Vertrages erfüllt sind". Im Außenministerium wird der Tiroler Franz Gschnitzer als Staatssekretär mit besonderem Aufgabenbereich Südtirol eingesetzt. Ludwig Steiner, der bekannte Widerstandskämpfer aus Tirol, ist im Kabinett des Bundeskanzlers ein tatkräftiger Sachwalter Südtirols.

Italien antwortet auf Raabs Regierungserklärung, alle Punkte des Pariser Vertrags seien erfüllt, Österreich möge doch genau sagen, was da noch offen sei. In einem Memorandum legt die Bundesregierung eine Beschwerdeliste vor: Keine Gleichstellung der Sprachen, keine Gleichberechtigung bei der Vergabe von öffentlichen Posten und Wohnungen, in 17 Sachgebieten sollte die Selbstverwaltung den Südtirolern zukommen, aber wegen fehlender Durchführungsbestimmungen sei dies erst in zwei Fällen erfolgt. In der Regionalregierung scheitern die meisten Anliegen der Südtiroler an der italienischen Mehrheit. Österreich schlägt vor, eine italienisch-österreichische Gemischte Kommission einzusetzen, die die Mängel auflisten und deren Behebung bewirken soll. Der Vorschlag wird von Italien abgelehnt, alle österreichischen Klagen werden zurückgewiesen.

Als die Südtiroler anläßlich des zehnten Jahrestages des Abschlusses des Gruber-De Gasperi-Abkommens im September 1956 eine Kundgebung abhalten wollen, wird diese verboten. Und das Verbot gleich ausgedehnt: Ab sofort dürfen keine Tiroler Fahnen mehr gezeigt werden, auch das Rot-Weiß, das für die Einheit Tirols steht, wird verboten. Wer an Tiroler Gedenktagen Tiroler Fahnen hißt oder die Fensterläden öffnet, so daß ihre rotweiße Innenseite zu sehen ist, wird verhaftet. In diese Zeit fällt auch die Affäre von Pfunders. Bauernburschen aus dem Dorf durchzechen mit zwei italienischen Finanzern die Nacht. Als am Morgen einer der Finanzer tot aufgefunden wird, werden sieben Burschen verhaftet und des politischen Mordes angeklagt, obwohl es unklar bleibt, wie der Beamte zu Tode gekommen ist. Die sieben „Pfunderer Buam" werden zu Haftstrafen zwischen 10 und 24 Jahren verurteilt. Eine Gruppe von 14 jungen Südtirolern führt vier kleinere Sprengstoffanschläge durch. Die Gruppe fliegt auf, wird verhaftet. Sie geht unter dem Namen „Stieler-Gruppe" in die Annalen ein. Hans Stieler, einer der Attentäter, ist Arbeiter in der Druckerei der „Dolomiten". Prompt wird deren verantwortlicher Redakteur Friedl Volgger ebenfalls verhaftet. Volgger ist einer der angesehensten und prominentesten Vertreter der Südtiroler. Er kommt aus dem antinazistischen und antifaschistischen Widerstand. Obwohl ihn die Behörden nur für kurze Zeit festnehmen, löst seine Verhaftung Empörung in ganz Südtirol aus.

Inzwischen haben sich in Innsbruck prominente Persönlichkeiten zu einem Schutzverband für Südtirol zusammengeschlossen, den sie „Berg-Isel-Bund" nennen. Der Berg-Isel-Bund hat bald Landesverbände in allen Bundesländern und zählt über 300 000 Mitglieder. Bundesobmann ist Staatssekretär Gschnitzer, unterstützt von Landesrat Rupert Zechtl (SPÖ) und von Viktoria Stadlmayer, die das Südtirol-Referat der Tiroler Landesregierung leitet. Gschnitzer antwortet auf die Verhaftungswellen mit einer aufsehenerregenden Rede, er verurteilt die Sprengstoffanschläge, aber „die Schuldigen sind jene, die bis heute nicht imstande waren, die Südtirol-Frage mit Vernunft und Herz zu lösen". Nun kommt es laufend zu Zwischenfällen, Verhaftungen, Reibereien und Demonstrationen und am 25. Mai 1957 zu einer Palastrevolte innerhalb der Südtiroler Volkspartei.

Die Südtiroler Volkspartei, SVP, war 1945 gegründet worden als Sammelpartei aller deutschsprachigen Südtiroler. Man ging davon aus, daß nach den schweren Erschütterungen, die die Volksgruppe zuerst durch die gewaltsamen faschistischen Italianisierungsmaßnahmen, dann durch die NS-Pressionen zur Umsiedlung erlitten hatte, jetzt volle Einigkeit notwendig sei, um überhaupt weiterbestehen zu können. Und darin waren sich auch fast alle Südtiroler einig. Zwar wünscht man weiterhin die Rückgliederung Südtirols an Österreich. Aber nach außen kann sich die SVP nur für eine weitestgehende Autonomie der Südtiroler einsetzen, will sie nicht wegen Hochverrats angeklagt und verboten werden. Doch auch diese weitestgehende Autonomie hat die SVP nun nicht zustande gebracht, im Gegenteil – Südtirol wird jetzt einer Reihe neuer, harter Pressionsmaßnahmen der italienischen Behörden unterworfen.

Wendepunkt Sigmundskron

Die bisherige Führung der SVP wird abgewählt, ein neuer Parteiobmann gewählt – Silvius Magnago. Er ist 43 Jahre alt, schwer kriegsversehrt, seit 1949 Südtiroler Landtagspräsident. Von ihm erwartet man eine härtere Gangart gegenüber Rom, die Durchsetzung einer eigenen Landesautonomie für Südtirol und vor allem eine Mobilisierung der Massen, um erhöhten Druck auf die italienischen Behörden und die römische Regierung auszuüben. Magnago wird bald auf die Probe gestellt. Der römische Arbeitsminister gibt dem italienischen Bürgermeister von Bozen per Telegramm die Freigabe von 2,5 Milliarden Lire bekannt, mit denen ein neuer Stadtteil in Bozen errichtet werden soll mit insgesamt 5000 Wohnungen und allen dazugehörenden öffentlichen Gebäuden. Die Wohnungen aber würden aller Wahrscheinlichkeit nach Italiener erhalten, denn der soziale Wohnbau ist nach wie vor in der Hand der italienisch dominierten Regionalbehörden. Die SVP protestiert, fordert die Vorlage neuer Statistiken über das Ausmaß der italienischen Zuwanderung in Südtirol. Rom lehnt ab und verbietet die Erstellung solcher Statistiken ausdrücklich.

Doch die Südtiroler kennen die Zahlen auch so, und zwar im Vergleich: In der Provinz Bozen (gleichbedeutend mit der Provinz Südtirol) lebten im Jahr 1919 drei Prozent Italiener, im Jahr 1957 34 Prozent Italiener. In der Stadt Bozen lebten 1919 2000 Italiener und 28000 Südtiroler, im Jahr 1957 65000 Italiener und 17000 Südtiroler. In den drei Städten Bozen, Brixen und Meran betrug 1919 der Bevölkerungsanteil der Italiener fünf Prozent, im Jahr 1957 sind es 72 Prozent. Ähnlich sieht es in der Beschäftigungsstatistik aus. Im Bereich der öffentlichen Hand gibt es in der Regionalverwaltung 620 italienische Beamte und 102 Südtiroler. Selbst in der Provinzverwaltung Bozen sind es 174 Italiener und 106 Südtiroler. Bei der Eisenbahn beträgt der Anteil der Italiener 93,5 Prozent, bei der Post 78,9 Prozent, bei der Quästur (Polizei) 99,2 Prozent, in der Justiz 87,1 Prozent, beim Arbeitsamt und der Sozialversicherung 97,7 Prozent, im Finanzwesen 98,6 Prozent. Das sind erdrückende Zahlen in den Augen der Südtiroler. Allerdings stimmt es auch, daß sich in diesen öffentlichen Bereichen nicht sehr viele Südtiroler um Posten bewerben. Mehrheitlich sind die Südtiroler noch immer eine Landbevölkerung, sind Bauern, sind Geschäftsleute, sind im Fremdenverkehr tätig. Öffentlicher Dienst, das heißt auch vorwiegend Gebrauch der italienischen Sprache – etwa für den gesamten inneritalienischen Verkehr –, und das behagt nicht vielen Südtirolern. In der SVP aber ist man sich darüber im klaren, daß sich dieses Zahlenverhältnis im öffentlichen Dienst unbedingt ändern muß, soll der Bestand der Volksgruppe gefestigt und sollen ihre Autonomieforderungen letztlich erfüllt werden. Daher läuft man nicht nur Sturm wegen der „Italianisierung" des öffentlichen Bereichs, man will damit auch in diesen Bereich einbrechen, Südtiroler in die beamteten Positionen bringen.

Jetzt, da durch ein forciertes Wohnbauprogramm offensichtlich erneut Tausende Italiener aus dem Süden des Landes nach Bozen gebracht werden sollen, ist der Empörung der Südtiroler kaum noch Einhalt zu gebieten. Magnago beruft eine Kundgebung ein „gegen die Überfremdung der Heimat und die Nichterfüllung des Pariser Vertrags". Prompt wird die Kundgebung von der Quästur verboten. Auch ein zweiter Versuch, eine solche Kundgebung in Bozen abzuhalten, scheitert am Verbot der Quästur. Begründung: Es würde

Silvius Magnago, Obmann der Südtiroler Volkspartei und später Landeshauptmann von Südtirol, führt seine Volksgruppe durch die langen schweren Jahre, in denen die Südtiroler um ihre Rechte ringen.

zweifellos zu italienischen Gegendemonstrationen kommen, Krawalle, wenn nicht sogar blutige Auseinandersetzungen seien zu befürchten. So wählt Magnago einen Ort außerhalb von Bozen, etwa eine Gehstunde entfernt, als Stätte des Protests: die Burgruine Sigmundskron. Der Ort ist geschichtsträchtig: Hier hatten sich 1946 die Südtiroler versammelt, um Druck auf die Pariser Verhandlungen Grubers mit De Gasperi auszuüben, damals forderten sie das volle Selbstbestimmungsrecht und damit die Rückgliederung Südtirols an Österreich. Jetzt schreibt man den 17. November 1957. In endlosen Kolonnen ziehen die Menschen nach Sigmundskron. Mit Autobussen, Autos, Fahrrädern kommen sie, insgesamt sind es schließlich 35000. Und sie führen die verbotenen Tiroler Fahnen mit sich und Transparente: „Schluß mit der Scheinautonomie", „Aus mit der Zuwanderung", „Tirol den Tirolern", „Gerechtigkeit für Südtirol" und „Brüder im Norden helft uns!". Auch hört man schon Sprechchöre: „Los von Rom!", „Selbstbestimmung!". Eine Parole wird ausgegeben: „Marsch auf Bozen". Aber dort wartet ein Großaufgebot von Soldaten und Polizei, mit scharfer Munition in den Gewehren.

Silvius Magnago ergreift das Wort, er bietet seine ganze rhetorische Kraft auf, um die Maximalforderungen der Kundgebungsteilnehmer in eine realistische Zielsetzung umzuwandeln. Der Forderung „Los von Rom" setzt er die Forderung „Los von Trient" entgegen. Magnago formuliert hiermit ein wichtiges und, wie sich später zeigt, letztlich auch erreichbares Ziel: Die Übertragung einer sehr weit gehenden Autonomie allein auf Südtirol und damit in die Hände einer deutschsprachigen Mehrheit. Magnago kann seine

Auf der geschichtsträchtigen Burgruine von Sigmundskron fordern die Südtiroler bei einer Großkundgebung ihre Rechte ein.

Zuhörer aber auch nur deshalb zur Annahme dieser Parole bringen, weil er etwas in Aussicht stellt, was für sie überzeugend ist: Österreich habe seine Funktion als Schutzmacht für Südtirol nun auszuüben. Österreich habe die Frage Südtirol zu internationalisieren, Österreich habe durch das Anrufen internationaler Behörden Italien zur Erfüllung der Autonomieversprechen zu zwingen. Es gelingt Magnago, die Kundgebung friedlich zu schließen, den Marsch auf Bozen zu verhindern, einen Zusammenstoß mit den Behörden zu vermeiden. Doch unter den Teilnehmern dieser Kundgebung befinden sich einige, die sehr skeptisch bleiben. Sepp Kerschbaumer gehört zu ihnen, Sepp Mitterhofer, Luis Amplatz, Josef Innerhofer und aus Nordtirol der angesehene Widerstandskämpfer gegen den Nationalsozialismus Wolfgang Pfaundler. Wir werden ihre Namen alle wiederfinden – 1964 im großen Mailänder Sprengstoffprozeß. Auf Sigmundskron kennen sie einander noch nicht, aber etwas verbindet sie bereits: der Entschluß, den Bestand der Südtiroler Volksgruppe notfalls mit Gewalt zu sichern.

Die Initiative geht von Kerschbaumer aus. Er organisiert einen geheimen „Befreiungsausschuß für Südtirol", kurz BAS genannt. Das Ziel: Mit härteren Methoden als politischen Verhandlungen den Italianisierungsprozeß zu stoppen. Der Widerstand gegen die Aufreibung der Tiroler Volksgruppe müsse jetzt geleistet werden und sei nicht auf die nächste Generation abzuwälzen, da könnte es schon zu spät sein. Inneres Ziel des BAS ist natürlich der Anschluß Südtirols an Österreich. Aber man beschließt nach außen hin, nur die volle Autonomie zu fordern. Denn einerseits will man es nicht zum Bruch mit der SVP kommen lassen, die sich ja von einem Anschluß an Österreich distanzieren müßte, und andererseits als Vorsichtsmaßnahme – sollte man auffliegen und angeklagt werden, darf den BAS-Mitgliedern nicht vorgeworfen werden, sie hätten einen „Anschlag auf die Einheit des Staates" ausgeübt, da unter diesem Titel die Höchststrafe verhängt wird. Denn der BAS ist fest entschlossen, Gewalt anzuwenden, Sprengstoffanschläge. Man will Hochspannungsmasten sprengen und damit das Industriegebiet von Bozen lahmlegen, in dem vorwiegend italienische Firmen angesiedelt sind. Man will auch die Stromlieferungen aus den Südtiroler Wasserkraftwerken in das italienische Verbundnetz unterbinden. Man will die im Entstehen begriffenen italienischen Wohnbauten in die Luft sprengen. Doch Menschenleben sollen dabei nicht gefährdet werden: Gewalt gegen Sachen, nicht gegen Menschen, heißt die Parole.

Kerschbaumer versucht Unterstützung auch in Nordtirol zu erhalten. Sein Weg führt ihn zur Leiterin der Südtirol-Abteilung in der Tiroler Landesregierung. Viktoria Stadlmayer berichtet: „Der Kerschbaumer war bei mir und hat mich gebeten, ich soll sie quasi moralisch unterstützen. Und ich habe gesagt, nein, das kann ich nicht. Ich halte Sprengstoffanschläge für falsch. Anschläge, die unblutig sind, führen zu nichts. Anschläge, die blutig sind, habe ich als Christ abgelehnt, die hat auch Kerschbaumer abgelehnt. Aber wenn Anschläge Erfolg haben sollen, dann werden sie immer blutig werden. Denn auf die Anschläge antwortet der Staat mit Repression, und zwar mit Repression auf das ganze Umfeld. Auf diese Repression wird wieder mit Gewalt geantwortet, und dann kommt es zu einer noch ärgeren Repression. Eine Eskalation, die nicht aufzuhalten ist."

Die Befürchtung, es werde sich an den Zuständen in der Region kaum etwas ändern, bewahrheitet sich. Als 1959 die Durchführungsbestimmungen für den sozialen Wohnbau aus Rom eintreffen, werden sie von der italienischen Mehrheit in der Regionalregierung beschlossen: Der soziale Wohnbau ist damit zuwandernden Italienern vorbehalten. Die Südtiroler Provinzverwaltung bleibt machtlos.

Die ersten Sprengstoffanschläge der Südtiroler Aktivisten gelten Starkstromleitungen (rechts) und den noch in Bau befindlichen Sozialwohnbauten in Bozen, die für zuziehende Italiener errichtet werden (links).

Aus Protest zieht die SVP ihre Vertreter in der Regionalregierung ab und geht in die Opposition. Drei Tage später, am 2. Februar 1959, begibt sich die Parteileitung der SVP mit Silvius Magnago, Friedl Volgger, Alfons Benedikter, Hans Dietl sowie Hans Stanek nach Wien, um der österreichischen Regierung Bericht zu erstatten. Sie werden von der Regierungsspitze empfangen, von Raab, Pittermann, Figl, Kreisky und Gschnitzer. Die Südtiroler bitten Österreich eindringlich, das Südtirol-Problem vor die UNO zu bringen. Aber sie besuchen auch den italienischen Botschafter in Wien, Gastone Giudotti, und berichten ihm über ihre Gespräche am Ballhausplatz. Sie sichern sich solcherart gegen den Vorwurf des Landesverrats ab.

Doch die Spannung zwischen Italien und Österreich nimmt zu. 1959 ist ein Tiroler Gedenkjahr: 150jähriges Jubiläum des Tiroler Freiheitskampfs. Die Festlichkeiten werden am 20. Februar 1959, dem 149. Todestag von Andreas Hofer, eröffnet. Andreas Hofer, der Mann, der den Aufstand der Tiroler gegen die Napoleonische Besatzung angeführt hat, dessen Name für Freiheitskampf und gegen fremde Unterdrückung steht. Große Feiern sind geplant in Bozen wie in Innsbruck, aber auch in Wien und den anderen Landeshauptstädten. Der italienische Botschafter erscheint am Ballhausplatz, überreicht ein Aide-mémoire: Die Andreas-Hofer-Feiern auf beiden Seiten des Brenners sollen ihren lokalen Charakter dadurch bewahren, daß keine ortsfremden Elemente an ihnen teilnehmen, insbesondere keine österreichischen Politiker an den Kundgebungen in Bozen. Italien behalte sich diesbezüglich Einreiseverbote vor. Und noch bevor sich die Bundesregierung mit der italienischen Note befassen kann, gibt Italien bekannt, daß der Tiroler Landeshauptmann Hans Tschiggfrey und der Tiroler Landesrat Aloys Oberhammer bereits mit dem Einreiseverbot belegt

seien. Der österreichische Botschafter in Rom, Max Löwenthal-Chlumecky, wird beauftragt, im italienischen Außenamt schärfstens zu protestieren. Die Tiroler Landesregierung tritt zu einer Sondersitzung zusammen: Die Würde des Landes Tirol sei verletzt. Der Tiroler Landtag appelliert an die Bundesregierung, die Frage Südtirol unverzüglich vor die UNO zu bringen.

Die ersten Sprengstoffattentate

Überall finden nun Kundgebungen und Umzüge zum Gedenken an Andreas Hofer, aber gleichzeitig auch zum Protest gegen Italien statt. Sie werden in Rom mit Demonstrationen von Studenten und Neofaschisten beantwortet: Der italienische Ministerpräsident Antonio Segni gibt vor dem Parlament in Rom zu Südtirol eine Erklärung ab: Südtirol sei ausschließlich ein italienisches Problem, an den österreichisch-italienischen Spannungen sei ausschließlich Österreich schuld, das Pariser Abkommen sei von Italien erfüllt. Das löst weitere große Demonstrationen gegen Österreich aus, in Rom, in Neapel, in Venedig und Mailand. In Bozen leitet die Staatsanwaltschaft gegen Magnago, Volgger, Benedikter und Stanek die Voruntersuchung wegen „antinationaler Tätigkeit" ein – wegen ihrer Vorsprache bei der Regierung in Wien.

Am 8. April, einen Tag vor den Gedenkfeiern zum Beginn des Tiroler Aufstandes vom 9. April 1809, wird der erste Sprengstoffanschlag auf den Rohbau eines Volkswohnhauses in Bozen verübt. Der BAS hat zugeschlagen. Und einen Flugzettel hinterlassen: „Stopp der Unterwanderung! Euch zugewanderten Italienern wird dringend geraten, Südtiroler Boden zu verlassen." Am 9. April leuchten rund um Bozen und Meran auf allen Bergen die Gedenkfeuer, und sie leuchten auch von den Bergen Nordtirols. Solcherart wird für die Einheit Tirols demonstriert. Als Antwort wird ein italienischer Sprengstoffanschlag auf das österreichische Generalkonsulat in Triest verübt. Proteste da und Proteste dort. Die Krönung des Tiroler Gedenkjahres soll der große Landesfestzug in Innsbruck darstellen, am 13. September 1959. Mehr als 20000 Schützen und Musikanten in Tiroler Trachten demonstrieren für die Landeseinheit Tirols. Auch Südtiroler Schützen marschieren mit – ohne Waffen, nach italienischem Gesetz. Sie werden besonders umjubelt. Ebenso wie eine Gruppe Südtiroler Jugendlicher, die eine fünf Quadratmeter große eiserne Dornenkrone im Umzug mittragen als Symbol für das „Märtyrertum Südtirols". Auf Transparenten und auf Flugzetteln scheint immer wieder die Parole auf: „Selbstbestimmung für Südtirol". Und das alles in Anwesenheit des Bundespräsidenten Schärf, eines Großteils der Bundesregierung und ausländischer Gäste.

Zu diesem Zeitpunkt hat Österreich einen neuen Außenminister. Nach den Wahlen 1959 und dem guten Abschneiden der SPÖ bei diesen Wahlen gibt Leopold Figl das Außenministerium ab, und der bisherige sozialistische Staatssekretär Bruno Kreisky wird neuer Außenminister. Kreisky benützt die erste Gelegenheit, das Problem Südtirol vor die Generalversammlung der Vereinten Nationen in New York zu bringen. Er weiß, wie schwer, ja fast unmöglich es sein würde, die Mitgliedsstaaten der UNO zu einer Unterstützung der österreichischen Forderungen für Südtirol zu bringen. Denn in der UNO wünscht man keine Einmischung in die inneren Angelegenheiten der Staaten. Und Südtirol scheint doch eine innenpolitische Angelegenheit Italiens zu sein. Dazu kommt, daß die meisten der UNO-Mitgliedsstaaten mit eigenen Minderheitenproblemen zu ringen haben und jeder fürchten muß, daß diese durch einen Präzedenzfall ebenfalls internationalisiert werden könnten.

So geht Kreisky zunächst vorsichtig vor: In einer großangelegten Ansprache am 21. September 1959 gibt er eine Zusammenfassung der Geschichte und Gegenwart Südtirols, einschließlich der unerfüllten Punkte des Gruber-De Gasperi-Abkommens. Ja, es gäbe immer wieder bilaterale Gespräche, aber Italien sei bisher nicht bereit gewesen, seinen Standpunkt zu revidieren. Dann kündigt Kreisky an: „Sollten bilaterale Verhandlungen nicht Erfolg haben, um für die Minderheit von 250000 Menschen, die in einer Nation von fast 50 Millionen leben, eine befriedigende Lösung zu finden, hat Österreich keine andere Alternative, als an die Vereinten Nationen zu appellieren, sich mit dieser Frage zum nächstmöglichen Zeitpunkt zu befassen." Die Italiener weisen die Kreisky-Rede sofort zurück: Südtirol falle nicht in die Kompetenz der UNO. Kreiskys Auslegungen des Gruber-De Gasperi-Abkommens seien falsch.

Italien verhängt weitere Einreiseverbote, diesmal gegen Staatssekretär Gschnitzer und den geschäftsführenden Bundesobmann des Berg-Isel-Bundes, Eduard Widmoser. Aber Kreiskys Intervention vor der UNO führt doch dazu, daß nun der italienische Ministerpräsident Antonio Segni in einem „persönlichen" Schreiben Bundeskanzler Raab vorschlägt, die beiden Regierungschefs sollten in die Südtirol-Verhandlungen eingreifen. Raab stimmt zu, aber nur für den Fall, daß es dabei um eine eigene Autonomie für die Provinz Bozen gehe. Rom: Kommt nicht in Frage. Und wenn Südtirol vor ein internationales Forum kommen solle, dann vor den Internationalen Gerichtshof in Den Haag. Es ist klar, was das heißen soll: Südtirol als Rechtsfrage, nicht als politisches Problem. Der Internationale Gerichtshof könnte nur nach den Buchstaben der Verträge urteilen, und da hätte Italien eine gute Chance, weitgehend recht zu behalten.

In Südtirol wächst die Ungeduld. Und in der SVP auch der Druck auf die Parteiführung, die bisher gemäßigte Forderung nach

Auf die Sprengstoffanschläge in Südtirol antwortet Italien mit der Entsendung starker Militärverbände, die sämtliche Verkehrswege in Südtirol kontrollieren und alle wichtigen Einrichtungen bewachen sollen (rechts). Mit Plakaten (unten) wird die italienische Bevölkerung auf den Terror in Alto Adige – wie die Italiener Südtirol nennen – aufmerksam gemacht.

Josef Fontana: Das gute Material kam aus Nordtirol.

Autonomie aufzugeben und durch die radikale Forderung nach Selbstbestimmung zu ersetzen. Kerschbaumers Befreiungsausschuß ist zum Handeln entschlossen. Und er hat auch in Nordtirol wichtige Unterstützung gefunden: Der Kreis um Wolfgang Pfaundler besorgt Waffen und Sprengstoff und tritt dafür ein, die Weltöffentlichkeit durch einen „großen Schlag" auf das Südtirol-Problem aufmerksam zu machen. Unter denen, die diesen Schlag führen sollen, befindet sich auch der Südtiroler Josef Fontana. Er berichtet: „Wir waren einer Meinung, entweder wir werden jetzt aktiv, oder es ist zu spät. Denn die Politik Roms ging darauf hinaus, das Werk des Faschismus zu vollenden, in Südtirol durch die Zuwanderung eine italienische Mehrheit zu schaffen, womit unsere Rechte weitgehend hinfällig geworden wären. Da hat es aber zwei verschiedene Auffassungen unter uns gegeben. Die Nordtiroler Gruppe hat mehr auf einen großen Schlag hingearbeitet, ein bestimmter Tag ist abzuwarten, dann wird massiv zugeschlagen. Wir und Kerschbaumer waren eher der Meinung, man sollte die Staatsmacht nicht zu scharf herausfordern, sondern sehr gezielt bei italienischen Rechtsbrüchen und Rechtsverweigerungen zuschlagen, um jedesmal auf das Unrecht aufmerksam zu machen. So würden wir länger durchhalten. Wenn die Reaktion nicht zu scharf wäre, dann würden wir den längeren Atem haben. Aber die Entwicklung war dann so, daß wir unsere Position aufgeben mußten." Und Fontana weiter: „Die Sprengmittel sind zum Teil aus dem Trentino gekommen, Bestände aus dem Ersten Weltkrieg, die waren nicht sehr viel wert, aber dann haben wir gutes Material aus Nordtirol bekommen. Ohne Hilfe, da bin ich heute noch dankbar, aus Nordtirol hätten wir das nie über die Bühne bringen können. Da ist sehr viel geleistet worden. Primär war es meine Aufgabe, Objekte in die Luft zu jagen. Und das habe ich auch gemacht. Ich habe den

Rohbau eines Volkswohnhauses in die Luft gejagt, zum Teil wenigstens, hier in Bozen. Ganz gezielt, als Protest gegen die ungerechte Vergabe von Volkswohnungen." Aber nun haben die Italiener Beweise in der Hand: Der Sprengstoff Donarit ist österreichischer Herkunft.

Südtirol kommt vor die UNO

Außenminister Kreisky hält enge Verbindung mit der Führung der Südtiroler Volkspartei. Er will aber auch die Vertreter der „Selbstbestimmler" kennenlernen. Wolfgang Pfaundler bringt den Schützenmajor Georg Klotz zu Kreisky ins Büro. Klotz bietet Kreisky an, Ehrenschutzmajor einer Südtiroler Schützenkompanie zu werden, was der Außenminister aber ablehnt. Offiziell betont Kreisky Pfaundler und Klotz gegenüber, daß nur der Einsatz friedlicher Mittel für Südtirol zielführend sei. Realistisch sei auch nur eine Verbesserung der Autonomie, nicht aber eine Rückkehr Südtirols nach Österreich. Inzwischen wird die Kerschbaumer-Gruppe von Nordtirol aus weiter aufgerüstet.

Am 20. September 1960 beginnt in New York die XV. Generalversammlung der UNO. Sie findet im Schatten bedeutender weltpolitischer Ereignisse statt: Die Pariser Gipfelkonferenz ist wegen des U2-Zwischenfalls gescheitert. Im Kongo ist der Bürgerkrieg in vollem Gange, der ein Stellvertreterkrieg zwischen Ost und West zu werden droht. Die Spannung um Berlin wächst. Nicht zuletzt wegen dieser unruhigen Weltlage nehmen viele Staatsoberhäupter und Regierungschefs an der UNO-Sitzung teil: Eisenhower, Chruschtschow, Nehru, Tito, Fidel Castro, Nasser, Sukarno und viele andere mehr. Die österreichische Delegation wird von Außenminister Kreisky angeführt, unterstützt durch Staatssekretär Gschnitzer sowie die Botschafter Matsch und Haymerle, beraten von Rudolf Kirchschläger und Kurt Waldheim. Das Ziel der Österreicher ist es, die Südtirol-Frage nun doch als Tagesordnungspunkt auf die Agenda der Generalversammlung zu setzen, unter dem Titel „Das Problem der österreichischen Minderheit in Italien". Italien protestiert und will den Titel geändert haben: „Die Erfüllung des Pariser Abkommens vom 5. 9. 1946". Um diesen Titel wird einige Zeit lang noch heftig gestritten, aber dann kommt Südtirol auf die Tagesordnung mit einem Kompromißtitel: „Der Status des deutschsprachigen Elements in der Provinz Bolzano (Bozen) – die Erfüllung des Pariser Abkommens vom 5. 9. 1946". Die Südtirol-Frage wird der politischen Spezialkommission zur Beratung vorgelegt. Hier wird erneut hart gerungen, es geht um den Inhalt der endgültigen Resolution zur Frage Südtirol. Letztlich gibt es da wieder einen Kompromiß: „Österreich und Italien mögen unverzüglich Verhandlungen über die Durchführung des Pariser Abkommens aufnehmen, um eine gerechte und demokratische Lösung zu finden." Dies ist der Durchbruch: Das Südtirol-Problem ist damit internationalisiert, also nicht, woran Italien bisher festhielt, ein rein initalienisches Problem. Weiters fordert das UNO-Mandat echte bilaterale Verhandlungen, was über die bisher von Rom zugestandenen freiwilligen diplomatischen Gespräche doch hinausgeht. Und da auch Italien der Resolution zustimmt, ist dies ein Eingeständnis, daß Südtirol tatsächlich noch verhandlungsbedürftig ist.

Die UNO, ihr Generalsekretär Dag Hammarskjöld, aber auch viele andere maßgebliche Diplomaten und Funktionäre sind Österreich bei diesen Verhandlungen immer wieder entgegengekommen. Österreich antwortet auf diese Leistung der UNO mit einer Leistung für die UNO. Kreisky ist nicht mit leeren Händen nach New York gekommen, sondern mit einem Ministerratsbeschluß, die Friedens-

Die österreichische Botschaft in Rom wird von neofaschistischen Studenten belagert, die gegen Österreichs Bestrebungen protestieren, das Problem Südtirol vor die UNO zu bringen. „Auf den Brenner mit den Lebenden und mit den Toten marschiert ganz Italien", heißt es auf einem Plakat (links oben), und auf dem anderen: „Die Verträge Mussolinis mit Hitler sind nach wie vor gültig, Südtirol ist nicht der Kongo, keine UNO!" (rechts oben). Und dem Sozialisten Kreisky wird mit dem Faschistengruß der Tod gewünscht. Schließlich löst die Polizei die Demonstration auf.

truppen der Vereinten Nationen, die Blauhelme, im Kongo durch ein österreichisches Sanitätskontingent zu unterstützen. Es wird der erste Einsatz des Bundesheers im Rahmen der UNO werden.

Die Feuernacht

Im Befreiungsausschuß für Südtirol hält man nicht viel von der UNO-Resolution. Vor allem glaubt man nicht, daß Italien ohne maximalen Druck je nachgeben werde. Erneut sprechen Mitglieder des BAS bei Kreisky vor, diesmal privat in seinem Haus in der Armbrustergasse. Sepp Kerschbaumer ist unter ihnen. Luis Amplatz hätte kommen sollen, doch dessen Paß war von den italienischen Behörden gesperrt. Die Teilnehmer an diesem Gespräch berichten, Kreisky hätte geraten, „nur keine militanten Aktionen". Amplatz wird später in seinem Testament behaupten, Kreisky hätte Verständnis gezeigt, wenn es in Südtirol „kracht", so werde die Welt auf das Problem aufmerksam. Der Nord- und der Südtiroler BAS beraten am 8. Dezember in Innsbruck: Zuschlagen oder nicht? Die Mehrheit der BAS-Leute ist fürs Zuschlagen. Vorläufig noch mit demonstrativen Einzelanschlägen, doch die Weichen für den Megaschlag werden schon gestellt. Die Eskalation ist unaufhaltsam.

Am 27. und 28. Januar 1961 finden in Mailand die ersten Südtirol-Verhandlungen im Rahmen des UNO-Mandats statt, geführt von Kreisky und Segni. Österreich fordert die Abtrennung der Provinz Bozen, die Errichtung einer eigenen Region Bozen mit voller Regionalautonomie. Italien lehnt ab. Die Verhandlungen bleiben ohne Resultat. Aber man will sie fortsetzen. Der BAS antwortet auf die Ergebnislosigkeit der Gespräche mit einem Sprengstoffanschlag auf das sogenannte Reiterdenkmal, das bei Waidbruck in Südtirol seinerzeit von den Faschisten errichtet worden ist. Der überdimensionale Reiter trägt die Gesichtszüge Benito Mussolinis. Der BAS sprengt die Statue in die Luft und verbreitet in ganz Südtirol Flugblätter: „Tiroler! Italien zeigte uns wieder die kalte Schulter ... jetzt ist unsere Geduld zu Ende! Jetzt gibt es nur mehr eine Forderung: Selbstbestimmung für Südtirol!" Italien antwortet auf den Sprengstoffanschlag mit Verhaftungen und Hausdurchsuchungen in Südtirol. Tausend Polizisten und ein großes Kontingent an Militär werden zusätzlich nach Südtirol beordert. Als am 25. März in Rom der hundertste Jahrestag der nationalen Vereinigung Italiens gefeiert wird, werden vom BAS gleich drei Rohbauten von Volkswohnhäusern gesprengt: Fontana und Amplatz sprengen in Bozen, Jörg Pircher in Meran. Im italienischen Parlament wird daraufhin ein Gesetzesantrag angenommen, demzufolge den wiedereingebürgerten Südtiroler Optanten die italienische Staatsbürgerschaft zu entziehen sei, wenn sie „Handlungen begehen, die mit den Pflichten der Treue zur Republik unvereinbar sind". Am 29. April 1961 wird Viktoria Stadlmayer, die sich auf dem Weg nach Bozen befindet, am Brenner aus dem Zug heraus verhaftet und ins Bozener Bezirksgefängnis gebracht. Die Proteste Österreichs werden zunächst zurückgewiesen, und Stadlmayer wird sieben Verhören unterworfen. Sie wird erst am 10. Juni freigelassen. In dieser äußerst gespannten Atmosphäre treffen am 24. und 25. Mai Kreisky und Segni zur Fortsetzung der Südtirol-Verhandlungen zusammen, diesmal in Klagenfurt. Segni erklärt, daß auf Grund der durch die Terrorakte geschaffenen Situation Italien keine Zugeständnisse machen könne. Aber immerhin: Eine Expertenkommission von Italienern und Österreichern soll die gegenseitigen Vorschläge zusammenfassen und prüfen.

Für den BAS ist das Treffen von Klagenfurt ein weiterer Beweis, daß man auf dem Verhandlungsweg mit Italien nicht weiterkommen werde. So entschließt man sich zum „großen Schlag". Als Datum wird der 11. Juni festgesetzt, der Herz-Jesu-Sonntag. Andreas Hofer begründete 1809 diesen Tag als Landesfeiertag Tirols. In den Bergen werden am Abend dieses Tages Höhenfeuer entzündet, und viele Menschen sammeln sich um diese Feuer. Für die geplanten Attentate ideal: An die hundert Männer des BAS können solcherart völlig unverdächtig ihre Ziele rund um Bozen und Meran, im Pustertal und im Tauferertal erreichen. Rund hundert Männer, fast alle von ihnen im Umgang mit Sprengstoff sorgfältig ausgebildet. Die Ausbildung erhielten sie in Nordtirol, ebenso wie den Sprengstoff. Einer von ihnen ist Luis Gutmann: „Das Ziel waren die Hochspannungsmasten. Die Stromleitungen gehen ja ins Italienische. Wir wollten einmal die Industriezone von Bozen lahmlegen, aber die sollten auch unten in Italien spüren, welche Folgen das hat, wenn wir einmal losschlagen. Wir haben die Objekte schon gut ausgesucht, es sollten keine Häuser in der Nähe stehen, wir wollten keine Menschenleben in Gefahr bringen. Das hat der Kerschbaumer immer gesagt: Ja keine Menschenleben, nur Sachschaden. Aber doch Anschläge, die eine gewisse Wirkung haben."

Die Zünder der Sprengladungen sind auf 1 Uhr früh eingestellt. Auf den Bergen rund um Bozen, rund um Meran und an mehreren anderen Orten explodieren die Sprengladungen mit grellem Licht, und im Funkenregen bersten die Starkstromleitungen. In Bozen und Meran geht das Licht aus, die meisten Leitungen, die von den großen E-Werken in die Täler führen, sind unterbrochen. Insgesamt sind in dieser Nacht 47 Strommasten gesprengt worden. Die Detonationen wecken die Bevölkerung aus dem Schlaf, in Bozen laufen die Menschen auf die Straße, sehen den grellen Feuerschein der Explosionen. Es hört sich an wie Krieg. Viele Italiener suchen in den Polizeistationen und Carabinieri-Kasernen Zuflucht. Erstaunlich: Obwohl an die hundert Männer an den Anschlägen beteiligt waren und die Vorbereitung dieser Feuernacht doch mehrere Tage beansprucht hat, sind die italienischen Behörden völlig ahnungslos, haben nicht den geringsten Hinweis auf die bevorstehenden Ereignisse erhalten. Ebenso erstaunlich, daß eine so große Anzahl von schweren Explosionen fast kein Menschenopfer gefordert hat. Fast, denn es gab eines: Ein italienischer Straßenwärter sah an einem Alleebaum eine Sprengladung hängen. Als er das Paket entfernen wollte, explodierte es, der Mann war auf der Stelle tot. Sämtlichen später von der Polizei gefaßten Sprengstoffattentätern wird der Tod dieses Mannes als Mord angerechnet.

Am Morgen wird man bei den gesprengten Hochspannungsmasten, aber auch in den Straßen der Südtiroler Städte und Dörfer Flugblätter finden: „Landsleute! Die Stunde der Bewährung ist da!" Nach einer Schilderung der Leiden, die die Südtiroler von 1918 bis jetzt zu ertragen hatten, nach einer Anklage Italiens, das den Südtirolern zwar die Autonomie zugesagt, aber sie nicht verwirklicht habe, wird auf den Flugblättern das Selbstbestimmungsrecht für Südtirol gefordert. Abschließend heißt es: „In dieser Stunde erheben sich die treuesten Söhne unserer Heimat gegen die Gewalt und schreiten schweren Herzens – so wie anno 1809 – zur Tat... Europa und die Welt werden unseren Notschrei hören und erkennen, daß der Freiheitskampf der Südtiroler ein Kampf für Europa ist und gegen die Tyrannei. Landsleute! Unterstützt den Freiheitskampf! Es geht um unsere Heimat!"

Luis Gutmann: Die Weltöffentlichkeit aufmerksam machen.

Die Feuernacht bringt eine Wende in, aber auch für Südtirol. Die italienische Regierung reagiert mit der Entsendung Zehntausender Carabinieri, Polizisten und Soldaten nach Südtirol. Südtirol wird militärisch besetzt: Entlang der Bahnlinien stehen im Abstand von jeweils 200 Meter Doppelposten in voller Gefechtsausrüstung, auf sämtlichen Straßen und Wegen Südtirols patrouillieren Polizisten, im Gelände suchen Militärpatrouillen nach Waffen und Sprengstoffver-

Bei Waidbruck hatten die Faschisten eine Reiterstatue aus Aluminium errichtet, die die Gesichtszüge Mussolinis trug und hier sozusagen Wache hielt. Sie wurde nach dem Ende des Faschismus so wie auch andere faschistische Denkmäler in Südtirol nicht beseitigt. Am 30. Januar 1961 wurde der Alu-Duce von Südtiroler Aktivisten gesprengt.

stecken. Auf jeden Schatten wird geschossen, zwei junge Südtiroler werden dabei getötet. Polizei und Militär bewachen alle Brücken, die Kraftwerke, alle Amtsgebäude, die Denkmäler. Militärflugzeuge und Polizeihubschrauber suchen aus der Luft nach möglichen Attentätern. Auf sämtlichen Ausfallstraßen werden Straßensperren errichtet, wer passieren will, wird genau kontrolliert.

Italiens Innenminister Mario Scelba kommt nach Bozen und läßt dort führende Mitglieder der SVP, aber auch alle Bürgermeister zur Vergatterung antreten: Das könne doch nicht in ihrem Sinne sein, der durch Stromausfall entstandene Schaden betrage fast eine Milliarde Lire (was damals sehr viel Geld war). Ein großer Teil der für den Sommer erwarteten Urlaubsgäste habe die Buchungen in den Südtiroler Hotels storniert, andere, die schon da sind, würden ihren Urlaub abbrechen und fliehen. Die Geschäftstätigkeit gehe entsprechend zurück. Die Folgeschäden für die Wirtschaft seien noch gar nicht abzusehen. Auch werde man für die Unterbringung der Soldaten und zusätzlichen Polizeistreitkräfte Hotels und Gasthöfe beschlagnahmen müssen.

Scelbas Erklärungen zeigen Wirkung: Die Wirtschaftstreibenden und Hoteliers sind durch die Anschläge und deren Folgen erheblich geschädigt. Magnago muß fürchten, daß die Polizei die Sprengstoffanschläge mit der SVP in Verbindung bringt, und das könnte zum Parteiverbot führen. So werden die Attentate sowohl von der SVP als auch von den Wirtschaftstreibenden Südtirols hart verurteilt. Und doch haben die Anschläge etwas bewirkt. Silvius Magnago berichtet: „Scelba war furchtbar aufgeregt. Er war besorgt wegen der öffentlichen Ordnung in Italien, er fürchtete, daß die Destabilisierung ausgenützt werden könnte zu einem Vorstoß der Kommunisten, daß sie dann in die Regierung hineinkommen. Südtirol war für ihn ein unbekanntes Problem. Aber ich konnte mit ihm ein Vieraugengespräch führen. Ich war ja damals schon Landeshauptmann. Und er war beeindruckt, und am Ende hat er mir versprochen, er wird der Regierung die Einsetzung einer Kommission vorschlagen, und die soll die Probleme Südtirols studieren, denn da haperts irgendwo – da ist er selber draufgekommen. Und so ist es zu dieser Kommission gekommen, die man dann 19er-Kommission genannt hat. Aber die 19er-Kommission wurde eingesetzt, weil die Südtiroler Aktivisten, und das muß auch gesagt werden, zu den Bomben gegriffen haben. Ich möchte nicht mißverstanden werden, ich bin absolut für die Legalität, denn wenn die Gewalt entscheiden soll, dann werden immer die recht haben, die mehr Gewalt anwenden können. Ich habe damals in einer Erklärung auch bedauert, daß die italienische Regierung, erst wenn man Gewalt angewendet hat – damals war es ja eine unblutige –, daß sie erst dann reagiert. Und ich habe gesagt, so erzieht man die Bürger nicht, denn das heißt, ‚so müßt ihr mit mir reden, dann erreicht ihr was und sonst erreicht ihr nichts'. Das ist das Übelste, was eine Regierung tun kann. Aber das sind die Tatsachen."

Am 1. September 1961 wird die „Kommission zum Studium der Lage in Südtirol" von der italienischen Regierung eingesetzt. Sie hat 19 Mitglieder, 11 Italiener, 7 Südtiroler, einen Ladiner. Silvius Magnago führt die Südtiroler an. Rom demonstriert mit der Einsetzung der Kommission, daß die Frage Südtirol ein inneritalienisches Problem ist. Gleichzeitig gibt Rom damit aber auch zu, daß es ein Problem ist und daß es daher auch einer Lösung bedarf. Die 19er-Kommission wird an die 200 Arbeitssitzungen abhalten und insgesamt zwei Jahre lang tagen. Am Ende werden die Südtiroler viel erreicht haben: In dieser Kommission wird jenes Paket geschnürt, das den Südtirolern letztlich ein sehr hohes Maß an Gleichberechtigung und Autonomie bringen wird.

Viktoria Stadlmayer, Leiterin der Südtirol-Abteilung in der Tiroler Landesregierung, wird nach ihrer Entlassung aus italienischer Haft am Brenner mit Blumen begrüßt (oben).

Der Mailänder Prozeß

Doch bis dahin vergehen noch Jahre. Der italienischen Polizei gelingt nun ihrerseits ein großer Schlag: Die Gruppe Sepp Kerschbaumer fliegt auf, die Verhafteten werden in den Kasernen und Gefängnissen von Bozen und Meran schwer gefoltert. Schließlich fordert Sepp Kerschbaumer selbst seine Mithäftlinge auf, alles zu erzählen – er erträgt es nicht mehr, daß die Leute, die ihm gefolgt sind, so leiden müssen. Bis September 1961 sind 90 Personen in Haft, fast der gesamte Südtiroler BAS. Georg Klotz und Luis Amplatz ist die Flucht gelungen. Sie gehen nach Österreich ins „Asyl". Und nun kommt es zu einer tragischen Wechselwirkung. Hatte man am Anfang ein gewisses Verständnis für den Kampf der Südtiroler gezeigt, so will man jetzt mit den Attentätern nichts zu tun haben. Die BAS-Leute fühlen sich zunehmend isoliert. Klotz und Amplatz wollen den Kampf fortführen und führen ihn auch fort. Immer wieder überschreiten sie illegal die Grenze zu neuen Sprengstoffanschlägen und damit notwendigerweise jetzt auch schon zu Gefechten mit den Carabinieri. Und es finden sich Helfershelfer, nur kommen sie zunehmend aus nationalen, ja neonazistischen Kreisen. Norbert Burger, ein Innsbrucker Universitätsdozent, gehört zu ihnen, und er bringt eine ganze Reihe seiner Studenten in die Organisation ein. Für sie gilt Kerschbaumers Grundsatz nicht mehr, demzufolge Menschen nicht zu Schaden kommen sollen. Jetzt werden nicht nur Hochspannungsmasten gesprengt, jetzt werden auch Polizeistationen, Kasernen, Bahnhöfe angegriffen. Und Menschen getötet. Der Terror führt zum Gegenterror: Radikale Italiener sprengen das Andreas-Hofer-Denkmal am Bergisel bei Innsbruck. Drei Plastikbomben reißen die große bronzene Statue aus ihrer Verankerung. Daraufhin wird wieder ein Denkmal in Italien gesprengt.

Den verhafteten Südtirolern gelingt es, Kassiber aus den Gefängnissen zu schmuggeln. Das volle Ausmaß der Folterungen wird

Viktoria Stadlmayer: Wenn Anschläge Erfolg haben sollen, werden sie immer blutig werden.

Italiens Innenminister Mario Scelba eilt nach den Bombenanschlägen nach Südtirol und vergattert die Südtiroler Politiker. Aber er läßt sich auch von ihnen informieren und erkennt, daß es hier ein Problem zu lösen gilt. Scelba setzt daraufhin jene 19er-Kommission ein, welche die Vorschläge ausarbeitet, die schließlich – nach Jahren – zur Paketlösung für Südtirol führen.

bekannt. Anzeigen werden erstattet und schließlich zehn Carabinieri in Trient wegen Mißhandlung und Folterung der Gefangenen vor Gericht gestellt. Am 29. August 1963 werden sie alle freigesprochen. Empörung bei den Südtirolern, Empörung auch in Österreich.

Am 9. Dezember 1963 wird im Mailänder Justizpalast der Prozeß gegen Kerschbaumer und weitere 90 Angeklagte eröffnet. Unter den Angeklagten auch sechs Österreicher und ein Deutscher, gegen die jedoch in Abwesenheit verhandelt wird. Es sind die führenden Mitglieder des Nordtiroler BAS. Flüchtig sind auch Klotz und Amplatz. Den anwesenden Südtiroler Angeklagten wird „Anschlag auf die Einheit des Staates und Mord" zur Last gelegt. Auf beide Delikte steht lebenslanger Kerker. Doch sowohl der Gerichtspräsident Gustavo Simonetti als auch Staatsanwalt Mauro Gresti führen den Prozeß mit mustergültiger Objektivität. Kerschbaumer nimmt alle Verantwortung für die Anschläge auf sich. Er beeindruckt den Gerichtshof auch durch die Einfachheit seiner Aussagen. Der Vater von sechs Kindern spricht von Heimatliebe und Treue, schildert, wie er die Ungerechtigkeiten rund um sich nicht mehr habe ertragen können und wie ihn sein Gewissen gezwungen habe zu handeln. Auch alle anderen Angeklagten kommen ausführlich zu Wort. Das Schicksal der Südtiroler ab 1918 wird im Gerichtssaal und vor einer interessierten Weltöffentlichkeit voll aufgerollt. Die italienischen Medien berichten ausführlich vom Prozeß, und die meisten Italiener hören dadurch zum ersten Mal von der gewaltsamen Italianisierung Südtirols in der Mussolini-Zeit, vom gemeinsamen Vorgehen Mussolinis und Hitlers gegen die Südtiroler und von der Fortsetzung eines Teils dieser Politik auch im jetzigen Italien. Der Staatsanwalt zieht den Vorwurf des Hochverrats zurück. Er wirft den Angeklagten jetzt „nur noch" politische Verschwörung vor mit dem Ziel, eine Änderung der italienischen Verfassung mit illegalen Mit-

163

teln (Sprengstoffanschlägen) angestrebt zu haben. Der Prozeß dauert fast acht Monate. Er endet mit 27 Freisprüchen, 46 Häftlinge werden auf Grund einer inzwischen erfolgten Amnestie auf freien Fuß gesetzt, 22 bleiben im Gefängnis. Sepp Kerschbaumer wird zu 15 Jahren und elf Monaten Kerker verurteilt, Josef Fontana zu zehn Jahren und sechs Monaten, Luis Gutmann zu neun Jahren und vier Monaten. Die höchsten Strafen gibt es für die Abwesenden: Amplatz erhält 25, Klotz 18 Jahre Kerker. Der Österreicher Wolfgang Pfaundler wird zu 22 Jahren, Widmoser, der Chef des Berg-Isel-Bundes, zu 19 Jahren verurteilt. Das Schlußwort spricht Gerichtspräsident Simonetti, und es läßt die Angeklagten und ihre Taten in einem anderen als bisher vermuteten Licht erscheinen: „Wir wollen die Dinge nicht mehr dramatisieren, als sie es von Natur aus schon sind. Sehen wir sie doch als das, was sie sind: eine menschliche Tragödie." Kerschbaumer ist fünf Monate danach im Gefängnis an Herzversagen gestorben. Die anderen haben ihre Strafen großteils abgebüßt, sie wurden von nun an gut behandelt.

Mit der Kerschbaumer-Gruppe ist jene Garnitur von Südtiroler Aktivisten außer Gefecht gesetzt, die ihren Kampf unblutig führen wollte. Jene, die in ihre Fußstapfen treten, führen ihn jetzt blutig. Carabinieri, Finanzbeamte, Soldaten werden angegriffen und getötet. Im Jahr 1966 beklagt der italienische Innenminister den Tod von 26 Exekutivbeamten. In Anbetracht der vielen Anschläge und Gefechte werden zwar immer wieder anberaumte Regierungsverhandlungen zwischen Italien und Österreich abgesagt oder vertagt, aber die Kontakte reißen nicht ab. Besonders in der 19er-Kommission geht es gut weiter. Auch treffen sich Kreisky und seine mit den Regierungen wechselnden italienischen Kollegen am Rande so mancher internationaler Tagung. Man zeigt wachsendes Verständnis füreinander. Auch ist Österreich auf Italiens Wohlwollen zunehmend angewiesen:

Den italienischen Behörden gelingt es, die Aktivisten des BAS auszuforschen und gefangenzunehmen. Viele von ihnen werden gefoltert, um die Namen ihrer Mitverschworenen preiszugeben. Als es zur Anklage kommt, werden, wie in Italien üblich, die Häftlinge in Ketten in das Gerichtsgebäude geführt. Folter und Ketten lösen in Österreich heftige Proteste aus.

164

Österreich hat um Assoziierung zur EWG angesucht, für Österreichs Wirtschaft ein lebenswichtiger Schritt. Aber den Vertrag wird es nur geben, wenn auch das EWG-Mitglied Italien zustimmt.

Eine Regierungsumbildung in Rom bringt den Durchbruch: Segni wird 1962 Staatspräsident und Giuseppe Saragat sein Nachfolger als Außenminister. Aldo Moro, seit Dezember 1963 Ministerpräsident, und Saragat wollen das Problem Südtirol möglichst vom Tisch haben. Im Dezember 1964 ist es dann soweit. Die Italiener lehnen zwar eine eigene Region Bozen ab, aber sie sind bereit, der Provinz Bozen an die 90 Kompetenzen zu übertragen. Es sind die bisher weitestgehenden Zugeständnisse Italiens. Kreisky fordert darüber hinaus noch eine „internationale Verankerung" des „Pakets", wie das Abkommen nun genannt wird, und Saragat stimmt zu. Ein Schiedsgericht soll eingesetzt werden, bestehend aus einem Österreicher, einem Italiener und einem Mitglied eines dritten Staates, das sich die Österreicher und die Italiener aussuchen dürfen, sowie einem neutralen Präsidenten. Das Schiedsgericht soll acht Jahre lang im Amt bleiben und über Streitigkeiten, Auslegungen und Anwendungen jeweils entscheiden. Das Abkommen empfindet Kreisky als Krönung seiner langjährigen, hartnäckig verfolgten Südtirol-Politik. Ein Teil dieser Politik bestand darin, daß Kreisky bei jedem seiner Schritte sowohl die Nord- als auch die Südtiroler miteingebunden hat, nichts unternahm er ohne die ausdrückliche Zustimmung der Tiroler. Und so hatte er sich auch selbst verpflichtet, das mit Italien ausgehandelte Paket den Nord- und den Südtirolern zur Annahme vorzulegen.

Die Tiroler lehnen ab

Am 8. Januar 1965 treten im Innsbrucker Landhaus Kreisky und seine Südtirolexperten mit Vertretern der Südtiroler Volkspartei und

der Nordtiroler Landesregierung zur Beurteilung des Pakets zusammen. Kreisky ist sicher, daß das Paket allseits angenommen wird und daß er auch allseits den Dank für seine Bemühungen und den Applaus für seinen Erfolg ernten werde. Doch die Südtiroler lehnen ab. Die von den Italienern angebotenen Kompetenzen seien nicht ausreichend. Kreisky versteht die Welt nicht mehr. Verglichen mit der Ausgangslage im Jahr 1957 haben die Südtiroler, und er für sie, unerwartet viel erreicht. Nicht nur was die Kompetenzen betrifft, die internationale Verankerung durch ein Schiedsgericht sichert, nach Meinung Kreiskys, auch die Durchführung des Pakets im Sinne der Südtiroler. Doch die Tiroler erkennen Schwachstellen: Sie hatten unter anderem auch die Kompetenz für die industrielle Entwicklung der Provinz gefordert – und sie nicht bekommen. Das bedeutet in ihren Augen, daß nach wie vor große italienische Betriebe, vor allem auch der verstaatlichten Industrie, in Südtirol angesiedelt werden können, ohne Zustimmung der Südtiroler. Und das hieße automatisch weiterhin einen starken italienischen Bevölkerungszuzug. Schwachstellen gibt es auch, was die Gleichstellung der deutschen und der italienischen Sprache betrifft. Und die Südtiroler sind zuversichtlich: Hatte Italien bereits in so vielen Fragen eingelenkt, werde es das Paket wegen der zusätzlichen Forderungen der Südtiroler letztlich nicht platzen lassen. Sie sollten recht behalten. Aber Kreisky ist tief getroffen. Dazu Silvius Magnago: „Kreisky fühlte sich beleidigt. Er nahm es uns richtig übel, und ich muß sagen, er hat uns offenbar verdächtigt, daß wir das Paket ablehnen, weil es von zwei roten Außenministern gemacht worden ist (Saragat war wie Kreisky Sozia-

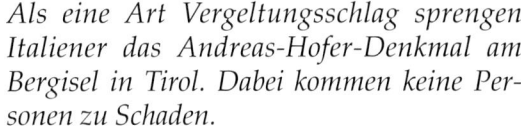

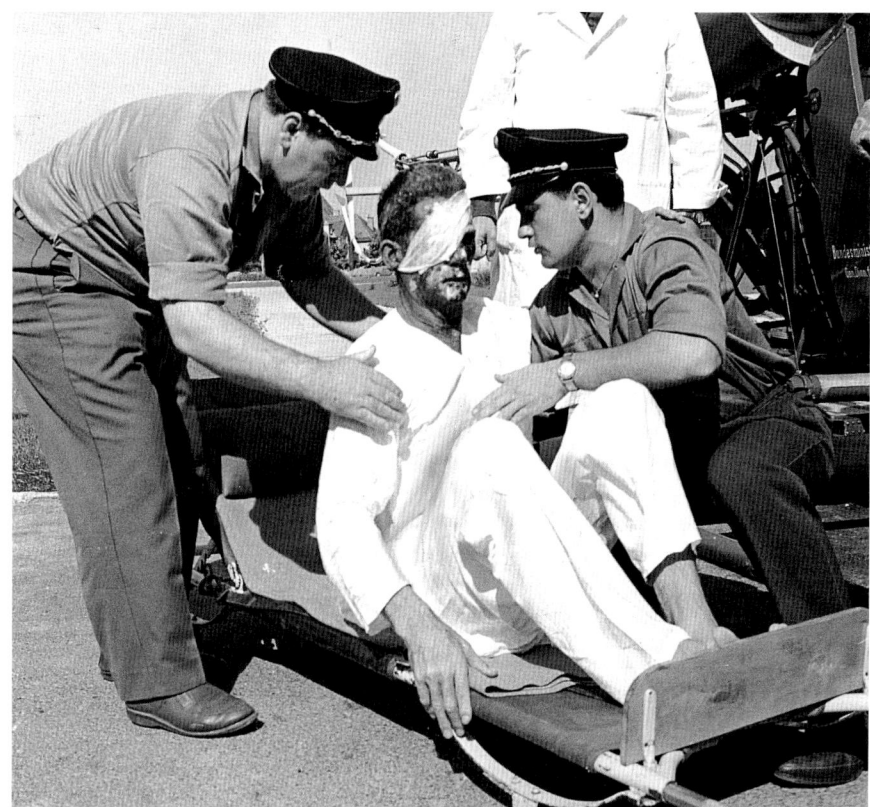

Als eine Art Vergeltungsschlag sprengen Italiener das Andreas-Hofer-Denkmal am Bergisel in Tirol. Dabei kommen keine Personen zu Schaden.
In Ebensee, Oberösterreich, haben italienische Extremisten mehrere Bomben gelegt. Eine davon explodiert, tötet den Gendarmerie-Rayonsinspektor Kurt Gruber und verletzt mehrere andere Gendarmen (rechts oben).

Freundliche Begrüßung zwischen Außenminister Kreisky und dem italienischen Außenminister Segni bei den ersten Südtirolverhandlungen auf Grund des UNO-Mandats im Januar 1961 in Mailand (links oben). Erst vier Jahre später kann Kreisky mit seinem italienischen Amtskollegen die Kreisky/Saragat-Lösung erreichen, die den Großteil der Südtiroler Forderungen erfüllt und auch eine internationale Absicherung enthält. Doch als Kreisky sein Verhandlungsergebnis den Nord- und den Südtirolern vorlegt, wird es von letzteren abgelehnt – die italienischen Zugeständnisse seien nicht weitreichend genug. Für Kreisky ist dies ein schwerer Rückschlag, der sein Verhältnis zum Südtiroler Landeshauptmann Magnago (links unten) lange Zeit belastet.

list). Und er lebte bis zu seinem Tod mit dem Verdacht, wir hätten nein gesagt, weil wir diesen beiden Ministern aus parteipolitischen Gründen keinen Erfolg gönnten. Da hat er uns zu unrecht verdächtigt. Wir sind nicht so verdorben. Es ging uns um die Substanz."

Mit der Ablehnung scheint es zunächst keine Verhandlungsbasis mehr zu geben. Die 19er-Kommission hat ihre Arbeit beendet, die italienische Regierung aus dem Munde Saragats ihr letztes Wort gesprochen. Und in Rom jagt wieder einmal eine Regierungskrise die andere. In Südtirol aber und auch in Österreich geht der Bombenterror weiter. Anschläge und Tote da wie dort. Natürlich weiß man in Rom, daß man doch noch zu einer Lösung des Problems kommen muß. Und auch Wien kann und will sich nicht zurückziehen. Beide Regierungen beauftragen nun ein ganz kleines Team mit der Weiterführung der Gespräche. Rudolf Kirchschläger berichtet: „Die Verhandlungen kamen zum Stillstand, und wir konnten sie nur mehr auf ganz, ganz vertraulicher Ebene wieder aufnehmen, zwei Österreicher, zwei Italiener. Von österreichischer Seite war es der Landesamtsdirektor Kathrein aus Tirol und ich, von italienischer Seite der Botschafter Gaja und der Professor Toscano. Wir konnten natürlich weder in Italien noch in Österreich verhandeln. So trafen wir uns in einer Privatwohnung in London. Dort haben wir die Grundlagen für den späteren Operationskalender und für das endgültige Paket gelegt. Solche vertraulichen Gespräche sind eben manchmal notwendig. Man kann sie führen, ohne eine Erfolgserwartung, ohne den anderen nach der Verhandlung brüskieren zu müssen. Ohne diesen absoluten Geheimhaltungscharakter hätten wir den Ansatzpunkt für Operationskalender und Paket nicht geschafft." Diese kleine Gruppe findet Lösungen für fast alle von den Südtirolern noch gestellten Forderungen, einschließlich der Industriekompetenz. Und da die Südtiroler auch der zeitlichen Begrenzung eines Schiedsgerichts mißtrauisch gegenüberstehen – Friedl Volgger: „Die Italiener hätten sich Zeit gelassen und die paar Jahre, mit denen das Schiedsgericht begrenzt war, wären bald um gewesen" –, wird anstelle des Schiedsgerichts ein sogenannter Operationskalender vereinbart: In dem Maß, in dem Italien die im Paket festgelegten Maßnahmen erfüllt, bestätigt auch Österreich international diese Fortschritte, wobei am

Ende des Operationskalenders eine offizielle Erklärung über die Beilegung des Streits abgegeben wird. Erst dann wird die Frage Südtirol von der Tagesordnung der UNO, des Europarats und des Internationalen Gerichtshofs gestrichen. Doch Österreich behält seine Schutzmachtfunktion und hat die Möglichkeit, den Streit erneut zu internationalisieren.

Das Paket und der Operationskalender

Das Paket enthält in seiner Endfassung statt der ursprünglichen 90 jetzt 137 Maßnahmen und Kompetenzen für einen besseren Schutz der deutschen und der ladinischen Sprachgruppen. Um es vorwegzunehmen: Erst im Jahr 1969 können das neu geschnürte Paket und der Operationskalender den Südtirolern zur Entscheidung vorgelegt werden, erst dann hat man zu Ende verhandelt. Magnago beruft eine außerordentliche Landesversammlung der Südtiroler Volkspartei ein. Sie findet im Kurhaus von Meran statt. Rund tausend Delegierte treten zusammen. Der Vorsitzende, Landtagspräsident Robert Fioreschy erklärt rundheraus: „Es gibt so viele Gegner von Paket und Operationskalender, daß man verzweifeln könnte am Bestand der Partei und der Einheit des Volkes." Er bittet, die Diskussionen sachlich zu führen und persönliche Angriffe und Polemiken zu vermeiden. Die Landesversammlung möge so verlaufen, „daß wir vor unseren Vätern bestehen können, aber auch vor unseren Kindern". Die Partei steht vor einer Zerreißprobe. Magnago und Volgger führen die Befürworter an, Peter Brugger und Alfons Benedikter die Gegner. Die Gegner meinen, daß Südtirol auch in Zukunft keinen Einfluß auf die italienische Zuwanderung haben werde, daß viel zu wenige Staatsstellen den Südtirolern zur Verfügung gestellt würden, daß die Schulautonomie unzulänglich und die Polizei weiterhin dem Südtiroler Einfluß entzogen sei. Es geht hart auf hart, doch Magnago gelingt das Kunststück, einen Teil der Gegner zu überzeugen. Spät in der Nacht zum 23. November 1969 wird abgestimmt: 583 Ja-Stimmen, 492 Nein-Stimmen, 15 Enthaltungen. Am 25. November stimmt auch die Mehrheit der Abgeordneten des

Als ein besonders tückischer Anschlag auf der Porze-Scharte in Südtirol das Leben von vier Carabinieri fordert – man hat ihnen eine Falle gestellt –, führt dies zu schweren Spannungen zwischen Rom und Wien. Die Attentäter kamen aus Österreich. Österreich distanziert sich von dem Terror und setzt das Bundesheer zur Bewachung der Grenze ein.

Silvius Magnago: Bis wir ohne Angst in die Zukunft blicken.

Nordtiroler Landtags für das Paket. Am 1. Dezember reisen, noch immer unter Geheimhaltung, der italienische Außenminister Aldo Moro und der damalige österreichische Außenminister Kurt Waldheim nach Kopenhagen – fern von der Terrorszene – und paraphieren das Paket wie den Operationskalender. Am 4. Dezember genehmigt das italienische Parlament die Verträge mit großer Mehrheit – 269 Ja- zu 26 Nein-Stimmen bei 88 Enthaltungen.

Am 16. Dezember 1969 hat der österreichische Nationalrat über die Verträge zu entscheiden. Die SPÖ, jetzt in Opposition, anerkennt die 137 erreichten Kompetenzen, die das Paket enthält, stimmt aber geschlossen gegen die Annahme dieser Südtirollösung, ebenso die FPÖ. Parteivorsitzender Kreisky erklärt, es gäbe keinerlei internationale Absicherung des Pakets, der Operationskalender sei nicht ausreichend. Die Verträge werden mit der Stimmenmehrheit der ÖVP angenommen. Allgemein wird bedauert, daß Kreisky sich nicht doch zu einer Zustimmung durchringen konnte: Ist doch das Paket zu einem großen Teil unter seiner Ministerschaft und durch seinen Einsatz ausgehandelt worden. Aber Kreisky hat wohl nie verwunden, daß die Südtiroler seiner Einigung mit Saragat nicht zugestimmt haben.

Werfen wir einen Blick in die noch weitere Zukunft: Es wird bis zum Jahr 1992 dauern, ehe alle Punkte aus dem Paket als erfüllt gelten und Österreich international die vereinbarte Streitbeilegungserklärung abgibt. Die Skeptiker hätten also doch recht gehabt: Ein nur auf begrenzte Zeit eingesetztes Schiedsgericht mit einer fragwürdigen Verlängerungsklausel wäre wahrscheinlich keine ausreichende Garantie für die Durchführung des Pakets gewesen. Aber wenn wir schon so weit in die Zukunft blicken, dann lassen wir Silvius Magnago im Jahr 1995 sagen, was das Paket gebracht hat: „Wir genießen heute auf Grund dieser Autonomie einen Lebensstandard, der immerhin beachtlich ist. Wir haben weniger Arbeitslose als die übrigen Regionen Italiens, wir haben bessere Gesundheitseinrichtungen als anderswo. Wir haben Schulen und Kindergärten gebaut, wir haben kulturell enorm viel aufgeholt. Vielleicht mit Ausnahme der schwedischen Ålands-Inseln genießen wir heute den besten Minderheitenschutz in Europa. Und die Schutzmaßnahmen der Autonomie genießen auch die Italiener und die Ladiner, sie gelten für alle, die hier leben. Wir haben Besuche von Delegationen von Minderheiten aus Osteuropa: Wie habt ihr das erreicht? Wie ist euch das gelungen? Wir beraten Deutsche, die in Ungarn leben, Ungarn, die in der Slowakei leben usw. Wir sind ein Vorbild."

Magnago betont, daß man dennoch vor dem römischen Zentralismus immer auf der Hut sein müsse und daß die Praxis sich noch immer von der Theorie des Pakets manchmal erheblich unterscheide. Um das Zusammenleben der beiden Sprachgruppen wirklich reibungslos zu gestalten, bedürfe es noch großer Anstrengungen. Magnago schließt: „Wir müssen zu einer Lösung kommen, wo jede Sprachgruppe sagen kann, ich kann ohne Angst in die Zukunft blicken. Seien es wir Südtiroler, seien es die Italiener oder die Ladiner – wir können ohne Angst in die Zukunft blicken."

Als Kreisky das Südtirol-Problem vor die UNO brachte, war, wie berichtet, eine große Mehrheit der Staaten für das Problem zunächst nicht ansprechbar. Es gab bedeutend ernstere Krisen in der Welt, und die meisten Mitgliedsstaaten der UNO hatten Schwierigkeiten mit ihren eigenen Minderheiten. Mit einer Einmischung in die inneren Angelegenheiten Italiens wollte man keinen Präzedenzfall schaffen. Daß es letztlich dennoch gelang, Südtirol auf die Tagesordnung der UNO zu bringen und ein Mandat der UNO zu erhalten, das Italien zu Verhandlungen mit Österreich zwang, war das Resultat einer nicht

Kurt Waldheim: Formeller Abschluß in Kopenhagen.

nachlassenden Offensive Kreiskys und der von ihm eingesetzten Diplomatengruppe, an deren Spitze Rudolf Kirchschläger, Heinrich Haymerle, Kurt Waldheim, Heribert Tschofen standen und diese wiederum unterstützt von den Staatssekretären Gschnitzer und Steiner und der Südtirol-Referentin Stadlmayer. Sie waren unablässig im Einsatz, um eine UNO-Delegation nach der anderen für das österreichische Anliegen zu gewinnen. Sie wußten auch, wie man Derartiges bewerkstelligt: Bei den Abstimmungen in der UNO boten sie Österreichs Stimme im Austausch für die Zustimmung der anderen zur Frage Südtirol an. Und immer wieder verpflichteten sie die UNO als solche, indem sie die Anliegen des Generalsekretariats aktiv unterstützten.

Österreicher in den Kongo

Der Schwede Dag Hammarskjöld ist ein sehr aktiver Generalsekretär der UNO. Er wagt auch viel. Als es nach Abzug der Belgier aus dem Kongo in diesem riesigen afrikanischen Land zum Bürgerkrieg kommt, setzt sich Hammarskjöld für den sofortigen Einsatz von UNO-Blauhelmen ein, um die blutigen Auseinandersetzungen zu beenden. Der Sowjetunion paßt das nicht. Der Kongo ist reich an Bodenschätzen und Diamanten, er liegt im Zentrum Afrikas und ist damit eine wichtige strategische Drehscheibe. Hammarskjöld setzt sich über die sowjetischen Einwände hinweg. Aber er hat es nicht leicht, die notwendigen Kontingente an Blauhelmen für den Kongo aufzubringen. So ist er für jede Unterstützung dankbar. Kreisky bietet sie an: Österreich werde der UNO mit einem Kontingent von Ärzten und Sanitätssoldaten helfen. Das bringt Kreisky und Österreich nicht wenige Gutpunkte in der UNO ein. Man beachte die Daten: Am 20. September 1960 beschließt auf Antrag Kreiskys der österreichische Ministerrat die Entsendung des österreichischen Sanitätskontingents in den Kongo. Am 29. September hält Kreisky seine programmatische Rede zur Südtirol-Frage vor der UNO-Generalversammlung.

Aber in Österreich gibt es nicht nur Zustimmung zur Teilnahme österreichischer Soldaten an internationalen Konflikten: Damals kommt zum ersten Mal die Frage auf, ob dies mit der Neutralität Österreichs vereinbar sei. Und ob es überhaupt vertretbar sei, Österreicher in das „finsterste Afrika" zu entsenden und dort größten Gefahren auszusetzen unter dem Titel „internationale Solidarität". Aber man hat keine Schwierigkeiten, genügend Freiwillige für diesen Einsatz zu finden, weit mehr, als benötigt werden. In der Wiener Fasangartenkaserne wird das Kontingent zusammengestellt: 112 Männer und zwei Frauen, beide medizinisch-technische Assistentinnen. Amerikanische Transportflugzeuge im Dienste der UNO sollen die Österreicher abholen und in den Kongo fliegen.

Der vorgesehene Einsatzort ist Stanleyville. Ein Aufstandsgebiet, in dem gerade jetzt heftig gekämpft wird. So wird zunächst nur ein Teil des österreichischen Kontingents in den Kongo geflogen, 48 Männer und eine Frau. Sie werden von vier Herkules-Transportern der US-Luftwaffe nach Bukawu gebracht. Die Frau an Bord heißt Gertrud Pieber, sie hatte sich in Graz freiwillig gemeldet, wurde für tauglich befunden, rekrutiert, kurz ausgebildet und mit dem Rang eines Leutnants ausgestattet. Die damalige Frau Leutnant Pieber heißt heute Vukovits und berichtet: „Gemeldet habe ich mich damals schon auch aus Abenteuerlust, aber ich habe auch deshalb den Beruf einer medizinisch-technischen Assistentin erlernt, weil es mir wichtig ist, mit Menschen umzugehen und zu helfen. Und damals hat man den Eindruck gehabt, daß man das dort unten wirklich gut kann. Hilfe war notwendig."

Die Österreicher sind mit einem kompletten Feldlazarett unterwegs, samt Röntgenstation, geländegängigen Sanitätswagen, Puch-Haflingern aus den Steyr-Werken, sie bringen Medikamente und Verbandszeug mit, Operationstische und moderne medizinische Geräte. Die Ausrüstung ist rund 50 Millionen Schilling wert. Doch ihre Ankunft im Kongo wird zum Schock. Der Bürgerkrieg tobt überall. Die UNO-Truppen werden von Teilen der Bevölkerung und den Machthabern als Feinde angesehen und müssen sich ihre Positionen oft erst erkämpfen. Ähnlich empfangen wird auch das österreichische Sanitätskontingent. Kaum an ihrem Einsatzort Bukawu eingelangt, werden die Österreicher von kongolesischen Soldaten umzingelt und gefangengenommen. Gertrud Vukovits: „Es waren zwei- bis dreihundert Bewaffnete, Gendarmen und Zivilisten, die die Häuser, in denen wir waren, umringt haben. Oberstleutnant Foltin hat uns gesagt, wir dürften nicht von der Waffe Gebrauch machen (die Österreicher waren mit Walther-Pistolen zur persönlichen Verteidigung ausgerüstet). Das war sicher ganz vernünftig. Gegen Abend wurden wir in das Stadtgefängnis gebracht, nachdem alle Verhandlungen nichts gefruchtet hatten. Dort hat man uns zuerst einmal im Hof an die Wand gestellt und geschaut, ob wir Waffen hätten. Und wir mußten auch eine Zeitlang mit erhobenen Händen stehen. Es war eine Schar von sehr aufgebrachten Kongolesen dort, die uns mit der Waffe bedroht haben, und dann wurden wir in Gefängniszellen gesperrt. Wir wußten natürlich nicht, was draußen los ist. Am nächsten Tag haben sich dann die Nigerianer entschlossen, das Gefängnis mit Gewalt freizubekommen."

Die Nigerianer – das ist das nigerianische Kontingent an UNO-Soldaten, das für den militärischen Schutz des österreichischen Feldlazaretts vorgesehen ist. Unter der Führung des britischen Majors Galloway versuchen zwei kleine Einheiten, das Gefängnis zu stürmen. Doch die Kongolesen haben Straßenblockaden errichtet und sich in den Hügeln rund um das Gefängnis verschanzt. Mit Maschinengewehren eröffnen sie das Feuer auf die Nigerianer. Galloway bricht den Angriff ab und ersucht das UNO-Hauptquartier um die Entsendung stärkerer Truppen. Inzwischen ist die Nachricht von der Festnahme der Österreicher in Wien eingetroffen: Verteidigungsminister Graf interveniert bei UNO-Generalsekretär Hammarskjöld, unverzüglich alles zur Befreiung der Österreicher zu tun. Im Steiermärkischen Landtag, wo man vor allem um Leutnant Pieber besorgt ist, wird der Antrag auf sofortige Rückführung des österreichischen Kontingents gestellt, falls die UNO hier versage. Major Galloway greift nochmals an, nach sechsstündigem Kampf erklären sich die Kongolesen bereit, die Österreicher freizulassen. Bilanz: Zwölf Tote und viele Verletzte.

Alle Österreicher sind unverletzt. Aber sie haben ihre gesamte Ausrüstung verloren. Auf Umwegen werden sie in die kongolesische Hauptstadt Leopoldville (heute Kinshasa) gebracht. Jetzt erst hört man in Österreich ausführlich, wie es ihnen ergangen ist. Helle Empörung in den Medien: Mißhandelt und beraubt, von den indischen UNO-Befehlshabern in Leopoldville geringschätzig behandelt, ja, erst nach heftiger Intervention seien die Österreicher neu eingekleidet worden, obwohl sie in Bukawu ihre gesamte persönliche Habe verloren hätten und manche von ihnen nur im Hemd und ohne Schuhe in Leopoldville angekommen seien. Verteidigungsminister Graf will daher das Kontingent sofort nach Österreich zurückführen. Doch Kreisky beschwört Graf: International wäre das eine große Blamage für Österreich, Österreichs Prestige bei der UNO wäre dahin. Graf läßt sich umstimmen, das Kontingent soll im Kongo bleiben. Nicht offiziell, aber eindeutig erreicht die österreichischen UNO-Soldaten die Parole: „Harret aus – für Südtirol!"

Die Österreicher werden jetzt in die Provinz Kasai verlegt, nahe der Stadt Bakwanga. Großbritannien hat ein Feldlazarett mit 60 Zelten zur Verfügung gestellt, das nun von den Österreichern übernommen wird. Das große Problem in der Provinz sind Flüchtlinge. Und die Leistungen der österreichischen Ärzte und Sanitäter bei der Betreuung dieser Flüchtlinge finden bald große Anerkennung. Natürlich werden auch immer wieder UNO-Soldaten in das Lazarett eingeliefert. So wie auch viele der Österreicher leiden sie an Malaria und Amöbenruhr, es gibt auch immer wieder Verwundete. Denn überall im Kongo wird immer wieder geschossen. Auch in der Provinz Kasai, wo ehrgeizige Militärs den Aufstand proben, die Loslösung vom Kongo. Im Mai 1961 gibt die UNO den Befehl zum Rückzug ihrer Soldaten aus der Provinz. Auch die Österreicher müssen abziehen. Gertrud Vukovits: „Unser Einsatz war kein Fehlschlag, denn das Zeltspital, das der Großteil unseres Teams aufgebaut hat, hat sehr viel Positives und Gutes gebracht. Wenn ich da an die vielen Kinder mit den dünnen Beinchen und den aufgetriebenen Bäuchlein denke, diese Hungersymptome, und die vielen Kranken. Es ist anders gekommen, als wir es gedacht haben. Aber vielleicht war es gerade deshalb viel sinnvoller, als es sonst gewesen wäre. Denn allen anderen ist nicht passiert, was uns passiert ist. Und wir haben es gut gemacht. Wir sind geblieben. Das war also schon eine Visitenkarte für uns, denn das hat sich ja sofort herumgesprochen, das hat auch jeder in der UNO gewußt."

Im übrigen ist das nicht das Ende des österreichischen Einsatzes im Kongo. Jetzt, da die Österreicher gezeigt haben, wie erfolgreich sie sein können, jetzt, da Österreich auch soviel Anerkennung erhält, wird der österreichische Einsatz im Kongo mit weiteren Kontingenten fortgeführt, bis zum September 1963. Insgesamt haben 164

Gertrud Vukovits, geborene Pieber: Und wir haben es gut gemacht.

Erstmals werden Österreicher zur Unterstützung einer Friedensmission der UNO eingesetzt. Es sind Sanitäter und Ärzte des Bundesheers. Sie und ihre Ausrüstung werden von Transportflugzeugen der US-Luftwaffe von Wien in den Kongo gebracht. Unter den Freiwilligen auch Leutnant Gertrud Pieber aus Graz, rechts bei der Verabschiedung der Truppe in Wien.

Männer und zwei Frauen bei diesem ersten Blauhelm-Einsatz Österreichs gedient. Und von da an stellt Österreich der UNO immer wieder Soldaten für friedenerhaltende Maßnahmen zur Verfügung. Es sind erstaunlich viele – bis 1995 rund 35 000 Männer und an die 200 Frauen, die an 20 verschiedenen UNO-Missionen teilnehmen. Dabei sind 31 Österreicher ums Leben gekommen. Allerdings „nur" 11 durch Feindeinwirkung, die anderen durch Krankheit, Unfälle und Selbstmord. Zu den Einsatzorten der Österreicher gehören nach dem Kongo die Insel Zypern, die Golanhöhen, der Sinai, das afghanische Grenzgebiet, Iran, Irak, Namibia, Kuwait, Westsahara, Kambodscha, El Salvador, Somalia, Tadschikistan, Liberia, Ruanda und schließlich Bosnien.

Olympia Innsbruck und WIG Wien

Verfolgt man Österreichs Aktivitäten zu Beginn der sechziger Jahre, so erkennt man, wie sehr das Land bestrebt ist, sich in das internationale Geschehen einzuschalten, auch seinen Beitrag zu leisten, um den Frieden zu bewahren, um Entspannung herbeizuführen. Österreich geht in die Welt hinaus, und es bringt auch die Welt zu sich herein. 1964 gleich mit zwei Großereignissen: Am 29. Januar werden die IX. Olympischen Winterspiele in Innsbruck eröffnet, und im Sommer steht Wien im Zeichen der WIG 64, der großen internationalen Gartenschau.

Innsbruck hat sich für die Olympischen Spiele gut gerüstet. Die Bergisel-Schanze wird zu einem Sprungstadion ausgebaut, das 60 000 Besuchern Platz bietet. Am Tivoli wird ein neues Eisstadion gebaut für 10 500 Besucher. In Seefeld wird eine Kombinationssprungschanze, in Igls eine Bob- und Rodelbahn angelegt. Zufahrts-

Die IX. Olympischen Winterspiele werden am 29. Januar 1964 im Innsbrucker Bergisel-Stadion eröffnet. 1 300 Sportler aus 35 Nationen marschieren in das Stadion ein (rechts). Die Österreicher sind auch diesmal besonders erfolgreich und gewinnen vier Goldmedaillen: Egon Zimmermann (Abfahrt), Pepi Stiegler (Slalom), Christl Haas (Abfahrt), J. Feistmantl/M. Stengl (Rennrodel-Doppelsitzer), fünf Silbermedaillen: Karl Schranz (Riesenslalom), Edith Zimmermann (Abfahrt), Regine Heitzer (Eiskunstlauf), Thaler/Koxeder/Nairz/Durnthaler (Viererbob), R. Senn/H. Thaler (Rennrodel-Doppelsitzer), und drei Bronzemedaillen: Pepi Stiegler (Riesenslalom), Traudl Hecher (Abfahrt) und Helene Thurner (Rennrodel-Einsitzer). In der Damenabfahrt gab es also gleich einen dreifachen Sieg der Österreicherinnen (links). Im Bild von links nach rechts: Traudl Hecher, Christl Haas und Edith Zimmermann.

straßen werden gebaut, Sessellifte errichtet. Am Rande von Innsbruck entsteht das olympische Dorf, eine Reihe von Hochhäusern, die später Wohnzwecken dienen werden. In der Axamer Lizum wird ein Olympia-Hotel eröffnet, ein Pressezentrum wird errichtet (später Universitätsinstitut für Chemie). Und noch immer zehrt man vom Marshallplan: 21 Tiroler Beherbergungsbetriebe erhalten aus ERP-Mitteln einen Kredit in der Höhe von 43 Millionen Schilling für zusätzliche Bettenbeschaffung. Innsbruck nützt die Spiele zur Werbung für Tirol in aller Welt. An die 40 Millionen mehrsprachige Broschüren, Flugblätter und Plakate werden gedruckt und verteilt.

Man setzt auch durch, daß erstmals in der Geschichte Olympias das olympische Feuer in Griechenland extra für die Winterspiele entzündet wird. Bisher war es Brauch, in einem Olympiajahr das Feuer nur einmal für Sommer- und Winterspiele gemeinsam zu entzünden. Im Heiligen Hain, in der Nähe des Hera-Tempels, wird die Fackel mittels Sonnenstrahlen entzündet und von Stafettenläufern nach Athen gebracht. Kronprinz Konstantin verabschiedet das Feuer. Um es mit einer AUA-Maschine transportieren zu können, wird die Flamme in eine silberne Grubenlampe übertragen (sicherheitshalber auch gleich in eine zweite, falls das Feuer in der ersten ausgehen sollte). Eine AUA-Stewardeß nimmt die Lampen in Gewahrsam. Nach der Ankunft in Wien wird die Flamme vom früheren öster-

reichischen Olympiasieger und Weltmeister im Eiskunstlauf Karl Schäfer übernommen und tags darauf, ebenfalls mit einem AUA-Flugzeug, nach Innsbruck gebracht. Mannschaften aus 36 Nationen nehmen an den Wettkämpfen teil. Das ist die bisher höchste Zahl, obwohl Indien nur mit einem einzigen Sportler und der Iran auch nur mit vier Sportlern vertreten ist. Für den Iran tritt Prinz Karim Aga Khan zum Wettkampf an (er wird beim Abfahrtslauf den 59. und im Riesenslalom den 53. Rang belegen).

Die Spiele werden von Bundespräsident Schärf eröffnet. Der Slalomweltmeister 1958, Josl Rieder, entzündet das olympische Feuer über dem Sprungstadion. Unter den Zuschauern auch viel internationale Prominenz: der Schah von Persien mit Kaiserin Farah, Königin Juliana der Niederlande und Prinz Bernhard, Kronprinz Harald von Norwegen und seine Schwester Prinzessin Astrid, Prinz Bertil von Schweden, Exkönig Leopold von Belgien und Prinzessin Liliane und natürlich die Sportminister vieler der Teilnehmerstaaten. Auch der Oberkommandierende der US-Truppen in Europa, General Freeman, ist da und mit ihm ein guter Teil des NATO-Oberkommandos. Jubel um die Österreicher, die zur Musik von „O du mein Österreich" in das Stadion einziehen. Die Österreicher warten dann auch mit hervorragenden Leistungen auf: Goldmedaillen für Egon Zimmermann (Abfahrtslauf), Pepi Stiegler (Slalom), Christl Haas

(Abfahrtslauf) und J. Feistmantl und M. Stengl (Rennrodel-Doppelsitzer). Silbermedaillen gibt es für Karl Schranz (Riesenslalom), Edith Zimmermann (Abfahrtslauf), Regine Heitzer (Eiskunstlauf), Thaler/Koxeder/Nairz/Durnthaler (Viererbob), R. Senn/H. Thaler (Rennrodel-Doppelsitzer) und schließlich Bronzemedaillen für Pepi Stiegler (Riesenslalom), Traudl Hecher (Abfahrtslauf), Helene Thurner (Rennrodel-Einsitzer). Rund eine Million Besucher zählte man bei den Winterspielen. Die Organisation der Spiele durch Innsbruck findet höchste Anerkennung, hoch gelobt auch die internationalen Übertragungen durch das österreichische Fernsehen, allseits große Zufriedenheit. Und als im Jahr 1976 die amerikanische Stadt Denver in Colorado aus finanziellen Gründen die bereits übernommene Durchführung der XII. Olympischen Winterspiele absagen muß, kann Innsbruck sofort einspringen. So wird Innsbruck zum zweiten Mal Olympia-Stadt.

Diese olympischen Veranstaltungen haben wesentlich dazu beigetragen, Österreich als Land des Wintersports noch populärer zu machen. Das bringt die berühmteste Pop-Gruppe jener Tage, die Beatles in Großbritannien, auf die Idee, einen Teil ihres soeben im Entstehen begriffenen Films, der den Titel „Help!" tragen wird, in Österreich und im Schnee zu drehen. So treffen die Beatles auf dem Flughafen in Salzburg ein, wo sie von Hunderten ihrer Fans stürmisch begrüßt und gefeiert werden. Wegen ihrer längeren Haartracht werden sie „Pilzköpfe" genannt, und ihre Haartracht findet in der Welt millionenfache Nachahmer. Einzigartig ist ihre Musik. Nur eine kurze Weile meint man, es mit neuartigen, auch guten, aber doch normalen Schlagersängern zu tun zu haben. Aber mit jedem neuen Song beweisen die Beatles ihr musikalisches Genie und werden Jahre später bereits als Klassiker gefeiert.

Jetzt ist ihr Ziel Obertauern im Salzburgischen, wo die Dreharbeiten zu „Help!" stattfinden. In dem Film sollen die Beatles schneidige Schifahrer darstellen. Das sind sie ganz und gar nicht. Sie werden von österreichischen Schilehrern gedoubelt. Gerhard Krings war einer dieser Lehrer: „Wir haben fantastisch mit ihnen zusammengearbeitet und sind bestens mit ihnen ausgekommen. Wir haben sie als Kumpels behandelt, und sie haben uns als Kumpels behandelt. Das Talent allerdings hat ihnen nicht weh getan. Ein paar haben ein paar Bogerln zusammengebracht, aber zwei konnten überhaupt nicht fahren." Doch dazu sind ja Doubles da. Und was die Beatles in Obertauern im Schnee erleben und treiben, sorgt bald für weltweite Unterhaltung.

Setzen sich Innsbruck und Tirol mit den Winterspielen international in Szene, so wartet Wien im Sommer 1964 mit der bis dahin größten Blumen- und Gartenschau Europas auf, der WIG 64. Die Gemeinde nützt diese Chance, um einen bisher verödeten Stadtteil Wiens gründlich zu sanieren. In unmittelbarer Nähe der damaligen Reichsbrücke erstrecken sich entlang des linken Donauufers große Müllhalden. Hier wird der Mist der Großstadt abgeladen. Müllwagen um Müllwagen fährt vor, gefolgt von sogenannten Müllfrauen, die Brauchbares von Unbrauchbarem trennen und dann forttragen. Gäbe es nicht Filmaufnahmen, die diese Arbeiten zeigen, und gleich dahinter die Häuserzeilen am rechten Donauufer, man würde es kaum glauben. Was nur beweist, in welch kurzer Zeit unser Umweltbewußtsein gewachsen ist und welche Maßstäbe wir diesbezüglich heute anlegen.

Aber nun will auch Wien sich international ins Gedächtnis rufen, die ganze Welt wird eingeladen, an der WIG 64 teilzunehmen. Veranstalter dieser internationalen Gartenschau sind das Wiener Stadtgartenamt und der Bundesverband der Erwerbsgärtner Österreichs. Um diese „Olympiade der Gärtner" veranstalten zu können,

Die Beatles, eine Popgruppe aus Liverpool, revolutionieren mit ihren Songs die gesamte Musikszene. Mit ihnen werden auch mehrere Filme gedreht. Einer von ihnen, „Help!", spielt zum Teil in Österreich. Die Aufnahmen dazu werden im salzburgischen Obertauern gedreht, wo sich die Beatles auch privat gut unterhalten.

Für die Wiener Internationale Gartenschau 1964 wird am linken Donauufer ein 252 Meter hoher Turm mit einem rotierenden Restaurant errichtet. Den Besuchern stehen eine Schmalspurbahn und ein Sessellift zur Besichtigung der Gartenschau zur Verfügung.

wird beschlossen, die Mülhalden entlang des Donauufers zu räumen, den Boden zu sanieren und das Gelände für die Gartenschau aufzubereiten. Beschlossen wird auch, die Ausstellung zu nützen, um Wien mit einem weiteren Wahrzeichen auszustatten, das sich neben Stephansdom und Riesenrad sehen lassen kann: ein 252 Meter hoher Turm – zum Vergleich, der Stephansturm ist 137 Meter hoch – wird errichtet, in dessen zweigeschossigem Turmkopf ein Restaurant und ein Kaffeehaus Platz finden sollen. Beide werden sich um die eigene Achse drehen und den Besuchern einen Rundumblick über die Stadt und die sie umgebende Landschaft gewähren. Der Turm ist zwar im Rahmen der WIG errichtet worden, erhält aber bald den Namen Donauturm und ist als solcher tatsächlich zu einem weiteren Wahrzeichen Wiens geworden.

Es gibt noch mehr Bauten auf dem Gelände der WIG. Erstmals wird auf Wiener Boden ein Sessellift errichtet, der es den Besuchern ermöglichen soll, die Blumenbeete und Gartenanlagen bequem aus luftiger Höhe zu betrachten. In Ergänzung dazu führt auch eine Schmalspurbahn quer durch das Gelände, und wer die Schau nach eigenem Gutdünken erleben will, kann sich eine Motorrikscha mieten. Die WIG 64 ist nicht nur die größte, sondern auch die mit den modernsten Mitteln ausgestattete Gartenausstellung Europas. Sie wird am 16. April von Bundespräsident Schärf eröffnet. Nicht weniger als 3 600 Ehrengäste haben sich zur Eröffnung eingefunden, die bedeutendsten Gartenbaunationen aus fünf Kontinenten sind an der Schau beteiligt, es ist eine Schau der Superlative. 300 000 verschiedene Rosenarten sind zu sehen, 1,5 Millionen verschiedene Sommerblumen, 2 Millionen Stauden, 400 000 Ziersträucher, 60 000 Irisgewächse und vieles mehr. Großes Aufsehen erregt die Sonderschau „Gärten der Nationen", Gärten, in denen eben verschiedene Nationen nicht nur ihre Flora, sondern auch ihre Kunst, mit den Pflanzen umzugehen, zur Schau stellen. Doch die WIG soll nicht nur eine Blumen-, eine Gartenschau sein, sie ist eingebettet auch in einer neuen, großen Parkanlage. Mit ihr will Wien ein Bekenntnis zum „sozialen Grün" ablegen, eine Demonstration für den Vorrang des Menschen gegenüber Stahl, Beton, Asphalt und Autos. Gemeinsam mit diesem „Donaupark" umfaßt die WIG ein Gelände von einer Million Quadratmeter.

Karajan und der Opernskandal

Doch es wäre nicht Wien, hätte es nicht auch seine Skandale, meist in der Kulturszene. Und es wäre nicht Österreich, würde sich nicht ein Großteil der Bevölkerung fach- und sachkundig an den Skandalen beteiligen. Ende 1963 gibt es also den „Opernskandal". Für den 3. November ist eine Neuinszenierung von Giacomo Puccinis „La Bohème" in der Wiener Staatsoper angesetzt, musikalische Leitung Herbert von Karajan, Inszenierung Franco Zeffirelli. Die Aufführung war ein Welterfolg an der Mailänder Scala, und das soll sie auch in Wien werden. Doch das Publikum wartet vergeblich auf den Beginn der Vorstellung. Denn hinter den Kulissen spielt sich ein Machtkampf ab. Die Staatsoper hat eine Doppeldirektion, sie wird von Egon Hilbert und Herbert von Karajan geleitet. Karajan will sicherstellen, daß die „Bohème" in Wien der von Mailand um nichts nachsteht. So läßt er die gesamte Bühnendekoration nicht, wie sonst üblich, in den Werkstätten der Staatsbühnen herstellen, sondern in Mailand. Und er engagiert auch den Souffleur der Mailänder Scala, Armando Romano. Betriebsrat Otto Vajda legt gegen dieses Engagement Protest ein. Die Operndirektion meint, daß der Betriebsrat damit seine Kompetenzen überschreite, der Protest sei ein Eingriff in die künstlerische Freiheit des Künstlerischen Direktors, also Karajans. Signor Romano sei auch kein herkömmlicher Souffleur, sondern ein Subdirigent, wie er an italienischen Opernhäusern üblich sei. Das Arbeitsamt Wien schaltet sich ein, Herr Romano benötige eine Arbeitsbewilligung, wenn er als Souffleur tätig werden wolle. Der Antrag auf Arbeitsbewilligung wird gestellt, aber vom Arbeitsamt abgelehnt. Hilbert wendet sich an den Präsidenten des Österreichischen Gewerkschaftsbundes Anton Benya. Doch dieser läßt seinen Betriebsrat in der Oper nicht im Stich. Nicht der Betriebsrat und nicht das Arbeitsamt, die Operndirektion habe sich die Sache zu überlegen.

Das ist der Stand der Dinge, als am 3. November in der Staatsoper der eiserne Vorhang zu „La Bohème" aufgeht. Hilbert selbst begleitet Armando Romano zum Souffleurkasten. Die Betriebsräte der Staatsoper teilen Hilbert daraufhin mit, daß das gesamte Personal in Streik trete. Karajan ist auf dem Weg zum Dirigentenpult, Hilbert hält ihn auf und ersucht ihn, mit ihm gemeinsam vor den Vorhang zu treten, um dem bereits unruhigen Publikum den Sachverhalt zu erklären. In der Prosceniumsloge erhebt sich Bundespräsident Schärf, so wie das übrige Publikum haben Hilbert und Karajan auch ihn nach Hause geschickt. Das wird man in den nächsten Tagen der Operndirektion besonders ankreiden, denn statt den italienischen Souffleur abzuziehen, habe sie den Bundespräsidenten brüskiert. Der Streik hätte ja sofort abgebrochen werden können. Betriebsrat Otto Vajda begründet den Entschluß zum Streik: „Der Hauptgrund lag darin, daß wir in dem Einsatz des italienischen Souffleurs eine Brüskierung unseres hauseigenen Personals gesehen haben."

Weil Herbert von Karajan einen italienischen Souffleur für die Aufführung von „La Bohème" engagiert hat, streikt das Bühnenpersonal der Oper, und Karajan droht mit Rücktritt. Co-Direktor Egon Hilbert legt der Presse den Standpunkt der Direktion dar.

STAATSOPER

Sonntag, den 3. November 1963

Beschränkter Kartenverkauf · Preise IV

NEUINSZENIERUNG

In italienischer Sprache

La Bohème

Szenen aus Henry Murgers „Vie de Bohème" in vier Bildern von G. Giacosa und L. Illica

Musik von Giacomo Puccini

Musikalische Leitung: Herbert v. Karajan   Inszenierung und Bühnenbilder: Franco Zeffirelli
Kostüme: Marcel Escoffier
Einstudierung der Chöre: Roberto Benaglio

Rudolf, ein Poet	Gianni Raimondi	Musette ... Hilde Güden
Schaunard, Musiker	Giuseppe Taddei	Alcindor ... Siegfried Rudolf Frese
Marcel, Maler	Rolando Panerai	Parpignol ... Kurt Equiluz
Collin, Philosoph	Ivo Vinco	Sergeant bei der Zollwache ... Wilhelm Lenninger
Benoit, der Hausherr	Peter Klein	Ein Zollwächter ... Herbert Zack
Mimi	Mirella Freni	Ein Obstverkäufer ... Erich Amon

Kinderchor: Wiener Sängerknaben

Studenten, Näherinnen, Hutmacherinnen, Bürger, Verkäufer in Läden und Hausierer, Soldaten, Kellner, Buben und Mädchen usw.

Die Handlung spielt in Paris. 1. Bild: In der Mansarde – 2. Bild: Im Quartier Latin – 3. Bild: Die Barriere d'Enfer – 4. Bild: In der Mansarde

Technische Einrichtung: Hans Felkel · Beleuchtung: Albin Rotter

Nach dem zweiten Bild eine größere Pause

Das Publikum wird gebeten, den Vorstellungen der Bundestheater in einer dem Anlaß entsprechenden Kleidung beizuwohnen

Kasseneröffnung 18 Uhr   Anfang 19 Uhr   Ende nach 21.30 Uhr

Außerdem wirft Vajda der Operndirektion vor, einen Gesetzesbruch begangen zu haben, also eine strafbare Handlung, als Hilbert Herrn Romano in den Souffleurkasten setzte – denn Romano habe keine Arbeitsbewilligung gehabt. In den nächsten zwei Tagen wird zwischen Operndirektion und Betriebsrat verhandelt. Keine der beiden Seiten gibt nach. Am 7. November bieten Hilbert und Karajan dem zuständigen Unterrichtsminister Heinrich Drimmel ihren Rücktritt an. Der bittet sie zu bleiben, bis eine Lösung gefunden sei. Am Abend ist eine Aufführung von „Der Troubadour" angesetzt. Karajan wird dirigieren. Demonstrationen und Gegendemonstrationen im Zuschauerraum werden erwartet. Doch es gibt nur eine einzige Demonstration: stürmische Ovationen für Karajan, einen Blumenregen und minutenlangen stehenden Applaus. Die Sache aber ist nicht erledigt. Die Opernaffäre wird im Parlament behandelt. Die Sozialisten richten massive Angriffe gegen Karajan und verbinden den Streit mit dem Betriebsrat mit einer prinzipiellen Anklage gegen die Operndirektion: Die Staatsoper sei im Begriff, eine Filiale der Mailänder Scala zu werden, die Direktion werfe das Geld beim Fenster hinaus und Karajans Gehalt als künstlerischer Leiter und Dirigent sei skandalös hoch. Minister Drimmel verteidigt Karajan und dessen Bezüge.

Die Premiere von „La Bohème" soll am 9. November nachgeholt werden. Erneut kündigt der Betriebsrat einen Streik an, sollte Herr Romano im Souffleurkasten sitzen. Und erneut läßt Karajan verlauten, er sehe seine Tätigkeit in Wien als beendet an, wenn die Gewerkschaft auf die künstlerischen Entscheidungen der Direktion Einfluß nehme. Es gibt keine Einigung und auch keine Arbeitsbewilligung für Romano. Karajan aber bittet das Ensemble, die „Bohème" ohne Souffleur zu singen. Das Ensemble sagt zu. Als am Abend der Vorhang in der Oper aufgeht, ist der Souffleurkasten leer. Es gibt eine hinreißende Aufführung, sie wird zu einem triumphalen Erfolg. Das ändert nichts daran, daß die Wogen noch lange hochgehen werden. Für oder gegen Karajan, das ist schon gleichbedeutend mit Weltanschauung. Und da kommen auch starke Vorurteile zum Vorschein. Auf die vom ORF-Journalisten Max Eissler gestellte „Frage der Woche": „Was sagen Sie zum Opernskandal?", werden von Straßenpassanten unter anderem folgende signifikante Antworten gegeben: „Ich glaube, Herr Karajan ist sehr tüchtig, aber da hat er sich zuviel erlaubt. Weil wir brauchen keine Ausländer, wir haben bestimmt auch tüchtige Leute ..." – „Warum sollen die unsere Leute in den Schatten stellen, die doch schon so lange in der Oper angestellt sind. Weil da jetzt ein anderer kommt und sich da einnisten will." Gegenmeinung: „Karajans Inszenierungen sind die besten, und wie er das macht, hat er vollkommen recht." – „Und immer wieder, es geht nicht, der Herr Karajan ist zu teuer, hundert Sachen. Es wird letzten Endes so weit kommen, daß wir in Österreich diesen Mann verlieren." Und so ist es auch. Für den Moment gelingt es noch, Karajan zu halten, aber lange bleibt er nicht mehr. Am 23. Juni 1964 legt er sein Amt als künstlerischer Leiter der Staatsoper endgültig zurück.

Ein Mord in der Oper

Einige Wochen lang hat schon vor Monaten die Oper die Öffentlichkeit aus einem ganz anderen Grund in Atem gehalten. Am 12. März 1963, etwa eine Stunde ehe in der Staatsoper die Vorstellung von Richard Wagners „Walküre" beginnt, entdeckt Gertraud Galli, die Friseurin des Staatsopernballetts, beim Betreten der Duschräume für die Tänzer die zerstückelte Leiche einer Ballettelevin, der zwölfjährigen Dagmar Fuhrich. „Ich griff nach dem Lichtschalter", berichtet Galli, „und in dem Augenblick sah ich etwas auf dem Boden liegen und bin furchtbar erschrocken. Es war ein Schock. Um Gottes willen, was mach' ich bloß? Ich muß Hilfe holen. Doch meine Kolleginnen haben sich ebenfalls gefürchtet, allein dort hineinzugehen und haben die Feuerwehr verständigt. Und der Feuerwehrmann ist dann hineingegangen und hat dieses furchtbare Unglück gesehen." Die kleine Dagmar Fuhrich ist mit vielen anderen Kindern Elevin an der Ballettschule der Oper. Ein Unbekannter hat in den Gängen der Oper gelauert, offenbar um eines der Mädchen zu überfallen. Es ist einer der schauerlichsten Morde: Das zwölfjährige Mädchen wurde geschändet und dann mit zahllosen Messerstichen getötet – eine breite Blutspur zieht sich durch die Korridore der Oper. Nun fährt die Polizei mit einem Großaufgebot vor. Während der erste Akt der „Walküre" beginnt, riegeln die Polizisten das Haus ab. Aber vom Täter fehlt jede Spur.

In den folgenden Tagen und Wochen erlebt Wien eine der aufreibendsten Verbrecherjagden der Kriminalgeschichte. Die Polizei führt an die zehntausend Verhöre durch. Es gelingt durch Zeugen in der Oper, eine recht genaue Täterbeschreibung anzufertigen. Doch gerade diese führt dazu, daß zahllose falsche Spuren verfolgt werden. Die Polizei arbeitet unter dem enormen Druck der Öffentlichkeit. Schon auch weil der dringende Verdacht besteht, daß der Triebtäter bereits früher Morde dieser Art begangen hat und daher vermutlich demnächst erneut zustechen wird. Frauen und Mädchen haben Angst, des Abends ihre Wohnungen zu verlassen. Die Polizei setzt alle ihre Kräfte ein, um den Täter zu fassen. Infolge der Anstrengung erleidet der ermittelnde Kriminalinspektor Rothmayer einen Herzinfarkt und stirbt. Ihm und natürlich auch der kleinen Dagmar Fuhrich geben Tausende Wiener das letzte Geleit. Alle Ermittlungen bleiben

Gertraud Galli: Noch jahrelang das Grauen gespürt.

Der „Opernmord" hält die Bevölkerung monatelang in Angst und Schrecken und die gesamte Kriminalpolizei in Atem. Erst als sich der Täter durch einen neuen Attentatsversuch verrät, kann er dingfest gemacht werden.

Sexualmord in der Staatsoper an 10jährigem Mäderl!

Dagmar Fuhrich — Dieses Bild schenkte das Mädchen ihren Eltern zu Weihnachten…

Die Leiche lag im Duschraum Polizei riegelte Staatsoper ab

Ein Verbrechen ist geschehen, das in der Kriminalgeschichte nicht seinesgleichen hat. Im Gebäude der Wiener Staatsoper wurde die zehnjährige Schülerin des Balletts, Dagmar Fuhrich, Tochter eines in der Boltzmanngasse in Wien-Alsergrund wohnhaften Beamtenehepaares, von einem entmenschten Wüstling ermordet. Der Täter hat ein blühendes Leben vernichtet und durch sein gräßliches Verbrechen eine Stätte hoher Kunst geschändet. Es ist kein Zweifel, daß diese ungeheuerliche Tat aufs neue leidenschaftliche Debatten über die Todesstrafe auslösen wird.

Eine krankhafte Phantasie könnte nicht ersinnen, was am späten Nachmittag des 12. März grausame Wirklichkeit geworden ist. Ein Unhold überfiel in einem der Duschräume, den die Mitglieder des Staatsopernballetts und die Schülerinnen benützen, die kleine Dagmar, versetzte ihr, wie an den Verletzungen zu erkennen ist, Schläge auf den Kopf, fügte ihr eine Reihe von Messerstichen zu und verging sich an dem unglücklichen Kind, das in den letzten Minuten seines Lebens grauenhaftes erdulden mußte.

Nachdem die Tat entdeckt worden war, fand sich eine Zeitlang niemand, der das Kind hätte agnoszieren können. Erst als man bei der Toten einen Rechnungszettel, lautend auf den Namen Dagmar Fuhrich, entdeckte,

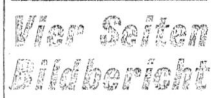

wurde es zur Gewißheit, daß es sich bei dem Mordopfer um eine Elevin des Staatsopernballetts handelte. Vater und Mutter brachen, als man ihnen das Schreckliche mitteilte, zusammen. Das

Fortsetzung auf Seite 3

ohne Erfolg. Bis der Täter tatsächlich wieder zustich. Im Juni gibt es in Wien gleich vier Messerattentate gegen Frauen, die zum Teil schwer verletzt werden: im Kino, im Stadtpark, in der Augustinerkirche. Am 6. August wird auf der Tuchlauben in Wien ein Mann perlustriert, auf den die Beschreibungen der Zeugen zutreffen: der 33jährige Verkäufer Josef Weinwurm. Und nun wundert sich die Öffentlichkeit: Wieso ist der Mann nicht schon viel früher ausgeforscht worden? Denn Weinwurm ist einschlägig vorbestraft: Als 17jähriger hatte er ein Mädchen sexuell belästigt, als 19jähriger mit einer Schere einen Raubüberfall auf eine Frau begangen. Er hat auch eine Gefängnisstrafe hinter sich, und Zeugen bestätigen, daß Weinwurm bei seiner Entlassung bereits wieder ein Messer bei sich trug. 26 Tage lang versucht die Polizei, von Weinwurm ein Geständnis zu erlangen, doch dieser schweigt oder leugnet. Erst dann kommt es zu einer Art von Geständnis: „Ich kann mich zwar nicht erinnern", sagt Weinwurm, „aber wenn alle es glauben, werde ich es schon gewesen sein." Man führt Weinwurm in die Oper, dort soll die Tat rekonstruiert werden. Die Polizei hatte den blutbefleckten Mantel des Täters gefunden. Weinwurm soll ihn nun anziehen. Da bricht er zusammen. Weinwurm wird wegen Mordes vor ein Schwurgericht gestellt. Am Ende der fünftägigen Verhandlung wendet sich Weinwurm an die acht Geschworenen: „Ich bitte um ein gerechtes Urteil." Dieses Urteil lautet „lebenslänglich". Kaum ein anderes lokales Ereignis hat die österreichische Öffentlichkeit in jenen Jahren so aufgewühlt wie diese Tat, die unter dem Schlagwort „der Opernmord" in die Kriminalgeschichte eingegangen ist.

Die Gastarbeiter kommen

Werfen wir nun einen Blick auf den gesellschaftlichen Zustand des Landes. Es gibt Hochkonjunktur, es gibt Vollbeschäftigung, aber es geht nicht allen Bevölkerungsschichten gleich gut. Die Preise laufen davon, die Löhne hinken nach. Und das führt zu Unzufriedenheit in weiten Bevölkerungsteilen. Anfang der sechziger Jahre kommt es – für Österreich recht ungewöhnlich – zu einer Reihe großer Streiks. 200 000 Metallarbeiter legen die Arbeit nieder. Streik auch bei Post und Eisenbahn. Die Hallen der Bahnhöfe bleiben leer, die Fahrkartenschalter geschlossen, die Züge sind abgestellt. Dann arbeiten die Zoll- und Finanzbeamten „nach Vorschrift", und das heißt, die Abfertigungen gehen nur noch langsam vor sich. Auch die Polizei droht mit Ausstand. Die Wachebeamten fordern eine bessere Entlohnung. Mit Flugblättern werben sie um Verständnis bei der Bevölkerung und bei den ausländischen Besuchern. Das Flugblatt ist in vier Sprachen abgefaßt, deutsch, englisch, französisch und italienisch. Die Stundenentlohnung für einen Polizisten, so heißt es auf dem Flugblatt, beträgt 5,30 Schilling, für Überstunden gibt es 8 Schilling brutto. Und so lehnen die Sicherheitswachebeamten „die Durchführung weiterer Leistungen von Überstunden . . . bis auf weiteres ab". Sie bitten „um Verständnis!" Zu jener Zeit werden die Verkehrsampeln an den großen Kreuzungen noch nicht automatisch gesteuert. An allen Kreuzungen stehen Polizisten, die die Ampeln per Hand schalten, je nach Verkehrsaufkommen. Aber um punkt 17 Uhr, da der normale Dienst endet, schalten die Verkehrspolizisten die Ampeln auf Gelb und verlassen die Straßenkreuzungen, just zur Zeit der größten Verkehrsspitze. Ein Chaos auf den Straßen müßte die Folge sein, und gerade das soll den Polizeibeamten ja bei der Durchsetzung ihrer Forderungen helfen. Doch welch eine Überraschung. Passanten springen ein, übernehmen die Rolle der Verkehrspolizisten und machen ihre Sache erstaunlich gut. Sie können zwar die Ampeln nicht schalten, aber sie stehen auf den Kreuzungen und regeln händisch den Verkehr. Das lockt Hunderte Zuschauer an. Und während einige die Amateurpolizisten als Streikbrecher beschimpfen, applaudieren ihnen viele zu, vor allem die Autofahrer sind dankbar. Solcherart kommt es nirgendwo zu dem erwarteten Zusammenbruch des Verkehrs. Andererseits kann aber auch die Regierung da nicht tatenlos zusehen. Schließlich gibt sie nach und erfüllt die Forderungen der Exekutive.

Der Regierung steht seit längerem ein Instrument zur Lohn- und Preisregelung zur Verfügung, die Paritätische Kommission. Sie ist eine erstaunliche Einrichtung, denn an sich bekennt sich Österreich zur freien Marktwirtschaft, es sollten also die Kräfte des Marktes sein, die die Löhne und Preise bestimmen. Aber von der Sozialpartnerschaft, die in der Zeit des Wiederaufbaus Großartiges leistete, können sich die Politiker nicht trennen. Immer noch glauben sie an den Segen der Wirtschaftslenkung. Und der Hebel dazu ist die Kontrolle über die Löhne und die Preise. Zu diesem Zweck hat man eben diese Paritätische Kommission eingerichtet. Ihre Zusammensetzung: vier Vertreter der Regierung – Bundeskanzler, Innen-, Handels- und Sozialminister – und je zwei Vertreter aus der Wirtschaft und aus der Arbeiterschaft. Diese werden von den Kammern und vom ÖGB gestellt. Paritätisch ist die Kommission auch, da in ihr gleich viele Mitglieder der ÖVP und der SPÖ sitzen. Eine solche Kommission ist weder in der Verfassung vorgesehen, noch ist sie dem Parlament unterstellt. Ebenso wie der Koalitionsausschuß, in dem die beiden Regierungsparteien fast alles beschließen, ehe sie es vom Parlament nachvollziehen lassen, werden auch in der Paritätischen Kommission Preise und Löhne ausgehandelt, die dann von oben vorge-

Die Verkehrspolizei fühlt sich unterbezahlt und macht Dienst nach Vorschrift. Um 17 Uhr werden die Posten von den Kreuzungen abgezogen, an denen die Verkehrsampeln von den Polizisten noch immer händisch bedient werden. Doch das erwartete Chaos tritt nicht ein. Passanten springen ein und regeln den Verkehr – hier auf der Wiener Opernkreuzung.

schrieben werden. Dazu der damalige ÖGB-Präsident Franz Olah: „Manche Oberjuristen meinten, das wäre verfassungswidrig. Aber es ist nicht verfassungswidrig, wenn man eine freiwillige Vereinbarung schließt und der Regierung und dem Parlament Empfehlungen gibt. Es liegt an der Regierung und dem Parlament, ob sie diese Empfehlungen annehmen, abändern oder nicht."

Das Fernsehen strahlt in jenen Tagen einen Bildbericht aus, der eine hochrangige Regierungsdelegation bei einer Inspektionstour in den Wiener Markthallen zeigt. Bundeskanzler Gorbach führt die Gruppe an, die die Preise für Obst, Gemüse und Fleisch kontrolliert und feststellt, daß alles erheblich teurer geworden sei. Der Delegation gehörten auch der Innenminister, der Landwirtschaftsminister und Franz Jonas, der Bürgermeister von Wien, an. Bald danach appelliert Gorbach an die Sozialpartner, und diese werden in jenen Tagen von zwei starken Persönlichkeiten vertreten: Julius Raab, der nach seiner Abdankung als Bundeskanzler wieder Präsident der Bundeswirtschaftskammer ist, und Franz Olah, der dem ÖGB vorsteht. Gorbach fordert die Sozialpartner auf, etwas zu tun, um die sich rasch drehende Preisspirale zu stoppen. „Und dann ist alles auf Urlaub gegangen", berichtet Franz Olah, „denn im Dezember wird Österreich zugesperrt, da sind Weihnachtsferien bis über Heilige Drei Könige. Raab und ich aber haben gesagt, na wenn, dann müssen wir schnell machen, wenn die Parlamentssession wieder beginnt im Jänner muß ja was da sein. Ende Dezember wurden wir fertig. Natürlich wußte niemand was davon, es war ja auch niemand erreichbar, waren ja alle fort, irgendwo in irgendwelchen Urlaubsorten. Und unsere Vereinbarungen haben eingeschlagen wie eine Bombe. Alle waren entsetzt, schockiert, empört: Wie können die zwei das machen, ohne uns zu fragen! Also in den Parteivorständen, habe ich gehört, hat es große Empörung gegeben, auch im sozialistischen Parteivorstand. Wie kann der da eigenmächtig etwas machen! Wobei ich gesagt habe, was heißt da eigenmächtig? Der ÖGB ist doch keine Dependance einer Partei, weder der einen noch der anderen."

Die Vereinbarungen, die hinter dem Rücken der Parteivorstände und der Abgeordneten im Blitztempo zustande gekommen sind, gehen als „Raab-Olah-Abkommen" in die Geschichte der Zweiten Republik ein. Obwohl sie zunächst harmlos genug aussehen: Raab und Olah vereinbarten einen Lohn- und Preisstopp für sechs Monate, der dann um weitere drei Monate verlängert wurde, und man einigte sich auch auf ein jährlich festzusetzendes Kontingent ausländischer Arbeitskräfte, die als sogenannte Gastarbeiter den Arbeitskräftemangel in der österreichischen Wirtschaft ausgleichen sollen. Beide Einigungen sind jedoch erhebliche Eingriffe in die Wirtschaft. Der Lohn- und Preisstopp bremst die natürliche Entwicklung des Marktes, hindert Österreich am rascheren Erlangen der Europareife und verzerrt vielfach auch die Wettbewerbsbedingungen. Gewiß, der Pakt hat auch Vorteile, doch die meisten wirken nur für den Moment und führen später zu größeren Belastungen. Hingegen wird die Einigung über die Festlegung von größeren Kontingenten von Gastarbeitern von der Wirtschaft freudig begrüßt. Denn die Hauptursache der rasch steigenden Preise und in der Folge auch der hohen Lohnforderungen ist die Überhitzung der Konjunktur. Es herrscht praktisch Vollbeschäftigung – die Arbeitslosenquote beträgt rund 2,5 Prozent, dieser Satz gilt als Vollbeschäftigung –, und die Wirtschaft benötigt dringend weitere Arbeitskräfte, insbesondere auf dem Sektor der Dienstleistungen, vom Fremdenverkehr bis zum Straßenkehrer. In Deutschland, in der Schweiz, in Frankreich, in England werden längst schon Hunderttausende Gastarbeiter aus den ärmeren Ländern Europas, Nordafrikas und der Karibik beschäftigt. Und die Frage der Gastarbeiter steht in Österreich seit 1961 zur Debatte. Die

Wirtschaftskammer beziffert den Bedarf an ausländischen Arbeitskräften längerfristig mit rund 80 000. Die Gewerkschaften sehen zwar die wirtschaftliche Notwendigkeit ein, haben aber ihre Bedenken: Wo werden sie eingesetzt, wie werden sie entlohnt, welche Sozialleistungen sollen ihnen zustehen, wie kann man Arbeitsplätze für Österreicher schützen, wie die Gastarbeiter wieder los werden? Die Gewerkschaften verlangen eine gesetzliche Regelung, mit festgesetzten Kontingenten. Die Unternehmervertreter aber wollen die Quoten den jeweiligen Bedürfnissen der Wirtschaft anpassen.

Da eine Einigung aussteht, gibt es Anfang 1962 auf Grund früherer Kontingente nur knappe 9 000 Gastarbeiter in Österreich. Viel mehr werden aber gebraucht. Und so werden z. B. die am Abend des 18. Juli 1962 an der schweizerisch-österreichischen Grenze eintreffenden 190 Spanier, die in Österreich arbeiten wollen, mit Freude aufgenommen. 140 von ihnen werden auf die Länder Tirol und Vorarlberg aufgeteilt, wo sie im Fremdenverkehr und in den Textilfabriken unterkommen. Die anderen ziehen weiter, und die meisten von ihnen finden in der Glasfabrik in Brunn am Gebirge Arbeit, wo man eine Baracke als Unterkunft für sie errichtet. Doch erst das Raab-Olah-Abkommen schafft den Durchbruch für die erweiterte Aufnahme von Gastarbeitern. Da Österreich mit den einzelnen Herkunftsländern zeitraubende zwischenstaatliche Vereinbarungen abschließen muß, erhöht sich anfangs der Zustrom nur allmählich. Ende 1963 gibt es 15 000 Gastarbeiter in Österreich. Interessant ihre nationale Zusammensetzung: 4000 von ihnen kommen aus Jugoslawien, 3000 sind Deutsche, 2300 Italiener, 1300 Türken, 1000 Griechen, 800 Spanier, der Rest kommt aus anderen Ländern. Aber bald stellt sich heraus, daß die künftigen, viel größeren Kontingente hauptsächlich aus Jugoslawien und der Türkei kommen werden. In der Zeit, da man sie holt, werden sie in der österreichischen Wirtschaft dringend benötigt und tragen auch wesentlich zur Erhöhung der Produktivität und zur Wettbewerbsfähigkeit der österreichischen Wirtschaft bei. Nach und nach stellen sich Probleme ein: Kamen die Arbeiter zunächst allein, so wollen sie nun auch ihre Familien nachbringen, ihre Frauen und ihre Kinder. Und es wäre ja auch unmenschlich, diese Familien auf Dauer getrennt zu halten. Kinder aber müssen zur Schule gehen. Und wenn sie ausgeschult sind, kann man sie auch nicht fortschicken. Ein Spruch macht damals die Runde: „Wir riefen Gastarbeiter und Menschen sind gekommen." Menschen, die auch Wohnraum brauchen, Menschen, die ihre Freizeit unter menschlichen Bedingungen verbringen wollen, und Menschen, die auch nicht so schnell von ihren nationalen Gewohnheiten ablassen können oder wollen. Mit der Zeit werden ihre Kinder auf den Spielplätzen und in den Parks als zu laut und zu lästig empfunden, beklagen sich Eltern über eine Überfremdung in den Klassenzimmern, stören manche die Gerüche aus den Küchen der Gastarbeiter, andere nehmen Anstoß an den fremden Sprachen auf den Gassen, in den Straßenbahnen, in den Gasthäusern.

Es wird Zeit, aufkommende Ressentiments zu bekämpfen. Das tut man teils durch Aufklärung, teils durch Vorsorge für bessere Infrastrukturen und auch durch unablässige Ermahnung, in den Gastarbeitern wertvolle, für die Wirtschaft unverzichtbare Mitarbeiter und vor allem Mitmenschen zu sehen. Auch wird daran erinnert, daß die Eltern und Großeltern eines großen Teils der heutigen Österreicher seinerzeit auch als Gastarbeiter in das Land gekommen waren. Davon zeugen die vielen tschechischen, slowakischen, ungarischen, slowenischen, kroatischen, bosnischen und auch italienischen Namen in den österreichischen Telefon- und Adreßbüchern. Ein Plakat demonstriert diesen Umstand besser als jede lange Erklärung. Ein kleiner Bub schaut zu einem Gastarbeiter auf und sagt: „I haaß Kolaric, du haaßt Kolaric, warum sogns' zu dir Tschusch?"

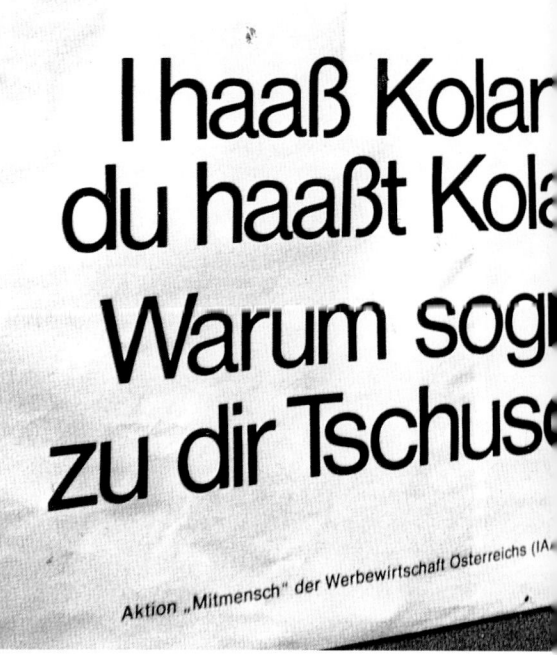

Mit diesem originellen Plakat wird versucht, der Fremdenfeindlichkeit entgegenzutreten. Ein Großteil der in Österreich tätigen Gastarbeiter kommt aus Jugoslawien.

Und noch einmal große Koalition

Und wieder haben wir das Ergebnis einer Nationalratswahl nachzutragen. Wir erinnern uns: Die letzte Nationalratswahl, im Jahr 1959, brachte ein denkbar knappes Ergebnis, die ÖVP erhielt 79 und die SPÖ 78 Mandate. Stimmenmäßig hatte die SPÖ die ÖVP sogar leicht überholt. Die beiden Parteien waren also gleich stark, und obwohl sie, diesem Stärkeverhältnis gemäß, das Land zwei gleich starken Einflußbereichen, einem schwarzen und einem roten, unterwarfen, blockierten sie einander auch dementsprechend. Keine der Parteien war in der Lage, allein ihre Vorstellungen von der Lösung so brennender Fragen, wie etwa der nach der Zukunft der verstaatlichten Industrie, durchzusetzen. Die ÖVP, bis dahin immer deutlich die stärkere Partei, fühlte sich von der SPÖ, und insbesondere von deren Vorsitzenden Bruno Pittermann – der die Anliegen seiner Partei wortgewandt vorzubringen verstand – stark bedrängt. Die SPÖ sah sich vor einem möglichen Durchbruch: Erstmals in der Republik könnte sie auch die Mehrheit der Mandate im Parlament erringen und damit die Führung im Land übernehmen.

So werden wieder einmal vorzeitige Wahlen ausgeschrieben. Sie sollen am 18. November 1962 abgehalten werden. Die ÖVP warnt vor einer Machtübernahme durch die SPÖ: „Es steht 79 : 78, nur ein rotes Mandat mehr und die sozialistische Herrschaft beginnt." Die ÖVP setzt darauf, daß ihr Bundeskanzler Gorbach populär sei, während Pittermanns ätzende Polemiken gegen den Koalitionspartner von einem Teil der Bevölkerung übelgenommen werde. Die ÖVP plakatiert ein unvorteilhaftes Bild Pittermanns mit der Aufschrift: „Soll er Bundeskanzler werden?", darunter ein großes „Nein!". Und die ÖVP suggeriert mit der Gleichgewichtsparole auch: Ein rotes Mandat mehr, die SPÖ würde neben dem roten Bundespräsidenten nun auch einen roten Bundeskanzler und einen roten Nationalratspräsidenten stellen, darüber hinaus hätte sie auch noch das Außenministerium, das Innenministerium, das Justizministerium in ihren Händen und – nicht zu vergessen – den ÖGB-Präsidenten. „Ein rotes Österreich droht!", zieht die ÖVP daraus den Schluß. Die SPÖ ist sich ihrer Schwachpunkte bewußt. Und so beschließt sie, im Wahlkampf keine Einzelperson, sondern ihr gesamtes Führungsteam auf die Plakate zu setzen, Pittermann ist somit nur einer von ihnen. Aber Kreisky und Gratz, zwei populäre Politiker, sind an führender Stelle auch dabei. Um der ÖVP-Warnung vor einer roten Herrschaft zu begegnen, betont die SPÖ, daß sie sich von vornherein zur Fortsetzung der großen Koalition und zur Zusammenarbeit bekenne. Das ist in Anbetracht des Versagens der großen Koalition in so vielen Fragen keine sehr zukunftweisende Mitteilung.

Auch nimmt die ÖVP die gute Wirtschaftslage als das Werk ihres Finanzministers Josef Klaus in Anspruch, während sie die Streiks und die Lahmlegung der Koalition den Sozialisten anlastet. Der offensivere und aggressivere Wahlkampf der ÖVP lohnt sich. Das Wahlergebnis zeigt wieder einen deutlichen Vorsprung der ÖVP vor der SPÖ: 81 Mandate fallen an die ÖVP, 76 an die SPÖ und 8 an die FPÖ. Die FPÖ war übrigens die einzige Partei, die sich in ihrem Wahlkampf nicht nur mit der Innenpolitik befaßte. Sie setzte sich vehement für die europäische Integration ein und für Österreichs Integration in Europa. Das Ziel müsse ein Beitritt Österreichs zur Europäischen Wirtschaftsgemeinschaft, also der Vorläuferin der Europäischen Union sein. So bezeichnet sich die FPÖ damals auch als „die Europapartei Österreichs". Eine Linie übrigens, die die FPÖ bis in die neunziger Jahre beibehält, und die erst unter ihrem Obmann Jörg Haider, unmittelbar vor der Volksabstimmung über den Beitritt

Österreichs zur Europäischen Union, mit seinem Nein zu dieser Union geändert wird.

Die SPÖ kann sich mit dem Wahlresultat vom November 1962 nur schwer abfinden, stand sie vorher doch schon an der Schwelle zum Machtwechsel. Und so will sie zumindest von ihrem bisherigen Besitzstand, trotz des Mandatsverlusts, möglichst nichts abgeben. Vier Monate lang dauert das Tauziehen zwischen den beiden Parteien, ehe sie erneut eine Regierung auf die Beine bringen. Im wesentlichen ist es die alte (mit einem, wie sich später herausstellt, doch bedeutenden Unterschied, der bisherige ÖGB-Präsident Franz Olah tritt als Innenminister in die Regierung ein). Die Probleme Österreichs und damit auch dieser Koalition sind ebenfalls die alten. Die Regierung wird weiterhin einem Patt, wird der Stagnation ausgesetzt sein. Als sie am 27. März 1963 dem Parlament ihr Programm vorlegt, kommentiert der freiheitliche Abgeordnete Willfried Gredler, ein geachteter Liberaler, dieses Programm so: „Hohes Haus, vier Monate hat man verhandelt und, wie die Alten sagen, Berge haben gekreist und ein Mäuslein wurde geboren. Und dieses Jungmäuschen ähnelt dem alten auf's Haar, es ist das gleiche so liebe Proporzmäuschen. Man wolle den politischen Einfluß in der verstaatlichten Industrie ausschalten, man müsse dem Nationalrat seine echten Funktionen zurückgeben. Das freie Spiel der parlamentarischen Kräfte müsse Platz greifen. Rundfunk und Fernsehen werde man zweifellos parteifrei gestalten. Man weiß nicht, soll man lachen oder weinen. Was sich da vor den Augen der Öffentlichkeit und der staunenden Wählerschaft abspielte, war wohl ein schwerer Verlust für das Ansehen beider Regierungsparteien." In der Tat, keines der anstehenden großen Probleme wird diese Regierung lösen können.

Handschlag über den Gräbern

Aber noch einmal rafft sie sich auf zu gemeinsamer Aktion, um ein Trauma zu überwinden. Das Trauma vom Bürgerkrieg. Die Erinnerung an den 12. Februar 1934. Denn am 12. Februar 1964 jährt sich dieser traurige Tag in Österreichs Geschichte zum dreißigsten Mal. Die Gegensätze von damals, die Frage, wer an diesem Brudermord Schuld getragen habe, ja auch die Angst, es könnten sich, getragen von diesen Ressentiments, die Ereignisse von 1934 wiederholen, ist nicht gering. Trotz der nun schon fast zwanzigjährigen Zusammenarbeit der beiden großen Parteien ist innerhalb dieser Parteien, insbesondere bei der SPÖ, die ja aus dem Bürgerkrieg 1934 als Geschlagene hervorging, der Konflikt noch immer lebendig. So will man den Jahrestag zum Anlaß nehmen, „die Gräben endgültig zuzuschütten". Und man will dies bewerkstelligen, indem beide Seiten in der Beurteilung dessen, was 1934 geschehen ist, doch auch den Glauben und sei's drum, auch den Irrglauben der anderen Seite respektiert. Zwei große Gedenkfeiern sind angesetzt: eine der Regierung und des Parlaments vor dem Ehrenmal auf dem Heldenplatz, die andere vor dem Mahnmal für die Hingerichteten des Februar 1934 auf dem Wiener Zentralfriedhof. Auf dem Heldenplatz legen zunächst Abgeordnete der beiden Parteien Kränze vor dem Ehrenmal nieder, zum Gedenken an alle Opfer des Bürgerkriegs. Die Regierung nimmt geschlossen Aufstellung, für sie ergreift Bundeskanzler Gorbach das Wort: „Wir gedenken heute, am Jahrestag des 12. Februar 1934, aller jener, die vor dreißig Jahren getreu ihrer Überzeugung und getreu ihrer geschworenen Pflicht im Kampf gegeneinander ihr Leben ließen. Wir tun das nicht, um alte Wunden aufzureißen, sondern in der Hoffnung, daß diese Wunden sich nun für immer schließen mögen."

30 Jahre danach wird der Versuch unternommen, das Trauma des Bürgerkriegs 1934 zu überwinden. An den Gräbern der Toten von damals reichen einander Bundeskanzler Gorbach und Vizekanzler Pittermann, als Vertreter der einst gegnerischen Lager, die Hand. Aber die gutgemeinte Geste reicht nicht aus, um alle Ressentiments zu überwinden.

„Getreu ihrer Überzeugung", damit gedenkt Gorbach auch der damals gefallenen, gefangenen und hingerichteten Sozialdemokraten. „Getreu ihrer geschworenen Pflicht", damit gedenkt Gorbach der Gefallenen der Exekutive, der Polizei und des Militärs. Es ist eine Gleichgewichtung, auch eine Gleichstellung der Opfer, wie sie bis zu diesem Tag keine der beiden Seiten zugelassen hätte. Um es vorwegzunehmen: Zum 50. Jahrestag des Gedenkens an den Februar 1934, im Jahr 1984, wird es innerhalb der SPÖ nicht wenige Stimmen geben, die gegen eine solche Gleichstellung heftig prostestieren und eine eindeutige Verurteilung der seinerzeitigen Christlichsozialen und ihres Führers und Bundeskanzlers, Engelbert Dollfuß, fordern. „Niemals vergessen!", wird es 1984 heißen. Vergessen will auch 1964 niemand, weder die Opfer noch die Ursachen des Bürgerkriegs. Aber versöhnen will man, so gut es geht. Der staatlichen Feier auf dem Heldenplatz folgt eine SPÖ-Parteifeier auf dem Zentralfriedhof. So wie an der Staatsfeier auch alle führenden Sozialisten teilgenommen haben, so finden sich bei der Parteifeier auch alle führenden Persönlichkeiten der ÖVP ein. Und hatten auf dem Heldenplatz die Abgeordneten der SPÖ auch der Opfer der Exekutive gedacht, so stellen vor dem sozialistischen Mahnmal am Zentralfriedhof Soldaten des Bundesheers die Ehrenwache. Hier ergreift der Parteivorsitzende der SPÖ, Bruno Pittermann, das Wort: „Wir begehen die 30. Wiederkehr der tragischen Ereignisse am 12. Februar 1934 als einen Tag des ehrfurchtvollen Gedenkens und der Besinnung." Nach dieser Ansprache folgen Gorbach und Pittermann dem Kranz, den zwei Soldaten vor dem Mahnmal niederlegen. Und nun kommt es zu einem ergreifenden Augenblick: Die beiden Männer reichen einander die Hand, symbolisch über den Gräbern der Toten: „Nie wieder!"

KRISENJAHRE

Der Handschlag über den Gräbern der Toten von 1934 ist zwar eine wichtige, ja notwendige Geste, aber er kann nicht darüber hinwegtäuschen, daß die beiden großen Parteien, ÖVP und SPÖ, nach fast 20jähriger gemeinsamer Regierung nicht mehr miteinander können. Das liegt vor allem auch an der wirtschaftlichen und gesellschaftlichen Entwicklung innerhalb dieser 20 Jahre. Es war bedeutend einfacher, sich zum Wiederaufbau der zerstörten Städte und zerstörten Infrastrukturen zu bekennen, und es war auch selbstverständlich, den Besatzungsmächten gemeinsam entgegenzutreten. Jetzt gilt es, inzwischen herangewachsene Strukturprobleme zu lösen. Die Zukunft der verstaatlichten Industrie ist zu entscheiden: Sind die Betriebe in ihrer jetzigen Form auf Dauer konkurrenzfähig, ist die Art, wie sie geführt werden, nämlich unter strikter Staats- und Parteiaufsicht und vielfach auch als Pfründe der Parteien, auf Dauer aufrechtzuerhalten? Was ist zu tun, um die Privatwirtschaft zu fördern, und in welche Richtung sollte sie sich entwickeln? In hohem Maß reformbedürftig erweist sich die Landwirtschaft – der ansehnliche Jahresgewinn der ÖMV, der Österreichischen Mineralölverwaltung, in der Höhe von 300 Millionen Schilling, wird zur Gänze für die Stützung des Milchpreises aufgewendet. Die vielen kleinen Bauernwirtschaften sind – auch in Anbetracht der wachsenden europäischen Konkurrenz – nicht mehr aufrechtzuerhalten oder doch nur durch aufwendige Subventionen, die der Staat auf Dauer nicht wird leisten können.

Reformen im Justizwesen sind mehr als überfällig: Das Familienrecht, das Strafrecht, sie stammen aus der ersten Hälfte des 19. Jahrhunderts. Im Sozialbereich gibt es Probleme über Probleme. Nirgendwo sonst wird der Kampf um Umverteilung und Neuverteilung so hart geführt wie hier. Die beiden großen Parteien, im Wiederaufbau geeint und eines Sinnes – jetzt müssen sie mehr und mehr die Interessen ihrer Wählerschaft vertreten, und diese sind oft nur gegen die Interessen der Wählerschaft der anderen Partei durchzusetzen. Kompromisse, früher als Ausdruck von Klugheit und Verantwortung gefeiert, werden jetzt als unzureichend, als „Packelei" abgelehnt. In den Führungsgremien beider Großparteien wächst daher das Verlangen, eine Politik nach eigenen Vorstellungen durchsetzen zu können. Da dies im Rahmen der großen Koalition nicht geht, wird in beiden Lagern an eine mögliche kleine Koalition gedacht. Möglich ist sie, denn jede der beiden Großparteien könnte gemeinsam mit den acht Abgeordneten der FPÖ eine regierungsfähige Mehrheit im Parlament stellen. Sehr behaglich fühlt man sich bei dem Gedanken nicht, gilt doch die FPÖ, gerade auch noch in diesen Jahren, als Auffanglager für ehemalige Nationalsozialisten. Und in Anbetracht der Reden so mancher ihrer Funktionäre fragt man sich, ob es sich tatsächlich um Ehemalige handelt oder ob sie nicht noch immer der nationalsozialistischen, zumindest aber der nationalen Idee verhaftet sind.

Doch gerade die Kräfte in der ÖVP und besonders in der SPÖ, die den Durchbruch zur Macht herbeisehnen, sind davon überzeugt, daß ein solcher eben nur im Zusammengehen mit der FPÖ möglich sein wird. Das ist die Ausgangslage nach den Wahlen 1962 und der

Friedrich Peter: Zwei Sparbücher lautend auf „Edelweiß" und „Enzian".

Franz Olah, der sich selbst als ungeduldig und vielleicht etwas jähzornig bezeichnet, ist ungeduldig auch mit der Führung der SPÖ, und diese beginnt Franz Olah zu fürchten. Der Konflikt bahnt sich an. Rechts: Parteivorsitzender Bruno Pittermann, Franz Olah und SPÖ-Zentralsekretär Otto Probst.

Regierungsbildung im Jahr 1963. Innerhalb der ÖVP wird zwar immer wieder einmal, sei es von ihrem Generalsekretär Withalm, sei es von seiten des steirischen Landeshauptmanns Krainer oder einzelner Abgeordneter, die Frage ventiliert, ob und wie es zu einer Zusammenarbeit mit der FPÖ kommen könnte, aber die Widerstände dominieren. Eine Zusage vor allem würde die FPÖ sofort zum Partner gewinnen, die Zusage einer Wahlrechtsreform. Das gültige Wahlrecht benachteiligt kleine Parteien, die FPÖ hat in einigen Wahlkreisen fast doppelt so viele Stimmen für ein Mandat aufzubringen wie die ÖVP. Ein Wahlrecht, das die Mandate getreu dem proportionalen Verhältnis der Stimmabgabe aufteilt, würde der FPÖ bei gleicher Stimmenanzahl einige Mandate mehr bringen. Welche Großpartei auch immer der FPÖ eine solche Wahlrechtsreform verspricht, könnte sie als Bundesgenossen gewinnen. Doch auf wessen Kosten würden die zusätzlichen FPÖ-Mandate gehen? Bei Durchrechnung der Arithmetik eines solchen neuen Wahlrechts kommt man in der ÖVP zu dem Schluß, daß die zusätzlichen Mandate für die FPÖ auf Kosten der ÖVP gehen würden. An der ÖVP-Spitze ist kaum jemand bereit, diesen Preis zu bezahlen. Nicht so in der SPÖ. Gerade weil die FPÖ auf Kosten der ÖVP stärker würde, steht die Vorstellung, die FPÖ durch Zusage einer Wahlrechtsreform zu gewinnen, in der SPÖ-Spitze zur Debatte. Nicht alle sind dafür. Immer noch hat man Angst, daß ein Auseinandergehen von ÖVP und SPÖ die alte Konfrontation wiederbeleben könnte. Auch wenn es keinen Bürgerkrieg gäbe, die Spannungen zwischen Unternehmern und Arbeitnehmern, zwischen Kapital und Arbeit könnten doch den inneren Frieden des Landes gefährden. Und die NS-Vergangenheit mancher FPÖ-Politiker ist für manche in der SPÖ auch inakzeptabel.

Aber einer glaubt, es sich leisten zu können, die FPÖ näher an die SPÖ heranzubringen: Franz Olah. Zwischen ihm und dem neuen Vorsitzenden der FPÖ, Friedrich Peter, kommt es zu einer bemerkenswerten Begegnung. Es geht um Geld. Die FPÖ hatte bislang Subventionen von seiten der Industriellenvereinigung erhalten. Aber weil sich die FPÖ unbotmäßig zeigte, werden zugesagte Subventionen nicht ausgezahlt. Die FPÖ kann ihre Schulden nicht bezahlen. So spricht Friedrich Peter bei Olah vor. Peter berichtet: „Olah empfing mich, ich legte ihm mein Problem dar und sagte ihm, daß wir vom ÖGB bis heute keine Unterstützung bekämen und eine solche doch geboten wäre. Im Dienste der Demokratie bedürfe es einer Opposition und die müsse man leben lassen. Olah hörte sich das an, sagte, er müsse sich das überlegen und würde wieder anrufen. Nach einer Woche bekam ich einen neuen Termin, und Olah übergab mir zwei Sparkassenbücher auf je 500 000 Schilling, lautend auf ‚Edelweiß' und ‚Enzian'. Es wurde weder eine falsche noch eine echte Unterschrift geleistet. Und die Verbindlichkeit, die ich übernommen hatte, lautete aus dem Munde Franz Olahs: ‚Verwenden Sie's zum Nutzen und zum Wohle der Demokratie.' Meine Ergänzung: ‚Als demokratische Oppositionspartei'." Es bleibt nicht bei dieser einen Million, es gibt weitere Millionen. Peter wörtlich: „Ob es sechs oder sieben waren, darauf möchte ich heute keinen Eid ablegen, aber es war in dieser Größenordnung." Und Olah ist nicht der alleinige Geber, der Vorsitzende der SPÖ, Bruno Pittermann, geht voll mit. Und andere auch. Peter: „Es gab einen ausgeprägten Parteienkontakt, der nicht mehr auf meine Person bezogen war, sondern der getragen wurde auf sozialistischer Seite von den Herren Pittermann, Kreisky, Olah, zeitweise Slavik, auf freiheitlicher Seite von den Herren Zeillinger, Kandutsch und meiner Wenigkeit." Der Inhalt dieser Gespräche kreist immer wieder um die Möglichkeit künftiger Zusammenarbeit im Austausch für eine Wahlrechtsreform. Pittermann stellt der FPÖ diese Wahlrechtsreform konkret in Aussicht. Und dann kommt der Moment, da die geheimen Kontakte zwischen SPÖ- und FPÖ-Führung ihre Früchte tragen. Die große Koalition droht an der Frage zu zerbrechen, ob man dem Sohn des letzten österreichischen Kaisers, Otto Habsburg, die Einreise nach Österreich erlauben soll oder nicht.

Der Fall Otto Habsburg

Die Sache hat eine Vorgeschichte. Nach dem Zerfall der österreichisch-ungarischen Monarchie im Jahr 1918 und der Gründung der Republik Deutsch-Österreich begibt sich der damalige Kaiser Karl mit seiner Familie ins Exil in die Schweiz. Er hat vorher auf die Ausübung der Regierungsgeschäfte verzichtet und hat diese der republikanischen Regierung übertragen. Allgemein wurde dies auch als Verzicht auf den Thron verstanden. Jetzt, da Karl – im März 1919 – bei Feldkirch die Schweizer Grenze überschreitet, widerruft er seinen Verzicht und erhebt Anspruch auf den Thron. Das könnte in Zukunft schwere innere Auseinandersetzungen in Österreich auslösen. Dem will die Republik einen Riegel vorschieben. So beschließt der Nationalrat ein Gesetz, demzufolge alle Habsburger, die nicht ausdrücklich auf ihre Herrschaftsansprüche verzichten, des Landes verwiesen sind und verwiesen bleiben. Eine Rückkehr nach Österreich ist ihnen nicht gestattet, solange sie nicht eine derartige Verzichtserklärung abgeben. Im gleichen Gesetz wird auch der Verfall des Vermögens des Hauses Habsburg-Lothringen verfügt.

Aus dem Schweizer Exil startet Exkaiser Karl zwei Restaurationsversuche in Ungarn. Beide scheitern. Danach dürfen Karl und seine Gemahlin Zita nicht mehr in die Schweiz zurück. Auf einem britischen Kriegsschiff werden sie auf die Insel Madeira verbracht, wo Karl 1922 stirbt. In den zwei Monaten bis zu seinem Tod befaßt er sich intensiv mit seinem erstgeborenen Sohn Otto und nimmt diesem den Schwur ab, „seinen Völkern dereinst ein guter Fürst zu sein".

Mit dem Tod Karls wird Otto Oberhaupt des Hauses Habsburg-Lothringen. Von seiner Mutter Zita wird er auch zum künftigen Kaiser erzogen: Er hat die zweite Landessprache Österreich-Ungarns, Ungarisch, perfekt zu erlernen, aber übt sich auch in anderen Sprachen der Monarchie. Als die Republik 1933/34 in eine schwierige Lage gerät, bietet sich Otto als möglicher Retter Österreichs an.

Kaiser Karl und an seiner Hand der kleine Otto – 1919 gingen sie ins Schweizer Exil. Fast 50 Jahre später kommt Otto erstmals wieder zurück nach Österreich, nach langer, zäher Auseinandersetzung mit den politischen Gegnern seiner Rückkehr.

Und in Anbetracht der Erstarkung Deutschlands unter Hitler und des zunehmenden Drucks der Nationalsozialisten gibt es nicht wenige, die in einer Wiederherstellung der Monarchie einen besseren Schutz gegenüber dem Dritten Reich erhoffen. Der autoritäre Ständestaat jedenfalls ist dem früheren Kaiserhaus und den Monarchisten gegenüber durchaus aufgeschlossen. Unter Bundeskanzler Schuschnigg werden die Habsburger-Dekrete aufgehoben. Eine Rückkehr Ottos wird dennoch nicht gewagt, zu stark, so meint man, wäre da der Widerstand der Nachbarstaaten Tschechoslowakei, Ungarn und Jugoslawien und vermutlich auch von deren Schutzmächten England und Frankreich.

Aber als Hitler in Österreich einmarschiert, da ruft Otto von Paris aus zum Widerstand auf. Und er fordert die Westmächte auf, der Annexion Österreichs durch das Deutsche Reich nicht zuzustimmen. Otto findet zwar, vor allem in Paris, Sympathie, aber seinem Appell wird nicht Folge geleistet. Otto gründet in Paris eine Hilfsstelle für Österreicher, die vor dem Nationalsozialismus fliehen. Unter ihnen Sozialdemokraten, unter ihnen viele Juden. Ihnen allen hilft Otto weiter, versucht, ihnen Visa zu beschaffen, nach den USA, nach Kuba, in die Dominikanische Republik. Und als er selbst 1940 vor den auf Paris marschierenden Deutschen fliehen muß – Hitler hat längst einen Such- und Haftbefehl gegen Otto erteilt –, nimmt er in seinem Gefolge noch viele Flüchtlinge mit und setzt, an der Grenze Spaniens angekommen, auch deren Aufnahme durch die Spanier durch. Otto verbringt den Rest der Kriegsjahre in den USA, wo er bei Präsident Roosevelt und anläßlich einer Gipfelkonferenz beim britischen Premierminister Winston Churchill für eine Wiederauferstehung Österreich-Ungarns eintritt und dabei auch auf einige Sympathien stößt, was aber ohne Konsequenzen bleibt.

Nach dem Ende des Zweiten Weltkriegs und dem Entstehen der Zweiten Republik ist das alte gespannte Verhältnis wieder da: Otto mißtraut der Regierung Karl Renner, die von den Sowjets eingesetzt

Im lothringischen Nancy heiratet Otto Habsburg Regina von Sachsen-Meiningen. Tausende Monarchisten aus dem ehemaligen Österreich-Ungarn stehen Spalier, als das Paar durch die Straßen der Stadt zieht.

worden ist, und warnt US-Präsident Truman vor deren Anerkennung – sie sei ein trojanisches Pferd der Kommunisten. Als Otto 1945 nach Tirol kommt, beruft sich die Regierung in Wien auf die seinerzeitigen Habsburger-Gesetze und erreicht die Ausweisung Ottos aus Österreich. Schließlich schlagen Otto und seine Familie im bayerischen Pöcking ihren Wohnsitz auf. Und nach Abzug der Besatzungsmächte beginnt Otto seine Rückkehr nach Österreich zu betreiben. Er verknüpft dies auch mit politischen Absichten. Er schaut nach Frankreich und ist von de Gaulles Rückkehr an die Macht beeindruckt. De Gaulle ist es gelungen, einem morsch gewordenen Staat wieder eine feste, zielbewußte Regierung zu geben. De Gaulle gibt dem Land eine neue Verfassung, die er ganz auf seine Person zuschneidet. Er führt Frankreich wie ein gekrönter Herrscher und respektiert dennoch Demokratie und republikanische Verfassung. Gelegentlichen Besuchern gegenüber gibt Otto in Pöcking durchaus zu, daß er ähnliches für sich und Österreich im Auge habe. So wie de Gaulle würde auch er an überparteiliche Kräfte appellieren, sich zu einer Bewegung für eine Reform der Republik zu sammeln. Von einer solchen Bewegung getragen, würde Otto heimkehren. Durch eine Änderung der Verfassung sollten die Ämter des Bundespräsidenten und des Bundeskanzlers zusammengelegt werden. Otto hat auch einen Namen für die Funktion des neuen Regierungschefs, er bezeichnet ihn als Justizkanzler. Und er glaubt, diese Funktion selbst am besten ausüben zu können.

Lfd. Nr.	Name des Kindes	Name, Stand, Religion und Wohnort des Vaters
1.	Karl Thomas Robert Maria Bahnam von Habsburg Erzherzog von Österreich Königlicher Prinz von Ungarn.	Seine Majes[tät] Otto von Österreich-Un[garn] röm.-kath. Pöcking Hindenburgstr.

Otto Habsburg vor einem Gemälde seines Vaters, des letzten österreichischen Kaisers, Karl I., mit seinem Sohn, der ebenfalls den Namen Karl trägt. Unmittelbar nach der Geburt dieses Sohnes sandte Otto seine Verzichtserklärung nach Österreich.

Die Eintragung im Taufregister von Pöcking. Der erste Sohn Ottos, Karl, wird als „Erzherzog von Österreich" und „Königlicher Prinz von Ungarn" eingetragen. Diese Eintragung wird gegen eine Einreiseerlaubnis für Otto nach Österreich ins Treffen geführt.

me, Stand, Religion und Wohnort der Mutter	Art der Geburt (tot oder lebendig) Name der Hebamme oder des Geburtshelfers	Zeit der Geburt (Tag, Monat, Jahr, Stunde)
e Majestät	Dr. Wildgruber	11. Januar 1961
Regina von erreich-Ungarn		
röm.-kath.	Frauenklinik Starnberg	10ʰ
Herzogin von hsen-Meiningen	Possenhofenerstr. 49a	Starnberg

Die Überlegungen Ottos bleiben Österreich nicht verborgen. Logischerweise gibt es Widerstand, vor allem bei den Sozialisten. Und nun werden Indizien gesammelt. Da empfängt Otto eine Delegation von Sudetendeutschen und spricht sie als „liebe Landsleute" an, dort begrüßt er ungarische Freiheitskämpfer als „Mitbürger". Auch die seinerzeitige Hochzeit Ottos wird ihm als Anspruch auf die Herrschaft über Österreich, wenn nicht über alle Gebiete der früheren Monarchie ausgelegt. Er heiratete 1951 in der Hauptstadt des früheren Herzogtums Lothringen, in Nancy, und er wird dort auch als Herzog von Lothringen gefeiert. Seine Braut ist Regina von Sachsen-Meiningen. Zur Hochzeit haben sich viele tausend Monarchisten aus Österreich, ja aus allen Teilen des ehemaligen Habsburgerreichs eingefunden. Als das neuvermählte Paar, begleitet von Angehörigen des Hochadels, durch die Stadt zieht, jubeln ihm nach Schätzungen der Polizei rund 90 000 Menschen zu.

Fünf Töchter werden dem Paar geboren. Doch am 11. Januar 1961 erblickt der erste Sohn das Licht der Welt. Er wird in Pöcking auf den Namen Karl getauft. Im Taufregister wird Karl – mit weiteren Namen Thomas Robert Maria Bahnam – als Erzherzog von Österreich und Königlicher Prinz von Ungarn eingetragen. Seine Eltern, Otto und Regina, scheinen im Taufregister als „Majestäten von Österreich-Ungarn" auf. Mit diesen Eintragungen wird Karl als Prätendent auf den österreichischen und ungarischen Thron ausgewiesen. Fünf Monate später überreicht der Wiener Rechtsanwalt Ludwig

Nicht nur der Streit um Otto Habsburgs Rückkehr nach Österreich ist zu Ende, auch ein 25jähriger Streit um ein Kaiser-Franz-Joseph-Denkmal. Zum 60jährigen Regierungsjubiläum des Kaisers ließ das „privilegierte und uniformierte Bürgerkorps" in Wiener Neustadt eine überlebensgroße Bronzestatue des Kaisers gießen und stellte sie im Stadtpark von Wiener Neustadt feierlich auf. Aber 1919, als man die Habsburger verbannte, ließ die Gemeinde die Statue abmontieren und in das Depot des Stadtmuseums transportieren. Anstelle Franz Josephs wurde eine Blumenschale auf den Denkmalsockel gestellt. 1934, im Ständestaat, kam Franz Joseph auf den Sockel zurück, und die Blumenschale wanderte ins Depot. 1938 ließen die Nationalsozialisten den Kaiser wieder demontieren, und der Kommandant des Bürgerkorps mußte sich verpflichten, die Statue einschmelzen zu lassen. Aber sie wurde versteckt und entging auch Görings Metallsammlung für die Rüstung. Nach dem Krieg wurde die Statue in einer Eisengießerei in Wien-Liesing aufgefunden und, weil „herrenlos", für den Symbolpreis von einem Schilling an ein Komitee unter dem Vorsitz des Präsidenten der Industriellenvereinigung, Hans Lauda, verkauft. Dieses Komitee ließ den Kaiser im August 1957 im Wiener Burggarten aufstellen. Kaum war der Bericht darüber in den Zeitungen erschienen, protestierte das Bürgerkorps von Wiener Neustadt: Die Statue sei nicht herrenlos, sie gehöre dem Bürgerkorps und müsse nach Wiener Neustadt zurückgestellt werden. Der Streit wogte hin und her, bis der Bund – die Regierung Kreisky – einen Kompromiß fand: Ein getreuer Abguß der Statue wurde angefertigt und den Wiener Neustädtern als Ersatz übergeben. Und niemand anderer als die Republikanerin und in der Wolle gefärbte Sozialistin, die Staatssekretärin Beatrix Eypeltauer, ließ es sich nicht nehmen, die Enthüllung des neu gegossenen Kaisers im Stadtpark von Wiener Neustadt gemeinsam mit dem Kommandanten des Bürgerkorps, Anton Müller, vorzunehmen.

Ein Händedruck, mit dem Kreisky den früher so hart geführten Kampf der SPÖ gegen Otto Habsburg beendet. Die SPÖ hat diesen Kampf verloren: Unter der Alleinregierung Klaus erhielt Otto Habsburg am 1. Juni 1966 auf Grund seiner Verzichtserklärung einen österreichischen Reisepaß, erstmals mit dem Vermerk „gültig für alle Staaten der Welt", also auch für Österreich. Und am 31. Oktober desselben Jahres reist er zum ersten Mal legal in Österreich ein, ohne daß es zu Demonstrationen kommt. Kreisky begegnet Habsburg nicht zufällig, die von Habsburg geführte Paneuropa-Bewegung feiert 50jähriges Jubiläum. Kreisky lädt die Teilnehmer zu einem Empfang in das Bundeskanzleramt ein, hier kommt es am 4. Mai 1972 zu dem „historischen Händedruck".

Draxler Bundeskanzler Gorbach eine Erklärung, in der Otto auf den Thron verzichtet, gemeinsam mit dem Antrag, die Bundesregierung wolle diese Verzichtserklärung als ausreichend ansehen und zur Beschlußfassung dem Hauptausschuß des Nationalrats vorlegen. Denn so schreiben es die Habsburgergesetze vor: Der Hauptausschuß des Nationalrats, de facto also das Parlament, hat darüber zu befinden, ob die Verzichtserklärung ausreichend sei. Doch das Schriftstück erreicht den Hauptausschuß gar nicht. Es bleibt schon in der Regierung hängen und beschäftigt nur den Koalitionsausschuß der beiden Parteien. Dort allerdings geht es in der Frage hart auf hart. Die ÖVP hält die Verzichtserklärung für ausreichend, womit einer Rückkehr Ottos nach Österreich nichts im Wege stünde. Die SPÖ mißtraut der Erklärung und meint, man müsse auch die dahinterstehenden Absichten in die Beurteilung einschließen. Auch im Ministerrat gibt es keine übereinstimmende Auffassung über Ottos Verzichtserklärung, das Protokoll wird ergänzt mit dem Satz „und daß damit der Antrag als abgelehnt gilt".

Einen Tag später erhebt Otto Beschwerde beim Verfassungsgerichtshof. Doch im Dezember 1961 weist dieser die Beschwerde Ottos zurück: Der Verfassungsgerichtshof sei nicht zuständig für Beschwerden gegen die Bundesregierung. Nun wendet sich Otto an den Verwaltungsgerichtshof. Dort erhebt er Beschwerde wegen Verletzung der Entscheidungspflicht der Bundesregierung, denn er habe auf seine Verzichtserklärung keinerlei Bescheid erhalten. Der Gerichtshof fordert die Bundesregierung auf, entweder eine Gegenschrift einzubringen oder den versäumten Bescheid zu erlassen. Die Bundesregierung teilt dem Gerichtshof mit, daß sie keine Gegenschrift einbringe, da sie „eine übereinstimmende Auffassung über den Inhalt einer solchen nicht erzielen konnte". Und dann platzt die Habsburg-Bombe. In einem 32seitigen Erkenntnis gibt der Verwaltungsgerichtshof der Beschwerde Ottos statt. Die Bundesregierung habe ihre Entscheidungspflicht verletzt. Und an ihrer Stelle entscheidet nun der Verwaltungsgerichtshof: Die Verzichtserklärung wird als ausreichend befunden, die Landesverweisung ist zu beenden. Helle Empörung bei der SPÖ. Christian Broda spricht von einem Juristenputsch, andere sehen in der „Anmaßung des Gerichtshofes bereits die Ausschaltung des Parlaments wie 1933 durch

„Otto Habsburg soll bleiben, wo er ist" – mit Parolen wie dieser mobilisiert die SPÖ ihre Anhängerschaft gegen eine Rückkehr Otto Habsburgs. Einem Teil der SPÖ-Führung scheint die Frage geeignet, um von der großen auf eine kleine Koalition umschalten zu können.

Dollfuß". Die ÖVP hingegen wirft der SPÖ einen Rechtsbruch vor. Der spätere Unterrichtsminister Theodor Piffl-Percevic geht mit den Sozialisten scharf ins Gericht: „Die ÖVP bedauert zutiefst den frevelhaften Versuch, österreichische Höchstrichter einzuschüchtern und ihr Urteil in einer Frage der Grund- und Freiheitsrechte unwirksam zu machen." Daraufhin kommt es zu schweren Tumulten im Nationalrat, fast zu Tätlichkeiten. „Ich war damals der Hauptsprecher der Volkspartei", berichtet Hermann Withalm. „Das war vielleicht die stürmischste Sitzung, die ich erlebt habe im Parlament. Bei meiner Rede gab es 156 Zwischenrufe, darunter nicht die feinsten – Faschist und so. Es war eine furchtbare Szene damals im Parlament." Am Schluß seiner Rede ruft Withalm: „Recht muß Recht bleiben!" Da verlassen die Abgeordneten der SPÖ protestierend den Saal. Die Frage Habsburg droht die Koalition zu sprengen.

Friedrich Peter erkennt eine Chance für die FPÖ. „Hier bot sich", berichtet Peter, „zum ersten Mal eine wirkungsvolle Möglichkeit, die zwei Großparteien und damit die zwei Koalitionspartner ordentlich und grundsätzlich durcheinanderzubringen. Und diese Chance zu nützen für die Freiheitliche Partei war meine Pflicht." Die FPÖ sagt also der SPÖ zu, mit ihr gemeinsam eine Anti-Habsburg-Resolution im Parlament zu beschließen. Das hat es bisher noch nie gegeben – hier bricht eine der beiden Großparteien aus dem Koalitionspakt aus und ist bereit, mit Hilfe der Freiheitlichen den Koalitionspartner zu überstimmen. Aber so geschieht es. Am 4. Juli 1963 bringt die SPÖ im Nationalrat einen Entschließungsantrag ein, den SPÖ und FPÖ gegen die Stimmen der ÖVP zum Beschluß erheben: „Der Nationalrat beauftragt die Bundesregierung, der Tatsache, daß – ohne Bezugnahme auf die einander widersprechenden Rechtsauffassungen des Verfassungs- und Verwaltungsgerichtshofes in dieser Angelegenheit – eine Rückkehr von Dr. Otto Habsburg nach Österreich nicht erwünscht ist, weil sie ohne Zweifel mit schwerwiegenden Konsequenzen für die Republik Österreich verbunden wäre und auch wegen der Gefahr daraus entstehender politischer Auseinandersetzungen auch zu wirtschaftlichen Rückschlägen führen würde, dieser Feststellung als Willenskundgebung der österreichischen Volksvertretung in geeigneter Weise zu entsprechen."

Innerhalb der großen Koalition herrscht nun offene Feindseligkeit. Der damalige ÖVP-Generalsekretär Hermann Withalm erinnert sich: „Es war natürlich für jeden, der wußte, wie so etwas gespielt wird, klar zu erkennen, daß das mehr bedeutete als eine momentane Ausnutzung des koalitionsfreien Raums, das war der Versuch der Sozialisten, die Koalition zu sprengen und eine Koalition mit den Freiheitlichen einzugehen." Franz Olah berichtet: „Dann begann natürlich das Wettlaufen: Wann können wir endlich allein regieren? Wenn die große Koalition unergiebig ist, muß man Ausschau halten nach einem Wechsel. In der Demokratie ist das doch legitim, daß Mehrheiten wechseln, daß auch Parteien einmal in der Regierung, einmal in der Opposition sind. Und mir war eines klar, der erste Schritt mußte eine Koalition zwischen SPÖ und FPÖ sein und nicht zwischen ÖVP und FPÖ, denn das würde wieder an das Trauma rühren – ein Bürgerblock, und Bürgerblock bedeutet Bürgerkrieg, und das darf es nicht geben. Also, wenn überhaupt eine kleine Koalition, dann zuerst wir mit der FPÖ." So wird zwischen der SPÖ und der FPÖ nun intensiv verhandelt. Die SPÖ setzt zu diesem Zweck sogar ein Kontaktkomitee ein, bestehend aus dem Parteivorsitzenden Pittermann, Olah, Robert Uhlir und den beiden Zentralsekretären Otto Probst und Leopold Gratz. Auf freiheitlicher Seite verhandeln Peter und die Abgeordneten Gustav Zeillinger und Emil van Tongel. Ziel der Verhandlungen ist es, die Bedingungen festzulegen, unter denen SPÖ und FPÖ eine kleine Koalition schließen könnten. Von seiten der

Hermann Withalm: Das bedeutete den Versuch, die Koalition zu sprengen.

FPÖ immer die gleiche Bedingung: Die Zusage, eine Wahlrechtsreform zu beschließen, die der FPÖ gleiche Chancen einräumen würde wie den Großparteien. Dies würde der FPÖ beim jetzigen Stand der für sie abgegebenen Stimmen fast eine Verdoppelung der Mandate bringen. Aber im letzten Moment entscheidet sich Pittermann gegen die Sprengung der großen Koalition und gegen ein Bündnis mit der FPÖ. Friedrich Peter wartet auf eine endgültige Antwort der SPÖ, und zwar unmittelbar nach der Habsburg-Abstimmung im Parlament. Darüber berichtet Peter: „Diese konkrete Antwort haben wir auch erhalten, und zwar durch den Parteivorsitzenden Pittermann und den Zentralsekretär Gratz, als sie in einer nicht sehr guten Verfassung ins Hotel Europe kamen, um uns mitzuteilen, daß die zuständigen Parteiorgane der SPÖ eine kleine Koalition verworfen hätten. Und von dort weg datiert Pittermann als ‚unsicherer Kantonist' aus freiheitlicher Beurteilung."

Pittermann dürfte es geahnt oder es sogar gewußt haben, was da hinter den Kulissen vor sich ging. Denn die FPÖ-Führung war auch nicht so ohne weiteres bereit, in eine kleine Koalition unter einem Bundeskanzler Pittermann zu gehen. Pittermann, so urteilte die FPÖ-Spitze, sei nicht populär genug, um mit ihm eine nächste Wahl zu gewinnen. Kleine Koalition ja, aber mit einem anderen Kanzler als Pittermann. Darüber berichtet nun Franz Olah: „Die FPÖ wußte, bei mir gilt das Wort. Und so sagte die FPÖ-Spitze zu mir: Eine Koalition mit einem Bundeskanzler Pittermann wird nicht gehen. Die nächste Wahl mit einem solchen Kanzler geht verloren. Sie (die SPÖ) verlieren nur ein paar Mandate, aber wir sind dann weg vom Fenster. Na, sag' ich, was dann? Ja, sagt er, Sie müssen Bundeskanzler werden. Sag' ich: Bitte sagen Sie das nicht laut, sonst kann das schiefgehen. Ja, sagt er, aber so ist es. Wir können mit dem Dr. Pittermann keine Regierung bilden." Heute dürfte es wohl feststehen, daß Bruno Pittermann und mit ihm auch eine Reihe weiterer prominenter SPÖ-Politiker in Franz Olah einen Herausforderer gesehen haben, der so rasch wie möglich die Führung der SPÖ übernehmen wollte, sei es an der Spitze weiterhin einer großen Koalition oder auch gemeinsam mit der FPÖ in einer kleinen Koalition. Und das wäre gleichbedeutend gewesen mit einem Sturz Pittermanns und all jener, die dessen Kurs bis jetzt unterstützt haben. So schließen sie die Reihen in ihrem Abwehrkampf gegen Olah. Wie dieses Kräftemessen weitergeht und schließlich ausgeht, darüber wird gleich zu berichten sein.

Die Reformer stürzen Gorbach

Doch inzwischen ist auch ein Blick auf den Zustand der ÖVP zum damaligen Zeitpunkt zu werfen. Tritt bei der SPÖ Olah im Alleingang als Herausforderer auf, so kommt es in der ÖVP zur offenen Revolte jener Garnitur jüngerer Politiker, die sich als Reformer verstehen. Der Aufstand zeichnete sich schon ab, als es im März 1963 nach viermonatigen zähen Verhandlungen zum Abschluß des neuen Koalitionspakts zwischen ÖVP und SPÖ kam. Obwohl die SPÖ zwei Mandate verloren und die ÖVP zwei dazugewonnen hatte, gelang es dem Parteiobmann Gorbach nicht, der SPÖ irgendwelche Zugeständnisse abzuringen. Die Pattstellung in der Koalition, deretwegen man die Wahlen im November 1962 vom Zaun gebrochen hatte, wurde also im Koalitionspakt erneut fest verankert. Aus Protest dagegen legte der frischgebackene Finanzminister Josef Klaus sein Amt zurück, und Hermann Withalm, als Generalsekretär der ÖVP, weigerte sich, den Koalitionspakt zu unterschreiben. Als es jetzt auch noch zur parlamentarischen Niederlage der ÖVP in der Habsburg-Frage kommt und als sich eine mögliche Sprengung der Koalition durch die SPÖ

Sie fordern eine Reform der Partei und einen neuen Kurs in der Regierung – Hermann Withalm und Josef Klaus. So wie Olah in der SPÖ drängen sie in der ÖVP an die Spitze der Partei, um ihre Vorstellungen durchsetzen zu können.

mit Hilfe der FPÖ abzeichnet, treten die Reformer zum Sturz der bisherigen Parteispitze an. Neben Withalm und Klaus gehören der Reformergruppe auch der steirische Landeshauptmann Josef Krainer sen., der Kärntner Landesparteiobmann Karl Schleinzer und die Obmänner der drei ÖVP-Bünde an. Gorbach war, wie berichtet, noch als Kompromißkandidat zwischen der früheren Parteiführung der ÖVP und den Reformern zum Bundesparteiobmann und in der Folge zum Bundeskanzler bestellt worden. Jetzt wird der Kompromiß aufgekündigt.

Beim 9. Bundesparteitag der ÖVP im September 1963 in Klagenfurt wird Josef Klaus von den Delegierten bereits mit rauschendem Beifall empfangen, während Gorbach nur noch formellen Applaus erhält. Withalm hält eine feurige Rede: Die ÖVP müsse der SPÖ endlich entschieden Paroli bieten, sie könne sich die Zumutungen und Polemiken der SPÖ nicht weiter mit Duldermiene gefallen lassen. Withalm fordert eine Erneuerung der Partei und eine selbstbewußte Haltung gegenüber der SPÖ, selbst wenn das einen Bruch der großen Koalition bedeuten sollte. Gegen diese Auffassung stehen die Weggefährten Julius Raabs auf – Leopold Figl, Heinrich Drimmel, einige Landeshauptleute und einige Landesparteiobmänner. Erstmals bei einem solchen Parteitag werden die Führungspositionen in einer Kampfabstimmung besetzt. Als Kandidaten für den Parteiobmann treten Klaus und Unterrichtsminister Heinrich Drimmel an. Und als Kandidaten für den Generalsekretär Withalm und Staatssekretär Franz Hetzenauer. Klaus siegt mit 251 Stimmen gegenüber 144 Stimmen für Drimmel, und Withalm wird in seinem Amt als Generalsekretär der Partei mit noch größerer Mehrheit bestätigt. Gorbach ist also abgesetzt. Und es ist zu erwarten, daß ihn der neue Parteiobmann Klaus auch als Bundeskanzler ablösen wird. Als Gorbach und Pittermann einander am 12. Februar 1964 über den Gräbern der Februar-Opfer die Hand reichen, ist das der letzte offizielle Auftritt Gorbachs als Bundeskanzler.

Josef Klaus hat es geschafft. Er löst Alfons Gorbach zunächst als Parteiobmann und danach als Bundeskanzler ab. Aber er steht noch immer einer Regierung der großen Koaliton von ÖVP und SPÖ vor, Vizekanzler ist nach wie vor Bruno Pittermann. Hier die Regierung Klaus–Pittermann, nach der Angelobung durch den Bundespräsidenten, auf dem Weg in das Kanzleramt.

Am 24. Februar tritt die Bundesparteileitung der ÖVP zu einer Krisensitzung zusammen. Die Reformer wollen nun die gesamte alte Führungsgarnitur ablösen. Nach vierstündiger Sitzung tritt Josef Klaus vor die Mikrophone und beantwortet die Frage nach dem Ergebnis der Beratungen: „In dieser Sitzung wurde binnen weniger Stunden die Nominierung des von der Volkspartei vorzuschlagenden neuen Bundeskanzlers und die Nominierung der Minister und Staatssekretäre erreicht, die laut dem Arbeitsübereinkommen der Österreichischen Volkspartei in der Koalitionsregierung zustehen." Daß er als Bundeskanzler zurückgetreten werde, hat Gorbach zu diesem Zeitpunkt schon aus den Zeitungen erfahren, in den Redaktionen wußte man früher als im Kanzleramt von dem bevorstehenden Beschluß der ÖVP-Bundesparteileitung. Deutlich erschüttert tritt Gorbach vor die Journalisten: „Ich habe den Verlautbarungen in der Presse nichts mehr hinzuzufügen. Ich scheide aus diesem Amte mit dem Bewußtsein, im Rahmen meines Vermögens alles getan zu haben, was mir diese Aufgabe auferlegt hat. Ich wünsche nur eines, daß meinem Nachfolger recht viel Erfolg beschieden sei."

Der Nachfolger ist Josef Klaus. Er will den Führungsanspruch der ÖVP in der Koalition wieder festigen, will hart auftreten gegenüber dem sozialistischen Partner. Klaus holt auch gleich einige Reformer in sein Kabinett, seine parteiinternen Gegner müssen gehen. Theodor Piffl-Percevic löst Drimmel als Unterrichtsminister ab, Wolfgang Schmitz wird neuer Finanzminister, Georg Prader Verteidigungsminister, während Karl Schleinzer das Ministerium für Land- und Forstwirtschaft übernimmt. Im Außenministerium muß der

frühere Raab-Sekretär, Südtirol-Aktivist und Staatssekretär Ludwig Steiner seinen Posten an Carl H. Bobleter abtreten.

Die Regierungsgarnitur der SPÖ bleibt vorläufig unverändert. Doch nicht mehr lange. Die innerparteiliche Auseinandersetzung mit Olah hat bereits begonnen. Olahs Vorgänger Josef Afritsch hatte das Innenministerium eher gemütlich geführt. Olah will nun Polizei und Gendarmerie zu einer viel schlagkräftigeren Truppe machen. Dabei spielt sicherlich die Erinnerung Olahs an die Oktobertage des Jahres 1950 eine Rolle. Damals versuchten die Kommunisten eine Streikwelle dazu zu nützen, wieder mehr Macht in die Hände zu bekommen – mit Betriebsbesetzungen, mit der Unterbrechung des Eisenbahnverkehrs, mit der Stillegung des Straßenbahnbetriebs in Wien. Mit gewalttätigen Demonstrationen, einschließlich einer Belagerung des Bundeskanzleramts sollten die Regierung und der ÖGB gezwungen werden, mit der KPÖ zu verhandeln und ihren Forderungen nachzugeben (siehe „Österreich II", 2. Band: „Der lange Weg zur Freiheit"). Die Polizei erwies sich damals nicht als ein sehr schlagkräftiges Instrument. Gewiß, es waren noch die Alliierten im Land, und besonders in der Sowjetzone waren Polizei und Gendarmerie von den Sowjetkommandanten abhängig. Und selbst in den westlichen Zonen Wiens war die Polizei, wenn überhaupt, nur schwach bewaffnet. Aber sehr viel hatte sich bei Polizei und Gendarmerie auch in den folgenden Jahren nicht geändert. Zwar waren sie jetzt besser bewaffnet, aber den modernen Anforderungen nicht gewachsen – es fehlte an Funkverbindungen, an Einsatzwagen, von Flugzeugen und Hubschraubern gar nicht zu reden. Dazu Olah: „Die sind zu mir gekommen und haben gesagt: ‚Schauen Sie, wie wir dastehen. Wir haben ein Gebiet von 40 oder 60 Quadratkilometern, und wir fahren mit einem Fahrrad, bestenfalls mit einem Moped herum. Und die Gangster fahren mit den schnittigsten Autos. Wie sollen wir das bewältigen?' Also begann ich mit der Motorisierung, mit dem Ausbau des Funknetzes, mit der Reform der Ausbildung. Man sagte mir, es wäre zu schnell gewesen. Aber es war so, daß der Stand ein

Olahs Ziel als Innenminister ist es, die Exekutive technisch besser auszustatten. Auf dem Wiener Rathausplatz übergibt er der Gendarmerie Patrouillenfahrzeuge der Type Puch 700. Dazu Olah: Bisher mußten sie mit dem Fahrrad patrouillieren.

Olah versetzt höhere Gendarmerie- und Polizeibeamte, wenn sie seine Anweisungen nicht oder nicht in seinem Sinn durchführen. Auf Proteste reagiert er mit Unmut. Innerhalb der Exekutive trifft der Innenminister auf Widerstand vorwiegend seiner parteipolitischen Gegner. Die „Wochenpresse" gibt der Befürchtung Ausdruck, Olah könnte versuchen, auch Österreich auf seine Art zu führen. Olah läßt das Blatt daraufhin beschlagnahmen.

katastrophaler war in jeder Hinsicht." In kürzester Zeit übergibt Olah an Polizei und Gendarmerie 123 Funkstreifenwagen und 173 Puch 700C (die verbesserte Version des Puch 500) für den Verkehrsüberwachungsdienst. Gleichzeitig überspannt er ganz Österreich mit einem effizienten Kommunikationsnetz. Doch Olah kümmert sich nicht nur um die technische Ausrüstung. Er versetzt auch Kommandanten, beruft sie ab, schickt sie in andere Bundesländer, bringt Leute, die ihm loyal ergeben sind, an deren Stelle. Olahs forsches Vorgehen nährt den Verdacht, er wolle sich in der Exekutive eine persönliche Machtbasis schaffen. Die damals politisch gewichtige „Wochenpresse" erscheint mit der Schlagzeile „Schatten über Österreich", dazu ein ganzseitiges Bild: Olahs Gesicht mit mephistophelischen Zügen. Die Zwangsversetzung mehrerer hoher Polizei- und Gendarmeriebeamter sei ein Akt der Willkür, schreibt die Zeitung, und unterstellt Olah Machtgelüste. Olah läßt die „Wochenpresse" prompt beschlagnahmen. Was den Verdacht nur bestärkt, daß man es hier mit einem sehr zielstrebigen und machthungrigen Politiker zu tun hätte. Auch die Beamtengewerkschaft protestiert mit Parolen wie „Gegen Willkür im öffentlichen Dienst" und „Bundesbeamte sind kein Freiwild". Olah wird „diktatorisches Vorgehen" vorgeworfen. Sein Temperament flößt manchen Furcht ein. Er macht Fehler, die er zugibt.

Franz Olah: „Und Fehler, na ja, ein Politiker kann doch nicht unfehlbar sein, kein Mensch ist unfehlbar. Also hab' ich das für mich nicht in Anspruch genommen. Aber ich habe, wenn ich von etwas überzeugt war, das mit aller Vehemenz und, wenn Sie wollen, mit ein bißchen Eigensinn vertreten. Und dazu war ich ein bißchen unbeherrscht, wenn Sie wollen, auch jähzornig."

Der Fall Olah

Am 28. Januar 1964 läßt sich der Innenminister Olah vom damaligen Starmoderator des österreichischen Fernsehens, Helmut Zilk, interviewen. Was er in diesem Interview sagt, ist sensationell, ist eine innenpolitische Bombe. Olah berichtet, daß, als er Innenminister wurde, ihm auch sein eigener Polizeiakt vorgelegt worden sei. Aber der Beamte machte ihn darauf aufmerksam, daß dies nicht die einzigen Informationen seien, die die Polizei über ihn, Olah, gesammelt hätte. Sein Name komme in vielen Berichten der Staatspolizei vor. Olah fordert den Beamten auf, ihm „das alles zusammenzusuchen". Und es landen tatsächlich viele Akten auf seinem Schreibtisch, die wahre und erfundene Geschichten über ihn enthalten. Alle gekennzeichnet mit einem „P" für „Panzerschrank", das heißt als streng geheim wegzusperren. Olah geht der Sache nach und findet mehr als 50 000 derartige Spitzelakten vor. Die Staatspolizei hat demnach viele tausend österreichische Bürger überwacht, ihre Aktivitäten, Verbindungen und Meinungen gesammelt und archiviert. Darunter, so betont Olah nun in dem Fernsehinterview, auch die Spitzenpolitiker der Parteien. Zilk: „Können wir konkret einige Beispiele haben?" Olah: „Ja, ich habe solche Akten hier. Hier haben sie den Akt über den Wiener Bürgermeister Franz Jonas ... Tratschgeschichten, teilweise nicht fein und nicht schön, über alle diese Leute. Josef Afritsch (Olahs Vorgänger als Innenminister) ist ein anderer Akt, ebenfalls Panzerschrank. Wissen Sie, was man dem damaligen Stadtrat und nachmaligen Minister vorwirft auf Grund dieser Konfidentenberichte?" Und nun berichtet Olah, was in dem Akt Afritsch steht: Er hätte gegen Bezahlung die Ausstellung österreichischer Reisepässe vermittelt (eine völlig haltlose Beschuldigung). Olah dann: „Das ist mein Akt, sehen Sie, das sind die Karteikarten. So viele Karteikarten voll geschrieben

Franz Olah: Weg mit mir, damit ich nicht Parteivorsitzender werde.

über mich. Sie werden sagen, das war vielleicht in der Besatzungszeit. Nein, die Bespitzelung von mir, die hat man bis zum Jahr 1962 fortgesetzt, auch die private Sphäre."

In der Führung der SPÖ fragt man sich, was Olah mit diesen Enthüllungen bezweckt. Und man verdächtigt ihn, er wolle auf diese Weise einen Teil der Führungsspitze der SPÖ in Mißkredit bringen, er wolle versuchen, sie politisch auszuschalten. Tatsächlich dürfte es einer der Beweggründe Olahs gewesen sein, anhand dieses Skandals zu beweisen, daß die Partei nicht straff genug geführt werde, daß jeder in dieser Parteiführung tun und lassen könne, was er wolle, und somit auch ein von der SPÖ gestellter Innenminister, wie Afritsch, sich nicht einmal darum kümmere, was die ihm unterstellte Staatspolizei treibt. Es ist die Führungsschwäche, die Olah aufdecken will. Offenbar erwartet er, daß daraufhin in der Partei der Ruf nach einem entschlossenen, ja starken Mann erschallen werde. Das ist auch der Fall, besonders in der Arbeiterschaft, der Olah schon imponierte, als er im Oktober 1950 die Rollkommandos anführte, mit denen er die von den Kommunisten besetzten Betriebe befreite. Die Führungsspitze der SPÖ bekommt diesen Druck von unten zu spüren. Und Olah bekommt zu spüren, wie sich innerhalb der Parteiführung eine Front gegen ihn aufbaut. Pittermann, Probst, Broda, Czernetz, Klenner werfen Olah vor, die SPÖ zu einer „Führerpartei" machen zu wollen mit dem Versuch, alle Macht in die eigenen Hände zu nehmen. Für Olah treten ein: Rosa Jochmann – Olah war wie sie sieben Jahre lang in Hitlers Konzentrationslagern –, Bruno Kreisky, Felix Slavik, Ernst Winkler. Aber die Gruppe wird nicht stark genug sein, um ihn schützen zu können. 30 Jahre später haben wir Olah für das Projekt „Österreich II" nach den damaligen Vorgängen befragt: „War die Affäre der Spitzelakten ein auslösendes Moment für die Verschärfung des Konflikts innerhalb der Partei? Weshalb gab es den Konflikt?" Olahs Antwort: „Weg mit mir, damit ich nicht Parteivorsitzender werde." – „Und weshalb wollten sie Sie nicht als Parteivorsitzenden haben?" Olah: „Sie fürchteten, daß ich die Partei ein bißchen verändern würde: Weg von dieser Dogmatik, von dieser Sturheit, auch von dem, daß man im politisch Andersgesinnten absolut einen Feind sieht, der auf jeden Fall unrecht hat. Er hat nicht immer unrecht. Wir haben auch einmal unrecht. Und ich habe offen erklärt, daß ich kein Marxist bin, ich halte Karl Marx sicher für einen sehr gescheiten Mann, aber man kann nicht nach seiner Doktrin, einer Doktrin vor mehr als 100 Jahren, einen Staat führen."

Olah, der befürchtet, im innerparteilichen Machtkampf zu unterliegen, tritt die Flucht nach außen an. Er gewährt der Zeitung „Die Presse" ein Interview, das am 15. September 1964 veröffentlicht wird. Olah beschuldigt die SPÖ-Führung, ihn mit stalinistischen Methoden politisch ausschalten zu wollen. Doch mit diesem Interview liefert Olah seinen Gegnern erst das Instrument, mit dem sie ihn tatsächlich ausschalten können. Denn nur wenige Monate zuvor hat die SPÖ einen besonderen Passus in ihr Parteistatut aufgenommen, in dem Funktionären und Mandataren der Partei jede direkte oder indirekte Mitarbeit an nichtsozialistischen Presseerzeugnissen verboten ist, und eine solche nur mit vorheriger Genehmigung des Parteivorstandes, der Exekutive oder in dringenden Fällen des Parteivorsitzenden erlaubt werden könne. Olah wird nun vorgeworfen, das Parteistatut gröblichst verletzt zu haben, indem er der „Presse" dieses Interview gewährt habe. Und dieses Interview sei als Mitarbeit an einem nichtsozialistischen Presseerzeugnis zu werten. Das ist es, was Olah mit „Dogmatik und Sturheit" bezeichnet. In der Distanz von heute betrachtet, ist es unverständlich, daß ein derartiger Passus je im Statut einer demokratischen Partei aufgenommen werden konnte. Denn dieser Passus verbietet sämtlichen Abgeordneten und

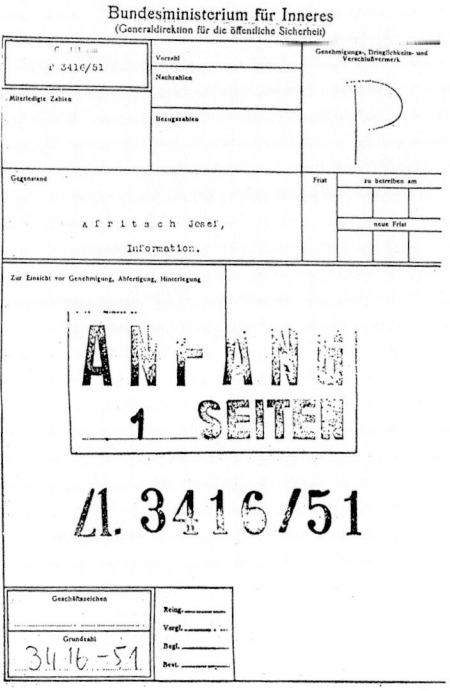

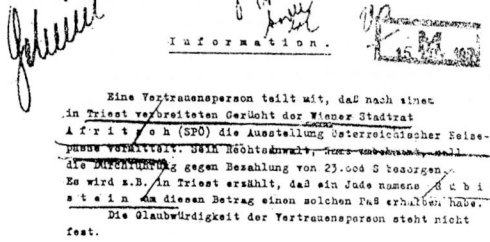

In einem als sensationell empfundenen Fernsehinterview, geführt von Helmut Zilk, gibt Olah bekannt, daß sich im Innenministerium geheime Akten befinden, mit Spitzelberichten der Polizei, von denen Zehntausende Österreicher betroffen seien. Im Fernsehen zeigt er die Deckblätter der Spitzelberichte, die ihn und seinen Vorgänger, Josef Afritsch, betreffen. Bei einer Pressekonferenz fordert Olah die Vernichtung aller Spitzelakten.

Ministern der SPÖ Interviews zu geben, freiweg vor Mikrophonen und Fernsehkameras zu sprechen, wenn es sich nicht um sozialistische Organe handelt. Der Passus ist bezeichnend für das damalige innerparteiliche, aber auch innenpolitische Klima.

Kaum ist das Olah-Interview in der „Presse" erschienen, wird in der SPÖ ein Parteigericht eingesetzt. Als Richter fungieren drei persönliche Freunde Olahs: Rosa Jochmann, Felix Slavik und Ludwig Kostroun. Das soll den Eindruck absoluter Objektivität erwecken. Aber diese drei können nicht anders, als nach dem Parteistatut zu urteilen. Sie befragen Olah, ob er das Interview gewährt habe und ob der Inhalt mit dem, was er gesagt habe, identisch sei. Olah bejaht beides. Er gibt also zu, das Parteistatut verletzt zu haben. So gelangt das Gericht einstimmig zur Erkenntnis: „Genossen Franz Olah wird eine Verwarnung erteilt." Denn als Mitglied der Parteivertretung sei Olah verpflichtet, sich an die Bestimmungen des Organisationsstatuts zu halten. Das Schiedsgericht wisse zwar, daß sich Olah um die Partei große Verdienste erworben und große Opfer auf sich genommen habe, aber: „Da im Organisationsstatut keine Abstufung der Verwarnung vorgesehen ist, will das Schiedsgericht sein Erkenntnis als die strengste Form der Verwarnung gewertet wissen." Vielleicht soll diese Formulierung den Olah-Gegnern die Möglichkeit nehmen, über diesen Schiedsspruch hinaus weitere Schritte gegen Olah einzufordern. Doch kaum ist der Schiedsspruch gefällt, beantragt Parteivorsitzender Pittermann, Olah als Innenminister abzuberufen: Ein solcherart Gerügter könne nicht weiterhin Minister sein. Das ist nicht für alle einsichtig. Über den Antrag Pittermanns hat der Parteivorstand zu entscheiden. Olah berichtet: „Eine Kampfabstimmung, Rosa Jochmann ist für mich mit Energie und Leidenschaft eingetreten, Kreisky auch, Slavik auch, der damalige Klubobmann Robert Uhlir auch, Hans Mandl, der Vizebürgermeister, auch Gewerkschafter. Doch die Abstimmung ist zu meinen Ungunsten ausgegangen. Ich hab' gesagt, ihr habt's mich herg'schickt, ihr wollt's,

daß ich weggeh', ich geh. Nachher hat man mir gesagt: Du hast einen Fehler gemacht. Wenn du nicht zurückgetreten wärst, hätten die dich nicht weggebracht." Was jetzt geschieht, kann man fast als eine Bestätigung dieser Überlegung ansehen. Kaum ist der Schiedsspruch und die Abberufung Olahs als Innenminister bekannt, schalten die Arbeiter des E-Werks in Wien den Strom für die Straßen- und Stadtbahn ab, als Protest gegen die Vorgangsweise des Parteivorstands. Es kommt zu einem Verkehrschaos, Massen von Fußgängern bevölkern die Straßen. Bald darauf marschieren mehrere tausend Arbeiter aus verschiedenen Betrieben zur SPÖ-Parteizentrale in der Löwelstraße. Sie führen Transparente mit: „Wir wollen Olah". In vielen Betrieben Wiens und Niederösterreichs kommt es zu Arbeitsniederlegungen. Aber es bleibt beim Beschluß der Parteiführung. Olah selbst stellt sich den Demonstranten, wird jubelnd begrüßt, er beruhigt sie: „Ich werde weiter für euch da sein", und er schickt sie nach Hause. Widerwillig zwar, aber sie folgen ihm.

Doch dieser Protest hat der Parteiführung vor Augen geführt, wie groß Olahs Einfluß auf die Basis der Partei ist. So wagt man es vorläufig nicht, weiter gegen Olah vorzugehen. Nach wie vor ist er Abgeordneter zum Nationalrat, und er ist Spitzenfunktionär in der SPÖ in Niederösterreich. Für den 25. Oktober 1964 sind in Wien und Niederösterreich Landtagswahlen angesetzt. Man nützt die Popularität Olahs, in Niederösterreich wird er noch voll im Wahlkampf eingesetzt, übrigens Seite an Seite mit Bruno Kreisky. Aber kaum ist die Wahl vorbei, so wird die totale Entmachtung Olahs vorgenommen. Diesmal tagt ein Ehrengericht der Partei. Und diesmal werden ehrenrührige Vorwürfe gegen Olah erhoben: Franz Olah habe ohne Beschluß und ohne Wissen anderer Funktionäre der FPÖ eine Million Schilling aus Geldern der sozialistischen ÖGB-Fraktion übergeben;

Olah gewährt der Zeitung „Die Presse" ein Interview, in dem er über die Auseinandersetzungen in der Parteispitze berichtet. Ein Schiedsgericht der SPÖ erteilt Olah eine Rüge, auf Grund derer er als Innenminister abgesetzt wird. Spontan kommt es zu Demonstrationen der Arbeitnehmerschaft mehrerer Betriebe vor der SPÖ-Parteizentrale in der Wiener Löwelstraße. Olah beruhigt die Menge und schickt sie nach Hause.

Franz Olah habe ohne Wissen der zuständigen Funktionäre aus den Rückzahlungen eines Kredits für die Zeitung „Express" 4,5 Millionen Schilling in einem Fonds zu seiner persönlichen Verwendung gesammelt; Franz Olah habe dem ÖGB 1,8 Millionen Schilling aus Zinsengutschriften entzogen. Diesen Schaden hätte man mit Geldern der sozialistischen Fraktion gutmachen müssen.

Was damals hinter den verschlossenen Türen des SPÖ-Parteivorstands alles gesagt, einander vorgeworfen wurde, ist nie an die Öffentlichkeit gedrungen. Olah selbst hat immer wieder erklärt, daß die Übergabe der Million an Friedrich Peter in voller Kenntnis des Parteivorsitzenden Pittermann erfolgt sei, und es seien ja danach auch noch weitere 6 Millionen Schilling von der SPÖ-Führung der FPÖ übergeben worden. Auch sonst habe er immer im Einvernehmen mit den höchsten Parteifunktionären gehandelt. Ein Teil dieser Vorwürfe wird nun auch zum Gegenstand eines gerichtlichen Verfahrens gegen Olah gemacht; darunter auch die Finanzhilfe, die Olah bei der Gründung der „Kronen Zeitung" geleistet haben soll. Davon später, wenn wir auf den sogenannten „Zeitungskrieg" zurückkommen. Mit den Anzeigen aber hat man Olah nun kriminalisiert.

Und wieder kommt es zu Arbeiterdemonstrationen vor der Parteizentrale in der Löwelstraße. Diesmal lassen sich die Demonstranten nicht so schnell beruhigen. Nicht nur fordern sie die Wiedereinsetzung Olahs in alle seine Funktionen. Sie fordern auch die Absetzung Pittermanns und Brodas. Als Justizminister Broda das Parteihaus verläßt, versuchen die Demonstranten auf ihn einzuschlagen. Nur mit Müh und Not gelingt es der Staatspolizei, den Minister zu schützen. Später ergeht es Pittermann nicht viel besser. Doch das alles spricht in den Augen der SPÖ-Führung nur gegen Olah. Man

Arbeiter-Zeitung

ZENTRALORGAN DER SOZIALISTISCHEN PARTEI ÖSTERREICHS / GEGRÜNDET 1889

WIEN, MITTWOCH, 4. NOVEMBER 1964

Einstimmig: SPOe schließt Olah aus – Er will „wilder" Abgeordneter bleiben

Ehrengericht fällte Schuldspruch – Eigenmächtige finanzielle Transaktionen – Eine Million für die FPOe

AZ-EIGENBERICHT
Der Parteivorstand hat Dienstag in den frühen Abendstunden Franz Olah einstimmig aus der Sozialistischen Partei ausgeschlossen. Das Ehrengericht hat in seinem Erkenntnis festgestellt, daß die gegen Franz Olah erhobenen ehrenrührigen Vorwürfe berechtigt sind. Dem daraus resultierenden Schuldspruch vorgelegt. In den Abendstunden hat die Sozialistische Partei der Hauptwahlbehörde die von Olah schriftlich mitgeteilt, daß er nicht gedenke, sein Mandat niederzulegen, und daß er die seinerzeit unterschriebene Erklärung als auf Grund der Statuten Franz Olah aus der Partei auszuschließen. Franz Olah hat nach den Statuten die Möglichkeit, gegen den Verlust seiner

klagt ihn zwar wegen finanzieller Verfehlungen an, in Wirklichkeit aber hat man Angst davor, daß Olah in der Partei die Führung übernehmen könnte und daß er dann, eben gestützt auf solche Demonstranten, wenn nicht sogar auf die Polizei, einen autoritären Kurs einschlagen würde. Am 3. November 1964 legt das Ehrengericht dem Parteivorstand das Ergebnis seiner Untersuchungen vor. Der Parteivorstand beschließt daraufhin einstimmig, Franz Olah aus der Sozialistischen Partei auszuschließen. Weshalb sich unter den 24 Mitgliedern des Parteivorstands kein einziges mehr fand, das für Olah stimmte, ist unaufgeklärt geblieben. Olah war selbst anwesend, er und Pittermann enthielten sich der Stimme. Im übrigen hat er der Partei doch noch ein Schnippchen geschlagen. Denn mit dem Parteiausschluß sollte Olah auch sein Mandat als Abgeordneter im Nationalrat verlieren. Nach den damaligen Usancen war das sehr einfach zu bewerkstelligen. Jeder von der Partei zur Wahl aufgestellte Mandatar hatte noch vor seiner Wahl ein Blankoformular zu unterschreiben, in dem er seinen Rücktritt als Abgeordneter erklärt. Das war die Rute, mit der die Parteisekretariate die Abgeordneten in Zaum halten konnten. Wer nicht parierte, dessen Rücktrittsformular konnte, mit neuestem Datum versehen, sofort in der Hauptwahlbehörde eingereicht werden, die daraufhin das Mandat zu annullieren hatte.

Ein solches Formular hat auch Franz Olah unterschrieben. Und kaum hat der Parteivorstand seinen Ausschluß aus der SPÖ beschlossen, wird Olahs Rücktrittserklärung auch schon der Hauptwahlbehörde im Innenministerium vorgelegt. Doch da liegt seit einigen Stunden eine andere Erklärung Olahs vor: In dieser widerruft er seine seinerzeitige Verzichtserklärung, erklärt sie für null und nichtig. Die Hauptwahlbehörde entscheidet, was nun zu gelten hat, der Verzicht oder der Widerruf des Verzichts. Olah behält sein Mandat und bleibt für den Rest der Legislaturperiode als sogenannter „wilder Abgeordneter" im Nationalrat. Obwohl wild, setzt er seiner bisherigen Partei nicht besonders zu. Aber er plant den großen Schlag: Vor der nächsten Nationalratswahl gründet er eine eigene Partei, die DFP, die Demokratische Fortschrittliche Partei. In ihr sammelt er die Getreuen aus seiner Bau- und Holzarbeitergewerkschaft, die Betriebsräte und Arbeiter, die für ihn demonstriert haben, und auch einige Parteifreunde, die bereit sind, für ihn einzutreten. Um es vorwegzunehmen, Olahs DFP wird bei den Wahlen 1966 rund 150 000 Stimmen erhalten.

Als bekannt wird, daß Olah aus der sozialistischen Partei ausgeschlossen werden soll, kommt es am 29. Oktober 1964 erneut zu Demonstrationen vor der SPÖ-Parteizentrale. Diesmal werden die Demonstranten handgreiflich, als Justizminister Broda und andere Spitzenfunktionäre der Partei das Haus verlassen. Die Polizei muß zu ihrem Schutz eingreifen.

Nach dem bestehenden Wahlgesetz reicht das in keinem Wahlkreis für den Erwerb eines Grundmandats. Wäre damals schon das später reformierte Wahlrecht zur Anwendung gekommen, so hätten ihm diese 150 000 Stimmen voraussichtlich 4 bis 5 Mandate gebracht. Die gibt es, wie gesagt, nicht, aber die SPÖ wird den Aderlaß von 150 000 Stimmen stark zu spüren bekommen. Und das wieder wird letztlich zur Ablöse ihres Parteivorstands führen.

Die Revolte von Fußach

Ein Schiff steht im Mittelpunkt der nächsten Revolte, ein Schiff auf dem Bodensee. Das modernste, das bisher in Österreich gebaut worden ist, ein Ausflugsschiff für 1000 Passagiere. Im Vorarlberger Bodenseehafen Fußach soll dieses Schiff getauft und feierlich in Betrieb genommen werden. Zu dieser Zeit gibt es schon zwei österreichische Ausflugsschiffe auf dem Bodensee, das eine heißt „Austria", das andere „Österreich". Und da die beiden Schiffe mit diesen Namen des öfteren verwechselt werden, ersucht die Vorarlberger Landesregierung das Verkehrsministerium in Wien um eine Namensänderung und schlägt vor, eines der beiden Schiffe „Vorarlberg" zu nennen. Das Ansuchen wird abgewiesen, in – wie die Landesregierung sagt – höchst arrogantem Ton. Jetzt soll das neue Schiff getauft werden. Und nun ersucht die Landesregierung das Verkehrsministerium, diesem Schiff den Namen „Vorarlberg" zu geben. Auch dieses Gesuch wird abgewiesen: Das Schiff werde auf den Namen „Karl Renner" getauft, nach dem ersten Staatskanzler und späteren Bundespräsidenten Karl Renner. Man betont zwar in Bregenz, daß

Die „Vorarlberger Nachrichten" kündigen an, was heute geschehen sollte. Aber viele Vorarlberger wollen dies nicht geschehen lassen. Schon auf dem Bahnhof von Bregenz wollen sie gegen Verkehrsminister Otto Probst demonstrieren und die Schiffstaufe möglichst verhindern.

man nichts gegen Karl Renner habe, wohl aber sei man darüber empört, daß die Wünsche eines Bundeslandes keinerlei Berücksichtigung bei den Wiener Zentralstellen fänden. Nicht gegen Renner, aber gegen den Wiener Zentralismus lege man Protest ein. Der Protest nützt nichts. Der Landesregierung wird mitgeteilt, daß der Verkehrsminister persönlich, Otto Probst, und dessen Gemahlin am 21. November 1964 das Schiff in Fußach auf den Namen „Karl Renner" taufen werden. Daraufhin sagt die Landesregierung ihre Teilnahme an der Schiffstaufe ab. Die „Vorarlberger Nachrichten" verkünden in großer Aufmachung auf der Seite 1, mit einem Bild des Schiffs: „So wollten wir Vorarlberger das neue Schiff" – nämlich „Vorarlberg" –, „aber leider tauft es heute Verkehrsminister Probst mit seiner Gemahlin auf den Namen ‚Karl Renner'."

Der Verkehrsminister aber hat die Rechnung ohne die Vorarlberger gemacht. Als er in Bregenz eintrifft, erwarten ihn dort Tausende Demonstranten. Auf den mitgeführten Transparenten Aufschriften wie „Was Olah für die SPÖ, ist Probst nun für den Bodensee" und „Pfui Probst!" und „Probst geh ham!" Ein Wutgeheul empfängt Probst, und einige Demonstranten versuchen, den Verkehrsminister mit Tomaten zu bewerfen. Es ist ein Aufstand gegen den Wiener Zentralismus, auch ein Aufstand gegen das selbstherrliche Auftreten hoher Partei- und Regierungsfunktionäre. Der Streit um den Namen des Schiffs ist nur ein auslösendes Element. Der Lokalpatriotismus schäumt über. Stellvertretend für Wien werden dann in Fußach sogar die rotweißroten Fahnen attackiert. Die Gendarmerie greift nur halbherzig zum Schutz der Ehrengäste ein. Minister Probst, ebenfalls äußerst erregt, fordert den Einsatz von Bundesheer-

213

soldaten an. Das wird vom zuständigen Militärkommando abgelehnt, mit dem bürokratischen Argument, der diesbezügliche Antrag sei zu spät gestellt worden.

So gibt Probst den Versuch auf, das Schiff an diesem Tag „Karl Renner" zu taufen. Statt dessen nehmen die Demonstranten die Taufe vor. In der vordersten Reihe, gleich vor dem Schiff, steht eine junge Frau, Trude Nagel. Sie hatte von der Schiffstaufe gelesen und war aus Neugier hierhergekommen, Neugier, was geschehen würde. „Als wir auf die Höhe der Rheinbrücke kamen, haben wir schon die gewaltigen Menschenmassen gesehen, die sich in einer Richtung bewegt haben, Richtung Hafen, und die vielen Transparente." Als Trude Nagel die Werft erreicht, wird sie von der Menschenmenge mitgerissen: „Genau in dem Moment, als wir zu den Toren der Fußacher Werft kamen, hat man diese Tore eingedrückt, dadurch bin ich mit dem Sog an das Schiff gekommen. Eine riesige Menschenmenge, und von Minute zu Minute ist es spannender geworden. Und dann heißt es, der Minister Probst zieht es vor, das Fußacher Werksgelände nicht zu betreten, er ist wieder abgereist. Das war natürlich ein gewaltiger Sieg. Im Moment ein Taumel, die Leute haben sich umarmt, gejubelt. Urplötzlich hat man das Lied ‚Du Ländle, meine teure Heimat' angestimmt. Und dann kam jemand auf mich zu und bat mich, das Schiff zu taufen. Im Moment war ich völlig überrascht, aber meine Sympathie galt diesem Kampf gegen den Zentralismus, und ich war sofort bereit, das zu tun. Man hat eine Flasche genommen und sie mit Bodenseewasser gefüllt, die drückte man mir in die Hand und einen kleinen Zettel, der für Frau Probst vorbereitet war. Nur den Schiffsnamen hatte man ausgewechselt: ‚Ich taufe dich auf den Namen „Vorarlberg" und wünsche dir und deiner Besatzung allzeit gute Fahrt.' Ich war wahnsinnig aufgeregt, ich weiß nicht, wie ich da hinaufkam, und nicht, wie ich da runterkam. Aber es war mir ein Bedürfnis, das zu tun." Die Flasche mit dem Bodenseewasser zerschellt, während beherzte Demonstranten den schon am Schiff

Trude Nagel: Ich taufe dich auf den Namen „Vorarlberg".

Das Protest-Gedicht (links) geht nicht in Erfüllung: Der Minister kommt nicht, und die Vorarlberger nehmen selbst die Schiffstaufe vor. Der vorbereitete Name „Karl Renner" wird durch „Vorarlberg" ersetzt. Damit soll nicht die Person des früheren Bundespräsidenten getroffen werden, vielmehr geht es um einen Protest gegen den Wiener Zentralismus und die Arroganz der Behörden.

Ein halbes Jahr später nimmt Verkehrsminister Probst in der Korneuburger Werft die Taufe an einem Modell des Bodenseeschiffs vor. Den Weg nach Fußach will er nicht gehen, aber er tauft das Schiff, wie es die Vorarlberger wünschen, auf den Namen „Vorarlberg". Im kleinsten Kreis feiert man mit einem Glas Sekt. Die „Vorarlberger Nachrichten" aber verkünden mit Stolz, daß sich der Wille der Bevölkerung durchgesetzt habe.

Schiff angebrachten Namen „Karl Renner" mit einem Tuch abdecken, auf dem der Name „Vorarlberg" steht. Die „Nottaufe" ist damit vorgenommen.

Die parteiunabhängige Presse steht geschlossen hinter der Vorarlberger Landesregierung, und obwohl die Ausschreitungen gegen Minister Probst gerügt werden, so hält man sie in Anbetracht des arroganten Verhaltens der Wiener Zentralisten für verständlich. Nur das Zentralorgan der SPÖ, die „Arbeiter-Zeitung", ist ganz für Probst und ganz gegen die Vorarlberger Demonstranten. Dafür bekommt sie eine Rechnung präsentiert. Den rund 10000 Exemplaren der „Arbeiter-Zeitung", die in Vorarlberg zum Kauf aufliegen, legen die Trafikanten die „Vorarlberger Nachrichten" und damit deren Berichterstattung über die Vorgänge in Fußach bei. Statt dies mit Humor zu tragen, fordert die „Arbeiter-Zeitung" am nächsten Tag ihre Vorarlberger Leser auf, ihr die Namen dieser Trafikanten zu nennen. Das wäre nicht erwähnenswert, würde nicht auch dies ein so bezeichnendes Licht auf das innenpolitische Klima jener Zeit werfen und auch die Kluft erkennen lassen, die sich da zwischen Politikern und Bevölkerung auftut.

Fußach hat ein Nachspiel. Mehrmals versucht das Verkehrsministerium, das Schiff auf dem Amtsweg auf den Namen „Karl Renner" taufen zu lassen. Doch das stößt jedesmal auf breite Ablehnung und Demonstrationen in Vorarlberg. Und da sich der nächste Wahltermin nähert, gibt man im Ministerium schließlich nach. Doch Verkehrsminister Probst besteht darauf, das Schiff selbst zu taufen. Aber er fährt nicht nach Fußach, wo das Schiff liegt, er begibt sich in die Schiffswerft Korneuburg, wo das Schiff gebaut worden war. Hier

befindet sich noch das Modell des Bodenseeschiffs, und dieses dient dem Minister als Ersatz für das richtige Schiff. Die Direktion der Werft und einige Beamte wohnen der Zeremonie bei. Otto Probst hält eine kurze Rede: „Ich habe Sie heute hierher gebeten, um in Ihrer Anwesenheit dem neuen, gegenwärtig auf der Werft Fußach liegenden Bodenseeschiff, das in der Korneuburger Schiffswerft konstruiert und gebaut wurde, den Namen „Vorarlberg" zu geben. Ich wünsche der ‚Vorarlberg', dem neuesten, aber auch dem wohl schönsten Schiff auf dem Bodensee, eine glückhafte Fahrt. Möge es nach den vielen Sorgen, die uns seine Indienststellung bereitete, allen Menschen, die es benützen, viele Freuden bringen." Dem Schiffsmodell wird nun der Name „Vorarlberg" gegeben. Eine Schiffstaufe – im kleinen Kreis vollzogen. Die „Vorarlberger Nachrichten" aber wiederholen ihre ursprüngliche Seite 1 mit dem Titel: „So wollten wir das neue Schiff" und setzen dann fort: „und nun heißt es endgültig Vorarlberg." Der Wiener Zentralismus war in die Knie gezwungen worden.

Der Rundfunk-Skandal

In diesem Herbst 1964 gibt es nicht nur die schwere Krise um Olah, nicht nur den Aufstand in Fußach. In diesem Herbst gibt es auch Protest und Auflehnung gegen den alles beherrschenden Parteienproporz. Dieser Protest findet seinen Ausdruck in dem ersten Volksbegehren, das je in Österreich durchgeführt wurde. Es ist ein Volksbegehren, dessen Ziel es ist, den Rundfunk, Radio wie Fernsehen, von der allumfassenden Parteienkontrolle zu befreien.

Zunächst die Vorgeschichte. Gleich nach dem Krieg richten die Besatzungsmächte in ihren Zonen eigene Rundfunksender ein (siehe „Österreich II", 1. Band: „Die Wiedergeburt unseres Staates"). Während in der amerikanischen, der britischen und der französischen Zone die Sender unter direkter Leitung von Besatzungsoffizieren stehen, wird in der sowjetischen Zone in Wien die alte RAVAG wiederbelebt, die frühere österreichische Radio-Verkehrs AG. Sie steht zwar unter österreichischer Leitung, doch werden ihre Sendungen von den Sowjetbehörden zensuriert. So gibt man sich den Anschein, als würde man im Gegensatz zu den anderen Besatzungsmächten die Österreicher agieren lassen, aber die sowjetische Zensur ist in Wirklichkeit viel strikter als das Regime im amerikanischen Sender „Rot-Weiß-Rot" oder in der britischen Sendekette „Alpenland". Nach dem Abzug der Besatzungsmächte werden nun alle Sender frei. An sich könnten sie auch weitergeführt werden. Aber das behagt weder den Koalitionsparteien noch der Rundfunkdirektion in Wien. Obwohl „Rot-Weiß-Rot" der beliebteste Sender ist, wird er auf Geheiß der Regierung, ebenso wie die anderen Besatzungssender, eingestellt. Die Sendeanlagen aller dieser Stationen und deren Studios werden der RAVAG-Leitung in Wien unterstellt und zum „Österreichischen Rundfunk" zusammengefaßt. Auch hier siegt also der Zentralismus. Und mit dem Zentralismus siegt der Proporz. Die leitenden Positionen, im Hörfunk wie im Fernsehen, werden von den Parteien mit parteipolitisch verläßlichen Personen besetzt: An der Spitze der RAVAG stehen zu Beginn der sechziger Jahre als Generaldirektor der frühere Hauptgeschäftsführer der ÖVP Josef Scheidl und als dessen Stellvertreter und technischer Direktor Wilhelm Füchsl, als Abgesandter der SPÖ. Der Hörfunk untersteht dem ÖVP-nahen Programmdirektor Alfons Übelhör, das Fernsehen dem SPÖ-nahen Direktor Gerhard Freund. Diese beiden sind Fachleute und machen ihre Sache nicht schlecht. Freund, unter dessen Leitung das Fernsehen überhaupt erst zustande kommt, setzt auch viele Pioniertaten. Und da und dort kann sogar gegen den Stachel gelöckt werden. Im Fernsehen kreiert Helmut Zilk unter dem Titel „Stadtge-

Als bekannt wird, daß ÖVP und SPÖ angeblich übereingekommen sind, im Hörfunk und Fernsehen sämtliche leitende Posten unter sich aufzuteilen und sich dabei gegenseitig zu kontrollieren, ruft der „Kurier" zu einer Protestaktion auf, der sich die „Kleine Zeitung" in Graz und die „Wochenpresse" in Wien anschließen. Die Leser werden aufgefordert, gegen diesen Anschlag auf die Meinungsfreiheit zu unterschreiben.

spräche" eine Publikumsdiskussion, die frei und unzensuriert live ausgestrahlt wird. Fußnote für alle, die immer wieder meinen, Österreichs jüngste Vergangenheit sei stets geleugnet und unter den Teppich gekehrt worden: Das von Zilk vorgegebene Thema für die allererste Sendung der „Stadtgespräche" stellte er bewußt unter den Titel „1938", was damals geschah und wieso es geschehen konnte und wie das heute zu beurteilen sei. Im Hörfunk gestalten Heinz Fischer-Karwin und Thaddäus Podgorski eine objektive Nachrichtensendung unter dem Titel „Echo der Zeit". Zuerst im Hörfunk, dann im Fernsehen gibt es eine Diskussionsrunde der Chefredakteure, „Was halten Sie davon?". Unter der Leitung zunächst von Karl Polly, später von Rudolf Kalmar diskutieren Franz Größl (Kleines Volksblatt), Fritz Molden (Die Presse), Oscar Pollak (Arbeiter-Zeitung), Hugo Portisch (Kurier) über aktuelle Probleme, auch über den Zustand der Regierung, der Parteien, des Landes. Statt Größl, Molden und Pollak stoßen später Heinrich Schramm-Schiessl (Wiener Tageszeitung), Franz Kreuzer (Arbeiter-Zeitung), Otto Schulmeister (Die Presse), Kurt Skalnik (Die Furche) und Karl Czernetz (Die Zukunft) zu dieser Runde. Heinz Brantl, einer der profiliertesten Journalisten von damals, gestaltet eine eigene kritische Fernsehsendung, „Horizonte". Claus Gatterer, Alfred Payrleitner, Kurt Tozzer, Hans Zerbs, Kuno Knöbl erfinden immer wieder neue Sendereihen, mit denen sie kritischen Journalismus in das Fernsehen bringen.

Aber dann geschieht es. Jenem schon öfters erwähnten Arbeitsübereinkommen von ÖVP und SPÖ, das im März 1963 vereinbart wird, liegt auch eine Abmachung betreffend den Rundfunk bei. Ihr Inhalt ist demokratiepolitisch unfaßbar: Die beiden Koalitionspar-

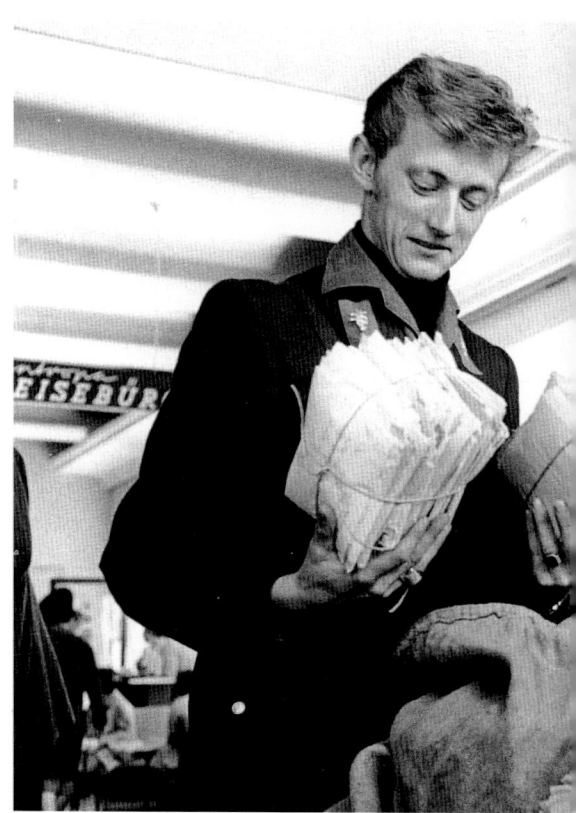

Der Organisationsleiter des „Kurier", Franz Traintinger (rechts im Bild), nimmt im Stadtbüro der Zeitung die Unterschriften entgegen, mit denen Tausende Leser gegen den Anschlag auf Hörfunk und Fernsehen protestieren. Zehntausende Unterschriften erreichen die drei Zeitungen mit der Post. Die Briefträger überbringen sie säckeweise.

teien kommen überein, daß von nun an jeder leitende Posten im Hörfunk und im Fernsehen von den Parteien doppelt besetzt wird, je mit einem Mann der ÖVP und der SPÖ. Ist der Chef einer Abteilung ein ÖVP-Mann, so hat sein Stellvertreter ein SPÖ-Mann zu sein und umgekehrt. Hörfunk und Fernsehen würden also solcherart der totalen Kontrolle beider Parteisekretariate unterworfen werden.

Da in diesem Augenblick die Geschichte des ersten Volksbegehrens der Republik beginnt, darf sich der Autor dieses Buches selbst als Zeitzeuge in den Zeugenstand rufen: „Ich bin zu dieser Zeit Chefredakteur des Kurier, der damals auflagenstärksten Zeitung Österreichs. Als der Text des Geheimabkommens bekannt wird, schreibe ich einen Leitartikel: Schärfster Protest gegen diesen Anschlag auf das größte meinungsbildende Medium des Landes. Die von den Parteien geplante totale Kontrolle sei eher einer Diktatur würdig. Schreibe es, doch der Text provoziert den Einspruch des Chefs vom Dienst, Hermann Stöger: ‚Kräftige Worte, aber geschehen wird wieder nichts, irgendwie zeigt das nur unsere Ohnmacht.' Und er hat recht. So fällt mir ein, was wir schon öfter diskutiert hatten: Man sollte die Bevölkerung mobilisieren können, und zwar durch die in der österreichischen Verfassung vorgesehenen Instrumente des Volksbegehrens und der Volksabstimmung. Nur: Keine Regierung hatte bis dahin die dazu notwendigen Durchführungsbestimmungen erlassen. Also kann man noch kein Volksbegehren durchführen. Aber man könnte versuchen, die Regierung und das Parlament zum Beschluß dieser Durchführungsbestimmungen zu zwingen. Wie? Indem wir unsere Leser aufrufen, einen Protest gegen die Unterwerfung des Rundfunks unter die Parteienkontrolle zu unterschreiben, verbunden mit der Aufforderung, der Bevölkerung die Instrumente des Volksbegehrens und der Volksabstimmung in die Hand zu geben." Der Aufruf und das zu unterschreibende Protestformular erscheint am nächsten Tag im „Kurier". Noch am gleichen Vormittag melden sich der Chefredakteur der „Wochenpresse", Bruno Flajnik, und der Chefredakteur der „Kleinen Zeitung" in Graz, Fritz Csoklich: Beide Zeitungen schließen sich der Protestaktion an. Auch sie rufen ihre Leser auf, gegen den Anschlag auf den Rundfunk zu unterschreiben. Die Aktion findet ein enormes Echo, Hunderttausende unterschreiben. Und da geschieht, was kaum einer für möglich gehalten hätte, die Koalitionsparteien halten den Druck nicht aus. Hugo Portisch: „In einem Abstand von 15 Minuten riefen mich Bundeskanzler Gorbach und Vizekanzler Pittermann an. Beide wünschen ein Gespräch, laden mich zu sich ins Parlament ein. Dort werde ich zuerst von Gorbach, dann von Pittermann empfangen. Beide fragen dasselbe: Was müßte geschehen, damit die drei Zeitungen ihre ‚Kampagne' einstellen? Unsere Bedingungen hatten wir ja schon dem Protest zugrunde gelegt: 1. Das Geheimabkommen der Parteien über den Rundfunk ist ersatzlos zu widerrufen. 2. Beide Parteien verpflichten sich, eine echte Rundfunkreform, die der Befreiung des Rundfunks vom Parteieneinfluß dienen soll, innerhalb eines Jahres durchzuführen. 3. Um aber bei Säumigkeit der Bevölkerung die Möglichkeit zu geben, eine derartige Reform selbst zu beantragen, müsse die Regierung dem Parlament so rasch wie möglich ein Gesetz mit den Durchführungsbestimmungen für Volksbegehren und Volksabstimmung zur Beschlußfassung vorlegen. Gorbach und Pittermann nahmen diese Bedingungen freundlich und mit fixen Zusagen an. Und zwei der Bedingungen haben sie auch eingehalten: Das geheime Abkommen wurde widerrufen, und das Gesetz zur Durchführung von Volksbegehren und Volksabstimmung wurde – übrigens eingebracht von Innenminister Olah – vom Nationalrat auch beschlossen. Was die dritte Bedingung betrifft, so setzte man zwar ein Ministerkomitee zur Durchführung einer Rundfunkreform ein – unter der Leitung von Heinrich Drimmel und Christian Broda –, es tagte auch ein-, zweimal, aber das war auch schon alles."

So lief die gesetzte Jahresfrist für die zugesagte Rundfunkreform ergebnislos ab. Jetzt hatten die Zeitungen zu ihrem Wort zu stehen: Ein Volksbegehren zur Rundfunkreform war durchzuführen. Dazu waren zunächst 30 000 ein solches Volksbegehren fordernde Unterschriften beizubringen, von wahlberechtigten österreichischen Staatsbürgern mit überprüfbarer Adresse. Doch jetzt stehen die drei Zeitungen nicht mehr allein. Sie haben Bundesgenossen gefunden. Als einen der ersten den damaligen Präsidenten der Journalistengewerkschaft Günther Nenning. Er ist nicht nur wichtig kraft seiner Gewerkschaftsfunktion, er ist auch ein wortgewaltiger Verfechter dieser Aktion, und er ist „ein Roter", ein prominenter Sozialist. Das ist in Anbetracht der heftigen Angriffe, die nun die SPÖ (und alle ihre Zeitungen) gegen die Initiatoren des Volksbegehrens richtet, von Nenning besonders mutig, und er setzt damit gleichzeitig ein Signal: Auch innerhalb der SPÖ und der Gewerkschaften gibt es Kräfte, die einen freien, unzensurierten Rundfunk fordern. Andere prominente Chefredakteure und deren Zeitungen stellen sich auf die Seite des Volksbegehrens: Otto Schulmeister (Die Presse), Hans Dichand und Friedrich Dragon (Kronen Zeitung), Karl Heinz Ritschel (Salzburger Nachrichten), Hermann Polz (Oberösterreichische Nachrichten), Manfred Nayer (Tiroler Tageszeitung), Toni Ruß (Vorarlberger Nachrichten).

Das erste Volksbegehren der Republik

Insgesamt sind es schließlich 52 parteiunabhängige Zeitungen und Zeitschriften, die die Bevölkerung aufrufen, durch die notwendigen 30 000 Unterschriften die Einleitung eines Volksbegehrens zu ermöglichen. Innerhalb von wenigen Tagen liegen 207 129 Unterstützungserklärungen vor. Das Innenministerium ist nun gezwungen, das Volksbegehren auszuschreiben. Wer sich dem Volksbegehren anschließt, hat dies unter Vorlage eines Personalausweises mit seiner Unterschrift und mit genauer Adressenangabe in den dafür bestimmten Lokalen zu tun. Das Volksbegehren läuft eine Woche lang,

Das erste Volksbegehren der Republik wird von Hörfunk und Fernsehen boykottiert. So gehen die Initiatoren des Volksbegehrens, die Chefredakteure der Zeitungen, selbst auf die Straße, um für das Volksbegehren zu werben: Günther Nenning (links), Otto Schulmeister und Hugo Portisch (rechts).

Fritz Csoklich: Das Tor für alle weiteren Volksbegehren in Österreich geöffnet.

von 5. bis 12. Oktober 1964. Ihm zugrunde liegt ein von Experten erarbeitetes „Bundesgesetz über die Aufgaben und die Einrichtung der Österreichischen Rundfunk Gesellschaft m. b. H.". Mit diesem Gesetz soll den politischen Parteien jede Einflußnahme auf die Berichterstattung des ORF entzogen werden. Ja das Gesetz sieht sogar vor, daß der Versuch einer parteipolitischen Intervention, bei wem immer im ORF, als strafbare Handlung zu verfolgen sei. Vor allem eine Person sollte die Unabhängigkeit des ORF im besonderen Maße sicherstellen, der künftige Generalintendant. Natürlich kann man den ORF nicht seinem Eigentümer entziehen, und das ist nun einmal die Republik Österreich. Aber man kann auch der Republik gesetzlich vorschreiben, über welche Instrumente und in welchen Bereichen sie von ihren Eigentumsrechten Gebrauch machen darf. Und so sieht dieses dem Volksbegehren zugrunde liegende Gesetz vor, daß keine Position im Rundfunk von Politikern oder Parteifunktionären besetzt werden darf, so sie nicht mindestens seit fünf Jahren aus diesen Funktionen ausgeschieden sind. Der Generalintendant – zuständig für den Gesamtrundfunk – wird nach öffentlicher Ausschreibung vom Aufsichtsrat bestellt, dem die Vertreter des Bundes und der Länder, der politischen Parteien sowie fünf Persönlichkeiten aus den Bereichen Religion, Wissenschaft, Kunst, Volksbildung und Sport angehören. Alle übrigen leitenden Organe des Rundfunks bestellt ein Aufsichtsrat auf Vorschlag des Generalintendanten. Und da haben die Initiatoren des Volksbegehrens, die parteiunabhängigen Zeitungen, peinlich darauf geachtet, daß die Parteisekretariate innerhalb des Aufsichtsrats keine einseitigen Mehrheiten zustande bringen können. Wer also dieses Volksbegehren unterschreibt, der fordert damit eine Ausschaltung des parteipolitischen Einflusses auf Hörfunk und Fernsehen, der sagt damit aber auch den beiden großen Koalitionsparteien persönlich den Kampf an. Denn beide Großparteien, SPÖ und ÖVP, schießen zunächst gemeinsam aus allen Rohren gegen dieses Volksbegehren, beide Parteien kämpfen hier um ihren Einfluß im ORF. In einem Land, in dem ÖVP und SPÖ nun schon in beinahe

allen Bereichen ihre Kontrolle ausüben, in Bund, Ländern und Gemeinden, aber auch in der Wirtschaft und der Kultur, ist ein hoher Prozentsatz der Bürger direkt oder indirekt von diesen Parteien abhängig. Die Initiatoren des Volksbegehrens sind sich dessen bewußt, und sie fragen sich, ob nicht doch viele der Mut verlassen wird, wenn sie jetzt, unter Vorlage eines Personalausweises, den Inhalt dieses Gesetzes unterschreiben sollen. Ein Volksbegehren zu beantragen ist etwas anderes, als dann das diesem Begehren zugrunde liegende Gesetz zu unterschreiben.

Und dieses erste Volksbegehren stößt auch noch auf eine ganze Reihe administrativer und politischer Schwierigkeiten. So bestimmt das Innenministerium, daß die Unterschriftslisten für das Volksbegehren in Wien nur in den 23 Magistratischen Bezirksämtern aufgelegt werden. Es gibt also für ganz Wien nur 23 Eintragungslokale. In den Bundesländern liegen die Listen überhaupt nur in den Bürgermeisterämtern auf. Und eine ganze Reihe von Bürgermeistern setzen sich über das Gesetz hinweg und werfen die ihnen vom Innenministerium zugesandten Kundmachungen und Eintragungslisten einfach weg, sei es weil dergleichen noch nie da war oder sei es aus parteipolitischem Interesse. Dazu kommt die Mauer des Schweigens im Hörfunk und im Fernsehen. Dieses erste Volksbegehren in Österreich wird weder vom Hörfunk noch vom Fernsehen auch nur mit einem Wort erwähnt. Es kommt in keiner Nachrichtensendung vor, und als einer der Rundfunkjournalisten, Max Eissler, diese totale Zensur nicht erträgt und in seiner Sendung das Volksbegehren anspricht, wird er glatt auf die Straße gesetzt. Es wird also nicht leicht sein, dieses Volksbegehren durchzubringen.

In diesen Tagen vollbringen zwei Personen eine Großleistung: der schon erwähnte Chef vom Dienst des „Kurier", Hermann Stöger, und der Organisationsleiter des „Kurier", Franz Traintinger. Stöger ist von allen 52 parteiunabhängigen Zeitungen mit der Durchführung des Volksbegehrens betraut worden, er koordiniert die Aktionen dieser 52 Redaktionen, stellt das Einvernehmen zwischen ihnen her, versorgt sie mit den täglichen Aufrufen und Berichten, und Stöger ist es auch, der gegenüber den Behörden das Volksbegehren vertritt. Franz Traintinger organisiert alles, was zu diesem Volksbegehren dazugehört: die Plakate und Flugblätter, sorgt für deren bundesweite Verteilung, stellt Werbekolonnen zusammen, kontrolliert die Bürgermeisterämter, stellt die Mängel und Verfehlungen fest. Bei späteren Volksbegehren werden die Behörden einen Großteil dieser Aufgaben von Amts wegen selbst erfüllen, beim ersten Volksbegehren gab es so gut wie keinerlei behördliche Unterstützung. Um der überall zutage tretenden Feindseligkeit der beiden Großparteien zu begegnen, nehmen die Zeitungen nicht nur täglich zum Verlauf des Volksbegehrens Stellung, ihre Chefredakteure schalten sich auch aktiv in den Werbefeldzug ein. Der damalige Chefredakteur der „Kleinen Zeitung" Fritz Csoklich erinnert sich: „Die Parteizeitungen haben nichts berichtet, oder sie haben wild attackiert. Aber meistens haben sie nichts berichtet. Radio und Fernsehen haben nichts berichtet. Und in dieser Stimmung sind viele Journalisten der 52 Zeitungen auf die Straße gegangen, haben Flugblätter verteilt, sind in die Straßenbahnen eingestiegen, in die Autobusse, haben dort Flugblätter verteilt. Sind dort wieder hinausgeworfen worden, weil das ja nicht erlaubt war. Sie haben Diskussionen durchgeführt, spontane Straßendiskussionen." Und sie fuhren auch in Autokolonnen quer durch das Land, ermahnten säumige Bürgermeister, hielten auf Straßen und Plätzen Ansprachen an die Passanten.

Eines muß in diesem Zusammenhang auch festgehalten werden: Die Eigentümer und Herausgeber dieser 52 Zeitungen

DIE PRESSE
ILLUSTRIERTE KRONENZEITUNG
KLEINE ZEITUNG (Graz)
KLEINE ZEITUNG (Klagenfurt)
KURIER
LINZER VOLKSBLATT
NEUES ÖSTERREICH
OBERÖSTERR. NACHRICHTEN
SALZBURGER NACHRICHTEN
SALZBURGER VOLKSBLATT
TIROLER TAGESZEITUNG
VORARLBERGER NACHRICHTEN
GRAZER MONTAG
WIENER MONTAG
AGRAR-POST
DIE FURCHE
DER ÖSTERR. JUNGARBEITER
DER VOLKSBOTE
DIE WENDE
FORUM
WOCHENPRESSE
AMSTETTNER ZEITUNG
EGGENBURGER ZEITUNG
ERLAUFTAL-ZEITUNG
GMÜNDNER ZEITUNG
HORNER ZEITUNG
KREMSER ZEITUNG
LILIENFELDER BEZIRKS-ZEITUNG
MELKER ZEITUNG
MURTALER ZEITUNG
MÜHLVIERTLER NACHRICHTEN
RIEDER VOLKSZEITUNG
ST. PÖLTNER ZEITUNG
VÖCKLABRUCKER WOCHENSPIEGEL
WAIDHOFNER ZEITUNG
WELSER ZEITUNG
YBBSTAL-ZEITUNG
ZWETTLER ZEITUNG

Schließlich sind es 52 parteiunabhängige Zeitungen und Zeitschriften, die zur Unterschrift für das Volksbegehren gegen das Rundfunkdiktat der Parteien aufrufen.

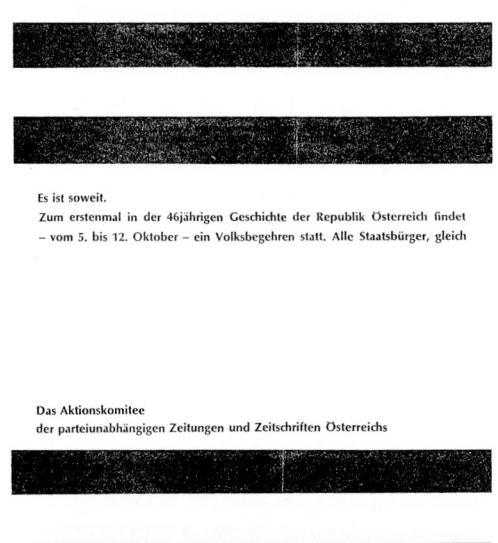

„unterschreibe – entscheide", mit diesem Flugblatt wirbt das Aktionskomitee der parteiunabhängigen Zeitungen für das Volksbegehren, das in der Zeit von 5. bis 12. Oktober 1964 ausgeschrieben wird.

springen in diesen Tagen weit über ihre eigenen Schatten, denn Hörfunk und Fernsehen sind in ihren Augen ja die größten Konkurrenten der Zeitungen. Die bisherige parteipolitische Kontrolle über die beiden Medien macht diese zumindest in ihren Nachrichtensendungen und in der aktuellen Berichterstattung langweilig und unglaubhaft. Werden Hörfunk und Fernsehen im Sinne des Volksbegehrens reformiert, dann werden sie nicht nur interessanter und unterhaltsamer, sie werden auch Hunderttausende zusätzliche Hörer und Seher anziehen, und das wieder wird den ORF zu einem begehrten Werbeträger machen, Werbung, die aller Voraussicht nach zumindest teilweise den Zeitungen entzogen wird. Den Journalisten geht es um Meinungsfreiheit und um Demokratie, unbeschadet des eventuellen materiellen Verlusts, den die Zeitungen durch dieses Volksbegehren letztlich erleiden könnten. Es ist nicht selbstverständlich, daß die Eigentümer und Herausgeber mithelfen, diese demokratiepolitischen Vorstellungen ihrer Chefredakteure und Redakteure auf Kosten der Zeitungen zu verwirklichen. Und doch haben sie sich alle hinter ihre Redaktionen und hinter das Volksbegehren gestellt. Dergleichen war noch nie da, und es ist in Anbetracht späterer Konkurrenzsituationen kaum vorstellbar, daß es dergleichen je wieder geben wird.

Diese große gemeinsame Anstrengung bringt einen ungeheuren Erfolg: Das Volksbegehren wird von 832 353 Österreicherinnen und Österreichern unterschrieben. 200 000 Stimmen hätten ausgereicht, um dem Gesetz Genüge zu tun, das ist um mehr als das Vierfache überschritten worden. Und es ging den Menschen offensichtlich nicht nur um eine Reform des Rundfunks. In diesem Volksbegehren erhob die Bevölkerung auch Protest gegen das politische Proporzsystem, das alles und jedes im Lande seinem Einfluß und seiner Kontrolle unterwarf. Und die Menschen taten dies mit erstaunlichem Mut. Denn das war ja keine geheime Abstimmung in uneingesehenen Wahlzellen, hier hatte jeder mit seinem Namen und seiner Adresse geradezustehen. Das Volksbegehren ist also ein überwältigender Erfolg.

Übrigens hat sich die ÖVP dann doch recht schnell von ihrer Gegnerschaft zum Volksbegehren verabschiedet. Die neue Führungsgarnitur der ÖVP, Klaus und Withalm, begreift, daß sich hier ein gewaltiges Oppositionspotential manifestiert hat und es klüger ist, mit diesem zu sympathisieren, als sich dagegenzustellen. Die ÖVP hätte durchaus die Möglichkeit, nun das durch Volksbegehren in den Nationalrat eingebrachte Gesetz zur Reform des ORF nicht nur zu behandeln, sondern es auch gemeinsam mit den Abgeordneten der FPÖ zu beschließen. Die FPÖ hat die Rundfunkreform von Anfang an begrüßt und sich auch für das Volksbegehren ausgesprochen und würde dem Gesetz daher zustimmen. Doch ÖVP und SPÖ sind weiterhin durch ihr Koalitionsabkommen vom März 1963 aneinandergekettet. Daher sucht die ÖVP auch jetzt noch nach einer einvernehmlichen Lösung. Daher bleibt das Gesetz liegen und, da alle eingebrachten Gesetzesanträge mit der Auflösung des Nationalrats verfallen, wird auch dieser Gesetzesantrag, eingebracht von mehr als 832 000 Österreicherinnen und Österreichern, Ende 1965 verfallen. Da nämlich scheitert die große Koalition an der Erstellung des Budgets 1966, das Parlament wird aufgelöst, Neuwahlen werden für den März 1966 ausgeschrieben.

An dieser Stelle aber ist noch einiges Prinzipielles zum Thema Volksbegehren zu sagen. Mit der Einführung von Volksbegehren wollte der Gesetzgeber ursprünglich der Bevölkerung die Möglichkeit geben, selbst Gesetze im Nationalrat einzubringen, falls sich die Abgeordneten weigern, dies von sich aus zu tun. Denn schon acht Abgeordnete können im Nationalrat jeden Gesetzesantrag einbringen, der dann auch behandelt und über den auch abgestimmt werden muß. Daher kann auch jede Partei, die über acht Abgeordnete im Nationalrat verfügt, jedes Gesetz einbringen. Dieses erste Volksbegehren zur Reform des ORF war notwendig und wurde ganz im Sinne des Gesetzgebers angewendet, weil sich eben keine acht Abgeordneten bereit fanden, ein solches Reformgesetz im Nationalrat einzubringen. 200 000 Wähler, so bestimmt es der Gesetzgeber, sind acht Mandataren gleichzusetzen. Wenn daher ein Volksbegehren von 200 000 Wählern unterstützt wird, muß der Nationalrat dieses Gesetz behandeln. Aber er muß diesem Gesetz nicht zustimmen. Daher wurden ja auch die meisten durch Volksbegehren eingebrachten Gesetzesanträge von der jeweiligen Mehrheit niedergestimmt. So weit, so schlecht. Aber es kommt noch schlechter. Denn sehr bald bemächtigen sich die politischen Parteien selbst des Instruments Volksbegehren. Obwohl sie jedes Gesetz mit ihren Abgeordneten im Nationalrat einbringen können, rufen sie nun immer dann zu Volksbegehren auf, wenn sie sich im Parlament gegenüber den anderen Parteien nicht durchzusetzen vermögen. Solcherart wird das Instrument des Volksbegehrens gröblichst mißbraucht: Mit diesen von ihnen selbst veranstalteten Volksbegehren wollen die Parteien ja nur demonstrieren, wie viele Menschen hinter ihren Forderungen stehen, und machen solcherart das Volksbegehren zu einem Plebiszit, das dem Gegner und der Öffentlichkeit beweisen soll, wie stark man ist. Zu diesem Zweck aber hat der Gesetzgeber ein ganz anderes Instrument vorgesehen, nämlich die Volksabstimmung. Diese ist geheim durchzuführen, und bei der kann man mit Ja oder Nein stimmen. Ihr Ergebnis ist auch bindend, ist also jedenfalls von Parlament und Regierung in die Tat umzusetzen. Interessanterweise hat bei den vielen seither stattgefundenen Volksbegehren nur sehr selten jemand darauf hingewiesen, daß hier Wählertäuschung und Heuchelei vorliegen. Das Instrument des Volksbegehrens wurde dadurch entwertet und stumpf.

Ende 1965 ist das Parlament also aufgelöst, Neuwahlen sind ausgeschrieben. Aber es ist immer noch Zeit genug für einen neuen Skandal. Am 23. Februar 1966 erscheinen Gerichtsboten im Büro der Geschäftsführung der „Kronen Zeitung". Diese Geschäftsführung besteht aus den Herren Hans Dichand und Kurt Falk. Ihnen wird nun eröffnet, daß der Österreichische Gewerkschaftsbund eine Klage auf Herausgabe des Unternehmens eingebracht habe, weil das Unternehmen in Wirklichkeit nicht ihnen und auch sonst niemandem, sondern dem Gewerkschaftsbund gehöre. Das Gericht habe auf Grund der Klage eine Einstweilige Verfügung erlassen, derzufolge Dichand und Falk sowohl die Geschäftsführung als auch die Chefredaktion unverzüglich abzugeben und das Haus sofort zu verlassen haben. Die Gerichtsboten bringen auch schon einen „Öffentlichen Verwalter" mit, Werner Grosberg, einen früheren stellvertretenden Chefredakteur der „Kronen Zeitung", der sich den Klägern zur Verfügung gestellt hat. Die Redaktion ist konsterniert, dann empört, aber sie ist auch davon überzeugt, daß Hans Dichand und Kurt Falk in diesem Rechtsstreit obsiegen werden. Und so fordert Dichand-Stellvertreter Friedrich Dragon die Belegschaft auf, die Arbeit fortzusetzen, da das Blatt durch Arbeitsverweigerung rasch zugrunde gehen könnte. Ein Zeitungsunternehmen beschlagnahmt, Geschäftsführung und Chefredakteur auf die Straße gesetzt, das gesamte Unternehmen einem Öffentlichen Verwalter unterstellt, dergleichen ist in der österreichischen Zeitungsgeschichte noch nie dagewesen. Die „Arbeiter-Zeitung" verrät, was damit beabsichtigt ist, sie verkündet die „Ausräucherung der Kronen Zeitung". Es geht also nicht nur darum, von der „Kronen Zeitung" Besitz zu ergreifen, es soll auch deren Schreibweise mundtot gemacht werden.

Der Wiener Zeitungskrieg

Was hier an jenem 23. Februar 1966 zum Ausbruch kommt, hat eine längere Vorgeschichte. Da ist zunächst die Person des Chefredakteurs Hans Dichand. Er ist der erfolgreichste Blattmacher Österreichs. Er hatte die „Kleine Zeitung" in Graz von einer Wochenzeitung zu einer Tageszeitung und diese in wenigen Jahren zur größten Zeitung der Steiermark und Kärntens gemacht. Und er sollte danach das Nachfolgeblatt des amerikanischen „Wiener Kurier", den „Neuen Kurier", zur größten Zeitung Österreichs machen. Der „Wiener Kurier" war von der amerikanischen Besatzungsmacht 1945 gegründet worden und erfreute sich vom Fleck weg großer Beliebtheit: Nach sieben Jahren Hitler-Diktatur und Krieg war die Bevölkerung ausgehungert nach Weltnachrichten und einem freien Wort. Beides bot der „Kurier" in hohem Maß an. Auch wurde er von exzellenten Chefredakteuren und Redakteuren gemacht, die meisten von ihnen Österreicher oder frühere Österreicher. Gleichzeitig mit den Amerikanern brachten auch die drei anderen Besatzungsmächte in Wien Tageszeitungen heraus: Die Sowjets – übrigens schon vor dem „Kurier" – die sogenannte „Österreichische Zeitung", die Briten die „Weltpresse" und die Franzosen die „Welt am Abend". Sie alle blieben hinter der Auflage des „Kurier" zurück. In Wien gab es zunächst nur eine einzige Tageszeitung in österreichischer Hand, „Neues Österreich", ein „Organ der demokratischen Einigung", im Besitz der drei damals zugelassenen politischen Parteien ÖVP, SPÖ und KPÖ. Erst später durften die Parteien auch ihre eigenen Zeitungen herausgeben, so die ÖVP das „Kleine Volksblatt", die SPÖ die „Arbeiter-Zeitung", die KPÖ die „Volksstimme". Und noch viel später und nach vielen Versuchen, dies zu verhindern, konnte Ernst Molden als Nachfolgeblatt der „Neuen Freien Presse" die erste parteiunabhängige Tageszeitung in Wien herausgeben, „Die Presse". In den Bundesländern verlief die Entwicklung anders. In Salzburg und Oberösterreich gründeten die Amerikaner keine eigene Zeitung, sondern vergaben Lizenzen an Österreicher. Unter amerikanischer Lizenz erschienen in Salzburg die „Salzburger Nachrichten", Chefredaktion Gustav Canaval und Viktor Reimann, in Linz die „Oberösterreichischen Nachrichten", Chefredakteur Walter Pollak. Beide Zeitungen waren bürgerlichen Zuschnitts und hatten auch ihre Verbindungen zur ÖVP, aber sie waren keine Parteizeitungen, wurden von erstklassigen Journalisten gemacht und erwarben sich schnell, nebst einem guten Ruf, auch viele Leser. Die Briten konzessionierten in ihrer Zone zunächst nur Parteizeitungen, so das „Steirerblatt" als Organ der ÖVP und die „Neue Zeit" als Organ der SPÖ. In der französischen Zone erschienen die „Tiroler Tageszeitung", Chefredakteure Anton Klotz und Manfred Nayer, und die „Vorarlberger Nachrichten", Chefredakteur Eugen Ruß, ab 1947 Toni Ruß.

Als sich die Besatzungszeit nun ihrem Ende zuneigte, waren die Amerikaner die ersten, die ihren täglich erscheinenden „Wiener Kurier" auf ein Wochenblatt umstellten, von nun an erschien der „Kurier" nur noch am Samstag. Das hatte seine Gründe: Die Auflage des „Kurier", 1945 noch unerreicht, war im Laufe der zehn Besatzungsjahre ständig gesunken. Im Jahr 1954 bewegte sie sich wochentags bei etwa 60 000 Exemplaren, und das Blatt war bereits defizitär. Nur der Samstag-Kurier erreichte noch immer eine Auflage von über 100 000 und strotzte vor Inseraten. Die Auflage und daher die Inserate hatte dieser Samstag-Kurier vor allem seinen Beilagen zu verdanken, einer im besonderen, einer teuer gemachten Bildbeilage. Von dieser bevorstehenden Umstellung des „Wiener Kurier" erfährt der frühere US-Kulturoffizier in Wien, Ernst Haeusserman, und informiert den Mann, mit dem er schon seit einiger Zeit auf

dem Filmsektor zusammenarbeitet – Ludwig Polsterer. Polsterer kommt aus einer Mühlen-Dynastie, verfügt über Geld, das er bereits in eine ehrgeizige Filmproduktion gesteckt hat (seine ersten beiden Filme werden Welterfolge: „Die letzte Brücke" mit Maria Schell und „Der letzte Akt" mit Oskar Werner und Albin Skoda). Haeusserman rät Polsterer, nun auch in die Zeitungsbranche zu gehen und anstelle der Amerikaner den „Kurier" herauszugeben. Das reizt Polsterer, aber er versteht von Zeitungen noch nichts und sieht sich nach Fachleuten um. Er findet sie in den Personen Fritz Molden, dem Sohn des „Presse"-Herausgebers Ernst Molden, und Franz Karmel, dem Herausgeber der „Wiener Wochenausgabe". Als er aber mit der Druckerei verhandelt, bei der sein österreichischer Kurier gedruckt werden soll, wird er mit einer Überraschung bzw. Forderung konfrontiert: Die Druckerei Waldheim-Eberle ist zum Druck des Polsterer-Kurier nur dann bereit, wenn sie selbst an dem Blatt beteiligt wird. Und die Druckerei gehört unter dem Titel einer Pachtgemeinschaft „Der Kreis" zur Hälfte dem Österreichischen Arbeiter- und Angestelltenbund der ÖVP und zur Hälfte der Belegschaft. So muß Polsterer den „Kreis" am Kurier beteiligen. Und er muß auch gleich einige Millionen Schilling als Kaution für die kommenden Druckkosten hinterlegen. Die Fachleute raten Polsterer, den zur Zeit erfolgreichsten Chefredakteur Österreichs für die neue Zeitung zu engagieren, Hans Dichand, der die „Kleine Zeitung" in Graz leitet. Dichand nimmt an und bringt auch gleich einen Teil der Redakteure der „Kleinen Zeitung" mit nach Wien. Und er telegraphiert seinem Freund Hugo Portisch, der damals beim österreichischen Informationsdienst in New York tätig ist: „Ich brauche Dich – schon die Türken fanden es der Mühe wert, von weit herzukommen, um Wien zu erobern." Die Antwort erfolgt umgehend: „Bin Türke, komme."

Am 18. Oktober 1954 erscheint der „Neue Kurier" zum ersten Mal. Und da erst stellt sich heraus, wie niedrig die Auflage des „Wiener Kurier" bereits gewesen sein muß, denn es ist anzunehmen, daß die meisten der bisherigen Kurier-Leser nun auch den „Neuen Kurier" kaufen. Und es sind viel zu wenige, die Inserate aber schöpft der am Samstag erscheinende amerikanische Kurier ab. Ein beträchtliches Defizit ist zu erwarten. Die Fachleute Molden und Karmel wissen, was das heißt, und steigen aus. Doch ein halbes Jahr später kommt der Staatsvertrag zustande. Die Besatzungsmächte ziehen ab. Und so wird auch der amerikanische Samstag-Kurier eingestellt. Seine höhere Auflage und seine Inserate erbt der „Neue Kurier". Und Dichand beweist auch in Wien seine Qualität als Blattmacher. Es ge-

Die Hauptakteure im Wiener Zeitungskrieg, mit dem die Medienlandschaft in Wien entscheidend verändert wird. Links: Fritz Molden, rechts: Ludwig Polsterer, Hans Dichand und Hugo Portisch.

lingt ihm, auch die Auflage des Tages-Kurier rasch zu steigern, und zwei Jahre später kann der „Kurier" bereits für sich in Anspruch nehmen, die größte Tageszeitung Österreichs zu sein. Dabei steht der „Kurier" in scharfer Konkurrenz zu der ebenfalls im Jahr 1954 gegründeten Tageszeitung „Bild-Telegraf". Der „Bild-Telegraf" ist eine Gründung der erfolgreichen Zeitungsherausgeber aus den Bundesländern: Gustav Canaval, Miteigentümer der „Salzburger Nachrichten", Hans Behrmann, Mitbegründer der „Oberösterreichischen Nachrichten", und Joseph Moser, Herausgeber der „Tiroler Tageszeitung". Gemeinsam wollen sie auch auf dem Wiener Markt aktiv sein, und sie setzen dazu ebenfalls einen hochtalentierten Journalisten ein, Gerd Bacher, bis dahin Lokalchef der „Salzburger Nachrichten". Der „Bild-Telegraf" ist schon einige Monate vor dem „Neuen Kurier" auf dem Markt. Von nun an aber liefern sich die beiden Blätter einen scharfen Konkurrenzkampf. Mit einem Unterschied: Polsterer hat genügend Geld, um auch über längere Durststrecken durchzuhalten. Beim „Bild-Telegraf" führt das drohende Defizit zum Rückzug von Canaval und Moser, während Behrmann unentwegt auf Geldsuche ist.

1958 ist es dann soweit: Behrmann ist nicht mehr in der Lage, die Druckkosten für den „Bild-Telegraf" zu zahlen. Das ist der Moment, in dem Molden nachholt, was er durch vorzeitiges Aufgeben beim „Kurier" versäumt hat. Wagemutig hatte Molden die größte Druckerei Wiens, die im Besitz der Papierfabrik Steyermühl war, von dieser gepachtet und hat neben der von seinem Vater ererbten Zeitung „Die Presse" weitere Kunden für diese Druckerei geworben, darunter auch die „Weltpresse" und den „Bild-Telegraf". Und da Behrmann nicht in der Lage ist, die Druckereikosten zu zahlen, ist Molden bereit, den „Bild-Telegraf" auf seinen Maschinen weiterzudrucken, aber mit der Auflage, nun selbst Miteigentümer der Zeitung zu werden. Auf der anderen Seite sind auch Gerd Bacher und ein Großteil der Redakteure bereit, in diese neue Konstruktion einzusteigen. Molden und Bacher holen sich auch Geldgeber: Der Rechtsanwalt Christian Broda bringt ihnen die notwendigen Millionen, wobei wenig Zweifel darüber bestehen, woher das Geld kommt, nämlich von der SPÖ. Aber Molden und Bacher sichern sich weitgehende Unabhängigkeit. Die Weichen sind also gestellt für die lückenlose Weiterherausgabe des „Bild-Telegraf". Einen Haken aber hat die Sache. Der Titel „Bild-Telegraf" befindet sich nach wie vor im Besitz Behrmanns. Als dieser begreift, daß er praktisch über Nacht weder einen Drucker noch eine Redaktion mehr besitzt und die Zeitung am nächsten Tag pünktlich unter der Regie Molden–Bacher weitererscheint, ruft Behrmann seinen bisherigen Konkurrenten Polsterer an. Er bittet ihn um Kollegenhilfe, fragt an, ob Polsterer und dessen Kurier-Redaktion in der Lage wären, den „Bild-Telegraf", dessen Titel er besitze, herauszugeben. Dichand ist zu diesem Zeitpunkt mit einem Auto unterwegs in der Provence. So gibt Polsterer die Frage Behrmanns an Hugo Portisch weiter. Für die Kurier-Redaktion ist das eine fantastische Herausforderung: über Nacht das Blatt der bisher schärfsten Konkurrenz zu machen (praktisch nachzumachen) und damit die bei Molden weitererscheinende Konkurrenz sozusagen mit ihren eigenen Mitteln zu bekämpfen. Was folgt, ist unter dem Titel „Wiener Zeitungskrieg" in die Geschichte eingegangen.

Da der Titel „Bild-Telegraf" im Besitz Behrmanns ist, läßt Behrmann, gestützt von Polsterer und von der Behrmann nahestehenden ÖVP-Gruppe Fritz Polcars, den Molden „Bild-Telegraf" beschlagnahmen, sobald die ersten Exemplare die Druckmaschinen am Fleischmarkt verlassen. Molden und Bacher ändern daraufhin den Titel von „Bild-Telegraf" auf „Bild-Telegramm". Aber auch das „Bild-Telegramm" wird prompt beschlagnahmt, wegen zu großer Ähnlichkeit mit dem Titel „Bild-Telegraf". So erscheint nach dem „Bild-Telegramm" die Zeitung unter dem Titel „Bild-Kabel" und wird wieder beschlagnahmt, denn Titelgestaltung und Aufmachung des Blattes sind dem „Bild-Telegraf", nach Ansicht des Gerichts, noch immer zu ähnlich. Die folgende „Bild-Depesche" ereilt tags darauf das gleiche Schicksal. Den „Bild-Telegraf" mit einem ähnlichen Titel und der gleichen Gestaltung weiterzuführen, scheint also nicht zu gelingen. „Zeitung ohne Titel" heißt daraufhin die nächste Ausgabe. Aber auch damit ist der in dieser Sache aktive Landesgerichtsrat Dr. Schwarz nicht einverstanden. So entschließen sich Molden und Bacher, eine völlig neue Zeitung unter einem völlig neuen Titel herauszubringen: „Express" soll sie heißen und gleich dreimal täglich erscheinen. Der „Kurier" antwortet darauf ebenfalls mit einer Morgen-, Mittag- und Abendausgabe. Parallel dazu erscheint noch immer der „Bild-Telegraf", der auch weiterhin von der Kurier-Redaktion gemacht wird. Das heißt, die Kurier-Redaktion erstellt täglich zwei Zeitungen mit insgesamt vier Ausgaben. Hans Dichand, inzwischen aus dem Urlaub zurückgekehrt und in das Geschehen voll eingeschaltet, ist der Meinung, daß der Redaktion dieser Tag- und Nachteinsatz auf die Dauer nicht zuzumuten ist, und schlägt Polsterer vor, die Redaktionen personell entsprechend aufzustocken. Denn eines liegt auf der Hand: Polsterer kann in Zukunft den Wiener, wenn nicht gar den österreichischen Zeitungsmarkt weitgehend beherrschen, wenn er weiterhin neben dem „Kurier" auch den „Bild-Telegraf" am Leben erhält und ausbaut. Gegen diese beiden Zeitungen würde sich der „Express" nur schwer durchsetzen können. Doch um diese Doppel-

Die Zeitungsköpfe sprechen für sich: Es gibt einen echten und einen nachgemachten „Bild-Telegraf", danach ein „Bild-Telegramm" und schließlich statt des Titels die Aufschrift „Unser Titel wurde beschlagnahmt" – dafür erscheint nun der „EXPRESS".

Der Versuch, die „Kronen Zeitung" zu beschlagnahmen, ist gescheitert, Chefredakteur Hans Dichand (links) kehrt in die Redaktion zurück. Rechts: Miteigentümer der „Kronen Zeitung", Kurt Falk.

strategie durchzuhalten, bedarf es eines klaren Konzepts, einer doppelten Redaktion und einer besonderen Motivation. Und Dichand schlägt Polsterer vor, als Unterpfand dafür ihm eine geringe Beteiligung einzuräumen. Polsterer entscheidet anders: Er lehnt den Beteiligungsantrag ab, schlägt Dichand eine einvernehmliche Lösung des Dienstverhältnisses vor und verkauft den „Bild-Telegraf", den er inzwischen von Behrmann erworben hat, an Fritz Molden. Dieser greift zu, denn damit ist der Weg frei für die weitere Entwicklung des „Express".

So hat Polsterer mit dem Verkauf des „Bild-Telegrafs" eine große Chance aus der Hand gegeben. Mit der Trennung von Hans Dichand aber hat er sich auch schon eine weitere, den „Express" bald übertreffende, größere Konkurrenz eingehandelt. Denn Dichand ist seit langem der Meinung, daß die vor dem Krieg erfolgreichste Zeitung Österreichs, die „Kronen Zeitung", wiederbelebt werden sollte. Eigentümer des Titels „Kronen Zeitung" sind die Erben des ursprünglichen Gründers Gustav Davis. Sie sind bereit, Dichand den Titel zu verkaufen. Denn sie glauben nicht daran, daß man die Zeitung mit Erfolg wiederbeleben könnte. Dichand sucht nun nach Geldgebern für die Gründung der „Kronen Zeitung". Aber die einen halten die Sache für aussichtslos, die anderen würden sie gerne im Rahmen ihrer Parteiverlage herausbringen. Ein Mann aber bietet die notwendigen Millionen an, ohne parteipolitische Bedingungen zu stellen, Franz Olah. Olah tritt nicht einmal als Geldgeber auf, er vermittelt nur einen solchen: Ferdinand Karpik, einen reichen Kaufmann, einen Polen mit österreichischer Staatsbürgerschaft, der in Frankfurt lebt und mit Olah gemeinsam im Konzentrationslager war. Um die weitere lange Geschichte kurz zu machen: Die Gelder, die zur Gründung und Erhaltung der „Kronen Zeitung" notwendig sind, werden Dichand in Form von Krediten von der Zentralsparkasse der Gemeinde Wien zur Verfügung gestellt, elf Millionen Schilling. Olah hat diese Kredite offenbar ermöglicht, indem Sparbücher der von ihm geführten Bau- und Holzarbeitergewerkschaft bei der Zentralsparkasse als Besicherung hinterlegt wurden. Olah empfiehlt Dichand auch einen erfolgreichen Manager, der sich die Geschäftsführung der „Kronen Zeitung" mit Dichand teilen soll, Kurt Falk. Gemeinsam mit einigen Kurier-Redakteuren, die Dichand gefolgt sind – unter ihnen Friedrich Dragon und Ernst Trost –, machen sie

aus der „Kronen Zeitung" in der Tat das erfolgreichste Blatt in der österreichischen Zeitungsgeschichte.

In der SPÖ vermutet man, daß Franz Olah der entscheidende Wegbereiter der „Kronen Zeitung" war, und man glaubt, daß in Wirklichkeit die Zeitung ihm gehöre. Als Olah später unter anderem auch wegen seiner Rolle bei der Gründung der „Kronen Zeitung" als Angeklagter vor Gericht steht, kann ihm der Besitz der „Kronen Zeitung" in keiner Weise nachgewiesen werden. Zwar hat er Kredite für die „Kronen Zeitung" besorgt, aber selbst weder Anteile an der Zeitung erhalten, noch solche durch Treuhänder verwalten lassen. Hätte die „Kronen Zeitung" die Kredite nicht zurückzahlen können, so wäre der Kaufmann Karpik mit seinem Vermögen eingesprungen, und dafür habe dieser ja auch 50 Prozent der „Kronen Zeitung" erhalten. Olah, den seine früheren Parteifreunde in der SPÖ vor Gericht gebracht haben, wird in zehn der elf gegen ihn erhobenen Anklagepunkte – in allen geht es darum, daß er Gelder der sozialistischen Gewerkschaftsfraktion zweckentfremdet hätte – freigesprochen. Übrig bleibt nur ein Anklagepunkt, und der hat nichts mit der „Kronen Zeitung" zu tun: Er habe 1 225 628 Schilling an Gewerkschaftsgeldern unrechtmäßig behoben und für fremde Zwecke verwendet, wobei es unklar bleibt wofür. Das Gericht erkennt auf betrügerische Unterschlagung und verurteilt Olah zu einem Jahr Gefängnis. Olah bestreitet bis zuletzt, daß er dieses Geld eigenmächtig behoben hätte. Man habe es ihm „rechnungsfrei für politische Zwecke" zur Verfügung gestellt. Aber Olah kann nicht beweisen, von wem er solche Vollmacht erhalten hat, und er ist nicht bereit, den Verwendungszweck des Geldes zu nennen. Doch in eingeweihten Kreisen ist längst bekannt, daß Olah nach der Niederschlagung der KP-Unruhen im Jahr 1950, in Zusammenarbeit mit den Amerikanern, besonders in der Sowjetzone Österreichs Waffenlager und Funkstationen anlegen ließ, als Vorsorge für den Fall, daß die Kommunisten beim nächsten Mal mit einem Putsch Erfolg hätten, das Land geteilt würde und der Eiserne Vorhang an der Enns und am Semmering heruntergänge. Dann sollte Widerstand geleistet werden. Der Häftling aus Hitlers Prominententransport nach Dachau 1938 war nicht willens, sich noch einmal einsperren zu lassen. Und er wollte auch nicht, daß Österreich widerstandslos unterginge wie 1938. Es ist anzunehmen, daß Olah jene Gelder, die ihn jetzt ins Gefängnis bringen, für den Aufbau dieser Untergrundorganisation verwendet hat. Für den Erwerb auch nur von Teilen der „Kronen Zeitung" wäre der Betrag viel zu gering gewesen.

Die Besetzung der „Kronen Zeitung"

Den Olah-Prozeß gibt es erst im Jahr 1969, doch im Kapitel „Der Wiener Zeitungskrieg" ist die Erwähnung dieses Prozesses kein Vorgriff. Denn genaugenommen reichen die letzten Auswirkungen dieses Kriegs bis in die siebziger Jahre. Doch nun zurück zu jenen Februartagen 1966, da die „Kronen Zeitung" auf Antrag des ÖGB durch eine Einstweilige Verfügung amtlich besetzt wird. Am 23. Februar werden Dichand und Falk auf die Straße gesetzt, der Öffentliche Verwalter Grosberg wird eingesetzt, die Redaktion arbeitet weiter, um dem Blatt nicht zu schaden. Aber nun erhebt sich im ganzen Land Protest. Fast alle parteiunabhängigen Zeitungen werfen der Justiz vor, mit der Aktion einen Anschlag auf die Meinungs- und Pressefreiheit zu begehen. Auch und gerade der „Kurier" und sein nunmehriger Chefredakteur Hugo Portisch fordern die sofortige Beendigung der Besetzung der „Kronen Zeitung". Unter dem Druck der öffentlichen Meinung wird die Einstweilige Verfügung zwei Tage später aufgehoben. Grosberg geht, Dichand und Falk kehren zurück

und werden von ihrer Redaktion jubelnd empfangen. Die „Kronen Zeitung" kann von da an ihren Vormarsch, mit dem Ziel, den „Kurier" einzuholen und zu überholen, fortsetzen. Noch liegt der „Kurier" weit vorne. Doch um den Vorsprung halten zu können, müßte der „Kurier" Regionalausgaben in den Bundesländern herausbringen. Portisch startet mit Hilfe Reinald Hübls den „Linzer Kurier". Er ist vom Fleck weg ein Erfolg. Dem „Linzer Kurier" soll ein „Grazer Kurier" und danach ein „West-Kurier" folgen. Doch Polsterer stellt statt dessen den „Linzer Kurier" ein. Das scheint paradox, ist es aber nicht. Da Polsterer am 1-Schilling-Preis festhält, steigert jede höhere Auflage das Defizit, das wieder nur durch erhöhte Anzeigeneinnahmen wettgemacht werden könnte. Da der „Linzer Kurier" nicht gleich auch höhere Werbeeinnahmen erbringt, wird er eingestellt. Das ist aber auch schon das Ende aller weiteren Regionalisierungspläne. Sie werden – Jahre später – von der „Kronen Zeitung" verwirklicht. Ähnliches geschieht nun auch am Sonntag. Als die Trafikanten die Sonntagssperre beschließen, bringt die „Kronen Zeitung" sofort eine Sonntagsausgabe heraus – die zunächst auf eigens konstruierten Zeitungsständern zur Entnahme angeboten wird. Diese Art des Vertriebs kostet viel Geld. Auch werden viele Exemplare der Zeitung nicht bezahlt. Polsterer ist dies zu teuer. Wer sonntags eine Zeitung lesen will, muß also zur „Kronen Zeitung" greifen. Diese startet jeden Sonntag ein verlockendes Preisausschreiben, das seine Fortsetzung in den folgenden Tagen findet. Ein Bagger, der Leser schaufelt. Der Redaktion des „Kurier" wird solcherart die Möglichkeit genommen, erfolgreich zu konkurrieren. Als Portisch immer wieder darauf hinweist, trennt sich Polsterer nun auch von Portisch, so wie seinerzeit von Dichand. Zwei Jahre später überholt die „Kronen Zeitung" den „Kurier" und wird zur größten Tageszeitung Österreichs, ja kann darüber hinaus ihre Auflage noch so verstärken, daß sie, gerechnet pro Kopf der Bevölkerung, sogar die größte Zeitung der Welt wird. Ein Resultat des „Zeitungskriegs". Denn ohne diesen Krieg hätten wohl „Kurier" und „Bild-Telegraf" noch viele Jahre nebeneinander kon-

Franz Olah wird wegen der in der Partei gegen ihn erhobenen Beschuldigungen, eigenmächtige finanzielle Transaktionen durchgeführt zu haben, vor Gericht angeklagt (links). Doch nur in einem einzigen Anklagepunkt wird er für schuldig befunden, er habe Gelder verwendet, die ihm nicht zugestanden seien. Olah bestreitet dies zwar und könnte dem Gefängnis auch entgehen, aber er tritt seine Haftstrafe an (unten).

kurriert, die „Kronen Zeitung" wäre kaum je wiedergegründet worden. Das aber ist nicht die einzige Folge des „Zeitungskriegs". In ihrer harten Konkurrenz bleiben „Kurier" und „Kronen Zeitung" bei ihrem niedrigen Preis von nur 1 Schilling pro Exemplar.

Der „Zeitungskrieg" und der mit ihm verbundene „Preiskrieg" ruiniert nun eine ganze Reihe von Zeitungen: Das seit 1945 erscheinende „Neue Österreich" verliert zuerst seine Inserate an den „Kurier" und dann die Leser an die Schilling-Blätter, 1967 wird das Blatt eingestellt. Drei Jahre später erliegt auch das „Kleine Volksblatt" der „Kronen Zeitung" und dem Preisdruck. Ein besonders erwähnenswertes Schicksal erfährt der „Express", das unmittelbare Produkt des „Zeitungskriegs". Um den „Express" anstelle des „Bild-Telegraf" machen zu können, mußten Molden und Bacher, wie berichtet, die finanzielle Hilfe der SPÖ in Anspruch nehmen. Dafür erhielt die SPÖ eine 50prozentige Beteiligung, jedoch auch gleichzeitig eine Option auf ein weiteres Prozent. Von dieser Option macht sie solange nicht Gebrauch, als der Sachwalter der SPÖ gegenüber dem „Express" der Rechtsanwalt Broda ist. Broda wird 1960 Justizminister. Und nun bestimmen drei andere sozialistische Funktionäre über die SP-Anteile am „Express", der Wiener Vizebürgermeister Felix Slavik, der SPÖ-Zentralsekretär Alois Piperger und Franz Olah. Sie machen von der Option Gebrauch, holen sich das 51. Prozent und damit die Mehrheit am „Express". Als sie daraufhin mehr Einfluß auf die Schreibweise des „Express" fordern, scheiden Molden und Bacher aus dem „Express" aus. Zwar überlebt der „Express" noch bis in das Jahr 1971, aber von nun an bleibt er Jahr um Jahr ein größeres Stück hinter „Kurier" und „Kronen Zeitung" zurück. Schließlich wird er, schwer defizitär, 1970 Dichand und Falk zur Weiterführung übergeben. Dichand will aus dem „Express" mit Hilfe von Ernst Trost ein flottes, aber seriöses Blatt machen, das dem „Kurier" Paroli bietet. Doch dann wird das Blatt zur großen Enttäuschung der Redakteure und auch eines schon interessierten Publikums eingestellt. Bleibt noch zu berichten, daß das Zeitungssterben nicht nur in Wien stattgefunden hat. In Salzburg wird die „Salzburger Volkszeitung", in Vorarlberg das „Vorarlberger Volksblatt", in Innsbruck werden die „Tiroler Nachrichten" eingestellt. Da und dort gibt es Versuche von Neugründungen, keine davon wird zum Erfolg. In den siebziger Jahren ist das Feld der Printmedien weitgehend abgesteckt: In Wien dominieren die Massenblätter „Kronen Zeitung" und „Kurier", während „Die Presse" unter den Chefredakteuren Otto Schulmeister und nach ihm Thomas Chorherr finanziell zwar immer in Bedrängnis ist, aber doch die Position eines seriösen Blattes von hohem Ansehen hält. Erst in den achtziger Jahren fordert Oscar Bronner mit seiner bemerkenswerten Neugründung „Der Standard" „Die Presse" und den „Kurier" unter der Chefredaktion Peter Rabls und Hans Rauschers heraus. „Die Presse" wie „Kurier" reagieren mit Qualitätssteigerung. In der Steiermark stellte die ÖVP ihr redaktionell bestgeführtes Blatt, die „Südost Tagespost" (Nachfolgerin des „Steirerblattes"), aus Ersparnisgründen ein und überläßt somit der „Kleinen Zeitung" das Feld in der Steiermark. Die SPÖ läßt ihr steirisches Blatt „Neue Zeit" nicht im Stich, und ihr Langzeit-Chefredakteur Josef Riegler sorgt dafür, daß diese sozialistische Stimme in den südlichen Bundesländern weiterhin gehört wird. Unangefochten in Salzburg die „Salzburger Nachrichten", in Linz die „Oberösterreichischen Nachrichten" und in Vorarlberg die „Vorarlberger Nachrichten".

Differenzen zwischen Dichand und Falk soll es von Anfang an immer wieder gegeben haben. In den achtziger Jahren, besonders nach dem an sich geglückten, aber dann doch abgewürgten Experiment eines seriösen „Express", wird aus den Differenzen mehr und mehr eine Gegnerschaft. Schließlich trennen sich die beiden. Falk legt die Geschäftsführung zurück, bleibt aber 50prozentiger Miteigentümer der „Kronen Zeitung", also auch 50prozentiger Teilhaber am Gewinn. Aber dann kommt es zum endgültigen Bruch, Dichand erwirbt Falks Hälfte an der Zeitung und bemüht sich – vergeblich –, das dafür notwendige Geld von österreichischen Banken zu erhalten. Letztlich ist es die deutsche WAZ-Gruppe, die bereit ist, die Kaufsumme in Milliardenhöhe zu erlegen. Erst in den neunziger Jahren wird Falk dieses Geld in ein Konkurrenzblatt stecken, das er „täglich Alles" nennt.

Der Zeitungskrieg und seine Folgen haben also die Medienlandschaft in Österreich nachhaltig verändert. Nach der Olah-Krise, nach dem Aufstand von Fußach, nach dem Rundfunk-Volksbegehren ist die Besetzung der „Kronen Zeitung" das letzte jener Ereignisse, die eine entscheidende Wende in der österreichischen Innenpolitik herbeiführen. Denn alle vier gehen zu Lasten der SPÖ und tragen zu deren Niederlage bei den nächsten Nationalratswahlen im März 1966 bei. Doch bevor wir uns mit dieser großen Wende beschäftigen, ist nachzutragen, was sich in der ersten Hälfte der sechziger Jahre in der Welt und in Österreich noch ereignet hat. Wobei ein Ereignis alle anderen weit überschattet – die Ermordung des amerikanischen Präsidenten John F. Kennedy.

Kennedy wird ermordet

Am 22. November 1963 treffen Kennedy und seine Frau Jacqueline in Texas ein, in Dallas. Die Kennedys sind auf Wahltournee. Und so sollen möglichst viele Menschen den Präsidenten sehen, ihn und seine attraktive Frau. Bei strahlendem Sonnenschein fahren sie im offenen Wagen durch die Stadt und werden von Tausenden Menschen im Spalier jubelnd begrüßt. Plötzlich fallen Schüsse. Nur ein einziger Amateurfilmer hat mit seiner kleinen Kamera festgehalten, was in diesen Momenten geschehen ist. Seither wird dieser Film, trotz seiner technischen Schwächen, immer und immer wieder im Kino und im Fernsehen gezeigt, denn auch Jahrzehnte später ist der Mord an Kennedy in Wirklichkeit immer noch nicht geklärt. Jeder einzelne Kader dieses Films wurde hundertfach begutachtet, und dennoch sind die Experten nicht ein und derselben Auffassung, was diese Kader tatsächlich zeigen. Auch wir, das „Österreich II"-Team, haben versucht, uns ein Bild aus diesen Bildern zu machen. Und wir stimmen mit jenen überein, die meinen, daß Kennedy hier nicht von einem Attentäter, sondern mindestens von zwei beschossen und erschossen worden ist. Auf Grund des Berichts der amerikanischen Untersuchungskommission aber soll es nur einen Täter gegeben haben, Lee Harvey Oswald, ein exzentrischer junger Amerikaner, der die angebliche Mordwaffe erst kurz vorher erstanden hatte, um sich dann in einem Bücherdepot in Dallas zu verstecken und Kennedy von dort aus zu erschießen. Der Verdacht gegen ihn wurde bestärkt durch die Tatsache, daß Oswald einige Jahre zuvor in die Sowjetunion ausgewandert war, wo er auch bleiben wollte. Doch letztlich hielt es ihn auch dort nicht, er kehrte in die USA zurück. Oswald wurde noch am Tag der Ermordung des Präsidenten vom FBI ausgeforscht und festgenommen. Er bestritt alle Anschuldigungen. Ob er aber schuldig oder unschuldig gewesen ist, dies festzustellen war zwei Tage später nicht mehr möglich. Ein Nachtklubbesitzer namens Jack Ruby erschießt Oswald inmitten einer Polizeieskorte, als dieser aus dem Gerichtsgebäude geführt wird. Ruby gibt an, aus Empörung über den Präsidentenmord gehandelt zu haben. Rubys Lebenslauf und Lebensweise lassen aber nicht notwendigerweise auf einen glühenden Patrioten schließen. Er hat Verbindungen zum Rotlichtmilieu, zu Exilkubanern, die ihrerseits wieder Verbindungen zu Leuten haben,

Das Attentat auf Präsident John F. Kennedy, nachgestellt für den Film „J. F. K.": Der Präsident ist tödlich getroffen, seine Frau Jackie sucht Schutz beim Sicherheitsbeamten.

die Kontakte zu verschiedenen Geheimdiensten aufrechterhalten dürften. Merkwürdigerweise sterben im Laufe der Zeit in rascher Folge an die 20 mögliche Zeugen und Informanten. Und auch Ruby wird im Gefängnis nicht alt. Das Geheimnis, das den Mord an Kennedy umgibt, wird zum Gegenstand vieler Bücher und Filme. Gelüftet wird es nicht.

Doch wer den Mord begangen hat und weshalb, diese Fragen werden erst im zweiten Moment gestellt. Im ersten Moment trifft der Tod des Präsidenten die gesamte Weltöffentlichkeit wie ein Keulenschlag. Kennedy hat mit seiner Jugendfrische, seinem Selbstbewußtsein, seiner Entschlossenheit, seiner Fähigkeit zu großen Visionen und natürlich auch mit seinem rednerischen Talent und seinem Charisma nicht nur den Amerikanern, sondern den Menschen in aller Welt Hoffnung und die Zuversicht vermittelt, daß sich alles zum Besseren werde wenden lassen. Nun ist der Träger dieser Hoffnung tot. Es gibt wenige Ereignisse, die im Leben fast jedes Menschen einen so nachhaltigen Eindruck hinterlassen haben wie dieser Tod, dieser Mord. Wer immer damals schon bewußt gelebt hat, kann heute noch die Frage beantworten, wo er gerade war, was er gerade getan hat, als er die Nachricht von der Ermordung Kennedys erfuhr. Mit Kennedys Tod wendet sich das Weltgeschehen auch gleich zum Schlechteren. Das heißt natürlich nicht, daß die nachfolgenden Entwicklungen unbedingt anders verlaufen wären, wenn Kennedy weiter gelebt hätte, und so manches, was in der Folge geschieht, wurde auch schon unter Kennedy eingeleitet.

Wie es die amerikanische Verfassung vorsieht, wird unmittelbar nach dem Bekanntwerden des Todes des Präsidenten der Vizepräsident Lyndon B. Johnson als Nachfolger und neuer Präsident der USA vereidigt, noch bevor er mit Witwe Jacqueline und dem Sarg mit Kennedys Leiche den Flug von Dallas nach Washington antritt. Johnsons Präsidentschaft – er wird durch die Wahlen 1964 auch vom Volk in seinem Amt bestätigt – wird vor allem von zwei einschneidenden Entwicklungen gekennzeichnet sein: In der Innenpolitik steht er für die Erweiterung der Bürgerrechte, unter Johnson erst wird die bis dahin noch in vielen Südstaaten bestehende Segregation – die Ausgrenzung der Schwarzen, die amerikanische Spielart der Apartheid –

Der Tod des jungen amerikanischen Präsidenten erschüttert die Welt. Hunderte Millionen Menschen verfolgen über die Fernsehschirme die Begräbnisfeierlichkeiten in Washington. Links: Die Witwe Jackie Kennedy

zumindest gesetzlich bekämpft und aufgehoben. Dazu hat entscheidend der schwarze Bürgerrechtskämpfer Martin Luther King beigetragen, der im Jahr 1968 ebenfalls einem Mordanschlag erliegt. Johnson steht mit seinem Konzept einer „Greater Society", in der die Achtung der Menschenrechte und Bürgerrechte das Fundament der Nation zu sein hat, für einen entscheidenden Wandel im gesellschaftlichen Leben der USA. Seine Außenpolitik entzweit jedoch diese amerikanische Gesellschaft mehr, als dies seit den Tagen des amerikanischen Bürgerkriegs je der Fall war.

Seit den kommunistischen Machtergreifungen in Osteuropa heißt das Dogma der amerikanischen Außenpolitik „Containment", zu deutsch Eindämmung, in Schach halten. In der Praxis bedeutet dies, jedes weitere Vordringen des Kommunismus zu verhindern, sich jeder kommunistischen Expansion entgegenzustellen. Daher harren die Amerikaner – und mit ihnen ihre Verbündeten – in Westberlin aus, als die Sowjets die Stadt blockieren, und daher ziehen die Amerikaner in den Krieg, als die Nordkoreaner in Südkorea einfallen. Dem Containment dient der Marshallplan, dem Containment dient aber auch die NATO und dienen all die anderen Verteidigungspakte, die die Amerikaner wie einen Ring rund um die Sowjetunion und China gelegt haben. Nun wird dieser Ring wieder einmal gesprengt. So wie Korea ist nach der Niederlage der Franzosen in Indochina im Jahr 1954 auch Vietnam geteilt worden, Nordvietnam ist unter der Führung Ho Tschi Minhs kommunistisch, Südvietnam, ob-

mit ihren beiden Kindern, begleitet von Robert Kennedy und dem Präsidentenehepaar Johnson. Oben: Die sterbliche Hülle Kennedys wird auf den amerikanischen Soldatenfriedhof Arlington überführt.

wohl auch autoritär geführt, prowestlich. Doch die Kommunisten setzen ihren Partisanenkampf fort und destabilisieren das Regime in Südvietnam. Dieses ruft um Hilfe. Schon Kennedy entsandte daraufhin amerikanische Militärberater nach Südvietnam. Doch als der kommunistische Untergrundkampf verstärkt weitergeht, schickt Johnson nicht mehr Militärberater, sondern das Militär. Das, was man später den Vietnamkrieg nennt, nimmt seinen Lauf. Johnson glaubt, damit nur konsequent die erfolgreiche Politik des Containment fortzusetzen: Laßt die Kommunisten nicht über die Grenzen ihres bisherigen Einflußbereichs hinaus, denn gelingt ihnen dies irgendwo auf der Welt, dann wäre die amerikanische Politik nicht mehr glaubhaft, die Verbündeten würden das Vertrauen in die USA verlieren, und so könnte das gesamte Gebäude westlicher Verteidigung einstürzen. Tatsächlich aber sind die USA einem asiatischen Guerilakrieg nicht gewachsen, Johnson wagt es nicht, Nordvietnam anzugreifen, um China nicht zu provozieren, da man doch in Korea damit so schlechte Erfahrungen gemacht hat. Aber ohne Zerstörung der Basis in Nordvietnam lassen sich die Guerillas, der Vietcong, wie sie genannt werden, nicht besiegen. Fast zehn Jahre wird dieser Krieg in Vietnam dauern, und er wird in den USA, und in der Folge auch in der gesamten westlichen Welt, große gesellschaftliche Umwälzungen bewirken. Im Jahr 1968 erreichen diese Umwälzungen ihren Höhepunkt. Wie wir sehen werden, bleibt auch Österreich von diesen Entwicklungen nicht verschont.

Der Fall Borodajkewycz

Doch noch gehen in Österreich die Uhren anders, wir sind noch nicht im Jahr 1968, nicht mit linkem, sondern mit rechtem Gedankengut wird die Öffentlichkeit konfrontiert. An der Wiener Hochschule für Welthandel – sie heißt noch nicht Wirtschaftsuniversität – vertritt einer der Professoren, Taras Borodajkewycz, deutschnationales Gedankengut und schürt Antisemitismus. Borodajkewycz bedauert in seinen Äußerungen, daß das Großdeutsche Reich zerschlagen wurde – „es ist nur ein Teil der gesamtdeutschen Katastrophe, daß wir deutschen Österreicher zum zweiten Male innerhalb einer Generation das größere Vaterland verloren haben". Als einen der größten Tage seines Lebens bezeichnet er den Tag, an dem Hitler 1938 auf dem Wiener Heldenplatz Österreich eine neue Mission für das Reich zuwies. Borodajkewycz macht in seinen Vorlesungen mit eindeutig antisemitischer Tendenz Juden und deren Werke lächerlich. Er macht es geschickt. Und die Mehrzahl seiner Hörer folgen ihm auf diesem Weg. Er muß Dinge nicht aussprechen, er braucht sie nur anzudeuten, um schon höhnisches Gelächter von seiten seiner Studenten zu ernten. Heinz Fischer, der spätere Minister und Parlamentspräsident, ist damals Hörer an der Hochschule für Welthandel, ebenso wie der spätere Finanzminister Ferdinand Lacina. Sie schreiben die Vorträge von Borodajkewycz mit. Auf Grund dieser Niederschrift greift Fischer in der Zeitschrift „Forum" und in der „Arbeiter-Zeitung" den Fall Borodajkewycz auf und wirft seiner eigenen Partei vor, hier offensichtlich nicht genug hellhörig zu sein. Fischer zitiert aus den Vorlesungen des Professors. Borodajkewycz klagt Fischer. Fischer und Lacina legen ihre Protokolle vor, doch Fischer wird vom Strafgericht Wien dennoch zu einer Geldstrafe von 4 000 Schilling verurteilt. Und Boro-

Tätliche Zusammenstöße zwischen Studenten und Widerstandskämpfern werden durch Erklärungen des Professors an der Wiener Hochschule für Welthandel, Taras Borodajkewycz (links unten), ausgelöst, die als antisemitische und antiösterreichische Provokationen angesehen werden. Links: Der Protestzug gegen Borodajkewycz formiert sich auf dem Wiener Karlsplatz und wird von studentischen Gegendemonstranten angegriffen (rechts).

Einer der demonstrierenden Studenten schlägt den früheren Widerstandskämpfer Ernst Kirchweger nieder, der schließlich seinen Verletzungen erliegt. Kirchweger wird damit das erste politische Todesopfer der Zweiten Republik.

dajkewycz hört nicht auf, seine Thesen im Hörsaal zu vertreten. Parlamentarische Anfragen an den Unterrichtsminister Piffl-Percevic, ob er bereit sei, gegen Borodajkewycz ein Disziplinarverfahren einzuleiten, schmettert dieser ab: Selbst wenn er es tun könnte, würde er es nicht tun.

In den Zeitungen versucht man, die Beweggründe für dieses Verhalten des Ministers zu analysieren: Borodajkewycz kommt aus jenem Kreis deutschnationaler Katholiken, die nicht nur an den Papst, sondern auch an Hitler glaubten. Sie gehören in den zwanziger und dreißiger Jahren beiden Lagern an. Borodajkewycz ist beim Katholikentag ebenso zu finden wie später in der illegalen NSDAP. Nach dem Krieg wird er als „minderbelastet" eingestuft, gemeinsam mit rund 487000 anderen Österreichern. Aber während doch viele von denen ihren politischen Irrtum einsehen und vielleicht auch bereuen, hält Borodajkewycz am Kern seiner Überzeugungen fest. In einem Aufsatz der rechtsradikalen Zeitschrift „Die Aktion" schreibt er: „Zu den unerfreulichsten Überresten des an Gesinnungslosigkeit und Würdelosigkeit reichen Jahres 1945 gehört das Geflunker von der österreichischen Nation. Es entstammt derselben geistigen und moralischen Haltung, die die Besatzungsmächte als Befreier feierte." Solche Äußerungen stempeln ihn noch nicht zum Neonazi. Solche Ansichten entsprechen auch der Überzeugung von Deutschnationalen und Großdeutschen, die nicht unbedingt Nationalsozialisten waren. Und solche gibt es auch im ehemaligen christlichsozialen, im katholischen Lager. Die Kritik an Borodajkewycz deuten sie als linke, als marxistische Angriffe, die daher automatisch abzuwehren sind. In diesen Kreisen findet Borodajkewycz seine Fürsprecher. Und die Fürsprecher erinnern die Politiker der ÖVP daran, daß gerade dieses deutschnational-katholische Lager als Wählerpotential nicht vor den

Kopf zu stoßen sei, besonders nicht, da es ja vom gemeinsamen Gegner, den Sozialisten, angegriffen werde. In dem Zusammenhang sei bemerkt, daß, je näher die Nationalratswahlen 1966 rücken, auch die Angriffe von links gegen Borodajkewycz verklingen und verstummen.

So ruft uns der Fall Borodajkewycz sozusagen die Erbsünde der Zweiten Republik wieder in Erinnerung (in „Österreich II", 2. Band: „Der lange Weg zur Freiheit", haben wir uns mit dieser Erbsünde schon einmal ausführlich auseinandergesetzt). Im Gegensatz zu dem, was viele der jüngeren Generation später glauben, hat sich die österreichische Öffentlichkeit in den Jahren unmittelbar nach dem Krieg intensiv mit dem Nationalsozialismus und seinen Verbrechen, mit den österreichischen Nationalsozialisten und ihrem Anteil an diesen Verbrechen auseinandergesetzt. Es gab zunächst auch eine strenge Antinazi-Gesetzgebung. Für fast alle früheren Mitglieder der NSDAP – und das waren an die 600 000 – gab es Berufsverbote, Pensionsstreichungen, Rückversetzungen, Enteignung von Wohnungen und Geschäften, je nach dem Grad ihrer Belastung. Bei der ersten Nationalratswahl 1945 durften sie auch nicht wählen. Dabei ging man jedoch von der Vorstellung aus, daß es diese Nationalsozialisten waren, die Österreich 1938 verraten hätten und nur sie für die Verbrechen des Hitler-Regimes Mitverantwortung trügen. Österreich als Staat wurde von Hitler ausgelöscht und könne daher für keines seiner Verbrechen verantwortlich gemacht werden. Auch alle übrigen Österreicher, die nicht Mitglieder der NSDAP und deren Unterorganisationen gewesen waren, seien von jeder Mitverantwortung frei. Es gab also ein unschuldiges Österreich mit unschuldigen Österreichern, und es gab an die 600 000 Volksverräter. Die einen mußten daher über gar nichts nachdenken – die Verfolgung und Ausrottung der Juden, der Überfall auf andere Nationen, die Kriegsverbrechen, all das ging sie sozusagen nichts an –, die anderen waren ausgegrenzt und sahen sich bestraft als die allein Schuldigen, obwohl auch viele von ihnen nichts mit diesen Verbrechen zu tun hatten. Aber da schon bestraft, sahen auch viele von ihnen nicht mehr die Notwendigkeit ein, sich mit den Ursachen und den Auswirkungen des Unrechts und der Verbrechen der Hitlerzeit auseinanderzusetzen.

Diese Zweiteilung – hie die Opfer, da die Täter – bestimmte auch das Verhalten der politischen Parteien. Als es nämlich vor der zweiten Nationalratswahl im Jahr 1949 klar wurde, daß man die 600 000 früheren Nationalsozialisten nicht mehr länger von der Teilnahme am politischen Geschehen ausschalten konnte, daß sie also bei diesen Wahlen auch wahlberechtigt sein würden, begann der Wettlauf um ihre Stimmen. Und dabei wurden sie – was der Logik dieser Zweiteilung entsprach – als Nationalsozialisten angesprochen, die man nun zur Stimmabgabe für diese oder die andere Partei gewinnen wollte. Beide Großparteien, und selbst auch die Kommunisten, lockten mit der Zusage, daß sie nun ein offenes Herz für diese (früheren) Nationalsozialisten hätten. Hochrangige ÖVP- und SPÖ-Politiker führten Kontaktgespräche mit ehemals hochrangigen Nationalsozialisten, um diese zu bewegen, „ihre Leute" der einen oder anderen Partei zuzuführen. Sie würden dort eine gute Heimstatt finden, man werde ihnen helfen, wieder ihren früheren Beruf auszuüben, sie voll zu rehabilitieren. Erneut war niemand aufgerufen, oder gar dazu angehalten, über Vergangenes nachzudenken, es zu analysieren, die eigene Rolle zu überdenken. Nein, in jenen Jahren wurde nichts unter den Teppich gekehrt – in über 136 000 Fällen führte man polizeiliche Untersuchungen durch, in über 13 000 Fällen wurde angeklagt und verurteilt, in 34 Fällen gab es sogar Todesurteile, von denen 30 vollstreckt wurden –, aber von Staats wegen mußte über die Rolle, die dabei etwa die Politiker der Ersten Republik oder die Kirche oder eben auch die Österreicher als solche gespielt haben, nicht nachgedacht werden. Man kannte ja die Schuldigen, konnte diese auch jederzeit beschuldigen und hat sie zum Teil auch bestraft, und damit war die Sache abgetan. Jetzt, da man die solcherart für schuldig Erklärten und Bestraften politisch brauchte, war erneut nicht weiter über das Geschehene nachzudenken. Dazu kam, daß die Weltpolitik diese Einstellung auch noch begünstigte, der neue Feind hieß Kommunismus, der Nationalsozialismus war der geschlagene Feind von gestern. Und da die Nationalsozialisten doch auch Antikommunisten waren, stand der Kooperation mit ihnen – so sie nicht Blut an ihren Händen hatten – nichts mehr im Wege (und bei manchem Prominenten sah man sogar über das Blut hinweg).

Taras Borodajkewycz paßte genau in dieses Muster. Als Minderbelasteter durfte er 1945 nicht wählen und zunächst auch nicht seinen Beruf ausüben. Aber 1955 war er bereits wieder außerordentlicher Professor und Institutsvorstand an der Lehrkanzel für Wirtschafts- und Sozialgeschichte der Hochschule für Welthandel. Und er gehörte zu einem Kreis deutschnational eingestellter Katholiken, der nicht ohne Einfluß war im katholischen Lager und in der Politik. Daß es auch auf sozialistischer Seite frühere NS-Parteimitglieder zu hohen Ämtern bringen konnten, werden wir später sehen, aber die bekannten sich zur Demokratie und zu Österreich, während Borodajkewycz das nicht über sich brachte.

Im März 1965 kommt es zum Eklat. Borodajkewycz hat wieder einmal einen Prozeß gewonnen, weil das Gericht aus den Mitschriften seiner Äußerungen keine Verletzung bestehender Gesetze ableiten kann. Borodajkewycz höhnt im Hörsaal: „Der Gegenanwalt Dr. Wilhelm Rosenzweig (schallendes Gelächter) hat versucht, alle Minen gegen mich springen zu lassen und hat ja zu dem Prozeß auch eine große Zahl von Hörern dieser Hochschule als Zeugen vorgeladen. Nun kennen Sie meine Vorlesungen, und Sie wissen, daß ich ja tatsächlich Persönlichkeiten aus der Geschichte, die aus dem Judentum stammen, als solche deklariere, und ich werde das auch weiter tun, weil es meine Pflicht als Historiker ist ... Ich kann nicht sagen, daß Herr Kelsen (der Schöpfer der österreichischen Verfassung) Israeli war, weil damals der Staat Israel noch nicht existiert hat (schallendes Gelächter). Abgesehen davon, daß ja vieles von den Lehren Marx' nicht verständlich ist, wenn man seine jüdische Herkunft, seine Herkunft aus dem Rabbinertum nicht berücksichtigt." Erneut schallendes Gelächter. Aber diesmal sind auch Journalisten anwesend. Einer von ihnen richtet an den Leiter der Diskussion die Frage, wieso er es nicht einmal eines Ordnungsrufes für wert befunden habe, „wenn hier jedesmal vom ganzen Auditorium bei der Erwähnung des Namens eines Juden oder überhaupt des Judentums hellauf gelacht wurde?" Der Vorsitzende braucht nicht zu antworten, wieder wird schallend gelacht, und Borodajkewycz lacht herzhaft mit.

Doch ein Teil der Studenten dieser Hochschule nimmt dies nicht mehr hin. Es kommt zu Protestaktionen. Mit Transparenten wird gegen Borodajkewycz, wird gegen Antisemitismus demonstriert. Am 31. März 1965 rufen ehemalige Widerstandskämpfer und NS-Opfer zur Demonstration gegen Borodajkewycz auf und fordern dessen Absetzung als Hochschullehrer. Sie sammeln sich zur Kundgebung auf dem Wiener Karlsplatz. Doch dort formieren sich auch Studenten, die mit Borodajkewycz sympathisieren. Die einen fordern in Sprechchören die Absetzung des Professors, die anderen lassen ihn hochleben. Nicht lange wird das Duell verbal ausgetragen, dann werden Steine geworfen, werden die Ordnerketten durchbrochen, es fließt Blut. Mit dem Ruf „Vivat Academia, vivant Professores" marschieren die Studenten in Richtung Opernkreuzung und von dort gegen das sogenannte „Kurier-Eck", das prominente Innenstadtlokal des „Kurier". Der „Kurier" hatte gegen Borodajkewycz scharf Stellung bezogen. Schon vorher hatten die Borodajkewycz-Studenten Exemplare des „Kurier" zu einem Scheiterhaufen formiert und angezündet. Jetzt soll offenbar das „Kurier-Eck" angegriffen werden. Aber dort treffen die Studenten auf die Abwehr von Anti-Borodajkewycz-Demonstranten. Kurz stehen die beiden Lager einander gegenüber, dann kommt es zum Zusammenstoß. Die Studenten werden zunächst abgedrängt, die Kämpfe verlagern sich vor das Hotel Sacher. Im Handgemenge wird der 65jährige Ernst Kirchweger von einem Studenten niedergeschlagen. Er schlägt mit dem Kopf auf dem Pflaster auf und stirbt drei Tage später, ohne das Bewußtsein wiedererlangt zu haben.

Das erschreckt eine breite Öffentlichkeit, und das alarmiert nun auch die Politiker. Kirchweger wird auf dem Heldenplatz aufgebahrt. Tausende Menschen nehmen hier von ihm Abschied und formieren danach einen Trauerzug, der dem Sargwagen über die Ringstraße in Richtung Schwarzenbergplatz–Zentralfriedhof folgt. Entlang der Ringstraße hat sich ein dichtes Spalier gebildet. Rund 25 000 Menschen geben Kirchweger das letzte Geleit. An der Spitze des Zuges fast alle Mitglieder der Bundesregierung und prominente Repräsentanten des kulturellen Lebens. Der Trauerzug reicht vom Heldenplatz bis zum Rennweg. Kirchweger ist das erste politische Todesopfer der Zweiten Republik. Die Menschen, die seinem Sarg folgen, demonstrieren gegen die Wiederbelebung der Gewalt in diesem Land, sie demonstrieren gegen Rechtsextremismus, gegen Antisemitismus, und sie demonstrieren für Österreich.

Der Student, der Kirchweger niederschlug, wird wegen Notwehrüberschreitung zu zehn Monaten Haft verurteilt – er habe sich von Kirchweger bedroht gefühlt. Doch werden auch die Prozesse gegen Heinz Fischer und die „Arbeiter-Zeitung" neu aufgerollt, und diesmal behält nicht Borodajkewycz recht. Fischer wird freigesprochen. Das bedeutet, die von Fischer gegen Borodajkewycz erhobenen Anschuldigungen bestehen also zu Recht. Die Stellung Borodajkewyczs an der Hochschule wird unhaltbar. Im Mai 1966 beschließt ein Disziplinarrat der Hochschule, Borodajkewycz zwangsweise in den Ruhestand zu versetzen, bei einer Verminderung seiner Pension um ein Prozent.

Immer wieder – die NS-Verbrechen

Die Auseinandersetzung mit Österreichs jüngerer Vergangenheit, das heißt mit dem Nationalsozialismus, mit seinen Verbrechen und mit der Rolle der Österreicher in dieser Zeit steht in fast regelmäßigen Zeitabständen zur Debatte. Nicht nur Fälle wie die des Professors Borodajkewycz geben dazu Anlaß, in jenen Jahren werden auch noch Österreicher vor Gericht gestellt, denen Verbrechen gegen die Menschlichkeit und Kriegsverbrechen vorgeworfen werden.

Auslöser für dieses späte Eingreifen der Gerichte ist der Prozeß, der in Jerusalem Adolf Eichmann gemacht wird, dem Mann, der an der Spitze jener Organisation stand, die sechs Millionen europäische Juden ermordet hat. Eichmann, zwar im deutschen Solingen geboren, ist in Linz aufgewachsen. Aber er bleibt deutscher Staatsbürger, und nach Hitlers Machtergreifung 1933 geht der damals 27jährige zurück nach Deutschland, um innerhalb der NSDAP und SS Karriere zu machen. Mit den Hitler-Truppen kommt Eichmann wieder nach Österreich. Schon seit längerem beschäftigt er sich mit der „Juden-Frage" und war auch in Palästina, um sich zu informieren, in welchem Ausmaß Palästina deutsche Juden aufnehmen

Die Zweite Republik beklagt ihr erstes politisches Opfer: Ernst Kirchweger, der von einem Studenten niedergeschlagen wurde, erliegt seinen Verletzungen. Sein Begräbnis wird zu einer gewaltigen Demonstration gegen Neonazismus und Antisemitismus und für ein demokratisches Österreich. Zehntausende geben Kirchweger das letzte Geleit, an der Spitze Mitglieder der Bundesregierung und viele prominente Vertreter des öffentlichen Lebens.

könnte. Denn vorläufig sieht Eichmann eine „Lösung der Juden-Frage" in einer forcierten Auswanderung, sprich Vertreibung der Juden aus Deutschland und jetzt auch aus Österreich. Eichmann wird Leiter einer „Zentralstelle für jüdische Auswanderung", die im beschlagnahmten Palais Rothschild in Wien ihr Hauptquartier aufschlägt. Diese Zentralstelle koordiniert die Beschaffung der vielen Dokumente, die die Juden zur Erlangung eines Reisepasses und einer Ausreisebewilligung benötigen. Sinn dieser schikanösen Bürokratie ist es, den auswandernden Juden noch so viel Geld und Besitz wie möglich abzunehmen. Denn erst wenn sie ihr gesamtes Vermögen abgeliefert haben und dazu noch eine sogenannte „Reichsfluchtsteuer" zahlen, erhalten sie die Ausreisebewilligung. Für arme Juden müssen die reichen oder ausländische Freunde in Devisen zahlen. Und natürlich kann nur der auswandern, der auch irgendwo aufgenommen wird. Dazu benötigt er oder sie und benötigen die Kinder ein Einreisevisum. Visa werden nicht so ohne weiteres gewährt. Jeden Tag von neuem stehen in Wien lange Schlangen jüdischer Mitbürger vor so gut wie allen ausländischen Konsulaten, um zu irgendeinem Visum zu gelangen. Denn fast alle Staaten weigern sich zunächst, solche Visa in größerer Anzahl auszustellen. Bis zu Kriegsbeginn wird es erst zwei Drittel der österreichischen Juden gelungen sein, das Land zu verlassen. Ein Drittel, rund 65 000, schafft es nicht mehr. Eichmann, bisher zuständig für die Auswanderung, wird nun zuständig für ihre Vernichtung. Er ist der Organisator der Judentransporte in die Vernichtungslager in den deutsch-besetzten Ostgebieten.

Eichmann, der 1945 zum letzten Mal im oberösterreichischen Altaussee gesehen wurde (siehe „Österreich II", 1. Band: „Die Wiedergeburt unseres Staates"), war danach von der Bildfläche verschwunden. Jahrelang wurde nach ihm gesucht, insbesondere für Israel war Eichmann der NS-Verbrecher Nummer eins. Simon Wiesenthal gelingt es, die Spur Eichmanns aufzunehmen. Und 1960 findet man ihn in einem Armenviertel von Buenos Aires. Einmal aufgespürt, wird er vom israelischen Geheimdienst Mossad entführt und per Flugzeug nach Israel gebracht. Im April 1961 wird er in Jerusalem vor Gericht gestellt. Der Prozeß dauert fünf Monate. Hunderte

Die Wiener Universität feiert den 600. Jahrestag ihrer Gründung durch Rudolf den Stifter. Professoren und Wissenschaftler aus aller Welt ehren die Universität durch ihre Anwesenheit, und diese ehrt sie mit der Ehrendoktorwürde (oben). In einem Festzug, unter der Führung des Rektors Professor Fellinger und des Unterrichtsministers Theodor Piffl-Percevic, begeben sich die in- und ausländischen Professoren und ein Teil der Studenten in den Stephansdom, um am Grabmal Herzog Rudolfs des Gründers der Universität zu gedenken. Die sozialistischen Studenten bleiben dem Festzug aus Protest fern, während die Studenten des katholischen Cartellverbands in ihrer Wichs und ihren Farben den Zug dominieren.

Adolf Eichmann, von einer schußsicheren Glaswand geschützt, steht in Jerusalem vor seinen Richtern. Er war der Organisator des Massenmordes an den europäischen Juden. Er wird zum Tod verurteilt und am 31. Mai 1963 hingerichtet.

Zeugen werden einvernommen. Die Vernichtung der Juden Europas durch das Hitler-Regime mit Hilfe Eichmanns wird genauestens nachvollzogen. Der Leidensweg der Juden wird im Eichmann-Prozeß Stück für Stück rekonstruiert: beginnend mit dem Verlust der Heimat, der Einteignung und Vertreibung aus Wohnung und Haus, über die Verbannung in Ghettos, die Verbringung in Konzentrationslager und in Sklavenarbeitsstätten bis hin zur „Endlösung" durch Massenerschießungen und Giftgastötungen. Eichmann gibt dies alles zu, trägt auch viel zur weiteren Aufklärung dieser Verbrechen bei. Er bestreitet nur seine persönliche Schuld, er habe, so wie viele andere auch, nur auf Befehl gehandelt. Eichmann wird zum Tod durch Erhängen verurteilt und das Urteil zwei Jahre später vollstreckt. Es ist das einzige Todesurteil, das in Israel gefällt worden ist, weil die israelische Rechtsordnung an sich kein Todesurteil kennt. Aber man glaubte es in Anbetracht von sechs Millionen Ermordeten gegenüber deren Angehörigen nicht verantworten zu können, den dafür verantwortlichen Mann am Leben zu lassen.

Der Eichmann-Prozeß aber hat auch die Mitschuld von Österreichern an der Ermordung vieler Juden nachgewiesen. So werden in Österreich neue Ermittlungen gegen mutmaßliche Täter angestellt. Bis 1955 waren für Kriegsverbrechen und Verbrechen gegen die Menschlichkeit, begangen während der NS-Zeit, in Österreich Sondergerichte zuständig. Ab diesem Zeitpunkt werden Kriegsverbrechen nach dem geltenden Strafrecht verfolgt, und für Mord sind Geschworenengerichte zuständig. Doch die Geschworenen zögern, Schuldsprüche zu fällen. Liegen doch die Taten der Angeklagten 15 und mehr Jahre zurück, gelingt es doch der Verteidigung, die wenigen Zeugen, die oft auch nicht der deutschen Sprache mächtig sind, zu verwirren. So fällen diese Geschworenengerichte Frei-

Die zur Ahndung von Kriegsverbrechen und Verbrechen gegen die Menschlichkeit nach dem Krieg eingesetzten Volksgerichte in Österreich werden 1955 aufgelöst. Kriegsverbrecher, gegen die erst danach Anklage erhoben wird, werden von Geschworenengerichten freigesprochen. Gegen diese Freisprüche erhebt sich Protest.

sprüche, die auf Grund des erdrückenden Beweismaterials von spezialisierten Sondergerichten nicht gefällt worden wären. Die Zeitungen jedoch berichten meist ausführlich von diesen Prozessen, von den Aussagen der Zeugen, die das Grauen in den Vernichtungslagern und die Mordtaten in vielen Details schildern. Und in den Zeitungen werden die Freisprüche durch die Geschworenengerichte auch heftig kritisiert. In einzelnen Fällen kommt es dann auch zu Protesten und Demonstrationen in der Öffentlichkeit.

Besonderes Aufsehen erregt der Prozeß gegen Franz Murer, einem Landwirt aus der Steiermark. Murer war im litauischen Wilna (heute Vilnius) während der deutschen Besetzung Stabsleiter des Gebietskommissariats. Simon Wiesenthal konnte bereits kurz nach Kriegsende nachweisen, daß Murer an der Ermordung vieler Juden in Wilna persönlich mitgewirkt habe. (Im Eichmann-Prozeß sprachen die Zeugen von einem „Schreckensregime" im Ghetto von Wilna.) Wiesenthal bezichtigte Murer, an der Vernichtung von 80 000 litauischen Juden Schuld zu tragen. Murer wurde daraufhin von den Briten in der Steiermark festgenommen und an die Sowjetunion ausgeliefert, da Litauen damals zur Sowjetunion gehörte. Murer wurde in Wilna vor Gericht gestellt, schuldig gesprochen und zu 25 Jahren Zwangsarbeit verurteilt. Doch auf Grund der Bestimmungen des Staatsvertrags wurde Murer 1955, bereits sechs Jahre nach seiner Verurteilung, von den Sowjets nach Österreich überstellt. An sich sollten Gefangene, die ihre Straftat noch nicht verbüßt hatten, in Österreich erneut vor Gericht gestellt werden. Doch das wurde nicht getan. Erst als der Fall Murer im Eichmann-Prozeß erneut behandelt wird und Simon Wiesenthal bisher unbekanntes Belastungsmaterial den österreichischen Justizbehörden vorlegt, wird Murer vor ein österreichisches Geschworenengericht gestellt. Doch für die Geschworenen wiegen die in der Sowjetunion bereits verbüßten Strafen offenbar mehr als alle Zeugenaussagen und Beweise, sie sprechen Murer frei. Dieser Freispruch löst weltweit Protest aus. In Österreich kommt es zu einigen spontanen Demonstrationen. Und da man vor kurzem erst im Banne des Opernmordes stand, werden die beiden Gerichtsverfahren und die beiden Urteile miteinander verglichen: Lebenslänglich erhielt der Mann, der für den Mädchenmord in der Oper schuldig gesprochen wurde, Murer, dem tausendfacher Mord zur Last gelegt wird, geht frei. Besonders Jugendliche protestieren gegen diesen Freispruch, heften sich Judensterne an die Brust, verteilen

Flugblätter und ziehen mit Transparenten durch die Straßen Wiens: „Judenmord ein Kavaliersdelikt?"

Neben der zuerst verweigerten, dann nur zögernd durchgeführten Entschädigung für Opfer des NS-Regimes sind es in den sechziger Jahren besonders die Freisprüche jener Männer, die des vielfachen Judenmordes angeklagt sind, die die Weltöffentlichkeit empören und die Medien in der Welt gegen Österreich Stellung nehmen lassen. Diese Vorwürfe summieren sich, und sie werden allesamt Österreich noch einmal treffen, wenn sich die Weltöffentlichkeit 1986 mit dem sogenannten Fall Waldheim beschäftigen wird. Nochmals: Es ist nicht so, daß die Verbrechen der Hitlerzeit und die Mitwirkung von Österreichern an diesen Verbrechen in Österreich verheimlicht worden wären, sie kommen immer wieder zur Sprache, werden nachgewiesen und bestätigt, es ist die Art, wie man damit in Österreich umgeht, die die übrige Welt nicht verstehen kann.

Krach um die Biennale

In Venedig wird 1964 die 32. Biennale vorbereitet, die damals größte internationale Schau moderner Kunst. Auch Österreich ist eingeladen, die Leistungen auf diesem Gebiet durch die Werke zweier Künstler zu präsentieren. Für Kunst ist das Unterrichtsministerium zuständig. Und unter dessen Minister Heinrich Drimmel werden die beiden Vertreter Österreichs für Venedig ausgesucht. Sie kommen jeweils vom äußeren Ende des künstlerischen Spektrums. Der Maler Leherb, alias Leherbauer, ist dem Surrealismus und der Bildhauer Alfred Hrdlicka ist dem Naturalismus verbunden. Doch in der neuen Regierung Klaus wird der Unterrichtsminister ausgewechselt. Statt Drimmel kommt der uns schon bekannte Theodor Piffl-Percevic. Und Piffl findet, daß Leherb nicht der richtige Repräsentant des künstlerischen Schaffens in Österreich wäre. Doch die Auswechslung eines Künstlers zu einem so späten Zeitpunkt würde großes Aufsehen erregen. So verfügt Piffl-Percevic, daß Österreichs Teilnahme an der Biennale abzusagen ist. Der Österreich-Pavillon in Venedig soll geschlossen bleiben. Doch da erhebt sich lautstarker Protest, sowohl in den Medien als auch in den Künstlerkreisen. Und natürlich versteht man auch in Venedig die Absage nicht. Was stört den Minister an den Werken Leherbs? Der Surrealismus ist eine gültige, in der Welt anerkannte und interessante Stilrichtung. Der Künstler selbst ist zu dieser Zeit einer der wenigen international bekannten österreichi-

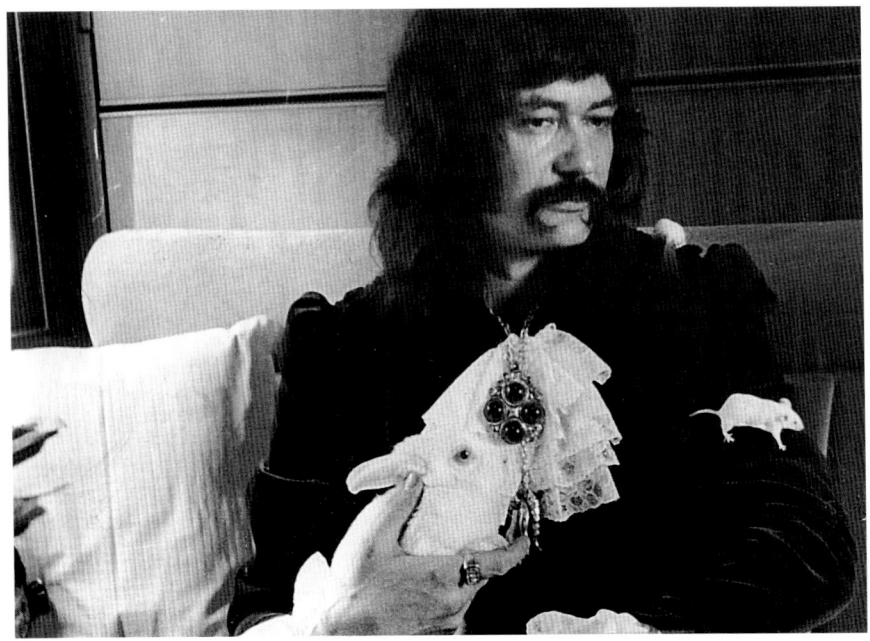

Einen Kulturskandal gibt es, als der neue Unterrichtsminister, Theodor Piffl-Percevic, die von einer Jury erfolgte Nominierung des Surrealisten Helmut Leherb für die Biennale in Venedig zurückzieht. Der Minister nimmt Anstoß am Werk Leherbs, doch wird vermutet, daß ihn die extravagante Lebensart des Künstlers besonders stört: Leherb wird stets begleitet von zwei lebenden Mäusen und einem ausgestopften Hasen oder einer ausgestopften Taube. Die Werke Leherbs sind international anerkannt. Rechts: Eines der sehr erfolgreichen, von Leherb gestalteten Plakate der österreichischen Fremdenverkehrswerbung.

schen Surrealisten. Bilder Leherbs befinden sich zu diesem Zeitpunkt in den Kunstsammlungen von Paris, Brüssel, Antwerpen, Frankfurt, Düsseldorf, Los Angeles und in den privaten Sammlungen von Jean Cocteau, André Breton, G. J. Nellens und vielen anderen. Aber es sind vermutlich weniger die Werke Leherbs, die den Minister stören, als die Person des Malers.

Leherb ist ein Original und sorgt für Aufsehen, wo immer er auftritt. Er trägt seltsame Kleidung, Rüschenhemden, schmückt sich mit Halsketten und Anhängern, trägt meist eine weiße perlenbestickte ausgestopfte Taube mit sich und wird begleitet von zwei weißen Mäusen, die auf die Namen Pierre und Paul hören. Sie klettern auf seinen Schultern und auf seinem Kopf herum, auch wenn er im Kino oder im Theater sitzt. Leherb nennt sie „Intelligenzpersonen". Leherb fährt einen vergoldeten Citroen, und wenn er zu Fuß geht, schützt er sich mit einem Regenschirm, von dem nur noch das metallene Skelett vorhanden ist. Leherb ist der kongeniale Partner seiner ebenfalls malenden Frau Lotte Profohs, auch sie eine prominente Künstlerin. Leherb malt immer wieder seine Frau surrealistisch, nackt und sehr poesievoll. Trotz dieses exzentrischen Auftretens ist an der Qualität seiner Bilder nicht zu zweifeln. Aber natürlich erregt er mit seinem Auftreten da und dort Ärgernis, und einige Künstlerkollegen lehnen diese Art der Selbstdarstellung als Mittel, auf sich aufmerksam zu machen, ab. So wird vermutet, daß auch Minister Piffl-Percevic mehr an Leherbs Äußerlichkeiten Anstoß nimmt als an dessen Werk. Aber gerade das bestreitet der Minister. Heinz Brantl befragt Piffl-Percevic in der Fernsehsendung „Horizonte"

Unterrichtsminister Piffl-Percevic, von Heinz Brantl in der Fernsehsendung „Horizonte" befragt, nach welchen Kriterien er moderne Kunst beurteile, meint, daß er dabei nicht zuletzt seine Gefühle sprechen lasse.

zunächst einmal nach der Diskrepanz zwischen verschiedenen Erklärungen des Ministers. Piffl-Percevic: „Ich war immer dafür, daß Österreich nach Venedig geht, und es liegt auch keine Sinnesänderung vor, denn meine Entscheidung betraf den erstgenannten Maler Leherbauer, weil ich der Meinung war, nicht verantworten zu können, daß er Österreich repräsentiere. Ihn als Gesamtrepräsentant Österreichs auf dieser internationalen Ausstellung zu sehen, schien mir doch nicht, meinem Empfinden nach, entsprechend. Ich habe hier eine andere Auffassung als eben andere." Brantl: „Was glauben Sie sind die maßgeblichen Beurteilungspunkte, um einen Künstler zu so einer Ausstellung zu entsenden?" Piffl-Percevic: „Ich bin mehr mit dem Gefühl der Kunst gegenüberstehend und nicht so sehr mit wissenschaftlichen Erwägungen, ich lasse hier mehr mein Gemüt sprechen."

Um die Blamage nicht zum Skandal werden zu lassen, wird der renommierte Maler Herbert Boeckl gebeten, einzuspringen. Mit Boeckl geht man kein Risiko ein, sein Werk ist uneingeschränkt anerkannt. Der 70jährige Boeckl ist Rektor der Akademie der bildenden Künste in Wien, er ist mit vielen Bildern international vertreten und mehrfach ausgezeichnet. Doch Boeckl ist nicht glücklich darüber, als Ersatzmann nach Venedig zu gehen: „Die Situation ist für mich gewissermaßen peinlich, weil ich nicht gerne einen anderen Künstler verdränge." Doch Österreichs Teilnahme an der Biennale ist gerettet. Und damit auch die Teilnahme des damals 36jährigen, international noch nicht sehr bekannten Alfred Hrdlicka. Die Ausstellung seiner Werke auf der Biennale in Venedig hat das internationale Interesse an dem Künstler geweckt.

Auch auf dem Gebiet der leichten Muse gibt es einen österreichischen Erfolg. Beim europaweit vielbeachteten Song Contest der Eurovision 1964 wird Österreich von Udo Jürgens vertreten mit dem Lied „Warum nur, warum". Jürgens erringt mit diesem Lied zwar nur den fünften Platz in diesem Wettbewerb, aber ein Welthit ist geboren. Die englische Version unter dem Titel „Walk away" wird zur Nummer eins in der britischen Hitparade und erreicht die Nummer zehn in der amerikanischen Hitparade. Udo Jürgens singt auch selbst die italienische Version „Peccato che sia finita cosi" und führt damit monatelang in der italienischen Hitparade. Interessanterweise wird die deutsche Version von „Warum nur, warum" ein Superhit in Frankreich. Insgesamt werden von diesem Lied rund eineinhalb Millionen Schallplatten verkauft. Auch internationale Spitzenstars reißen sich um Udo Jürgens' Kompositionen: Brenda Lee, Sascha Distel, Jean Claude Pascal, Sarah

Herbert Boeckl (unten), dessen Werk unumstritten ist, wird gebeten, in Venedig einzuspringen. Österreichs Teilnahme an der Biennale ist somit sichergestellt. Als zweiter Künstler nimmt der junge Bildhauer Alfred Hrdlicka (ganz unten) an der Biennale teil, dessen Werk damit erstmals internationale Anerkennung erfährt.

Udo Jürgens gewinnt mit seinem Lied „Merci Cherie" den Grand Prix der Eurovision 1966. Wien wird damit automatisch zum Austragungsort des nächsten Song Contests der Eurovision. In der Wiener Hofburg dirigiert Udo Jürgens „Merci Cherie" im Walzertakt zur Eröffnung des Wettbewerbs.

Udo Jürgens: Zum Entertainer gehört ein Land als Rückendeckung.

Vaughn singen seine Lieder. Jürgens zieht um die Welt, tritt in Fernsehshows und Galavorstellungen in den berühmten internationalen Etablissements auf. Und 1966 vertritt er Österreich zum dritten Mal beim Chanson-Wettbewerb der Eurovision, diesmal in Luxemburg. Sein Lied „Merci Cherie" erreicht mit 100 Prozent Stimmenvorsprung den ersten Platz. Und wiederum ist es ein Welthit. Jürgens singt diesen Titel auch in Englisch, Französisch, Italienisch, Spanisch und sogar Japanisch. Sind solche Erfolge an und für sich schon schwer zu erringen, so noch schwerer für einen Sänger, der aus dem deutschsprachigen Raum kommt. Udo Jürgens hat dafür eine interessante Erklärung: „In den fünfziger Jahren, nach dem Krieg, war in Deutschland und Österreich das Selbstbewußtsein der Menschen so angeschlagen, daß man vielleicht ein Schlagersänger sein konnte, der irgendein Italienlied singt, aber ein Entertainer mit einer Ausstrahlung, der europäische Dimensionen erreicht, der ist nur mit einem Land im Hintergrund möglich, das sehr viel Selbstvertrauen hat. Und deswegen gab es bis dahin keine Entertainer in Deutschland und in Österreich. Das kam erst mit dem Selbstverständnis und mit dem Selbstvertrauen, das Deutschland und auch Österreich in den sechziger Jahren langsam bekamen. In dieser Zeit der Beatles, in dieser Zeit des Aufbruchs junger Menschen und neuen Denkens, haben diese Länder auch plötzlich wieder an sich selbst geglaubt."

Das Land, aus dem ein Sieger des Eurovisions-Song-Contests kommt, darf jeweils den nächsten Wettbewerb der Eurovision veranstalten. Jürgens' Sieg macht 1967 Wien zum Austragungsort des nächsten Grand Prix. Er wird im Prunksaal der Wiener Hofburg abgehalten. Zum Auftakt dirigiert Udo Jürgens die Melodie von „Merci Cherie" als Walzer im Dreivierteltakt. Die Veranstaltung wird in 17 europäische Länder übertragen. Und eine Britin, Sandy Shaw, wird bei diesem Contest an den ersten Platz gereiht, mit einem Lied, das nun auch sehr schnell zum Weltschlager wird: „Puppet on the strings". Udo Jürgens überreicht Sandy Shaw die Siegesurkunde.

Der in Wien veranstaltete Song Contest der Eurovision 1967 wird von der Britin Sandy Shaw mit dem Lied „Puppet on the strings" gewonnen. Die Siegerin hier mit Udo Jürgens und einem Sängerknaben.

Wenn man aber von Österreich als Land der Musik und österreichischen Komponisten spricht, die sich in jenen Jahren größter internationaler Anerkennung erfreuen können, dann muß an dieser Stelle vor allem auch Robert Stolz genannt werden. Natürlich ist er keine Erscheinung der fünfziger und sechziger Jahre. Robert Stolz schuf schon in der Zwischenkriegszeit eine ganze Reihe unvergeßlicher Melodien. Seine Operetten eroberten bereits vor dem Krieg die großen Bühnen der Welt. Nach dem Hitler-Einmarsch emigrierte Stolz in die USA, wo er seine Erfolgsserie ohne Unterbrechung fortsetzt. Er und die ihn stets begleitende charmante Gattin Einzi sind in sämtlichen bekannten Konzertsälen und Musiktheatern Amerikas umjubelte Gäste. Stolz hat schließlich fast alle großen Orchester der USA selbst dirigiert. Nach dem Krieg kehrt er nach Österreich zurück und setzt sein Schaffen ohne Unterbrechung und weiterhin unter weltweiter Anerkennung in Wien fort. Stolz wird 95 Jahre alt und steht bis zuletzt noch am Dirigentenpult. Er schrieb an die 60 Operetten und Musicals, an die 2000 Lieder, Orchesterstücke, Walzer und Märsche und die Filmmusik für über 100 Tonfilme. Unter allen Schlager-, Film- und Operettenkomponisten schreibt Robert Stolz Melodien, die den durchschlagendsten und dauerhaftesten Erfolg haben, wie die Operetten „Zwei Herzen im Dreivierteltakt", „Manöverliebe", „Sperrsechserl", „Frühling im Prater", „Der Tanz ins Glück". Unter seinen vielen Liedern unvergänglich: „Im Prater blühn wieder die Bäume", „Servus, du", „Adieu, mein kleiner Gardeoffizier", „Wien wird bei Nacht erst schön".

Eine Episode läßt erkennen, welche Popularität Robert Stolz international genossen hat. Als man in den sechziger Jahren in den USA immer mehr davon überzeugt ist, daß man demnächst mit Raketen zum Mond wird fliegen können, versucht das bekannte Hayden-Planetarium in New York, das Interesse des Publikums für den Weltraum und damit auch an den Planetarien auf besondere Art zu wecken: Es nimmt Anmeldungen für die ersten Flüge zum Mond entgegen. Aber die allerersten sollen möglichst von weltbekannten Persönlichkeiten gebucht werden. Und zu den allerersten, die vom Hayden-Planetarium zu einem solchen Flug eingeladen werden, zählt Robert Stolz. Einzi Stolz erinnert sich: „Der Robert war Feuer und Flamme, er war so begeistert von der Idee und hat gesagt, ,sofort buchen!'. Er war immer aufgeschlossen für alle Pioniertaten. Ich habe ihn sofort angemeldet, daß er mit der allerersten Rakete, auf seinen Wunsch natürlich, zum Mond fliegen möchte." Robert Stolz ist nicht zum Mond geflogen, aber er hat die Welt mit seiner Musik erobert.

Einzi Stolz: Er war immer aufgeschlossen für alle Pioniertaten.

Robert Stolz zählt zu den international bekanntesten österreichischen Komponisten. Begleitet von seiner Frau Einzi (rechts) begibt er sich auf Welttourneen, bei denen er in vielen Ländern die besten Orchester dirigiert. Jahr für Jahr schreibt er auch die Musik für die Wiener Eisrevue (unten).

Unternehmungslustig meldet sich Robert Stolz auch für die Reisen zum Mond und zum Jupiter an.

DIE ERSTE ALLEINREGIERUNG

Das Jahr 1966 bringt eine entscheidende Wende in der österreichischen Politik. Diese Politik wird von neuen Akteuren bestimmt. Wir kennen sie zwar schon, aber bis dahin hatten sie andere Rollen. Josef Klaus war Landeshauptmann in Salzburg, danach ein Finanzminister, der aus Protest zurücktrat, weil er mit der Ausgabenpolitik der großen Koalition nicht einverstanden war – ein Schritt, der später wesentlich dazu beitrug, daß Klaus Bundesobmann der ÖVP und bald danach Bundeskanzler wurde, aber noch Chef einer Regierung der großen Koalition von ÖVP und SPÖ. Doch bei den Wahlen am 6. März 1966 erringt die ÖVP zum ersten Mal seit 1945 wieder die absolute Mehrheit. Das stellt Klaus vor die Frage, ob es die ÖVP wagen kann, allein zu regieren, gegen die Opposition der SPÖ und, wie man glaubt, auch des mächtigen Gewerkschaftsbundes. Eine ähnliche Frage, aber im umgekehrten Sinn, wird auch in der SPÖ gestellt: Selbst wenn man dazu eingeladen würde, soll die SPÖ nach einer solchen Wahlniederlage noch einmal in eine Koalition mit der ÖVP eintreten? Welches Risiko würde die SPÖ auf sich nehmen, ginge sie in Opposition? Alte Sozialdemokraten verweisen auf ihre Erfahrungen in der Ersten Republik und warnen: Einmal von den Schalthebeln der Macht fort, kommt man nie wieder an sie heran. Und ist einer „schwarzen" Regierung, nach den Erfahrungen, die man in den dreißiger Jahren mit den Christlichsozialen gemacht hat, zu trauen?

Eines ist der SPÖ auch klar, die Wahlniederlage ist selbstverschuldet: Die Art, wie man mit Olah umgegangen ist und wie man ihn abservierte, hat viele Wählerstimmen gekostet, mit der Fußach-Affäre verlor man viele Stimmen in den Bundesländern, mit der verbissenen, harten Ablehnung des Rundfunkvolksbegehrens vergrämte man jene 832 000, die dieses Volksbegehren unterschrieben haben, und mit dem Handstreich gegen die „Kronen Zeitung" hatte man nicht nur die Medien, sondern auch viele Bürger erschreckt. Und wenn zur Niederlage noch etwas gefehlt hat, dann die Fehlentscheidung der Parteiführung, eine Wahlempfehlung der Kommunisten nicht zurückzuweisen. Denn die KPÖ ist zu dieser Zeit bereits so geschwächt, daß sie mit eigenen Kandidaten keinen Wahlerfolg mehr erringen kann. Diese Blamage will sie sich ersparen, und so ruft die KPÖ ihre Wähler auf, diesmal für die SPÖ zu stimmen – „um einen Bürgerblock zu verhindern". Anstatt diesen Anbiederungsversuch sofort zurückzuweisen, nahm ihn die SPÖ-Führung stillschweigend zur Kenntnis: Da man um die eigene Schwäche wußte, war jede zusätzliche Stimme recht. Aber einer bis dahin streng antikommunistisch ausgerichteten Partei tat das nicht gut. Für all diese Fehler werden nun intern jene verantwortlich gemacht, die bis jetzt das Sagen hatten: der Vorsitzende Pittermann und die ihn unterstützende Fraktion, zu der Probst, Waldbrunner, Broda, Benya zählen. Eine Ablöse auch an der Spitze der SPÖ bahnt sich an. Und damit eine Wende in der österreichischen Innenpolitik.

Abschied von den Gründervätern

Eigentlich begann diese Wende in der österreichischen Innenpolitik schon mit dem Abgang der Gründerväter der Zweiten Republik. Am

Tausende Menschen stellen sich an, um von Bundeskanzler Julius Raab im Wiener Stephansdom Abschied zu nehmen.

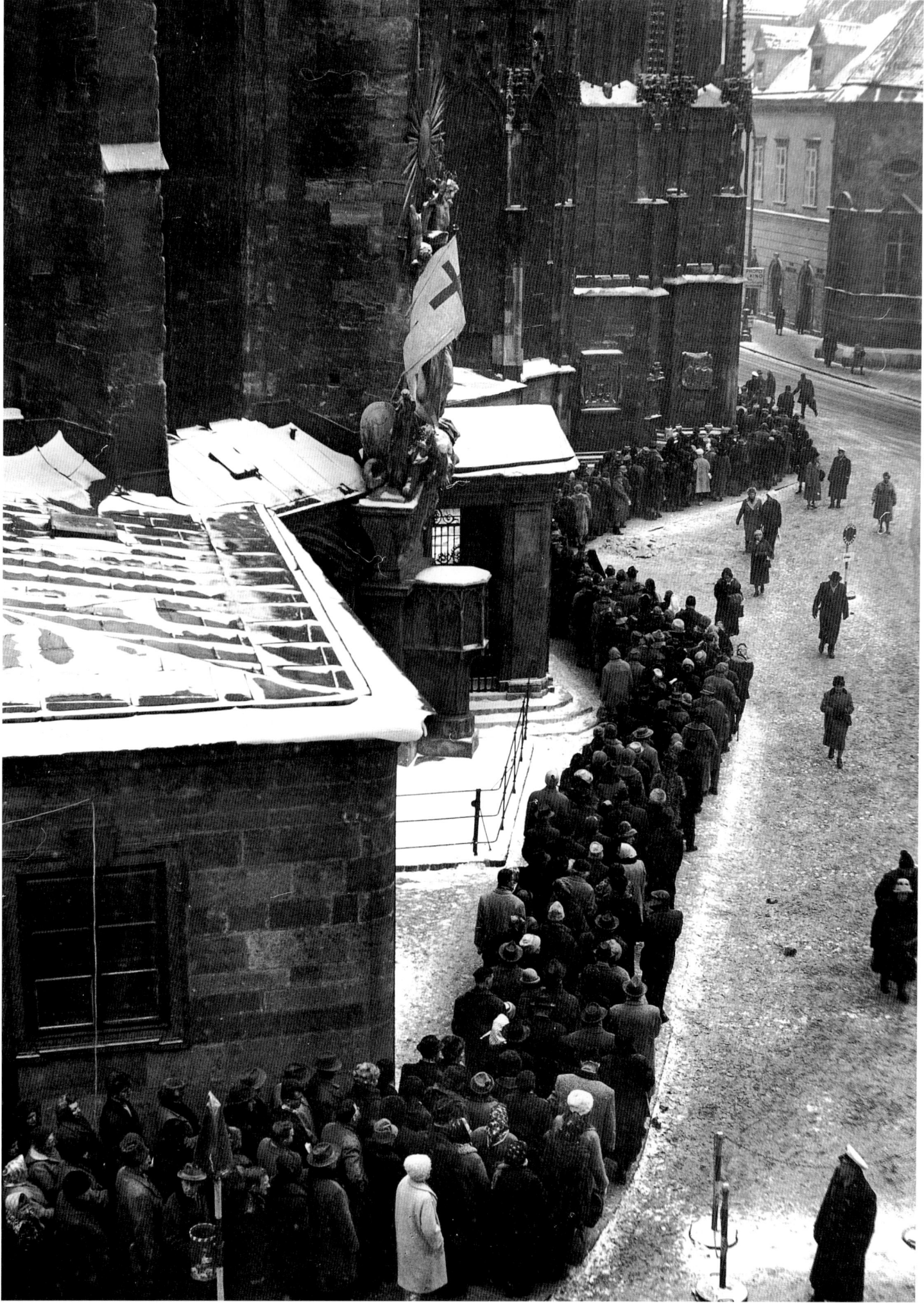

Hermine Raab, die Witwe des Kanzlers, wird vom Freund und Weggefährten ihres Mannes, Leopold Figl, geleitet.

8. Januar 1964 schließt Julius Raab, 73 Jahre alt, für immer seine Augen. Wer ihn kannte, wer mit ihm in den letzten Monaten seines Lebens sprach, wußte, daß es nicht Krankheit war, die ihn vom Leben Abschied nehmen ließ. Seinen Schlaganfall im Jahr 1957 hatte er gut überwunden. Doch was seine Umgebung aus dieser kurzfristigen Schwäche machte, darüber kam Raab nicht mehr hinweg. Das Drängen der Reformer, das Verdrängen der bisherigen Paladine Raabs, der damit verbundene Autoritätsverlust, schon das war für Raab schwer zu ertragen. Und im Jahr 1963 überredete ihn die Partei auch noch, sich als Kandidat für das Amt des Bundespräsidenten zur Verfügung zu stellen. Raab, gewohnt Parteidisziplin über persönliches Wohl zu stellen, zog in einen hoffnungslosen Wahlkampf gegen den amtierenden Bundespräsidenten Adolf Schärf. Das Wahlresultat war niederschmetternd. Schärf erhielt 55 Prozent der Stimmen, Raab

In der Reihenfolge, in der sie einst dem Flugzeug entstiegen, das sie von den erfolgreichen Staatsvertragsverhandlungen in Moskau heimbrachte, sterben sie nun, die Gründerväter der Zweiten Republik: Nach Julius Raab nimmt Österreich von Adolf Schärf Abschied (rechts). Als trauernde Hinterbliebene die Familie der Tochter des Bundespräsidenten, Martha Kyrle (links).

hingegen nur 40 Prozent. Die Differenz entfiel auf einen dritten Kandidaten, den pensionierten Gendarmeriegeneral Josef Kimmel. Raab hatte vielleicht mit einer Niederlage gerechnet, aber doch nicht mit einem so schlechten Ergebnis. Und schon ein halbes Jahr später, im Oktober 1963, löst die Partei Raab auch als Obmann des Österreichischen Wirtschaftsbunds ab. Sein Nachfolger wird Johann Wagner, Raab wird zum Ehrenobmann des Wirtschaftsbunds gewählt. Während der Weihnachtsfeiertage erkrankt Raab, der seit Jahren an Zuckerkrankheit litt, am 6. Januar 1964 wird er in das Floridsdorfer Krankenhaus eingeliefert, wo er zwei Tage später stirbt.

Raabs Leichnam wird im Stephansdom aufgebahrt, danach auf den Zentralfriedhof überführt. Leopold Figl hält die Grabrede. Viele Jahre sind Raab und er den schweren Weg zum Ende Österreichs im Jahr 1938 und danach den auch nicht leichten Weg der Wiedererrichtung Österreichs gemeinsam gegangen. Während des Kriegs hatte Figl das schwerere Los zu tragen: Raab wurde von den Nationalsozialisten nur zur Seite geschoben, Figl aber schon am 1. April 1938 in das Konzentrationslager Dachau gebracht. Im letzten Moment des Kriegs wurde Figl auch noch zum Tod verurteilt, und nur um Haaresbreite entging er der Hinrichtung. Jetzt nimmt Figl Abschied von seinem Weggefährten. In der großen Trauergemeinde bleibt kaum ein Auge trocken, als Figl seine Rede schluchzend mit den Worten schließt: „Leb wohl, du großer Staatsmann, du großer Österreicher, leb wohl Julius, auf Wiedersehen." Nach den Familienangehörigen nimmt auch Bundespräsident Schärf von Raab Abschied, wirft dem Toten eine Blume in das Grab. Auch Schärf ist nicht bei bester Gesundheit. Seit längerem laboriert er an einem Leberleiden. Aber auch bei ihm ist es nicht die Krankheit, es ist die schwere Krise in der SPÖ, die ihn bekümmert. Ist es doch Schärf, der ganz wesentlich zum Wiedererstehen der SPÖ im Jahr 1945 beigetragen hat und der die Partei dann auch durch die schweren Besatzungsjahre geführt hat. Was sich da in den letzten Jahren in der Partei zugetragen hat, der Machtkampf an der Spitze und die dabei angewendeten Methoden, der Realitätsverlust so vieler hoher Funktionäre, all das setzt Schärf stark zu. In den letzten Monaten hatte Schärf mehrfach Kontakt mit Raab. Jahrelang saßen sie gemeinsam in der Regierung, Raab als Kanzler, Schärf als Vizekanzler. Und oft gerieten sie politisch aneinander, aber ihr Verhältnis zueinander war immer korrekt, beide wußten um die Grenzen Bescheid, die ihnen ihre Parteien im beruflichen Umgang gezogen hatten. Jetzt, da Raab aus allen Ämtern geschieden war, jetzt, da ihn seine Partei auf die Seite geschoben hatte, fühlte sich der an sich so trockene, pedantische Schärf mit diesem Julius Raab menschlich eng verbunden. Er, der Bundespräsident, suchte ihn auf und wollte Raab damit sagen, daß er nicht vergessen sei.

Schärf hat Raab nur um ein Jahr überlebt. Im Januar 1965 erkrankt er an einer Grippe, von der er sich nicht mehr erholen kann. Am 28. Februar schließt auch Schärf seine Augen für immer. Schärf ist im Amt gestorben, und sein Begräbnis wird zum Staatsakt. Sein Leichnam wird im Parlament aufgebahrt, hier auch nimmt die Regierung, nehmen die Abgeordneten von ihm Abschied. Die Totenwache stellt das Bundesheer, und noch einmal ertönt das Hornsignal, das die Anwesenheit des Bundespräsidenten verkündet. Dann wird der Sarg auf eine Lafette gehoben. Begleitet von Trauerformationen des Bundesheers wird Schärfs sterbliche Hülle über die Ringstraße und den Rennweg zum Zentralfriedhof gebracht. Zehntausende Menschen säumen den Weg, nehmen von einem Mann Abschied, der während seines parteipolitischen Wirkens wenig Charisma ausstrahlte, doch in den Jahren seiner Präsidentschaft deutlich an Zuneigung und Anerkennung gewann. Hinter dem Sarg Martha Kyrle, die Tochter Schärfs, die an der Seite ihres verwitweten Vaters so viele

Jahre als First Lady in Österreich gewirkt hat. Im Trauerzug viele hochrangige Gäste aus dem Ausland, unter ihnen auch der deutsche Bundespräsident Heinrich Lübke und Willy Brandt.

Unwillkürlich wird man in Anbetracht dieser beiden Toten, Raab und Schärf, an die Zeit ihres Wirkens erinnert, an die Stunde ihres größten Erfolgs – damals, als sie im April 1955 auf dem sowjetischen Flughafen Vöslau aus dem Flugzeug stiegen, das sie von den erfolgreichen Verhandlungen um den Staatsvertrag von Moskau nach Wien zurückgebracht hatte. Raab verließ die Maschine als erster, Schärf als zweiter, Figl als dritter, danach kam Kreisky. Damals brachten sie Österreich endgültig die Freiheit. Jetzt haben sie Österreich verlassen, in der Reihenfolge, in der sie damals kamen, erst Raab dann Schärf. Und nun Figl: Leopold Figl hat Schärf nur um vier Monate überlebt. Er stirbt am 9. Mai 1965 im Alter von nur 63 Jahren, ein Krebsleiden hat ihn dahingerafft. Leopold Figl, Konzentrationslager und Gefängnis gerade erst entkommen, gehörte zu den Gründervätern der Zweiten Republik. Gemeinsam mit Karl Renner, Theodor Körner, Adolf Schärf und Johann Koplenig hat er am 27. April 1945 in dem von Bomben schwer beschädigten Wiener Rathaus die Gründungsurkunde des neuen Österreichs unterschrieben. Am 29. April sind sie alle dann unter dem Jubel einer ausgemergelten, halb verhungerten Bevölkerung vom Rathaus in das ebenfalls schwer beschädigte Parlament eingezogen (siehe „Österreich II", 1. Band: „Die Wiedergeburt unseres Staates"). Nach den Wahlen im November 1945 übernimmt Figl von Karl Renner die Kanzlerschaft und steht der ersten frei gewählten österreichischen Regierung vor. Er führt dieses Land in dessen schwerster Zeit nach dem Ende des Kriegs. Figl ist damals oft belächelt worden, er war von kleiner Statur, seine Stimme klang oft outriert und pathetisch, man gab diesem Mann kaum eine Chance, sich gegen die mächtigen uniformierten, ordenbehangenen Generäle der Alliierten durchzusetzen. Ein Witz machte damals die Runde: Nach einer Sitzung des Alliierten Rates, zu der auch Figl vorgeladen war, um wieder einmal alliierte Schelte zu erhalten, verlassen die Hochkommissare und Figl das Gebäude. „Den Cadillac für General Clark", ruft der Portier, „den Rolls Royce für Generalleutnant McCreery", „den SIL für Marschall Konjew". Und nach einer Weile: „Die Galoschen für den Herrn Bundeskanzler".

Aber Jahre später weiß man, was Leopold Figl in jener Zeit geleistet hat, wie hartnäckig und wie klug er auch den Alliierten Widerstand leistete, wo dieser notwendig war. Und wieviel er für sein Land und dessen Menschen erreicht hat. Als die Regierungsdelegation 1955 in Vöslau aus dem Flugzeug stieg, war es Figl, der in einer schweren Aktentasche den in Moskau ausgehandelten Entwurf für den Staatsvertrag mit sich trug. Und als die vier Politiker gemeinsam die angetretene Ehrenformation der Gendarmerie abschritten, schleppte Figl die Tasche mit sich, trennte sich von diesem Staatsvertrag keinen Augenblick. Er war es dann auch, der bei den Endverhandlungen um diesen Vertrag noch so manche Erleichterung für Österreich herausholte, einschließlich der Streichung der Mitschuldklausel am Krieg. Und Figl war es auch, der im Schloß Belvedere, nach der Unterzeichnung des Staatsvertrags durch die Außenminister der großen Vier, die so bedeutsamen Worte ausrief: „Österreich ist frei!" Bundeskanzler von 1945 bis 1953, Außenminister von 1953 bis 1959, Erster Präsident des Nationalrats von 1959 bis 1962, und schließlich Landeshauptmann von Niederösterreich bis zu seinem Tod – 20 Jahre lang hat Figl dieser Republik gedient und wie wenige andere sich um dieses Land und seine Bevölkerung verdient gemacht. Das kommt zum Ausdruck, als die Menschen von ihm Abschied nehmen. Kein Dom, kein Parlament, kein Landhaus wären

Viele Tausende säumen im dichten Spalier die Straßen, als Leopold Figl seinen letzten Weg antritt. Die große Anteilnahme zeugt von der Beliebtheit dieses Staatsmannes.

groß genug, um die Zehntausenden zu fassen, die Figl die letzte Ehre erweisen wollen. So hat man Figl auf dem Heldenplatz aufgebahrt, nimmt hier – nach der Einsegnung im Stephansdom – nochmals mit einer Trauerfeier Abschied. Figl war nicht eitel, aber er war doch stolz auf all die Orden, mit denen ihn die Welt ausgezeichnet hat. Im Halbrund der Hofburg stehen die Soldaten, die auf Samtpolstern diese Orden noch einmal zur Schau stellen. Es müssen über hundert sein.

Raab, Schärf und jetzt Figl – Österreich trauert um die Gründerväter der Zweiten Republik.

Jonas wird Bundespräsident

Doch das Leben geht weiter. Nach dem Tod Schärfs ist ein neuer Bundespräsident zu wählen. Die ÖVP versucht es noch einmal mit dem schon bei Raab angewendeten Rezept: Wieder schickt sie einen früheren Bundeskanzler ins Rennen, diesmal Alfons Gorbach. Die SPÖ macht Franz Jonas zu ihrem Kandidaten, den amtierenden Wiener Bürgermeister. Erstmals wird der Wahlkampf um die Bundespräsidentschaft unter Einsatz modernster Mittel geführt: Hubschrauber stehen den Kandidaten zur Verfügung, um möglichst schnell möglichst viele Orte zu besuchen, und manchmal sind es bis zu fünf am Tag. Die Wahlkundgebungen sind durchwegs gut besucht, das Interesse an der Wahl ist groß. Denn inzwischen hat man schon gelernt, daß es in entscheidenden Stunden auf den Bundespräsidenten ankommt, wie es im Land weitergehen soll. Daran erinnern auch beide Kandidaten. Alfons Gorbach bei einer Wahlkundgebung: „Der Bundespräsident hat eine Reihe von Rechten und Prärogativen, die ihn zu einem sehr entscheidenden politischen Faktor in unserem Vaterlande machen. Er ernennt den Bundeskanzler, über seinen Vorschlag die Minister, er kann den Nationalrat auflösen, er ist der Oberbefehlshaber des Heeres."

Die Sozialisten nützen den Mai-Aufmarsch vor dem Wiener Rathaus zu einer Großkundgebung für ihren Kandidaten Franz Jonas. Am 23. Mai 1965 wird gewählt, in weniger als vier Wochen. Jonas läßt sich dazu Originelles einfallen: „Und nun will ich nur ganz kurz,

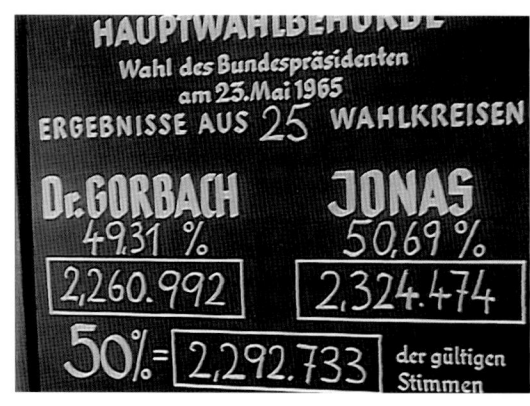

Alfons Gorbach (links) und Franz Jonas bewerben sich um die Nachfolge Schärfs als Bundespräsident. Mit einem eigenen Hubschrauber versucht Gorbach, so viele Wahlkundgebungen wie nur möglich zu absolvieren, während Franz Jonas sein bisheriges Image als ernster und trockener Politiker mit Heiterkeit zu korrigieren sucht.

Die einzelnen Wahlergebnisse werden in der Hauptwahlbehörde noch mit Rechenmaschinen addiert. Jonas gewinnt mit rund einem Prozent Vorsprung vor Gorbach.

und ich hoffe mit Ihrer Erlaubnis, auf den 23. Mai zu sprechen kommen. Ich habe an die Frauen einen besonderen Appell zu richten: Am 23. Mai wird es eine halbe Million mehr Wählerinnen geben als Wähler. Es wird also von den Frauen abhängen, wer der nächste Bundespräsident sein wird. Und deshalb fordere ich die Frauen auf, am 23. Mai eine richtige Damenwahl zu treffen und dabei an mich zu denken."

Es lohnt sich, einen Blick in die damalige Hauptwahlbehörde zu werfen. Am 23. Mai werden hier die Wahlresultate erwartet. Aus den Wahlkreisen werden sie per Telefon gemeldet und die Stimmen auf Rechenmaschinen zusammengezählt – die eine addiert für Gorbach, die andere für Jonas. Gorbach galt als Favorit bei dieser Wahl, aber

Jonas macht das Rennen mit einem Vorsprung von einem Prozent. Nach Renner, Körner und Schärf ist Jonas der vierte sozialistische Bundespräsident der Zweiten Republik.

Diese Republik ist 1965 zwanzig Jahre alt und seit zehn Jahren frei. Das Doppeljubiläum wird mit einem großen Zapfenstreich auf dem Heldenplatz gefeiert. Sehr bewußt wird das Bundesheer in den Mittelpunkt der Feier gestellt. 20 Jahre nach ihrer Gründung und zehn Jahre nach ihrer endgültigen Befreiung zeigt sich die Zweite Republik wehrhaft und selbstbewußt. Mit einem Treuegelöbnis zu Österreich hatte die Regierung den Tag eingeleitet, mit dem Zapfenstreich klingt er nun aus. Dem Publikum wird auch optisch einiges geboten: Die Soldaten marschieren mit Fackeln auf dem Platz auf, und Fackeln erleuchten auch die Balustraden der Hofburg. Der Radetzky-Marsch erklingt unter dem Jubel der Zuschauer, und danach der Zapfenstreich mit seinen symbolischen Trompetersignalen. 20 Jahre Zweite Republik. Nicht nur ein Jubiläum. Auch eine Zeitenwende. Die Nachkriegszeit geht endgültig zu Ende. Mit ihr auch die große Koalition. Sie hat die jüngsten Krisen nur noch mit letzter Kraft überstanden. Zapfenstreich – Zeitenwende.

Den Auftakt zur Wende gibt es am 6. März 1966, dem Tag der Nationalratswahl. Wir erinnern uns: Der großen Koalition war es nicht gelungen, sich über das Budget für das Jahr 1966 zu einigen. Aber das war wohl nur der Anlaß – in dieser Legislaturperiode hatte es mehr Streit und Konfrontation zwischen den beiden großen Parteien gegeben als je zuvor in der Zweiten Republik. Und es gab, wie wir gesehen haben, auch Momente, in denen beide Seiten den Koalitionspakt am liebsten schon zerrissen hätten. Man verstand einander weder in der causa Habsburg noch in der Rundfunk-Frage, man war nach wie vor geteilter Meinung, welche Entwicklung die verstaatlichte Industrie weiter nehmen sollte. Bundeskanzler Josef Klaus, ein alpiner Typ, sehr katholisch und stets von festgefügten Grundsätzen geleitet, kam auch menschlich mit dem SPÖ-Vorsitzenden und Vizekanzler Bruno Pittermann schwer zu Rande. Pittermann selbst hatte einmal die Menschen in diesem Land in Alpen- und in Donau-Österreicher eingeteilt, wobei man bei ihm nie wußte, ob er solche Bilder

Im alten Reichsratssitzungssaal des Parlaments wird Jonas vor den Mitgliedern der Bundesversammlung als Bundespräsident angelobt.

selbst ernst nahm. Denn er war ein heiterer Typ, aber ein ungeheuer zäher und unnachgiebiger Verhandler. Mit seinen Freunden konnte er stundenlang scherzen, er war ein blendender Unterhalter, dem Spaß um Spaß einfiel, für seine Gegner war er eine Nervensäge. Und Klaus war für ihn ein Gegner. Franz Olah schilderte uns, wie es in der letzten Regierungsperiode der großen Koalition oft zuging: Man trat im Kanzleramt zur Beratung offener Probleme zusammen, beriet bis zur Mittagsstunde, ohne sich zu einigen, und dann lud der Kanzler zu einem Mittagessen ein, doch da hatte jeder der sozialistischen Koalitionspartner eine Entschuldigung. Zu guter Letzt saßen nur noch Klaus und Olah an dem für 20 Personen gedeckten Tisch. Olah: „Er tat mir leid, so bin ich geblieben. Für mich war das auch eine Frage der guten Manieren. Und Klaus hat mir das auch gedankt."

Die SPÖ geht mit schwerem Ballast in diesen Wahlkampf: Fußach-Debakel, Olah-Krise, der gescheiterte Handstreich gegen die „Kronen Zeitung". Und jetzt auch noch die Empfehlung der Kommunistischen Partei an ihre Wähler, für die SPÖ zu stimmen, eine Empfehlung, die von der SPÖ-Führung nicht zurückgewiesen wird. Das ist Munition für die ÖVP: „Die rote Volksfront droht" verkünden die Plakate, mit denen die Volkspartei nochmals die „rote Katze" aus dem Sack holt. Das ist ein Bild aus früheren Wahlkämpfen, in denen die ÖVP aus einem mit SPÖ bezeichneten Sack eine rote Katze springen ließ mit der Aufschrift „Volksdemokratie". Ein Bild, das damals jeder verstand – wähle die SPÖ, und du wählst den Sozialismus, der in unseren Nachbarländern die Kommunisten an die Macht gebracht hat. Das war immer schon eine Unterstellung, aber in den Wahlkämpfen hat sie doch gezogen. 1966 hätte sich eine solche Parole gewiß nicht noch einmal verwenden lassen – hätte es nicht diese KP-Empfehlung und deren Akzeptanz von seiten der SPÖ gegeben. Dies festzustellen ist deshalb wichtig, weil, wie wir sehen werden, der nächste Vorsitzende der SPÖ, Bruno Kreisky, ein ganzes Parteiprogramm auf die Distanzierung vom Kommunismus abstellen wird. Doch davon später.

Die SPÖ, die um ihre Schwäche in diesem Wahlkampf weiß, kontert ebenfalls mit einem demokratiepolitisch bedenklichen Slogan, sie warnt vor einer „Alleinherrschaft der ÖVP". Womit wohl das Gespenst einer autoritären Regierung à la Dollfuß an die Wand gemalt werden soll. Die FPÖ drückt auf ihren Plakaten aus, was zu diesem Zeitpunkt wahrscheinlich die meisten der Wähler tatsächlich denken: „Trotz allem, Klaus und Pittermann bleiben beisammen" – es werde also auch nach der Wahl wieder eine große Koalition geben wie bisher. Doch diesmal kommt es anders.

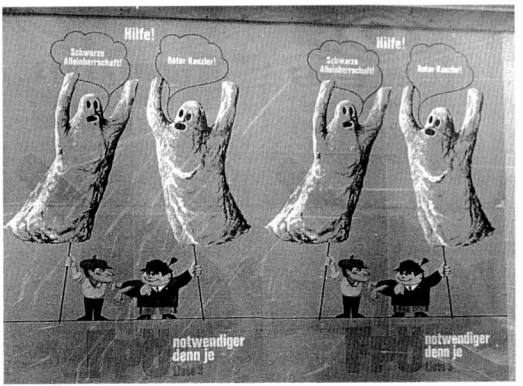

„Die rote Volksfront droht", erklärt die ÖVP und stützt die Parole auf die Aufforderung der KPÖ an die Kommunisten, diesmal für die SPÖ zu stimmen (unten und ganz rechts). Die SPÖ hingegen warnt vor der „Alleinherrschaft der ÖVP", während sich die FPÖ über diese gegenseitigen Warnungen der bisherigen Koalitionspartner lustig macht.

Die ÖVP erringt die absolute Mehrheit

Erstmals werden an diesem Wahltag computergesteuerte Hochrechnungen angestellt. Die Voraussagen werden vom Publikum noch mit großer Skepsis aufgenommen – wie will man denn auf Grund erster kleiner Teilergebnisse schon wissen, wie diese Wahl letztlich ausgeht. Und doch sagt der Computer eine Sensation voraus: Die ÖVP wird die absolute Mehrheit erreichen. Und so ist es auch. Die ÖVP erhält 85, die SPÖ 74 und die FPÖ 6 Mandate. Die ÖVP hat also vier Mandate dazugewonnen, und SPÖ wie FPÖ je zwei verloren. Nicht an den Mandaten, aber an der Stimmenverteilung läßt sich ablesen, wie sehr Olah der SPÖ geschadet hat, seine „Demokratische Fortschrittliche Partei" erhält fast 150 000 Stimmen, bleibt aber ohne Mandat.

Vor dem Parteihaus der ÖVP in der Wiener Kärntner Straße wird der Sieg gefeiert, und der Wahlsieger, Josef Klaus. An die tausend Menschen haben sich eingefunden, eine Musikkapelle spielt auf, Hoch- und Bravo-Rufe ertönen, als sich Klaus und mit ihm Withalm auf dem Balkon des Hauses zeigen. Die absolute Mehrheit – die ÖVP hatte sie schon einmal, bei der allerersten Wahl im Jahr 1945. Aber niemand dachte damals daran, daraus einen Alleinregierungsanspruch abzuleiten. Und auch jetzt, 1966, kommt es zunächst nur wenigen in den Sinn, daß dieses Wahlergebnis das Ende der großen Koalition bedeuten könnte. Josef Klaus gehört nicht zu ihnen, er feiert zwar seinen Wahlsieg, aber er denkt noch nicht daran, eine Alleinregierung zu bilden. Die bösen Erfahrungen der Ersten Republik, die Erinnerung an den Bürgerkrieg lassen ihn vor einem Alleingang zurückschrecken. So jedenfalls hat es uns Josef Klaus viele Jahre später berichtet: „In der Volkspartei waren wir alle der Meinung, daß es da noch gewisse Altlasten aus der Zeit der Ersten Republik zu beseitigen gilt, aus der Zeit des Bürgerkriegs, aus der Zeit der autoritären Regierung. Und die war ja personell auch irgendwo in der Volkspartei noch vertreten. Das hat sicherlich dazu beigetragen, daß wir uns gesagt haben, das Experiment ist sehr sehr groß und sehr gefährlich, probieren wir es noch einmal mit einer großen Koalition. Natürlich unter der Bedingung, daß, wenn man in einer wichtigen Angelegenheit in der Regierung zu keiner Einigung kommt, man eine freie Abstimmung im Parlament, zum Beispiel auch über das Budget, durchführt." So beschließt man in der ÖVP, der SPÖ erneut ein Zusammengehen anzutragen, erneut eine Regierung der großen Koalition zu bilden.

Der Sieger der Wahl 1966: Josef Klaus grüßt seine feiernden Anhänger vom Balkon des Palais Todesco, dem Sitz der Parteizentrale der ÖVP. Erstmals seit 1945 hat die ÖVP wieder die absolute Mehrheit errungen.

Bei einem außerordentlichen Parteitag der SPÖ in der Wiener Stadthalle werden drei Bedingungen für eine Fortsetzung der großen Koalition gestellt: Trotz der absoluten Mehrheit der ÖVP müßte der Wirkungsbereich der SPÖ-Ministerien voll aufrecht bleiben, die Koalition müßte für eine bestimmte

Frist unauflösbar sein und die Investitionswünsche der SPÖ müßten im Budget berücksichtigt werden. Als die ÖVP die Forderungen zurückweist, beschließt die SPÖ, in die Opposition zu gehen. Unser Bild zeigt Bruno Pittermann und den Parteivorstand der SPÖ bei diesem außerordentlichen Parteitag.

Das wird in der SPÖ-Führung nicht uneingeschränkt begrüßt. Zwei Lager gibt es dort. Kreisky und die meisten SPÖ-Funktionäre aus den Bundesländern sind Verfechter des Weiterbestands der großen Koalition. Dazu führen sie zwei Argumente ins Treffen: Bürgertum und Arbeiterschaft sollten niemals wieder durch den Graben zwischen Regierung und Opposition getrennt werden, und – „wer einmal draußen ist, kommt nur schwer, wenn überhaupt, wieder hinein". Doch Pittermann, Benya, Waldbrunner und andere meinen, die ÖVP würde in einer künftigen Koalitionsregierung ihre Stärke so ausspielen, daß die SPÖ einen sehr geschwächten Koalitionspartner abgeben müßte. Da sei es schon besser, in die Opposition zu gehen, um dort neue Kräfte zu sammeln. Zunächst siegen dennoch die Anhänger der großen Koalition. Am 17. März beschließt die SPÖ-Parteivertretung einstimmig, daß sie eine große Koalition für wünschenswert hält. Eine endgültige Entscheidung hänge jedoch vom Ausgang der Verhandlungen mit der ÖVP ab. Bei diesen Verhandlungen aber kann man sich über viele Punkte nicht einigen. So beruft die SPÖ einen außerordentlichen Parteitag ein, der am 15. April 1966 in der Wiener Stadthalle stattfindet. Pittermann und Kreisky legen ihre Standpunkte dar, Pittermann empfiehlt die Opposition, Kreisky beschwört noch einmal die Koalition. Die Delegierten können sich nicht entscheiden, aber sie formulieren Mindestforderungen, die erfüllt werden müßten, soll die SPÖ nochmals in eine große Koalition gehen: 1. Es müßte eine Garantie für die Mindestdauer der Koalition geben. Man könne nicht akzeptieren, daß die SPÖ etwa mit der ÖVP noch das Budget 1967 beschließe und einen Monat später stelle man ihr die Sessel vor die Tür. Die Koalition sei eben nur gemeinsam zu beenden. 2. Die der SPÖ angebotenen Ministerien dürften in ihren Kompetenzen nicht ausgehöhlt werden. 3. Das Innen- und das Verteidigungsministerium dürften nicht gemeinsam der ÖVP übertragen werden – Polizei und Bundesheer müßten parteipolitisch getrennt geführt werden (hier ist es wieder, das Trauma vom Bürgerkrieg). 4. Im Budget müßten die Investitionen gerecht verteilt werden, heißt, die verstaatlichte Industrie dürfe nicht zu kurz kommen.

Aber inzwischen hat man auch in der ÖVP begonnen umzudenken. Die sozialistischen Bedingungen erinnern stark daran, wie gelähmt doch die Regierung in all den letzten Jahren war, weil sich die Parteien in wichtigen Fragen nicht mehr einigen konnten. Verpflichtet man sich wieder, auf Gedeih und Verderb zusammenzubleiben, so würde es erneut in vielen Bereichen keine Einigung und daher auch keine Beschlüsse geben. Zeitzeugen berichten von einer inzwischen legendären Telefonszene: Am 18. April tritt im Parlament die Parteivertretung der SPÖ zusammen und analysiert nochmals die Lage. Pittermann ruft Bundeskanzler Klaus an, die ÖVP möge doch eine Koalitionsgarantie zumindest bis zum 31. Dezember 1967 abgeben. Klaus sagt nein. Daraufhin Abstimmung in der Parteivertretung der SPÖ: 30 Stimmen für den Gang in die Opposition, 10 Stimmen für die Weiterführung der Koalition auch „ohne Brief und Siegel für deren Dauer".

So geht die SPÖ in die Opposition, und Klaus bildet die erste Alleinregierung der Zweiten Republik. Nunmehr gehören alle Minister und Staatssekretäre entweder der ÖVP an oder sie stehen ihr nahe. Der bisherige Handelsminister Fritz Bock wird Vizekanzler. Der bisherige Abgeordnete Lujo Toncic-Sorinj wird Außenminister. Der frühere Staatssekretär Franz Hetzenauer übernimmt das Innenministerium. Hans Klecatsky wird Justizminister, Theodor Piffl-Percevic bleibt Unterrichtsminister, Karl Schleinzer ist für Land- und Forstwirtschaft verantwortlich und Georg Prader für das Verteidigungsministerium. Zwei Neuzugänge sind es, die besondere Aufmerksamkeit erregen: Erstmals wird eine Frau an die Spitze eines Ministeriums berufen, die christliche Gewerkschafterin Grete Rehor wird Minister für soziale Verwaltung; und Josef Taus wird Staatssekretär mit besonderer Verantwortung für die verstaatlichten Unternehmungen.

Als Klaus seine Regierung dem Nationalrat vorstellt und danach seine Regierungserklärung abgibt, muß er überrascht feststellen, wie kritisch dieses Parlament geworden ist. Eigentlich war das vorauszusehen. Bisher beherrschten die großen Fraktionen der ÖVP und der SPÖ das Geschehen im Nationalrat und die waren

Erstmals in der Geschichte der Republik Österreich bekleidet eine Frau ein Ministeramt: In der Regierung Klaus wird Grete Rehor, eine engagierte Gewerkschafterin, an die Spitze des Sozialministeriums gestellt. Auf dem Weg zur Angelobung durch den Bundespräsidenten entgleitet ihr das Blumensträußchen, der Kanzler hilft unter dem Applaus des Publikums. Die weiteren Mitglieder der Alleinregierung Klaus: Vizekanzler und Handelsminister Bock, Außenminister Toncic-Sorinj, Innenminister Hetzenauer, Verteidigungsminister Prader, Finanzminister Schmitz, Unterrichtsminister Piffl-Percevic, Justizminister Klecatsky, Verkehrsminister Weiß, Bautenminister Kotzina sowie die Staatssekretäre Soronics, Haider, Bobleter und Taus.

Josef Klaus: Das Experiment ist sehr sehr groß und sehr gefährlich.

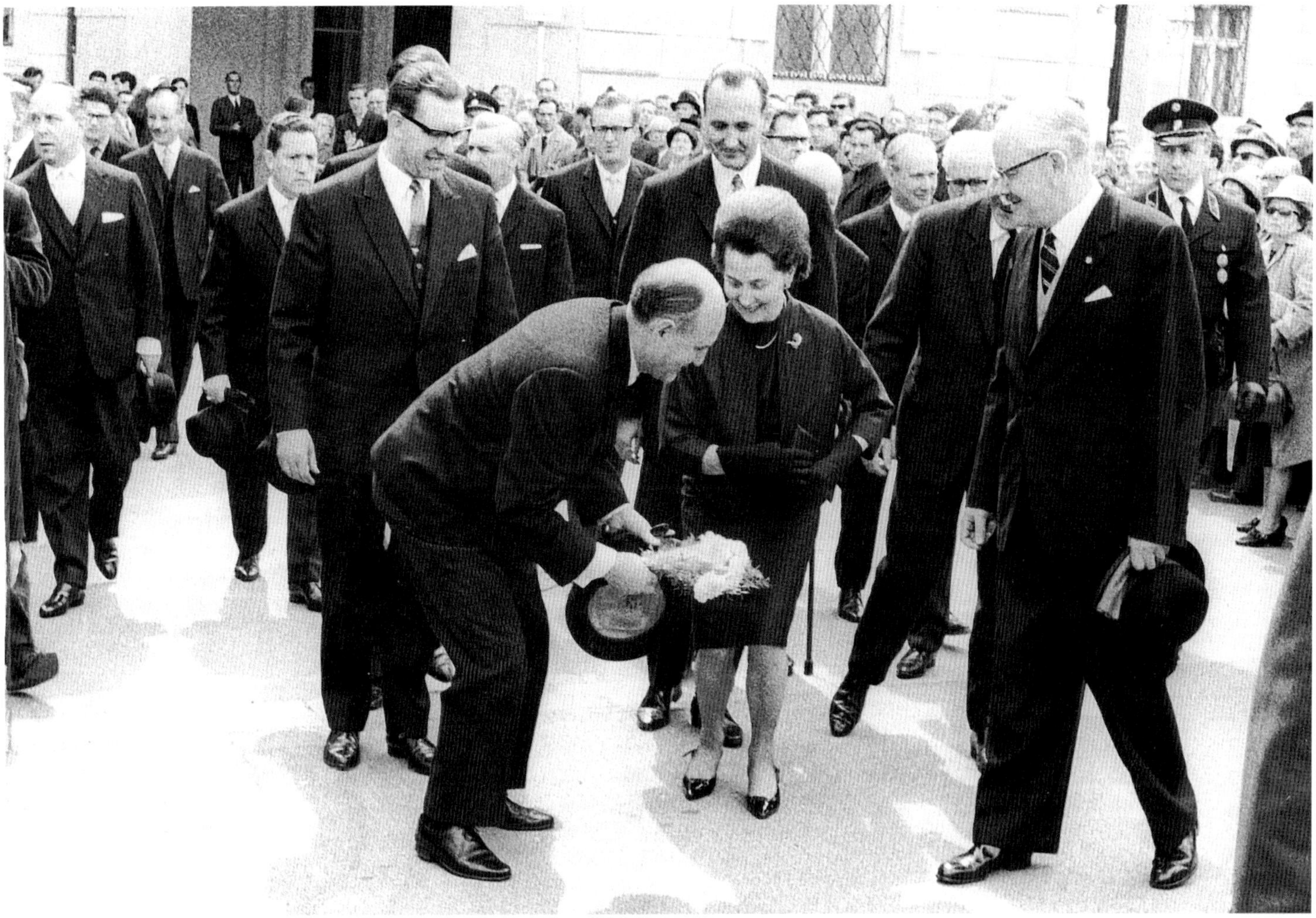

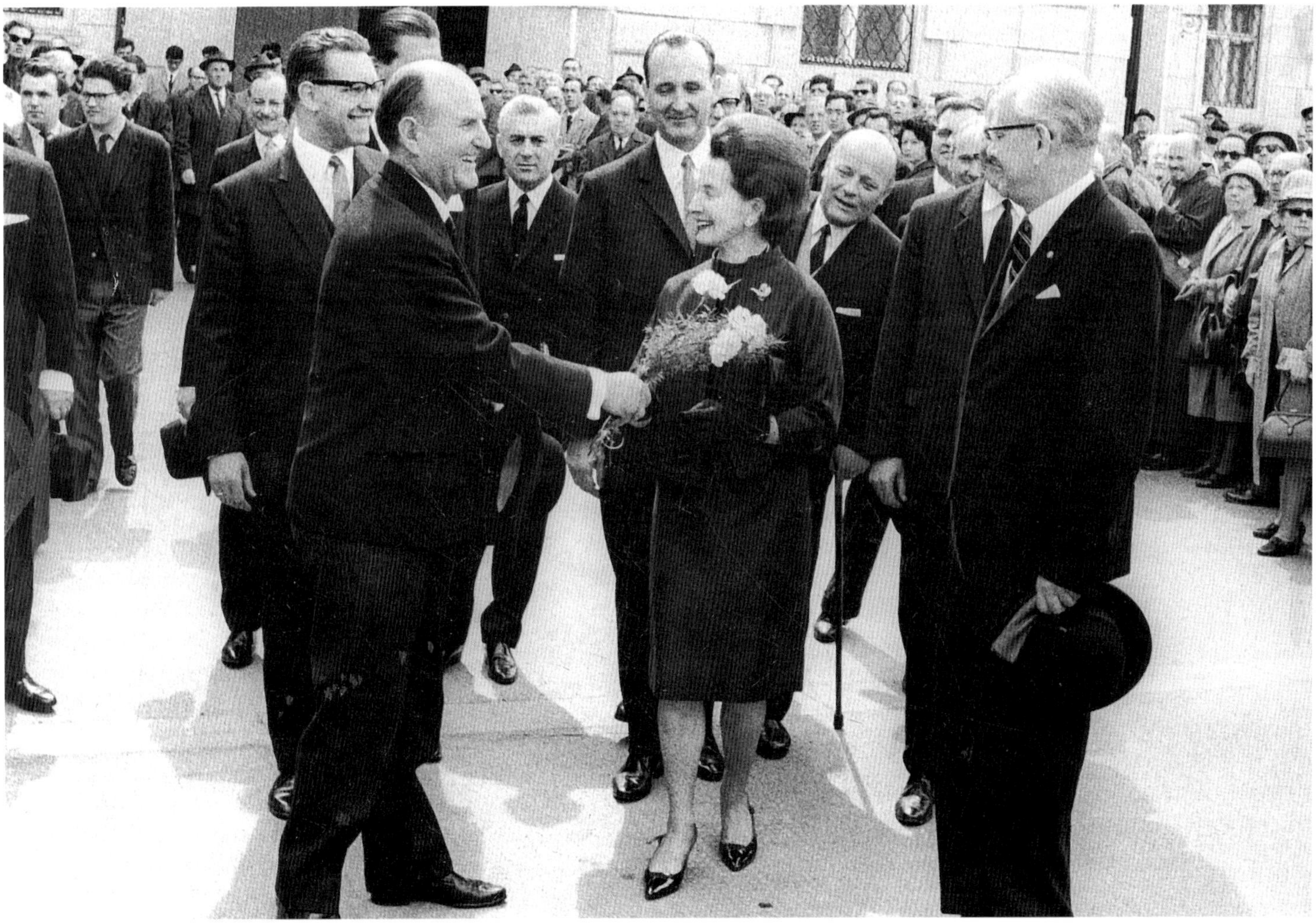

lammfromm. Denn alle Regierungsvorlagen wurden ja schon vorher im Koalitionsausschuß paktiert und von den Abgeordnetenklubs abgesegnet, ehe sie das Plenum erreichten. Opposition gab es – wenn man vom Fall Habsburg absieht – nur von seiten der kleinen FPÖ-Fraktion, und die hatte mit ihren sechs bis acht Abgeordneten nicht sehr viel zu bestellen. Jetzt ist alles anders. Die Regierung Klaus gerät sofort ins Kreuzfeuer der großen SPÖ-Opposition, in deren Reihen es viele gibt, die in den letzten Jahren und Jahrzehnten selbst in der Regierung gesessen sind und die sich dementsprechend in der Materie auskennen. Vom ersten Tag ihres Bestandes an hat die Alleinregierung der ÖVP kein leichtes Leben und kann trotz ihrer Mehrheit ihre Vorlagen meist erst nach langen, harten Wortgefechten durchbringen. Damit ändert sich auch der gesamte politische Stil in Österreich. Jetzt erst erkennt man, wie erstarrt der Parlamentarismus bereits war, wie groß das Defizit an öffentlicher Auseinandersetzung, an Kritik, an Transparenz. Mit der Ablöse der großen Koalition durch Alleinregierung und Opposition hat die Zweite Republik einen weiteren wichtigen Schritt in Richtung demokratischer Reife getan.

Die Regierung Klaus soll nun aber auch einlösen, was sie in ihren Wahlprogrammen – und nicht nur im letzten – immer wieder gefordert und versprochen hat, aber, wie sie sagte, nicht habe durchführen können, weil sie vom sozialistischen Koalitionspartner daran gehindert worden sei. Da steht im Vordergrund die Reorganisation der verstaatlichten Industrie, weiters die im Wahlkampf zugesagte Verwirklichung einer großen Rundfunkreform, so wie sie vom Rundfunkvolksbegehren gefordert worden war. Allein an der Macht, muß die ÖVP nun auch langjährige Wünsche ihrer Stammwähler erfüllen, etwa die Gewerbetreibenden und Bauern vollständig in das soziale Netz einzubinden, ihre Krankenversorgung und Pensionsversicherung zu verbessern. Und das alles bei rückläufiger Konjunktur, verschärft durch die ebenfalls im Wahlkampf eingegangene Verpflichtung, für ein ausgeglichenes Budget zu sorgen. Auch außenpolitisch steht die Regierung vor harten Aufgaben: Die Frage Südtirol ist zu diesem Zeitpunkt noch nicht gelöst, im Gegenteil, gerade jetzt nimmt der Terror immer blutigere Formen an, nicht nur in Italien, auch in Österreich. Und just da man endlich glaubt, den Durchbruch bei den Verhandlungen mit der EWG erzielt zu haben, legt Italien als Antwort auf den Südtirol-Terror ein Veto gegen die Assoziierung Österreichs mit der EWG ein. Die österreichische Wirtschaft aber sieht sich durch den Ausschluß von der EWG stark benachteiligt.

Erste Konfrontation: Rundfunkreform

Folgen wir nun der Regierung Klaus auf ihrem steinigen Weg. Zur ersten großen Konfrontation mit der sozialistischen Opposition kommt es am 8. Juli 1966, als die Regierung das Gesetz zur Reform des Rundfunks einbringt. Es hält sich in großen Zügen an die Forderungen des Volksbegehrens. Unter anderem aber weicht das Gesetz in einem entscheidenden Punkt von der Volksbegehrensvorlage ab: Die Zusammensetzung des neuen Aufsichtsrats, bei der das Volksbegehren eine parteipolitische Mehrheitsbildung zu verhindern trachtete, ist in der jetzigen Regierungsvorlage so vage geregelt, daß in der Praxis bei allen Beschlüssen eine ÖVP-Mehrheit zustande kommen und entscheiden könnte. Es ist diese Abweichung vom Volksbegehren, die die SPÖ nun besonders unterstreicht und ihre Ablehnung des Gesetzes auch damit begründet. Bei der so prinzipiellen Gegnerschaft der SPÖ zum Volksbegehren aber war ohnedies zu erwarten, daß die Sozialisten gegen die Rundfunkreform stimmen werden. Christian Broda, der SPÖ-Vertreter in jenem Ministerkomitee, das von sich aus eine Rundfunkreform hätte beschließen sollen und dessen Säumig-

Beide Koalitionsparteien haben Männer ihres besonderen Vertrauens an die Spitze des Rundfunks entsandt. Der frühere Hauptgeschäftsführer der ÖVP, Josef Scheidl, wurde Generaldirektor des Rundfunks.

An die Spitze des Fernsehens wurde auf Wunsch der SPÖ Gerhard Freund berufen. Obwohl politisch bestellt, war Freund ein Fachmann, der das Fernsehen erst aufzubauen hatte, da die Besatzungsmächte es nicht zuließen.

keit erst das Volksbegehren nötig gemacht hat, ist der Hauptsprecher der SPÖ in der Rundfunkdebatte. Und jetzt fordert Broda, was die SPÖ (und lange Zeit auch die ÖVP) in der Rundfunk-Frage nicht zugestehen wollte. Broda wörtlich: „Rundfunk und Fernsehen sind in der modernen Gesellschaft Orte der Begegnung zwischen den großen gesellschaftlichen Kräften des Landes. Hier sollen die Standpunkte konfrontiert werden, hier sollen Meinungsverschiedenheiten fair ausgetragen werden. Und deshalb braucht das Land auch eine Rundfunk- und Fernsehorganisation, die kein Regierungsrundfunk sind, sondern die allen offenstehen, die etwas zu sagen haben." Als ob ÖVP und SPÖ nicht schon seit Jahren den Rundfunk gemäß dieser Grundsätze hätten reformieren können, als ob es nicht sie gewesen wären, die aus Hörfunk und Fernsehen einen Regierungsrundfunk gemacht hatten. Aber nun ist es einmal auch von sozialistischer Seite so gesagt, und eine künftige sozialistische Regierung wird es schwer haben, sich über diese Grundsätze hinwegzusetzen.

Für die ÖVP ergreift der Bildungssprecher der Partei, der Abgeordnete Adolf Harwalik, das Wort. Er war einer der ersten in der ÖVP, die die Notwendigkeit einer Totalreform des Rundfunks eingesehen und sich auch hinter das Volksbegehren der parteiunabhängigen Zeitungen gestellt haben. Darauf nimmt er nun auch Bezug: „Ich glaube, daß dieses Volksbegehren ein Glaubensbekenntnis der österreichischen Bevölkerung zur Demokratie war. Ich erkläre hier – und dieses Gesetz bestätigt das –, daß die monokolore Regierung Klaus keinen monokoloren Rundfunk einrichten wird. Die Regierung Klaus wird vielmehr im Österreichischen Rundfunk die Parteifarben abtragen und die Farben Rot-Weiß-Rot im Hörfunk und im Fernsehen sehr deutlich sichtbar machen." Mit den Stimmen der ÖVP und der FPÖ – die sich, wie berichtet, von Anfang an hinter das Volksbegehren gestellt hatte – wird die Rundfunkreform nun beschlossen. Die SPÖ stimmt nicht nur dagegen, sie sagt auch voraus, daß der ORF künftig ein Partei- und Regierungsrundfunk der ÖVP sein werde. Doch da irrt sie sich.

Das Gesetz ist beschlossen, nun gilt es, es umzusetzen. Der Posten, auf den es dabei ankommt, der Posten des Generalintendanten, wird öffentlich ausgeschrieben. Es gibt eine Reihe fähiger Bewerber: Der Regisseur und spätere Theaterdirektor Otto Schenk, der Generaldirektor der Post- und Telegrafenverwaltung Benno Schaginger, der Intendant des Salzburger Landesstudios Paul Becker, Peter Weiser, Generalsekretär des Konzerthauses, Theaterkritiker und lange Jahre Beilagenchef des „Kurier". Und es gibt auch einen anderen Journalisten, der sich die Erfüllung der Aufgaben eines Generalintendanten zutraut, Gerd Bacher. Wir kennen ihn als seinerzeitigen Chefredakteur des „Bild-Telegraf" und danach des „Express". Inzwischen hat Bacher auch das Managen gelernt, als Direktor der Druckerei Molden und als Moldens rechte Hand beim Aufbau des Molden-Verlags. Er ist – wie alle wissen, die ihn kennen – eine starke Persönlichkeit. Als solche ist Bacher vielen nicht sehr bequem, er scheut weder Konfrontationen, noch ist er in Wortwahl und Aktion zimperlich. Mit Bacher würde man sich gewiß einen eisernen Besen in den Rundfunk holen. Gerade deshalb wird die Kandidatur Bachers von vielen, darunter auch und besonders vom „Kurier", voll unterstützt. Und obwohl es Bundeskanzler Klaus zunächst nicht behagt, einen so starken und unabhängigen Mann in den ORF einziehen zu sehen, versucht er auch nicht, Bacher zu verhindern (was ihm mit einiger Mühe, aber doch hätte gelingen können). Bacher macht das Rennen, wird zum ersten Generalintendanten des nun zu reformierenden ORF bestellt.

Bachers erste Tat schockiert viele: Er entläßt die bisherige Führung des ORF, setzt sie buchstäblich über Nacht vor die Tür – den Generaldirektor Scheidl, den Hörfunkdirektor Übelhör, den Fernseh-

Fernsehdirektor des reformierten Rundfunks wird Helmut Zilk, ein anerkannter Fachmann, dem es gelungen ist, sogar im parteikontrollierten Rundfunk kritische Sendereihen zu kreieren, eine der beliebtesten sind Zilks „Stadtgespräche". Als Zilk mit dieser Sendung selbst den Eisernen Vorhang überwindet und die Gespräche unzensuriert aus Prag sendet, findet das europaweite Beachtung.

direktor Freund, den technischen Direktor Füchsl. Ihr Angebot auf Zusammenarbeit hat er abgelehnt. Also hat man mit Bacher doch einen radikalen Mann, wenn nicht einen Diktator in den Rundfunk geholt? Doch sehr schnell stellt sich heraus, daß dieses Vorgehen Bachers – wenn auch kompromißlos – doch sehr zielführend war. Denn mit einem Schlag werden durch diese Entlassungen die Nabelschnüre zu den Parteisekretariaten gekappt, an denen so viele ORF-Mitarbeiter hängen. Die meisten von ihnen fühlen sich nun selbst befreit und bieten freudig ihre Mitarbeit bei der Reform des Rundfunks an. Im nachhinein betrachtet erkennt man, daß Bacher fast alle ORF-Leute mit auf den Weg der Reform genommen hat und daß die meisten von ihnen große Leistungen vollbracht haben. Selbst in sein Führungsteam holt Bacher drei Personen, die bisher schon im ORF eine wichtige Rolle gespielt haben: Helmut Zilk, den Bacher jetzt für den Posten des Fernsehdirektors vorschlägt, den bisherigen ORF-Direktionssekretär Alfred Hartner empfiehlt er für den Posten des Hörfunkdirektors, und der damalige stellvertretende technische Direktor Georg Skalar soll zum neuen technischen Direktor bestellt werden. Den kaufmännischen Direktor und den zentralen Chefredakteur holt Bacher von außen: Mit Helmut Lenhardt hat Bacher seit Jahren eng zusammengearbeitet und kennt dessen kaufmännische und administrative Fähigkeiten, mit Alfons Dalma aber verbindet Bacher eine lebenslange Freundschaft, sie waren gemeinsam bei den „Salzburger Nachrichten", ehe Bacher nach Wien und Dalma zum „Merkur" nach München ging. Von dort nun holt ihn Bacher und macht Dalma zum übergeordneten Chef der Hörfunk- und der Fernsehredaktionen. Diese haben ihre eigenen Chefredakteure: Helmuth Bock im Hörfunk kommt auch aus dem Hörfunk, zum Chefredakteur des Fernsehens

Auf den Posten des zentralen Chefredakteurs des neuen ORF beruft Gerd Bacher den bisherigen Chefredakteur des „Münchner Merkur", Alfons Dalma, der für die sogenannte „Informationsexplosion" verantwortlich zeichnet – eine erstmals umfassende Berichterstattung aus dem In- und Ausland.

Gerd Bacher, der erste Generalintendant des durch das Volksbegehren geschaffenen, reformierten ORF. Erst Bacher gelingt es, für den ORF jene Geldmittel zu erhalten, mit denen ein ganz Österreich versorgendes Radio- und Fernsehnetz errichtet werden kann. Unter Bacher wird auf dem Wiener Küniglberg ein europaweit konkurrenzfähiges Fernsehzentrum gebaut, und die Bundesländer, mit Ausnahme Niederösterreichs, erhalten ihre eigenen Landesstudios.

Franz Kreuzer, bisheriger Chefredakteur der „Arbeiter-Zeitung", wird von Bacher auf den Posten des Fernseh-Chefredakteurs berufen. Er ist damit für alle aktuellen Sendungen des Fernsehens verantwortlich. Kreuzer wird später auch zweimal Intendant einer der beiden Fernsehkanäle.

aber holt sich Bacher Franz Kreuzer, den früheren Chefredakteur der „Arbeiter-Zeitung", der erst vor kurzem von Kreisky als solcher abgesetzt worden ist.

Die Berufung dieses Teams in die Spitzenfunktionen des ORF trifft teils auf Erstaunen, teils auf Widerstand. Bacher schildert die Reaktion des Bundeskanzlers Klaus: „Bundeskanzler Klaus sagte mir, ‚Herr Bacher ist das notwendig, jetzt haben wir gerade die Rundfunkreform durchgezogen gegen den erbitterten Widerstand der SPÖ, und dann lösen Sie den roten Fernsehdirektor Freund durch den roten Fernsehdirektor Zilk ab'. ‚Ja, sage ich, ‚das ist notwendig, Herr Bundeskanzler.' Sagt er, ‚Warum?' ‚Weil er der einzige ist, der meiner Meinung nach es kann, so wie ich mir das vorstelle.' Darauf sagt Klaus nach kurzem Nachdenken, ‚Ja, das ist für mich eine ausreichende Begründung. Sie sind ja dafür verantwortlich.' Kann man sich heute noch einen Politiker vorstellen, der einem eine solche Antwort gibt!" Und mit derselben Begründung stellt sich Bacher auch vor den jetzt von den Sozialisten angegriffenen, weil in ihren Augen zu konservativen Alfons Dalma und vor den von der ÖVP mit großem Mißtrauen bedachten Franz Kreuzer. Ein Teil der parteiunabhängigen Zeitungen wieder sieht in diesen Bestellungen überhaupt eine Neuauflage des alten Proporzes: Zilk und Kreuzer rot, Hartner, Lenhardt und Dalma schwarz. Doch damals wie heute verteidigt Bacher seine Personalentscheidung: „Nicht die Parteizugehörigkeit ist das Wesentliche, das Gute oder Störende, das Wesentliche ist, ob ein Mensch persönlich unabhängig ist. Helmut Zilk war acht Jahre Fernsehdirektor, ein ausgewiesener Sozialdemokrat. Er war nicht einen Tag von seiner Partei fernzusteuern, also ein unabhängiger Mensch. Das galt auch für die anderen. Lenhardt und ich, Alfons Dalma, wir waren parteiunabhängig, Hartner war, so wie Zilk, ausgewiesenes Parteimitglied der ÖVP, aber auch nicht fernzusteuern, ebensowenig wie Kreuzer." Und ebenfalls unabhängig ist der neue Chefkommentator des ORF, der bisherige Chefredakteur des „Kurier", Hugo Portisch.

Bacher über den Zustand des ORF, als er ihn 1967 übernommen hat: „Bis 1955 von den Besatzungsmächten, dann bis 1967 von den Koalitionsparteien besetzt, hatte der ORF einen Rückstand zur modernen Rundfunkwelt von mindestens zehn Jahren, und zwar in jeder Beziehung, im Programm wie in der Technik und allen anderen Bereichen. Großartig waren dort nur die Leute, die nach 1945 den Rundfunk buchstäblich aus dem Bombenschutt ausgegraben hatten. Alles andere war neu zu machen, Organisation, Finanzen, Technik und natürlich das Programm. In welchem Tempo und welchem Umfang wir gearbeitet haben, läßt sich anhand einiger Daten erkennen: Im April 1967 begann die neue Geschäftsführung, im September 1967 stellten wir drei neue Hörfunkprogramme vor. Wir waren die erste Rundfunkanstalt in Europa, die derartige Strukturprogramme – Formate, wie das heute heißt – auf die Beine brachte. Erst nach uns kam die große BBC. Dann stellten wir zwei Fernsehprogramme vor. Nicht zu vergessen, daß wir das Fernsehen in einem Zustand übernahmen, in dem nicht einmal ein Programm in allen Bundesländern zu sehen war. Das bedeutete, daß wir ein umfangreiches Investitionsprogramm planten und sofort damit begannen. Wir bauten 1500 Sendeanlagen, 7 neue Landesstudios und das ORF-Zentrum auf dem Küniglberg. Wenn man sagt, fast alles war neu zu machen, dann übertreibt man damit nicht."

Daß der ORF in seiner Ausstattung so weit zurückgeblieben war, war nicht die Schuld jener, die ihn damals machten. Es waren die politischen Parteien, die im Kampf um ihren jeweiligen Einfluß auf Hörfunk und Fernsehen einmal dem Hörfunk, dann wieder dem Fernsehen die notwendigen finanziellen Mittel verweigerten. Jahrelang mußte das Fernsehen aus seinen Sehergebühren den Hörfunk mitfinanzieren, dem man eine Erhöhung der Hörergebühren aus

Gerd Bacher verkündet das neue Programmschema des ORF. Links: Helmut Zilk, rechts neben Bacher der neue kaufmännische Direktor des ORF, Helmut Lenhardt, und der neue Generalsekretär Kurt Bergmann.

Gerd Bacher: Wir bauten 1500 Sender, 7 Landesstudios und den Küniglberg.

Neu gestylt präsentieren sich auch die Sprecherinnen des Fernsehens, Lieblinge des Publikums. Von links nach rechts: Eva Maria Klinger, Ilse Maringer, Annemarie Berthé, Ilse Holy, Waltraud Edelmeier und Hanne Rohrer.

machtpolitischen Gründen verweigert hatte. So ist auch die erste Forderung Bachers an die Regierung Klaus die nach einer kräftigen Erhöhung der Fernseh- und Hörfunkgebühren. Und obwohl sich die Regierung damit bei den Wählern nicht gerade populärer macht, wird Bachers Forderung erfüllt. Bacher bedankt sich dafür noch nach Jahren mit der immer wiederkehrenden Erklärung: „Daß wir diese Reform durchziehen konnten, daß wir all das in so kurzer Zeit auf die Beine stellen konnten und dabei eine total unabhängige Rundfunkanstalt waren, das ist in erster Linie so großartigen Partnern wie dem damaligen Bundeskanzler Klaus und dem Generalsekretär der ÖVP Withalm zu danken, Leute, denen es wirklich um den Rundfunk ging."

Schneller als das Fernsehen läßt sich der Hörfunk reformieren. Ernst Grissemann, Chef des neuen Ö3-Senders, wartet mit einer ganzen Palette von neuen Programmen auf, bringt Weltniveau in diese Programme und eine starke Hörerbindung durch den Einsatz von Moderatoren, die sehr rasch große Popularität gewinnen, etwa Rudi Klausnitzer als Moderator des Ö3-Weckers. Dalma führt – im alten Rundfunk unvorstellbar – drei große Informationsblöcke in das Hörfunkprogramm ein, das Morgen-, das Mittags- und das Abend-

Der Hörfunk meldet sich mit drei Programmen, die jedes für sich ein besonderes Publikum ansprechen. Ein durchschlagender Erfolg wird der Sender „Ö3" unter seinem Intendanten Ernst Grissemann, links im Bild. Am frühen Morgen meldet sich Rudi Klausnitzer (rechts) als Ö3-Wecker, bald eine der beliebtesten Sendungen des ORF.

journal, insgesamt zwei Stunden Information neben den stündlichen Nachrichten. Unter Kreuzers Leitung wird im Fernsehen die „Zeit im Bild" ausgebaut und auf beide Programme durchgeschaltet, was die Zuschauer beider Programme zwingen soll, wenigstens eine große Nachrichtensendung pro Tag zu sehen. Ergänzt werden diese Programme erstmals auch mit Kommentaren und mit Korrespondentenberichten aus aller Welt. Da der ORF noch über keine eigenen Korrespondenten oder gar Auslandsbüros verfügt, bedient er sich zunächst der Korrespondenten anderer Rundfunkanstalten oder schickt zu den Großereignissen seine eigenen Leute zur Berichterstattung aus. Aber nach und nach werden in den wichtigsten Zentren der Weltpolitik auch eigene ORF-Büros eingerichtet. Neben diesen Redaktionen wird auch eine andere Abteilung stark ausgebaut, das Ressort „Politik und Zeitgeschehen" unter der Leitung Alfred Payrleitners. Payrleitner bedient sich der modernsten Übertragungstechniken, um Berichte und Dokumentationen zu den aktuellen Weltereignissen im ORF auf den Schirm zu bringen. All das geht in die Geschichte des ORF unter dem Stichwort „Informationsexplosion" ein.

Der neue ORF trägt auch wesentlich zu einer weiteren Föderalisierung Österreichs bei – die neuen Landesstudios werden Zentren landespolitischen Selbstbewußtseins und des kulturellen Lebens. Der bekannte Architekt Gustav Peichl konstruiert diese Landesstudios funktionell und gibt ihnen dennoch einen besonderen Charakter, der wesentlich zum Corporate Design des ORF beiträgt.

Kreisky löst Pittermann ab

Parallel zu diesem Umbau des ORF gibt es auch gravierende Änderungen in der österreichischen Innenpolitik. Zunächst betreffen sie die SPÖ. Beim Parteitag 1967 legt Bruno Pittermann den Parteivorsitz zurück, den er nun zehn Jahre lang innegehabt hat. Wie es sich gehört, dankt es ihm der Parteitag mit stehendem Applaus. Pittermann war es immerhin gelungen, die SPÖ bei einem Wahlgang – 1959 – zur stimmenstärksten Partei zu machen. Doch dieses Ergebnis vermochte er nicht mehr auszubauen, und der folgende Abstieg der Partei wurde ihm zum Teil doch auch zur Last gelegt – Olah hätte nicht passieren dürfen. Und die guten Ansätze Pittermanns, die Partei zu öffnen, hat er im Lauf der Jahre selbst wieder verschüttet. Denn unter Pittermann wurde beschlossen, daß Parteifunktionäre

Bruno Kreisky im Gespräch mit Franz Kreuzer. In diesem „Sommergespräch" fordert Kreisky weitgehende Reformen innerhalb der SPÖ, was ihn zum Kandidaten für den Parteivorsitz macht.

Bruno Kreisky wird beim Parteitag der SPÖ 1967 zum neuen Vorsitzenden der Partei gewählt. Aber erst nach einer harten Auseinandersetzung mit den „Traditionalisten", dem harten Kern der Partei. Die Jungen und die Vertreter der Bundesländer treten für Kreisky ein, von dem sie eine Totalreform der Partei erwarten. Zu dieser jungen Garde zählen Fred Sinowatz, Hilde Hawlicek und Peter Schieder (links von oben nach unten).

mit parteifremden Medien keinen Umgang pflegen dürfen, und es war Pittermann, der den Standpunkt vertrat, wem der Gegner zustimme, der habe schon gegen die Interessen der Partei gehandelt. Eine starke Abschottung nach außen.

Franz Kreuzer, der damalige Chefredakteur der „Arbeiter-Zeitung", läßt sich als Auftakt zum Parteitag etwas Originelles einfallen. Er führt Sommergespräche mit den Spitzenpolitikern der SPÖ und veröffentlicht diese Interviews prominent in der AZ. Eines dieser Gespräche erregt besonderes Aufsehen: Kreuzers Interview mit Bruno Kreisky. Kreisky stellt in diesem Gespräch Forderungen, wie sie in der Partei bisher als höchst ketzerisch gegolten haben: „Ich bin zum Beispiel der Ansicht, daß wir einen völlig neuen Stil der politischen Versammlung entwickeln sollten ... in jeder Versammlung sollte es eine Konfrontation der Standpunkte geben. Zuhörer sollten grundsätzlich unangenehme Fragen stellen können und sie auch beantwortet bekommen." Und Kreisky fordert nicht nur eine offene Diskussion innerhalb der Partei, er tritt auch für eine offene Diskussion mit dem politischen Gegner ein. Er spricht von der Notwendigkeit eines neuen, radikalen kulturpolitischen Konzepts: „Unser politisches Denken war in der Koalitionszeit vielfach von Verwaltungsbedürfnissen her bestimmt. Wir müssen uns nun der eigentlichen Aufgabe der Politik entsinnen: der Verwaltung Ziele zu geben, ihr Signale zu setzen. Ich glaube, daß durch eine so verstandene Radikalität die Partei für Intellektuelle liberaler Prägung attraktiv werden kann, Liberale, die es ja in allen Parteien und außerhalb der politischen Parteien gibt." In Kreuzers Sommergesprächen wird die Krise der SPÖ deutlich.

Als Chefredakteur der „Arbeiter-Zeitung" hat Kreuzer Mitsprache im Parteivorstand. Er schildert das damalige Ringen um den künftigen Kurs der Partei: „Auf der einen Seite die Traditionalisten. So nenne ich sie, sie waren keine Konservativen und sie waren nicht, wie sie beschimpft wurden, Stalinisten, sie waren saubere brave Sozialdemokraten, aber eben Sozialdemokraten des ‚Roten Wien'. Und diese Gruppierung mit zentralistischen Aspekten mußte abgelöst werden. Der erste Versuch wurde von Olah unternommen, der ist gescheitert, weil Olah den Menschen nicht geheuer war wegen seiner Machttendenzen. Und jetzt ging es im zweiten Durchgang um eine Lösung." Zu dieser Lösung hat Kreuzer mit seinem Kreisky-Interview nicht wenig beigetragen. Mit der Forderung nach einem „Aufbruch zu neuem politischen Denken" profiliert sich Kreisky erstmals als möglicher Kandidat für den Parteivorsitz. Dazu Franz Kreuzer: „Das war die Stunde Bruno Kreiskys, der dadurch eine echte Chance zum Gewähltwerden bekam." Die alte Garde der SPÖ tritt dafür ein, Karl Waldbrunner zum Nachfolger Pittermanns zu wählen. Doch Waldbrunner ist krank und schließt sich selbst als Kandidat aus. So soll Hans Czettel einspringen, der Mann, den die Parteiführung schon vorgeschickt hatte, als es darum ging, Olah als Innenminister abzulösen. Czettel gilt als braver Parteisoldat, und als solcher stellt er sich auch zur Verfügung, aber er ist wenig profiliert, ein neuer Auftrieb für die Partei ist von ihm vermutlich nicht zu erwarten. Und so gibt es eine unerwartet starke Opposition gegen Czettel. Immer mehr zeichnet es sich ab, daß die jüngeren, die frischen Kräfte für einen radikalen Wechsel im Führungsstil der SPÖ sind. Und dieser Forderung schließen sich besonders die Vertreter der Bundesländer an. Sie sind für Bruno Kreisky.

Zunächst hat der Parteitag den neuen Parteivorstand zu wählen. Den „Traditionalisten" wird durch Streichungen die Ablehnung vieler Delegierter zum Ausdruck gebracht. Umgekehrt wird aber auch Kreisky von fast einem Drittel der Delegierten gestrichen. Dennoch hat er einen eindeutigen Vorsprung. Kreisky steht für Aufbruch und Erneuerung. So empfiehlt der Vorstand dem Parteitag, Bruno Kreisky zum neuen Vorsitzenden der SPÖ zu wählen. Zwei Drittel der Delegierten folgen dieser Empfehlung. Das wäre normalerweise ein mageres Ergebnis, Spitzenfunktionäre werden bei Parteitagen – nicht nur der SPÖ – mit viel deutlicheren Mehrheiten gewählt. Doch in Anbetracht der Tatsache, daß der Parteitag einen Tag zuvor noch völlig gespalten war, kann Kreisky mit dem Ergebnis zufrieden sein.

Mit der Wahl Kreiskys hat die SPÖ ihre schwere Führungskrise überwunden. Und Kreisky nimmt die Zügel sofort fest in die Hand. Wie fest und entschlossen, das erlebt Franz Kreuzer bereits wenige Stunden nach der Wahl Kreiskys. Er ist gerade dabei, den Bericht über den Parteitag zu redigieren, für die „Arbeiter-Zeitung" druckfertig zu machen. An dem Schreibtisch, an dem er sitzt, saß einst Friedrich Austerlitz und saß nach ihm Oscar Pollak, als sie die „Arbeiter-Zeitung" führten. Und im Nebenzimmer saß Otto Bauer, der legendäre Führer der österreichischen Sozialdemokratie der Ersten Republik. Kreuzer berichtet: „Kreisky kam gegen 21 Uhr, mitten in der Produktion, unangesagt bei der Tür herein, trat in das traditionelle Austerlitz-Zimmer, in dem ich saß, wissend, daß sich daneben ein kleiner Raum befindet, in dem früher Otto Bauer saß, er hieß auch Otto-Bauer-Zimmer, und ein Bild Otto Bauers hing dort an der Wand. Kreisky ging durch meinen Raum relativ grußlos durch direkt ins Otto-Bauer-Zimmer und stand eine gute Minute schweigend vor dem Bild Bauers. Das heißt, er hat die Erfolgsmeldung vor der Geschichte seinem großen Idol erbracht und ist eigentlich in dieser Minute zur Reinkarnation Otto Bauers geworden. Er hat übrigens bei dieser Gelegenheit von der Arbeiter-Zeitung Besitz ergriffen und mich eigentlich in dieser Minute abgesetzt. Das ist auch so begriffen worden. Ich komme von seiner inneren Konstellation zur Außenwirkung: Es kam jetzt wieder ein großer Parteiführer, der gleichermaßen politisches Talent nach außen mit Tradition von innen vereinigen konnte und der daher imstande war, die Jungen und die Alten und die Ideologen und die einfachen Menschen, die Menschen in allen Bundesländern und so weiter anzusprechen. Und das ist dann sehr rasch wirksam geworden."

Franz Kreuzer: Das war die Stunde Bruno Kreiskys.

Amtsübergabe in der SPÖ. Bruno Kreisky war nicht der Kandidat Pittermanns, aber nach der Abstimmung gibt es einen versöhnlichen Händedruck.

Und rasch geht Kreisky daran, sich das Vertrauen auch jener Funktionäre zu erwerben, die bei seiner Wahl noch gegen ihn gestimmt haben. Dabei kommt es ihm vor allem darauf an, die starke Fraktion der sozialistischen Gewerkschafter für sich zu gewinnen. Anton Benya, der Präsident des ÖGB, zeigt sich bei einer Pressekonferenz, bei der auch Kreisky anwesend ist, nicht gerade von der freundlichsten Seite: „Für den ÖGB ist es völlig gleich, wie sich eine Regierung zusammensetzt", erklärt Benya. „Wir haben, unabhängig von der Regierung und den politischen Parteien, eine Politik für die Arbeitnehmer zu machen, und natürlich auch eine Politik für die Gesamtbevölkerung. Da lassen wir uns auch von der Sozialistischen Partei nichts dreinreden, so wie sich die Sozialistische Partei von der sozialistischen Fraktion (des ÖGB) nichts dreinreden läßt." Kreisky muß Benya gewinnen. Nur mit dessen Hilfe wird er seine großen Vorhaben auch durchsetzen können. Aber zunächst bleibt Benya noch auf Distanz. Bis zu dem Tag, da beide zu einem Gewerkschaftstreffen der Metallarbeiter in Krumpendorf in Kärnten eingeladen werden. Anton Benya berichtet: „Ich hielt ein Referat, Kreisky hielt ein Referat. Und wir sind dann freundschaftlich beisammengesessen. Wie mir dann Kollege Sagmeister erzählte, ist er danach mit Kreisky spazierengegangen, und Kreisky sagt zu ihm: ‚Ich war der Meinung, ihr seid gegen mich, der Benya ist gegen mich.' Darauf sagt Michael Sagmeister: ‚Du paß auf, der Toni kriegt zwar einen roten Schädel, aber dann ist alles wieder vorbei, das is net a so, kannst sicher sein. Alles in Butter.'"

Nun bietet Kreisky Benya eine Koalition besonderer Art an: Sowohl in der Parteiführung wie auch unter den Abgeordneten und später einmal in der Regierung werde die sozialistische ÖGB-Fraktion von sich aus stets eine Reihe wichtiger Posten besetzen können. So war es zwar schon bisher, aber weder Schärf noch Pittermann hatten mit den ÖGB-Präsidenten eine so klare Absprache getroffen und den Gewerkschaften damit Mitsprache und Mitbestimmung in Partei und Regierung garantiert. Um es vorwegzunehmen: Als

Kreisky 1970 Bundeskanzler wird, kommt diese Absprache zum Tragen. Anton Benya entsendet seine Leute in die Regierung, und Kreisky respektiert deren Eigenständigkeit, während er die von ihm bestellten Regierungsmitglieder zur absoluten Loyalität ihm gegenüber verpflichtet. Im Zuge unserer Fernsehdokumentation „Österreich II" fanden wir auch einen kurzen Filmausschnitt, der eine bemerkenswerte Szene in Bild und Ton wiedergibt: Kreisky und Benya in einer Heurigenlaube singen zur Schrammelmusik gemeinsam das Wienerlied „Mir raubt nix mei Ruah, mein gold'nen Hamur". Doppelt bemerkenswert deshalb, weil zwar Benya gerne zum Heurigen geht und dort auch gerne singt, aber Kreisky bis dahin kaum noch von jemandem singend angetroffen worden ist.

Die Achse Kreisky–Benya zeigt sofort Wirkung. Kreisky macht eine zentrale Forderung des ÖGB auch zu einer Hauptforderung der SPÖ: die Einführung der 40-Stunden-Woche. Damals wird noch 45 Stunden in der Woche gearbeitet. Und die Wirtschaft hält sich nicht für stark genug, eine Reduzierung der Arbeitszeit auf sich nehmen zu können. Daher muß sich auch die Regierung Klaus gegen die 40-Stunden-Woche stellen. So bietet die Forderung nach der 40-Stunden-Woche dem neuen Parteiführer Kreisky eine Gelegenheit, sich nach mehreren Seiten hin zu profilieren: Hier ergibt sich ein echter Interessengegensatz zur Regierung, ein Kampf, der zu gewinnen ist, und damit die Aussicht auf einen Sieg der Opposition und ihres Führers. Gleichzeitig versöhnt Kreisky damit auch die Gewerkschafter und Traditionalisten, die bei seiner Wahl zum SPÖ-Vorsitzenden gegen ihn gestimmt haben. Und mit der Forderung nach Arbeitszeitreduzierung lassen sich gewiß auch Wähler gewinnen. Kreisky ruft zu einem Volksbegehren auf und läßt für die 40-Stunden-Woche demonstrieren.

Das fällt nun zusammen mit der Informationsexplosion im ORF. Sie kommt den Intentionen Kreiskys entgegen. Wäre der ORF noch ein Regierungsrundfunk wie früher, so würden die Initiativen der neuen SPÖ-Führung wenig Beachtung finden im Radio wie im Fernsehen. Doch der neue ORF ist anders: Alles, was politisch, gesellschaftlich und kulturell relevant ist, wird aufgegriffen, über alles wird berichtet. Jetzt gibt es keine bestellten und gestellten Interviews mehr, jetzt werden Politiker vor den Mikrophonen und Fernsehkameras des ORF hartnäckig befragt, haben ihre Überlegungen, ihre Beweggründe, ihre Absichten vor aller Öffentlichkeit darzulegen. Das tun die einen mit mehr, die anderen mit weniger Geschick. Dementsprechend reagiert die Bevölkerung. Ein neuer Typus von Politiker ist da gefragt. Und einer entspricht im besonderen diesen Anforderungen – Bruno Kreisky.

Während die SPÖ und ihre Zeitungen dem ORF noch immer mit unversöhnlicher Kritik begegnen, während beim Mai-Aufmarsch auf Transparenten „Gegen die Meinungsmanipulation im ORF" protestiert wird, bereitet Kreisky bereits den Waffenstillstand mit dem neuen ORF vor. Bei einer Pressekonferenz, zu der Kreisky auch Gerd Bacher einladen läßt, akzeptiert er erstmals den neuen Rundfunk und dessen Leitung. Bruno Kreisky: „Ich habe erstens einmal gesagt, wir waren gegen das Rundfunkgesetz, weil wir der Meinung waren, es ist ein nicht in allen Teilen richtiges und gutes Gesetz. Aber es gehört in der Demokratie nun einmal dazu, wenn ein Gesetz beschlossen wurde, dann ist es Gesetz, und dann gilt es auch für die, die nicht dafür waren. Nun ist die Leitung des ORF gewählt worden, auf eine einwandfreie Art, es war kein Coup, es war eine Mehrheit, wir sind unterlegen. Und ich habe meinen Parteifreunden gesagt, daß man halt mit dem Rundfunk, wie er ist auf Grund des Gesetzes, und mit der Leitung, die er hat, leben muß." Und Kreisky lebt gut mit dem neuen ORF. Er ist telegen, wirkt sympathisch, hat eine überzeu-

Der neue Rundfunk wird zunächst zum Feindbild der oppositionellen SPÖ. Aber mit Kreisky kommt ein Mann an die Spitze der Partei, der die Medien für sich zu instrumentalisieren weiß. Wie kaum ein zweiter versteht es Kreisky, den Bildschirm für sich zu nützen.

Die Achse wird geschmiedet, die es Kreisky ermöglicht, dreimal hintereinander erfolgreiche Wahlen zu schlagen und erfolgreiche Regierungen zu führen: Es ist die Achse Regierung–Gewerkschaftsbund, die Verständigung zwischen Kreisky und Benya. Unser Bild zeigt sie gemeinsam beim Heurigen: „Mir raubt nix mei Ruah".

gende Art. Kreisky vermittelt den Eindruck, daß alles machbar sei, und nichts so kompliziert, daß er es nicht verständlich machen könnte. Man nimmt ihm ab, daß er in der Lage sei, die Probleme zu lösen, mit denen andere nur schwer, wenn überhaupt fertig werden. Bundeskanzler Klaus hingegen kommt nicht so gut über den Schirm: Stets um Seriosität bemüht, wirkt er ernst, stets um die Moral besorgt, wirkt er missionarisch, stets um die volle Wahrheit bemüht, wirkt er kompliziert. Ohne es selbst zu merken, haben Klaus und Withalm mit der großen ORF-Reform auch schon ein Instrument geschaffen, auf dem ihr Widersacher Bruno Kreisky besser spielen kann als sie.

Der „Koren-Plan" und die Folgen

Während Kreisky alle Register zieht, um die Ausgangspositionen der SPÖ für die nächsten Wahlen zu verbessern, befindet sich die Regierung Klaus in einer zunehmend schwierigeren Lage. In der Weltwirtschaft herrscht Flaute, und so geht es auch der österreichischen Wirtschaft nicht besonders gut. Die großen Reformpläne der Regierung – neue Strukturen für die Industrie, insbesondere der Umbau der verstaatlichten Industrie, aber auch die notwendigen Reformen in der Landwirtschaft –, sie greifen unter diesen Umständen nicht gut. Obwohl sie im Vergleich zu späteren Regierungen ihre Reformabsichten zielstrebiger verfolgt und dabei wichtige Strukturänderungen einleitet, eilt ihr bald der Ruf voraus, nichts oder nur wenig weiterzubringen. So entschließt sich Klaus – noch keine zwei Jahre im Amt – bereits im Januar 1968 zu einer weitgehenden Umgestaltung seiner Regierung. Er holt den starken Mann der ÖVP, den „eisernen Hermann" Withalm in das Kabinett, macht ihn anstelle von Fritz Bock zum Vizekanzler. Der Diplomat Kurt Waldheim löst Toncic-Sorinj als Außenminister ab, Franz Soronics wird neuer Innenminister, Otto Mitterer ersetzt Fritz Bock in dessen zweiter Funktion als Minister für Handel, Gewerbe und Industrie. Und Klaus holt den bisherigen Staatssekretär im Kanzleramt Stephan Koren in die Himmelpfort-

Stephan Koren legt der ÖVP einen Plan zur umfassenden Reform der Wirtschafts- und Finanzpolitik vor. Der „Koren-Plan" wird zur Grundlage von Strukturänderungen, die jedoch erst voll zum Tragen kommen, als Klaus und Koren nicht mehr an der Regierung sind. Unser Bild zeigt Koren (rechts) im Gespräch mit Handelsminister Otto Mitterer. Um das Budgetdefizit zu halbieren, kürzt Koren Subventionen und führt eine Weinsteuer ein. Die Bauern protestieren dagegen mit einer mächtigen Traktordemonstration vor dem Bundeskanzleramt.

gasse, in das Finanzministerium, wo Koren den bisherigen Finanzminister Schmitz ablöst.

Auf diesen Stephan Koren konzentrieren sich nun die Hoffnungen der Partei. Er ist ein brillanter Volkswirtschafter. Koren wird beauftragt, einen umfassenden Vorschlag zur Neustrukturierung der Wirtschaft und der Staatsfinanzen vorzulegen. Dieser Vorschlag geht als „Koren-Plan" in die Geschichte der Zweiten Republik ein. Koren schlägt eine Radikalkur vor: Eine generelle Steuererhöhung um zehn Prozent, Sondersteuern für neue Autos, eine zusätzliche Weinsteuer, Kürzung der Subventionen für die Bauern. Dafür verspricht Koren, das Budgetdefizit von erwarteten 16 Milliarden Schilling zu halbieren und die Wirtschaft aus der Stagnation zu führen, aus Österreich einen modernen Industriestaat zu machen, nicht zuletzt auf Kosten einer schrumpfenden Landwirtschaft. Es ist ein aufrichtiger Plan, er spricht die Probleme ehrlich an, und er fordert, was zu deren Lösung notwendig ist. Aber er trifft vor allem die Kernschichten der ÖVP-Wähler: den Mittelstand, die Bauern.

Und die Bauern wehren sich, sammeln sich zu einem Marsch auf Wien, besser gesagt, zu einer Sternfahrt auf ihren Traktoren. So rollen Hunderte Traktoren über die Einfallstraßen Wiens in Richtung Ballhausplatz. Die Bauern demonstrieren gegen den Koren-Plan, gegen die Kürzung der Stützungsgelder, gegen die Erhöhung der Steuern und besonders gegen die Weinsteuer. Die Bauern fahren mit ihren Traktoren vor dem Bundeskanzleramt auf, aber der Ballhausplatz kann nur einen Bruchteil von ihnen aufnehmen – in Doppelreihen stehen die Traktoren entlang des Volksgartens bis zur Ringstraße. Mit Transparenten und Sprechchören fordern die Bauern die Rücknahme der sie treffenden Maßnahmen. Bundeskanzler Klaus weigert sich, unter dem Druck der Straße zu verhandeln. Als das bekannt wird, wächst die Empörung der Demonstranten. Steine fliegen gegen das Kanzleramt, einige Fenster werden eingeschlagen. Dann folgen Rauchbomben. Die Polizei marschiert mit Verstärkungen auf, legt einen dichten Kordon vor das Tor des Kanzleramts.

Von tiefem Schmerz gebeugt, geben wir allen teilnehmenden Freunden eines guten Tropfens die betrübliche Nachricht, daß unser unvergeßlicher Vater und Freund

Schurl Weintrinker
(der Letzte)

nach langem, schwerem Leiden (seit 26. Juni 1968), jetzt durch den (KOREN Zu-) Schlag getroffen wurde.

Unser lieber Verstorbener wird am 13. Mai, um 11 Uhr, am Ballhausplatz in Wien aufgebahrt.

In tiefer Trauer:

Pepi Österreicher   Mitzi Österreicher (Weintrinker)

Theo, Thea, Roland, Stefan und Karl
Freunde

und alle die ihm den Tod gebracht haben

Leopold Hansy: Es war bisher niemals der Fall, daß man weniger gekriegt hat.

Unter den Demonstranten befindet sich Leopold Hansy, er schildert die damalige Stimmung der Bauern: „Der Landwirtschaftsminister Schleinzer hat uns erklärt, daß wir beim Weizen mit dem Preis runtergehen müßten. Das war der erste Schritt. Und die Bauern haben gesagt, was ist da los? Alle anderen kriegen mehr, und wir sollen weniger kriegen. Nach dem 45er Jahr war es ja niemals der Fall, daß man weniger gekriegt hat, sondern man hat immer was dazugekriegt. Und jetzt auf einmal kriegen die einen etwas dazu, die anderen kriegen weniger." Das trifft den Nagel auf den Kopf. Zum ersten Mal in der Zweiten Republik und seit es die Sozialpartnerschaft gibt, legt ein Finanzminister ein Sparpaket auf den Tisch, das Opfer erfordert und das darüber hinaus auch einige Bevölkerungsschichten stärker trifft als andere. Wir werden in Zukunft noch zweimal ähnliche Situationen erleben: Wenn Bruno Kreisky am Ende seines Urlaubs auf Mallorca Anfang 1983 die österreichische Öffentlichkeit mit einem Spar- und Steuerpaket überrascht, dem – wie es damals heißt – „Mallorca-Paket"; und in noch drastischerer Form 1995, als an der Notwendigkeit des Sparens die große Koalition zerbricht. Die Reaktion auf die Sparpakete ist jedesmal die gleiche: Proteste der Betroffenen, Demonstrationen und letztlich ein Denkzettel für die im Amt befindliche Regierung.

Und so ergeht es auch der ersten Alleinregierung der ÖVP. Der Koren-Plan leitet die längst fälligen Strukturveränderungen in Industrie und Landwirtschaft ein, aber sie werden erst in den kommenden Jahren wirksam werden und Früchte tragen, zunächst bringen sie Härten mit sich. Der Koren-Plan hält auch das Budgetdefizit in abgewogenen Proportionen, ein Zustand, der künftig kaum je wieder erreicht werden wird. Doch Koren holt sich das Geld durch eine zehnprozentige Sonderabgabe von Einkommen-, Lohn- und Körperschaftsteuer, durch eine fünfzigprozentige Erhöhung der Vermögensteuer und einen zehnprozentigen Zuschlag auf den Verkaufspreis aller alkoholischen Getränke. Die Regierung rechnet mit der Einsicht der Bürger und der Bauern. Doch diese hält sich in Grenzen. Der Denkzettel bei der nächsten Wahl ist vorprogrammiert.

AUFRUHR UND UMBRUCH – 1968

Halten wir einen Moment inne. Wir sind mit der Schilderung der innenpolitischen Entwicklungen bis in das Jahr 1968 vorgedrungen. Dieses Jahr ist ein besonderes Jahr. 1968 – das wird noch lange Zeit ein Synonym sein für einen weltweiten gesellschaftlichen Umsturz, für Vietnam-Krieg und Jugendrevolte, für Prager Frühling und Einmarsch der Warschauer-Pakt-Truppen in die Tschechoslowakei. 1968 ist ein Jahr des Aufruhrs und des Umbruchs allüberall in der Welt. Österreich ist da miteinbezogen, auch wenn all diese Erscheinungen hierzulande in milderer Form auftreten als etwa in Deutschland, in Frankreich, in den USA. Vielleicht war der Umbruch, der Aufbruch ohnedies schon fällig, beschleunigt wurde er jedenfalls durch den Krieg in Vietnam und dessen Auswirkungen. Wir haben diesen Krieg schon angesprochen als Teil der Politik des amerikanischen Präsidenten Lyndon B. Johnson. Als der Vietcong, die kommunistischen Partisanen, die prowestliche Regierung in Südvietnam ernstlich bedrängen, eilt Johnson dieser Regierung mit amerikanischen Soldaten zu Hilfe. 1965 landen die ersten US-Truppen in Vietnam. Sie ziehen in einen Krieg, der für sie fast zehn Jahre dauern wird. Modernste Waffen werden eingesetzt, Hubschrauber und Raketen. Doch im Kampf gegen die Guerillas sind sie fast wirkungslos. Der Vietcong taucht auf, wo man ihn gerade nicht vermutet, und verschwindet wieder, ehe die amerikanischen Verstärkungen eintreffen. Und im Dschungel ist weder mit Raketen noch mit Napalm-Bomben viel zu

Fast zehn Jahre dauert der Krieg in Vietnam. Bilder wie dieses erschüttern die Menschen in aller Welt.

erreichen. Leidtragend aber ist vor allem die Zivilbevölkerung. Aus ihren Dörfern holt sich der Vietcong den Reis und die jungen Kämpfer, also den Nachschub, den die Regierungstruppen wieder mit aller Gewalt zu unterbinden versuchen. Folgen die Dorfbewohner aber den Regierungskommissaren, so werden sie Opfer der nächsten Strafexpedition des Vietcong.

Die amerikanische Regierung scheut davor zurück, den Krieg in Vietnam als Krieg zu deklarieren, denn dazu bedürfte es einer Kriegserklärung, die der US-Kongreß zu beschließen hätte. Einen erklärten Krieg aber müßten die USA mit allen zur Verfügung stehenden Mitteln führen, um ihn auch zu gewinnen. Das wieder ist Präsident Johnson Vietnam nicht wert. Der Präsident läßt sich vom US-Kongreß lediglich ermächtigen, alle nötigen Maßnahmen zu ergreifen, die dem Schutz der in Vietnam stationierten amerikanischen Soldaten und der Abwehr weiterer kommunistischer Aktionen dienen, und spricht von einer Beistandsaktion mit begrenzten Zielen, unter Einsatz von begrenzten Mitteln. Aber es sind schließlich 500 000 amerikanische Soldaten und zeitweise mehr, die in Vietnam im Einsatz stehen. Da es sich offiziell nicht um einen Krieg handelt, kann die US-Regierung, können die amerikanischen Befehlshaber in Vietnam auch keinerlei Zensurmaßnahmen, keinerlei Beschränkungen für die Medien anordnen. Journalisten dürfen überall hin, Fernsehkameras sind überall dabei, ihre Berichte, ihre Bilder erreichen jeden Tag die Wohnzimmer der Amerikaner. Und es ist grauenhaft, was sie zu sehen bekommen. Zunächst stets der gleiche unfaßbare Gegensatz – hier großgewachsene, gut ernährte, bestens ausgerüstete, schwer bewaffnete US-Soldaten, dort die kleinen mageren, dürftig bekleideten, oft bloßfüßigen Vietnamesen, die – einerlei, ob es sich nun um Zivilisten oder gefangene Vietcongs handelt – immer einen Mitleid erregenden Eindruck machen. Und dann die im Guerillakampf getöteten eigenen Soldaten, von Minen zerrissen, durch Dschungelfallen verstümmelt, gefallen 16 000 Kilometer von der

Der Protest gegen den Vietnam-Krieg wird vor allem von der Jugend getragen. Eine neue Linke, insbesondere unter den Studenten, richtet ihre Kritik aber bald auch gegen die gesellschaftlichen Strukturen im eigenen Land.

Heimat entfernt – wofür? Dann wieder die brennenden Dörfer, die fliehenden Frauen, die Napalm-verbrannten Kinder – welch ein Elend.

Der Widerstand gegen diesen Krieg beginnt in den amerikanischen Universitäten. Für das intellektuelle Amerika nimmt der Einsatz in Vietnam immer mehr den Charakter eines Kolonialkriegs an. Und in diesen Krieg sollen sie nun ziehen, die jungen Amerikaner. Noch schlimmer: Nicht alle müssen einrücken, nicht alle in den Krieg gehen, denn würde man ganze Jahrgänge einziehen, wären das zu viele Soldaten. So werden jene, die einrücken sollen, durch das Los bestimmt. Eine Lotterie also, die darüber entscheidet, ob einer in Vietnam seine Haut zu Markte tragen muß oder ob er daheim bleiben und seine Studien fortsetzen kann. Mehr als alles andere hat dieses System der Rekrutierung zur Auflehnung der Studenten beigetragen. Zu Tausenden entziehen sie sich diesem Zufallsspiel, indem sie nach Kanada, Australien, Neuseeland, England fliehen (der spätere amerikanische Präsident Bill Clinton ist einer von ihnen). Aber noch viele tausend mehr protestieren, demonstrieren, besetzen die Universitätsgebäude. Und die Revolte breitet sich aus, erfaßt die Städte. Die einen nehmen den Kampf mit der Polizei auf, die anderen „steigen aus", werden – wie man sie nennt – Blumenkinder. Sie nehmen Zuflucht zu Drogen – zu LSD, Haschisch, Heroin, sie betäuben sich und putschen sich auf mit einer neuen Art von Musik, Rock-Konzerte, ein Massenerlebnis, ein Sich-Hineinsteigern in einen Trancezustand.

Die Studentenrevolte

An der Universität in San Diego in Kalifornien geht der in Berlin geborene Politologe Herbert Marcuse in seiner Analyse dessen, was sich da abspielt, viel weiter. Er sieht in dem Protest der Jugend eine Auflehnung gegen die Werte und Wertungen der Väter, gegen die Zwänge, die nicht nur vom Staat, nicht nur von der Bürokratie, nicht nur von den Autoritäten, sondern die auch vom Konsum ausgehen, von der Macht der Werbung, von der Macht der Konzerne. Marcuses Buch „Der eindimensionale Mensch" wird zum Kultbuch, zum Standardwerk der kritischen Jugend weltweit. Marcuse ruft darin zum Protest gegen den Konsumzwang, gegen die Unterdrückung durch die Herrschenden auf, seine These heißt „Verweigerung". Das kommt allen entgegen: jenen, die nur den Wehrdienst verweigern wollen, jenen, die sich der Gesellschaft verweigern wollen. Und das begründet auch neue Formen des Protests, aber auch des Sich-Auslebens: Happenings vom Teach-in, Love-in, Sit-in, Go-in, Be-in bis zu den Hippie-Kommunen. Parallel dazu die Sex-Revolution. Auch in ihr gibt es zwei Richtungen: Die eine politisch-ideologisch, will mit freier Liebe, Gruppensex, Partnertausch traditionelle Tabus brechen, die Gesellschaft sprengen, der anderen geht es vor allem um die Befreiung der Frau, um deren Gleichberechtigung, um deren Selbstverwirklichung. Der Funke springt über den Atlantik. Und nun tritt auch die Jugend Europas zur Revolte an. Auch hier zuerst an den Universitäten. Der Krieg in Vietnam ist auch hier ein Thema. Und der Schlachtruf der Demonstranten oft genug der Name des nordvietnamesischen Kommunistenführers Ho Tschi Minh.

Aus dem Protest gegen den Vietnam-Krieg wird sehr schnell ein Protest gegen die USA und damit gegen die wichtigste Schutzmacht der Bundesrepublik Deutschland. Das wieder fordert die Regierung in Bonn heraus und den Mann, der sich den Kampf gegen den Kommunismus zur Lebensaufgabe gemacht hat, den Hamburger Verleger Axel Springer. Seine „Bild-Zeitung" zieht gegen die Demonstranten zu Felde. Nun haben die Demonstranten ein neues Ziel: Springers

Die erste Demonstration gegen den Wiener Opernball.

Verlagshäuser werden angegriffen: „Verstaatlicht Springer!" Im Nu ist aus den ursprünglichen Anti-Vietnam-Protesten eine politische Bewegung geworden oder, wie sie bald genannt wird, eine außerparlamentarische Opposition, APO. Führend der Sozialistische Deutsche Studentenbund, SDS, und an seiner Spitze Rudi Dutschke. Er ist ein mitreißender Redner und ein ideologisch hoch geschulter Mann. Im Sinne von Marcuse ruft er zum Widerstand gegen jede Art von Autorität auf. Dutschke fordert eine radikale Änderung der Universitäten, wo nicht mehr Bürokraten und Professoren, sondern vor allem die Studenten die Lehrpläne und Lehrinhalte bestimmen sollten. Dutschke fordert eine radikale Veränderung der Gesellschaft. In einem Interview erklärt Dutschke: „Warum sollen wir vor dieser geschichtlichen Möglichkeit haltmachen und sagen, steigen wir aus, wir schaffen es doch nicht, irgendwann geht es mit dieser Welt zu Ende. Ganz im Gegenteil: Wir können eine Welt gestalten, wie sie die Welt noch nie gesehen hat. Eine Welt, die sich auszeichnet, keinen Krieg mehr zu kennen, keinen Hunger mehr zu haben. Das ist unsere geschichtliche Möglichkeit. Und da sollen wir aussteigen? Ich bin kein Berufspolitiker, aber wir sind Menschen, die nicht wollen, daß die Welt ihren bisherigen Weg weitergeht, und darum werden wir kämpfen, haben wir angefangen zu kämpfen." West-Berlin ist das Zentrum dieser Protestbewegung, hier auch finden die größten und gewalttätigsten Demonstrationen statt. Aber zu Protest und Gewalttätigkeit kommt es in allen größeren deutschen Städten.

Während sich die deutschen Demonstrationen über die Jahre 1967 und 1968 verteilen, setzen die Studenten in Paris einen Schwerpunkt. Im Mai 1968 besetzen sie die Sorbonne, reißen die Pflastersteine aus den Straßen, errichten – in französischer Revolutionstradition – Barrikaden. Die Regierung setzt 10 000 Polizisten ein, die die Barrikaden stürmen und die Sorbonne räumen sollen. Aber hinter den Barrikaden stehen nicht weniger als 20 000 Studentinnen und Studenten. Sie halten dem Tränengas und den Gummiknüppeln der Polizei stand. Viele Tage und Nächte verteidigen sie die Barrikaden mit Erfolg. Ein Erfolg, der allerdings auch darauf zurückzuführen ist, daß die Polizei strikten Auftrag hat, kein Menschenleben zu riskieren, Gewalt nur so viel und nur so lange, daß es keine Toten gibt. Auch die Studenten in Paris haben ihren Führer, Daniel Cohn-Bendit, Sohn jüdisch-deutscher Eltern, die nach Frankreich emigriert sind. Er liegt ganz auf der Linie Dutschkes. Nach den Zielen des Studentenaufstands befragt, erklärt er: „Eine radikale Änderung der Universität bedeutet eine radikale Änderung der Gesellschaft. Wenn dies geschehen soll, so muß auch die Infrastruktur der Gesellschaft sich radikal ändern. Und ich bin mit dem SDS einverstanden, daß nur ein Rätesystem der Arbeiter und der Bauern diese Struktur bilden kann."

Der tapfere Kampf der Studenten findet Sympathie bei den Arbeitern. In Frankreich gelingt, was Dutschke in Deutschland nicht gelungen ist: Hier kommt es zu einem Bündnis zwischen den Studenten und den Gewerkschaften. Mit einem Generalstreik wollen nun auch die Gewerkschaften die Regierung in die Knie zwingen. Und beinahe schaffen sie es. Die Regierung scheint keine Macht mehr zu haben, alle Räder stehen still, nichts funktioniert mehr. Da ruft Staatspräsident de Gaulle den französischen Fallschirmjägergeneral Jacques Massu zu Hilfe. Und als die Pariser am nächsten Morgen erwachen, finden sie die Stadt von Fallschirmjägern besetzt. Der Streik bricht zusammen und mit ihm auch die Studentenbewegung. Und doch ist der Pariser Mai der Anfang vom Ende der Präsidentschaft de Gaulles.

Deutschland, Frankreich, zwei Schwerpunkte des Studentenprotests, der Jugendrevolte in Europa. Aber es gibt sie fast überall. Je nach dem Zustand der Universitäten und der Gesellschaft nimmt sie in den verschiedenen Ländern verschiedene Formen an. Es gibt sie auch in Österreich, und auch hier richtet sie sich zunächst gegen die Zustände an den Universitäten. Diese haben zum Teil den Anschluß an den Weltstandard versäumt. Mitte der sechziger Jahre sind 90 Lehrkanzeln in Österreich unbesetzt. Politisch nicht genehme Wissenschaftler werden von den Hochschulen ferngehalten oder müssen sich mit Lehraufträgen begnügen. Der österreichische Philosoph und Schriftsteller Friedrich Heer, international hoch anerkannt, seine Werke in alle Weltsprachen übersetzt, erhält in Österreich keinen Lehrstuhl, weil er Nonkonformist ist, als „Linkskatholik" gilt. An der Wiener Universität gibt es in den Fächern Geschichte und Philosophie keinen einzigen marxistischen oder positivistischen Professor, Dozenten oder Assistenten. Viele österreichische Wissenschaftler sind ins Ausland abgewandert: Von 80 Professoren und Dozenten weiß man, wo sie lehren, jedenfalls keiner in Österreich. Der Aufwand für Forschung in Österreich beträgt nur 0,3 des Bruttonationalprodukts. Wissenschaft in Not, das ist die Klage selbst der Professoren. Österreich, so heißt es, sei zur geistigen Provinz geworden.

So hat die Studentenbewegung in Österreich zunächst das Ziel, den Lehrbetrieb der Universitäten und Hochschulen zu verbessern. Die Inaugurationsfeier für den neuen Rektor der Wiener Universität, Fritz Schwind, im Oktober 1967 wird durch eine Demonstration aller Fraktionen der Österreichischen Hochschülerschaft gestört.

Alle Fraktionen der Hochschülerschaft rufen vier Tage später auch zu einer Demonstration vor dem Unterrichtsministerium auf dem Minoritenplatz auf. Gemeinsames Ziel ist die Forderung nach einer Hochschulreform. Während es offiziell um mehr Budgetmittel, um die Besetzung offener Lehrstellen, um Stipendien geht, formulieren bereits außerhalb der Hochschülerschaft radikalere Gruppen

Im Mittelpunkt der Jugendrevolte steht zunächst die Forderung nach einer Reform der Hochschulen und Universitäten.

Silvio Lehmann: Bildungsreform als Hebel zur Gesellschaftspolitik.

Nach einer Protestkundgebung vor dem Unterrichtsministerium stürmen die Demonstranten die Rampe vor dem Parlament.

Marina Fischer-Kowalski: Es ging um ein Mehr an Demokratie.

ihre Anliegen: Sie wollen eine Demokratisierung der Universitäten und Hochschulen, sie fordern ein Mitspracherecht bei der Ernennung von Professoren, sie wollen auch an der Hochschulverwaltung beteiligt werden, und die Politiker sollen verpflichtet werden, den Studenten Rechenschaft darüber abzulegen, was für die Hochschulen und die Studenten geplant und getan wird. Getragen werden diese Forderungen vor allem von linken Kräften mit eher anarchischen Zügen, sie sind daher auch keine Kommunisten. Aber Mao Tse-tungs „rote Bibel", jene, mit der in China die Kulturrevolution angeheizt wird, wird auch zum Kultbuch und zum Ausweis eines Teils dieser 68er-Bewegung.

Wie in Berlin, so versucht man es auch in Wien mit Wohngemeinschaften, Kommunen, antiautoritären Kindergärten und freier Liebe. Die spätere Professorin Marina Fischer-Kowalski nahm aktiv an der Studentenrevolte teil: „Das, worum es in täglichen Auseinandersetzungen ging, war ein Mehr an Demokratie und war ein Widerstand gegen autoritäre Bestimmung der Menschen. Besonders an der Universität, aber auch in der Gesellschaft." Silvio Lehmann organisierte damals den Protest zunächst im Verband Sozialistischer Studenten: „Was da in der Luft lag, war die Hochschulreform, das war sozusagen das Basisprojekt. Aber wir hätten natürlich die gesamte Gesellschaft irgendwie erlösen wollen. Daher haben wir gesagt Bildungsreform und – ich glaube der Satz stammt von mir – Bildungsreform als Hebel zur Gesellschaftspolitik." Dazu Marina Fischer-Kowalski: „Also das, was Kreisky später Demokratisierung aller Lebensbereiche genannt hat, das hat seinen Ursprung in der 68er-Bewegung. Dazu gab es einen theoretischen Gestus der Verachtung für die bürgerliche Demokratie, für die parla-

„Kunst und Revolution" nennen sie ihre Aktionen, treten nackt auf, verrichten ihre Notdurft, während sie Politiker und Professoren beschimpfen. Sie wollen schockieren, und die Provokation gelingt.

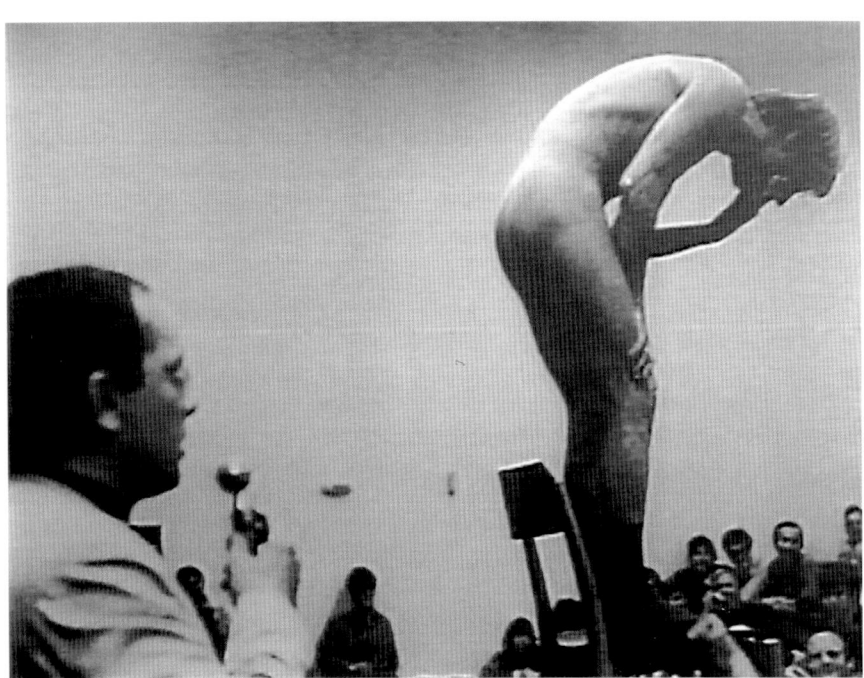

mentarische Demokratie, mit der Begründung, daß hier irgendwelche Leute gewählt werden, die keine inhaltlichen Aufträge haben, die machen können, was sie wollen in der Politik. Und das Volk delegiert seine politische Selbstbestimmung an diese Personen für vier Jahre. Und das sei ein verlogenes System, das nicht wirklich Demokratie bedeute. Also das war etwa die Linie, die dann in vielen Ausformungen aufgetreten ist."

Und was die damaligen Forderungen betrifft, meint Fischer-Kowalski: „Es gab eine nach parlamentarischen Fraktionen gewählte Studentenvertretung, die Österreichische Hochschülerschaft, und es gab an den Instituten selbstherrliche Professoren, die über den gesamten Studien- und Prüfungsbetrieb bestimmen konnten. Die Masse der Studenten hatte weder nach der einen noch nach der anderen Seite viel zu sagen. Hier war klar ein Demokratisierungsmodell angebracht, das sich gegen diese parlamentarische Vertretung richtete. Hier war aktiv herauszufinden, was die Studenten eigentlich wollten, waren Vertreter zu wählen und diese mit bestimmten Aufträgen zu versehen zur Entmachtung dieser selbstherrlichen Professorenfiguren an den Instituten selbst."

Der Wiener Aktionismus

Doch was da aufbricht, was da demonstriert und protestiert, was da fordert und agiert, das setzt sich aus vielen sehr inhomogenen Kräften zusammen: sozialistische Studenten, Studenten linker als die sozialistischen Studenten, Marxisten-Leninisten, Kommunisten, Kommunarden, Chaoten, Aussteiger, Aktionisten, Feministen. Nur eines ist ihnen allen gemeinsam: Sie wollen diese Gesellschaft verändern, die einen, indem sie nach Reformen rufen, die anderen, indem sie die bestehende Gesellschaft zerschlagen wollen. Auch Künstler und Literaten rufen zur Revolution. Allen voran die Wiener Aktionisten Günter Brus, Otto Muehl, Peter Weibel, Oswald Wiener. Ohne anzukündigen, was sie da eigentlich vorhaben, laden sie zu einer Aktion im Hörsaal 1 des Neuen Institutsgebäudes der Universität Wien ein, unter dem Titel „Kunst und Revolution". Der Hörsaal ist gesteckt voll. Zur Überraschung und auch zur Gaudi des Auditoriums treten die Aktionisten nackt auf, mimen Selbstbefriedigung, verrichten ihre Notdurft, während sie Politiker und Professoren beschimpfen. Sie wollen damit, wie sie sagen, die Lehr- und Lernsituation an den Hochschulen symbolisieren. Und sie wollen schockieren. Österreich, so meinen sie, ersticke an geistiger Provinzialität und bürgerlicher Selbstzufriedenheit. Selbst die Kunst sei erstarrt.

Die Provokation gelingt. Staat und Gesellschaft zeigen sich schockiert. Die Aktion wird als Uni-Ferkelei bezeichnet. Wiener, Brus und Muehl werden verhaftet. Während die anderen bald frei gehen, wird Günter Brus nach Paragraph 299a des österreichischen Strafgesetzes angeklagt: „Herabwürdigung österreichischer Symbole", er habe nämlich „während des Scheißens" die Bundeshymne gesungen. Brus, später ein international angesehener Künstler, flieht mit Frau und Kind nach Berlin und wird erst sieben Jahre später begnadigt.

„Es war ein Fortschreiten eigentlich des Individualismus, der Befreiung des Individuums", erklärt Silvio Lehmann. „Und diese neue Individualisierung, wie das der deutsche Soziologe Beck sagt, hat vor allem auch der Frau etwas gebracht, die ja oft nur geschlechtlich zu einer bestimmten Rolle gezwungen war und jetzt aus dem Familienverband heraustreten konnte als Person. Das war eigentlich nicht besonders links und sozialistisch, das war eine Intensivierung eines Individualismus, der sehr heftig mit den alten, autoritär traditionellen, patriarchalischen Strukturen, also mit den sehr machtbetonten Strukturen abrechnete."

Gegen die patriarchalischen Machtstrukturen demonstriert auch Valie Export, eine junge Künstlerin aus Linz. Anläßlich des ersten „Treffens unabhängiger Filmemacher der Welt" in München erregt Valie Export öffentliches Aufsehen, als sie die Menschen auf der Straße einlädt, doch ihren Busen zu betasten. Zu diesem Zweck hat sie vor ihrem Oberkörper eine Box angebracht mit zwei Öffnungen, durch die man greifen muß, um zu ihrem Busen zu gelangen. „Also man konnte dieses Tapp- und Tastkino auf der Straße besuchen", berichtet Valie Export. „Man konnte in dieser Box die Brüste berühren, wurde aber dabei gesehen. Das heißt, es war genau das Gegenteil von dem, wie es im Kino ist. Im Kino sitzt man im Dunkeln, niemand sieht einen, aber man kann ein Bild der Brüste sehen. Doch damit wird nur das Voyeuristische unterstützt. Hier konnte man die Realität erleben, wurde aber bei dieser Realität beobachtet. Und es ist sicherlich eine starke Provokation, wenn man draußen auf der Straße steht, und alle können zuschauen. Und spektakulär war es klarerweise auch, weil man halt nicht gewohnt war, daß eine Frau mit ihrem eigenen Körper so selbstbestimmend umgeht." Mit ihrem Tapp- und Tastkino will Valie Export aber auch gegen die herkömmliche Art Filme zu machen protestieren. Wie die Wiener Aktionisten will sie den bisherigen Rahmen der Kunst sprengen und damit politische Veränderungen herbeiführen. Valie Export: „Schon Mitte der sechziger Jahre habe ich mich dem Feminismus zugewandt als inhaltliche Ausdrucksform, und der Körperkunst und auch der neuen Medientechnologie. Es war immer ein politischer Ansatz dabei. Es ist naiv zu glauben, daß Kunst die Gesellschaft wirklich verändern kann. Aber Kunst ist ein kultureller Träger und kann dazu beitragen, daß sich im kulturellen Bild und in der kulturellen Aussage etwas verändert. Und das wirkt dann natürlich wieder auf politisches Verhalten und auf gesellschaftliches Verhalten zurück." Damals

Wie die Wiener Aktionisten will auch Valie Export den bisherigen Rahmen der Kunst sprengen und damit gesellschaftliche Veränderungen herbeiführen. Um aufzurütteln, führt sie Peter Weibel als „Hund" durch die Stadt und erfindet das „Tapp- und Tastkino", in dem sie ihre Brüste betasten läßt.

Valie Export: Und es ist sicherlich eine starke Provokation.

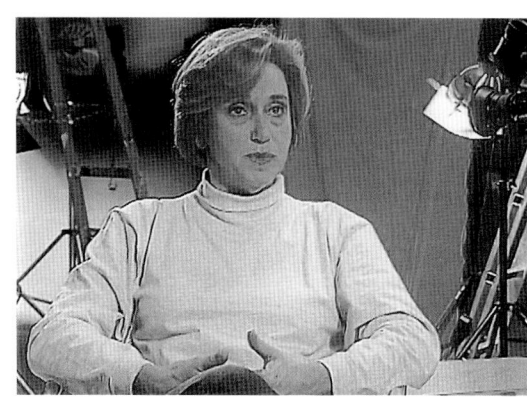

heftig umstritten, wird Valie Export gemeinsam mit der Malerin Maria Lassnig im Jahr 1980 Österreich bei der Kunst-Biennale in Venedig vertreten.

Wie überhaupt die Wiener Aktionisten, oder doch die meisten von ihnen, bald große internationale Beachtung erfahren und der Wiener Aktionismus das internationale Kunstschaffen nachhaltig beeinflußt. Kern dieses Aktionismus ist es, vor allem Aufmerksamkeit zu erregen, Auseinandersetzungen zu provozieren und damit ein neues Bewußtsein zu kreieren. Besonders heftige Reaktionen ruft das „Orgien-Mysterien-Theater" des Wiener Aktionisten Hermann Nitsch hervor. Er verwendet für seine Darstellungen nicht den menschlichen Körper, sondern Tierkadaver und Eingeweide. Und er erinnert damit daran, daß Tieropfer Bestandteil der meisten Religionen sind, daß in den Kirchen das Blut Christi getrunken und der Leib Christi gegessen werde. Nitsch provoziert damit auch Teile der Kirche. Auch gegen ihn gibt es bald einen Haftbefehl. Er geht nach Deutschland und erhält eine Professur an der Hochschule für bildende Kunst in Hamburg. Dazu Hermann Nitsch: „Meine Aktionen mit Fleisch und mit Tierkadavern und mit Gedärmen und überhaupt mit Substanzen, die aus dem Lebensbereich kommen, das entstammt eher der Aktionsmalerei. Und ich bin der Meinung, daß diese Malerei auch einen gewissen therapeutischen Charakter hat. Es geht darum, daß man verdrängte Sinnlichkeiten, ein tiefes sinnliches Empfinden, das uns die Zivilisation nicht erlaubt, daß man das gerade durch diese Malerei nach außen bringt und bewußt macht. Wobei ich die Frage, ob ich absichtlich provozieren wollte, immer mit Nein beantwortete. Und das stimmt. Ich wollte etwas Wesentliches machen, ich wollte etwas Extremes machen. Ich war dann schon so intelligent zu wissen, daß es da Staub aufwirbeln könnte, und war dann erstaunt, wieviel Staub das aufgewirbelt hat."

Christian Ludwig Attersee und Hermann Nitsch, beide Vertreter avantgardistischer Kunst, auch wenn sie verschiedene Wege gehen. Attersee bleibt bei der Malerei, bei Musik und Literatur, Nitsch, rechts im Bild, entwickelt aus der Aktionsmalerei sein „Orgien-Mysterien-Theater".

Es ist in den späteren Jahren gefragt worden, was dieses Jahr 1968 gesellschaftlich bewirkt hat. Interessanterweise sind es oft die damaligen Aktivisten, die sich enttäuscht zeigen und meinen, sie und mit ihnen die Jugend- und Studentenrevolte hätten nur geringe Auswirkungen auf die gesellschaftliche Entwicklung gehabt. Aber genauere Untersuchungen zeigen, daß die Auseinandersetzung mit den Forderungen, die damals erhoben wurden, doch zu einer nachhaltigen Veränderung des gesellschaftlichen Bewußtseins geführt haben. Und eben nicht nur des Bewußtseins, auch der Gesellschaft selbst. Was die Studenten damals forderten ist, wenn auch erst Jahre später, doch verwirklicht worden: An den deutschen wie an den österreichischen Universitäten wurde das Mitbestimmungsrecht der Studenten und Assistenten fest verankert. Die Universitäten und Hochschulen, die 1968 zu einem guten Teil noch immer elitäre Institutionen waren, wurden weit geöffnet, nicht zuletzt durch Aufhebung der Studiengebühren und durch die Gewährung von Kinderbeihilfe auch noch für Studenten. Erstmals kommt es auf akademischem Boden zur völligen Gleichgewichtung männlicher und weiblicher Studierender. Sie entspricht der demographischen Statistik – 48 Prozent Studenten stehen 52 Prozent Studentinnen gegenüber. Gab es Ende der sechziger Jahre 800 Universitätsprofessoren, sind es 20 Jahre später bereits 3 000. Gab es 1959 36 000 Studenten, so sind es in den neunziger Jahren über 200 000.

Gewiß, diese Öffnung hat auch Erschwernisse mit sich gebracht, die Hochschulen sind überlaufen, Pflichtvorlesungen können von vielen Studenten nicht besucht werden, weil die Hörsäle zu klein sind. Und bei so vielen Absolventen droht die Gefahr eines Überangebots an Akademikern. In anderen Ländern, besonders in Deutschland, versucht man mit dem Numerus clausus gegenzusteuern, der auch dafür sorgen soll, daß in erster Linie die Begabten zum Studium zugelassen werden. Das ist das Gegenteil dessen, was die 68er-Bewegung bezweckt hat, die „gleiche Chancen für alle" forderte. In Österreich werden diese gleichen Chancen noch geboten, und doch wird die Frage gestellt, ob darin nicht wieder eine unzulässige Benachteiligung der Begabten liegt. Und gewiß hat die 68er-Bewegung auch zu

Hermann Nitsch: Ein tiefes sinnliches Empfinden.

Eine andere Form des Aktionismus. Günter Brus wandert als lebende Statue, die aber aus klaffenden Wunden blutet, durch die Stadt. Das Auge des Gesetzes wacht zwar, aber findet nichts im Gesetzbuch, was durch diese Aktion verletzt wäre.

einer beachtenswerten Demokratisierung des gesamten gesellschaftlichen Lebens geführt. Prominente Sozialdemokraten wie Heinz Fischer, Ferdinand Lacina, Karl Blecha, Erwin Lanc sind übereinstimmend der Meinung, daß die 68er-Bewegung zwei Jahre später wesentlich zum Sieg Bruno Kreiskys beigetragen hat. Im Vorfeld der 68er-Bewegung entstand auch eine so wichtige Institution wie „amnesty international", die weltweit und oft mit Erfolg gegen die Verletzung der Menschenrechte auftritt. Die in den siebziger Jahren aufkommende Grünbewegung hat zu einem guten Teil ihre Wurzeln ebenfalls im Aufbruch des 68er-Jahres. Und es ist kein Zufall, daß erst nach diesem Umbruchsjahr den Forderungen der Frauen mehr Aufmerksamkeit gewidmet wird, daß sie nun in größerer Zahl ins Parlament und auch in die Regierung einziehen. Nachhaltig auch die Wirkung auf das Kultur- und insbesondere das Theaterleben. Ein Vergleich der Spielpläne von damals und heute zeigt, daß die Anzahl der Bühnen, insbesondere der avantgardistischen, wesentlich gestiegen ist. Und die 68er-Bewegung war auch der Wegbereiter einer neuen Generation von Schriftstellern, Autoren, Dramatikern, besonders in Österreich. Über sie wird noch zu berichten sein.

Das Musical erobert nun auch die österreichischen Bühnen. Links oben: Olive Moorefield und Hubert Dilworth in „Kiss me Kate" an der Wiener Volksoper. Links außen: Brenda Lewis und Karl Dönch in „Annie get your gun", ebenfalls an der Volksoper. In der Wiener Stadthalle wird das Musical „Hair" aufgeführt. Josef Meinrad (rechts oben) brilliert als Don Quichote im Musical „Der Mann von La Mancha". Rechts: Leonard Bernstein mit den Darstellern der Wiener Aufführung seines Musicals „Westside Story". Von links nach rechts: Arline Woods, Bernstein, Julia Migenes, Florian Liewehr, Helge Grau und Adolf Dallapozza.

295

Philip Blaiberg ist der zweite Mensch, in dessen Körper das Herz eines Verstorbenen schlägt. Mit ihm gelingt der Beweis, daß Herztransplantationen mit Erfolg durchgeführt werden können.

Christiaan Barnard verpflanzt ein Herz

Während in Vietnam Tausende Menschen sterben, während Jugendrevolten in allen Ländern gegen die Herrschenden, gegen das Althergebrachte ausbrechen, steht plötzlich ein Mann im Mittelpunkt der Weltaufmerksamkeit, ein Arzt aus Südafrika, Christiaan Barnard. Diesem Doktor Barnard ist es gelungen, ein krankes Herz durch das gesunde Herz eines eben Verstorbenen zu ersetzen. Und dieses Herz schlägt in einem fremden Körper weiter. In einer Welt des Tötens wird der Tod besiegt, zumindest für den Moment. Schauplatz der bahnbrechenden Tat ist das Groote Schuur Hospital in Kapstadt. Am 3. Dezember 1967 gelingt Barnard, was bisher nur in Tierexperimenten versucht worden ist – die Transplantation eines Herzens. Die Operation ist erfolgreich. Barnard hat gewagt, wovor andere Ärzteteams noch zurückschreckten. Die Pioniertat macht ihn weltberühmt. Er selbst aber sieht darin keine sensationelle Leistung. Christiaan Barnard: „Eine Herztransplantation ist keine schwere Operation, die Technik ist einfach, dazu braucht es keinen großen Mut und auch keine besondere Weisheit. Nur gilt das Herz als etwas ganz Besonderes, als der Sitz der Gefühle, der Liebe und des Hasses, daher die große Aufregung. In Wirklichkeit ist das Herz nur eine Pumpe, das einfachste Organ des Körpers." Aber gar so einfach war es offenbar nicht: Der erste Patient stirbt nach 18 Tagen an Lungenentzündung. Der zweite Patient aber, der Zahnarzt Philip Blaiberg, verläßt das Spital froh und munter im Blitzlichtgewitter der Fotografen. Blaiberg wird noch zweieinhalb Jahre mit dem neuen Herzen leben.

Barnard wird über Nacht weltberühmt. Wo er hinkommt, wird ihm applaudiert, wird er gefeiert. Er bedauert, daß man ihm gesell-

Christiaan Barnard: Das einfachste Organ des Körpers.

Christiaan Barnard (Zweiter von rechts) und sein Ärzte- und Schwesternteam im Groote Schuur Hospital von Kapstadt. Ihnen gelingt die erste Transplantation eines menschlichen Herzens, Barnard wird über Nacht weltberühmt.

schaftlich so viel mehr Aufmerksamkeit widmet als dem, was er zu sagen hat. Denn Barnard geht es nicht in erster Linie um eine Verlängerung des Lebens, ihm geht es um die Qualität des Lebens: „In der Medizin laufen wir Gefahr, daß wir Leben verlängern, das nicht mehr lebenswert ist, einfach weil wir über die dazu notwendigen Maschinen verfügen. Ich glaube, wenn wir alle Mittel erschöpft haben, um das Leben eines Menschen zu verbessern, dann müssen wir es dem Patienten erlauben zu sterben, in Würde zu sterben. Die Aufgabe des Arztes muß es sein, dem Patienten ein gutes Leben zu ermöglichen. Wenn das nicht geht, dann hat er ihm einen guten Tod zu ermöglichen." Das sagt Barnard lange bevor in den USA und danach in Europa die Sterbehilfe ein heiß umstrittenes Diskussionsthema wird.

Der Prager Frühling

Der Aufbruch in eine neue Zeit, die Revolte gegen erstarrte Strukturen, der Ruf nach mehr Freiheit, nach mehr Demokratie bleibt nicht nur auf den Westen beschränkt. Der Umbruch erfaßt auch den Osten. Nach den erfolglosen Aufständen in der DDR, in Polen, in Ungarn ist 1968 die Tschechoslowakei an der Reihe. Und fast scheint es, als wäre es hier möglich, die kommunistische Diktatur zu überwinden, ohne daß die Sowjetunion gleich wieder ihre Panzer rollen läßt.

Prag im Frühling 1968. Auch politisch scheint ein Frühling angebrochen zu sein. Was es seit Jahrzehnten nicht mehr gab ist auf einmal möglich: Demonstrationszüge bewegen sich durch die Stadt. In Sprechchören wird Rede- und Pressefreiheit gefordert, ein Ende der politischen Bevormundung, ein Ende der Unterdrückung. In

Prag hatte sich das stalinistische Regime des Staatspräsidenten Antonin Novotny um mehr als zehn Jahre länger gehalten als die stalinistischen Regimes in Budapest und in Warschau. Aber 1967 erreichte die Reformwelle auch Prag. Und im Januar 1968 wird Alexander Dubcek zum neuen Ersten Sekretär des ZK der Kommunistischen Partei der Tschechoslowakei bestellt. Mit ihm kommt eine Garnitur von Reformern in Partei und Regierung ans Ruder. Sie alle sind Kommunisten, und sie sind Moskau gegenüber freundschaftlich eingestellt. Sie haben nur ihre eigenen Vorstellungen, wie man die darniederliegende tschechoslowakische Wirtschaft retten und wieder zum Blühen bringen könnte. Professor Ota Sik, ZK-Mitglied und Wirtschaftsfachmann, nennt schon damals die Formel, die 20 Jahre später Gorbatschow auch für die Sowjetunion als gültig wird anerkennen müssen: Es gibt keine Sanierung der stalinistischen Kommandowirtschaft außer ihrer Auflösung. Sik hat dabei sehr begrenzte Ziele im Auge, keineswegs noch eine Reprivatisierung im großen Stil, wohl aber weiß er und weiß die neue Prager KP-Führung, daß selbst begrenzte Wirtschaftsreformen nur dann Erfolg haben werden, wenn man sie mit einer umfassenden Demokratisierung der Gesellschaft verbindet. Und viele erinnern sich da an die Vielfalt politischer Meinungen und daher auch politischer Parteien in jener ersten Tschechoslowakischen Republik, die der legendäre T. G. Masaryk geschaffen hat. Diese Parteien gibt es zum Teil noch, aber bis jetzt konnten sie nur ein Vasallendasein unter der Oberherrschaft der Kommunisten führen. Nun könnten sie wieder echte politische Vertretungen werden. Die Reformkommunisten sprechen von freien Wahlen, und die nächste Regierung würde auf Grund der Wahlresultate zusammengesetzt werden. Die Kommunistische Partei würde mit den anderen Parteien in Konkurrenz treten und sich mit ihren Programmen und ihrer Tätigkeit so wie die anderen um die Wählergunst bewerben.

Werden sie es tun? Auf Grund ihrer langjährigen Erfahrung mit den Kommunisten reagiert die Bevölkerung zunächst noch mit Skepsis. Doch die bisherigen Vasallenparteien dürfen tatsächlich ihre prokommunistischen Führer absetzen und durch Demokraten ersetzen, auch die Religionsgemeinschaften dürfen sich der kommunistischen Oberaufsicht entledigen. Das bringt den Reformkommunisten bereits eine breite Zustimmung in der Bevölkerung. Hier in der Tschechoslowakei war dies vermutlich die einzige Chance, die regierende Kommunisten je hatten, von einer ehrlichen Mehrheit des Volks unterstützt zu werden. Sie kündigen auch an, daß ihr Kommunismus künftig anders aussehen werde, es würde ein „Sozialismus mit menschlichem Antlitz" sein. Das ist eine Kampfansage an das, was aus dem Kommunismus seit Lenin geworden ist: An seine äußere und innere Diktatur, an die ständige Gewaltanwendung zum Zwecke der Machterhaltung, an die alles beherrschende Bürokratie, an die Privilegien der Nomenklatura, vor allem auch an die verfehlte Kommandowirtschaft, die zentralistische Planung, an die Zwänge in den Betrieben und in der Landwirtschaft. Es sind Kommunisten, die nun zu dieser umfassenden Reform aufrufen. Eine Reform, die der Erhaltung des Sozialismus dienen soll und damit auch der weiteren Machtausübung der Kommunisten. Aber es ist eben eine Kampfansage an alles, wofür die Sowjetführung in Moskau steht, und an alle, deren Posten und Privilegien mit dieser Politik erhalten werden.

Doch da gibt es Breschnew in Moskau

Hier haben wir nachzutragen: In Moskau hat ein Machtwechsel stattgefunden, nicht mehr der jovial erscheinende Nikita Chruschtschow steht an der Spitze von Partei und Regierung. Man hat ihn 1964 ab-

Die Führungsspitze des Prager Frühlings. Von links nach rechts: Der neue Präsident des tschechoslowakischen Parlaments Josef Smrkovsky, Staatspräsident Ludvik Svoboda, Ministerpräsident Oldrich Cernik und der neue Chef der KPTsch Alexander Dubcek.

gelöst, weil man ihn letztlich doch dafür verantwortlich gemacht hat, mit seiner Entstalinisierungspolitik die Sowjetunion selbst und den gesamten Ostblock destabilisiert zu haben. Und das, obwohl Chruschtschow in Ungarn hart zugeschlagen hat und schließlich auch in der Sowjetunion nach einer Periode des Tauwetters zu einem guten Teil zu den alten Doktrinen zurückgekehrt ist. Dennoch, Chruschtschows dauerndes Drängen nach Wandel, nach Reformen in Industrie und Landwirtschaft hat zur Frontbildung der alten Kader gegen ihn geführt. Leonid Breschnew heißt der Mann, der ihn abgelöst hat – Breschnew, ein Konservativer, einer, der dafür garantiert, daß alles so bleibt, wie es ist –, Stabilität ist sein Ziel. Stabilität in der Partei, Stabilität in der Planwirtschaft, Stabilität im gesamten Ostblock und wenn möglich sogar endlich ein garantiert stabiles Verhältnis auch gegenüber dem Westen – wozu in erster Linie die Anerkennung der bestehenden Machtverhältnisse in Europa zählen würde, was natürlich auf die von den Westmächten noch immer ausstehende staatliche Anerkennung der DDR hinausläuft. Und ausgerechnet jetzt wird in Prag eine Reform jenes sozialistischen Systems gefordert, dessen Unveränderbarkeit Breschnew garantiert.

Und das war nicht nur eine Kampfansage an das sowjetische Modell des Sozialismus. Was da in der Tschechoslowakei vor sich ging, das würde, wenn der Funke überspringt, die kommunistischen Regimes auch in den anderen Ostblockstaaten bedrohen. Denn, und das muß zugegeben werden, der Prager KP-Führung waren die Zügel doch schon weitgehend aus der Hand geglitten. Der sogenannte „Zentrale Publikationsausschuß" trat mit der sensationellen Mitteilung an die Öffentlichkeit, daß er im Jahr 1953 ohne legale Basis errichtet worden sei. Dieser Ausschuß hatte seither die Aufgabe, über alle Medien in der Tschechoslowakei Zensur auszuüben, das heißt, daß in Zeitungen, im Radio und im Fernsehen nur veröffentlicht werden durfte, was der Kommunistischen Partei genehm war, und nur Werke von Schriftstellern verlegt werden durften, die sich der Parteilinie fügten. Neben dem Geheimdienst und der Polizei war dieser „Zentrale Publikationsausschuß" das wichtigste Instrument kommunistischer Machtausübung. Jetzt forderten die Mitglieder dieses Ausschusses die Selbstauflösung und stellten die Zensur ein. Ab sofort konnten in allen Medien unzensurierte Berichte wiedergegeben werden, konnten sich Kritiker des Regimes zu Wort melden, konnten Diskussionen abgeführt werden, konnte die bisherige Politik der tschechoslowakischen Kommunisten analysiert, konnten die Fehler und Verbrechen aufgedeckt, konnten die Schuldigen beim Namen genannt werden. Alles kam da auf: die Hintergründe der Schauprozesse, der Nachweis der Unschuld ihrer Opfer, die Drahtzieher dieser Verbrechen. Und immer wieder auch der Einfluß und die Befehle, die dabei von Moskau ausgegangen waren. Dubcek und die Gruppe der Reformer erfreuten sich weiterer und sogar verstärkter Zustimmung, weil die Öffentlichkeit fälschlicherweise annahm, sie selbst stünden hinter all den neuen Freiheiten, deren sich nun die Medien und über sie auch die Bevölkerung erfreuen konnten. Natürlich hatte die Führung begriffen, daß sie nur dann an der Macht bleiben und durch gezügelte Reformen den Kommunismus erhalten könnte, wenn sie jetzt erst einmal mit dem Strom mitschwamm und ihre Popularität zur Erhaltung des kommunistischen Systems nützen würde. Aber man begriff auch schon, daß dieser Kurs Moskau bis auf das Äußerste provozieren mußte und daß sich unpopuläre kommunistische Regimes, wie das in der DDR, durch die Vorgänge in der Tschechoslowakei tödlich bedroht sehen mußten.

Es kommt nun auch noch ein weiteres Element hinzu: Im Zuge der öffentlichen Debatte über den weiteren Kurs, den die tschechoslowakische Politik zu nehmen hätte, wird auch eine Reform des Warschauer Pakts gefordert. Die Sowjetunion dürfe in diesem Paktsystem nicht mehr allein alles und jedes bestimmen, in den politischen und militärischen Führungsgremien müsse es in Zukunft Gleichberechtigung geben. Und wenn diese nicht herzustellen sei, sollte es sich die Tschechoslowakei überlegen, aus dem Warschauer Pakt eventuell auch auszutreten. Tschechoslowakische Offiziere melden sich zu Wort, berichten, wie sie von den Sowjets als bloße Befehlsempfänger behandelt worden seien. In der Tschechoslowakei wird damit an jenen zwei Säulen gerüttelt, die in den Augen der Sowjetführung unantastbar bleiben müssen, soll das gesamte Ostblocksystem nicht zusammenbrechen: der Primat der Partei und der Warschauer Pakt. Schon seit Lenin gilt der Grundsatz, daß die Kommunisten, einmal an der Führung, diese nie wieder aus der Hand geben dürfen. Und so wie dieses Credo die Machterhaltung im eigenen Staat garantieren soll, hat der Warschauer Pakt die Unterwerfung der kommunistisch regierten Staaten unter den Primat der Sowjetunion zu garantieren. In der Tschechoslowakei aber werden nun beide Dogmen in Frage gestellt.

Doch auf welche Weise können die Reformer in Prag zur Ordnung gerufen werden, wie läßt sich noch rückgängig machen, was an gefährlichen Bewegungen in Gang gekommen ist? Walter Ulbricht fordert energisch die gewaltsame Niederschlagung des Prager Frühlings, sein Regime wird durch die Vorgänge in der Tschechoslowakei stärker bedroht als jedes andere. Auch in der sowjetischen Führung wird einem militärischen Vorgehen gegen Prag bald der Vorzug gegeben. Aber man weiß auch, was damit verbunden wäre, nämlich ein enormer Prestigeverlust der Sowjetunion. Und, wie man glaubt, eine Gefährdung des Entspannungsprozesses auf lange Zeit. So versucht man es zunächst anders: Der tschechoslowakischen KP-Führung werden Verhandlungen angeboten. Es geschieht, was noch nie zuvor geschehen ist, 9 der 14 Vollmitglieder des sowjetischen Politbüros, an ihrer Spitze Leonid Breschnew, begeben sich am 25. Juli ins Ausland, um mit der Führung der tschechoslowakischen KP auf deren Territorium zu reden. Allerdings unter merkwürdigen Umständen: Die Sowjets treffen mit einem Sonderzug an der ostslowakischen Grenze zur Ukraine ein, bei Cierna nad Tisou, wohin nun auch das Prager Reformteam bestellt wird, mit Dubcek, Smrkovsky und Svoboda an der Spitze. Jeden Morgen wird der Sonderzug wenige Kilometer über die Grenze auf tschechoslowakisches Territorium geführt und

Nach dem Gipfel bei einer gemeinsamen Feier in Preßburg zum Gedenken an die gefallenen Sowjetsoldaten. In den Gesichtern läßt sich lesen: Walter Ulbricht siegesbewußt, Alexej Kossygin trotzig, Leonid Breschnew undurchsichtig, Alexander Dubcek angeschlagen.

am Abend wieder auf sowjetisches Territorium zurückgebracht. Zwischendurch verhandelt man im Clubhaus der Eisenbahner am Bahnhof. Die sowjetischen Forderungen sind eindeutig: In Prag sollen jene Kräfte der tschechoslowakischen KP mit entsprechender Macht ausgestattet werden, die der Sowjetunion treu ergeben sind und schon bisher den Reformkurs zu behindern getrachtet haben. Weiters müsse der Staatssicherheitsdienst unter der effektiven Kontrolle der Sowjetunion bleiben, also die Geheimpolizei wie die Polizei. Darüber hinaus soll die Prager Führung einer Stationierung sowjetischer Streitkräfte auf tschechoslowakischem Boden zustimmen. All diese Forderungen werden damit begründet, daß eine weitere Destabilisierung der Tschechoslowakei durch den Demokratisierungsprozeß und die Infragestellung der tschechoslowakischen Rolle im Warschauer Pakt die innere und äußere Sicherheit aller Ostblockstaaten bedrohe.

In Prag wie in den meisten anderen tschechoslowakischen Städten rufen die Zeitungen die Bevölkerung auf, der eigenen Führung in Cierna nad Tisou den Rücken zu stärken. In einer vielbeachteten Resolution wird eine Parallele aufgestellt: 1939 gab der damalige tschechoslowakische Staatspräsident Hacha dem Druck Hitlers nach und legte „das Schicksal der Tschechoslowakei" in dessen Hände. Niemals, so heißt es jetzt, dürfe sich dergleichen wiederholen, „sonst würde uns die Geschichte mit Recht auslöschen". Ein sichtbares Nachgeben können sich die Reformer also nicht leisten. Doch sie hatten die Tür zu einer künftigen Invasion der Tschechoslowakei bereits geöffnet: Schon im Mai hatten sie gemeinsamen Manövern des Warschauer Pakts auf tschechoslowakischem Boden zugestimmt. Unmittelbar danach trafen bereits sowjetische Stabsoffiziere in der Tschechoslowakei ein, und sogenannte „Markierungstruppen" rollten über die Grenze, „um die Manöver vorzubereiten". In Cierna nad Tisou aber mimt man Einigung, und alle Ostblockführer werden zu einem Gipfeltreffen der Versöhnung in die slowakische Hauptstadt Preßburg eingeladen – das mit einer Farce beginnt.

Am 3. August entsteigt ein strahlender Breschnew dem sowjetischen Sonderzug und umarmt und küßt die tschechoslowakischen Reformer auf dem Bahnhof. Mit Ausnahme des rumänischen Staats- und Parteichefs Ceausescu treffen nun auch alle anderen Ostblockführer in Preßburg ein. Konferiert wird allerdings wenig. Es geht nur mehr darum, ein gemeinsames Dokument zu unterschreiben, in dem sich alle Anwesenden im Namen ihrer Parteien und Staaten zur ewigen Treue gegenüber dem Kommunismus und der Sowjetunion bekennen. Nach dem relativ kurzen Zusammentreffen begeben sich die

Am Morgen des 22. August: Prag, von Sowjetpanzern besetzt.

Parteiführer zu einer Gedenkfeier vor das sowjetische Kriegerdenkmal. Ihr gemeinsames Auftreten soll Einigkeit demonstrieren. Österreichs Star unter den Film-Berichterstattern, Sepp Riff, hat die Gesichter der Teilnehmer nacheinander im Großformat aufgenommen. Wer diesen Film Kader für Kader studiert, kann aus den Gesichtern ablesen, was da in Wirklichkeit vor sich gegangen war: Mit niedergeschlagenen Lidern, völlig undurchsichtig, Breschnew und die anderen Sowjetführer. Selbstbewußt und herausfordernd der DDR-Chef Walter Ulbricht, sichtlich deprimiert der Ungar Janos Kadar, aber zutiefst angeschlagen, ja verzweifelt Alexander Dubcek. Und doch will die tschechoslowakische Öffentlichkeit das Ärgste nicht glauben. Selbst in der Prager Führung gibt es noch so etwas wie Optimismus, die sowjetische Führung werde die Invasion nicht wagen.

Die Invasion des Warschauer Pakts

Rudolf Kirchschläger, der spätere Bundespräsident, war damals österreichischer Gesandter in Prag. Er berichtet: „Noch Anfang August, als die Begegnung mit den sogenannten Bruderstaaten stattfand und das Abkommen von Cierna nad Tisou geschlossen wurde, hatte man noch immer die Situation nicht mit dem entsprechenden Ernst interpretiert. Ich erinnere mich daran, daß ich meinen Urlaub abgesagt habe, weil ich das Gefühl hatte, der August kann Böses bringen. Und ich bin zu einem Routinegespräch zu Außenminister Hajek gekommen. Und er sagte: ‚Ja, jetzt haben wir eine Atempause, zumindest einmal bis zum 14. Parteitag, zum Außerordentlichen Parteitag.' Und ich sagte: ‚Ich glaube nicht, das Abkommen von Cierna nad Tisou ist so ähnlich dem Berchtesgadener Abkommen zwischen Österreich und Hitler, sie sagen beide dasselbe, aber die Interpretation dessen, was sie sagen, obliegt den Großen. Bei uns war es das Deutsche Reich und Hitler, bei Ihnen ist es die Sowjetunion. Ich kann mir nicht vorstellen, daß dieses Abkommen eine Sicherheit

Vergeblich protestiert die Bevölkerung gegen die Besatzer.

ist.' – ‚Nein, nein, da sind Sie zu pessimistisch.' Und er zeigte mir zum Zeichen dafür, wie entspannt er die Situation ansieht, seine Tickets, mit denen er und seine Familie zwei Tage nachher den Flug nach Jugoslawien gebucht haben."

Am 20. August um 19.46 Uhr wird im Logbuch des Flughafens Prag-Ruzyne festgehalten: „Landung einer IL 18 mit 44 Passagieren an Bord." Es ist ein sowjetisches Flugzeug, und die Passagiere sind sowjetische Militärs, die den Funkturm des Flughafens besetzen und von dort aus die sowjetischen Luftlandetruppen dirigieren. Die Transportmaschinen haben Soldaten und leichte Panzer an Bord, die rasch entladen werden. Am Rand des Rollfelds stehen Limousinen der sowjetischen Botschaft bereit, um die Invasionstruppen an ihre Ziele zu lotsen: Als erstes das Parteihauptquartier, Sitz des Zentralkomitees und des Präsidiums der KPTsch. Dort überschlagen sich die Meldungen aus den Grenzregionen: Sowjetische, ostdeutsche, polnische, ungarische, bulgarische Panzer rollen von allen Seiten in die Tschechoslowakei ein. 750 000 Soldaten des Warschauer Pakts überschreiten schließlich die tschechoslowakischen Grenzen. Endlose Panzerkolonnen stoßen auf Preßburg, Brünn und Prag vor. Die Prager Reformer werden von den sowjetischen Besatzern überrascht, ehe sie noch das volle Ausmaß dieser Invasion begriffen haben. Sie werden von den Sowjets festgenommen, zum Flughafen gebracht und nach Moskau ausgeflogen. Smrkovsky, der unter den Stalinisten eingesperrt war, soll noch im Hinausgehen einen Griff in die Zuckerdose gemacht haben: Wegzehrung für den Flug in die Gefangenschaft. Dem Rundfunk gelingt es noch, den Tschechoslowaken mitzuteilen, was da vor sich geht: Die Invasion hat begonnen! Truppen der Bruderstaaten besetzen die Tschechoslowakei! Entsetzt, verzweifelt hören es die Menschen an ihren Radioapparaten (und dem Fernsehen gelingt es auch noch in den Morgenstunden, die invadierenden Panzer im Bild vorzuführen). Doch nun treffen auch vor dem Prager Rundfunkgebäude die sowjetischen Panzer ein – fast gleichzeitig mit einer aufgebrachten Menschenmenge, die die Besetzung des Gebäudes zu verhindern sucht. Die Panzer werden von der Menge eingekeilt, und Barrikaden werden errichtet. Immer wieder stellen sich Menschen, Männer und Frauen, vor die Panzer, wollen sie solcherart am Weiterrollen hindern. Den Sowjetsoldaten hat man gesagt, sie müßten eine Konterrevolution niederschlagen. Von allen Seiten wird auf die Soldaten nun aufgeregt eingeredet: Wir sind keine Konterrevolutionäre, wir sind keine Feinde der Sowjetunion! Ihr werdet mißbraucht, schießt nicht, verweigert die Befehle! Aber die blutjungen Soldaten wissen damit nichts anzufangen, verlegen, aber gehorsam schließen sie die Luken und lassen ihre Panzer gegen die Barrikaden rollen. Der Widerstand der Bevölkerung wird rasch gebrochen. Da und dort wird versucht, einen Sowjetpanzer in Brand zu stecken, doch es ist ein Versuch mit untauglichen Mitteln. Schüsse fallen, es gibt Verwundete und Tote. Aber die Invasion ist ein voller Erfolg. Innerhalb von 24 Stunden ist die gesamte Tschechoslowakei besetzt.

Der Aufmarsch der Panzer ist gewaltig. Es sind so viele, daß sich auch das benachbarte Österreich bedroht fühlt. Schon Tage vor der Invasion hatte der militärische Abwehrdienst des Bundesheers die starke Zunahme des Funkverkehrs der sowjetischen Truppeneinheiten festgestellt. Folgerichtig schloß man daraus, daß eine Invasion der Tschechoslowakei durch den Warschauer Pakt unmittelbar bevorstehen müßte. Für diesen Fall war vorgesorgt: Die Alarmpläne lagen bereit, und die Mobilmachung des Bundesheers konnte jederzeit angeordnet werden. Aber der Bundeskanzler Josef Klaus machte Urlaub in seinem Haus im niederösterreichischen Wolfpassing im Tullnerfeld und – besaß dort kein Telefon. Klaus selbst berichtet darüber: „Es war ja Urlaubszeit, und um 4 Uhr früh erschien mein Sekretär Dr. Klestil, der spätere Bundespräsident, damals schon einfallsreich und initiativ, und berichtete, daß an der March und an der Thaya Truppenbewegungen entlang der österreichischen Grenze festgestellt werden. Wir sind sofort nach Wien aufgebrochen, und kurz vor Klosterneuburg kommt mir auch schon Generalintendant Bacher entgegen in seinem Wagen und informiert mich, was über diese Vorgänge bisher gemeldet worden ist."

Um 5.45 Uhr trifft Klaus im Bundeskanzleramt ein, wo ihn bereits Außenminister Waldheim, Innenminister Soronics und Verteidigungsminister Prader erwarten. Klaus: „Ich war freudig überrascht, daß sie mir berichten konnten, daß schon um 3.30 Uhr die Experten des Innenministeriums und des Verteidigungsministeriums zusammengetreten waren, um den Einsatz vorzubereiten, den die beiden Ministerien bereits vor vier Wochen für den Fall geplant hatten, daß in der Tschechoslowakei eine als Manöver getarnte Invasion stattfinden sollte." Um 7 Uhr früh richtet der Bundeskanzler eine Ansprache an die österreichische Bevölkerung, er teilt mit, was in der Nacht geschehen ist, er betont die Neutralität Österreichs. Die Erklärung wird ihm später übelgenommen, Klaus habe es unterlassen, die Invasion zu verurteilen. Das holt der Bundeskanzler einige Stunden später nach. Am Ballhausplatz tagt nun der Ministerrat in Permanenz. Wer auf Urlaub ist, wird raschestens nach Wien geholt, auch die Oppositionsführer Bruno Kreisky und Friedrich Peter. Kreisky nimmt auch an den Beratungen des Landesverteidigungsrats teil. Die Österreicher sind beunruhigt: Sowjetische Flugzeuge verletzen laufend den österreichischen Luftraum, einige von ihnen führen eindeutig Aufklärungsflüge durch: Wollen sie nur feststellen, welche Maßnahmen die Österreicher treffen, sollen sie erkunden, ob NATO-Truppen die österreichische Grenze überschreiten, oder sind sie ausgeschickt, um eine sowjetische Invasion Österreichs vorzubereiten?

Bundeskanzler Klaus nimmt in einer Fernseh- und Radioansprache zu den Ereignissen in der Tschechoslowakei Stellung (rechts). Das Bundesheer rückt aus, aber aus Sorge vor einer eventuellen Provokation der Sowjetunion darf es nicht an die Grenze vorrücken (links).

Die österreichischen Militärexperten sehen in der hohen Anzahl sowjetischer Panzer und Truppen ein mögliches Anzeichen dafür, daß nicht nur die Tschechoslowakei besetzt werden soll. Nach dem Aufstand in Ungarn und nach dem Prager Frühling könnte es der Sowjetführung einfallen, die frühere sowjetische Zone in Österreich wieder zu besetzen, um die Grenzen gegenüber der Tschechoslowakei und Ungarn solcherart erneut abzusichern. Ein Vorwand dafür würde sich sicher finden lassen. Und so zögert die Regierung. Das Bundesheer hat zwar alles vorbereitet, um einer eventuellen Überschreitung der österreichischen Grenze durch Warschauer-Pakt-Truppen entgegenzutreten. Die bestehende österreichische Verteidigungsdoktrin fordert, daß mit der Abwehr feindlicher Kräfte bereits an der Grenze begonnen werden müßte. Da die vorhandenen Truppen des Bundesheers für diese Aufgaben nicht ausreichen, ist vorgesehen, daß im Fall von Gefahr die Reservisten sofort mobilisiert werden. Es gibt ein Tarnwort für den Fall des Falles: „Urgestein" – mit diesem Befehl waren die vorhandenen Truppen in Richtung Grenze in Marsch zu setzen und die Mobilmachung der Reservisten durchzuführen. Doch der Befehl „Urgestein" wird nicht gegeben. Selbst die in den Kasernen bereits in der Nacht alarmierten und marschbereiten Verbände werden nicht in die seit Wochen vorgesehenen Einsatzräume kommandiert. Erst am Nachmittag des 21. August wird dem Bundesheer Befehl gegeben, die Garnisonsbereiche nördlich der Donau zu verstärken, aber gleichzeitig eine Sicherheitszone von 30 Kilometern zur tschechischen Grenze zu wahren. Innerhalb dieser Zone sei keine Grenzsicherung und auch keine Aufklärung vorzunehmen. Die Mobilmachung der Reservisten unterbleibt.

Halbherzig werden ein paar tausend Mann in den Raum nördlich der Donau geschickt. Für das Selbstverständnis des Heers ein schwerer Schlag. Für den damaligen Oberst im Generalstab Heinz Scharff stellte sich die Lage so dar: „Die Truppe war am 21. August um 8 Uhr abmarschbereit, durfte aber nicht abmarschieren. Der Grund war der, daß man sich im Bereich der politischen Führung nicht darüber klar war, wer den Abmarschbefehl geben sollte (Bundespräsident, Verteidigungsminister, Regierung?). Und die zweite Frage war, sollte dieser Einsatz überhaupt grenznah erfolgen,

Heinz Scharff: Der Befehl „Urgestein" wurde nicht gegeben.

so wie er von seiten des Heers immer gedacht und vorgesehen war, auch der Befehl ‚Urgestein' sah eine grenznahe Sicherung vor. Aus politischen Erwägungen ist man zu der Ansicht gekommen, daß das vielleicht zur Verschärfung der Lage beitragen würde, die Sorge, sozusagen provozierend auf die Sowjetunion zu wirken. Nicht einmal der Grenzschutz wurde aufgeboten, und an Mobilmachung war überhaupt nicht zu denken." Josef Klaus schildert die damaligen Überlegungen im Kreise der Bundesregierung: „Ich habe vom ersten Augenblick an dauernd eine Bedrohung Österreichs gespürt, und das vor allem aus folgenden Überlegungen: Die Stärke der Warschauer-Pakt-Truppen, die da einmarschiert sind, war um ein Vielfaches größer, als es notwendig gewesen wäre, eine Parteirebellion in Prag zu unterdrücken. Es haben vom ersten Tag an immer wieder Überflüge österreichischen Territoriums durch sowjetische Kampfflugzeuge und Kampfhubschrauber stattgefunden, was als bedrohlich zu empfinden war. Um so bedrohlicher, als unsere Proteste vom sowjetischen Botschafter in Wien, Podzerob, zunächst abgeschmettert worden sind. Weiters hat es damals, zum Unterschied von der Ungarnkrise 1956, keine amerikanische Sicherungszusage im Falle von Übergriffen auf die österreichische Souveränität gegeben. Wir haben das erwartet, aber die Amerikaner haben sich, offensichtlich aus Entspannungsüberlegungen heraus, diesmal überhaupt nicht gerührt. Dann hatten wir zu befürchten, daß eventuell tschechoslowakische Einheiten, von den Warschauer-Pakt-Truppen bedrängt, nach Österreich ausweichen, was wieder den Sowjets vielleicht den Anlaß geboten hätte, diese zu verfolgen und auf österreichischem Gebiet Kampfhandlungen durchzuführen. Schließlich muß ich aber auch noch erwähnen, daß die gesamte Lage als Bedrohung zu empfinden war, die Rechnungen zwischen Jugoslawien und Moskau waren seit Jahren unbeglichen und hätten jetzt beglichen werden können. Tito hat bis zuletzt Dubcek unterstützt. So hätte sozusagen in einem Aufräumen die österreichische Souveränität verletzt werden können, etwa durch Pakt-Truppen, die in einem Korridor durch Österreich marschiert wären Richtung Jugoslawien." Der Unterschied zwischen der Haltung der österreichischen Bundesregierung während der Ungarnkrise und der Situation 1968 wird damit deutlich: Damals, ein Jahr nach Abschluß des Staatsvertrags, wollte Österreich nicht kampflos untergehen, wenn es zur Invasion gekommen wäre, 1968 ist man bedeutend vorsichtiger, will keinen Vorwand bieten, und man ist sich auch nicht so sicher, daß ein Kampf Österreichs gegen die Invasoren von seiten des Westens aktiv unterstützt werden würde.

Und nie restlos aufgeklärt wurde der Hintergrund einer Weisung des Außenministeriums, die damals an den österreichischen Gesandten in Prag, Kirchschläger, ergeht: Er möge die Erteilung österreichischer Visa an tschechoslowakische Staatsbürger sofort einstellen. Denn über die Staatsgrenze kommen keine Sowjetpanzer, aber lange Autokolonnen mit Flüchtlingen. Die tschechischen Grenzposten lassen noch alle anstandslos passieren. Nicht so die Österreicher. Sie verlangen ordnungsgemäße Visa, ausgestellt von der österreichischen Gesandtschaft in Prag. Und die gibt jedem, der flüchten will, ein Visum. Dazu Rudolf Kirchschläger: „Nur habe ich dann eine Weisung bekommen, daß ich sofort mit der Erteilung der Visa aufhören solle. Das wäre besonders tragisch gewesen, nicht nur weil wir am Tag 5 000 bis 5 500 Visa ausgegeben haben – die tschechischen Behörden haben allen Tschechen Reisepässe gegeben, gültig für alle Staaten Europas, ja alle Staaten der Erde. Und so hatten die Schweizer Botschaft, die britische Botschaft und die deutsche Handelsdelegation (die getarnte bundesdeutsche Botschaft in Prag, denn offiziell hatte die CSSR nur mit der DDR Beziehungen) sehr engen

Rudolf Kirchschläger: Dann verlieren wir die moralische Rechtfertigung für die Neutralität.

306

Überall in Österreich – hier in Vorarlberg – kommt es zu Sympathiekundgebungen für die Tschechoslowakei.

Kontakt mit mir, und wenn ich aufgehört hätte, Visa zu erteilen, hätten die wahrscheinlich auch gestoppt. Zumindest wurde mir immer gesagt, ‚solange Sie Visa geben, geben wir sie auch'. Da kam für mich, außer meinen persönlichen Gefühlen, die ich für die Tschechen hatte – sie haben mir unendlich leid getan –, auch wieder die Überlegung, die ich schon 1956 gehabt habe: Unsere Neutralität hat eine spezifisch österreichische Note und die ist eine humanitäre Note, eine humanitäre Aufgabe. Und so sandte ich damals ein Kabel nach Wien, wenn wir die humanitäre Note aufgeben, verlieren wir die moralische Rechtfertigung für die Neutralität. Und ich habe gebeten, den Erlaß noch einmal zu überlegen, habe noch vorsorglich dazugeschrieben, daß mich eine Befolgung einem sehr schweren Gewissenskonflikt aussetzen würde und daß ich bis auf weiteres die Visa weiter erteilen werde. Nach einigen Tagen kam dann auch die Genehmigung, die Visa weiter zu erteilen."

Österreich hilft nun wieder im großen Stil. Überall im Land werden Lager für Flüchtlinge eingerichtet. In Wien wird sogar die Stadthalle in eine Asylstätte verwandelt, werden Hunderte Notbetten aufgestellt und provisorische Küchen eingerichtet. Rund 96 000 Menschen kommen aus der Tschechoslowakei, weitere 66 000 tschechoslowakische Urlauber bleiben auf der Heimreise zunächst in Österreich. Insgesamt sind damit 162 000 Menschen unterzubringen. Für alle gibt es eine Unterkunft, für alle gibt es zu essen. Die meisten dieser Flüchtlinge wollen zunächst abwarten, wie sich die Dinge in der Tschechoslowakei weiter entwickeln. Die verhafteten tschechoslowakischen Führer hat man in Moskau inzwischen weichgeklopft: Sie heißen im nachhinein die Invasion für richtig und gut. Man wird sie dafür zurück nach Prag bringen und sie für kurze Zeit sogar noch in ihre alten Funktionen einsetzen. In Wirklichkeit bleiben sie Gefangene, ihre Autorität ist verwirkt und bald auch ihr Prestige. Staatspräsident Svoboda wird von dem sowjettreuen Husak abgelöst, Dubcek wird schließlich als tschechoslowakischer Botschafter in die Türkei entsandt, auch von dort bald zurückgerufen und erhält einen Posten als Mechaniker in Preßburg.

Das Bundesheer erhält wieder Schießbefehl

Aber einer der Geflüchteten, ein General namens Jan Sejna, gibt eine anscheinend topgeheime Nachricht an die westlichen Geheimdienste weiter: Eine Invasion Österreichs durch Sowjettruppen stehe unmittelbar bevor, man wolle durch Österreich gegen Jugoslawien marschieren. Auch in Belgrad nimmt man die Nachricht ernst und zeigt sich alarmiert. Und am Ballhausplatz ist man diesmal entschlossen zu handeln. Am 7. September wird das Bundesheer in höchste Alarmbereitschaft versetzt. Die westlichen Geheimdienste melden den unmittelbar bevorstehenden Einmarsch der Sowjettruppen in Österreich. Und wenn sie kommen, dann werden sie, wie in Prag, als erstes den Flughafen Schwechat besetzen. Oberleutnant Jörg Tschepper erhält den Befehl, mit seiner Panzerkompanie den Flughafen zu sichern. Er berichtet: „Die Fahrzeuge wurden kampfmäßig mit Munition beladen. Anschließend erging der Marschbefehl durch den Einsatzleiter, das Brigadekommando, zum Verlegen auf den Flugplatz, zur Sicherung des Flugplatzes Schwechat gegen Luftlandungen. Wir sind dort in den späten Abendstunden eingetroffen. Die Kompanie bestand aus 17 Panzern, davon waren etwa zehn am Südrand der Rollbahn eingesetzt, mit Wirkungsbereich auf die Rollbahn. Es ging nicht nur um das Sichern des Flughafengeländes, sondern – und dieser Auftrag wurde dezidiert erteilt – um die Vernichtung anlandender Luftstreitkräfte. Der Schießbefehl war auf die Einheitskommandanten delegiert, und nach diesem Erlaß hat der

96 000 Tschechen und Slowaken flüchten in den ersten Tagen der Besetzung nach Österreich, 66 000 tschechische und slowakische Urlauber bleiben auf der Heimreise zunächst in Österreich. Wie schon zur Zeit der Ungarnkrise wird den Flüchtlingen auch jetzt spontan geholfen. Schulen und Sporthallen werden in Flüchtlingslager verwandelt, so auch die Wiener Stadthalle (rechts).

Kompaniekommandant die Verantwortung und die Pflicht, das Feuer zu eröffnen, wenn feindliche Kräfte luftlanden. Der Chef des Stabs der IX. Brigade hat sich den Kampfplan erläutern lassen und dezidiert noch Anweisungen gegeben, was zu tun wäre, wenn zum Beispiel der Kontrollturm besetzt würde. Der Auftrag lautete, falls er besetzt wird, ist er zusammenzuschießen. Die Situation war also ernst, und wir haben sie auch sehr ernst genommen."

Fast wäre es dann wirklich passiert. In der Nacht setzt eine Maschine der sowjetischen Aeroflot unangemeldet in Schwechat zur Landung an. Jörg Tschepper: „Wir hörten die Geräusche einer anlandenden Maschine, und ich wußte nicht, was ich in den nächsten Minuten tun sollte beziehungsweise was ich auch damit auslösen könnte. Das war ja die Taktik der Luftstreitkräfte des Warschauer Pakts, daß sie zunächst versuchen, die Kontrolleinrichtungen des Flughafens in Besitz zu bekommen, um dann die Luftlandedivision hereinzuholen. Und das wäre so ein typischer Fall eines handstreichartigen Besetzens der Kontrolleinrichtungen gewesen. Wir hätten dann sicher den Grenadierzug eingesetzt, um diese kleine Gruppe abzuweisen, und im Zweifelsfall hätten wir dem Auftrag des Stabschefs der Brigade gefolgt und den Kontrollturm unter Feuer genommen." Es wurde nicht geschossen. Die Maschine stellte sich als harmlos heraus, sie hätte in Preßburg landen sollen und hatte sich verflogen. Aber in jenen Minuten lag es allein an den Überlegungen dieses einen Kompaniechefs, ob die Sache harmlos ausging oder zu einem schweren Zwischenfall führen würde.

Die Alarmbereitschaft wird noch einige Tage aufrechterhalten. Die Regierung schließt einen Einmarsch der Sowjetarmee nach wie vor nicht aus. Dazu Josef Klaus: „Schauen Sie, wer annimmt, daß der Einmarsch von Sowjettruppen in Österreich möglich ist, der muß sich darüber im klaren sein, daß die nicht an der Hofburg und am Ballhausplatz, am Innenministerium und der Polizeidirektion oder am Küniglberg und an der Argentinierstraße (die beiden Heimstätten des ORF) vorbeimarschieren und alles beim alten lassen werden, sondern daß sie Österreich ausschalten, zumindest für die Zeit, die sie zum Durchmarsch, zur Bildung eines Korridors, man wußte ja nicht wie weit das gehen sollte, benötigen. Ich war daher auf Grund meiner Verantwortung verpflichtet, für einen solchen Fall Vorsorge zu treffen. Und ich hatte es insofern leichter, als ich wußte, daß sich der Herr Bundespräsident (Franz Jonas) in Mürzsteg

Oberleutnant Jörg Tschepper erhält den Befehl, den Flugplatz Schwechat zu sichern (oben). Zeitzeuge Tschepper (unten): „Wir hätten den Kontrollturm unter Feuer genommen."

befindet, daß der Vizekanzler (Hermann Withalm) sich in der Steiermark befindet und daß wir für diesen Fall schon längere Zeit vorher einen Regierungssitz im Westen Österreichs vorgesehen hatten. In einer Bezirkshauptmannschaft im Westen, wo also ein Apparat vorhanden war – Telefon, Büroräume, Wagenpark und ähnliches, so daß man sofort, wenn auch provisorisch, hätte weiter regieren können."

Wir werden sehen, daß diese Überlegungen schließlich zur Einrichtung eines großen unterirdischen Kontroll- und Befehlsbunkers im Westen Österreichs führen werden, von dem aus selbst im Kriegsfall weiter regiert werden könnte. Im Moment weiß die österreichische Bevölkerung von all diesen Überlegungen nichts. Die Regierung vermeidet alles, was Panik auslösen könnte. Nur an der Spitze des Bundesheers kennt man die Versäumnisse – die unterlassene Mobilmachung, die unterlassene Bereitstellung der Truppen im grenznahen Gebiet und den Entschluß der Bundesregierung, im Falle der Wiederbesetzung der Ostzone im Westen Österreichs weiter zu regieren. Als das verirrte Aeroflot-Flugzeug am nächsten Morgen vom Schwechater Flughafen abhebt und es nicht klar ist, welcher Art von Flugzeug das nun sei, erlaubt man sich in der Heeresleitung eine bittere Bemerkung: „Da fliegt sie, unsere Regierung."

In all der Zeit versorgt vor allem der österreichische Rundfunk die Weltöffentlichkeit mit den neuesten Berichten aus der Tschechoslowakei. Denn nicht nur befinden sich einige Teams des ORF zum Zeitpunkt der Invasion in der Tschechoslowakei und setzen dort die Berichterstattung fort, auch die Kollegen vom tschechoslowakischen Fernsehen halten die Leitung nach Österreich offen, versuchen über diese die Welt zu erreichen. Tschechische und slowakische Kameraleute von Wochenschau und Fernsehen filmen weiter, bannen die dramatischen Höhepunkte der Invasion auf Film und übergeben dann ihre Filmkassetten österreichischen Urlaubern, die heimkehren. Fast stündlich melden sich solche Urlauber beim ORF in Wien und bringen die Filmberichte – obwohl sie sich der möglichen Gefahr bewußt waren, als Kuriere zu fungieren, wissen sie auch, welchen Wert diese Filme für die Unterrichtung der Weltöffentlichkeit haben. Tschechische Fernsehleute melden sich aus dem Untergrund, berichten aus Wohnzimmern, während an den Fenstern die Sowjetpanzer vorbeirollen. Einer der bekannten Kommentatoren des tschechoslowakischen Fernsehens, Lubusch Popelka, erscheint via Leitung auf den Bildschirmen im ORF-Zentrum. Er spricht auf einmal deutsch: „Liebe Freunde in Österreich, ich spreche jetzt aus Brünn. Wir sind vielleicht die einzigen in der ganzen Tschechoslowakischen Republik im Fernsehen, die noch senden können. Ich weiß nicht wie lange. Ich bitte alle, informieren Sie die ganze Welt, besonders den (UNO-)Generalsekretär U Thant und den (UNO-)Sicherheitsrat. Wenn die Situation kommt, daß mit dieser Sendung im Fernsehen und Rundfunk Schluß wird, dann bitte ich die Kollegen in Wien, daß sie die Informationen von der Situation in der tschechischen Sprache senden. Ich danke aus dem ganzen Herzen."

Wir haben Lubusch Popelka bei unseren Recherchen für „Österreich II" wiedergefunden. Wir haben ihm eine Aufzeichnung seines damaligen Hilferufs gezeigt. Er hat sie zum ersten Mal gesehen. Und er berichtete uns, wieso ihm diese Sendung noch möglich war. Popelka und seine Leute saßen in einem Behelfsstudio des Senders Brünn. „Wir wußten, in der Straße vor dem Studio fahren kreuz und quer die Panzer", berichtete er. „Aber sie haben das Fernsehstudio nicht gefunden. Wenn sie die Leute gefragt haben, sagten die, ja das Fernsehen, das ist da weiter, weiter. Alle wußten, wie groß die Gefahr war, wenn die Russen in das Studio gekommen wären. Aber lang konnte es nicht mehr dauern. Und so haben wir den Einfall gehabt, wir nehmen unsere Einrichtung, unseren Übertragungswagen und fahren aus Brünn weg, ganz nahe zum Sender, und wir haken uns dort ein und werden von diesem Platz die Sendung fortsetzen." Das gelang noch einige Zeit, doch dann kam die letzte Durchsage. Auch sie wurde in Wien aufgezeichnet und an die ganze Welt weitergegeben. Popelka meldete sich nochmals in deutscher Sprache: „Liebe Kollegen in Wien Fernsehfunk. Vielleicht ist es die letzte Sendung heute und zum letzten Mal spreche ich aus diesem . . .", dann brach der Ton ab, und das Bild verschwand vom Schirm. Aber schon 24 Stunden später erfüllte der ORF den letzten Wunsch der Kollegen aus Brünn: Er sendete Nachrichten in tschechischer Sprache. Auf die sowjetischen Vorhaltungen antwortete die Rundfunkleitung, die Nachrichten seien für die tschechoslowakischen Flüchtlinge in Österreich bestimmt.

Am vierten Tag nach der Besetzung der Tschechoslowakei ertönen dort im ganzen Land die Fabrikssirenen, halten die Züge an und stoppen die Autos, alle Räder stehen still. Es ist ein letzter Versuch des Protestes, ein letzter Appell an das Weltgewissen. Der Frühling in der Tschechoslowakei ist zu Ende. Für die nächsten 20 Jahre zieht in diesem Nachbarland Österreichs der Winter ein.

Für fünf Minuten kommt auch in Österreich der Verkehr zum Stillstand, läuten alle Kirchenglocken, werden in den Fabriken die Maschinen angehalten. Ein Zeichen der Solidarität mit einem Nachbarn in Not.

Der „Panzerkommunismus"

Die gewaltsame Niederschlagung des Prager Frühlings wird von den westlichen Regierungen zwar verurteilt, löst aber interessanterweise

Lubusch Popelka: Vielleicht ist es die letzte Sendung heute.

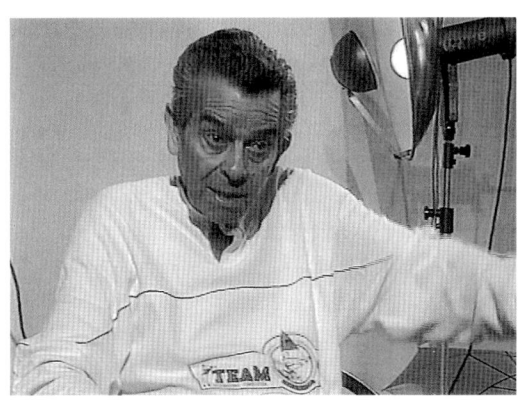

Lubusch Popelka: Vor dem Studio fahren kreuz und quer die Panzer.

keinen so großen Schock aus wie seinerzeit die Niederschlagung des ungarischen Volksaufstands, wohl auch weil es in der Tschechoslowakei nur zu geringem Blutvergießen kam. Doch um so stärker ist die Reaktion innerhalb der kommunistischen Parteien des Westens. Denn Moskau rechtfertigt die Besetzung der Tschechoslowakei mit einer Erklärung, die als „Breschnew-Doktrin" in die Geschichte eingeht: Wenn in einem sozialistischen Land Gefahr für die Sicherheit der ganzen sozialistischen Gemeinschaft entsteht, dann wird dieses zu einem Gegenstand der Sorge aller sozialistischen Länder, und daraus wird abgeleitet, daß „sozialistische Länder", Länder also, die unter kommunistischer Führung stehen, nur über eine beschränkte Souveränität verfügen; andere sozialistische Länder, im wesentlichen aber die Sowjetunion, können zur Sicherung des kommunistischen Systems in diesen Ländern intervenieren und – wie die Beispiele Ungarn und Tschechoslowakei zeigten – auch militärisch eingreifen. In fast allen kommunistischen Parteien des Westens löst die Breschnew-Doktrin heftige Debatten aus, ist sie doch ein schwerer Schlag gegen die Behauptung dieser kommunistischen Parteien, sie würden – einmal an die Macht gekommen – einen unabhängigen nationalen Kurs steuern und keineswegs Weisungen aus Moskau zu folgen haben. Das Beispiel Tschechoslowakei beweist das Gegenteil: Nicht nur gab es Weisungen, ja Befehle aus Moskau – als diese nicht ausreichend befolgt wurden, gab es die militärische Besetzung. Einige kommunistische Parteien sehen die Rettung ihres eigenen Kurses nur noch darin, die Sowjetunion und die anderen Warschauer-Pakt-Staaten scharf zu kritisieren und für sich selbst einen neuen Kurs zu beschließen. Es ist die Geburtsstunde des sogenannten Eurokommunismus. Führend dabei sind die italienischen Kommunisten, zunächst, wenn auch zögernd, gefolgt von der KP Frankreichs (die jedoch bald wieder auf Moskauer Kurs einschwenken wird).

Interessant die Reaktion der österreichischen Kommunisten. Die KPÖ galt bis dahin als eine besonders moskautreue Partei. Das hing eng zusammen mit ihrer Geschichte, war ihre Gründung doch im Gefolge der bolschewistischen Oktoberrevolution erfolgt und war sie doch ein prominentes Gründungsmitglied der Kommunistischen Internationale noch unter Lenin. Ab 1933 im Untergrund, war sie auf die Unterstützung der Sowjetunion angewiesen, schon unter Dollfuß und Schuschnigg, erst recht aber unter Hitler. Und für die österreichischen Kommunisten war die Befreiung Österreichs so gut wie nur der Sowjetarmee zu verdanken, und man kann für die Jahre der Anwesenheit sowjetischer Truppen in Österreich durchaus annehmen, daß die Partei ein enges Kooperationsverhältnis zu den Sowjetbehörden hatte und fast immer Vollstreckerin sowjetischer Politik war. Um so überraschender die Stellungnahme des Zentralkomitees der KPÖ unter dem Parteivorsitzenden Franz Muhri zum Einmarsch der Warschauer-Pakt-Truppen in die Tschechoslowakei. Der Einmarsch wird als Verletzung der Grundsätze der Autonomie der Partei und des Staates, der Nichteinmischung in die inneren Angelegenheiten kritisiert und der Rückzug der Truppen verlangt. Wörtlich heißt es in der ZK-Resolution: „Das Zentralkomitee der KPÖ verurteilt die Besetzung der CSSR durch Truppen von sozialistischen Ländern, die eine direkte Verletzung der Normen, der Beziehungen zwischen den kommunistischen Parteien und den sozialistischen Ländern darstellt ... Mit Nachdruck verlangen wir den Abzug der fremden Truppen vom Territorium der CSSR und die Wiederherstellung der vollen Souveränität der sozialistischen Tschechoslowakei." Bei einer weiteren Plenartagung des Zentralkomitees, am 12. und 13. September, setzt Franz Muhri eine noch weiter gehende Resolution durch: „Das Zentralkomitee der KPÖ ist der Meinung, daß der schwere Konflikt, der in der kommunistischen Weltbewegung um die Ereignisse in der Tschechoslowakei entstanden ist, alle kommunistischen Parteien verpflichtet, eine Analyse der tieferen Ursachen dieses Konflikts durchzuführen."

Muhri hält ein Referat, in dem er sich gegen die Breschnew-Doktrin wendet und die Selbständigkeit, die Gleichberechtigung und die Nichteinmischung in den Beziehungen der kommunistischen Parteien untereinander fordert. Er stellt zur Diskussion, daß „offenbar im System der sozialistischen Demokratie in der Sowjetunion und anderen Ländern etwas falsch sein müsse", und wendet sich gegen eine Bevormundung durch die Sowjetunion. Noch wird Muhris Haltung vom ZK gebilligt, aber bald fällt man in die alten Denkmuster zurück. Nach Gesprächen mit den sowjetischen Genossen heißt es schließlich: „Die große Mehrheit unserer Partei und des ZK ist der Ansicht, daß das Eingreifen der fünf Warschauer-Pakt-Staaten eine bittere Notwendigkeit war." Allerdings, alle ziehen da nicht mit. Um den prominenten Intellektuellen der Partei, Ernst Fischer, sammelt sich eine Gruppe von ZK-Mitgliedern, die an der ursprünglichen Verurteilung des Einmarsches festhalten will. Als sich diese Gruppe nicht durchsetzen kann, vollzieht sie teilweise den Bruch mit der Partei, teilweise wird sie ausgeschlossen. Ernst Fischer erklärt in einem Fernsehinterview auf die Frage, weshalb er nicht erneut in das ZK gewählt worden sei, am 7. Januar 1969: „Wissen Sie, ich habe so merkwürdige Sinnesstörungen, die nur eine Alterserscheinung sein können. Wenn ich das Wort brüderliche Hilfe höre, dann sehe ich Panzer und nichts als Panzer. Und wenn ich das Wort Nichteinmischung höre, dann mischt sich drein der Kommandoton von ausländischen Kommandanturen, das sind offensichtlich Alterserscheinungen, die man in einem Zentralkomitee nicht dulden kann." Fischer nennt das Vorgehen der Sowjetunion „Panzerkommunismus, rücksichtslose Machtpolitik, Diktatur des Apparats". Im Mai 1969 wird Ernst Fischer aus der KPÖ ausgeschlossen, 27 Mitglieder des Zentralkomitees kritisieren das öffentlich, aber es bleibt beim Ausschluß. Fischer quittiert dies mit einem Brief an das ZK: „Ich habe häufig geirrt mit der Partei, als ich Stalin für den legitimen Nachfolger Lenins hielt, als ich die Moskauer Prozesse verteidigte, als ich gegen Tito Stellung nahm usw. Ich kann auch gegen die Partei irren. Ich nehme dieses Recht für mich in Anspruch."

Franz Muhri stellt Jahre später in seinen Erinnerungen fest: „Es war ein Fehler, daß wir von der ursprünglichen kritischen Haltung abgegangen sind. Damit war ein Rückschlag in der notwendigen Erneuerung unserer eigenen Partei verbunden. Es zeigte sich, wie stark die unkritische Solidarität mit der KPdSU in der Partei noch vorhanden war, die Auffassung, daß die KPdSU die erfahrenste Partei sei, die die Ereignisse besser einschätzen könne. Es gab, meiner Meinung nach, im Frühjahr 1968 eine Chance, in der CSSR neue und bessere Wege des Aufbaus einer sozialistischen Gesellschaft zu gehen, auf neue Art Demokratie und Sozialismus miteinander zu verbinden ... Man hätte diesen Weg versuchen, riskieren sollen, obwohl, wie ich meine, es keine absolute Erfolgsgarantie gab ... Der andere Weg jedoch, der dann tatsächlich in die Praxis umgesetzt wurde, nämlich die Rückkehr zum deformierten sowjetischen Modell, hat, wie wir heute wissen, auf jeden Fall zum Scheitern, zum Zusammenbruch, zur späteren Restaurierung des Kapitalismus geführt."

Ein Geheimagent springt ab

Von der österreichischen Öffentlichkeit damals unbemerkt, kommt es in Wien auch zu einem im nachhinein durchaus als sensationell zu bezeichnenden Absprung eines bis dahin als Diplomaten getarnten

Franz Muhri: Es war ein Fehler, die Kritik zurückzunehmen.

Nach der Besetzung der Tschechoslowakei bezeichnet der prominente kommunistische Intellektuelle Ernst Fischer den Sowjetsozialismus als „Panzerkommunismus" und wird daraufhin aus der KPÖ ausgeschlossen.

tschechoslowakischen Spionagechefs. Ladislav Bittmann leitete mehrere Jahre lang die „Abteilung D" in der tschechoslowakischen Spionagezentrale. „D" steht für Desinformation. Diese Abteilung hat „den Gegner" durch irritierende, meist falsche Informationen zu Fehlhandlungen zu verleiten, soll versuchen, ihn politisch zu destabilisieren. Als in der Bundesrepublik Deutschland, aber auch in Österreich die Frage anstand, ob Kriegsverbrechen verjähren sollen oder ob solche Verbrechen für immer verfolgbar und strafbar sein müßten, führt Bittmann in enger Zusammenarbeit mit den entsprechenden Sowjetbehörden eine der größeren Desinformationskampagnen durch. Die Sowjets liefern Bittmann ein großes Konvolut von Dokumenten, die der Sowjetarmee bei der Besetzung Deutschlands 1945 in die Hände gefallen waren. Unter anderem sind es auch die (echten) Tagebücher von Sonderkommandos und SS-Brigaden, die auf dem Territorium der Sowjetunion Kriegsverbrechen begangen haben. Diese Dokumente werden unter Bittmanns Leitung in einem böhmischen See, dem Schwarzsee, versenkt, wasserdicht in Kisten verpackt. Sie werden dann „zufällig" entdeckt, im Rahmen eines großen Medienrummels gehoben. Zunächst geht die Sache schief, auf vielen Dokumenten befinden sich russische Aktennotizen, der KGB hat die Akten bereits dazu benützt, die durch die Dokumente Belasteten für sowjetische Wünsche, meist zu Agententätigkeit, gefügig zu machen. So sind die Akten erst „zu säubern", ehe sie nun eingesetzt werden können, um vor einer Verjährung von Kriegsverbrechen zu warnen. Nach und nach wird der Inhalt der Akten in Anwesenheit prominenter ausländischer Fachleute auf diesem Gebiet bekannt gemacht. Einer von ihnen ist Simon Wiesenthal, der sich seit 1945 der Auffindung und Verfolgung von Kriegsverbrechern und Verbrechen gegen die Menschlichkeit verdient gemacht hat. Unter den Dokumenten, die Wiesenthals besondere Aufmerksamkeit erregen, ist auch das Kriegstagebuch jener SS-Brigade, in der der spätere Obmann der Freiheitlichen Partei, Friedrich Peter, gedient hat. Als Wiesenthal die Verbrechen dieser Brigade anprangert und Friedrich Peter damit in Zusammenhang bringt, kann dieser geltend machen, daß er an diesen Verbrechen nicht teilgenommen habe bzw. an einem entsprechenden Datum nicht anwesend gewesen sei. Viel später wird Wiesenthal diese Erklärungen Peters in Zweifel ziehen, obwohl er sie nicht entkräften kann – davon wird noch ausführlicher zu berichten sein.

Eines haben die Akten aus dem Schwarzsee für sich: Es sind echte Dokumente und verfehlen daher die beabsichtigte Wirkung nicht. Sie tragen einiges dazu bei, die Befürworter der Nicht-Verjährung von Kriegsverbrechen in ihrer Argumentation zu stärken, obwohl sich wohl auch ohne die Schwarzsee-Akten die Parlamentarier in Deutschland und Österreich – wie das dann auch geschehen ist – mit großer Mehrheit für die weitere Verfolgung und Strafbarkeit von Kriegsverbrechen ausgesprochen hätten.

Zum Zeitpunkt, da die Dokumente aus dem Schwarzsee geborgen und in Prag bekannt gemacht werden, weiß niemand in Österreich, daß der Spiritus rector dieser Aktion Ladislav Bittmann ist. Bittmann wird nach Wien versetzt an die tschechoslowakische Gesandtschaft. Hier bekleidet er offiziell den Posten eines Presseattachés, in Wirklichkeit ist er der Leiter des tschechoslowakischen Spionagenetzes in Österreich. Als Dubcek im Januar 1968 die Führung der KPTsch übernimmt, als es zum politischen Frühling in Prag kommt, bekennt sich Bittmann zum neuen Kurs der Prager Reformer. Er setzt sich auch prompt dafür ein, daß der tschechoslowakische Sicherheitsapparat, also der Geheimdienst, einschließlich der Spionage und Spionageabwehr, von jenen Elementen gesäubert wird, die im Dienste der Sowjetunion stehen und für die Sowjetunion

Während des kalten Kriegs ist Österreich, besonders Wien, Tummelplatz für fremde Agenten und Spione. Hollywood bedient sich für einige seiner Spionagefilme dieser echten Kulisse. Links: Burt Lancaster, in dem Spionagethriller „Scorpio", läuft mit gezogener Pistole in die soeben erst ausgehobenen U-Bahn-Schächte auf dem Wiener Karlsplatz. Rechts: Der Karlsplatz während des U-Bahn-Baus.

gegen die Tschechoslowakei tätig sind. Das bringt Bittmann in Gegensatz zu einer ganzen Reihe von Kollegen und Vorgesetzten. Denn kaum eine andere Organisation in der Tschechoslowakei ist von Sowjetagenten so durchsetzt wie der Sicherheitsapparat.

Als nun die Tschechoslowakei von Truppen des Warschauer Pakts besetzt wird, entschließt sich Bittmann, in Wien „abzuspringen". Heimlich verläßt er seine Wohnung, obwohl diese schon von sowjettreuen Agenten überwacht wird. Ab dann bleibt Bittmann verschwunden. Er wurde vom „Österreich II"-Team an einer amerikanischen Universität aufgefunden und lebt dort unter einem neuen, angenommenen Namen. Bittmann war bereit, ein Interview zu gewähren, unter der Bedingung der Wahrung seiner Anonymität. In dem Interview machte er einige bemerkenswerte Aussagen. Österreich, so meinte er, war im kalten Krieg für beide Seiten, für Ost wie für West, ein wichtiges Spionagezentrum: „Eines der wichtigsten in der Welt." Und Bittmann fuhr fort: „Was die gegenseitige Durchdringung der Spionagenetze betrifft, war Österreich sehr wichtig. Viele Nachrichtenorganisationen hatten in Österreich ihr Hauptquartier, ebenso waren in Wien die Korrespondenten vieler Medien stationiert, die von hier aus ihre Berichte über die Tschechoslowakei, über Polen, über Ungarn, sogar über die Sowjetunion an ihre Redaktionen sandten. Viele waren für den gesamten Ostblock zuständig. Über sie konnte man vieles lancieren, von ihnen vieles erfahren. Aber Österreich war auch die Plattform, auf der die Betreuungsoffiziere des Ostblocks die von ihnen betreuten Spione im Westen unauffällig treffen konnten. Die kamen nach Österreich, um Informationen abzuliefern und um Instruktionen zu erhalten. Hier konnte man künftige Operationen besprechen. Österreich galt für die Ostspionage als sicheres Territorium. So, bevor man nach Frankreich, Deutschland oder in die Schweiz ging, wurden die Spione lieber nach Österreich kommandiert. Das war auch aus einem anderen Grund besser als anderswo. Österreich war angewiesen auf freundschaftliche Beziehungen zum

Ladislav Bittmann: Eines der wichtigsten Spionagezentren der Welt.

Westen, aber auch zur Sowjetunion. Und das hieß, sollte eine größere Aktion auffliegen und drohte zum internationalen Skandal zu werden, so hatten die Sowjets eine ganze Reihe von Möglichkeiten, auf die Österreicher einzuwirken, und diesem Druck würden sie höchstwahrscheinlich nachgeben. Auf Grund dieser besonderen Position Österreichs wurde es ein sehr nützlicher Platz für die Agententätigkeit des Westens und des Ostens."

Befragt, ob die Ostspionage auch österreichische Organisationen penetriert hatte, antwortete Bittmann: „Also wir hatten unsere Informationsquellen in der Regierung, in den politischen Parteien, in den Sicherheitsdiensten Österreichs, die uns, die Tschechoslowakei, informiert haben, aber natürlich hauptsächlich die Russen, denn die Tschechoslowakei hatte für die meisten dieser Informationen selbst keinen Gebrauch. Für die Sowjets aber waren sie wichtig. Wir hatten sehr zuverlässige Quellen in vielen österreichischen Institutionen. Und ich würde sagen, Österreich war vermutlich ebenso dicht mit Spionen durchsetzt wie Westdeutschland, Westdeutschland und Österreich waren die wichtigsten Länder für die Ostspionage." Befragt, ob das hieße, daß in der Regierung selbst „Informationsquellen" saßen, antwortete Bittmann beruhigend: „Nein, aber in den Ministerien, hohe Funktionäre in den Ministerien."

Nach 1968 gab es diesbezüglich Untersuchungen gegen einige Personen, auch Anklagen und Verurteilungen. Nicht viele im Verhältnis zu dem, was Bittmann in diesem Gespräch behauptet hat. Bittmann sagte, daß der tschechoslowakische Spionageapparat – „einer der größten der Welt, rund 40 Prozent der gesamten Ost-

Die geheime „Einsatzzentrale Berg". Über einen kilometerlangen Stollen erreicht man mit einem Elektroauto, 600 Meter unter der Erde, das Herz der Anlage. Hinter einer dicken Panzertüre der Vorraum mit den Fahrrädern, von hier an das einzig erlaubte Fortbewegungsmittel. Die Luft im Bunkersystem wird ständig kontrolliert und erneuert. Im Zentrum des zivilen Trakts jener Raum, der im Krisen- oder Kriegsfall der Bundesregierung und ihrem Einsatzstab zur Verfügung steht. Für direkte Anschlüsse zu Fernsehen und Hörfunk des ORF ist gesorgt. Im militärischen Trakt arbeitet Tag und Nacht die Luftraumüberwachung des Bundesheers.

spionage weltweit" – nach dem Einmarsch der Warschauer-Pakt-Truppen zusammengebrochen sei. Danach habe die Hauptlast der Spionage gegen Österreich der Staatssicherheitsdienst der DDR übernommen.

Die österreichischen Politiker und vermutlich auch die zuständigen Behörden zeigten sich von dieser intensiven Tätigkeit ausländischer Nachrichtendienste auf österreichischem Boden nicht sehr beunruhigt. Österreich selbst war, wie auch Bittmann bestätigte, nicht das unmittelbare Ziel dieser Spionage, es gab hier nicht viel auszuspionieren, und das wenige war offenbar leicht zu erfahren. Und es mag schon so gewesen sein, wie Bittmann es schildert, daß die zuständigen österreichischen Behörden durchaus ein oder sogar zwei Augen zudrückten, um einschlägige Vorfälle nicht zu Skandalen auswachsen zu lassen. Anders als die Schweizer, die da kaum Milde vor Recht gelten lassen.

Die „Einsatzzentrale Berg"

Hingegen nimmt man eine mögliche militärische Bedrohung von seiten des Ostblocks durchaus ernst. Und hatte man 1968 auf Grund der vorangegangenen Ungarnkrise ein Ausweichquartier für die Regierung im Westen Österreichs vorgesehen, „bei einer Bezirkshauptmannschaft", wie Bundeskanzler Klaus sagte, so geht man nach der Besetzung der Tschechoslowakei daran, ein ausgedehntes und sogar atomsicheres Bunkernetz im Westen Österreichs zu errichten. Das „Österreich II"-Team hatte darum gebeten, dieses Bunkersystem be-

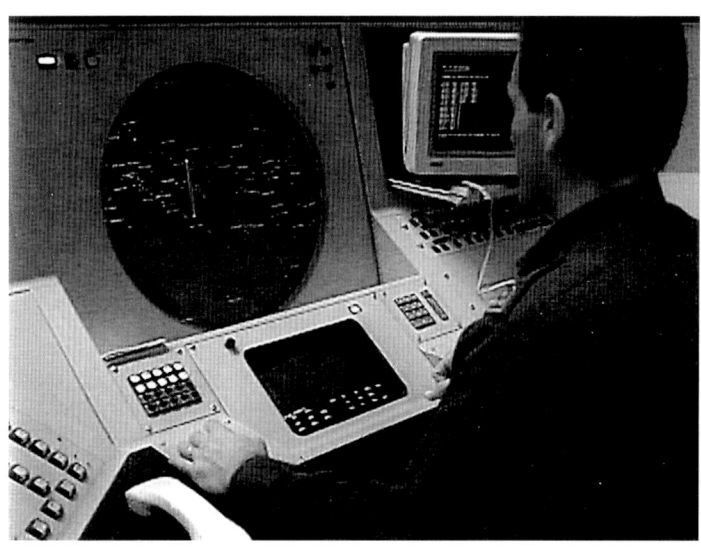

sichtigen und wenn möglich auch filmen zu dürfen. Die erste und die zweite Antwort aus dem Bundesministerium für Verteidigung war negativ. Am Anfang hieß es sogar, ein „Regierungsbunker" existiere nicht. Bis uns dann doch die offizielle Bezeichnung bekannt wurde: „Einsatzzentrale Berg". Und bis wir damit argumentierten, daß etwa die USA uns schon vor 20 Jahren den Zutritt in ihre unterirdischen Kommandozentralen für den Fall eines Atomkriegs gestattet hatten, auch den Zutritt in ihre Raketensilos, unter der Bedingung, daß bestimmte Einrichtungen nicht gefilmt werden dürften. Unter diesen Bedingungen wurde es nun dem „Österreich II"-Team erlaubt, die Einsatzzentrale Berg zu besuchen, in der Nähe des Kolomannsberges im salzburgischen Pongau.

Der Berg, in dem sich die Anlage befindet, ist 1400 Meter hoch, der Eingang in das Bunkersystem liegt auf etwa 600 Meter Seehöhe. Der Zugang ist getarnt, durch Panzertüren gesichert. Allein der Zufahrtsstollen zum Kern der Anlage ist einen Kilometer lang. Das System selbst besteht aus einer ganzen Reihe großer Stollen und Räume. So groß sind die Verkehrswege in diesem System, daß zwei Kleinbusse bequem einander passieren können. Während auf den Zufahrtswegen normale Kleinbusse verkehren, sind in der Anlage selbst nur Elektrobusse zugelassen. Dazwischen liegen gewaltige, absolut luftdichte und atomsichere Panzertüren. Der „Kleinverkehr" in der Bunkeranlage selbst aber wird vorwiegend auf Fahrrädern durchgeführt. Mehrere Dutzend davon stehen bereit und tragen interessanterweise groß die Aufschrift „BKA" für Bundeskanzleramt. Dazu erhalten wir die Auskunft, die Anlage gehöre dem Bundesheer, das Bundeskanzleramt sei Untermieter und beanspruche rund ein Viertel des Bunkersystems. In diesem vom Kanzleramt beanspruchten Teil befinden sich alle Anlagen, die für die Aufrechterhaltung der Funktionsfähigkeit der Bundesregierung im Krisen- und Kriegsfall notwendig wären. Schlafräume für alle Mitglieder der Bundesregierung und für alle Funktionäre und Beamte, deren Dienste in einem solchen Fall gebraucht würden. Im Zentrum ein Sitzungssaal für bis zu 50 Personen, Platz genug für Regierung und Krisenstab. Hier auch befinden sich alle Anlagen, die die Verbindung der Regierung mit der österreichischen Bevölkerung und mit dem Ausland ermöglichen: Anschlüsse an das Fernseh- und Radionetz des ORF, Anschlüsse an das Telefon-, Fax- und Telex-Netz der Post, Satellitentelefone für die Verbindungen ins Ausland. Angeschlossen auch ein kleines Spital mit Operationstisch und einem Behandlungsraum für Strahlenverseuchte. Die notwendigen Instrumente und Medikamente stehen ebenfalls bereit.

Zu unserer Überraschung stoßen wir in diesem zivilen Teil des Bunkersystems auf eine Reihe von Bediensteten, die hier jahraus, jahrein beschäftigt sind. Sie speichern und duplizieren die wichtigsten Datenbanken des öffentlichen Diensts. Das heißt, im Fall einer Vernichtung dieser Datenbanken durch Feindeinwirkung oder „nuklear-magnetischen Sturm", hier im Berg sind alle diese Daten noch einmal gespeichert, so daß auch nach einer derartigen Katastrophe die Verwaltung rasch wieder aufgebaut werden könnte. Noch viel mehr Personal aber treffen wir im militärischen Teil des Bunkersystems an. Hier befindet sich das Kernstück der „Goldhaube", das ist der Deckname für die militärische Überwachung des österreichischen Luftraums. Sie arbeitet eng mit der zivilen Luftfahrtbehörde zusammen. Auf zahlreichen Monitoren wird hier aber nicht nur der österreichische Luftraum überwacht. Spezialisten des Bundesheers können offenbar auch noch weit über die Grenzen Österreichs in die Lufträume der Nachbarstaaten „hineinsehen" und über angeschlossene Computersysteme auch die zu erwartenden Flugbahnen der angepeilten Objekte berechnen. Viel mehr durften wir im militärischen

Teil des Bunkersystems nicht besichtigen. Aber es ist anzunehmen, daß in diesem Komplex die Einsatzzentrale für das Bundesheer wie auch für eine Reihe anderer im Kriegs- und Krisenfall notwendiger Institutionen – Feuerwehr, Sanität usw. – vorhanden sind, mit einem vermutlich noch umfangreicheren Kommunikationssystem.

Die Bunkeranlage verfügt im übrigen auch noch über einen Keller. Auch dieser von beeindruckender Ausdehnung. Eine ganze Reihe großer Aggregate versorgt von hier aus die gesamte Anlage mit Strom, Heizung und vor allem Lufterneuerung. Als „Luftwäscher" werden die entsprechenden Instrumente bezeichnet. Nuklear, biologisch oder chemisch verseuchte Luft hätten sie zu entgiften, so daß das Bunkersystem stets verläßlich mit reiner Luft versorgt wird. Doch da stoßen wir auf die merkwürdigste Einrichtung der Bunkeranlage: ein großes Aquarium, in dem sich etwa zwei Dutzend Fische befinden. Es sind Fische besonderer Art – Goldorfe –, und sie haben eine besondere Eigenschaft, ihre Kiemen reagieren feinstfühlig auf jede Verunreinigung des ihnen zugeführten Sauerstoffs. Und durch das Aquarium quirlt – als Sauerstoffzufuhr – Luft aus dem gesamten Bunkersystem. Sollten also die mechanischen und chemischen Meßinstrumente für die Reinheit der Luft in der Bunkeranlage versagen, die Goldorfe würden auf eine Verunreinigung der Luft sofort reagieren und, wie uns gesagt wird, mit dem Bauch nach oben schwimmen. Fünf Jahre nahm der Bau dieser „Einsatzzentrale Berg" in Anspruch. Und es ist, wie wir gesehen haben, keine stillgelegte Zentrale, einige Dutzend zivile und militärische Experten versehen hier täglich ihren Dienst. Und zumindest der militärische Teil arbeitet in drei Schichten.

Es liegt auf der Hand, daß die „Einsatzzentrale Berg" ursprünglich dafür gedacht war, der Regierung und den Befehlsstellen des Bundesheers im Kriegs- und Krisenfall als Schutzraum zu dienen und es ihnen zu ermöglichen, von hier aus die Verteidigung Österreichs und den Einsatz auch der zivilen Dienste zu leiten. Nach dem Reaktorunglück von Tschernobyl ist allerdings daran zu denken, daß bei einer ähnlichen und größeren Katastrophe diese Einsatzzentrale auch aktiviert werden könnte, wenn Österreich von einer radioaktiven Wolke bedroht werden sollte.

Der Flug zum Mond

Der Zufall will es, daß just in der Zeit, da unser Nachbarland Tschechoslowakei von Truppen des Warschauer Pakts besetzt wird, in Wien eine große, vielbeachtete internationale Konferenz stattfindet, nämlich von 14. bis 28. August 1968 – die „Konferenz der Vereinten Nationen über die Erforschung und friedliche Nutzung des Weltraums". Aus 79 Staaten sind 620 Weltraumexperten angereist, an ihrer Spitze starke Kontingente aus den USA und der Sowjetunion. Ziel der Konferenz ist es, einen Überblick über die Erfahrungen und Probleme der ersten zehn Jahre der Erforschung des Weltraums mit Hilfe der Raketentechnik zu gewinnen. Außerdem sollte auf der Konferenz dargelegt werden, wie die wissenschaftlichen und technischen Erkenntnisse der Weltraumforschung allen Staaten zugänglich gemacht werden können. Innerhalb der UNO war 1959 ein Weltraumausschuß gegründet worden, und der Vorsitz dieses Ausschusses wurde von da an dem jeweiligen österreichischen UNO-Botschafter übertragen. Und so wird auch die erste große Weltraumkonferenz in Österreich, in Wien abgehalten, unter dem Vorsitz des damaligen Außenministers Kurt Waldheim. Bundespräsident Franz Jonas eröffnet die Konferenz mit einer vielbeachteten Rede: „Zu dieser Konferenz kommt die österreichische Wissenschaft nicht mit leeren Händen. Sie hat in der Vergangenheit und in der Gegen-

320

Die britische königliche Familie weilt im Mai 1969 in Österreich. Offiziell ist es der Staatsbesuch nur der Queen, aber sie wird begleitet von ihrem Mann, dem Herzog von Edinburgh, und ihrer Tochter, der Prinzessin Anne. Auf dem Flugplatz Schwechat mit allen militärischen Ehren empfangen (links oben), trägt sich die Queen nach ihren Gesprächen mit dem Bundespräsidenten und dem Bundeskanzler in das Goldene Buch der Stadt Wien ein, assistiert von Bürgermeister Bruno Marek (oben). In Tirol wird die Königin von Landeshauptmann Wallnöfer zur Europakapelle an der Europabrücke in einem Puch-Haflinger begleitet. Und zwei echte Haflinger werden dem königlichen Paar als Gastgeschenk übergeben.

wart zur Weltraumforschung beachtliche Beiträge geleistet. Gerade im Kreise der Konferenzteilnehmer sind die Namen der Österreicher Valier, Oberth, Sänger und Pirquet, um eine kleine Auswahl zu treffen, als Pioniere der Weltraumforschung wohl bekannt."

Und das sind sie tatsächlich. Der Tiroler Max Valier baut in den zwanziger Jahren für die Firmen Eisfeld und Opel die ersten Raketenautos. Sie sollen auf Eisenbahnschienen zum Einsatz kommen. Raketenangetrieben hätten sie hohe Geschwindigkeiten erreichen sollen. Für den Autoantrieb erweisen sich die Raketen als unbrauchbar, doch für Valier sind sie auch nur eine Zwischenstufe zur Weiterentwicklung als Antriebsaggregate für, wie er es nennt, ein „Weltraumflugzeug" – also das, was Jahrzehnte später in Amerika als Weltraum-Shuttle entwickelt wird.

Der von Jonas angesprochene Altösterreicher Hermann Oberth gilt weltweit als eigentlicher „Vater der Weltraumfahrt". In den zwanziger Jahren erscheinen seine Bücher „Die Rakete zu den Planetenräumen" und „Wege zur Raumschiffahrt", die bereits exakte Berechnungen künftiger Weltraumflüge enthalten und noch heute zu den Standardwerken der Raketentechnik zählen.

Ein ehemaliger Hauptmann der k. u. k. Armee, Hermann Potocnik, geht einen kühnen Schritt weiter. Unter dem Pseudonym Hermann Noordung veröffentlicht er ein Buch, das sich mit dem Problem der „Befahrung des Weltraums" befaßt. Potocnik entwirft

Der Altösterreicher Hermann Oberth gilt als Vater der Weltraumfahrt, im Bild rechts neben der Rakete. Erster von rechts der junge Wernher von Braun, der später Oberths Raketentechnik für den Bau der V2 und in weiterer Folge auch für die amerikanischen Apollo-Flüge zum Mond anwenden wird. In seinem Buch „Wege zur Raumschiffahrt" veröffentlicht Oberth schon in den zwanziger Jahren jene Formeln, mit der die freie Fahrt der Rakete im Weltraum berechnet wird.

WEGE ZUR RAUMSCHIFFAHRT

VON

HERMANN OBERTH

MIT 4 TAFELN UND 159 ABBILDUNGEN

3. AUFLAGE

VON

„DIE RAKETE ZU DEN PLANETENRÄUMEN"

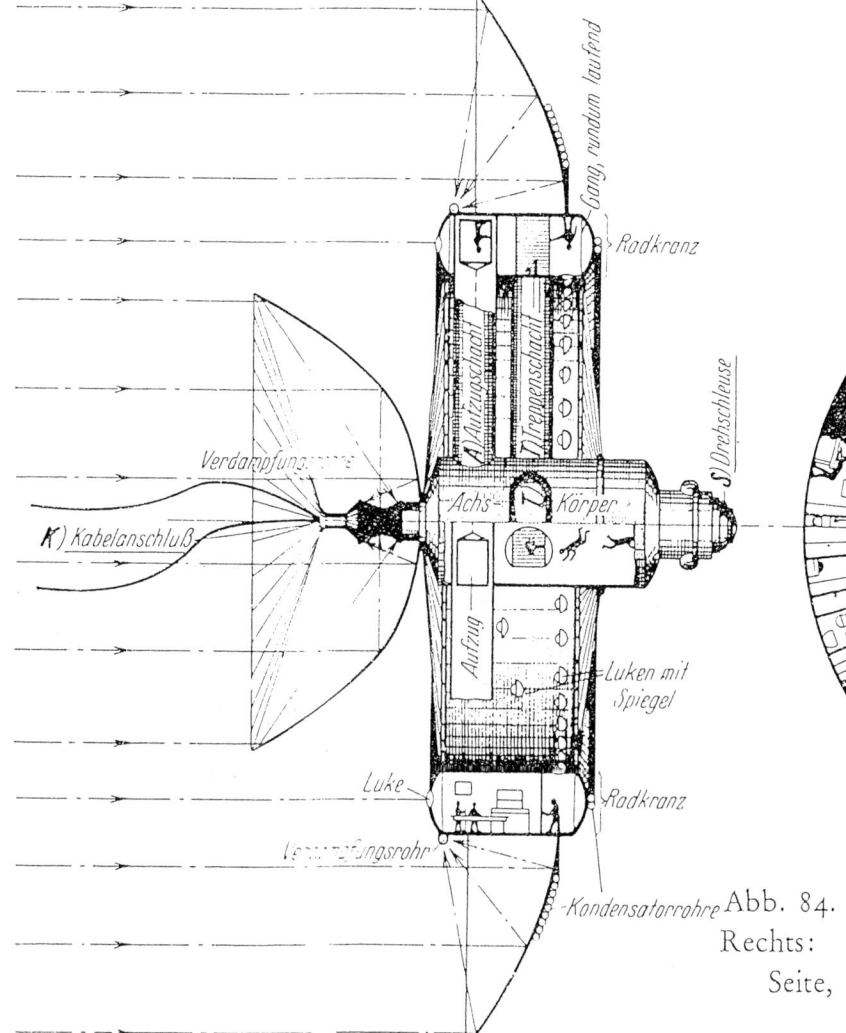

Abb. 84. Rechts: Seite,

Der Tiroler Max Valier baut für die Firma Eisfeld ein raketenbetriebenes Auto (oben). Hermann Potocnik berechnet bereits jene Bahn, in der Raumstationen und Satelliten im Weltraum stationär geparkt werden können. Er entwirft auch das Modell einer bemannten Raumstation (rechts oben). Österreich gedachte dieses Pioniers mit einer Sonderbriefmarke zu dessen 100. Geburtstag.

bereits die Konstruktionspläne für eine bemannte Weltraumstation. Er berechnet auch die Bahnen, auf der solche Stationen im Raum geparkt werden könnten – unser heutiges Satellitensystem beruht auf diesen Berechnungen, insbesondere die stationär im Weltraum geparkten Kommunikationssatelliten. Zu seinem hundertsten Geburtstag ehrt Österreich Hermann Potocnik mit einer Sondermarke, auf der das von ihm errechnete Satellitensystem aufscheint.

Eugen Sänger konstruiert in Wien Raketentriebwerke, deren Prinzip bis heute gültig ist.

Der Niederösterreicher Guido von Pirquet errechnete bereits 1928 die Raketenbahn zur Venus und daß Flüge zum Mond und zu anderen Planeten von einer Raumstation aus stattfinden könnten. Auch diese Berechnungen erweisen sich als richtig.

Aber Österreich kann bei der Weltraumkonferenz nicht nur auf historische Verdienste verweisen. Weltraumforschung wird an den entsprechenden Universitätsinstituten in Wien, Graz und Innsbruck mit Nachdruck betrieben und ihre Ergebnisse bei den Weltraumprojekten der Amerikaner und auch der Sowjets vielfach verwertet. Österreichische Astronomen, Professoren der Theoretischen Physik und andere Experten sind in allen westlichen astronautischen Vereinigungen präsent, sind Mitglieder der Weltraumausschüsse der UNO und des Europarats, später Mitarbeiter der ESA, der Europäischen Weltraumorganisation. Österreichische Mathematiker ent-

wickeln eigene Methoden zur präziseren und schnelleren Berechnung von Raketenbahnen von der Erde zum Mond. Bei einem Wettrechnen der Bahn eines Jupitersatelliten siegt die von Österreichern entwickelte Methode gegenüber allen anderen – sie ist schneller und genauer. Die Forschungen des Innsbrucker Professors Ferdinand Cap auf dem Gebiet der Wellen- und Plasmainstabilitäten im Weltraum werden international anerkannt und fließen in die NASA-Forschung ein. Österreichische Professoren schrieben und schreiben Standardwerke zu Einzelthemen der Weltraumforschung. Und auch zur „Hardware" hat Österreich ein wenig beizutragen. Im Metallwerk Plansee in Reutte, Tirol, werden unter anderem auch Düsenteile für Raketenantriebe hergestellt, die dann bei der ersten Mondmission der USA eingesetzt werden. Der Generaldirektor des Plansee-Werks, Rudolf Machenschalk, berichtet: „Ich kann mich noch sehr gut an die aufregenden Bilder der Mondlandung erinnern. Und wenn man sich da als österreichischer Techniker gedacht hat, da sind auch unsere Materialien dabei, war das schon eine ungeheure Motivation, ein Motivationsschub für alle Mitarbeiter. Und das war wichtig für die weiteren Entwicklungen. Wir haben mit einer viel größeren persönlichen Begeisterung an diesen Dingen teilgenommen, als es vielleicht heute in unserer sehr nüchtern gewordenen Welt vorstellbar ist."

Der erste bemannte Flug zum Mond. Der amerikanische Präsident Kennedy hatte bei seiner programmatischen Rede vor dem US-Kongreß am 25. Mai 1961 verkündet, die USA würden „noch in diesem Jahrzehnt" den ersten Menschen auf den Mond bringen. Am 16. Juli 1969 ist es soweit: Die amerikanischen Astronauten Neil Armstrong, Edwin Aldrin und Michael Collins werden im J. F. Kennedy Space Center auf Cape Canaveral mit einem Lift an die Spitze der gewaltigen Saturnrakete – sie ist 111 Meter lang – gebracht und steigen dort in die Raumfähre Columbia ein. In der Raumfähre befindet sich die Mondfähre mit dem Namen Eagle. Der Countdown zur Apollo-11-Mission läuft. Schließlich „... five, four, three, two, one, zero – lift off!" Ein fehlerloser Start. Die mächtigen Triebwerke heben die fast

Rudolf Machenschalk: Da sind auch unsere Materialien dabei.

Am 21. Juli 1969 betritt der erste Mensch, der amerikanische Astronaut Neil Armstrong, die Oberfläche des Mondes: „Ein kleiner Schritt für einen Menschen, aber ein großer Sprung vorwärts für die Menschheit." Die Mondlandung wird vom ORF in einer Marathon-Sendung live übertragen und kommentiert. Oben: Der österreichische Weltraumexperte und Raummediziner, Professor Herbert Pichler. Pichler hatte alle Details dieser Apollo-Mission im amerikanischen Weltraumzentrum Houston studiert und vermittelt sie nun dem österreichischen Fernsehpublikum. Peter Nidetzky demonstriert mit einem echten amerikanischen Raumanzug, wie sich die Astronauten auf dem Mond bewegen. Othmar Urban und Hugo Portisch kommentieren den Apollo-Flug und berichten über die Reaktionen der Welt.

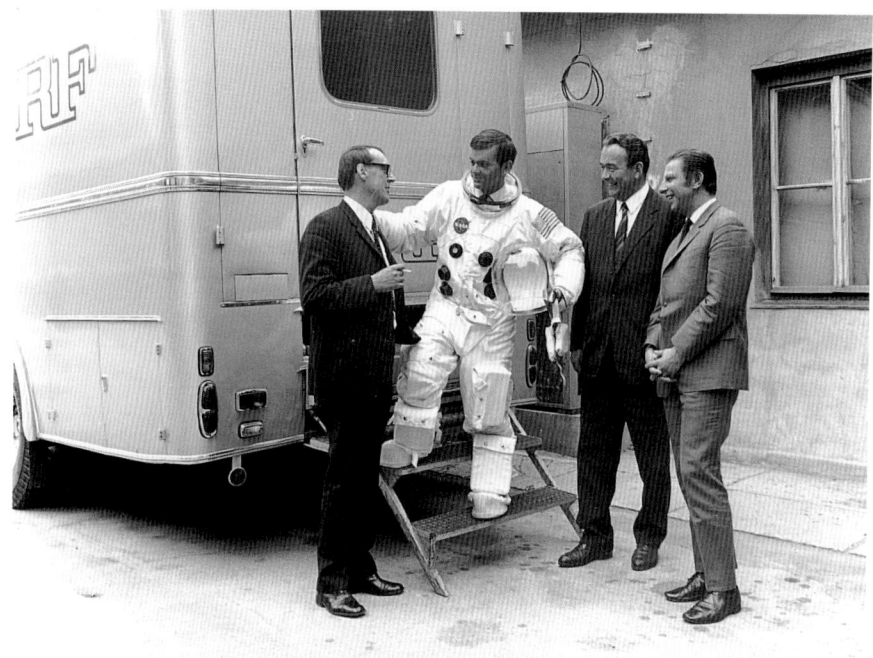

drei Millionen Kilogramm schwere Rakete von der Rampe. Die Ehrengäste und das zahlreich erschienene Publikum jubeln. Mit ihnen jubeln Millionen Amerikaner, und noch mehr Millionen verfolgen den Flug der Rakete auf den Fernsehschirmen in aller Welt. Die Rakete entwickelt eine Fluggeschwindigkeit von 40 000 Stundenkilometern und legt die Strecke zum Mond in drei Tagen zurück. Ohne Unterlaß aber wird der Flug der drei Astronauten im US-Weltraumzentrum in Houston, Texas, verfolgt. Alle aus der Weltraumfähre gesendeten Daten werden minutiös aufgezeichnet, gespeichert als Erfahrungswerte für die Zukunft. Alle Handgriffe in der Fähre werden von einer Garnitur ebenso gut ausgebildeter Astronauten hier im Weltraumzentrum mitvollzogen. Fehler sollen auf diese Weise rechtzeitig erkannt und möglichst verhindert werden.

Doch der Flug verläuft problemlos. Am 19. Juli tritt die Columbia-Raumfähre in die Mondumlaufbahn ein. Am 20. Juli besteigen Armstrong und Aldrin die Mondfähre, trennen sie von der Columbia und setzen zur Landung auf dem Mond an. Collins kreist mit der Columbia weiter um den Mond. Um 21.17 Uhr mitteleuropäischer Zeit setzt die Mondfähre Eagle auf der Mondoberfläche auf. Der Landeplatz befindet sich im sogenannten Meer der Ruhe, eine stein- und sandübersäte Ebene. In der ganzen Welt sind Armstrongs Worte über Radio und Fernsehen zu hören: „The eagle has landed." Und Neil Armstrong ist es auch, der als erster Mensch die Mondoberfläche betritt. Ob er es spontan sagte oder ob der Satz lange vorher ausgedacht war, jedenfalls meldet sich Armstrong nun vom Mond mit Worten, die seither in die Geschichte der Weltraumfahrt eingegangen sind: „Dies ist ein kleiner Schritt für einen Menschen, aber ein großer Sprung vorwärts für die Menschheit." 13 Minuten später folgt der zweite Astronaut Aldrin. Die Fernsehkameras an Bord der Mondfähre übertragen dieses historische Ereignis zur Erde, wo schätzungsweise eine Milliarde Menschen die Aktivitäten der beiden Astronauten am Bildschirm verfolgen. Als erstes, wie könnte es anders sein, pflanzen sie das amerikanische Sternenbanner in den Mondboden. Danach salutieren sie und melden funktelefonisch dem amerikanischen Präsidenten Richard Nixon den Erfolg ihrer Mission. Dann beginnen die Austronauten Sand- und Gesteinsproben einzusammeln, stellen einen Reflektor für Laserstrahlen auf, einen Seismometer und ein Segel zum Einfangen von Sonnenwinden. Der Reflektor wird in Zukunft dazu dienen, durch die Reflexion von Laserstrahlen genaue Entfernungsmessungen zwischen Erde und Mond durchzuführen. Das Seismometer soll Mondbeben und das Einschlagen von Meteoriten auf dem Mond registrieren, das Sonnensegel einströmende Sonnenmaterie aufstauen und deren Dichte zur Erde melden. Zweieinhalb Stunden dauert der „Mondspaziergang" der Astronauten, tatsächlich ist es mehr eine „Hopserei", denn auf Grund der viel geringeren Schwerkraft auf dem Mond können sich die Astronauten mit großen Sprüngen weiterbewegen. Als der Sauerstoffvorrat in den Tornistern ihrer Raumanzüge zu Ende geht, kehren Armstrong und Aldrin in die Mondfähre zurück, starten, gelangen wieder in die Mondumlaufbahn und docken an der Raumfähre Columbia an. Ihr Kollege Collins hatte mittlerweile mit der Columbia den Mond dreißigmal umkreist. Auf dem Mond zurück bleibt neben der amerikanischen Flagge und den wissenschaftlichen Instrumenten der Landeteil der Mondfähre mit einer Plakette, die die Inschrift trägt: „Wir kamen in Frieden, stellvertretend für die ganze Menschheit."

Drei Tage benötigen nun die Mondfahrer, um zur Erde zurückzukehren. Am 24. Juli um 17.50 Uhr mitteleuropäischer Zeit entfalten sich über dem Pazifik die drei Fallschirme, an denen die Apollo-Kapsel mit den drei Astronauten hängt. Hubschrauber vom US-Flugzeugträger „Hornet" bringen Rettungstaucher zu der nun auf der

Meeresoberfläche landenden Raumkapsel. Sie befreien die Astronauten, die nun von den Hubschraubern auf den Flugzeugträger gebracht werden, wo sie Präsident Nixon und eine jubelnde Besatzung empfangen. Aber nur in geziemender Entfernung. Denn noch weiß man nicht, ob der Mond keimfrei ist und die Astronauten nun vom Mond Bakterien, Viren oder andere Keime auf die Erde mitbringen. So werden sie umgehend in eine Quarantänestation geführt, in der sie bis zur Rückkehr zu ihren Familien verbleiben. Doch weder bei dieser, noch bei späteren Mondmissionen konnten irgendwelche Keime festgestellt werden, auch nicht in den 21 Kilogramm Mondgestein, das bei dieser ersten Mission von den Astronauten auf die Erde gebracht wurde. Übrigens: Die Leitung des gesamten Apollo-Programms liegt in der Hand des schon erwähnten deutschen Raketenbauers Wernher von Braun.

Die Reise der Apollo 11 zum Mond, die Landung der Astronauten, ihr Aufenthalt auf dem Mond und ihre Rückkehr zur Erde wurden auch vom österreichischen Fernsehen übertragen.

Die Regierung Klaus in Bedrängnis

Das Jahr, in dem der erste Mensch zum Mond fliegt, leitet in Österreich das Ende der ersten Alleinregierung unter dem Bundeskanzler Josef Klaus ein. Eine rechtschaffene Regierung, die auch einige wichtige Reformwerke in Gang setzt, so das Forschungsförderungsgesetz, das Berufsausbildungsgesetz, wichtige Strukturverbesserungs- und Marktordnungsgesetze, das Lebensmittelkontrollgesetz, das Bauernpensionsgesetz, die schrittweise Einführung der 40-Stunden-Woche, und endlich auch werden das Standrecht und die Todesstrafe abgeschafft. Beschlossen wird auch der Bau von zwei Atomkraftwerken, bei Zwentendorf und bei St. Pantaleon, die Errichtung einer UNO-City und der Ausbau des neuen Allgemeinen Krankenhauses, AKH, in Wien. Diese vier Großprojekte wurden von der ÖVP-Alleinregierung auf Kiel gelegt und von der späteren Alleinregierung Kreisky vollendet, was allerdings im Fall des ersten Atomkraftwerks in Zwentendorf und des monströsen AKH auch Kreisky nicht unbedingt als Verdienst angerechnet werden wird. Wie überhaupt die meisten Maßnahmen der Regierung Klaus erst später zum Tragen kommen.

Hingegen bekommt diese Regierung den scharfen Wind einer beginnenden Weltrezession zu spüren: Die Konjunktur flacht ab, die Wirtschaft stagniert. Zwar herrscht in Österreich noch Vollbeschäftigung, aber die durch die Reform der Landwirtschaft jährlich freigesetzten etwa 20 000 Arbeitskräfte können unter diesen Umständen von der übrigen Wirtschaft nicht ohne Probleme aufgefangen werden. Der Koren-Plan mit seinen Steuererhöhungen trifft, wie schon berichtet, vorwiegend jene Schichten der Bevölkerung, die zu den ÖVP-Stammwählern zählen: die Gewerbetreibenden, die Bauern, die Selbständigen. Die Regierung Klaus hat auch einige große Skandale auszubaden, deren Ursprung oft weit zurück reicht in die Zeiten der großen Koalition, aber die nun an die Oberfläche kommen.

Der prominenteste dieser Skandale beginnt mit einem Zustandsbericht von der erst vor kurzem fertiggestellten Teilstrecke der Westautobahn im Bereich der Strengberge. Frostaufbrüche werden gemeldet, Nachgeben des Unterbaus, Einbruch der Autobahndecke. Eine Untersuchungskommission stellt fest, daß die Baufirmen offenbar minderwertiges Material verwendet haben, aber sie haben teures verrechnet, ja sie haben sogar Nachzahlungen gefordert und erhalten. Untersuchungen werden eingeleitet, und dabei macht man eine Entdeckung nach der anderen. Beamte haben von Baufirmen hohe Geldsummen, Fernreisen, Pelzmäntel und andere Beste-

Josef Klaus: Das hat in der Wirtschaft schockierend gewirkt.

chungen entgegengenommen und dafür Bauaufträge vergeben. Gegen rund 200 Beamte, darunter einen Sektionschef des Bautenministeriums, wird ermittelt. Ebenso gegen fast alle größeren österreichischen Baufirmen. Die Wirtschaftspolizei führt schlagartig Hausdurchsuchungen durch, beschlagnahmt waggonweise Akten. Schließlich werden an die 80 Personen, darunter auch Direktoren der Baufirmen, Techniker und Beamte, verhaftet. Bundeskanzler Klaus selbst ist es, der ein rigoroses Durchgreifen fordert, und sein Justizminister Klecatsky gibt die entsprechenden Anordnungen. Klaus glaubt, daß die Wähler ihm und seiner Regierung dies zugute halten werden. Doch das ist nicht der Fall: Der Bauskandal bleibt an der ÖVP-Regierung hängen, nicht zuletzt auch, weil fast alle Verhafteten entweder dem bürgerlichen Lager angehören oder ihm nahestehen. In einer öffentlichen Diskussion erklärt Klaus auf Drängen des Publikums, wie es um den Bauskandal stehe, wörtlich: „Zum Bauskandal. Sagen wir lieber Vorkommnisse in der österreichischen Bauwirtschaft" – Gelächter und Zornesrufe –, „eines muß ich Ihnen vorweg sagen, ein Skandal ist es, daß man das so lange nicht aufgedeckt hat. Die Vorfälle in der Bauwirtschaft haben stattgefunden vor der Alleinregierung der ÖVP."

Auf die damaligen Vorfälle angesprochen, erklärte Klaus dem „Österreich II"-Team: „Nachdem alles offenlag, habe ich im Parlament einen Bericht darüber gegeben, was wir bisher gemacht haben. Ich habe gesagt, es wurde durchgegriffen. Wo man in anderen Ländern, vielleicht auch in Österreich, zugedeckt hat, haben wir aufgedeckt und haben wir durchgegriffen. Ich habe berichtet, daß über hundert Strafverfahren eingeleitet worden sind, daß für 21 höhere Beamte von Baufirmen der Haftbefehl erteilt worden ist, daß auch fünf öffentlich Bedienstete, darunter ein Sektionschef, verhaftet worden sind. Das hat in der Wirtschaft schockierend gewirkt, und ich glaube, ich habe mich auf diese Weise vor allem durch diese vehemente und offene Art, wie wir da vorgegangen sind, in der Wirtschaft bestimmt nicht beliebt gemacht. Das hängt vielleicht auch mit mir insoferne zusammen, als ich überhaupt ein etwas eigenwilliger und unbequemer, vor allem ein unabhängiger Politiker gewesen bin."

Parallel zum Bauskandal aber werden noch zwei andere Skandale abgehandelt, in deren Mittelpunkt zwei prominente Vertreter der ÖVP stehen. Dem Landesparteiobmann der Wiener ÖVP, Fritz Polcar, wird vorgeworfen, daß er Spendengelder für die Partei in Millionenhöhe kassiert und dafür Begünstigungen für die Spender durchgesetzt hat. Der damalige Journalist Walter Norden besuchte die ÖVP-Landesparteileitung, wo er auch den damaligen Sekretär Polcars traf. Walter Norden erinnert sich: „Ich frage, was es Neues gibt. Und er sagt: ‚An und für sich gibt es nichts Neues, aber wenn Sie ein bißchen Zeit haben und warten, dann können S' erleben, wie die ÖVP-Wien in Konkurs geht.' Ich sage, wieso das? Sagt er: ‚Na ja, bei uns haben s' das Licht abgedreht, und unsere Leute haben schon seit längerem keine Bezüge mehr bekommen.' Und während wir so sprechen, springt die Tür auf, und es kommt der Nationalrat Polcar herein, mit offenem Hubertusmantel, ein großer Mann mit seinem Steirerhütl am Kopf und eine pralle, dicke, runde Aktentasche in der Hand. Jubelnd sagt er: ‚Ich bin fündig geworden, holen S' den Kassier, wir können sofort alles auszahlen.' Und er hat dann die Aktentasche ausgeleert, über seinen Sitzungstisch. Und da kamen Geldbündel heraus wie im Märchen. Und ich habe mich erkundigt. Sagt er, ‚der Benjamin Schreiber hat eine größere Spende gemacht für die ÖVP'. Benjamin Schreiber, das war der damalige Cadbury-König, Cadbury, die Schokoladenmarke. Und er war hier am Markt sehr interessiert. Damals brauchte man Importlizenzen, und offensichtlich hat er wieder einmal eine Importlizenz bekommen und das mit einer größeren Spende honoriert." Niemand wirft Polcar vor, daß er die Spendengelder privat verwendet hätte, es ging immer um die Partei. Vom Industriellen Johann Haselgruber kassiert Polcar 2,4 Millionen Schilling für die Vermittlung von Krediten und Geschäften. Polcar wurde aus der ÖVP nicht ausgeschlossen, aber er trat selbst aus, als seine Art der Parteifinanzierung bekannt wurde. Doch 1965 steht er wegen der Millionenpleite und Krida einer Appartementgesellschaft, für die er verantwortlich gemacht wird, vor Gericht. 1968 wird er zu 12 Monaten Haft verurteilt, eine Strafe, die in zweiter Instanz 1971 auf 18 Monate erhöht wird.

Im Mai 1968 beginnt im Wiener Landesgericht der Prozeß gegen Viktor Müllner. Müllner war bis 1963 stellvertretender Landeshauptmann von Niederösterreich und Landesrat für Finanzen in der Niederösterreichischen Landesregierung. Bis 1965 ist er auch stellvertretender Landesparteiobmann der ÖVP, bis 1967 Landesobmann des niederösterreichischen ÖAAB. Ab 1963 wird er Generaldirektor der NEWAG, des großen Versorgungsunternehmens Niederösterreichs für Elektrizität. Bei der Niogas, Niederösterreichs Gas- und Erdölversorgungsbetrieb, ist Müllner Präsident des Aufsichtsrats. In diesen Eigenschaften beginnt Müllner ein weitverzweigtes Geschäftsimperium aufzubauen. In den sechziger Jahren läßt er ein gemeinsames Verwaltungszentrum von NEWAG und Niogas im Bezirk Mödling errichten und baut rund um dieses Zentrum eine ausgedehnte Gartenstadt, die Südstadt. Sie soll Wohnansprüchen moderner Menschen entsprechen, die wohl nahe, aber außerhalb der Großstadt im Grünen leben wollen. Eine große Sportstätte wird da zugebaut. Erstmals in Österreich wird ein ganzer Ort durch Fernheizung versorgt. Die Finanzierung der Südstadt erfolgt durch NEWAG und Niogas. Und nun wird Müllner beschuldigt, 47 Millionen Schilling, davon 16 Millionen aus dem Vermögen des Landes Niederösterreich und 31 Millionen aus den Kassen der NEWAG, veruntreut zu haben. Darüber hinaus deckt der Rechnungshof ein Finanzchaos auf, das der öffentlichen Hand einen Schaden von 1,3 Milliarden Schilling verursacht haben soll. Müllner wird schließlich zu vier Jahren Kerker verurteilt, wegen Amtsmißbrauchs und Untreue. Doch auch Müllner betont, daß er sich persönlich nicht bereichert habe. Alles habe er nur für die Partei getan. Und der Richter sieht das weitgehend auch so: „Wenn wir das Motiv des Angeklagten für seine Delikte werten, dann steht die Gewinnsucht ganz als letztes im Hintergrund. Im Vordergrund steht Ehrgeiz, Machtstreben und eine völlig falsch verstandene Parteiräson, alles, was der Partei nützt, das kann ich tun, da kann mir nichts passieren." Müllner beruft und verläßt das Gericht zunächst als freier Mann. Er werde, so erklärt er, um seine Ehre bis zum letzten Atemzug kämpfen.

All das belastet das Konto der ÖVP. Eine Trendumkehr im Wählerverhalten zeigt sich schon bei den Landtagswahlen in Oberösterreich im Oktober 1967: Die ÖVP verliert 2 Mandate, die SPÖ gewinnt 4 und wird erstmals in Oberösterreich stimmenstärkste Partei. Im März 1968 erhöht die SPÖ im Burgenland ihren Mandatsstand von 16 auf 17, die ÖVP erhält 15 Mandate. Ein Jahr später, im März 1969, verliert die ÖVP bei den Landtagswahlen in Salzburg 2 Mandate, diesmal an die FPÖ, doch dadurch werden ÖVP und SPÖ mit je 13 Mandaten gleich stark. Im April 1969 kann die SPÖ in Wien ihren Mandatsstand von 60 auf 63 erhöhen, während die ÖVP 5 ihrer bisher 35 Mandate verliert. Selbst in Niederösterreich gibt die ÖVP im Oktober 1969 ein Mandat an die SPÖ ab. In Vorarlberg gibt es im Oktober 1969 einen Stimmenzuwachs für die SPÖ, auf Grund der Wahlarithmetik verliert sie dennoch ein Mandat, doch hat sie im Hinblick auf die Fußach-Affäre dort auch viel Terrain wieder gutzumachen, so wird der Stimmenzuwachs als Sieg gefeiert.

DIE ÄRA KREISKY: DIE REFORMEN

Anhand dieser Resultate bei den Landtagswahlen konnte man schon erwarten, daß die ÖVP bei den nächsten Wahlen ihre absolute Mehrheit einbüßen und vermutlich sogar um die relative Mehrheit zu kämpfen haben würde. Zusätzliche Faktoren würden sich auf das Wahlresultat auswirken: Franz Olah und seine DFP, die die SPÖ im Jahr 1966 148 528 Stimmen gekostet hatte, haben kaum noch politischen Einfluß. An die Spitze der SPÖ ist inzwischen ein charismatischer Politiker getreten, Bruno Kreisky. Seit seiner Wahl zum Vorsitzenden der SPÖ 1967 bereitet Kreisky die Rückkehr der SPÖ in die Regierung vor. Zwei Überlegungen leiten ihn dabei: Das vom früheren Parteivorsitzenden Bruno Pittermann, aber auch von anderen führenden Funktionären, wie Waldbrunner, Probst und Czernetz, geprägte Image der Partei ließ die SPÖ als dogmatisch, unbeweglich, in alten, zum Teil marxistischen Denkmustern verhaftet erscheinen. So traute man der SPÖ kaum noch Kompetenz in Wirtschaftsfragen zu. Also gilt es für Kreisky, die Partei zunächst einmal in einem neuen Licht erscheinen zu lassen.

Kreisky tut dies im Rahmen einer Großoffensive. 1400 in- und ausländische Experten werden von ihm ersucht, eine Reihe von Programmen auszuarbeiten, die gemeinsam ein Programm für eine von der SPÖ geführte Regierung ergeben sollen: Ein Humanprogramm, ein Wohnbauprogramm, ein Justizprogramm, ein Schulprogramm, ein Hochschulkonzept und ein Erwachsenenbildungsprogramm. Im Zentrum von allen steht ein Wirtschaftsprogramm, mit dem die SPÖ ihre Kompetenz auch in Wirtschaftsfragen beweisen soll. Geschickt tritt Kreisky auch der Parole entgegen, die die ÖVP in allen bisherigen Wahlkämpfen gegen die SPÖ zum Tragen gebracht hat: Die Sozialisten wären, einmal allein an der Regierung, die Wegbereiter der Kommunisten. Wir erinnern uns: In haushohen Montagen ließ die ÖVP aus einem Sack mit der Aufschrift „SPÖ" eine rote Katze springen mit dem Aufdruck „Volksdemokratie" und dazu die Aufforderung „Kauf nicht die Katz' im Sack!". Kreisky beruft den Parteivorstand der SPÖ am 2. Oktober 1969 nach Eisenstadt. Der Vorstand soll eine Erklärung verabschieden, mit der sich die SPÖ vom Kommunismus ebenso eindeutig distanziert wie vom Faschismus. Bei den Wahlen 1966 hatte die SPÖ eine Wahlempfehlung der Kommunisten stillschweigend akzeptiert. Das hatte ihr geschadet. In Eisenstadt erklärt die SPÖ nun: „Zwischen Sozialismus und Diktatur gibt es keine Gemeinschaft, daher sind die Sozialisten unbeugsame und kompromißlose Gegner des Faschismus wie des Kommunismus." Gerhard Weis, damals innenpolitischer Spitzenreporter des neuen ORF, stellt an Kreisky die Frage: „Wollen Sie mit dieser Eisenstädter Erklärung der roten Katze den Kampf ansagen?" Kreisky: „Ich betrachte ja die rote Katze als längst krepiert. Aber wir wollen doch mit aller Eindeutigkeit hier im Schatten des Eisernen Vorhangs unser Bekenntnis zur Demokratie wiederholen und alles anführen, was unsererseits zum Schutz des Staates und der Demokratie geschehen ist."

Für den 22. November beruft Kreisky den Bundesparteirat der SPÖ in das Wiener Kongreßhaus ein und legt diesem Forum die von den 1400 Experten erarbeiteten Programme zur Gesamtreform

DIE EISENSTÄDTER ERKLÄRUNG DER SPÖ

gegen Diktatur und Unfreiheit, für die soziale Demokratie

Gerechtigkeit und der uneingeschränkten Freiheit, bekennen. Sie lehnt daher jegliche Unterstützung oder Empfehlung durch die Kommunisten mit aller Entschiedenheit ab. Ihre Haltung und ihre Politik wird auch in Zukunft im Einklang mit dem Grundsatz ihres Programmes stehen:

" Zwischen Sozialismus und Diktatur gibt es keine Gemeinschaft. Daher sind die Sozialisten unbeugsame und kompromißlose Gegner des Faschismus wie des Kommunismus. Sie lehnen jede Diktatur einer Minderheit ebenso ab wie eine Menschenrechte verletzende Vergewaltigung von Minderheiten durch die Mehrheit".

Bruno Kreisky und das junge Team, das ihm hilft, der Partei ein neues Image zu geben und die nächsten Nationalratswahlen zu gewinnen. Von links nach rechts: Heinz Fischer, Ernst Eugen Veselsky, Kreisky, Hannes Androsch und Heinz Brantl, der als Wahlkampfleiter eingesetzt wird. Mit der „Eisenstädter Erklärung" setzt Kreisky einen klaren Trennungsstrich zum Kommunismus, um den Verdächtigungen endgültig zu begegnen, der Sozialismus der Sozialisten bereite den Weg für den Sozialismus der Kommunisten.

Österreichs vor. Im Saal herrscht Siegesstimmung. Die Resultate der Landtagswahlen lassen den Vormarsch der SPÖ erkennen, Kreisky hat es auch verstanden, die verschiedenen Fraktionen der Partei miteinander zu versöhnen oder doch zumindest auf sich zu vereinigen. Beim Parteitag 1968 ist er mit 97,5 Prozent der Stimmen als Parteivorsitzender bestätigt worden – 1967 hatte man ihn nur mit knapp 70 Prozent der Stimmen zum Vorsitzenden gewählt. Seither ist auch die Achse Kreisky–Benya zum Tragen gekommen: Das vom ÖGB geforderte und von Kreisky durchgeführte Volksbegehren zur Arbeitszeitverkürzung erhält rund 890 000 Stimmen und wird vom Parlament auch umgesetzt, mit Wirksamkeit vom 1. Januar 1970 wird in Österreich nur mehr 43 Stunden pro Woche gearbeitet. Kreisky hat auch einen echten Dialog mit der katholischen Kirche eingeleitet. Hatte schon das letzte Parteiprogramm unter Pittermann Sozialismus und Katholizismus als vereinbar erklärt, so geht Kreisky persönlich in die Diskussion mit Vertretern der Kirche und der katholischen Verbände. Solcherart will Kreisky die SPÖ zu einer offenen, modernen, für alle wählbaren Partei machen. Für den bevorstehenden Wahlkampf legt er eine dementsprechende Parole fest: „SPÖ für ein modernes Österreich."

Erstmals wird ein SPÖ-Wahlkampf zentral geplant und bis ins kleinste Detail vorbereitet. Kreisky selbst bestimmt eine eigene Wahlkampfmelodie, ein englischer Schlager aus dem Jahr 1942: "When the lights go on again." Die Melodie vermittelt, was die Worte damals bedeutet haben: Wenn der Krieg aus ist, wenn es mit der Verdunkelung vorbei ist, wenn die Lichter wieder angehen – dann ist Friede, dann geht es wieder aufwärts, Hoffnung und Zuversicht vermittelt diese Melodie. Als Auftakt für den Wahlkampf ladet Kreisky für den 9. Januar 1970 1500 Gäste, darunter viele der an den SPÖ-Programmen beteiligten Experten, in das Kongreßzentrum der Hofburg ein. Festredner ist der deutsche Kanzleramtsminister Horst Ehmke, und das nicht von ungefähr: In der Bundesrepublik hat soeben erst Willy Brandt gemeinsam mit der FDP die erste von Sozialdemokraten geführte Regierung gebildet. Ehmkes Auftreten signalisiert, daß dergleichen auch in Österreich möglich sein könnte.

Im Zentrum des SPÖ-Wahlkampfs stehen eine Plakatreihe und eine Fernsehwerbung, die unter dem Titel „Wählen Sie das moderne Österreich" alle Wählerschichten ansprechen – „steigende Kaufkraft", „ein gesundes Leben", „moderne Industrien, sichere Arbeitsplätze, stabile Währung", „mehr und bessere Wohnungen, erreichbar für alle", „fortschrittliche Bildung, Aufstieg für jeden, alle sollen es besser haben". Und Kreisky macht sich selbst zum Hauptträger dieser Botschaften. Insgesamt wird er in diesem Wahlkampf 8 000 Kilometer zurücklegen und nicht selten zehn Veranstaltungen an einem Tag abhalten. Ganz im Stil eines amerikanischen Präsidentenwahlkampfs tritt Kreisky stets als Hauptredner auf, nur begleitet vom jeweiligen SPÖ-Nationalratskandidaten des Wahlkreises. Kein anderer Politiker aus der Bundes-SPÖ wird von Kreisky mit auf die Reise genommen. Hinter den Kulissen wird Kreisky von drei jungen Politikern unterstützt, Heinz Fischer, Peter Jankowitsch und Leopold Gratz. Als Günther Nenning und andere junge Sozialisten am Wahlkampf vorbei auf ein Volksbegehren zusteuern, das die Abschaffung des Bundesheers zum Ziel haben soll, steuert das SPÖ-Team geschickt dagegen und bereichert Kreiskys Wahlkampfkonzept um den Slogan: „Sechs Monate sind genug!"

Diesem dynamischen, zukunftsorientierten Wahlkampf stellt die ÖVP die nun schon seit den vierziger Jahren immer wieder verwendeten (damals allerdings erfolgreichen) Angstparolen entgegen – die Sozialisten als Steigbügelhalter des Kommunismus, also immer noch die „rote Katze". In der Fernsehwerbung der ÖVP drängen rote Kapuzenmänner einen Pkw von der Fahrbahn ab, sie verbergen ihre Gesichter, niemand kennt ihre wahren Absichten. Auch auf den Plakaten der ÖVP gibt es dunkle Schattenmänner ohne Gesichter mit der Warnung: „Wer rot wählt, wählt eine Zukunft voller Fragezeichen!" Eine riesige Faust zerknüllt eine rotweißrote Fahne, dazu der Text: „Es droht die rote Übermacht – darum ÖVP." Es ist ein Negativ-Wahlkampf, und er richtet sich nicht nur gegen die SPÖ, auch gegen die FPÖ. Verwiesen wird auf die bundesdeutsche Koalition zwischen SPD und FDP mit einer „Warnung vor der dritten Kraft, die den roten Kanzler schafft". Oder „Wer die FPÖ wählt, nützt Kreisky." Die FPÖ will dieser ÖVP-Propaganda entgegenwirken. Die FPÖ-Führung glaubt tatsächlich, daß ihr das in Deutschland geschlossene Bündnis SPD–FDP schade. Und so verkündet das Führungsteam der FPÖ – Friedrich Peter, Gustav Zeillinger, Alexander Götz und Otto Scrinzi – als zentrale Aussage in diesem Wahlkampf: „Kein roter Bundeskanzler, kein schwarzes Österreich – dann stimmt die Richtung." Eine Parole, die nur einen Schluß zuläßt: Die FPÖ wird keine Koalition mit der SPÖ eingehen, da sie ja solcherart einen roten Bundeskanzler schaffen würde, gleichzeitig will die FPÖ eine ÖVP-Alleinregierung, ein schwarzes Österreich, verhindern. Wie das? Indem die FPÖ mit einer geschwächten ÖVP eine schwarz-blaue Koalition eingeht.

Die ÖVP reagiert auf dieses zwar etwas verschnörkelte, aber doch eindeutige Koalitionsangebot der FPÖ taktisch höchst ungeschickt: Sie lehnt ab, und erinnert an das Zusammengehen von FPÖ und SPÖ in der Habsburg-Frage. Offenbar mit der Absicht, die FPÖ als mögliche Alternative für den bürgerlichen Wähler auszuschalten, verkündet die ÖVP programmatisch, es werde unter keinen Umständen nach der Wahl eine kleine Koalition zwischen ÖVP und FPÖ geben. Die SPÖ hingegen greift das Angebot der FPÖ an die ÖVP sofort auf: Der Bürgerblock drohe, in Wahrheit stehe es schon 91 zu 74 –

Die Plakatserie, mit der die SPÖ bei den Nationalratswahlen 1970 die Wählerinnen und Wähler anspricht: „Wählen Sie das moderne Österreich".

Das Versprechen der FPÖ, mit dem sie sich der ÖVP als Koalitionspartner empfiehlt. Als Klaus eine „Koalition der Verlierer" ablehnt, hindert dieses Versprechen die FPÖ, in eine offene Koalition mit der SPÖ einzutreten. Und doch wird Kreisky nur mit der parlamentarischen Unterstützung der FPÖ regieren können.

gemeint sind die zusammengezählten Mandate von ÖVP und FPÖ im Nationalrat. Und das Gespenst des Bürgerkriegs von 1934 wird beschworen.

Kreisky ist schneller

Erstmals in Österreich kommt es – ebenfalls nach amerikanischem Muster – zu einem Fernsehduell zwischen den beiden Spitzenkandidaten, zwischen Klaus und Kreisky. Klaus zählt die Leistungen der ÖVP-Regierung auf und fordert die Wähler auf, diese zu honorieren. Kreisky hingegen wirft der ÖVP-Alleinregierung vor, viel versprochen und nichts gehalten zu haben. Die von Klaus erwähnten Verdienste bestreitet er. In der Beurteilung dieses Fernsehduells sind sich die Beobachter uneinig: Die einen meinen, Klaus, die anderen meinen, Kreisky hätte es gewonnen. Die Meinungsforscher aber sind sich einig: Die ÖVP werde zwar einige Mandate verlieren, jedoch die stärkste Partei bleiben, die SPÖ werde einige Mandate gewinnen, ihr Abstand zur ÖVP werde geringer werden, und auch der FPÖ gönnen die Meinungsforscher noch einen Mandatsgewinn.

Der Wahltag bringt die Überraschung. Über Fernsehen und Hörfunk werden Hochrechnungen ausgestrahlt. Der Mann, der die

Erneut warnt die ÖVP vor einer „roten Übermacht", doch die Parole ist verbraucht (links unten). So wird Klaus gegen Kreisky ausgespielt, was der ÖVP den Vorwurf des versteckten Antisemitismus einträgt (rechts). Die SPÖ gewinnt viele Jugendliche mit dem Versprechen, die Wehrdienstzeit zu reduzieren (unten).

Computer mit den entsprechenden Basiszahlen ausgestattet hat, ist Professor Gerhart Bruckmann vom Institut für Höhere Studien. Die erste um 17 Uhr durchgegebene Hochrechnung ist eine Sensation. Deutlich zeichnet sich ein Stimmen- und Mandatsvorsprung der SPÖ ab. Das Endresultat entspricht dann der Hochrechnung: die SPÖ hat zu ihren 74 Mandaten weitere 7 dazugewonnen und zieht mit 81 Abgeordneten in den Nationalrat ein. Die ÖVP verliert 7 Mandate und ist im Nationalrat statt wie bisher mit 85 nur noch mit 78 Mandaten vertreten. Und die FPÖ hat zu ihren 6 Mandaten kein einziges dazugewonnen. Erstmals verfügt die SPÖ damit im Nationalrat über eine relative Mehrheit.

Als die drei Parteiführer im Innenministerium vor die Kameras und Mikrophone des ORF treten, bleibt Klaus bei seiner Absage an die FPÖ: Eine Koalition der Verlierer, ÖVP–FPÖ, werde es nicht geben. Damit schließt er sich selbst als Bundeskanzler aus. Kreisky hingegen macht klar, daß er als Vorsitzender der mandatsstärksten Partei erwarte, mit der Regierungsbildung betraut zu werden. Er werde mit der ÖVP über die Bildung einer großen Koalition verhandeln, allerdings einer Koalition unter der Führung der SPÖ, die dann auch verstärkt ihre Programme zum Tragen bringen müßte. Neben Klaus und Kreisky ein zutiefst enttäuschter Friedrich Peter. So wie

Klaus seine Chance, mit Hilfe der FPÖ weiter regieren zu können, vergibt, so erkennt Peter seinerseits die Chance nicht, daß er und die FPÖ Kreisky zur Bildung einer Minderheitsregierung verhelfen könnten. Friedrich Peter beschreibt seinen damaligen Zustand so: „Wir mit unserem katastrophalen Wahlergebnis, das eine noch größere Katastrophe für mich war, dazu die Klaus-Erklärung, er mache keine Koalition der Verlierer, es käme eine ÖVP–FPÖ-Koalition nicht in Frage, obwohl beide Parteien ausreichend mehr Mandate gehabt hätten als die Sozialistische Partei. Also es war das eine Situation, in der ich nicht nur mich ad personam, sondern auch die Partei vor dem Ende glaubte. Und da rief etwa um die mitternächtliche Stunde Dr. Jankowitsch an, damals Kabinettschef von Dr. Kreisky, und fragte mich, ob ich Lust zu einem Gespräch mit Dr. Kreisky hätte. Und so kam es am 2. März um 1.30 Uhr in der Früh zu dieser Begegnung Kreisky–Peter. Ich war völlig niedergeschlagen, hörte aber plötzlich erstaunt zu, als Kreisky sagte: ‚Ihnen ist von Pittermann Unrecht geschehen, Ihnen ist etwas zugesagt worden, was Pittermann nicht gehalten hat, Sie bekommen die Wahlrechtsreform ohne Gegenleistung.' Das war für mich so unglaubwürdig, daß ich mich auch entsprechend verhalten habe. Und Kreisky sagte: ‚Sie können glauben, was Sie wollen, Sie kriegen diese Wahlrechtsreform.'"

In dieser Nacht gibt es natürlich auch ein Nachdenken bei der ÖVP und ein Umdenken bei Vizekanzler Hermann Withalm. Er meint, man dürfe die Möglichkeit einer kleinen Koalition mit der FPÖ nicht völlig ausschließen, noch wisse man ja nicht, was die Verhandlungen mit der SPÖ bringen würden. Zumindest die Rute einer kleinen Koalition möge man im Fenster stehen lassen. So sucht auch Withalm das Gespräch mit Friedrich Peter. Darüber berichtet er: „Ich habe mit Peter ein Gespräch gehabt am 2. März 1970, also am Tag nach der Wahl, im Parlament, in meinem Klubzimmer. Und hab dem Peter da gewisse Möglichkeiten vor Augen geführt, die unsererseits bestünden, wenn sie mit uns eine vernünftige Verfahrensweise pflegen. Aber in dem Moment, das wußte man damals nicht, war es bereits zu spät, weil die Entscheidung in der Nacht vom 1. auf den 2. März bereits gefallen war zwischen Peter und Kreisky. Also da war nichts mehr zu machen. Die Sozialisten waren entschlossen, allein zu gehen. Eine kleine Koalition mit den Freiheitlichen war ja nicht möglich, weil diese verkündet hatten, sie garantieren keinen roten Bundeskanzler. Also das war nicht denkbar. Es gab da praktisch nur die Möglichkeit einer Minderheitsregierung." Und Friedrich Peter berichtet: „Nun glauben die Journalisten immer wieder, da hat es grundsätzliche Absprachen, Schutz- und Trutzbündnisse zwischen Kreisky und Peter gegeben. Nichts dergleichen war der Fall. Ein völlig darniederliegender, niedergeschlagener Peter ist plötzlich mit der Idee konfrontiert, die Wahlrechtsreform wäre möglich. Und in dieser Stimmung ging ich dann am Dienstag in die Bundesparteivorstandssitzung und hörte mir so drei bis vier Stunden die Kritik an, die vornehmlich an meiner Person und an meiner Führung angebracht wurde. Und ich dachte mir, ich lasse die gesamte Kritik geduldig über mich ergehen, und dann konfrontiere ich den Parteivorstand mit diesem Kreisky-Vorschlag. Das tat ich dann. Die Überraschung war außerordentlich groß, Skepsis, Zweifel, lügt der uns an, ist etwas Wahres daran. Aber die Dinge liefen so, daß es nicht zu meiner Abberufung kam. Und das war dann der Anfang eines Erneuerungsprozesses, der sich immerhin durch die siebziger Jahre zog."

Die Wahlrechtsreform war seit Jahren Forderung und Wunschtraum der FPÖ. Denn das damals gültige österreichische Wahlrecht ging davon aus, daß dort, wo es kinderreiche Familien gab, bedeu-

Der Handschlag, dem noch in der gleichen Nacht Kreiskys Angebot folgt, die von der FPÖ seit langem geforderte Wahlrechtsreform durchzuführen. Unser Bild: Die drei Parteiführer Friedrich Peter, Josef Klaus und Bruno Kreisky nach Bekanntgabe des Wahlresultats.

tend weniger Stimmen für ein Mandat aufgebracht werden müßten als in Gebieten ohne Kinderreichtum. Das Wahlrecht kam also vor allem der ÖVP zugute, die ihre Bastionen in den bäuerlichen Wahlkreisen hatte. Schon die SPÖ wurde durch dieses Wahlrecht benachteiligt, am meisten aber die FPÖ, weil das Wahlrecht außerdem noch die kleineren Parteien schlechter stellte. Es lag also auch im Interesse der SPÖ, das Wahlrecht dahingehend zu reformieren, daß jede abgegebene Stimme das gleiche Gewicht hat. Und in der Tat hatte schon Julius Raab, als er 1957 mit der FPÖ einen gemeinsamen Präsidentschaftskandidaten, Professor Wolfgang Denk, aufstellte, der FPÖ eine Reform des Wahlrechts in Aussicht gestellt. Bruno Pittermann, als SPÖ-Vorsitzender, tat dies sogar einige Male für den Fall, daß die SPÖ rasch einmal von der großen auf eine kleine Koalition umschalten wollte. Die Zusagen wurden nie gehalten, denn weder wurde Denk zum Bundespräsidenten gewählt, noch konnte sich die Pittermann-SPÖ zu einer kleinen Koalition mit der FPÖ entschließen.

Die Überraschung: Eine Minderheitsregierung

Kreisky aber war entschlossen, seine Zusage zu halten, für ihn war die stille oder offene Unterstützung der FPÖ eine Voraussetzung für die Bildung einer SPÖ-Minderheitsregierung. Und wenn man die Memoiren Bruno Kreiskys heute liest, so kann man ihnen schon entnehmen, daß er gleich nach Bekanntwerden des Wahlresultats am 1. März 1970 an die Bildung einer Minderheitsregierung und damit auch an die notwendige Unterstützung durch die FPÖ gedacht hat. Das bestätigt ja auch sein noch in dieser Nacht gesuchtes Gespräch mit Friedrich Peter. Kreisky erkannte die große Chance der SPÖ, in

Die Minderheitsregierung Bruno Kreisky. Von links nach rechts: Staatssekretär Ernst Eugen Veselsky, Handelsminister Josef Staribacher, Innenminister Otto Rösch, Justizminister Christian Broda, Staatssekretärin Gertrude Wondrack, Landwirtschaftsminister Johann Öllinger, Vizekanzler und Sozialminister Rudolf Häuser, Bautenminister Josef Moser, Wissenschaftsministerin Hertha Firnberg, Unterrichtsminister Leopold Gratz, Bundeskanzler Bruno Kreisky, Außenminister Rudolf Kirchschläger, Verteidigungsminister Johann Freihsler, Finanzminister Hannes Androsch und Verkehrsminister Erwin Frühbauer. Das Kabinett erfährt jedoch bald eine Umbildung. Öllinger wird eine frühere SS-Zugehörigkeit vorgeworfen, er erleidet eine Herzattacke und tritt im Mai 1970 zurück, sein Nachfolger wird Oskar Weihs.

einer Minderheitsregierung zu beweisen, daß die Sozialdemokratie in Österreich allein regieren kann. Das nämlich war ihr bisher weder in der Ersten noch in der Zweiten Republik geglückt. Und Kreisky überlegte weiter: Da diese SPÖ-Minderheitsregierung eine gute, von ihm getragene, populäre Politik machen würde, sei ihr bei später vorgezogenen Neuwahlen die absolute Mehrheit vermutlich sicher. Aber auch für den Beschluß vorgezogener Neuwahlen würde er die Hilfe der Freiheitlichen benötigen, ebenso wie für die Verabschiedung des Staatshaushaltsplans 1971.

Kreisky stößt mit diesen Überlegungen zunächst auf große Widerstände innerhalb der SPÖ. Es ist nicht leicht, jene Genossen, die nun seit 20 Jahren an die große Koalition gewöhnt waren und diese Regierungsform für die bestmögliche hielten, von seiner Taktik zu überzeugen. So führt er doch für einige Zeit noch Verhandlungen, bei denen klarerweise die ÖVP so hart wie möglich um ihren künftigen Einfluß innerhalb einer von der SPÖ geführten großen Koalition ringt. Das wieder macht es Kreisky leichter, seiner Partei vorzuführen, wie schwierig es wäre, mit der ÖVP weiter zu regieren und welche Chance die SPÖ mit der Bildung einer Minderheitsregierung hätte.

Später hat Kreisky der FPÖ doch noch einige fixe Zusagen gemacht: Man werde nicht nur gemeinsam mit der FPÖ eine Wahlrechtsreform beschließen, die der FPÖ sogar bei gleichem Stimmenstand mehr Mandate einbringen würde, die FPÖ werde mit Hilfe der SPÖ auch künftig den Präsidenten des Rechnungshofs stellen, und die Freiheitlichen werden auch den Botschafterposten in Bonn mit einem der Ihren besetzen dürfen. Alle drei Zusagen bedeuten in der Situation, in der sich die FPÖ damals befindet, erhebliche Konzessionen, interessanterweise geht Kreisky mit dem Angebot eines Botschafters in Bonn auf die deutschnationalen Gefühle der Freiheitlichen ein. Kreisky hat alle drei Versprechen gehalten. Gleich an die Spitze seiner Regierungserklärung stellt er die Ankündigung einer Wahlrechtsreform: „Die ganze Ungerechtigkeit dieses Wahlsystems", so erklärt er vor dem Nationalrat, „ist bei den Wahlen am 1. März 1970 neuerlich für jedermann deutlich geworden. Eine umfassende Reform des Wahlrechts bietet sich daher an." Und nach dem Freiheitlichen Jörg Kandutsch wird der Freiheitliche Tassilo Broesigke Präsident des Rechnungshofs. Nach Bonn wird Willfried Gredler als österreichischer Botschafter entsandt und bekleidet diesen Posten von 1970 bis 1977. Mit Gredler hat Kreisky übrigens eine gute Wahl getroffen: Gredler gehört dem liberalen Flügel der FPÖ an, kommt

aus der Widerstandsbewegung, war bis 1963 ein wortgewandter Abgeordneter im Nationalrat und danach ständiger österreichischer Vertreter beim Europarat in Straßburg. Die FPÖ hielt ihrerseits ihr Wort gegenüber Kreisky, mit ihrer Hilfe konnte er eine ganze Reihe wichtiger und populärer Gesetze verabschieden, mit denen es Kreisky tatsächlich gelang, den SPÖ-Vorsprung bei den nächsten, vorgezogenen Wahlen zur absoluten Mehrheit auszubauen.

Die Umsicht und das Tempo, mit denen Kreisky dies tut, sind beachtenswert. Sein Regierungsprogramm enthält bereits alle wichtigen Reformen, die die SPÖ-Alleinregierungen erst im Laufe der nächsten Jahre werden umsetzen können, aber angekündigt sind sie damit schon: Familienrechtsreform, Strafrechtsreform, Hochschulreform, Presserechtsreform, Ausbau der Forschungsförderung. Basis aber ist die Wirtschaftspolitik, die Wohlstand bringen soll. Investitionen und neue Arbeitsplätze sollen gefördert werden. Ausländische Investoren sind willkommen. Die ÖIG hat als Führungs- und Finanzierungsinstrument besonderes Gewicht. Eine große Steuerreform wird angekündigt. Die Pensionen sollen durch eine echte Pensionsdynamik erhöht werden, den Bauern werden höhere Verdienste in Aussicht gestellt. Auch würden bedeutend mehr Wohnungen gebaut werden. Und dann auch die Umsetzung jenes Wahlversprechens, das der SPÖ vermutlich die meisten Jungwähler-

Die Führungsspitze der ÖVP nach dem Rücktritt von Josef Klaus. Von rechts nach links: Der neue Bundesparteiobmann Hermann Withalm, der Obmann des ÖAAB Alfred Maleta und der neue Generalsekretär der Partei Karl Schleinzer.

stimmen gebracht hat: der Präsenzdienst im Bundesheer werde auf sechs Monate herabgesetzt, die Einführung eines Ersatz-Zivildiensts wird diskutiert.

All das läßt sich natürlich in der relativ kurzen Lebensdauer, die eine Minderheitsregierung zu erwarten hat, nicht umsetzen. Aber alles wird eingeleitet, und auf alles wird den Wählern bereits ein Vorschuß geleistet. Die Wahlrechtsreform wird verabschiedet, eine kleine Strafrechtsreform als Vorgriff auf die große Strafrechtsreform beschlossen. Sie sieht eine Entkriminalisierung der Homosexualität zwischen Erwachsenen, die Entkriminalisierung der Ehestörung und des Ehebruchs vor, die Amtsehrenbeleidigung wird nicht mehr streng bestraft, und bei Verkehrsdelikten soll es eher Geldstrafen als Freiheitsstrafen geben. Uneheliche Kinder werden ehelichen Kindern weitgehend gleichgestellt. Die Witwenpensionen werden zunächst auf 55 Prozent, dann sogar auf 60 Prozent des Ruhegenusses des verstorbenen Gatten hinaufgesetzt. Gleichzeitig werden alle Pensionen um 7,1 Prozent für das Jahr 1971 erhöht, mit einer Zusage auf eine Erhöhung um 7,4 Prozent für das Jahr 1972. Die Gehälter der Beamten werden um 5,9 Prozent erhöht, das ist mehr als ursprünglich vorgesehen. Ab 1. Januar 1971 treten Ermäßigungen bei Lohn- und Einkommensteuer in Kraft für niedrige und mittlere Einkommen – immerhin bis zu 250 000 Schilling jährlich, was damals nicht wenig ist. Gleichzeitig werden die Überstundenzuschläge auf 50 Prozent erhöht und sind steuerfrei. Ebenso erhöht werden die Kinderbeihilfen, gleich um 15 Prozent. Arbeiterurlaube werden den Urlauben der Angestellten angeglichen. Erstmals soll es Schülerfreifahrten geben mit der Begründung, daß die Schule eben für alle Kinder leicht erreichbar sein muß, angekündigt werden auch schon die Gratisschulbücher. Mit einer Schulorganisationsgesetz-Novelle wird beschlossen, die Aufnahmeprüfungen an den allgemeinbildenden höheren Schulen abzuschaffen. Eine Hausstandsgründungshilfe von 15 000 Schilling in bar gleich bei der Hochzeit kommt aus dem Finanzministerium. Die Volljährigkeit soll auf 19 Jahre herabgesetzt werden, und auch Männer sollen nun mit 19 Jahren ehemündig sein. Der Ministerrat beschließt, daß im amtlichen mündlichen und schriftlichen Verkehr generell alle Frauen, auch unverheiratete, mit Frau und nicht mehr mit Fräulein angesprochen werden müssen. Auf den Wiener Straßenbahnen werden erstmals auch Frauen als Wagenführer eingesetzt. Und bei der Polizei wird ein weibliches Korps aus 150 Politessen aufgestellt.

Nicht gar so leicht läßt sich das Kreiskysche Versprechen erfüllen, die Wehrdienstzeit auf sechs Monate herabzusetzen. Denn dies ist nur im Rahmen einer Gesamtreform des Bundesheers möglich. So setzt die Regierung eine Heeresreformkommission ein. Aber Kreisky ist im Moment nur an einer raschen Durchführung der Wehrdienstzeitverkürzung interessiert. Dagegen wehren sich die Militärs, und es kommt zu heftigen Kontroversen zwischen ihnen und den SPÖ-Politikern. Verteidigungsminister Freihsler ist der Zerreißprobe zwischen militärischem Gewissen und der Treue zur SPÖ und zu Kreisky offenbar nicht gewachsen, er erkrankt und tritt zurück. Auf ausdrücklichen Wunsch Kreiskys übernimmt am 8. Februar 1971 der parteilose Brigadier Karl Lütgendorf das Amt des Verteidigungsministers. Er fällt zunächst damit auf, daß er den Soldaten einen kurzen Haarschnitt vorschreibt, kein Soldat dürfe lange Haare etwa wie die Beatles tragen. Aber Lütgendorf bringt auch, was Kreisky sich von ihm verspricht. Bis zum Juli 1971 hat er die Wehrrechtsnovelle bereit, mit der, so scheint es, die Dienstzeit von bisher acht auf sechs Monate reduziert wird. Nicht ganz: denn gleichzeitig sieht das neue Gesetz 60 Tage Waffenübungen vor, pro Jahr 15 Tage, womit insgesamt ja doch wieder acht Monate Wehr-

Kreisky beginnt seine Wahlversprechen einzulösen: 15 000 Schilling als Hochzeitsgeschenk, Gratisschulbücher und Gratisschülerfahrten.

Kreisky holt sich seine Verteidigungsminister aus dem Kreis der Generäle in der Erwartung, daß sie bei ihren Kameraden eine Reduzierung der politisch erwünschten Wehrdienstzeit eher durchsetzen können. Doch sein erster Verteidigungsminister Hans Freihsler wirft das Handtuch.

dienst zu leisten sind. Kreisky besteht darauf, daß die Wehrrechtsnovelle rückwirkend per 1. Januar 1971 in Kraft zu treten hat, so daß die im Jahr 1971 einberufenen Wehrdiener bereits in den Genuß der sechs Monate kommen können.

Am Rande wird auch einiges für Wählerschichten getan, die üblicherweise der ÖVP zuzurechnen sind. Mit einem Zusatzabkommen zum Konkordat werden die Lehrergehälter an katholischen Schulen von nun an zu 100 Prozent vom Bund getragen, bis dahin waren es nur 60 Prozent. Und auch die Bauern versucht Kreisky zu gewinnen: Die zehnprozentige Weinsteuer, die seinerzeit die große Bauerndemonstration gegen die Regierung Klaus ausgelöst hatte, wird abgeschafft, der Milchkrisengroschen von 19 auf 5 Groschen gesenkt, die Bauernpension gegenüber dem ÖVP-Gesetz 1969 verbessert. Ein eigenes Bergbauernprogramm sieht vor, daß die Subventionen künftig in bar ausbezahlt werden und der sogenannte Hartkäsereizuschlag zugunsten der Kleinbauern erhöht wird. Trotz all dieser Maßnahmen gelingt es der Regierung Kreisky letztlich nicht, die Bauernschaft auch nur teilweise für sich zu gewinnen. Der ÖVP-Bauernbund stellt immer noch genug Mängel in der Landwirtschaftspolitik der SPÖ fest und kann zur Unterstützung seiner Forderungen auch gegen die Regierung Kreisky mächtige Bauerndemonstrationen organisieren.

Einige Weichen für die Zukunft werden gestellt: Im Juli 1970 wird die Errichtung eines Bundesministeriums für Wissenschaft und Forschung beschlossen. An seine Spitze wird eine Frau, Hertha Firnberg, gestellt. Ein Gesetz für die Einrichtung eines Ombudsmannes wird ausgearbeitet – letztlich werden im Proporz drei Volksanwälte bestellt werden. Eine Kommission wird eingesetzt, die sich erstmals um den Umweltschutz kümmern soll. Dabei kündigt Kreisky die Errichtung eines eigenen Ministeriums für Gesundheit und Umweltschutz an.

Weichenstellungen auch in der Außenpolitik

Starke Akzente setzt Kreisky, wie könnte es anders sein, auch in der Außenpolitik. Im Juli 1970 richtet die Bundesregierung ein Memorandum an alle europäischen Regierungen und an jene der USA und Kanadas, in dem sie sich für das Zustandekommen einer europäischen Sicherheitskonferenz einsetzt. Das neutrale Österreich, zwischen den beiden Militärblöcken gelegen, sähe seine Sicherheit am besten in einer Atmosphäre der Entspannung und Zusammenarbeit gewährleistet. Das Memorandum erregt bei den westlichen Regierungen Aufsehen. Die Einberufung einer europäischen Sicherheitskonferenz ist eine Forderung des sowjetischen Staats- und Parteichefs Leonid Breschnew, der Westen ist auf diesen Wunsch Moskaus bisher nicht eingegangen. Kreisky ist der erste westliche Staatsmann, der sich zugunsten dieses Sowjetvorschlags international zu Wort meldet. Natürlich kennen die Sowjets Kreisky seit langem, nahm er doch als Staatssekretär schon an den Verhandlungen um den Staatsvertrag teil und hatte seitdem auch als Außenminister immer wieder Kontakt mit der Sowjetführung. Aber mit diesem Memorandum empfiehlt Kreisky der Sowjetunion auch die SPÖ-Alleinregierung als möglichen Partner in der internationalen Politik. Gleichzeitig weiß Kreisky, daß er in den Augen der Westmächte, insbesondere der Amerikaner, seit jeher als ein verläßlicher Demokrat und Freund des Westens gilt, er vergibt sich also mit der Unterstützung des Sowjetvorschlags nichts.

Die Nachfolge Freihslers tritt der Brigadier Karl Lütgendorf an. Aber auch er kann das Ziel, die Wehrdienstzeit auf sechs Monate zu reduzieren, nicht wirklich erreichen; wer nur sechs Monate dient, muß später Waffenübungen leisten. Lütgendorf scheitert später an einer Waffenaffäre.

Hingegen beweist Kreisky mit diesem Vorgehen sein diplomatisches Geschick und auch seine Fähigkeit, künftige Entwicklungen vorauszusehen. Denn fünf Jahre später wird die Konferenz über Sicherheit und Zusammenarbeit in Europa, KSZE, zu einem der wich-

tigsten Ereignisse der europäischen Nachkriegsgeschichte. Die Sowjetunion erwartete sich von dieser Konferenz die Festschreibung und Garantie der – von ihr gezogenen – neuen Grenzen in Mitteleuropa, die westliche Anerkennung der DDR als souveränen Staat, die Anerkennung der Westgrenze Polens entlang der Oder und Neiße. Beide internationale Anerkennungen erhält sie auch. Aber damit das nicht gar so nach Kapitulation des Westens aussieht, haben die Sowjetunion und die anderen Ostblockstaaten eine Reihe von Bedingungen zu akzeptieren: die Achtung der Menschenrechte, den freien Austausch von Personen und Informationen über die Grenzen hinweg, die Zulassung ungestörter Radiosendungen, den Austausch von Zeitungen und Zeitschriften. Daß der Ostblock diese Bedingungen akzeptiert, wird von den damaligen westlichen Kommentatoren geringgeschätzt – die kommunistischen Diktaturen würden weiterhin nur tun, was sie wollen. Doch gerade diese Bestimmungen des KSZE-Vertrags werden in den Ländern des Ostblocks von mutigen Bürgern aufgegriffen, die nun ihrerseits unter Berufung auf diese internationalen Verpflichtungen entsprechende Freiheiten fordern. Die Dissidenten erhalten einen enormen Auftrieb. Und aus späterer Sicht kann man wohl behaupten, daß die Konferenz für Sicherheit und Zusammenarbeit in Europa, daß der KSZE-Prozeß den Anfang vom Ende der Sowjetherrschaft eingeleitet hat.

Während der Zeit der Minderheitsregierung nimmt sich Kreisky noch nicht des Nahost-Problems an. Vielmehr setzt er einen deutlichen Schwerpunkt in den Beziehungen Österreichs zur UNO. Österreich gibt in der UNO-Generalversammlung im September 1970 die Erklärung ab, daß es sich verpflichte, ein Prozent des Bruttonationalprodukts für Entwicklungshilfe zur Verfügung zu stellen. Das wäre mehr als jeder andere Mitgliedsstaat der UNO an Entwicklungshilfe aufbringt. Österreich wird diese Verpflichtung nicht einhalten, ja in Wirklichkeit hat es letztlich weniger Entwicklungshilfe geleistet als fast alle westlichen Staaten. Aber zunächst einmal macht diese Initia-

Kreisky versucht, die Sozialistische Internationale aufzuwerten. Es gelingt ihm, gleich zwei Österreicher an ihre Spitze zu bringen: Bruno Pittermann wird Präsident und Hans Janitschek (rechts im Bild) Generalsekretär. Auch forciert Kreisky Österreich als Plattform wichtiger weltpolitischer Begegnungen. Rechts: Der amerikanische Außenminister Henry Kissinger und der sowjetische Außenminister Andrej Gromyko stellen sich nach einem Treffen in Wien den Fotografen.

tive stark auf Österreich aufmerksam. Und drei Monate später beschließt die Regierung Kreisky die Errichtung der UNO-City im Donaupark. Zwar war ein derartiger Plan schon von der ÖVP-Alleinregierung gebilligt worden, aber noch fehlte der Beschluß über Ort und Ausmaß dieses Projekts. Die Regierung Kreisky faßt ihn. Mit dem Bau der UNO-City wird begonnen. Und diese aktive Mitwirkung bei der UNO setzt Kreisky auch noch in einen weiteren österreichischen Erfolg um: Seiner Fürsprache bei den Regierungen der UNO-Mitgliedsstaaten ist es mit zu verdanken, daß ein Österreicher an die Spitze der UNO gestellt wird. Am 22. Dezember 1971 wird Kurt Waldheim zum Generalsekretär der UNO gewählt.

Das wäre nicht möglich gewesen, hätte Österreich nicht zuvor die Volksrepublik China anerkannt und mit der kommunistischen Regierung in Peking diplomatische Beziehungen aufgenommen. Das war keine Selbstverständlichkeit. Die USA sahen in den chinesischen Kommunisten Usurpatoren, die sich gegen die einzig legitimierte Regierung Chinas, nämlich die des Generals Tschiang Kai-schek, erhoben hatten, in einem Bürgerkrieg, den sie noch nicht gewonnen haben. Denn die Kommunisten hatten zwar das Festland erobert, doch Tschiang Kai-schek war es gelungen, sich mit einem Teil seiner Truppen auf die Insel Taiwan (Formosa) zu retten. Von hier aus verkündete Tschiang Kai-schek die Rückeroberung des Festlands und die Vertreibung der Kommunisten. Tschiang Kai-schek, ein enger Verbündeter der USA während des Zweiten Weltkriegs, wurde von den Amerikanern zunächst nicht fallengelassen. Seine Regierung war die einzige von den USA anerkannte Regierung Chinas. Und solange die USA konnten, übten sie auch Druck auf ihre Verbündeten und Freunde aus, sich dieser Politik anzuschließen. Kreisky erklärte mehrfach als Außenminister, daß Österreich zwar gerne den realen Verhältnissen Rechnung tragen und die kommunistische Regierung in Peking anerkennen wollte, es aber aus Rücksicht auf die mit Österreich befreundeten USA nicht täte. Jetzt, als Bundeskanzler und wohl auch weil die USA ihren

Am 20. Mai 1972 treffen der amerikanische Präsident Richard Nixon und seine Frau Patricia in Salzburg ein. Nixon ist auf dem Weg nach Moskau, um dort mit dem sowjetischen Staats- und Parteichef Leonid Breschnew das erste Rüstungsbeschränkungsabkommen, SALT I, zu unterzeichnen. Nixon, und in seiner Begleitung Henry Kissinger, will in Salzburg den Zeitunterschied überwinden und sich ausruhen, ehe er nach Moskau weiterreist. Aber die KPÖ, der Verband Sozialistischer Studenten Österreichs und zwei „Indochina-Komitees" rufen dazu auf, Nixon in Salzburg mit einer Protestkundgebung zu empfangen. Nach der Protestkundgebung, bei der Nixon wegen des Vietnamkriegs als Mörder bezeichnet wird, durchbrechen Demonstranten den Polizeikordon, der den Salzburger Flugplatz schützen soll, mehrere hundert von ihnen besetzen die Rollbahn. Nixons Flugzeug soll an der Landung gehindert werden. Nun wird der Gendarmerie und der Polizei Befehl gegeben, die Rollbahn zu räumen. Es kommt zu tätlichen Auseinandersetzungen, und es gibt Verletzte auf beiden Seiten. Unter den Festgenommenen befindet sich auch der bekannte Autor und Zukunftsforscher Robert Jungk (rechts unten). „Air Force No. 1" landet mit zehn Minuten Verspätung. Das Ehepaar Nixon wird vom Ehepaar Kreisky herzlich begrüßt (oben). Unter denen, die gegen Nixons Anwesenheit protestieren, befindet sich auch Peter Kreisky, der Sohn des Bundeskanzlers, sowie der stets engagierte Günther Nenning (links unten).

345

Widerstand gegen Peking aufzugeben beginnen, entscheidet Kreisky und mit ihm sein Außenminister Rudolf Kirchschläger, noch vor anderen westlichen Staaten die Volksrepublik China anzuerkennen. Die diplomatischen Beziehungen werden am 26. Mai 1971 aufgenommen. Der Schritt belastet übrigens die österreichisch-amerikanischen Beziehungen nicht. Und Wien bleibt weiterhin der von US-Präsident Richard Nixon bevorzugte Konferenzort für die sogenannten SALT-Verhandlungen (SALT steht für Strategic Arms Limitation Talks, also Gespräche über die Beschränkung der strategischen Rüstung). Da die Sowjets anstelle Wiens Helsinki bevorzugen, werden die SALT-Gespräche abwechselnd in Wien und in Helsinki geführt. Auch diesbezüglich ist vorwegzunehmen, daß die SALT-Verhandlungen zu einem positiven Ergebnis führen werden. An ihrem Ende steht der SALT-I-Vertrag, mit dem erstmals Höchstgrenzen für die Zahl von Raketen und anderen strategischen Waffen gesetzt werden, an die sich die USA und die Sowjetunion künftig zu halten haben. (Als Nixon zur Unterzeichnung des SALT-I-Vertrags nach Moskau fliegt, unterbricht er seine Reise in Salzburg, in Anerkennung der österreichischen Leistungen. Hier allerdings kommt es zu Demonstrationen gegen Nixon als Verantwortlichen für den Vietnamkrieg – siehe die vorhergehenden Seiten.)

Man erkennt schon, daß mit Kreisky ein leidenschaftlicher Außenpolitiker und Weltpolitiker an die Spitze der österreichischen Regierung getreten ist, und Rudolf Kirchschläger, der von ihm bestellte Außenminister, ist ein seit vielen Jahren bewährter Mitstreiter der Kreiskyschen Politik, obwohl er eine durchaus eigenständige Meinung vertritt, die mit Kreiskys Auffassungen nicht immer übereinstimmt. Das Gesamtkonzept der Kreiskyschen Außenpolitik aber steht unter dem Motto, den Status der Neutralität zu einer erweiterten Sicherheitspolitik zu nützen. Das heißt, Ost und West und möglichst auch Nord und Süd von der Nützlichkeit eines neutralen Österreichs zu überzeugen.

Jonas besiegt Waldheim

Zurück zur Innenpolitik. Hier ist nachzutragen, daß in die Zeit der Minderheitsregierung Kreisky ein Präsidentschaftswahlkampf gefallen ist. Die Amtszeit des Bundespräsidenten Franz Jonas läuft 1971 ab. Jonas stellt sich erwartungsgemäß erneut zur Wahl. Die ÖVP, nach der Wahlniederlage 1970 und dem Rücktritt von Josef Klaus zerrüttet und uneinig, kann in ihren eigenen Reihen keinen Kandidaten finden, über den sich alle einig sind. Doch aus der Not macht die ÖVP eine Tugend: Der letzte Außenminister der ÖVP-Alleinregierung, Kurt Waldheim, soll als Gegenkandidat zu Jonas ins Rennen gehen. Wahltag ist der 25. April 1971. Jonas und Waldheim treten zu großen Wahlreisen an. Jonas präsentiert sich als der Mann, der bereits sechs Jahre Präsidentenerfahrung und der sein Amt überparteilich, objektiv und honorig ausgeübt hat. Immer wieder betont er auch, wie notwendig es sei, in dieser Funktion über große innenpolitische Erfahrung zu verfügen. Das zielt auf Waldheim, der aus der Diplomatie kommt und sich weitgehend nur auf eine außenpolitische Karriere berufen kann. Die ÖVP wirbt für ihn mit großen Plakaten als einen „Präsidenten neuen Stils" und führt dazu auch Waldheims berufliche Stationen an: 1945 Heimkehr aus dem Krieg – Eintritt ins Außenamt, 1946 aktiv bei den ersten Staatsvertragsverhandlungen, 1955 dabei, als Österreich UNO-Mitglied wird, 1962 Chef der Politischen Sektion im Außenministerium, dazu bestellt vom damaligen Außenminister Kreisky (Kreisky und Waldheim lächeln gemeinsam vom Plakat), 1969 Waldheim als UNO-Botschafter wird auch Präsident der UNO-Weltraumkommission, 1969 Waldheim und Moro einigen sich über das Südtirol-Paket. Waldheims Kriegsjahre spielen in diesem Wahlkampf keine Rolle.

Gegen den amtierenden Bundespräsidenten Franz Jonas stellt die ÖVP bei der Bundespräsidentenwahl 1971 ihren früheren Außenminister Kurt Waldheim als Gegenkandidaten auf.

Jonas ist als früherer Bürgermeister von Wien und nun bereits seit sechs Jahren im Amt befindlicher Bundespräsident nicht zu schlagen. Bei einer Wahlbeteiligung von 95,3 Prozent erhält Franz Jonas 52,8 Prozent und Kurt Waldheim 47,2 Prozent der Stimmen. Jonas ist damit in seinem Amt bestätigt. Für Waldheim ist sein schlechtes Abschneiden dennoch keine Niederlage, hatten doch weder er noch die ÖVP wirklich mit seinem Sieg gerechnet. Vielmehr hatte Waldheim zu dieser Zeit schon die Möglichkeit im Visier, sich um den Posten des Generalsekretärs der UNO zu bewerben. Und für diese Kandidatur war es eine zusätzliche Empfehlung, im eigenen Land nicht nur Außenminister, sondern auch Präsidentschaftskandidat gewesen zu sein. Auch hat die Nominierung Waldheims durch die ÖVP dessen grundsätzlich gutes Verhältnis zu Bruno Kreisky nicht beeinträchtigt. Im Gegenteil, Kreisky setzt sich, wie schon berichtet, für Waldheim als Generalsekretär der UNO persönlich ein und mobilisiert dazu auch den auswärtigen Dienst Österreichs.

Die absolute Mehrheit für Franz Jonas bei der Wahl des Bundespräsidenten läßt Kreisky zu der Überzeugung kommen, daß die Zeit für Neuwahlen günstig wäre. Was die Minderheitsregierung an kleinen Reformen und populären Maßnahmen durchzubringen imstande war, hat sie durchgebracht, einiges davon wird sich im Staatshaushalt 1972 zu Buche schlagen. Es ist daher nicht sicher, ob die Popularität dieser Regierung anhalten wird. Die ÖVP ist zu diesem Zeitpunkt noch angeschlagen, von ihrer Wahlniederlage 1970 und der verlorenen Bundespräsidentenwahl, auch deshalb will Kreisky Neuwahlen, ehe sich die ÖVP wieder festigen kann. Doch für Neuwahlen braucht Kreisky eine Absprungbasis. So leitet er Verhandlungen mit der ÖVP über einen möglichen Konsens bei der Erstellung des Budgets 1972 ein. Allerdings unter einer Bedingung, die für

die ÖVP kaum annehmbar sein dürfte: Für die Dauer dieses Haushalts 1972, also für ein ganzes Jahr, dürfe die ÖVP keinerlei Forderungen an das Budget stellen. Die ÖVP nennt das den Versuch, ihr eine „Budgetkapitulation" aufzuzwingen, und lehnt die Forderung ab. Am 7. Juli 1971 beantragt die SPÖ die vorzeitige Beendigung der Legislaturperiode. Und am 14. Juli beschließt der Nationalrat nach neunstündiger harter Debatte mit den Stimmen der SPÖ und FPÖ seine Auflösung und die Ausschreibung von Neuwahlen.

Kreiskys Rechnung geht auf. Bei den Nationalratswahlen am 10. Oktober 1971 kann die SPÖ 12 Mandate hinzugewinnen und erreicht mit 93 Mandaten zum ersten Mal in der Geschichte der Republik die absolute Mehrheit. Auf Grund des neuen Wahlsystems – bei dem auch die Gesamtmandatszahl von 165 auf 183 erhöht wurde – gewinnen auch ÖVP und FPÖ Mandate dazu, die ÖVP verbessert sich von 78 auf 80 Mandate, die FPÖ von 6 auf 10. Die von Kreisky der FPÖ versprochene Wahlrechtsreform hat dieser solcherart zwar vier Mandate mehr gebracht, nicht aber die erhoffte Regierungsbeteiligung – die SPÖ benötigt die FPÖ nicht mehr, um regieren zu können.

Am 21. Oktober bildet Kreisky seine neue Regierung. In ihr nehmen erstmals gleich drei Frauen Platz: Hertha Firnberg als Ministerin für Wissenschaft und Forschung, Ingrid Leodolter als Ministerin für Gesundheit und Umweltschutz und Elfriede Karl als Staatssekretärin für Familienangelegenheiten. Leopold Gratz übernimmt die Funktion des Klubobmanns im Parlament, ihm folgt als Minister für Unterricht und Kunst der bisherige Kultur-Landesrat aus dem Burgenland Fred Sinowatz nach. Ansonsten stützt sich Kreisky auf sein bisheriges Kabinett: Rudolf Häuser ist Vizekanzler und Sozialminister, Rudolf Kirchschläger Außenminister, Otto Rösch Innenminister, Christian Broda Justizminister, Hannes Androsch Finanzminister, Oskar Weihs Minister für Land- und Forstwirtschaft, Josef Staribacher Minister für Handel, Gewerbe und Industrie, Erwin

Die Minderheitsregierung ist zurückgetreten. Kreisky und der SPÖ geht es jetzt um die absolute Mehrheit. Dabei berufen sie sich auf die Leistungen der bisherigen Alleinregierung: „Laßt Kreisky und sein Team arbeiten".

Frühbauer Verkehrsminister, Karl Lütgendorf Verteidigungsminister, Josef Moser Minister für Bauten und Technik. Staatssekretär im Bundeskanzleramt bleibt Ernst Eugen Veselsky.

Über die EFTA bis in die EU

Die neue Regierung Kreisky hat viel vor: Innenpolitisch will sie die Versprechen einlösen, die Kreisky als Kanzler der Minderheitsregierung abgegeben hat, Reform des Familienrechts und des Strafrechts, Reformen in der Wirtschaftspolitik und Sozialpolitik sowie in der Landwirtschaft, eine Neuordnung der verstaatlichten Industrie, eine Neuorganisation der Hochschulen, Universitäten und im Wissenschafts- und Forschungsbereich, eine umfassende Schul- und Ausbildungsreform, Reformen auch im Bundesheer. Chancengleichheit und bessere Lebensverhältnisse für alle sollen geschaffen werden. Außenpolitisch sind die Verhandlungen mit der Europäischen Wirtschaftsgemeinschaft fortzuführen und zu einem möglichst guten Ende zu bringen. Diese Gemeinschaft, 1957 in Rom gegründet, wächst von Jahr zu Jahr mehr zusammen, wird stärker und stärker, wer außerhalb steht, bekommt die Nachteile zu spüren, so auch die österreichische Wirtschaft. Sie ist um so mehr betroffen, als über 50 Prozent der österreichischen Exporte in den EWG-Raum gehen, wo sie auf Grund der Außenzölle preislich ihre Konkurrenzfähigkeit einzubüßen beginnen.

Ursprünglich war in Wien angenommen worden, daß Österreich an der europäischen Integration werde teilnehmen können, daß einem Beitritt Österreichs zur EWG nichts im Wege stehe außer die Überlegung, ob dieser Schritt für die österreichische Wirtschaft nützlich sei. Doch kaum gab es die ersten freundlichen Wortmeldungen zur EWG-Gründung, meldete sich auch Moskau zu Wort: Ein Beitritt Österreichs zur EWG würde von der Sowjetunion als Verletzung des Staatsvertrags angesehen werden. Der Staatsvertrag verbietet Öster-

reich den Anschluß an Deutschland, ein Verbot, das die Sowjetunion nun auf die gesamte EWG ausgedehnt – da ja Deutschland Teil der EWG sei. Wien will die Sowjetunion nicht provozieren, und es gibt auch in Österreich Stimmen, vor allem innerhalb der SPÖ, die in der EWG ein westliches Bündnis, eine wirtschaftliche Ergänzung zur NATO sehen und daher auch Neutralitätsbedenken haben. Andere Länder stellen ähnliche Überlegungen an, können sich aber ebensowenig wie Österreich leisten, wirtschaftlich isoliert zu bleiben. So kommt es Ende 1959 zum Zusammenschluß jener Staaten, die die Aufnahme in die EWG, aus welchen Gründen immer, nicht schaffen. Großbritannien, Dänemark, Norwegen, Schweden, Portugal, die Schweiz und Österreich gründen eine europäische Freihandelszone, die EFTA. Allerdings von vornherein mit dem Ziel einer möglichst baldigen Assoziierung der EFTA mit der EWG. Der Weg bis dorthin erweist sich allerdings noch als lang und schwierig. Österreich versucht auch einige Male, aus den gemeinsamen Verhandlungen zwischen EFTA und EWG auszubrechen und einen Sondervertrag mit der EWG zu erreichen. Das scheitert einmal an einem italienischen Veto, ein andermal am Widerstand Frankreichs und vor allem daran, daß die EWG wenn schon, dann mit allen EFTA-Staaten bilaterale Verträge abschließen will. Genau in diesem Stadium befinden sich die Verhandlungen, als Kreisky seine zweite Alleinregierung bildet. Um es vorwegzunehmen: Am 22. Januar 1972 werden Großbritannien, Dänemark, Irland und Norwegen zu Vollmitgliedern der EWG und sechs Monate später erhalten die Rest-EFTA-Staaten, damit auch Österreich, die angestrebten Freihandelsverträge. Die Zolldiskriminierung der EFTA-Länder wird zwar dadurch abgebaut, aber eine Gleichstellung bringen diese Verträge nicht. Diese wird erst mit der Gründung des Europäischen Wirtschaftsraums, EWR, erreicht, dem Österreich von Anfang an, seit 1. Januar 1994, angehört. Im EWR haben zwar alle Staaten die gleichen Pflichten und genießen alle Vorteile der Gemeinschaft, aber sie haben keine Mitsprache in den

Mit der absoluten Mehrheit ausgestattet, kommen die Mitglieder der neuen Kreisky-Regierung von der Angelobung durch den Bundespräsidenten. Im Kabinett eine dritte Frau: Ingrid Leodolter übernimmt das neu gegründete Gesundheitsministerium (links hinter Kreisky).

Dieses T-Shirt, das Karl Schranz bei einem Fußballspiel trug, dient dem Präsidenten des Internationalen Olympischen Komitees, Avery Brundage (unten), als Beweis, daß Schranz den Amateurstatus der Olympischen Spiele verletzt hätte.

Karl Schranz: Weder ein besserer noch ein schlechterer Amateur.

Lenkungsorganen, sind weder in der Europäischen Kommission noch im Europäischen Parlament vertreten. So entschließt sich Österreich, jenen Schritt zu tun, den es nicht tun konnte oder wollte, als es die Sowjetunion noch gab: den Beitritt zu jener Gemeinschaft, die jetzt den Namen Europäische Union, EU, trägt. Das beschließt nicht die Regierung allein, dazu entschließt sich auch die österreichische Bevölkerung. Am 12. Juni 1994 sprechen sich bei einer Volksabstimmung 66,58 Prozent der Stimmbürger für eine Mitgliedschaft Österreichs in der EU aus, 33,42 Prozent sind dagegen. Soweit der Rückblick und der Vorausblick, was Österreichs „Weg nach Europa" betrifft.

Der Fall Karl Schranz

Doch ehe die Regierung Kreisky ihre großen innen- und außenpolitischen Vorhaben in Angriff nimmt, ist sie mit einem Ereignis höchst ungewöhnlicher Art konfrontiert. Im Januar 1972 finden im japanischen Sapporo die XI. Olympischen Winterspiele statt. Eine der großen Hoffnungen Österreichs ist Karl Schranz. Er gilt als der beste Abfahrtsläufer der Welt, ist dreimaliger Weltmeister und gewann zweimal den Gesamtweltcup. In Sapporo will er seine erste olympische Goldmedaille erringen. Doch die Olympischen Winterspiele als solche sind zu dieser Zeit umstritten. Der Amerikaner Avery Brundage, seit 1952 Präsident des Internationalen Olympischen Komitees, IOC, beklagt seit Jahren, daß die Winterspiele den olympischen Wettkampfregeln nicht mehr entsprächen. Sie seien eine Angelegenheit nur weniger Teilnehmerländer und weit entfernt von der für Olympia wünschenswerten Universalität. Auch wären die teilnehmenden Sportler in der Mehrzahl keine Amateure mehr, sondern Werbeträger miteinander konkurrierender Schi- und Sportfirmen. Sie erfüllten damit die Kriterien des IOC für eine Zulassung zu den Olympischen Spielen nicht mehr. Brundage wettert auch gegen den „Gigantismus" der Veranstalter, die einander ebenfalls an Aufwand und Reklame ständig überböten. Die letzten Winterspiele 1968 im französischen Grenoble hätten 240 Millionen Dollar gekostet – für zehn Tage Sport. Brundage denkt öffentlich über eine mögliche Abschaffung der Winterspiele nach. Als er dabei auf energischen Widerspruch der interessierten Teilnehmerländer stößt, will er wenigstens versuchen, dem Reklamewettbewerb entgegenzutreten. Aber bei genauem Hinsehen stellen Brundage und die Mitglieder des IOC fest, daß so gut wie alle Sportlerinnen und Sportler für verschiedene Firmen Reklame machen und oft auch auf diese Werbeeinnahmen angewiesen sind. Brundage muß von seinem Vorhaben, alle zu bestrafen, die den Amateurstatus verletzen, ablassen. So will er zumindest ein Exempel statuieren. Und für dieses Exempel sucht er sich Karl Schranz aus.

Dabei kann man gerade Schranz in bezug auf Werbung gar nicht so viel vorwerfen: Was dem Olympischen Komitee als Beweis vorliegt, ist ein grünes T-Shirt, das Schranz bei einem sommerlichen Fußballspiel getragen hat, mit der Aufschrift „Aroma Kaffee". Und es ist offenbar auch nicht dieses Leiberl, das Brundage so heftig erregt, es ist die Person Karl Schranz. Denn Schranz nimmt sich kein Blatt vor den Mund. Auf die Erklärungen des Präsidenten Brundage antwortet er in Interviews und Diskussionen mit dem Hinweis, die Ideen des Herrn Brundage seien veraltet, der Charakter der Spiele habe sich längst gewandelt, ohne die Unterstützung der Sportartikelfirmen und der interessierten Fremdenverkehrsorganisationen könnten überhaupt keine Spiele mehr stattfinden. Keiner sagt dies so direkt und offen wie Schranz. Und so greift sich Brundage diesen Schranz heraus. Wörtlich: „Die Zulassungskommission hat den

351

frechsten und redewütigsten Schiläufer herausgegriffen, den sie finden konnte, nämlich Karl Schranz, der durch Jahre hindurch seinen Namen und seine Fotos für Reklamezwecke zur Verfügung gestellt und durch den Schisport viel Geld gemacht hat." Mit 28 gegen 14 Stimmen beschließt das IOC am 30. Januar 1972, Karl Schranz wegen Verletzung der Amateurbestimmungen auszuschließen.

Die Entscheidung löst in Österreich landesweit größte Empörung aus. Natürlich wird dieses einzigartige Exempel auch von der internationalen Sportberichterstattung stark beachtet und führt in fast allen Teilnehmerländern zu einer lebhaften Diskussion, ob Brundage nun recht habe, welchen Wert die Winterspiele noch hätten und ob sich der Amateurstatus überhaupt noch retten ließe. Bei einer internationalen Pressekonferenz in Sapporo erklärt Karl Schranz: „Die gegen mich erhobenen Anschuldigungen sind fadenscheinig, weil aus den gleichen mir angelasteten Gründen praktisch jeder andere Teilnehmer von diesen Spielen ausgeschlossen werden könnte. Ich halte mich weder für einen besseren, aber auch nicht für einen schlechteren Amateur als alle jene, die an diesen Spielen teilnehmen dürfen, und genau darum trifft mich diese Ungerechtigkeit besonders schwer." In Wien tritt der für Sport zuständige Unterrichtsminister Fred Sinowatz in Aktion, versucht in Telefonaten und Tele-

Karl Schranz wird bei seiner Ankunft in Wien ein überwältigender Empfang bereitet. Im Namen der Bundesregierung wird er von Unterrichtsminister Fred Sinowatz, im Namen des Landes Niederösterreich von Landeshauptmann Andreas Maurer und im Namen der ÖVP von Karl Schleinzer begrüßt (rechts). Schon auf dem Flughafen Schwechat haben sich Tausende Menschen eingefunden, um Schranz zuzujubeln (links).

grammen zu intervenieren und fordert die Mitglieder des Österreichischen Olympischen Komitees auf, alles zu versuchen, um die Entscheidung des IOC rückgängig zu machen. Vergeblich. So gibt Sinowatz die Weisung, daß die gesamte österreichische Olympiamannschaft an den Wettkämpfen nicht teilnehmen und unverzüglich heimkehren solle. Die Haltung des Unterrichtsministers wird auch von den Oppositionsparteien ÖVP und FPÖ voll unterstützt, ebenso sind sich sämtliche Medien in Österreich darin einig, daß die österreichische Olympiamannschaft aus Protest heimkehren möge.

Offiziell stellt sich das Österreichische Olympische Komitee hinter diesen Beschluß und macht doch ein Hintertürl auf: Es werde selbstverständlich heimgefahren, wenn Karl Schranz dies wünsche. Dazu Karl Schranz: „Ja, und dann ist die Frage auf mich gekommen. Das Olympische Komitee, der Österreichische Schiverband haben sich entschieden, also wir stellen es dir frei, du mußt entscheiden, ob wir heimfahren oder nicht. Und das war für mich natürlich eine ganz schwierige Sache. Im ersten Moment hätte ich gesagt, wir fahren nach Hause, aber ich hatte schon gelernt und habe gesagt, ich möchte mir das überlegen. Ich habe darüber geschlafen, und am nächsten Tag habe ich gesagt, nein, ich will nicht, daß die Mannschaft nach Hause fährt. Ich hatte das Gefühl, später einmal hätte mir wahrscheinlich jeder vorgehalten, der dort nicht starten durfte, du hast mir eine olympische Goldmedaille oder Silbermedaille oder Bronzemedaille verwehrt, weil wir mit dir zurückfahren mußten. Und da habe ich gesagt, die Mannschaft soll starten, ich muß nach Hause fahren, das tue ich zwar nicht sehr gerne, aber ich wünsche der Mannschaft viel Glück."

Die Mannschaft bleibt also, aber viel gewinnt sie nicht. Bei der Damenabfahrt belegt Annemarie Pröll, um rund drei Zehntelsekunden langsamer als die Schweizerin Marie-Theres Nadig, den zweiten Platz. Eine weitere Silbermedaille holt sie sich im Riesenslalom. Erfolgreicher ist die österreichische Eiskunstläuferin Trixi Schuba. Sie war Erste beim Pflichtlaufen und wird auch bei der Kür als Erste gereiht. Es ist die einzige Goldmedaille für Österreich bei diesen Winterspielen. Der Schlag gegen Karl Schranz hat offenbar alle in Mitleidenschaft gezogen.

Karl Schranz aber kommt heim. Und hier erwartet ihn ein Empfang, wie er selbst populärsten Politikern nur selten bereitet wird. Tausende haben sich auf dem Gelände des Flughafens Schwechat eingefunden. Als die Maschine mit Schranz an Bord ausrollt, wird sie von einer dichten Menschenmenge belagert. Am Fuß der Gangway wird Schranz von Fred Sinowatz begrüßt: „Lieber Karl Schranz, ... ich kann Ihnen sagen, daß in diesen Tagen Millionen Österreicher Anteil an Ihrem Schicksal genommen haben und daß alle Ihr mannhaftes Auftreten und Ihre Haltung bewundert haben." Ja, Millionen haben tatsächlich am Schicksal dieses Karl Schranz Anteil genommen, alle Sympathien gehören ihm: Als einziger durch Willkür von den Olympischen Spielen ausgeschlossen, vom Österreichischen Olympischen Komitee hineingelegt, von diesem Komitee und seinen Sportkameraden im Stich gelassen – das bringt Schranz alle Sympathie, und das entfacht den Volkszorn gegen Brundage und alle Olympiafunktionäre. Und davon lassen sich sowohl die Medien als auch die Politiker mitreißen. Im Parlament kommt es zu Schreiduellen, und aus der SPÖ-Fraktion tönt es: „Pruckner (Präsident des ÖOC) – eine Schande für Österreich!" Hörfunk und Fernsehen verbreiten laufend Sonderberichte, die Zeitungen erscheinen mit empörten Titeln und leidenschaftlichen Leitartikeln.

Schranz selbst wollte gar nicht nach Wien kommen, sondern gleich nach seinem Eintreffen in Frankfurt in seine Tiroler Heimat weiterreisen. Doch der Generalintendant des ORF, Gerd Bacher, trifft ihn in Frankfurt und berichtet, daß ihn in Wien ein großer Staatsempfang erwarte. Von da an melden Hörfunk und Fernsehen, wann mit dem Eintreffen von Schranz in Wien zu rechnen ist und welche Route der Autokonvoi von Schwechat nehmen werde. Denn Schranz soll

Auf der Fahrt von Schwechat zum Bundeskanzleramt wird Karl Schranz von mehr als 87 000 Menschen umjubelt. Einige haben sogar die Ringstraße auf Karl-Schranz-Ring umbenannt (oben). Auch vor dem Bundeskanzleramt am Ballhausplatz haben sich viele Menschen eingefunden, um Schranz hochleben zu lassen (rechts).

von Minister Sinowatz zum Ballhausplatz geleitet werden, wo ihn Bundeskanzler Kreisky persönlich empfangen will. Der damalige Polizeibericht hält fest, daß im Spalier vom Stadtrand bis zum Ballhausplatz 87 000 Menschen gestanden seien.

Jubelnd empfangen sie Schranz, viele mit Transparenten, auf denen der Sportler als wahrer Sieger und Held gefeiert wird, nicht wenige Transparente und Tafeln richten sich gegen Brundage und die USA. Karl Schranz beschreibt seine damalige Triumphfahrt so: „Es war ein herrlicher Empfang, viele Leute. Ich habe mir aber nichts dabei gedacht, ich meine, ja gut, das versteht man, wenn einem Unrecht getan wird, wollen die Menschen zeigen, daß sie das nicht recht finden. Ja, und dann sind wir in die Stadt hereingefahren. Die Leute haben gewunken, links und rechts, und dann immer mehr, immer mehr, bis wir fast nicht mehr vorwärtsgekommen sind. Und dann haben sie schon das Auto geschaukelt, wir sind stehengeblieben, und die Leute haben Tränen in den Augen gehabt, haben die Kinder hochgehoben. Da habe ich dann ein bißchen ein komisches Gefühl gehabt. Ich war eigentlich froh, als wir Richtung Bundeskanzleramt eingeschwenkt sind, daß wir dort angekommen sind."

Auch auf dem Ballhausplatz ein dichtes Menschenspalier. Während die Menge jubelt, wird Karl Schranz von Bundeskanzler Kreisky empfangen. Karl Schranz: „Es wurden die Türen zum Balkon aufgemacht, und dann sagt er, ‚jetzt gehen Sie mal hinaus'. Sage ich, Herr Bundeskanzler, was soll ich da draußen? ‚Gehen Sie hinaus und zeigen Sie sich den Leuten.' Bin ich rausgegangen, sage ich, ‚Herr Bundeskanzler, gehen Sie mit mir'. Sagt er, ‚nein, das ist für

Sie'." Kreisky wollte diesen Empfang, er bringt auch ihm Popularität. Und wie Gerd Bacher betont, waren alle Einzelheiten dieses Empfangs, von Schwechat bis zum Ballhausplatz, mit dem Unterrichtsminister und dem Kanzleramt besprochen und gutgeheißen worden. Doch mit so vielen Menschen und so viel Jubel, auch mit so viel Leidenschaft hat man vermutlich nicht gerechnet. Karl Schranz: „Und dann habe ich gesagt, ‚Herr Bundeskanzler, kommen S' raus'. Und dann ist er mit mir rausgegangen. Aber er hat hinterher gesagt, ‚es ist gut, daß das nur einem Sportler gilt und nicht einem Politiker'."

Und tatsächlich, Kreisky wird bald darauf dem ORF und dessen Generalintendanten Bacher vorwerfen, sie hätten die Massen mobilisiert und deren Leidenschaften entfacht. Daran habe er erkannt, welche Macht diese Medien besäßen und an deren Spitze der Generalintendant. Vor Journalisten erklärt Kreisky: „Mir hat die Schranz-Geschichte den kalten Schauer über den Rücken gejagt. Das sage ich nicht jetzt, sondern das sagte ich zu Ihren Kollegen am Ballhausplatz." Der „Fall Schranz" war vermutlich nur der Auslöser, Kreisky hatte schon vorher seine Vorbehalte gegenüber dem sehr unabhängig agierenden Bacher-ORF.

Kreiskys ORF-Gegenreform

Am 18. April, beim 21. Bundesparteitag der SPÖ in Villach, stellt Kreisky dem Bacher-ORF bereits die Rute ins Fenster. Es sei durchaus vorstellbar, eine zweite Rundfunkgesellschaft zu gründen und einen der beiden Fernsehkanäle dieser Gesellschaft zur Betreibung zu überlassen. Und geschickt versucht Kreisky, die Zeitungsverleger und damit die Zeitungen auf seine Seite zu bringen: „Ich möchte nun in aller Öffentlichkeit eine Idee zur Diskussion stellen, ich sage zur Diskussion stellen: Ob nicht der beste Weg der wäre, eine Genossenschaft aller österreichischer Zeitungsherausgeber, auch die, die zu Parteien gehören, zu bilden und diesen das Recht zu geben, eine zweite Rundfunkgesellschaft zu betreiben. Bis zur Schaffung des

Bundeskanzler Kreisky, der Schranz herzlich begrüßt, lehnt es zunächst ab, sich gemeinsam mit Schranz auf dem Balkon des Kanzleramts der jubelnden Menge zu zeigen. Als er es doch tut (unten), sei ihm, so berichtet er später, „der kalte Schauer über den Rücken gejagt".

dritten (Fernseh-)Kanals könnte durch einen besonderen Vertrag der zweite Kanal zur Verfügung gestellt werden."

Vom Verleger-Fernsehen war zwar noch einige Male die Rede, aber es wurde darüber niemals ernstlich verhandelt. Statt dessen setzt Bruno Kreisky ein Jahr später, am 1. März 1973, eine Kommission zur Reform des ORF ein. Es liegt auf der Hand, was diese Kommission letztlich empfehlen soll: Die starke Position des Generalintendanten im ORF soll geschwächt, ja aufgehoben werden. Es dauert dann noch ein Jahr, bis die Reformvorschläge dieser Kommission als Gesetzentwurf der Kreisky-Regierung den Nationalrat erreichen und dort mit der sozialistischen Mehrheit angenommen werden. Statt eines Fernsehdirektors sieht die Gegenreform Kreiskys eine getrennte Führung der beiden Fernsehkanäle vor, an deren Spitze nun je ein Intendant treten soll. Führung und Verantwortung der beiden Kanäle lägen von nun an allein bei den Intendanten, der Generalintendant wäre praktisch nur noch für die Verwaltung und die Finanzen des Rundfunks zuständig, einen direkten Einfluß auf das Programm hätte er nicht mehr. Der Generalintendant, die beiden Intendanten, der kaufmännische und der technische Direktor des ORF aber würden künftig von einem Kuratorium bestellt, in dem die stärkste politische Partei auch den entscheidenden Einfluß hat.

Mit diesem Gesetz wird es dann auch 1974 gelingen, Gerd Bachers neuerliche Bewerbung für den Posten des Generalintendanten abzuweisen und statt dessen einen Sektionschef aus dem Justizministerium, Otto Oberhammer, zum Generalintendanten des ORF zu bestellen. Doch man nimmt einigermaßen Rücksicht auf die öffentliche Meinung und auf die Stimmung der Belegschaft im ORF. Zwei bewährte Mitarbeiter Gerd Bachers werden zu Intendanten gekürt: Gerhard Weis, der als Innenpolitiker in der Zeit-im-Bild-Redaktion begonnen hat und inzwischen einer der engsten Berater Gerd Bachers geworden ist, wird mit der Leitung des ersten Kanals und Franz Kreuzer, der bisherige Chefredakteur der „Zeit im Bild" mit der Führung des zweiten Kanals betraut. Weis steht der ÖVP nahe,

Kreuzer kommt aus der SPÖ, die Doppelbestellung scheint also nach dem Proporz ausgerichtet. Aber beide, Weis und Kreuzer, sind führende Köpfe aus dem Bacher-Team, und beide verstehen es, ihre Kanäle doch weitgehend von Parteikontrolle fernzuhalten, und das Fernsehen wird auch unter ihrer Führung kein Regierungsfunk.

Im übrigen, auch das sei schon vorweggenommen, bewirbt sich Gerd Bacher 1978, als die ORF-Führung turnusgemäß neu bestellt werden muß, wieder um den Posten des Generalintendanten. Hoffnungslos, wie es scheint, denn die SPÖ verfügt mit ihren Kuratoren und den ihr zuzurechnenden stimmberechtigten Betriebsräten über jene Mehrheit, mit der allein der neue Generalintendant bestellt werden kann. Offenbar hat sich die SPÖ-Spitze darauf verlassen, daß „da nichts passieren kann". Aber am nächsten Tag trifft eine Schlagzeile in der Kärntner Tageszeitung den Nagel auf den Kopf: „Kreisky in Paris, Benya in Sofia, Bacher im ORF." Die Betriebsräte haben offensichtlich der SPÖ die Gefolgschaft verweigert und haben – bei dieser geheimen Wahl – für Bacher gestimmt. Am Gesetz und an dessen Bestimmungen ändert das nichts, Bacher muß sich mit der Hoheit der beiden Intendanten über die beiden Fernsehkanäle abfinden. Diese Intendanten werden zwar auf Vorschlag des Generalintendanten, aber doch von jenem Kuratorium bestellt, in dem die beiden Großparteien über den entscheidenden Einfluß verfügen. Und daher muß weiterhin darauf geachtet werden, daß einer der Intendanten der SPÖ und der andere der ÖVP genehm ist, gleichzeitig aber keiner der jeweils anderen Partei ein Dorn im Auge sein darf. So wird in dieser zweiten Ära Bacher Wolf In der Maur – er war Mitglied in der Kreisky-Kommission zur Gegenreform des Rundfunks – Intendant für den ersten Kanal und Ernst Wolfram Marboe, ein Mann der ÖVP, Intendant für den zweiten Kanal. Beide wissen ihre Kompetenzen als Intendanten maximal zu nützen, mit beiden wird Gerd Bacher letztlich – mit In der Maur schon recht früh, mit Marboe recht spät – nicht auskommen.

Die Frage ist zu stellen, weshalb Bruno Kreisky diesen langen, komplizierten und, wie man sieht, letztlich alle Seiten unbefriedigenden Weg zu einer Neuordnung des Rundfunks gegangen ist. Er selbst gab immer wieder an, daß er mit dieser Gegenreform mehr Konkurrenz in den Rundfunk bringen wollte, daß ihm die, seiner Meinung nach, Macht eines einzelnen, nämlich des Generalintendanten, zu stark erschienen sei und daß mit dieser Neuordnung des ORF Sicherungen gegen einen eventuellen Mißbrauch des Rundfunks eingebaut würden. Die Argumentation hätte einiges für sich. Aber wie dann letztlich das neue ORF-Gesetz ausgefallen ist, erwies es sich als Hemmschuh für eine wirklich effiziente Führung des Rundfunks und war weitgehend nur zu exekutieren, wenn es zwischen dem Generalintendanten, den Intendanten, dem kaufmännischen und dem technischen Direktor von sich aus einen entsprechenden Konsens gab. Sobald sich einer dieser Spitzenfunktionäre querlegte und auf das Gesetz berief, war das Unternehmen, zumindest teilweise, nicht mehr steuerbar.

Wir müssen nochmals auf den SPÖ-Parteitag in Villach im April 1972 zurückkommen. Kreisky und die Parteiführung hatten für diesen Parteitag schon alle Weichen gestellt, mit den Beschlüssen dieses Parteitags sollte die SPÖ einer noch breiteren Wählerschaft geöffnet werden. Die bereits von der Minderheitsregierung Kreisky angekündigten großen Reformen sollten von diesem Parteitag bestätigt und ihre rasche Umsetzung gefordert werden. So auch eine große Reform des Strafrechts. Diese Reform hatte Christian Broda schon 1960 in Angriff genommen, als er in der Koalitionsregierung unter der Kanzlerschaft Julius Raabs Justizminister wurde. Es war Brodas Ehrgeiz, diese große Strafrechtsreform im Konsens mit der

Beim SPÖ-Parteitag in Villach erlebt der Parteivorsitzende Kreisky eine Überraschung. Die SPÖ-Frauen stellen sich geschlossen hinter ein Aktionskomitee, das Unterschriften für eine ersatzlose Abschaffung des Paragraphen 144 – Schwangerschaftsabbruch – fordert.

ÖVP und der FPÖ zustande zu bringen, da sie eben von allen gesellschaftlichen Kräften getragen werden sollte.

Die hartumkämpfte Fristenlösung

Eines der schwierigsten Probleme dieser Reform war der Paragraph 144 des Strafgesetzes: Dieser Paragraph erklärt den künstlichen Schwangerschaftsabbruch zum Verbrechen und sieht für Abtreibung eine Strafe von ein bis fünf Jahren vor, sogar der Versuch einer Abtreibung wird noch mit einer Strafe von mindestens sechs Monaten bis zu einem Jahr geahndet. 1964 macht Broda den Vorschlag, die Strafe auf drei Jahre zu begrenzen, und für Abtreibung auf Grund medizinischer Indikation Straffreiheit gelten zu lassen. Die österreichischen Bischöfe wenden sich gegen eine Lockerung des Paragraphen 144, und so bleibt das Reformwerk zunächst stecken. Aber der Schwangerschaftsabbruch ist eines der sensibelsten sozialen Probleme in Österreich. Denn trotz der Androhung so hoher Strafen werden etwa 100 000 Abtreibungen pro Jahr vorgenommen. Wer Geld hat, kann fachkundige medizinische Hilfe in Anspruch nehmen, einige Sanatorien sind bekannt dafür, daß dort gegen entsprechendes Entgelt Abtreibungen vorgenommen werden. Dazu meint die damalige führende Frauenfunktionärin der SPÖ und spätere Staatssekretärin Franziska Fast: „Wir haben immer wieder gefordert, daß der Paragraph 144 fallen muß. Für die ärmeren Frauen gab es größte Benachteiligungen, der Schwangerschaftsabbruch im Hinterzimmer, das war gefährlich und konnte sogar zum Tod führen. Die armen Frauen wurden auch angeklagt und verurteilt. Frauen, die aus guten Verhältnissen sind, konnten es sich leisten, die Armen riskierten schwerste gesundheitliche Schäden und wurden außerdem noch bestraft."

In der SPÖ-Minderheitsregierung nimmt Broda die Arbeit an der Strafrechtsreform wieder auf. Und diesmal geht er, was den Paragraphen 144 betrifft, einen Schritt weiter: Abtreibung soll nicht mehr als Verbrechen, sondern nur als Vergehen gelten, bei einer Höchststrafe von einem Jahr. Abtreibung auf Grund medizinischer Indikation soll straffrei gestellt werden, doch soll diese Indikation auch eine soziale, eine ethische und eine eugenische Komponente erhalten, also weit gefaßt werden. Bei einer erkennbaren Konfliktsituation der Frau sollte ein Schuldspruch ohne Strafe ausgesprochen werden. Am 9. Juni 1971 lehnen die österreichischen Bischöfe auch diesen Vorschlag strikt ab. Abtreibung sei Mord, außer legitimer Selbstverteidigung habe kein Mensch das Recht, über das Leben eines anderen zu verfügen. Abtreibung sei eine schwere Sünde, Abtreibung sei ein Verbrechen. Als Broda seine Indikationenlösung am 16. November 1971 dennoch als Regierungsvorlage im Nationalrat einbringt, wird sie von der ÖVP und Teilen der FPÖ abgelehnt und trifft in katholischen Kreisen auf heftigen Widerstand. Eine katholische Protestbewegung unter dem Titel „Aktion Leben" beginnt Unterschriften gegen die Indikationenlösung zu sammeln. So wird die Regierungsvorlage im Nationalrat nicht forciert. Bruno Kreisky will die absolute Mehrheit, die die SPÖ erstmals seit Bestehen der Republik geschafft hat, nicht gefährden, im Gegenteil, er will alles tun, um sie noch auszubauen. Dazu gehört, wie berichtet, auch die von ihm sehr umsichtig betriebene Öffnung gegenüber dem katholischen Lager. Der Broda-Entwurf zur Reform des Paragraphen 144, der eine liberale Auslegung der medizinischen Indikation zuläßt, geht Kreisky daher auch schon zu weit.

Aber beim Parteitag in Villach werden Kreisky und Broda überrollt. Eine Reihe junger Frauen hat ein Aktionskomitee zur Abschaffung des Paragraphen 144 gebildet. Diese Frauen kommen aus dem Arbeitskreis „Emanzipation der Frau" der jungen Generation der

SPÖ, und zu ihnen gehört auch die Schwiegertochter des Bundeskanzlers, Eva Kreisky. Sie fordern zunächst die ersatzlose Streichung des Paragraphen 144, zumindest aber Straffreiheit der Abtreibung bis zum dritten Schwangerschaftsmonat, wenn der Abbruch vom Facharzt oder in einer Klinik durchgeführt wird. Das Aktionskomitee geht davon aus, daß „menschliches Leben erst mit den einsetzenden Gehirnwellen beginnt, und das ist erst im dritten Monat der Schwangerschaft der Fall". Diese Forderung des Aktionskomitees macht sich nun auch die SPÖ-Frauenkonferenz zu eigen und legt dem Parteitag eine Resolution zur Abstimmung vor, in der diese „Fristenlösung" gefordert wird. Gleichzeitig wird an die männlichen Delegierten des Parteitags appelliert, Solidarität mit den Frauen zu zeigen. Gegen die Erwartung der SPÖ-Führung, der Villacher Parteitag werde ohne Komplikationen als ein Parteitag des Sieges und der Reformen über die Bühne gehen, wird nun die Fristenlösung zum zentralen Thema der Veranstaltung. Und sehr zum Unmut Bruno Kreiskys stellt sich Christian Broda – in all den früheren Jahren in der Frage so vorsichtig – jetzt vorbehaltlos hinter die Forderungen der Frauen. Seine Wortmeldung schließt er mit den Sätzen: „Werden wir politische Schwierigkeiten haben, wenn der Parteitag den Antrag der Bundesfrauenkonferenz zum Beschluß erheben sollte? Vielleicht, vielleicht auch nicht. Manchmal muß man den Mut zu Grundsätzen haben. Anders geht es in der Gesellschaft nicht, wenn wir sie verändern wollen. Und das wollen wir ja."

Der Parteitag erhebt den Antrag zum Beschluß und löst damit den bis dahin schwersten gesellschaftlichen Konflikt in der Zweiten Republik aus. Die katholischen Verbände, insbesondere die „Aktion Leben", rufen zu Protestkundgebungen und Demonstrationen auf. In Wien und allen Landeshauptstädten finden Großkundgebungen statt, bei denen die beabsichtigte Fristenlösung schärfstens abgelehnt wird. Die Kirche und die Gläubigen sehen sich in diesem Protest auch schon deshalb gerechtfertigt, weil sie, im Gegensatz zu den Kirchen mancher anderer Länder, in der Frage der Empfängnisverhütung bisher eine recht liberale Haltung eingenommen haben. Papst Paul VI. hatte in seiner Enzyklika „Humanae vitae" jede künstliche Verhütung ebenso wie den Schwangerschaftsabbruch strikt untersagt. Aber die österreichischen Bischöfe stellten sich auf den Standpunkt, daß zwar den Gläubigen zuzureden sei, von künstlichen Verhütungsmitteln Abstand zu nehmen, daß aber letztlich die Anwendung solcher Mittel eine Gewissensfrage sei, die die gläubigen Frauen und Männer selbst zu entscheiden hätten. Damit hatte sich die katholische Kirche in Österreich in einen Gegensatz zum Vatikan und zum Papst gebracht.

Aber mit Kardinal König an der Spitze hielt sie das aus. Um so mehr fühlen sich die Bischöfe durch die Forderung nach der Fristenlösung brüskiert, da es doch der SPÖ und der Kreisky-Regierung klar sein müßte, daß sich die Kirche mit aller Kraft gegen diesen „nun von Rechts wegen erlaubten Mord" zu stellen habe. Kardinal König selbst meldet sich zu Wort: „Ein Staat, der keine Schutzpflicht mehr leistet, vergißt eine Grundaufgabe, die wir als seine Bürger von ihm zu verlangen haben. Wir dürfen in dieser Stunde nicht schweigen. Mit solchen Worten wollen wir keine Machtansprüche geltend machen, wir wollen aber mit aller Klarheit betonen, daß die Fristenlösung keine Lösung ist."

Und Kardinal König stellt sich selbst an die Spitze einer der größten Demonstrationen des Landes, die vom Stephansdom quer durch Wien zieht, unter dem Transparent „Will der Staat töten, dann durch Henker, nicht durch Ärzte". Die katholischen Aktivitäten rufen Gegenaktionen der jungen Sozialisten und der sozialistischen Frauen auf den Plan. Mancherorts muß die Polizei dafür sorgen, daß die Demonstranten für und gegen die Fristenlösung nicht aufeinander ein-

Gegen die Absicht des Justizministers Broda, anstelle des Strafparagraphen 144 die Abtreibung innerhalb der ersten drei Monate der Schwangerschaft gesetzlich zuzulassen, organisieren die katholischen Verbände überall in Österreich Protestkundgebungen. Oben: Rund 20 000 Menschen protestieren gegen die Fristenlösung auf dem Linzer Hauptplatz. In Wien wird der Protestzug von Kardinal König angeführt (links).

Franziska Fast: Ein Fötus bekommt kein kirchliches Begräbnis.

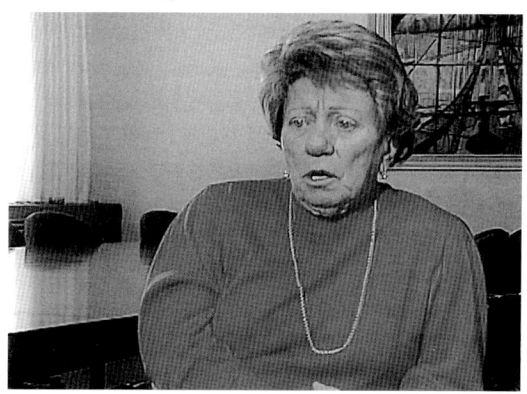

schlagen. Daß aus der Frage kein Kulturkampf nach dem Muster der Ersten Republik geworden ist, geht vor allem auf das besonnene Verhalten Kardinal Königs zurück.

Justizminister Broda aber muß die Hoffnung aufgeben, daß er diesen Teil seiner großen Strafrechtsreform im Konsens mit der ÖVP- und FPÖ-Opposition im Parlament durchbringt. Von 27. bis 29. November 1973 wird die Strafrechtsreform im Nationalrat heftig diskutiert. Der Justizsprecher der ÖVP Walter Hauser erklärt: „Wir haben an der Strafrechtsreform wahrhaftig aus innerer Überzeugung mitgewirkt. Und dennoch sage ich Ihnen, Herr Justizminister, es bleibt, weil Sie auf dieser unmenschlichen Fristenlösung beharren, Ihr Gesetz. Beschließen Sie Ihr Gesetz, wir sagen Nein zu ihm. Nein bei der Abstimmung, Nein im Bundesrat, Nein, wenn Sie wieder ins Haus kommen mit Ihrem Beharrungsbeschluß. Dreimal Nein zu diesem Gesetz!" Die ÖVP-Abgeordneten unterstreichen diese Erklärung mit lang anhaltendem tosenden Applaus. In der FPÖ waren die Meinungen anfangs geteilt. Der liberale Flügel war geneigt, der Fristenlösung zuzustimmen. Doch schließlich setzten sich die konservativen und nationalen Elemente durch. Der Justizsprecher der FPÖ, Gustav Zeillinger, der ebenfalls seit Jahren gemeinsam mit Broda und Hauser an der großen Strafrechtsreform mitgearbeitet hatte, trägt den Standpunkt seiner Partei im Nationalrat vor: „Ich bedaure es zutiefst, daß ich einem Werk, an dem ich fast 20 Jahre mitgearbeitet habe, in der letzten Phase meine Zustimmung versagen muß. Trotz dieses politischen Wermutstropfens hoffe ich, daß das neue Strafgesetz in allen übrigen Bestimmungen, so wie es heute beschlossen wird, Bestand haben und die Zustimmung unserer Mitbürger finden wird." Am 29. November wird die Fristenlösung mit 93 Stimmen der

SPÖ gegen 88 Stimmen der Volkspartei und der FPÖ zum Gesetz erhoben. Da die ÖVP im Bundesrat über eine Mehrheit verfügt, erfolgt der Einspruch des Bundesrats. Am 23. Januar 1974 aber wird dieser Einspruch durch einen Beharrungsbeschluß der SPÖ-Mehrheit im Nationalrat abgewiesen.

Die „Aktion Leben" leitet ein Volksbegehren gegen die Fristenlösung und zum Schutz des Lebens ein. Grit Ebner war die Generalsekretärin der „Aktion Leben" und erklärt: „Das Volksbegehren, das damals die Gemüter sehr erhitzt hat auf beiden Seiten, hat einen vielfältigen Schutz vorgesehen. Es sollte eine Verfassungsbestimmung den grundsätzlichen Schutz des menschlichen Lebens garantieren, was ja die Quintessenz der Aufgabe eines Staates ist, das Leben seiner Bürger zu schützen. Und mir scheint auch sehr wichtig, daß die Frage, wie gehe ich mit einem Wesen am Anfang seines Lebens um, nicht zu trennen ist von wie gehe ich mit allen Mitgliedern der menschlichen Gesellschaft um, die nicht mit Ellbogen und spitzer Feder und überragendem Intellekt für sich selbst ihr Lebensrecht erkämpfen können. Das heißt, wie gehen wir um mit Kranken, mit Behinderten, mit Alten? Alle diese Probleme sind wie ein Myzel unterirdisch miteinander verbunden. Das macht ja die Frage so brisant." Franziska Fast hält dem entgegen: „Es wird zwar behauptet, mit der Befruchtung des Eis entsteht Leben. Aber ein Fötus mit drei Monaten kriegt kein kirchliches Begräbnis. Und ich bin viel auch in katholischen Kreisen gewesen und weiß, daß Frauen, die in der Öffentlichkeit gegen die Abschaffung des Paragraphen 144 waren, hinter vorgehaltener Hand gesagt haben, schaut's dazu, daß ihr den wegbringt, er ist eine Ungerechtigkeit sondergleichen."

Das Volksbegehren der „Aktion Leben" wird schließlich von 24. November bis 1. Dezember 1975 durchgeführt. Die österreichische Bischofskonferenz fordert alle Österreicher auf, dieses Volksbegehren zu unterschreiben. Das Volksbegehren wird von 896 579 Personen unterzeichnet, das ist die bisher größte Unterschriftenzahl, die ein Volksbegehren erreicht hat, dennoch sind die Initiatoren enttäuscht, und die Aktion wird auch allgemein als Niederlage gewertet. Die mit dem Volksbegehren sympathisierende Tageszeitung „Die Presse" gibt ihrem Bericht über den Ausgang des Volksbegehrens den Titel „Abgesang auf den alten Katholizismus" und schreibt: „Ein Volksbegehren, das von allen Kanzeln des Landes verkündet worden war, hat zwar die größte Unterschriftenzahl zustande gebracht, doch Veranstalter wie Sympathisanten bitter enttäuscht. Es ist nicht die Million erreicht oder gar überschritten worden, die als Schallmauer betrachtet und voreilig auch als Ziel hinausposaunt worden war. Die Konfrontation ist abgeblasen, ehe sie begonnen hat. Es wird keinen Kulturkampf geben." Auch spätere Bemühungen, die Fristenlösung wieder rückgängig zu machen, sind immer wieder gescheitert. Denn letztlich akzeptierte auch die ÖVP die gesellschaftlichen Entwicklungen.

Die Regierung Kreisky hingegen bemüht sich, ihre Mütter- und Kinderfreundlichkeit unter Beweis zu stellen. Anfang 1974 wird der Mutter-Kind-Paß eingeführt, der bestimmte ärztliche Untersuchungen der Schwangeren und des Säuglings vorschreibt. Bei Nachweis dieser Untersuchungen erhält die Mutter anstelle der allgemeinen Geburtenbeihilfe von 2 000,– Schilling eine erhöhte Beihilfe von 4 000,– Schilling. Zeitgleich mit Inkrafttreten der Fristenlösung wird diese Geburtenbeihilfe ab 1. Januar 1975 auf 16 000,– Schilling erhöht, die auf zwei Raten zu je 8 000,– Schilling ausgezahlt wird, die zweite Rate jedoch nur dann, wenn während des ersten Lebensjahres des Kindes im Mutter-Kind-Paß nachgewiesen wird, daß die vorgeschriebenen vier ärztlichen Untersuchungen auch stattgefunden haben. Kräftig erhöht wird auch das Karenzurlaubsgeld und gleich-

Grit Ebner: Der Staat hat Leib und Leben seiner Bürger zu schützen.

Die „Aktion Leben" ruft zu einem Volksbegehren auf, dessen Ziel es ist, die Fristenlösung wieder abzuschaffen. Daraufhin melden sich erneut die Befürworter des straflosen Schwangerschaftsabbruchs zu Wort.

Walter Schuppich: Der größte Wurf der letzten hundert Jahre.

zeitig ein höherer Satz für alleinstehende Mütter festgelegt. Mütter, die ihre Babys selbst versorgen und deshalb keinen Posten annehmen, erhalten zu ihrer finanziellen Absicherung noch ein ganzes Jahr lang die sogenannte „Sondernotstandshilfe".

Der Präsident der Rechtsanwaltskammer, Walter Schuppich, war am Zustandekommen der großen Strafrechtsreform wesentlich beteiligt, immer darauf bedacht, daß diese Reform ein Höchstmaß an bürgerlichen Rechten und an Menschenrechten sichern würde. Schuppich über dieses Gesetzeswerk: „Die Strafrechtsreform ist, so glaube ich, der größte Wurf der letzten hundert Jahre. Das österreichische Strafrecht fundierte bis zu dieser Novelle auf Bestimmungen, die praktisch aus dem Jahr 1803 stammten. Die Gesetzesausgabe, nach der ich Jus studiert habe, hatte noch den Paragraphen 13, nach dem die Todesstrafe zu vollziehen ist, die noch Kerker ersten und zweiten Grades kannte, Strafverschärfung mit Dunkelhaft und mit Fasten. Alle diese Bestimmungen sind im neuen Strafrecht verschwunden. Das Gesetz hat eine neue Einstellung zum Menschen gebracht, einen gewissen Liberalismus. Der Mensch in seiner Not, in seiner Verstrickung, dem ist ein Weg zu zeigen. Das Gesetz als Erzieher und nicht als einer, der nur bestraft und jemanden in eine Situation bringt, aus der er nicht mehr herausfindet. Das Einsperren ist ja einfach, aber das Aussperren, womit ich das Ende der Haft meine, ist das große Problem. Daher ist es ja nicht dabei geblieben, nur das Strafgesetz zu novellieren, sondern in dessen Umfeld die bedingte Entlassung, dann die Bewährungshilfe zu schaffen, den Menschen, die am Ende der Strafe, belastet mit alten Verbindlichkeiten, auf der Straße stehen, einen Weg zu zeigen, wie man wieder in das normale Leben zurückfinden kann."

Das zweite große Gesetzeswerk aus dem Justizministerium ist die Reform des Familienrechts. Nach dem bis dahin gültigen Allgemeinen Bürgerlichen Gesetzbuch, das aus dem Jahr 1811 stammt, ist der Mann Haupt der Familie, dem die Frau und die Kinder zu folgen haben, der den Wohnsitz für die Familie allein bestimmt, der allein berechtigt ist, die Kinder zu erziehen und sie auch zu züchtigen, der das Recht hat, das Vermögen der Frau zu verwalten und im übrigen mit diesem Vermögen seiner Frau auch schalten und walten kann, wie er will, und der nicht einmal sagen muß, was er mit dem Geld alles macht. Als kleiner Trost dafür wird der Frau das Recht eingeräumt, im Namen des Mannes einzukaufen und Schulden zu machen, da man annimmt, daß diese auch von ihm bezahlt werden. Nach den 1938 eingeführten deutschen Bestimmungen ist zwar eine Scheidung bei einer länger als dreijährigen Trennung möglich, aber nur dann, wenn auch die Frau zustimmt. Nach dem gültigen Bürgerlichen Gesetzbuch konnte eine Frau auch nur mit Zustimmung des Mannes eine Vormundschaft übernehmen, ansonsten hatte sie einen Mitvormund aufzunehmen, da der Gesetzgeber sie allein für nicht fähig hielt, ihr eigenes Kind aufzuziehen. Alleinerziehende Mütter waren also höchst selten. Auch konnte ein Ehemann die Frau ohne weiteres vom Erbrecht ausschließen, er mußte das nur im Testament vermerken.

Die große Familienrechtsreform, von Broda diesmal im vollen Konsens mit den Oppositionsparteien und mit der Rechtsanwaltschaft erarbeitet, setzt anstelle dieses patriarchalischen Systems die Partnerschaft der Eheleute. Die Gleichberechtigung der Geschlechter wird gesetzlich festgelegt, die gemeinsame Erziehung der Kinder, die gemeinsame Verfügung über Vermögen, das gesetzliche Erbrecht der Ehefrau, die unkomplizierte Scheidung, falls beide Partner ihr zustimmen, das Recht auf Scheidung, wenn die Haushalte seit drei Jahren getrennt sind. In Ergänzung dazu können Ehegatten vor der Eheschließung festlegen, ob sie künftig den Namen des Mannes oder

Diskotheken lösen die Tanzlokale ab. Der Beat tritt an die Stelle des Blues. Der neue Tanz heißt Shake. Pille und Fristenlösung werden von vielen als Befreiung der Frau angesehen, „oben ohne" und der Minirock gelten als Ausdruck dieses neuen, weiblichen Selbstbewußtseins.

den der Frau als Familiennamen tragen werden, auch kann die Frau ihren bisherigen Namen mit einem Bindestrich dem Familiennamen anfügen.

Auch der Jugend werden mehr und neue Rechte eingeräumt. Schülerinnen und Schüler und ihre Eltern erhalten in einem bestimmten Ausmaß ein Mitspracherecht über Unterricht und Verwaltung in den Schulen. Sie können Beschwerde führen, wenn sie sich im Unterricht oder in der Behandlung durch die Lehrer benachteiligt fühlen. Ein von der Professorenschaft zwar bekämpftes und längere Zeit blockiertes Universitätsorganisationsgesetz erfüllt eine Reihe von Forderungen der Studentenbewegung des 68er-Jahres: Freier, das heißt kostenloser Zugang aller zu den Hochschulen und Universitäten, Mitsprache der Studenten und Assistenten bei der Berufung von Professoren wie auch bei der Erstellung der Studienpläne und Mitsprache auch in der Verwaltung. Das führt zwar bald zu einem starken Anstieg in der Zahl der Studierenden und damit zur großen Überlastung der zur Verfügung stehenden Hörsäle, Übungsplätze und Labors, aber natürlich auch zu einer wesentlichen Förderung des Reservoirs von Talenten.

Ein neues Selbstbewußtsein

Kreisky hatte seine Mehrheit nicht zuletzt durch zwei überzeugende Parolen errungen. Er forderte einerseits eine „Durchflutung aller gesellschaftlichen Bereiche mit Demokratie", und das hieß Mitspracherechte und gleiche Rechte für alle; und diese alle forderte er auf, mit ihm „ein Stück des Weges gemeinsam zu gehen". Durch die energisch vorangetriebenen gesetzlichen Reformen, durch die Demokratisierung des öffentlichen Lebens und die sich daraus ergebende Liberalität trat eine spürbare Veränderung des gesellschaftlichen Klimas in Österreich ein, ein neues Selbstbewußtsein. Und dieses findet durchaus auch Ausdruck im Musikleben, im Theater und in der Literatur. Eine Reihe junger Sänger und Liedermacher entdeckt die starke Ausdruckskraft des – vornehmlich wienerischen – Dialekts. Der internationale Pop wird solcherart zum Austropop. Als erste führt Marianne Mendt den Dialekt in der Popmusik ein, mit einem Lied von Gerhard Bronner: „I bin a Glockn", ein Liebeslied, das den Gefühlen mit fast explosiver Kraft Ausdruck verleiht. Wolfgang Ambros nützt den Dialekt dann zur sozialen Analyse. Sein Popsong „Da Hofa" wendet sich gegen Vorurteile und Vorverurteilungen; es geht um einen Toten, um einen vermutlich Ermordeten, und wie erschreckend leicht es ist, den Verdacht auf einen Unschuldigen zu lenken, „da Hofa war's". Arik Brauers Dialektlieder sind durchwegs sozialkritisch, und er erzielt mit ihnen einen Erfolg nach dem anderen. „Köpferl im Sand" wendet sich gegen den Wahnsinn des Kriegs und gegen das Wegschauen der Menschen von der sich anbahnenden Katastrophe, „Sie hom a Haus baut" ist eine musikalische Warnung vor der zunehmenden Verbauung der Natur. Das Café Hawelka ist Wiens Künstler- und Literatentreff. Hierher verlegt Georg Danzer seinen bald berühmten „Nackerten". Auch mit Nacktheit wird damals protestiert gegen die Selbstgerechtigkeit der Gesellschaft. „Jö, schau" heißt der Song, mit dem sich Danzer mit an die Spitze der Austropopper singt. Auch André Heller fehlt nicht unter den Dialektsängern: „A Zigeuner möcht i sein" singt er, und gemeinsam mit Helmut Qualtinger: „Wean, Du bist a Taschenfeitl". Aber auch mit seinen LPs „Verwunschen" und „Narrenlieder" liefert Heller wichtige Beiträge zum Austropop. Einen Text des Schriftstellers Konrad Bayer vertont die „Worried Men Skiffled Group" zu dem rasch populär gewordenen Song „Glaubst i bin bled". Marianne Mendt kommentiert das Aufkommen des Austropop: „Das war das

Mit ihrem Lied „I bin a Glock'n" von Gerhard Bronner wird Marianne Mendt zur Pionierin des Austropop.

Marianne Mendt: Das hat es bis dato nicht gegeben.

Wolfgang Ambros: Da Hofa.

Arik Brauer: s'Köpferl im Sand.

Georg Danzer: A Nackerter im Hawelka.

André Heller: A Zigeuner möcht i sein.

Phänomen, Wiener Dialekt mit Popmusik gemischt. Das hat es bis dato im deutschsprachigen Raum nicht gegeben. Also wir waren die Pioniere, nur haben wir das natürlich nicht gewußt zu der Zeit. Und das war die Sensation, daß das auch in Hamburg angekommen ist, obwohl die dort natürlich nicht ein Wort verstanden haben. Aber vielleicht war gerade das Exotische das Erfolgreiche." Und André Heller erklärt im Fernsehen: „Das Grauenhafte an der deutschen Sprache ist, daß sie so arm ist an Wörtern. Der Dialekt hat so viel mehr Wörter, viel mehr Ausdrücke. Du kannst für Liebe 25 Ausdrücke sagen... Und ich plädiere dafür, daß an den deutschen Universitäten und Mittelschulen der Dialekt als Fremdsprache eingeführt wird statt Latein und Griechisch. Der Wiener Dialekt ist die sinnvollste Fremdsprache, die es innerhalb des deutschen Sprachgebiets gibt."

Sie sind zwar schon ein gutes Jahrzehnt früher da, aber ihren literarischen Durchbruch erzielen sie erst Ende der sechziger, Anfang der siebziger Jahre, jene Schriftsteller, Dichter und Künstler, die in Graz das „Forum Stadtpark" gegründet haben. Zu ihnen zählen Wolfgang Bauer, Peter Handke, Barbara Frischmuth, Alfred Kolleritsch. Sie publizieren in der von Kolleritsch gegründeten Literaturzeitschrift „manuskripte". „Es war einfach ein Aufbruch", kommentiert Barbara Frischmuth, „bei dem man versucht hat, das, was einen bis dahin ausgemacht hat oder womit man am meisten beschäftigt war, das einmal zu verfremden, um es überhaupt zu begreifen. Als dann die ersten von uns publizieren konnten, gab es eine Zeitlang beinahe Euphorie, weil man das Gefühl hatte, es ist alles machbar, man muß es nur wollen. Das war am Anfang noch nicht so. Am Anfang war es einfach der Schutz der Gruppe, der uns zusammenkriechen hat lassen. Man konnte zu mehreren ganz anders auftreten, gerade in einer Stadt wie Graz, eine sehr hübsche Stadt, aber halt sehr, sehr konservativ, um nicht zu sagen reaktionär. Eine Stadt, in der man allein vollkommen verloren gewesen wäre. Wo einem auch wahrscheinlich gar nicht in den Sinn gekommen wäre, etwas zu tun, was womöglich international Anerkennung bekommt. Als wir uns dann zusammengefunden hatten, war plötzlich Licht am Horizont, man hat das Gefühl gehabt, doch, es kann gelingen. Und es war der Umkreis, also Handke, Bauer, Kolleritsch." Zu den Avantgardisten der neuen österreichischen Literatur zählen auch Thomas Bernhard und Peter Turrini und die wohl profilierteste Lyrikerin, Ingeborg Bachmann.

Mit ihren zeitkritischen Romanen und Theaterstücken erobert diese Avantgarde die Verlage und Bühnen des deutschen Sprachraums. Ihnen allen gemeinsam ist die Kritik an der bestehenden Gesellschaft, an deren Provinzialismus, an deren Vorurteilen, an deren, wie die Literaten meinen, faschistischer Grundeinstellung, an ihrer Neigung zur Ausgrenzung, zur Vorverurteilung, zur Intoleranz, zum Haß. Diese Gesellschaft aufzubrechen, sie wenn möglich zu einer Selbsterkenntnis zu bringen oder doch zumindest andere erkennen zu lassen, wie es um diese Gesellschaft beschaffen ist, um dies zu bewerkstelligen, bedienen sich diese Literaten einer harten, zum Teil wüsten und ordinären Sprache und abstoßender, oft obszöner Bilder und Szenen. Aber sie erreichen ihr Ziel. Und was mancherorts zunächst mit Abscheu und Protest aufgenommen wird, ist schon kurze Zeit später international anerkannte Literatur. Wolfgang Bauer bringt mit seinem Stück „Magic Afternoon" Sex, Drogen und Gewalt auf die Bühne, es gelingt ihm, das Publikum zu schockieren, damit aber auch aufzurütteln. Mit seinem Stück „Sauschlachtn" prangert Peter Turrini die Tendenz an, Menschen, die anders sind, auszugrenzen, sie psychisch und physisch zu vernichten. Er selbst sagt dazu: „‚Sauschlachtn' ist eine Parabel, ich erzähle darin die Ge-

Das „Forum Stadtpark" in Graz wird zum Treffpunkt junger österreichischer Autoren, die von hier aus mit ihren Theaterstücken, Romanen und ihrer Lyrik die deutschsprachigen Bühnen und Verlage erobern. Links: Wolfgang Bauer. Bild rechts: Peter Handke, links von ihm Axel Corti, rechts Peter Turrini.

schichte eines Außenseiters in unserer Gesellschaft. Ich habe für diese Geschichte die theatralische Form der Bauernkomödie, des Bauerntheaters verwendet."

Interessanterweise findet diese literarische Avantgarde gerade in Graz eine zunächst sehr erfolgreiche gemeinsame Plattform, den „steirischen herbst". Er wird ab 1968 jeweils drei Wochen im Oktober veranstaltet. Sein Begründer und geistiger Vater ist der Landeshauptmann-Stellvertreter und Kulturreferent der Steiermärkischen Landesregierung Hanns Koren, der der ÖVP angehört, aber mit dem „steirischen herbst" bewußt der Moderne und Ultramoderne in Österreich eine Heimstatt bieten will. Dazu lädt er die Literaten des „Forum Stadtpark" ein, startet die Konzertreihe „Musikprotokolle", inkorporiert die Biennale TRIGON, ein Zusammenwirken österreichischer, italienischer und jugoslawischer Maler und Bildhauer, und er veranlaßt die Steirische Akademie in diesen Oktoberwochen zu Vorträgen und Diskussionen mit hochkarätiger internationaler und österreichischer Besetzung. Der „steirische herbst" gilt in jenen Jahren als das unkonventionellste und progressivste Festival Österreichs. Axel Corti, der dort 1971 das Endzeitdrama „Ein Fest für Boris" von Thomas Bernhard inszeniert, urteilt: „Der ‚steirische herbst' gibt die Möglichkeit, sich wirklich umfassend zu informieren, was sich heutzutage an Kulturäußerung, an Kunstäußerung manifestiert." Überall sonst in Österreich vermißt dies Axel Corti, er rügt auch, daß die meisten der Stücke der avantgardistischen österreichischen Autoren zunächst im Ausland, meist in Deutschland, aufgeführt werden und erst wenn sie dort große Erfolge sind, zaghaft auf die österreichischen Bühnen gelangen. Thomas Bernhard ist bei dieser Österreich-Premiere von „Ein Fest für Boris" persönlich anwesend. Am Höhepunkt des Stücks gibt es eine Geburtstagstafel in einem Heim für Krüppel, die alle im Rollstuhl sitzen, eine Metapher: Sie sind durch das Verhalten der Gesellschaft verkrüppelt, durch Bosheit, Haß, andere Schlechtigkeiten vereinsamt, verkrüppelt und eigentlich schon gestorben. Anläßlich dieser Premiere wird Thomas Bernhard von Krista Fleischmann, aus der Kulturredaktion des ORF, nach seinem Verhältnis zum Tod befragt. Bernhard: „Na ja, der Tod ist mir in die Wiege gelegt worden, wahrscheinlich, und verfolgt mich halt. Aber ich habe nichts gegen den Tod. Ich nehme den einfach

Die Lyrik von Ingeborg Bachmann zählt heute zur Weltliteratur.

Barbara Frischmuth: Da war plötzlich Licht am Horizont.

Alfred Kolleritsch, Schriftsteller, Lyriker und Herausgeber der „manuskripte".

Peter Turrini will mit seinen Theaterstücken und Fernsehspielen die Gesellschaft aufrütteln.

mit und gehe durchs Leben mit dem Tod, so könnte man's sagen." Fleischmann: „Haben Sie keine Angst vor ihm?" Bernhard: „Ich habe nie eine gehabt, nein, im Gegenteil, der Tod hat mich stark gemacht. Er kann natürlich Menschen schwächen, vor allem dann, wenn sie nicht nachdenken. Dann geht's dahin. Dann umarmen sie die Krankheit und tanzen in den Tod hinein. Das wollte ich nicht. Ich habe mich gegen den Tod immer aufgelehnt, aber ihn nicht abgelehnt, weil das wäre ja blöd. Man kann den Tod nicht ablehnen, denn der kommt und ist eigentlich immer da. Nur kann man mit ihm gehen oder sich dagegen wehren."

Eine besondere Rolle in der Förderung der österreichischen Schriftsteller und Lyriker kommt der „Österreichischen Gesellschaft für Literatur" zu. Ihr Gründer und Leiter, Wolfgang Kraus, macht sie zu einer Plattform der Begegnung mit den prominenten Schriftstellern der österreichischen Emigration und auch mit den wichtigsten literarischen Vertretern aus den damaligen Ostblockländern. Viele der später berühmt gewordenen österreichischen Autoren erhalten in der Gesellschaft für Literatur ihre erste Möglichkeit, auf sich aufmerksam zu machen. Zu denen, die in der Gesellschaft als Avantgarde antraten, zählten Ernst Jandl, Friederike Mayröcker, Friedrich Achleitner, Andreas Okopenko, Conny Hannes Meyer, Elfriede Jelinek und auch die uns schon bekannten Gerhard Rühm, Hans Carl Artmann, Peter Handke und Thomas Bernhard. Erste Vortragende unter den Emigranten waren Elias Canetti, Manès Sperber, Johannes Urzidil, Jean Amery und Erich Fried.

Wolfgang Kraus nennt in seinem Rückblick auf das dreißigjährige Bestehen der Österreichischen Gesellschaft für Literatur die drei wichtigsten Aufgaben, die diese Gesellschaft zu erfüllen hatte: Die Emigranten, die 1938 und danach vertrieben worden waren, sollten in Wien wenigstens eine Adresse und ein konkretes neues Publikum finden, die neuen österreichischen Autoren, die noch kaum jemand kannte, sollten Zuhörer, Leser und Kontakte erhalten, und die Gesellschaft sollte als „Relais-Station im geistigen Spannungsfeld zwischen Ost und West" wirksam sein, das heißt in Prag, Budapest, Belgrad, Agram, Laibach, Sofia, Bukarest und Moskau. Wolfgang Kraus spürt in den Nachfolgestaaten der Monarchie europäisch gesinnte Intellektuelle auf, ladet sie nach Wien ein und ermöglicht es

Dem Amateurfilmer Fritz Windisch gelang diese Aufnahme auf dem Bahnhof Marchegg: Der Zollbeamte Franz Bobits wird von einem der Terroristen mit der Maschinenpistole im Anschlag abgeführt (links). Das Bild rechts zeigt den Kleinbus, mit dem Bobits die Terroristen und ihre Geiseln zum Flughafen Schwechat fahren mußte. Außer den Geiseln ist rechts im Bild deutlich einer der Terroristen zu sehen, der eine Handgranate abzugsbereit in der Hand hält.

ihnen, hier an internationalen Symposien und Round-table-Gesprächen teilzunehmen. Wolfgang Kraus hat auch viele Talente erst entdeckt und gefördert. Unter ihnen Ingeborg Bachmann. „Ich erinnere mich noch", berichtet Kraus, „wie wir, Ingeborg Bachmann und ich, um den Abend vorzubereiten, im Café Landtmann saßen und sie mir sehr schüchtern und sehr unsicher ein Gedicht zeigte, auf einem ganz dünnen Papier geschrieben, und mich bat, es zu lesen und meine Meinung zu sagen, ob es gut gelungen sei und ob sie das bei uns wohl lesen könne. Sie habe es noch niemandem gezeigt, und auch noch nirgends gelesen. Und es war ‚Böhmen liegt am Meer', eines der bedeutenden Gedichte der Weltliteratur."

Terroristen schlagen zu

Im Sommer 1972 wird olympisches Feuer quer durch Österreich getragen. Ziel der Stafettenläufer ist München. Dort werden die XX. Olympischen Sommerspiele ausgetragen, die größten ihrer Geschichte – Sportler aus 121 Staaten nehmen an den Wettkämpfen teil. „Heitere Spiele" sollen es werden, verkünden die Veranstalter, und heiter beginnen sie auch. In dem neuerbauten Stadion, seither berühmt wegen seiner gewagten Dachkonstruktion, begrüßen die Bayern die Sportler der Welt mit einem zünftigen Schuhplattler. Das olympische Feuer wird entzündet, die Spiele beginnen. Zehn Tage lang geht alles gut. Am elften Tag gibt es Alarm. Polizei sperrt die Zugänge zum olympischen Dorf. Den Polizisten folgen schwerbewaffnete Panzerwagen. Sie umstellen das Quartier der israelischen Olympiamannschaft. Palästinensische Terroristen der Extremistengruppe „Schwarzer September" haben die Israelis überfallen, haben zwei Sportler getötet und neun weitere als Geiseln genommen. Die Terroristen wollen palästinensische Gefangene in Israel freipressen. Mit einem Hubschrauber trifft Hans-Dietrich Genscher ein, damals deutscher Innenminister. Er will selbst mit den Terroristen verhandeln. Diese fordern die Bereitstellung eines Flugzeugs, mit dem sie samt ihren Geiseln mit nicht genanntem Ziel Deutschland verlassen wollen. Und die Terroristen stellen ein Ultimatum: Austausch der Geiseln mit palästinensischen Gefangenen irgendwo in Arabien, oder die Geiseln werden getötet. Die deutschen Behörden sind nun in engem Kontakt mit der israelischen Regierung. Diese lehnt ab: Kein Nachgeben gegenüber den Terroristen. Es sei Aufgabe der Deutschen, die Geiseln zu befreien. Genscher verläßt den Schauplatz un-

Franz Bobits: Und schau in die Maschinenpistole des Arabers hinein.

verrichteterdinge. Den Terroristen aber wird eine Falle gestellt. Scharfschützen werden auf den Militärflughafen Fürstenfeldbruck gebracht. Dann wird den Terroristen erklärt, daß man auf ihre Bedingungen eingehe, sie könnten gemeinsam mit den Geiseln abziehen und ein Fluchtflugzeug stehe bereit. Die Terroristen und ihre Geiseln werden von Hubschraubern aus dem olympischen Dorf geholt und nach Fürstenfeldbruck gebracht. Als sie die Hubschrauber verlassen, eröffnen die Scharfschützen das Feuer. Es ist Nacht, die Sicht ist schlecht, und die Terroristen bewegen sich inmitten ihrer Geiseln: Alle neun israelischen Sportler werden getötet. Fünf der Terroristen sterben ebenfalls im Kugelhagel, drei werden verwundet und festgenommen. Auch ein deutscher Polizist erliegt seinen Verwundungen. Nur für einen Tag werden die Olympischen Spiele unterbrochen. Ein Flugzeug der El Al holt die Särge mit den Leichen der getöteten israelischen Sportler ab. Mit derselben Maschine verlassen auch alle übrigen Mitglieder der israelischen Olympiamannschaft München. Avery Brundage und die Mitglieder seines Internationalen Olympischen Komitees lassen die Spiele weitergehen. Israel protestiert vergeblich gegen solche Pietätlosigkeit. Die Welt aber steht noch lange unter dem Schock dieser Ereignisse.

Im September 1973 erreicht die Gewaltwelle auch Österreich. Nicht ganz unerwartet. An Drohungen und offenbar auch an eingeleiteten Aktionen hat es bis dahin nicht gefehlt. Dazu die Vorgeschichte: Jahrelang hat sich Israel darum bemüht, von der Sowjetunion die Zustimmung zur Auswanderung sowjetischer Juden zu erreichen. Eine solche generelle Erlaubnis wurde von der Sowjetführung bis dahin stets verweigert. Aber ab 1969 nimmt die Zahl jüdischer Auswanderer aus der Sowjetunion auffallend zu. Und ab 1971 werden die Anträge jüdischer Sowjetbürger auf Auswanderung in einer erstaunlich hohen Zahl bewilligt. 13082 Sowjetjuden dürfen

Die jüdischen Auswanderer kamen mit diesem Zug von Moskau bis Marchegg.

1971 ausreisen, 1972 sind es 31140 und 1973 31804. Aber seit dem Sechs-Tage-Krieg gibt es keine diplomatischen Beziehungen zwischen der Sowjetunion und Israel. Auch will sich die Sowjetunion gegenüber ihren arabischen Freunden möglichst keine Blöße geben, denn natürlich protestieren insbesondere die Palästinenser gegen jeden weiteren Zuzug von Juden nach Israel. Und so ist es für die Sowjets und auch für Israel gar nicht so einfach, diesen nun einsetzenden Auswandererstrom, möglichst ohne große Aufmerksamkeit zu erwecken, von der Sowjetunion nach Israel zu schleusen.

Der Wagen mit den Terroristen und den Geiseln auf dem Flugfeld in Schwechat. Stundenlang wird mit den Geiselnehmern verhandelt.

Es ist Österreich, das sich zur Durchführung dieser Operation bereit erklärt. Die sowjetischen Juden kommen in kleinen Gruppen und auch als Einzelpersonen mit der Eisenbahn über tschechoslowakisches Gebiet nach Preßburg und von da bei Marchegg über die österreichische Grenze. Österreich hat das Schloß Schönau an der Triesting als Durchgangslager für die jüdischen Auswanderer bereitgestellt. Es ist von der Jewish Agency gemietet worden und wird von dieser internationalen und sehr effizienten jüdischen Organisation auch verwaltet. Im Schloß selbst sind daher nur Beamte der Jewish Agency und israelische Sicherheitsbeamte für die Betreuung und Sicherheit der Auswanderer zuständig. Schon im September 1972 gibt es Warnungen vor einem geplanten Anschlag auf das Schloß Schönau. Im Januar 1973 werden drei Araber in Wien festgenommen, bei denen der dringende Verdacht besteht, mit der Vorbereitung eines solchen Anschlags beauftragt zu sein. Weitere drei Araber werden an der italienischen Grenze festgenommen. Die sechs Araber geben schließlich zu, daß sie Angehörige der palästinensischen Untergrundorganisation „Schwarzer September" seien und ein Attentat auf das Lager Schönau geplant hätten.

Schon auf Grund der ersten Verdachtsmomente wird im Januar 1973 die Bewachung von Schönau verstärkt. Ein eigenes Gendarmeriekommando wird eingerichtet, und insgesamt werden rund hundert Gendarmen zur äußeren Bewachung des Lagers eingesetzt. Die Sicherheitsdirektion des Landes Niederösterreich wird ersucht, in Marchegg und ab Marchegg Sicherungen entlang der Bahnstrecke durchzuführen, die Einwanderer möglichst auch von Gendarmen begleiten zu lassen. Das wird auch veranlaßt. Doch aus später nicht aufgeklärten Gründen werden diese Sicherheitsvorkehrungen nach einiger Zeit gelockert, und Kontrollen durch die Gendarmerie finden nur noch sporadisch statt. Am 28. September 1973 kommt ein Zug mit jüdischen Auswanderern aus der Sowjetunion bei Marchegg über die Grenze. Ebenfalls im Zug befinden sich bereits zwei schwerbewaffnete Palästinenser.

Als der österreichische Zollbeamte Franz Bobits die Reisenden kontrolliert, schlagen die Terroristen zu. Franz Bobits berichtet: „Ich habe mit der Paßabfertigung begonnen im ersten Coupé, die habe ich abgefertigt. Dann bin ich mit dem Rücken zuerst aus dem Coupé herausgetreten, drehe mich um und schau in die Maschinenpistole von den Arabern. Ich war ein bißchen perplex. Da sagt er, Pistole heraus, ich soll die Dienstpistole auf den Boden schmeißen. Na da hab ich sie halt hingeschmissen, und dann habe ich mich umdrehen dürfen, und dann sind wir hinaus zur Fahrdienstleitung. Und auf dem Weg, weil ja eine Menge Leute herumgestanden sind, hat er mit der Maschinenpistole eine Salve losgelassen." Die Terroristen waren bereits in der Tschechoslowakei in den Zug eingestiegen. Sie bezeichnen sich als Angehörige einer Kampfgruppe, die sich „Adler der palästinensischen Revolution" nennt. Außer Bobits nehmen sie drei jüdische Auswanderer als Geiseln fest. Die Terroristen verlangen die Bereitstellung eines Fluchtwagens, mit dem sie zum Flughafen Schwechat gebracht werden wollen. Inzwischen hat ein anderer Zollbeamter die niederösterreichischen Sicherheitsbehörden alarmiert, und diese

Dieses Bild zeigt den Ernst der Situation. Im Hintergrund die Geisel Elka Litwak, davor einer der Terroristen mit Maschinenpistole und Handgranate.

schlagen nun auch in Wien Alarm. Man beschließt, auf die Forderung der Terroristen einzugehen, weil man sich in Schwechat eine bessere Ausgangslage für Verhandlungen verspricht. Es ist der Zollbeamte Bobits, der die beiden Palästinenser und ihre drei Geiseln mit einem Kleinbus zum Flughafen Schwechat chauffiert. Die Palästinenser dirigieren den Bus auf das Rollfeld und fordern die sofortige Bereitstellung eines Fluchtflugzeugs, sonst würden sie die Geiseln erschießen und sich selbst in die Luft sprengen.

Eine umstrittene Entscheidung

Es ist zunächst nicht klar, was das Ziel dieser Geiselnahme sein soll. Wollen die Terroristen, so wie jene, die in München die israelischen Olympiasportler überfallen hatten, die jüdischen Geiseln gegen palästinensische Gefangene in Israel austauschen? In einem Flugblatt, das sie schon in Marchegg den Österreichern übergeben hatten, forderten sie die Unterbindung der Auswanderung sowjetischer Juden. Aber was wollen sie mit den Geiseln machen? Der damalige Leiter der österreichischen Staatspolizei Oswald Peterlunger trifft ein, nimmt die Verhandlungen mit den Palästinensern auf. Ein Dolmetsch des Bundesheers steht ihm dazu zur Verfügung. Die beiden Psychiater Friedrich Hacker und Willibald Sluga werden hinzugezogen, sie sollen den Nervenzustand der Geiselnehmer beurteilen und Ratschläge für die Vorgangsweise der Unterhändler geben. Nach und nach treffen auch andere sich für zuständig haltende Beamte des Innenministeriums, des Außenministeriums, der Gendarmerie und der Polizei ein. Im Bundeskanzleramt tagt ein Krisenstab unter dem Vorsitz von Bruno Kreisky. Und der Bundeskanzler gibt eine klare Weisung an die Unterhändler in Schwechat: Es wird den Palästinensern unter keinen Umständen gestattet werden, mit den Geiseln auszufliegen. Ein Fluchtflugzeug werde nur ihnen, aber ihnen allein zur Verfügung gestellt. Daraufhin drohen die Terroristen nochmals damit, die Geiseln zu erschießen und sich selbst in die Luft zu sprengen. Die Botschafter des Libanon, des Irak und Ägyptens bieten der österreichischen Bundesregierung an, mit den Terroristen zu sprechen mit dem Ziel, sie zur Freigabe der Geiseln zu bewegen.

Frau Litwak unmittelbar nach ihrer Befreiung. Das Grauen der letzten Stunden ist ihr ins Gesicht geschrieben.

Ab dann werden die Gespräche am Fenster des Kleinbusses nur noch in arabischer Sprache geführt und der Inhalt der Gespräche von den Botschaftern an die Regierung weitergegeben. Kreisky ruft die Regierungsmitglieder zu einem Sonderministerrat. Die arabischen Botschafter werden gebeten, in das Kanzleramt zu kommen. Vorher nehmen sie den Terroristen das Versprechen ab, bis zur Beendigung dieser Sondersitzung der österreichischen Regierung nichts zu unternehmen. Die Terroristen sagen das zu.

Als die drei Botschafter wieder in Schwechat eintreffen, überbringen sie den Terroristen offensichtlich eine besondere Nachricht. Die Lage scheint sich zu entspannen, und dann tönt es aus den eingeschalteten Rundfunkempfängern: „Hier ist der Österreichische Rundfunk. Soeben erhalten wir die Nachricht aus dem Bundeskanzleramt, daß Bundeskanzler Dr. Kreisky eine wichtige Erklärung abgeben wird." Dann die diesmal gar nicht so ruhige Stimme Kreiskys. Er erklärt, daß die Bundesregierung das Leben der Geiseln als das wichtigste zu schützende Gut betrachte und in ihren Beschlüssen von diesem Standpunkt ausgegangen sei. Schließlich der Satz, auf den es offenbar den Terroristen ankommt: „In Anbetracht des Umstandes, daß die Sicherheit der aus der Sowjetunion in Gruppen nach Israel auswandernden Sowjetbürger bei ihrer Durchreise durch Österreich gefährdet ist, hat sich die österreichische Bundesregierung entschlossen, in Zukunft die bisher gewährten Erleichterungen, wie die Unterbringung im Lager Schönau, einzustellen." Der Beschluß ist ein Schock für die Welt: Zwei arabischen Terroristen wäre es also ge-

Israels Ministerpräsidentin Golda Meir fliegt eigens nach Wien, um von Kreisky eine Rücknahme seiner Zusage auf Schließung des Durchgangslagers Schönau zu erreichen. Doch Kreisky hat anderes im Sinn. Frau Meir kehrt unverrichteterdinge heim (rechts). Proteste gegen Kreiskys Entscheidung gibt es nicht nur in Israel, auch auf dem Ballhausplatz protestieren jüdische Demonstranten.

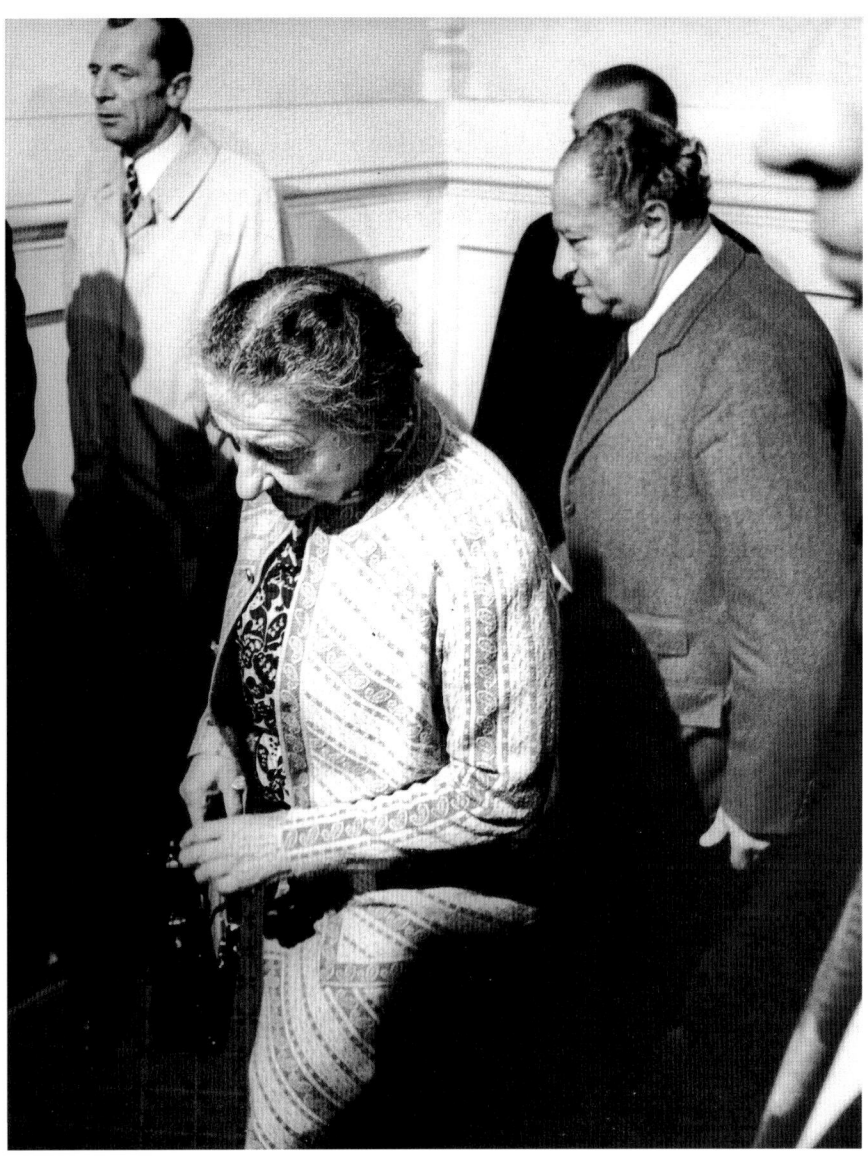

Hans Thalberg: Das Gesprächsklima zwischen den beiden hat nicht bestanden.

lungen, die Durchreise Zehntausender jüdischer Auswanderer aus der Sowjetunion durch Österreich zu stoppen. Das Kanzleramt wird telefonisch bestürmt, aber Kanzler und Regierung bleiben dabei: Schönau wird geschlossen.

In Schwechat geht es mittlerweile darum, die Geiseln freizubekommen. Nachdem die arabischen Botschafter den Terroristen die Bedeutung der Regierungserklärung klar gemacht haben, sind diese zur Freigabe der Geiseln auch bereit. Unter der weiteren Bedingung, daß sie ein Fluchtflugzeug erhalten. Aber die Piloten der AUA weigern sich, die Terroristen auszufliegen. Und auch alle anderen Fluglinien sind dazu nicht bereit. Da melden sich zwei Hobbypiloten aus Graz, Karl Geiger und Alexander Hintczak. Noch in der Nacht holen sie mit einem kleinen Sportflugzeug die Terroristen ab und fliegen sie mit mehreren Zwischenlandungen bis nach Tripolis in Libyen. Es ist ein Husarenstück, und die beiden Piloten werden über Nacht von den Österreichern als Helden gefeiert. Denn beide sind Familienväter, haben Frau und Kinder und haben sich mit dem Flug den Terroristen praktisch selbst als Geiseln angeboten.

Sehr dankbar die aus der Geiselhaft befreiten drei jüdischen Sowjetbürger, das 70jährige Ehepaar Elka und Juri Litwak und der 25jährige David Czaplik. Aber gar nicht freundlich das Echo aus der übrigen Welt. Helle Empörung in Israel, aber auch Befremden und Protest in den westeuropäischen Hauptstädten und in den USA. Vor mehreren österreichischen Botschaften kommt es zu Demonstrationen und Protestkundgebungen. Und dann wird der Anflug einer

Kreisky dankt den beiden Hobbypiloten Karl Geiger und Alexander Hintczak, die in einem Sportflugzeug die Terroristen ausflogen.

Sondermaschine der israelischen Luftfahrtgesellschaft El Al auf Schwechat gemeldet. Die Ministerpräsidentin Israels, Golda Meir, ist an Bord. Sie kommt, um mit Bundeskanzler Kreisky persönlich zu sprechen. Kreisky empfindet die Ankündigung, Frau Meir wolle Kreisky sozusagen zur Rechenschaft ziehen, als Einmischung in die inneren Angelegenheiten Österreichs. Frau Meir wird auf dem Flughafen daher auch nicht von Kreisky, sondern lediglich von Innenminister Rösch empfangen, eine Polizeieskorte bringt sie in das Bundeskanzleramt. Dort angekommen, fordert Meir von Kreisky die Rücknahme seiner Zusage auf Schließung des Lagers Schönau. Kreisky weist die Forderung zurück. Meir erinnert Kreisky daran, daß er jüdischer Abstammung sei. Kreisky betont, daß er nur die Interessen Österreichs zu vertreten habe.

Kreiskys Mediensprecher und Ratgeber, Botschafter Hans Thalberg, schildert, wie der Besuch zu Ende ging: „Und dann ist sie herausgekommen, sehr wild, das hat man ihr gleich angesehen. Wir hätten eine Pressekonferenz arrangieren sollen, für beide, Kreisky und Golda Meir gemeinsam. Dazu ist es nicht gekommen. Die Golda hat abgesagt, sie hält keine gemeinsame Pressekonferenz mit Kreisky ab. Und sie ist wieder ins Flugzeug und ist nach Israel zurückgeflogen. Und hat dort gleich am Flugplatz erklärt, man habe sie also sehr schlecht behandelt in Wien, man habe ihr nicht einmal ein Glas Wasser angeboten, was erwiesenermaßen nicht stimmte – sie hatte nur jede angebotene Erfrischung abgelehnt."

Kreisky aber stellt sich der internationalen Presse, im Justizministerium, im größten zur Verfügung stehenden Saal. Hier herrscht Hochspannung, Medienvertreter aus aller Welt sind inzwischen eingetroffen. Kreisky ist einem Trommelfeuer von Fragen ausgesetzt. Terroristen nachzugeben heiße, neuen Terror einzuladen, ob sich Kreisky dessen bewußt sei? Das Lager Schönau zu schließen und damit Zehntausenden sowjetischen Juden womöglich den Weg in die Emigration zu versperren, sei ein unmenschlicher Akt. Auf diesen zweiten Vorwurf geht Kreisky nur zögernd und ausweichend ein. Hingegen antwortet er ausführlich auf die Frage nach der Güterabwägung – nachgeben oder Menschenleben gefährden? Kreisky wörtlich: „Eine furchtbar schwere Entscheidung. Ich wollte gerade fragen, hat jemand hier schon über Leben und Tod zu entscheiden gehabt? Ja, hat jemand schon zu entscheiden gehabt über Leben und Tod,

Golda Meirs Pressesprecher Meron Medzini: Tatsache ist, Schönau wurde zwar formell geschlossen, aber es bekam einen Nachfolger.

außer im Krieg? Das ist die primäre Frage! Ich habe das zum ersten Mal tun müssen!"

Erst später wird man erfahren, was im innersten Beraterkreis rund um Kreisky in jenen Stunden tatsächlich vor sich ging. Zusammengefaßt stellt sich das so dar: Das Lager Schönau schien den Bundesbehörden bereits seit langem gefährdet, zumindest zwei Sabotagetrupps waren von der Polizei schon aufgegriffen worden, früher oder später wäre ein arabischer Anschlag auf das Lager unternommen worden. Aber es störte die österreichischen Behörden auch, daß sie zwar die äußere Bewachung des Lagers mit großem Aufwand zu übernehmen hatten, aber im Lager selbst hatten die Österreicher nichts zu reden. Praktisch hieß dies, daß alle sowjetischen Auswanderer nur die Möglichkeit hatten, im Lager Schönau ihre Weiterreise nach Israel zur Kenntnis zu nehmen. Aber nicht wenige wollten lieber in die USA und einige sogar in Österreich bleiben. Und Kreisky war der Meinung, daß man diesen Menschen die Möglichkeit der freien Wahl geben müßte, die sie im Lager Schönau kaum hätten. So hatte man schon seit längerem geplant, das Lager Schönau gegen ein neu einzurichtendes Durchgangslager, in Wöllersdorf, auszutauschen. Jetzt, da man die jüdischen Geiseln aus den Händen der Terroristen befreien wollte, ergab sich die Gelegenheit, diesen ohnedies geplanten Tausch der Lager gegen die Freigabe der Geiseln vorzunehmen. Aber es war klar, daß man dies nicht gleich sagen konnte, die Terroristen und ihre Hintermänner mußten zumindest einige Tage lang überzeugt sein, daß sie mit ihrer Aktion einen Erfolg erzielt hatten.

Die Prügel dafür bekam die österreichische Regierung, vor allem Kreisky. Denn erst nach einigen Wochen konnte man, wie beiläufig, das neue Durchgangslager eröffnen. Von der Weltpresse wurde das kaum noch wahrgenommen. Aber der damalige Pressesprecher Golda Meirs, Meron Medzini, wußte später die Haltung Kreiskys zu würdigen: „Leider blieb den Menschen nur das Glas Wasser in Erinnerung, von dem Golda Meir sprach. Tatsache ist: Schönau wurde zwar formell geschlossen, aber es bekam sofort einen Nachfolger. Der Emigrantentransfer wurde nicht gestoppt. Im Gegenteil: Schon einen Monat später hatten wir die höchste Quote von Auswanderern aus Rußland, und sie kamen über Österreich. Frau Meir war da vielleicht ein bißchen voreilig in ihrem Urteil. Aber als

Kaum waren die zweisprachigen Ortstafeln aufgestellt, wurden sie von radikalen Deutsch-Kärntnern gewaltsam entfernt.

temperamentvolle Frau sah sie das als eine ungeheure Beleidigung an von seiten eines Juden, des österreichischen Bundeskanzlers. Für sie war das unverzeihlich."

Die Geiselnahme bei Marchegg blieb nicht der einzige Terroranschlag palästinensischer bzw. arabischer Attentäter auf österreichischem Boden. Einige weitere richteten sich gegen jüdische und israelische Institutionen, zum Teil mit hohem Blutzoll. Aber einer der schwersten Anschläge wurde gegen andere Araber verübt, gegen die Erdölminister jener Staaten, die in der OPEC vertreten sind – OPEC steht für Organisation Erdöl exportierender Länder. Auch diese Überfälle erregten weltweites Aufsehen und sind Teil der jüngsten österreichischen Geschichte geworden. Wir berichten darüber im nächsten Kapitel.

Der Ortstafel-Konflikt

Dabei hat Österreich genug damit zu tun, den Terror im eigenen Land zu bekämpfen. Waren es bis dahin vorwiegend Anschläge im Zusammenhang mit dem Problem Südtirol, so sind es in den siebziger Jahren zunehmend gewaltsame Auseinandersetzungen in der Frage des Zusammenlebens mit der slowenischen Minderheit in Kärnten. Dieser Konflikt hat eine lange Vorgeschichte, wir haben darüber ausführlich berichtet (siehe „Österreich I – Die unterschätzte Republik" sowie „Österreich II", 1. Band: „Die Wiedergeburt unseres Staates" und 2. Band: „Der lange Weg zur Freiheit"). Sowohl am Ende des Ersten wie auch am Ende des Zweiten Weltkriegs hatte Jugoslawien* versucht, Teile Kärntens für sich in Anspruch zu nehmen, da diese von Slowenen bewohnt seien. Beide Male sind serbische bzw. jugoslawische Truppen in Kärnten eingedrungen und

* Jugoslawien hieß ab 1918 zehn Jahre lang SHS-Staat („Königreich der Serben, Kroaten, Slowenen").

versuchten, die beanspruchten Gebiete militärisch zu besetzen. Nach dem Ersten Weltkrieg kam es daraufhin zu einem längeren Abwehrkampf der Österreicher, der durch eine Intervention der Alliierten beendet wurde, allerdings unter der Bedingung, daß in den umstrittenen Gebieten Volksabstimmungen stattfinden. Sollten diese eine Mehrheit für einen Anschluß der Gebiete an Jugoslawien bringen, so würden diese auch an Jugoslawien fallen. Die Abstimmung sollte in zwei Phasen durchgeführt werden, zuerst in der Zone A mit stärkerer slowenischer Bevölkerung, danach, falls diese für Jugoslawien optieren sollte, auch in der Zone B, in der nicht so viele Slowenen wohnten. Doch schon bei der ersten Abstimmung in der Zone A sprach sich eine große Mehrheit der Bevölkerung für ein Verbleiben bei Österreich aus, so entfiel die Abstimmung in der Zone B.

Nach dem Zweiten Weltkrieg hatten fast gleichzeitig mit den eindringenden Jugoslawen britische Soldaten diese Kärntner Gebiete besetzt. Als die Jugoslawen damit begannen, kommunistische slowenische Bürgermeister in den einzelnen Ortschaften einzusetzen und sozusagen einen kalten Anschluß des beanspruchten Gebiets an Jugoslawien einzuleiten, stellte die britische Regierung an den jugoslawischen Staatschef Josip Broz Tito ein Ultimatum: Abzug der jugoslawischen Truppen aus Kärnten oder die Briten würden Gewalt anwenden, um sie zu diesem Abzug zu zwingen. Das britische Ultimatum betraf übrigens nicht nur die Tito-Truppen in Kärnten, sondern auch jene, die in Triest eingedrungen waren und die Stadt an Jugoslawien anschließen wollten. Tito gab nach, die Jugoslawen zogen ab.

Bei den bald darauf beginnenden ersten Verhandlungen über den Abschluß eines österreichischen Staatsvertrags mit den vier Siegermächten meldete Jugoslawien erneut territoriale Ansprüche gegenüber Österreich an und konnte mit der Sympathie der Sowjetunion für diese Ansprüche rechnen. Erst nach dem Bruch Titos mit Stalin, 1948, distanzierte sich die Sowjetunion von den jugoslawischen Forderungen und stand zu der Verpflichtung, die sie 1943 bei der Moskauer Konferenz eingegangen war, Österreich in den Grenzen der Ersten Republik wiederherzustellen. Jugoslawien verlegte sich daraufhin auf die Sicherung der Minderheitenrechte für die slowenisch- und kroatischsprachige Bevölkerung in Kärnten, Steiermark und Burgenland.

Schon dieser kurze Abriß der Geschichte der Slowenenfrage in Kärnten läßt erkennen, wie sehr dieser Konflikt die Gemüter auf beiden Seiten stets erhitzt hat. Der Zweite Weltkrieg und die Zeit unmittelbar nach diesem Krieg verschärften die Situation noch wesentlich: Denn nach der Besetzung Jugoslawiens durch die deutsche Wehrmacht 1941 ordnete Hitler die Angliederung des früheren Südkärntens und der früheren südlichen Untersteiermark – beide Gebiete waren 1918/19 an Jugoslawien gefallen – an die sogenannte Ostmark an, also an das Dritte Reich. Bald darauf begann man die dort lebenden Slowenen auszusiedeln, zum Teil in Konzentrationslager zu verbringen. Nach dem Krieg lief es umgekehrt: Tito-Partisanen nahmen viele Deutsch-Kärntner fest und verbrachten diese in Konzentrationslager, nicht wenige wurden auch unter der Beschuldigung, Nazis zu sein, an Ort und Stelle erschossen, andere überlebten die Gefangenschaft nicht. So wurde der langjährige Sprachenkonflikt auch noch durch diese ideologische Auseinandersetzung verschärft.

Doch im Staatsvertrag verpflichtete sich Österreich, der slowenischen und der kroatischen Minderheit volle Gleichberechtigung mit der deutschsprachigen Bevölkerung zu gewähren. Und dazu gehörte auch die Gleichrangigkeit der Sprachen, die Einrichtung eigener Schulen und die Anerkennung slowenischer oder kroatischer Ortsnamen überall dort, wo es diese Minderheiten gab.

Doch da ergab sich schon das erste Problem: Ab wann ist eine Minderheit eine Minderheit – wenn sie fünf, zehn oder 20 Prozent der Bevölkerung ausmacht? Die Slowenen bzw. ihre politischen Vertreter wollten diese Obergrenze möglichst tief angesetzt sehen, die Deutsch-Kärntner möglichst hoch. Wie überhaupt die Deutsch-Kärntner in allen Fragen der Minderheitenbetreuung eher engherzig reagierten. Denn, so verteidigten sie ihren Standpunkt, es seien die Jugoslawen, die schon zweimal Teile Kärntens annektieren wollten und die man immer erst unter Anwendung von Gewalt von diesem Vorhaben abbringen konnte. Dazu komme, daß die slowenische Minderheit nach dem Zweiten Weltkrieg von Jugoslawien aus kommunistisch unterwandert worden sei, und so gehe es nicht nur um die Sprache und die Nationalität, sondern auch um eine von Jugoslawien ausgehende kommunistische Gefahr. Und wenn dem so sei, so müsse man sich davor hüten, Minderheitenrechte bereits bei einem geringen Bevölkerungsanteil der Slowenen zu gewähren, denn wo immer Tafeln mit slowenischen Ortsbezeichnungen künftig stünden, könnte Jugoslawien eines Tages erneut Anspruch auf diese Gebiete erheben. Mit den Ortstafeln würde sozusagen ein Interessengebiet für Jugoslawien abgesteckt.

Diesen Auffassungen traten die Bundesregierungen in Wien von Anfang an entgegen. Österreich forderte von Italien für die Südtiroler bedeutend weiter gehende Minderheitenrechte – nicht nur eigene Schulen, nicht nur zweisprachige Ortstafeln überall, auch Gleichberechtigung der Sprache in allen Ämtern, vor Gericht und bei der Polizei, eine fixe Quote bei der Bestellung von Beamten, bei der Zuteilung von Sozialwohnungen, Mitsprache und Vetorecht bei Industrieansiedlungen und noch vieles mehr. Österreich konnte es sich international nicht erlauben, bei den eigenen Minderheiten so viel

Landeshauptmann Hans Sima (rechts) ist entschlossen, den Konflikt durchzustehen und die zweisprachigen Ortstafeln wieder aufstellen zu lassen. Er appelliert an die Deutsch-Kärntner, Verständnis und Toleranz zu zeigen. Aber wohin der Landeshauptmann auch kommt, wird er von radikalen Demonstranten unfreundlich empfangen. Der Kärntner Heimatdienst allerdings erklärt, nicht gegen die slowenische Minderheit, sondern für die demokratischen Rechte der Kärntner einzutreten.

Hans Sima: Eine besonders wichtige Aufgabe, sie als Gleiche unter Gleichen zu sehen.

kleinlicher zu sein. Auch war es ja auch auf Grund des Staatsvertrags völkerrechtlich verpflichtet, der slowenischen und der kroatischen Minderheit volle Gleichberechtigung einzuräumen. Eine Verpflichtung, die Jugoslawien nicht müde wurde, von Österreich einzufordern, denn Jugoslawien war dem Staatsvertrag beigetreten und hatte sich solcherart eine Mitsprache in der Frage gesichert.

Und doch hatte bisher keine österreichische Regierung eine endgültige Lösung der Slowenenfrage gefunden. Für den Weltpolitiker Kreisky und Außenminister Kirchschläger ist es daher ein Anliegen, diesen Konflikt zu entschärfen und auch gegenüber Jugoslawien gutnachbarliche, wenn möglich freundschaftliche Beziehungen herzustellen. Am 19. März 1972 einigen sich Bundeskanzler Kreisky und der sozialistische Landeshauptmann Kärntens, Hans Sima, daß alle Kärntner Gemeinden mit einem slowenischen Bevölkerungsanteil von mindestens 20 Prozent zweisprachige Ortstafeln erhalten sollen. Sofort gibt es Protest von beiden Seiten, der Kärntner Heimatdienst – aus dem Abwehrkampf entstanden und seither stets Hüter nationaler Interessen der Deutsch-Kärntner – sieht in solchen Ortstafeln schon von vornherein eine Gefahr, während die Vertreter der Slowenen ohne Rücksicht auf den prozentuellen Anteil überall dort zweisprachige Ortstafeln fordern, wo Angehörige ihrer Volksgruppe leben. Die Bundesregierung hält an der Übereinkunft zwischen Kreisky und Sima fest und bringt einen dementsprechenden Gesetzesentwurf im Nationalrat ein. Doch nicht nur die FPÖ, auch die ÖVP meldet schärfste Opposition an. Das stärkt natürlich die Rücken jener Deutsch-Kärntner Kreise, die die Aufstellung der zweisprachigen Ortstafeln verhindern wollen. Die SPÖ-Mehrheit aber zieht das Gesetz durch, es wird am 6. Juli 1972 mit 90 gegen 87 Stimmen angenommen. Das Gesetz bezieht sich auf die erste Volkszählung nach dem Staatsvertrag, derzufolge sich im Jahr 1961 25 472 Kärntner zum Slowenentum bekannt hatten, und legt fest, daß es in 205 der insgesamt 2 871 Ortschaften Kärntens einen slowenischen Bevölkerungsanteil von mindestens 20 Prozent gibt und in diesen 205 Orten aus 36 Gemeinden zweisprachige Ortstafeln aufzustellen sind. Am 20. September 1972 wird mit der Aufstellung der zweisprachigen

Ortstafeln begonnen. Und das ist der Anfang dessen, was unter der Bezeichnung „Ortstafelkrieg" nun in die Geschichte Kärntens und Österreichs eingeht. Zuerst wird gegen die Ortstafeln protestiert und demonstriert, dann bilden sich regelrechte Deutsch-Kärntner Sturmtrupps, die die Ortstafeln systematisch zu demolieren und zu demontieren beginnen. Meist sind das keine Nacht- und Nebelaktionen, sondern fast generalstabsartig durchgeführte Operationen. Die Gendarmerie hat zwar Befehl, die Ortstafeln zu schützen, aber kann diesem Auftrag in Anbetracht der stürmenden Massen nicht nachkommen, und zum Teil sieht sie auch nicht ungern der Sache gelassen zu. Drei Wochen nach Beginn der Aufstellung dieser Ortstafeln sind bereits alle wieder verschwunden.

Landeshauptmann Sima aber will hart bleiben. Der Volksgruppenkonflikt müsse endlich beigelegt werden. Als Sima zu einer Tagung von SPÖ-Funktionären in Völkermarkt eintrifft, wird er von einer großen Menschenmenge mit Pfui-Rufen, mit faulen Tomaten und geballten Fäusten empfangen. Seine Anwesenheit beleidige die Stadt, so steht es auf Transparenten. Doch Sima verteidigt seine Politik unbeirrt. Vor den sozialistischen Funktionären erklärt er, daß der Sinn dieser Maßnahmen – die Aufstellung zweisprachiger Ortstafeln – darin liege, die Konfrontation zwischen Slowenen und Deutsch-Kärntnern endlich zu beenden. Leidenschaftlich ruft Sima in den Saal: „Es gilt die Entwicklungen, die solche Opfer, solche Leiden herbeiführten, zu verhindern, und es ist alles zu tun, damit wir eine ruhige und friedliche Entwicklung des Miteinanders und nicht des Gegeneinanders in diesem Land sicherzustellen vermögen."

Als Zeitzeuge für „Österreich II" sieht Sima die damalige Lage so: „Ich war sozusagen der Apostel in unserem zweisprachigen Gebiet, habe mich immer intensiv mit unseren slowenischen Landsleuten beschäftigt, habe das unseren deutschsprachigen Kärntnern immer wieder versucht vor Augen zu halten, sie zu überzeugen, daß hier ein Gleichklang herzustellen ist, der historisch sichtbar ist in unseren Kärntner Liedern, in unserem Brauchtum, auf das wir ja alle so stolz sind. Aber die Wurzeln will man oft nicht gelten lassen. Natürlich mußte man dann auch faktische Taten setzen, um die Gleichstellung der Slowenen zu erreichen. Und ich habe das immer als ganz besonders bedeutungsvoll gehalten, denn man kann ihnen nicht vorhalten, daß sie über die Grenze schielen (zu Tito), während man ihnen im eigenen Land die Integration verwehrt."

Doch die Appelle des Landeshauptmanns bleiben weitgehend unbeachtet. Bei Großkundgebungen werden Kreisky und Sima scharf angegriffen. Sie werden des Verrats bezichtigt, der Auslieferung der Lebensrechte der Kärntner, der Kapitulation vor Jugoslawien. Kreisky begibt sich selbst nach Kärnten. In der ihm eigenen Selbstsicherheit ist er der Überzeugung, daß es ihm gelingen würde, die Kärntner von der Notwendigkeit und Rechtmäßigkeit der gleichrangigen Behandlung der Slowenen zu überzeugen. Kreisky und Sima sind sich weiterhin darin einig, daß man in der Frage fest bleiben müsse. Aber dann erlebt Kreisky, was Sima seit einiger Zeit schon gewohnt ist: aufgebrachtes Volk, wutentbrannte Funktionäre, empörte Bürgermeister.

Die geheime Sprachenerhebung

Der Kärntner Heimatdienst und mit ihm auch große Teile der Kärntner SPÖ fordern eine „Minderheitenfeststellung", ehe erneut zweisprachige Ortstafeln aufgestellt werden. Zweck einer solchen Minderheitenfeststellung wäre es, herauszufinden, wie viele Bewohner in den einzelnen Ortschaften sich tatsächlich zum Slowe-

Slowenische Demonstranten fordern die Erfüllung des Artikels 7 des Staatsvertrags, mit dem sich Österreich verpflichtet hat, der slowenischen und der kroatischen Minderheit gleiche Rechte einzuräumen (links). Die Deutsch-Kärntner bestehen hingegen auf einer Minderheitenfeststellung und wollen den Slowenen nur dort gleiche Rechte einräumen, wo diese einen bestimmten Prozentsatz der Bevölkerung stellen. Ein Teil der Slowenen boykottiert die Zählung. Die „Windischen", die immer schon proösterreichisch waren, nehmen an der Zählung teil (rechts).

nentum bekennen. Das klingt vernünftig und objektiv, aber jeder Kenner der Verhältnisse weiß, daß sich vermutlich viele vor einem solchen Bekenntnis fürchten werden, besonders jetzt, da sich der Volkstumskampf in solcher Radikalität manifestiert. So erheben die Vertreter der Slowenen energische Einwände gegen eine solche Minderheitenfeststellung. Kreisky aber hat mit seiner großen Sensibilität für Stimmungen bei seinem Auftreten in Kärnten erkannt, daß hier zur Zeit mit Gesetz und Gendarmerie nichts durchzusetzen sein wird, will man nicht härteste und vermutlich auch blutige Auseinandersetzungen riskieren. So ist er zwar noch bei seiner Abreise aus Kärnten dem Landeshauptmann Sima im Wort, man werde fest bleiben, aber in Wien tritt er zunächst für einen Burgfrieden ein: Und den erzielt er mit einem inzwischen bereits klassisch gewordenen Kreisky-Instrument – mit der Einsetzung einer Kommission. Die „Studienkommission für Probleme der slowenischen Volksgruppe in Kärnten" soll sich aller offenen Fragen in diesem Konflikt annehmen, sie klären und entsprechende Vorschläge unterbreiten.

Vom ersten Tag an trägt dieses Forum eine Kurzbezeichnung – „Ortstafelkommission". In ihr sollen auch die politischen Vertreter der Slowenen mitberaten und mitbestimmen. Doch die lehnen schließlich ab, man hat andere Mitglieder in diese Kommission berufen, deren Präsenz darauf abzielt, die Front der Slowenen zu spalten, die Slowenen sozusagen in Österreich-Treue und in Tito-Sympathisanten zu teilen. Einer, der zutiefst enttäuscht zurückbleibt, ist Hans Sima: „Der Ortstafelsturm und dann das, was Kreisky hier miterlebt hat, hat dann in Wien die Umkehr ergeben. Und auf einmal war ich dann der Alleinverantwortliche für diese Aktion der Ortstafeln." Auf die Frage, ob sich Sima von der Bundesregierung im Stich gelassen gefühlt habe, antwortet dieser: „Ja, die Bundesregierung und meine Freunde in der Parteiführung auch, die haben teilweise aus opportunistischen Gründen und Karrieregründen einen anderen Weg beschritten, den einfacheren."

Kreisky beruft eine Pressekonferenz in das Bundeskanzleramt ein. Vor den Journalisten erklärt er zum Ortstafelkonflikt: „Das scheint mir doch eine so ernste Sache zu sein, daß man vernünftig miteinander reden müßte." Und Kreisky schwenkt auf die Forderung der Deutsch-Kärntner ein, eine Minderheitenfeststellung durchzuführen, ehe man die Sache mit den Ortstafeln wieder beginnt. So werde also der prozentuelle Anteil der Slowenen ein entscheidender Faktor sein. Dazu Kreisky wörtlich: „Es hat Leute gegeben, Professoren, die gemeint haben, mindestens fünf Prozent müßten es sein, es hat andere gegeben, die gesagt haben, mindestens 30 Prozent. Es gibt hier also alle Variationen. Und deshalb betrachte ich die Arbeit nicht für abgeschlossen, sondern es wird notwendig sein, daß man intern über den Prozentsatz und andere Orientierungsrichtlinien ins klare kommt."

Nun tritt eine lange Pause ein. In dieser Zeit werden in Kärnten zahlreiche Anschläge verübt: Ein Hochspannungsmast wird gesprengt, ein slowenisches Partisanendenkmal in Rubesch, ein Bombenanschlag auf das Büro des Kärntner Heimatdiensts in Klagenfurt wird verübt, das Denkmal des Abwehrkämpfers Hans Steinacher in Völkermarkt wird gesprengt, wenige Stunden später wird in Völkermarkt eine slowenische Sparkasse verwüstet, auf der Bahnstrecke Klagenfurt–Bleiburg werden bei Froschendorf die Geleise gesprengt, einen Sprengstoffanschlag auf Bahngeleise gibt es auch bei Kappel, von vielen kleineren Attentaten ganz abgesehen. Extremisten auf beiden Seiten sind hier am Werk.

In Wien läßt man sich Zeit. Die Ortstafelkommission tagt in großen zeitlichen Abständen. Offiziell bekennt man sich nicht zu der vom Kärntner Heimatdienst geforderten „Minderheitenfeststel-

In den zweisprachigen Schulen in Kärnten wird auch in slowenischer Sprache Österreich als Vaterland gefeiert.

lung", aber man führt sie dennoch durch. Denn für den 14. November 1976 wird für ganz Österreich, nicht nur für Kärnten und nicht nur im Wohngebiet der Slowenen, eine sogenannte „geheime Spracherhebung" durchgeführt. Alle Österreicher sind aufgerufen, an ihr teilzunehmen. Es geht also nominell nicht um die Feststellung der Größenordnung einer Minderheit. Aber de facto ist es eine solche. Die Beteiligung der Bevölkerung liegt österreichweit bei nur 26,9 Prozent, in Kärnten allerdings beträgt die Beteiligung 86,2 Prozent. Denn dort wurde für diese Spracherhebung eine regelrechte Wahlkampagne geführt: „Wer nicht zur Zählung geht, nicht auf seiten Kärntens steht." Worauf die Vertreter der Kärntner Slowenen mit einem Aufruf zum Boykott dieser Zählung antworten. In einzelnen Abstimmungslokalen werden die Erhebungsformulare von den Vertretern der Slowenen demonstrativ zerrissen oder vor den Lokalen verbrannt. Das Argument der Slowenenvertreter: Die Zählung müsse ein verfälschtes Ergebnis bringen, da man die Slowenen verängstigt habe. So sei zu befürchten, daß Slowenen, die sich zu ihrem Volkstum bekennen, künftig geächtet und verfolgt würden. Und tatsächlich boykottieren die meisten Slowenen diese Spracherhebung. Lediglich 3 149 Personen bekennen sich in Kärnten zu ihrer slowenischen Abstammung, das wären 0,7 Prozent der Kärntner Gesamtbevölkerung. (Bei der Volkszählung 1971 bekannten sich noch 20 972 zur slowenischen Volksgruppe.)

So läßt sich auf Grund der Spracherhebung, die in Wirklichkeit eine Minderheitenfeststellung hätte sein sollen, kein gültiges Resultat ablesen. Doch Kreisky weiß da einen Ausweg: Dann werden eben in allen jenen Gemeinden zweisprachige Ortstafeln aufgestellt, in denen nicht mehr als 75 Prozent der Teilnahmeberechtigten Deutsch als ihre Muttersprache angegeben haben. Denn daraus läßt sich – zumindest theoretisch – der Schluß ziehen, daß in solchen Ortschaften der Anteil der Slowenen bis zu 25 Prozent betragen könnte. Diese Entscheidung wird den Durchführungsverordnungen des neuen Volksgruppengesetzes vom 7. Juli 1976 zugrunde gelegt. Doch trotz dieser Formel erfüllen nur noch 91 Ortschaften in acht Gemeinden das Kriterium für die Aufstellung zweisprachiger Ortstafeln. Das ist weniger als die Hälfte der ursprünglich vorgesehenen 205 Orte. Große Enttäuschung bei den Slowenen. Doch die neuen Tafeln werden nicht mehr gestürmt, nicht mehr demontiert. Es hat bis 1977 gedauert, ehe solcherart Frieden im Ortstafelkonflikt eingekehrt ist. Die Spannung zwischen den beiden Bevölkerungsteilen in Kärnten aber bleibt noch eine geraume Zeit bestehen, beginnt erst in den achtziger Jahren nachzulassen. Eine echte Wende in den Beziehungen tritt wohl erst ein, als der Staat Jugoslawien Anfang der neunziger Jahre zu zerfallen beginnt. Zu diesem Zeitpunkt ist in Kärnten eine junge Generation herangewachsen, für die der Abwehrkampf nach dem Ersten Weltkrieg und Titos Partisanen aus dem Zweiten Weltkrieg endgültig der Geschichte angehören. Was leider nicht heißt, daß der Streit nicht immer noch aufflammt, wenn es um historische Gedenkfeiern geht.

DIE ÄRA KREISKY: DIE KONFLIKTE

Am 6. Oktober 1973 überqueren ägyptische Panzer über mehrere, rasch geschlagene Pontonbrücken den Suezkanal. Gleichzeitig eröffnet Syrien eine Großoffensive gegen die von Israel besetzten Golanhöhen. An diesem 6. Oktober wird in Israel der Versöhnungstag gefeiert, Yom Kippur, ein großer jüdischer Feiertag. Die Menschen befinden sich in den Synagogen oder im Familienkreis daheim. Der ägyptisch-syrische Angriff kommt für sie überraschend. Plötzlich heulen überall in Israel die Sirenen, über Radio und Fernsehen werden verschlüsselte Meldungen am laufenden Band durchgegeben – die Stellungsbefehle für die Reservisten der israelischen Armee. Kriegsziel der Ägypter und der Syrer ist es, die von Israel im Sechs-Tage-Krieg 1967 eroberten Gebiete wieder in Besitz zu nehmen. Aber für den ägyptischen Präsidenten Anwar as-Sadat und den syrischen Präsidenten Hafis al-Assad geht es auch darum, das stark angeschlagene Selbstbewußtsein ihrer Militärs, wie das der Araber überhaupt, wiederherzustellen. Denn die Niederlage im Sechs-Tage-Krieg hat nicht nur die kriegführenden arabischen Staaten, sondern alle Araber schwer getroffen, hat doch der kleine israelische Staat nicht nur gleichzeitig die Syrer, die Jordanier und die Ägypter geschlagen, sondern auch all die Hilfstruppen aus den anderen arabischen Staaten.

Sechs Jahre lang haben sich Ägypten und Syrien auf diesen „Gegenschlag" vorbereitet, haben vor allem aus der Sowjetunion große Vorräte an Kriegsmaterial bezogen, haben ihre Luftwaffen und Panzerverbände auf den modernsten Stand sowjetischer Technik gebracht und auch eine große Zahl von Boden-Luft- und Boden-Boden-Raketen aus der Sowjetunion erhalten. In den ersten Tagen scheint es nun auch so, als würde dieser wohlgeplante und mit großem Materialeinsatz geführte Krieg den Ägyptern und Syrern den gewünschten Erfolg bringen. Den Ägyptern gelingt es, Brückenköpfe am Ostufer des Suezkanals zu errichten und mit ihren Panzern tief in den Sinai hineinzustoßen. Auch den Syrern gelingen Anfangserfolge auf den Golanhöhen. Für einen Moment erscheint es fraglich, ob Israel auch diesmal einen Zweifrontenkrieg erfolgreich abwehren kann. Auf ein entsprechendes israelisches Ansuchen errichten die USA eine Luftbrücke, über die sie die Israelis mit dem modernsten, bisher nur der US-Armee zur Verfügung stehenden Kriegsgerät versorgen. Die Sowjets antworten mit Luftbrücken nach Syrien und Ägypten, über die nun auch die beiden arabischen Armeen Nachschub erhalten. Am dreizehnten Tag des Kriegs kommt es auf dem Sinai zu einer der größten Panzerschlachten der Militärgeschichte. Und auf den Golanhöhen treten die Israelis zur Gegenoffensive an. An beiden Fronten beginnt sich das Kriegsglück zu wenden, an beiden Fronten sind die Israelis siegreich und stoßen nun auf syrisches und bald darauf auch über den Suezkanal hinweg auf ägyptisches Gebiet vor.

Der amerikanische Außenminister Kissinger fliegt nach Moskau, man einigt sich auf ein gemeinsames Vorgehen im Nahostkonflikt. Und am 11. November wird auf Intervention der beiden Großmächte zwischen Israel und Ägypten ein Waffenstillstand geschlossen. Inzwischen beschließt die UNO die Aufstellung einer

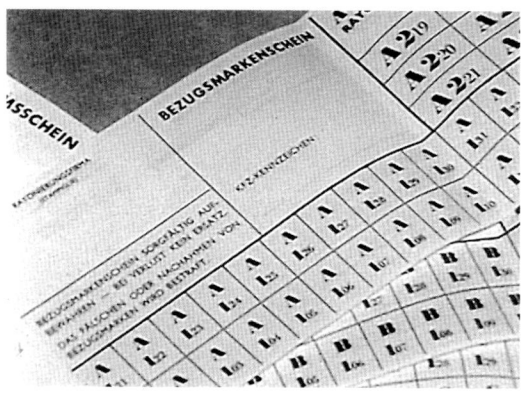

Der Ölboykott der OPEC-Staaten führt auch zu einer Knappheit an Benzin und Heizöl in Österreich. Die Regierung verfügt einen autofreien Tag, der mit einem „Pickerl" am Auto angezeigt werden muß. Für den äußersten Notfall läßt die Regierung bereits Bezugsmarkenscheine drucken, mit denen Treibstoffe rationiert zugeteilt werden könnten (Reihe links). Mit einer Mischung aus Humor und Sarkasmus wird beim 1.-Mai-Umzug der SPÖ auf den Ölboykott reagiert.

Friedenstruppe, die zwischen den Fronten der kriegführenden Parteien Stellung beziehen soll, um den Waffenstillstand zu gewährleisten. UNO-Generalsekretär Waldheim appelliert insbesondere an die neutralen Staaten, Soldaten für diese Friedenstruppe zur Verfügung zu stellen. Bereits 24 Stunden später beschließt die Regierung Kreisky die Entsendung von Bundesheereinheiten, insgesamt 600 österreichische Soldaten werden nach Kairo geflogen, um von dort aus an der ägyptisch-israelischen Front eingesetzt zu werden.

Ägypten und Syrien haben also den Yom-Kippur-Krieg nicht gewonnen, und doch hat dieser Krieg nicht nur die Lage im Nahen Osten, sondern die gesamte Weltsituation entscheidend verändert. Dieser Krieg und die Anfangserfolge der Ägypter und Syrer haben zu einer Solidarisierung der arabischen Staaten geführt, unter ihnen die größten Erdölexporteure – Saudi-Arabien, Irak, Kuwait, die Emirate. Sie leisten einen besonderen Beitrag zu diesem Krieg: Sie drehen den westlichen Staaten den Ölhahn zu, stellen die Erdölexporte ein. Ein schwerer Schock für die gesamte Weltwirtschaft und auch für Österreich. Über Nacht gibt es kaum noch Benzin im Westen Europas. In Holland wird ein Fahrverbot verhängt, in den anderen westeuropäischen Staaten werden zum Teil Sonntags- und Feiertagsfahrten verboten. Auch in Österreich warten Autofahrer in langen Schlangen oft stundenlang vergeblich vor den Tankstellen – kein Benzin, kein Diesel, kein Heizöl.

Die totale Blockade dauert nur einige Zeit, dann wird wieder geliefert – aber weniger als früher, und in einer gemeinsamen Aktion haben die erdölexportierenden Staaten den Preis für Erdöl auf das Vierfache erhöht. Eine zentrale Rolle bei diesen Preisabsprachen spielt die schon erwähnte OPEC, deren Hauptquartier sich in Wien befindet. Die in der OPEC vertretenen Staaten – sie stehen für mehr als 70 Prozent der Erdölförderung der Welt – haben sich zu einem Kartell zusammengeschlossen und diktieren den Ölpreis. Auf Grund des erhöhten Ölpreises werden Benzin, Diesel und Heizöl teurer. Das ist die eine Seite des Problems. Die andere: Um die erhöhten Preise halten zu können, drosseln die Ölstaaten die Förderung, so daß die Vorräte im Westen langsam zurückgehen oder zumindest nicht aufgefüllt werden können.

Österreich reagiert darauf mit einem autofreien Tag. Die Autofahrer können sich diesen Tag aussuchen, der gewählte Tag wird im Zulassungsschein eingetragen und muß mit einem sogenannten „Pickerl" an der Windschutzscheibe des Autos ausgewiesen werden. Bundeskanzler Kreisky erklärt dazu: „Aufgehoben kann dieser autolose Tag erst werden, frühestens wenn die Lager wieder voll sind." Die Österreichische Mineralölverwaltung und auch die anderen in Österreich tätigen Ölfirmen errichten nun neue Vorrattanks von gewaltigen Ausmaßen. Mit dieser Bevorratung soll Österreich künftigen Ölkrisen trotzen können. Die Regierung läßt auch Bezugscheine für Benzin drucken. Bei einer neuen Erdölkrise sollen Benzin, Diesel und Heizöl wie in Kriegszeiten rationiert werden. Die Bezugscheine kommen nicht mehr zum Einsatz.

Die Konfrontation im Nahen Osten jedoch dauert an. Und doch sollte ein Friede nach diesem Krieg eher erreichbar sein als zuvor, denn obwohl Ägypter und Syrer keinen Sieg errungen haben, ihre Anfangserfolge und ihre tapfere Gegenwehr haben das Selbstbewußtsein ihrer Armeen, ihrer Völker gestärkt. Von dieser Position aus läßt sich eher auf einen Frieden eingehen als zuvor. Und auch Israel ist nach diesen sehr harten Kämpfen vermutlich eher geneigt, einen Frieden zu schließen, der die konstante militärische Bedrohung entlang aller Grenzen Israels beenden würde. Bemühungen um das Zustandekommen eines solchen Friedens gibt es von vielen Seiten. Und nun schaltet sich auch die Sozialistische Internationale ein.

Die israelische Arbeiterpartei ist Mitglied dieser Internationale. Und es sind die Politiker der Arbeiterpartei, die zu dieser Zeit an der Spitze Israels stehen: Golda Meir, Shimon Peres, Yitzhak Rabin. So beschließt die Sozialistische Internationale im März 1974 eine Mission in den Nahen Osten zu entsenden, um zu sondieren, ob die arabischen Nachbarn Israels zu konkreten Friedensgesprächen bereit wären und zu welchen Bedingungen Israel einen solchen Frieden annehmen würde. Zum Leiter der SI-Mission wird Bruno Kreisky bestellt.

Kreiskys erster Besuch gilt dem ägyptischen Staatspräsidenten Sadat. Für Kreisky liegt es auf der Hand, daß Ägypten mehr als jeder andere arabische Staat von einem Frieden profitieren würde, und es ist auch zu erwarten, daß Israel gegenüber Ägypten nur wenige, wenn überhaupt, territoriale Forderungen hätte. Kreisky wird von Sadat freundschaftlich empfangen. Aber Sadat macht eventuelle Friedensgespräche zunächst davon abhängig, daß in diese auch die Palästinenser eingeschaltet werden müßten, und da in erster Linie deren wichtigster Vertreter Yassir Arafat, der an der Spitze der Palästinensischen Befreiungsorganisation, der PLO, steht. Diese PLO, aus der Al Fatah entstanden, aber gilt in Israel als reine Terrororganisation. Schon vor dem Sechs-Tage-Krieg 1967 und auch danach hat die PLO immer wieder Kommandos in Israel eingeschleust, um dort Terrorüberfälle durchzuführen, und auch außerhalb Israels bedroht die PLO bzw. die mit ihr verbündeten Terrorgruppen israelische und jüdische Einrichtungen. Israel lehnt daher die PLO und Arafat als mögliche Gesprächspartner entschieden ab. Sadat aber drängt Kreisky, sich diesen Yassir Arafat doch zumindest anzuhören. Und dieser

Bruno Kreisky und der ägyptische Staatspräsident Sadat bei ihrer ersten Begegnung in Kairo.

steht schon bereit. So kommt es zur ersten Begegnung Kreisky–Arafat bei diesem Besuch in Kairo.

Danach setzt Kreisky seine Nahostmission fort, er fliegt nach Syrien, um den Standpunkt Präsident Assads zu einem möglichen Frieden in Israel kennenzulernen. Von seinem Besuch in Damaskus nimmt Kreisky keine großen Hoffnungen mit auf den Weg. Dieser Weg führt den Bundeskanzler nun auch nach Jerusalem. Er will versuchen, eine Gesprächsbasis nicht nur zwischen Israel, Ägypten und Syrien, sondern wenn möglich auch zwischen den Israelis und den Palästinensern herzustellen. Auf Regierungsebene trifft Kreisky auf taube Ohren. Bei einer Pressekonferenz legt Kreisky seine Ansichten über eine mögliche Beilegung dieses Konflikts dar: „Ich muß sagen, nach unseren Gesprächen mit einigen Palästinensern, mit Arafat und anderen, habe ich das Gefühl, daß eine haltbare Lösung nicht zu finden sein wird, ohne Lösung des palästinensischen Problems. Die Vertreter, die wir trafen, haben diesbezüglich keine Kompromißbereitschaft gezeigt."

Von dieser ersten SI-Mission an ist Kreisky unentwegt bemüht, im Nahostkonflikt zu vermitteln. Die Politiker in den arabischen Staaten, die Präsidenten, Könige und Emire kommen Kreisky mit immer größerem Vertrauen entgegen, doch fast im selben Ausmaß wächst das Mißtrauen der Israelis und ihre Abneigung, Kreisky als Vermittler zu akzeptieren. Johannes Kunz war Pressesekretär Bruno Kreiskys, er begleitete Kreisky auf einigen seiner Nahostreisen und war Augenzeuge vieler seiner Gespräche. „Kreisky", berichtet Kunz, „war der Meinung, daß er als international anerkannter Politiker jüdischer Herkunft sich besonders eignen würde für einen Brückenschlag. Das war seine subjektive Einstellung. Die war, wie wir heute wissen, objektiv falsch, weil ihn die Israelis nicht als den Fürsprecher ihrer Sache anerkannt haben. Darunter hat Kreisky sehr gelitten, und das hat bei ihm zu vielen emotionalen Äußerungen geführt, die in der Welt Aufsehen erregt haben. Aber Kreisky wollte keineswegs, und da meine ich, ist ihm Unrecht geschehen, er wollte keineswegs einen Frieden zu Lasten Israels, er wollte einen Frieden, der Israel gesicherte Grenzen bringt. Ich war auch bei einigen Gesprächen Kreiskys mit Arafat dabei, unter anderem in Kreiskys Wohnung in der Armbrustergasse, und er hat schon sehr früh zu Arafat wiederholt gesagt, ‚Ihr müßt Israel anerkennen, Israel muß gesicherte Grenzen haben, anders kann es keinen Frieden geben.' Und Arafat hat schon damals zu Kreisky gesagt, ‚Wir sind dazu bereit.' Eine solche Aussage war sensationell. ‚Aber', meinte Arafat, ‚nur eins zu eins, im selben Moment muß Israel die Rechte der Palästinenser und die PLO anerkennen.' Und dazu war Israel eben damals nicht bereit, weil man gesagt hat, die PLO sei eine Verbrecherorganisation, mit der spricht man nicht. Wie die Geschichte gezeigt hat, 20 Jahre später war man dazu bereit."

Kreisky aber gibt nicht auf. Seine zweite Fact-Finding-Mission im Rahmen der Sozialistischen Internationale führt ihn im Februar 1975 nach Marokko, Algerien, Tunesien und Libyen, wo er Gast bei Revolutionsführer Gaddafi ist. Seine dritte Fact-Finding-Mission, ein Jahr später, geht in den Irak, nach Kuwait, Jordanien, Saudi-Arabien und in die Vereinigten Arabischen Emirate. Alle diese Missionen erfolgen weiterhin im Rahmen der Sozialistischen Internationale. Bei den Tagungen der Internationale tritt Kreisky als der bestinformierte Nahostexperte auf, und als solcher ist er ein willkommener Gesprächspartner nicht nur in den europäischen Hauptstädten, auch in Washington. Ende Mai 1975 ladet Kreisky den ägyptischen Präsidenten Sadat nach Österreich ein, und für den 1. Juni auch den amerikanischen Präsidenten Gerald Ford. Kreisky vermittelt ein Treffen zwischen Sadat und Ford, das von 1. bis 3. Juni in Salzburg stattfindet. Drei Jahre später, im Februar 1978, gelingt Kreisky ein vielleicht noch wichtigeres Treffen: Im Schloß Kleßheim bei Salzburg ist Kreisky Gastgeber für Präsident Sadat und Shimon Peres, der nach der Ablöse der Arbeiterpartei an der Regierung durch den Likud-Block nunmehr die Opposition in Israel führt. Und noch im gleichen Jahr, am 9. und 10. Juli, treffen Sadat und Peres erneut zu Nahostgesprächen, diesmal in Wien, zusammen. Willy Brandt und Bruno Kreisky gesellen sich dazu. Drei Tage später trifft Sadat in Schloß Fuschl den israelischen Verteidigungsminister Ezer Weizmann, den Neffen des ersten israelischen Staatspräsidenten Chaim Weizmann. Er gehört dem Likud-Block an, eine wichtige Stimme innerhalb der vom Likud gestellten und von Ministerpräsident Menachem Begin geführten israelischen Regierung.

Man geht wohl nicht fehl in der Annahme, daß diese von Kreisky vermittelten Gespräche doch auch einiges beigetragen haben zu dem großen Ereignis, das nun folgt: Am 5. September 1978 kommt es unter der Vermittlung des neuen amerikanischen Präsidenten Jimmy Carter in Camp David zu einer Friedensvereinbarung zwischen Sadat und Begin. Am 26. März 1979 wird in Washington der Friedensvertrag zwischen Israel und Ägypten von Begin und Sadat unterzeichnet.

Überfall auf die OPEC

Die Nahostaktivitäten Bruno Kreiskys und die Sympathien, die er damit von arabischer Seite erhält, schützen Österreich jedoch nicht vor Terroranschlägen militanter palästinensischer Gruppen und deren Verbündeter. Der aufsehenerregendste Anschlag dieser Art findet am 21. Dezember 1975 in Wien statt. Eine schwerbewaffnete Truppe unter der Führung des international berüchtigten Terroristen „Carlos" (Illich Ramirez Sanchez aus Venezuela) überfällt das Hauptquartier der OPEC auf der Wiener Ringstraße. Hier tagen die Erdöl-

Im Verlauf seiner ersten Nahostmission, im Auftrag der Sozialistischen Internationale, besucht Kreisky auch Jerusalem, wo er mit den israelischen Politikern konferiert. Anschließend besucht Kreisky die Klagemauer (rechte Reihe). Zuvor schon hatte Kreisky ein erstes Gespräch mit PLO-Führer Yassir Arafat (oben). Gerade diesen Kontakt nehmen die Israelis Kreisky übel. Von links nach rechts: Arafat, Kreisky, Willy Brandt, Johannes Kunz.

Johannes Kunz: Darunter hat Kreisky sehr gelitten.

minister und andere hochrangige Funktionäre der Erdöl exportierenden Staaten und sind dabei, eine weitere Erhöhung der Erdölpreise zu besprechen. In Anbetracht der Bedeutung dieser Konferenz haben sich rund 30 internationale Journalisten im Hausflur versammelt. Das erleichtert den Terroristen den Zugang: Um 11.45 Uhr betreten sie – fünf Männer und eine Frau – das Haus, gehen an den Journalisten vorbei und über die Treppe hinauf zum Konferenzsaal.

Die Gänge und der Saal sind von zwei österreichischen Sicherheitsbeamten bewacht. Einer von ihnen, Kriminalbezirksinspektor Anton Tichler, stellt sich im Foyer den Terroristen entgegen und versucht, Carlos die Maschinenpistole zu entreißen. Tichler wird daraufhin von der Terroristin erschossen. Ala Hassan Khafali, ein Angestellter der OPEC, stürzt sich ebenfalls auf die Eindringlinge, auch er wird von der Terroristin erschossen. Der Weg ist frei in den Konferenzsaal, in dem sich 62 Personen, darunter elf Ölminister befinden. Mit vorgehaltenen Maschinenpistolen fordern die Terroristen sie auf, sich auf den Boden zu legen. Noch einmal versucht ein OPEC-Angehöriger, der Libyer Y. Izmirli, einem der Terroristen die MP zu entreißen. Diesmal feuert Carlos die tödlichen Schüsse ab.

Zur gleichen Zeit treffen die ersten Anrufe über den Polizeinotruf ein: Ein OPEC-Angehöriger und der zweite österreichische Sicherheitsbeamte melden den Überfall. Wenige Minuten später trifft ein Einsatzkommando der Polizei am Tatort ein und wird aus den Fenstern des Gebäudes beschossen. Drei Beamte stürmen die Treppe hinauf, es kommt zu einem Schußwechsel mit den Terroristen, in dessen Verlauf auch eine Handgranate explodiert. Ein Polizist wird schwer verletzt, aber auch einer der Terroristen wird angeschossen. Während die Polizei in Deckung geht, erscheint eine Mitarbeiterin der OPEC und überbringt eine Mitteilung der Terroristen: Sie schlagen eine Feuerpause vor, die beiden Verletzten sollten in ärztliche Behandlung gebracht werden. Das geschieht dann auch.

Der algerische Ölminister Abdesselam wird von den Terroristen freigelassen und als Emissär verwendet. Er überbringt ein sechseinhalb Seiten langes Kommuniqué der Terroristen in französischer Sprache, das über den Rundfunk zu verlesen sei, widrigenfalls alle 15 Minuten eine Geisel erschossen werde. Inzwischen hat sich der irakische Botschafter in Wien, Al-Azzawi, den Österreichern als Vermittler zur Verfügung gestellt. Er bringt die Nachricht, daß die Terroristen am nächsten Tag um 7 Uhr früh mitsamt ihren Geiseln in einem Autobus zum Flughafen Schwechat gebracht werden wollen, wo ein aufgetanktes Mittelstreckenflugzeug bereitgestellt werden müßte. Mit dem Flugzeug würden sie und ihre Geiseln Österreich verlassen. Bundeskanzler Kreisky befindet sich zur Zeit des Überfalls in Lech am Arlberg, wo er einen Schiurlaub verbringt.

Gegen 18 Uhr trifft er in Wien ein und ist, wie Zeugen berichten, fassungslos vor Zorn über diesen Überfall. Aber er ist einverstanden, daß das Kommuniqué der Terroristen im Rundfunk verlesen wird. In diesem Kommuniqué bezeichnen sich die Terroristen als „Arm der arabischen Revolution" und fordern, daß Israel von keinem moslemischen Staat anerkannt werden dürfe. Ägypten und der Iran werden als Kapitulanten bezeichnet, jede friedliche Lösung des Nahostkonflikts wird abgelehnt. Die Erdölquellen im arabischen Raum sollen verstaatlicht und der Reichtum der Ölstaaten zur Unterstützung des palästinensischen Widerstands eingesetzt werden. Am Ende eine Entschuldigung „... für die Schwierigkeiten, die unsere Aktion dem friedliebenden österreichischen Volk gebracht hat".

Am Ballhausplatz tritt die Bundesregierung wieder einmal zu einer Krisensitzung zusammen. Der vermittelnde irakische Botschafter überbringt die Nachricht, daß die Ölminister bereit wären, mit den Terroristen ausgeflogen zu werden. Unter dem Vorsitz

Kreiskys werden nun die Bedingungen für einen freien Abzug des Terrorkommandos formuliert: 1. Alle Geiseln müßten sich ausdrücklich einverstanden erklären, ausgeflogen zu werden. 2. Alle in Österreich ansässigen OPEC-Mitarbeiter, nicht nur die Österreicher, müßten vor dem Abflug freigelassen werden. 3. Alle mitfliegenden Geiseln müßten nach der ersten Landung freigelassen werden.

Die Terroristen akzeptieren die Bedingungen, aber bestehen darauf, daß auch der angeschossene Terrorist per Rettung zum Flughafen gebracht wird. Inzwischen ist es der Polizei gelungen, diesen Terroristen und über ihn einige andere zu identifizieren: Der Schwerverletzte heißt Hans Joachim Klein, ein Deutscher aus der Frankfurter Anarcho-Szene. Und auch die Terroristin ist eine Deutsche, Gabriele Kröcher, geborene Tiedemann, 24 Jahre alt. Bei den drei weiteren Terroristen handelt es sich um einen Algerier, einen Palästinenser und einen Libanesen, deren Namen nicht zu erfahren sind. Auch die wahre Absicht des Terrortrupps ist nicht zu erkennen: Der Überfall richtet sich gegen Minister und Funktionäre hauptsächlich arabischer Staaten, das kann wohl kaum der Sache der Palästinenser dienen. Und was soll letztlich mit den Geiseln geschehen? Aber zwischen den OPEC-Ministern und den Terroristen dürfte es bereits zu Abmachungen gekommen sein, sonst hätten sie sich nicht so schnell bereit erklärt, gemeinsam mit den Terroristen auszufliegen. Dazu Bruno Kreisky gegenüber den Journalisten: „Das oberste Gebot ist, die Menschenleben zu retten. Es ist schon genug Unglück geschehen,

Die Terroristen bringen ihre Geiseln, elf Erdölminister der OPEC, in das bereitstehende Fluchtflugzeug der AUA (ganz oben). Oben: Der Anführer der Terroristen, der berüchtigte „Carlos", betritt mit der Maschinenpistole im Anschlag als erster das Flugzeug, um sich zu vergewissern, daß es sich um keine Falle handelt. Rechts: Danach werden die Geiseln von den übrigen Terroristen in das Flugzeug geleitet. Innenminister Rösch reicht jedem der Minister die Hand und, wie er nachher erklärt, aus reinem Reflex auch dem Bandenchef Carlos.

und da wir wissen, daß die Drohungen sehr sehr ernst zu nehmen sind, bestimmt das nicht zuletzt unser Handeln."

Die Entscheidung der Bundesregierung, den Terroristen den Abzug mitsamt den Geiseln zu gewähren, trifft auch diesmal auf heftige Kritik in der Welt und auch in Österreich. Die Terroristen haben einen österreichischen Sicherheitsbeamten und mindestens zwei OPEC-Angestellte erschossen, einen weiteren österreichischen Sicherheitsbeamten schwer verletzt, und diese Mörder sollen nun ungeschoren abziehen können? Doch so ist es. Am nächsten Morgen wird ein Postautobus vor dem Gebäude der OPEC für den Abtransport der Terroristen bereitgestellt. Diese lassen vereinbarungsgemäß alle Angestellten der OPEC frei, Österreicher und Nicht-Österreicher. Nach einiger Zeit erscheinen die Terroristen, schwer bewaffnet, inmitten ihrer Geiseln – elf Erdölminister sind es und 22 weitere hohe OPEC-Delegierte. Sie besteigen den Postautobus, der nun, geleitet von Polizeiwagen, die Fahrt zum Flughafen Schwechat antritt. Ein Fluchtflugzeug steht bereit, eine Maschine der AUA. Der Autobus wird bis zum hinteren Einstieg des Flugzeugs dirigiert.

Carlos allein entsteigt dem Autobus, begibt sich ins Flugzeug, das er offenbar genau inspiziert, um festzustellen, ob den Terroristen eine Falle gestellt worden sei. Dann kehrt er zum Autobus zurück, und, immer noch mit den Maschinenpistolen im Anschlag, geleiten die Terroristen die Geiseln vom Autobus in das Flugzeug. Inzwischen haben sich an der Gangway auch der österreichische Innenminister Rösch und der irakische Geschäftsträger eingefunden. Sie drücken jeder einzelnen Geisel die Hand. Die Geiseln selbst wissen nicht, wohin sie dieser Flug bringen wird. Carlos steigt als letzter ein. Der Innenminister schüttelt auch ihm die Hand, eine Reflexbewegung, wie er später erklärt. Doch der Handschlag wird fotografiert und das Bild rund um die Welt gesendet, sozusagen als Beweis dafür, daß die Österreicher höchst nachgiebig mit den Terroristen verfahren seien.

Das Flugzeug, gesteuert von den AUA-Piloten Manfred Pollak und Otto Herold, wird von den Terroristen zunächst nach Algier dirigiert, startet dort aber nach Tripolis in Libyen. Wie die Geiseln später berichten, erklärte ihnen Carlos, in Libyen würde ihnen ein großer Empfang bereitet werden. Doch das Gegenteil ist der Fall: In Tripolis wird es weder den Terroristen noch den Geiseln gestattet, das Flugzeug zu verlassen. Es muß erneut starten und fliegt zurück nach Algier. Diesmal dürfen Terroristen und Geiseln aussteigen. Die OPEC-Minister und die OPEC-Delegierten werden auf freien Fuß gesetzt, die Terroristen angeblich festgenommen. Österreich verlangt daraufhin die Auslieferung der Terroristen wegen der in Österreich begangenen Straftaten. Doch das Ansuchen wird von Algerien abgelehnt, es bestehe kein Auslieferungsabkommen mit Österreich, außerdem seien die sechs nicht mehr in Algerien. Sie durften also offenbar Algerien trotz ihrer Mordtaten frei verlassen.

Jahre später erfährt man, daß Carlos angeblich den Auftrag gehabt habe, den saudi-arabischen Ölminister, Scheich Yamani, zu ermorden. Yamani war der prominenteste Ölminister innerhalb der OPEC, ein zwar harter Verhandler, aber doch ein Freund des Westens, auch ein Freund der USA. Aber Yamani hätte sich auf dem Flug von Wien nach Algerien bei Carlos freigekauft für, wie es hieß, mehrere Millionen Dollar, die Carlos für sich privat kassiert habe. Und tatsächlich scheint Carlos von diesem Zeitpunkt an von der arabisch-palästinensischen Terrorszene isoliert und auf sich allein gestellt zu sein. Ohne diesen Rückhalt wird er dann auch in Frankreich gestellt und festgenommen, entkommt noch einmal, kann jahrelang untertauchen und wird erst im August 1994 im Sudan erneut gestellt und festgenommen.

Der Überfall auf die OPEC ist nicht der letzte Terroranschlag, der in Österreich von arabisch-palästinensischer Seite verübt wird.

Die ersten Bürgerinitiativen

Das Nahostproblem bleibt also noch lange auf der Tagesordnung. Und auch der Erdölschock hat Langzeitwirkung. Besonders die westlichen Staaten suchen nun intensiv nach neuen Energiequellen. Die Atomenergie bietet sich an und der Ausbau von Wasserkraftwerken. Auch in Österreich sollen zwei bis drei Atomkraftwerke in Betrieb genommen werden. Eines, bei Zwentendorf, ist schon in Bau. Und man denkt auch daran, weitere Donaukraftwerke zu errichten.

Doch gerade die Energiedebatte hat weltweit ein neues Umweltbewußtsein geweckt. Zum ersten Mal wird vor den Folgen eines unbegrenzten Wirtschaftswachstums gewarnt, besonderes Aufsehen erregt der Bericht des Club of Rome, in dem prominente Wissenschaftler sich mit dem Zustand der Welt auseinandersetzen. Sie kommen zu dem Schluß, daß in der Folge eines ungebrochenen Wirtschaftswachstums nicht nur wesentliche Ressourcen der Welt bald erschöpft sein würden, sondern vor allem auch, daß dieses Wachstum die Lebensvoraussetzungen auf der Welt systematisch zerstören würde – die Flüsse und die Meere würden so verunreinigt, daß alles Leben in ihnen zugrunde gehen müßte, die Vernichtung der Wälder, besonders der Urwälder, würde die Welt um ihre „Lungen" bringen, und an der Verunreinigung der Luft würden auch die Menschen schwer zu leiden haben.

Dieser Alarmruf des Club of Rome wird in den westlichen Industriestaaten ernst genommen, und er leitet einen Wendepunkt im

Am 29. August 1981 wird die Wiener Synagoge in der Seitenstettengasse von zwei Terroristen mit Maschinenpistolen und Handgranaten überfallen. Sie richten unter den jüdischen Synagogenbesuchern ein Blutbad an, es gibt zwei Tote und 20 Schwerverletzte. Die beiden Attentäter werden verhaftet. Das Bild oben zeigt einen der Attentäter verletzt auf dem Boden liegend. Rechte Seite: Die Szene vor der Synagoge. Die Attentäter gestehen, der radikalen Palästinenser-Gruppe um Abu Nidal anzugehören, und sie gestehen auch den Mord am Wiener Stadtrat Heinz Nittel vom 1. Mai 1981.

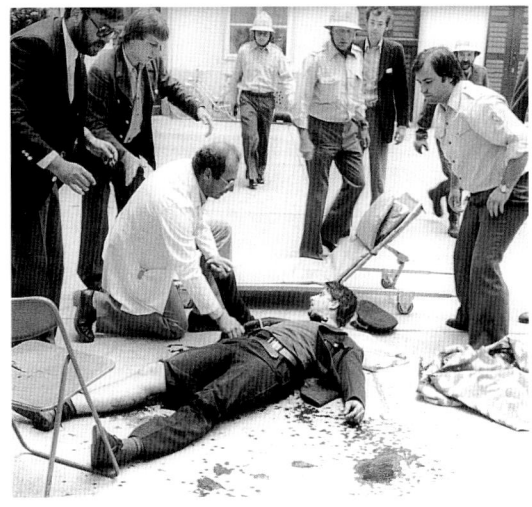

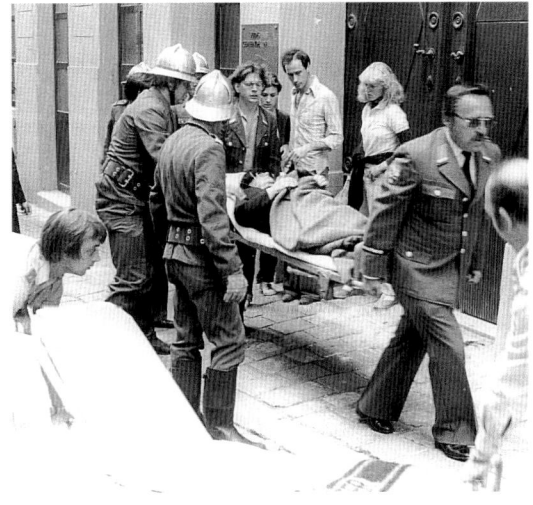

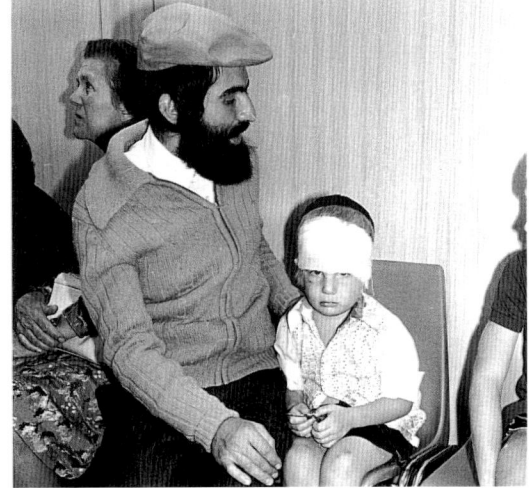

Denken der Menschen ein, ein neues Umweltbewußtsein entsteht. Es gibt Widerstand gegen weitere Eingriffe in die Natur. Die Menschen nehmen nicht mehr so ohne weiteres hin, was ihnen von oben verordnet wird. Bürgerinitiativen formieren sich, man protestiert, man demonstriert. Die Politik geht zunächst nur zögernd auf diese Proteste ein, noch hat das sogenannte wirtschaftliche Denken Vorrang vor dem ökologischen. Aber es zeichnen sich schon erste Erfolge solcher Bürgerinitiativen ab. Auch in Österreich.

In Graz soll ein Teil der Autobahn quer durch einen Stadtbezirk, durch Eggenberg, gelegt werden. Eine Bürgerinitiative protestiert gegen diese Pläne und fordert die Grazer auf, ein Volksbegehren gegen die Autobahn zu unterschreiben. Die Trasse für die Autobahn ist bereits abgesteckt, sie führt durch bewohntes Gebiet. Und auch die ersten Brückenbauten werden schon errichtet. Der Autobahnbau selbst hat die Stadtgrenze erreicht. Der Bürgerinitiative gelingt es, 37 000 Unterschriften für das Volksbegehren zu sammeln. In der Werbung für diese Unterschriften wird vor allem dem Grazer Bürgermeister, dem Sozialisten Gustav Scherbaum, vorgeworfen, daß er die Trassenführung der Autobahn durch Graz befürwortet und genehmigt habe. An sich reicht die Zahl der Unterschriften aus, um ein Volksbegehren nun in Gang zu bringen. Doch Bürgermeister Scherbaum ordnet zunächst eine Überprüfung aller Unterschriften an. Die Unterschreiber werden ins Rathaus vorgeladen und sollen bestätigen, daß es auch sie waren, die da unterschrieben haben. Das wird als Einschüchterungsversuch gewertet und löst Empörung aus.

All das findet mitten im Wahlkampf zum Gemeinderat 1973 statt. Der Bürgermeister versucht, sich und die Autobahn zu retten, indem er von sich aus die Abhaltung einer Volksbefragung verspricht. Zu spät, zu lange hat sich Scherbaum gegen den Willen der Bevölkerung gestellt. Alexander Götz von der Freiheitlichen Partei hat die Autobahn durch die Stadt von Anfang an abgelehnt und fordert nun im Wahlkampf, „nicht nur vom Umweltschutz zu reden, sondern auch danach zu handeln". Bei der Gemeinderatswahl verliert die SPÖ ihre bisherige absolute Mehrheit. Scherbaum tritt zurück, und Alexander Götz wird mit Hilfe der ÖVP neuer Bürgermeister von Graz. Die Autobahn durch die Stadt wird nicht gebaut. Die Bürgerinitiative hat gesiegt.

Wiens Bürgermeister tritt zurück

Zur gleichen Zeit gibt es auch in Wien eine Bürgerinitiative. Hier geht es um einen Park, den sogenannten Sternwartepark, der die Universitätssternwarte umgibt und in dem viele alte Bäume stehen. Doch schon sind sie markiert, sie sollen gefällt werden. In dem Park soll ein Neubau des Zoologischen Instituts der Universität Wien errichtet werden, etwa auf einem Drittel des Parkareals. Der Park ist zwar nie für das Publikum zugänglich gewesen, aber die in der Umgebung wohnenden Bürger befürchten, daß mit diesem Bau doch ein beträchtliches Stück Natur in ihrem Bezirk vernichtet würde, mit den entsprechenden Folgen einer Verschlechterung der Luft und stark zunehmenden Verkehrs. Hildegard und Egon Hanel, auch sie Anrainer des Parks, ergreifen die Initiative und sammeln Unterschriften gegen die von oben angeordnete Verbauung des Parks. „Wir hatten eine ganz irre Wut im Bauch, wie man so sagt", berichtet Hildegard Hanel. „Nämlich, daß man einfach die sogenannten mündigen Bürger überfährt, ihnen über die Vorhaben nichts mitteilt und sie vor vollendete Tatsachen stellt. Andererseits war es natürlich auch sündschad um diesen herrlichen Park, den man da zum Teil verbauen wollte, also ein Verlust des Grünlands. So haben wir zum Bürgerprotest gerufen."

Dieser Protest prallt zunächst an den Politikern des Rathauses ab. Vor allem Wiens Bürgermeister, Felix Slavik, plädiert energisch für den Neubau des Instituts. Tatsächlich ist dieser Neubau seit langem geplant, mit den Vertretern der Universität in allen Details ausgehandelt und festgelegt, die Baupläne sind bewilligt und der Neubau von den Fraktionen der SPÖ und der ÖVP im Gemeinderat gemeinsam beschlossen. Besonders die Universität und das betroffene Institut, die Zoologie, bestehen auf dem Bau des neuen Institutsgebäudes, da das alte aus allen Nähten platzt. Die Professoren und Studenten der Zoologie gehen auf die Straße. Sie wenden sich gegen die Bürgerinitiative: „Wo Wien am schönsten ist, dürfen wohl nur für Eigentumsvillen Bäume gefällt werden", heißt es auf den mitgeführten Transparenten.

Aber immer mehr Bürgerinnen und Bürger unterschreiben gegen den Neubau. Und sie finden Unterstützung in den Medien. Dabei geht es weniger um den Neubau und die damit verbundene Verkleinerung des Parks, vielmehr entzündet sich die Empörung an

In Graz erhebt sich Protest gegen die geplante Trassenführung der Pyhrn-Autobahn durch ein Grazer Wohngebiet. Die Bürger beantragen ein Volksbegehren, durch das der Autobahnbau verhindert werden soll. Der sozialistische Bürgermeister Gustav Scherbaum stellt sich gegen die Bürgerinitiative und verspricht zu spät die Durchführung einer Volksbefragung. Er verliert die Gemeinderatswahlen und tritt zurück. Der Freiheitliche Alexander Götz, der die Bürgerinitiative von Anfang an unterstützt hat, wird nun mit Hilfe der ÖVP Bürgermeister von Graz.

Hildegard Hanel (rechts) beginnt, Unterschriften gegen den Bau eines Universitätsinstituts im Wiener Sternwartepark zu sammeln. Auch in Wien stellt sich der Bürgermeister, Felix Slavik, gegen die Bürgerinitiative und bietet statt dessen eine Volksbefragung an, die gegen ihn ausgeht.

Hildegard Hanel: Wir hatten eine ganz irre Wut im Bauch.

Reinald Hübl: Der Obrigkeit gezeigt, wer wir sind.

der hochnäsigen Art, mit der diese Bürgerinitiative von den Herren im Rathaus abgeschmettert wird. Die ÖVP zieht ihre Unterstützung des Neubaus zurück, schwenkt auf die Seite der Bürgerinitiative um. Was anfangs kein großes Problem zu sein schien, wird nun doch eines, besonders für Bürgermeister Slavik, der die Stimmung in der Bevölkerung offenbar nicht richtig eingeschätzt hatte. Doch Slavik gibt nicht auf, er versucht nun sein Ziel durch eine Volksbefragung zu erreichen. Alle Wiener sollen abstimmen, ob das Institut gebaut werden soll, nicht nur die Anrainer des Sternwarteparks. Slavik erwartet, daß sich bei einer solchen Abstimmung die Mehrheit der Wiener für das neue Universitätsinstitut im Tausch für ein paar alte Bäume aussprechen werde. Die Volksbefragung wird durchgeführt. Mehr als 400 000 Wienerinnen und Wiener nehmen an der Abstimmung teil, etwa ein Drittel der Wahlberechtigten. Und über 57 Prozent stimmen gegen den Neubau, viele von ihnen in Wirklichkeit aber gegen das, was sie als Selbstherrlichkeit der Obrigkeit empfunden haben.

Reinald Hübl verfolgte als Journalist die damalige Auseinandersetzung zwischen der Obrigkeit und den Bürgern: „Der Sternwartepark, diese 80 Bäume, um die es ging, war eigentlich nur mehr die Fahne, die getragen worden ist: Wenn wir diese 80 Bäume retten, dann wird in der Öffentlichkeit ein Umdenken kommen, dann wird die Obrigkeit einsehen, daß sie nicht alles zubetonieren kann. Damals ist das Wort ‚Baummord' geboren worden, ein neues Vokabel. Und es gab eine Welle von Zustimmung zu der Protestaktion, Unterschriftensammlungen, die Volksbefragung. Die umwucherte Traumlandschaft in Wien-Währing besteht heute noch. Und jeder Währinger, und ich glaube jeder Wiener, der heute dort vorbeigeht – er darf zwar nicht hinein, es ist zugesperrt –, aber wer vorbeigeht, für den ist dieser Park Symbol geworden, hier haben wir der Obrigkeit einmal gezeigt, wer wir sind."

Nun versagt auch ein großer Teil der Wiener SPÖ dem Bürgermeister das Vertrauen, Slavik tritt zurück. Er ist zutiefst verletzt, denn er war viele Jahre lang ein guter, umsichtiger Finanzstadtrat und fühlte sich auch als Bürgermeister als ein guter Vater der Stadt. Aber eben als ein Vater, und diese Art der Patronisierung von oben wird offenbar von den Bürgerinnen und Bürgern nicht mehr so geschätzt. Noch mehr trifft es Slavik, daß ihn Teile seiner eigenen Partei im Stich lassen, gilt doch gerade die Wiener SPÖ als ein Hort der Solidarität. Slavik gibt im Gemeinderat seinen Rücktritt bekannt: „Der Grund für meine Entscheidung ist, daß ich der Auffassung bin, ein von den Sozialdemokraten in das Wiener Rathaus entsandter Bürgermeister muß das uneingeschränkte Vertrauen der eigenen Partei besitzen, wenn er Vertrauen darüber hinaus gewinnen will."

Wie in Graz wird also auch in Wien ein Bürgermeister durch eine Bürgerinitiative gestürzt. Die damalige Vizebürgermeisterin, Gertrude Fröhlich-Sandner, kommentiert das Ereignis: „Beim Sternwartepark war es das erste Mal, daß die Bevölkerung ihre Meinung in dem Ausmaß kundgetan hat und die Stadt erkennen mußte, daß es auch noch andere Prioritäten gibt. Wir haben viele Prioritäten, wir haben im Umweltbereich unendlich viel geleistet, wenn ich nur an den Donaupark denke, an die Donauinsel und vieles mehr. Wir haben es von zwei Millionen Quadratmeter Grünfläche auf 17 Millionen gebracht. Und trotzdem war hier ein gewisses Mitgehen zu wenig spürbar beim Sternwartepark. Das ist tragisch gewesen, ich habe dort gewohnt, ich wußte, daß die Entwicklung eine gegen Slavik sein wird, und es war trotzdem nicht möglich, ihn davon zu überzeugen. Das war ein bitteres Erkennen, und ich habe bedauert, daß ein Politikerleben dadurch so abrupt beendet wurde."

Der Gemeinderat wählt einen neuen Bürgermeister. Es soll ein möglichst populärer Mann sein, um das Debakel Sternwartepark zu überwinden. Die Wahl fällt auf Leopold Gratz, den Klubobmann der SPÖ im Parlament.

Der Einsturz der Reichsbrücke

Gratz wird ein populärer Bürgermeister. Ein lokales Großereignis trübt jedoch seine Amtszeit. Hier sei ein zeitlicher Vorgriff gestattet: Die Reichsbrücke, ein Wiener Wahrzeichen – obwohl sie in dieser Form erst in den dreißiger Jahren erbaut worden ist – stürzt am 1. August 1976 um 4.50 Uhr früh plötzlich ein. Zu diesem Zeitpunkt befinden sich glücklicherweise nur zwei Fahrzeuge auf der Brücke. Ein Kleintransporter und ein städtischer Autobus. Der Chauffeur des Autobusses, Emmerich Volcamsek, hat den Einsturz überlebt und erinnert sich: „Mich hat's auf die Decke vom Autobus hinauf geschleudert, hat mich dann zur Eingangstür hingeschleudert. Erst wie ich am Boden gelegen bin, und das Wasser ist bei der Tür hereingeronnen, habe ich mich aufrappeln können, benommen natürlich, und hab' dann geschaut, was überhaupt los ist. Da seh' ich neben mir das Brückengeländer in der Donau. Ich hab' das momentan gar nicht fassen können, daß es so was gibt, daß so was passieren kann."

Doch es ist passiert, das Unglaubliche ist passiert: Eine große Brücke ist hier eingebrochen und komplett in die Donau gestürzt. Dieser Einsturz wurde auch zufällig von einer Frau in der Nachbarschaft beobachtet. Sie war aufgewacht, weil es zu regnen begann. Davon will sie sich überzeugen und geht zum Fenster: „Ich schau' hinaus, wirklich es regnet, dann dreh' ich mich halb um, da gibt es einen gewaltigen Krach, ich schau', eine Staubwolke und die Brücke war weg." Ein Taxilenker kann seinen Wagen gerade noch zum Stehen bringen, als er die Brücke vor sich im Abgrund verschwinden sieht. Nun treffen Feuerwehr, Rettung und Polizei ein. Da man nicht genau weiß, ob es tatsächlich nur die beiden Fahrzeuge waren, die sich zum Zeitpunkt des Einsturzes auf der Brücke befanden, wird eine großangelegte Suche eingeleitet. Der Kleintransporter wird gefunden, der Wagen ist zertrümmert, sein Fahrer tot. Auch ein rumänisches Passagierschiff wurde beschädigt, es lag bei der Brücke vor Anker. Doch da gibt es keine Opfer.

Felix Slavik zieht die Konsequenzen, er tritt als Bürgermeister von Wien zurück.

Zum Nachfolger Slaviks wird der populäre Politiker Leopold Gratz gewählt.

Gertrude Fröhlich-Sandner: Ich habe bedauert, daß ein Politikerleben so abrupt beendet wurde.

Zunächst will es niemand glauben: Die Wiener Reichsbrücke ist am frühen Morgen des 1. August 1976 eingestürzt. Ein auf der Brücke befindlicher Kleintransporter wurde dabei zertrümmert, sein Fahrer getötet. Aber der Chauffeur eines Autobusses überlebt den Absturz beinahe unversehrt.

Nun wird der Brückeneinsturz zum Spektakel. Hunderte, Tausende Schaulustige strömen herbei, um sich das Unglück anzusehen: Auf der eingeknickten Brücke, inmitten der Donau, steht noch der Autobus, aus dem der Chauffeur Volcamsek mühsam gerettet worden war. Wäre die Brücke in der Hauptverkehrszeit eingestürzt, hätte es vermutlich Hunderte Opfer gegeben. Nun wird die Frage nach Schuld und Verantwortung gestellt. Erst viele Wochen später

Der Autobus selbst wird von einem Schwimmkran geborgen (links). Das Bild unten zeigt die markante Silhouette der Reichsbrücke vor ihrem Einsturz.

wird eine Expertenkommission zu dem Schluß kommen, daß die in den Brückenpfeilern verwendeten Materialien offenbar nicht von der Qualität waren, die sie hätten aufweisen müssen. Hatte man beim seinerzeitigen Bau nachlässig geprüft? War es vielleicht sogar Sabotage, immerhin war die Brücke während der Zeit des autoritären Ständestaats errichtet worden und wurde damals als eine Errungenschaft der christlichsozialen Stadtverwaltung gefeiert. Eine Antwort auf diese Fragen kann nicht gefunden werden. Ebenso schwer tut man sich mit der Frage, ob es den an sich regelmäßig durchzuführenden Inspektionen nicht hätte auffallen müssen, daß sich hier eine Katastrophe anbahnte. Letztlich gibt es auch hier keine schlüssige Antwort, die Inspektionen seien regelmäßig und sorgfältig durchgeführt worden, die Katastrophe sei nicht vorauszusehen gewesen. Aber in der Öffentlichkeit wird zumindest eine politische Konsequenz gefordert, müßte da nicht der Bürgermeister zurücktreten? Es gibt einen Rücktritt: Der Wiener Planungsstadtrat Fritz Hofmann übernimmt die politische Verantwortung, Gratz bleibt Bürgermeister.

Der Schiffsverkehr auf der Donau kann erst nach Wochen wieder aufgenommen werden, nachdem die Trümmer der Reichsbrücke aus dem Wasser geborgen sind. Eine neue Reichsbrücke wird in der Rekordzeit von zwei Jahren errichtet.

Kirchschläger wird Bundespräsident

Wir sind der Zeit ein wenig vorausgeeilt. Aber wir bleiben in Wien. Hier stirbt am 24. April 1974 Bundespräsident Franz Jonas im 75. Lebensjahr nach einer schweren Krebserkrankung. Er war neun Jahre im Amt, länger als jeder Bundespräsident vor ihm. Im Unterschied zu Körner und Schärf finden die Begräbnisfeierlichkeiten für Jonas ohne kirchlichen Beistand statt. Die Mitglieder des Nationalrats und des Bundesrats treten im alten Reichsratssitzungssaal des Parlaments zu einer Trauerfeier zusammen. Hier hat Jonas 1965 und 1971 sein Gelöbnis als Bundespräsident abgelegt. Nach dieser Trauerfeier findet in der Säulenhalle des Parlaments der offizielle Staatstrauerakt statt. Von dort wird der Sarg von sechs Bundesheeroffizieren aus dem Parlament auf die Ringstraße getragen und auf eine Lafette gehoben. Als der Sarg das Parlament verläßt, bläst der Trompeter der Gardemusik das „Ankunftssignal" – zum Zeichen, daß der höchste

Mann des Staats das Parlament verlassen hat und angekommen ist, seinen letzten Weg zu gehen.

Der Tod Franz Jonas' macht eine Präsidentenwahl notwendig. Bruno Kreisky schlägt der SPÖ seinen Kandidaten vor: Es ist Rudolf Kirchschläger, bis dahin Außenminister der Kreisky-Regierung. Kirchschläger ist parteilos und kann daher für sich in Anspruch nehmen, daß er über den Parteien steht. Er verfügt über große Erfahrung in der Weltpolitik und kennt als langjähriger Leiter der Rechtsabteilung und Kabinettschef des Außenministeriums auch das Räderwerk der staatlichen Bürokratie. Als Berater mehrerer Außenminister saß er bei allen wichtigen internationalen Aktionen Österreichs mit am Verhandlungstisch – als es um den Staatsvertrag, um Südtirol, um die EFTA und um die EWG ging. Kirchschläger kann sich als ein rundum versierter Staatsmann präsentieren.

Das heißt nicht, daß die Bevölkerung ihr Vertrauen nicht auch einem rundum versierten Politiker zu schenken geneigt wäre. Und im ersten Moment glaubt man ihn in der ÖVP auch schon gefunden zu haben: Der frühere Generalsekretär, Vizekanzler und Bundesparteiobmann der ÖVP, Hermann Withalm, soll gegen Kirchschläger ins Rennen geschickt werden. Doch dann steht sich die ÖVP-Führung wieder einmal selbst im Weg. Aus Gründen, die Withalm selbst auch Jahre danach noch immer nicht ganz klar sieht, wird daran gezweifelt, ob ein so ausgeprägter politischer Kopf gegen Kirchschläger eine Chance haben könnte. Vielmehr sollte man Kirchschläger jemanden entgegensetzen, der von der Bevölkerung als Vaterfigur empfunden wird, waren doch die bisherigen Bundespräsidenten solche Vaterfiguren. Und so fällt die Wahl der ÖVP auf den Bürgermeister von Innsbruck, Alois Lugger. Ein großgebauter, weißhaariger Mann, der sich während der beiden in Innsbruck abgehaltenen Olympischen Winterspiele als umsichtiger und auch international gewandter Organisator und Stadtvater bewährt hat. Man sah ihn oft im Fernsehen, politisch war er nie umstritten – im Gegensatz zu Withalm, der in der Politik oft an vorderster Front stand und so manchen Sturm im Parlament und auch innerhalb der ÖVP auszuhalten hatte. So sprechen sich die Landesparteiobmänner der ÖVP für Lugger und gegen Withalm als ÖVP-Kandidaten für diese Bundespräsidentenwahl aus. Sie wird am 23. Juni 1974 abgehalten. Kirchschläger gewinnt mit einem Vorsprung von 153 897 Stimmen und erhält 51,7 Prozent der Stimmen.

Kirchschlägers Angelobung erfolgt, wie die seiner Vorgänger, im alten Reichsratssaal des Parlaments. Als Nationalratspräsident Anton Benya die Gelöbnisformel verlesen hat, spricht sie Kirchschläger nach und ergänzt sie von sich aus mit den Worten „... so wahr mir Gott helfe". Diese Ergänzung ist verfassungsmäßig erlaubt. In der Zweiten Republik verwendet der bekennende Katholik Kirchschläger sie als erster.

Nach seiner Angelobung trifft Kirchschläger auf dem Heldenplatz ein, wo er als Oberbefehlshaber des Bundesheers von den führenden Militärs begrüßt wird und danach die angetretene Formation der Garde abschreitet. Auf dem Burgtor und auf der Präsidentschaftskanzlei werden die rotweißroten Fahnen mit dem Staatswappen hochgezogen – Österreich besitzt wieder ein Staatsoberhaupt. Nach Kranzniederlegungen im Weiheraum des Burgtors und in der Heldenkrypta, zum Gedenken an die Gefallenen und an die Opfer des Nationalsozialismus, defiliert die Garde im Paradeschritt an Kirchschläger und an den Spitzen des Staats vorbei. Am Ende der Zeremonie sollte Kirchschläger in den bereitstehenden Mercedes 600 einsteigen und von einer Polizeieskorte zur Präsidentschaftskanzlei auf den Ballhausplatz geleitet werden. Doch mit einer energischen Handbewegung wirft Kirchschläger die bereits geöffnete Tür des

Bei der Präsidentenwahl 1974 unterliegt der Innsbrucker Bürgermeister Alois Lugger dem Kandidaten der SPÖ Rudolf Kirchschläger, dem bisherigen Außenminister der Regierung Kreisky (links). Nach der Angelobung Kirchschlägers vor beiden Häusern des Parlaments defiliert das Garderegiment auf dem Heldenplatz vor dem neuen Bundespräsidenten. Kirchschläger begibt sich danach zu Fuß in seinen neuen Amtssitz in der Hofburg.

Wagens zu und begibt sich zu Fuß über den Heldenplatz zu seinem neuen Amtssitz. Auf dem Platz hatten sich Tausende Menschen eingefunden, um dem militärischen Schauspiel zuzusehen. Jetzt kommt der Bundespräsident zu ihnen, geht mitten durch die Menge. Dementsprechend groß ist der Jubel. Und Kirchschläger genießt ihn.

Schleinzer führt die ÖVP

Die Wahl Kirchschlägers wird von Kreisky als Sieg der SPÖ und auch als sein persönlicher Sieg gewertet, hatte er doch Kirchschläger als Kandidaten vorgeschlagen. Neuerlich sind also SPÖ und Kreisky im Aufwind. Um so schlimmer ergeht es der ÖVP. Sie hat nun schon zwei Nationalratswahlen und zwei Bundespräsidentenwahlen verloren. Auch kann sich die ÖVP immer noch nicht mit der Oppositionsrolle abfinden. 25 Jahre lang hatte sie die Bundeskanzler gestellt, 25 Jahre lang war – wie sie meinte – die Führung des Landes ihr anvertraut. Ihre Funktionäre waren gewohnt „zu regieren", was sie anschafften, was sie zusagten, das wurde auch gemacht. Damit ist es vorbei. Jetzt gelte es, um die Rückkehr an die Regierung zu kämpfen. Dazu aber wäre zweierlei notwendig: Ein überzeugendes Parteiprogramm, das als Alternative zur Regierungstätigkeit der SPÖ angeboten werden könnte, und eine Politikerpersönlichkeit, die es mit Kreisky aufnehmen kann. Karl Schleinzer, der Withalm im Juni 1971 als Parteiobmann abgelöst hat, verfügt über eine Reihe guter Eigenschaften – er hat ein fundiertes Wissen, begegnet den Problemen mit Sachlichkeit und Objektivität, versucht allen gegenüber gerecht zu sein. So auch hat er die Ressorts geführt, denen er als Minister vorstand, die Landesverteidigung und die Landwirtschaft. Und er hat in beiden Ressorts mit seinen Führungsqualitäten auch viel erreicht. Aber eine charismatische Persönlichkeit ist Schleinzer nicht. So versucht er, der ÖVP zumindest die Argumente an die Hand zu geben, mit der sie gegenüber der Regierungspolitik Kreiskys wirksame Opposition betreiben könnte.

Nach dem Konzept Schleinzers sollen innerhalb der ÖVP Arbeitsausschüsse gebildet werden, die alle politischen und gesellschaftlichen Bereiche abdecken: Kultur, Umwelt, Verkehr, Landwirtschaft, Finanzen, Familie, Gesundheit usw. Diese Ausschüsse, in

Karl Schleinzer löst Hermann Withalm als Bundesparteiobmann der ÖVP ab. Bei den Nationalratswahlen 1975 wollte er die Partei zum Sieg führen. Doch wenige Wochen vor der Wahl kommt Schleinzer bei einem Autounfall ums Leben.

denen Politiker und Experten sitzen, sollen den 80 ÖVP-Abgeordneten im Nationalrat zu allen Regierungsvorlagen entsprechende Alternativvorschläge zuleiten und die Abgeordneten darüber hinaus mit Grundlagen für eigene Initiativen ausstatten. Die Ausschüsse kommen auch zustande. Aber ihre Arbeit läßt zu wünschen übrig, immer wieder gibt es Streitigkeiten zwischen Politikern und Experten, und die harte Arbeit, die dieses Konzept erfordern würde, wird kaum geleistet. Die Abgeordneten erhalten die geplanten Unterlagen immer seltener, und oft können sie auf Regierungsvorlagen erst reagieren, wenn diese schon im Parlament eingebracht sind.

Ein eigener Programmausschuß soll daher ein neues, durchschlagskräftiges Parteiprogramm ausarbeiten. Jüngere, reformfreudige Funktionäre werden damit beauftragt: Josef Krainer jun. aus der Steiermark, Erhard Busek, der neue Generalsekretär des Wirtschaftsbunds, Josef Höchtl, der aus der ÖVP-Jugend kommt, Wilfried Haslauer, der spätere Landeshauptmann von Salzburg und – aus der bisherigen Führungsgarnitur – Alfred Maleta, Herbert Kohlmaier und Karl Pisa. Bei einem außerordentlichen Bundesparteitag der ÖVP in Salzburg, im Dezember 1972, wird das neue Programm beschlossen. Es steht unter dem Titel „Österreichs Zukunft gestalten". Doch es bietet fast nur Generelles an: Die ÖVP definiere sich als eine Partei der fortschrittlichen Mitte, sie bekenne sich im Geiste des Zweiten Vatikanischen Konzils zum Christentum, sie trete dafür ein, daß alle Bürger das Recht auf Eigentum haben und auch Eigentum besitzen sollen, die Entscheidungs- und Handlungsfreiheit jedes Menschen müsse garantiert sein. Und das Programm fordert ein dynamisches Eingehen auf alle Gebiete des Lebens. Gleichzeitig mit der Verabschiedung dieses „Salzburger Programms" werden auch die Parteistatuten der ÖVP geändert, die Partei als solche soll gegenüber den Bünden und auch gegenüber den Landesparteien gestärkt werden. Solcherart soll dem Parteiobmann mehr Durchschlagskraft verliehen werden.

Aber trotz dieses Programms und trotz der neuen Parteistatuten gelingt es der ÖVP nicht, in der laufenden Regierungsperiode von 1971 bis 1975 eine glaubwürdige, vom Wähler als besser empfundene Alternative zur Regierungspolitik Kreiskys zu entwickeln. Dabei gäbe es gute Ansätze, die Regierungspolitik auf manchen Gebieten in

In diesem Auto ist Karl Schleinzer gestorben. Die Ursache des Unfalls konnte nie restlos geklärt werden.

Zweifel zu ziehen. Eine Reihe der von der Regierung durchgeführten Reformen, insbesondere auf sozialem Gebiet, sind durch das normale Steueraufkommen nicht zu finanzieren, die Regierung macht Schulden in einem volkswirtschaftlich kaum noch zu verantwortenden Ausmaß. Trotz der Reformansätze in der verstaatlichten Industrie und der dort durchgeführten Fusionen müssen immer mehr Steuermilliarden dem verstaatlichten Sektor zugeschossen werden.

Die Regierung gibt das Anwachsen des Schuldenbergs zu, doch Kreisky verteidigt das mit einem anscheinend sehr überzeugenden Vergleich: „Wenn mich einer fragt, wie denn das mit den Schulden ist, dann sage ich ihm, was ich immer wieder sage, daß mir ein paar Milliarden mehr Schulden weniger schlaflose Nächte bereiten als ein paar hunderttausend Arbeitslose mehr mir bereiten würden." Die Schulden würden also gemacht, um Arbeitsplätze zu sichern. Und in der Tat herrscht in Österreich immer noch Vollbeschäftigung, während sich andere westeuropäische Staaten, hauptsächlich auch als Folge der Ölpreiserhöhung, in einer Wirtschaftskrise mit steigender Arbeitslosigkeit befinden.

Die ÖVP verfügt zwar mit Stephan Koren, dem früheren Finanzminister, über einen der besten Finanzexperten des Landes, der der SPÖ-Regierung nach Strich und Faden nachweisen kann, was sie sich leistet, ohne es sich leisten zu können, und welche finanziellen Belastungen sie späteren Generationen hinterlassen wird. Aber auch Koren ist ein sachlicher, stets um Objektivität bemühter Mann, und er und Schleinzer können es mit dem ungemein gewandten, sachliche Argumente mit spitzen Pointen abwehrenden Kreisky nicht wirklich aufnehmen. Schleinzer weiß dies, und in seiner Selbsteinschätzung liegt wohl auch schon eine Portion Resignation: Er, Schleinzer, sei nun einmal aus einem nüchterneren Holz geschnitzt als Kreisky, wenn die Österreicher einen „Alleinunterhalter" wollen, der seine Politik, auch wenn sie schlechte Ergebnisse bringe, mit guten Pointen zu servieren verstehe, dann seien sie beim amtierenden Bundeskanzler gut aufgehoben. Er, Schleinzer, sei die Alternative dazu: Weniger ankündigen, dafür mehr überlegen, weniger improvisieren,

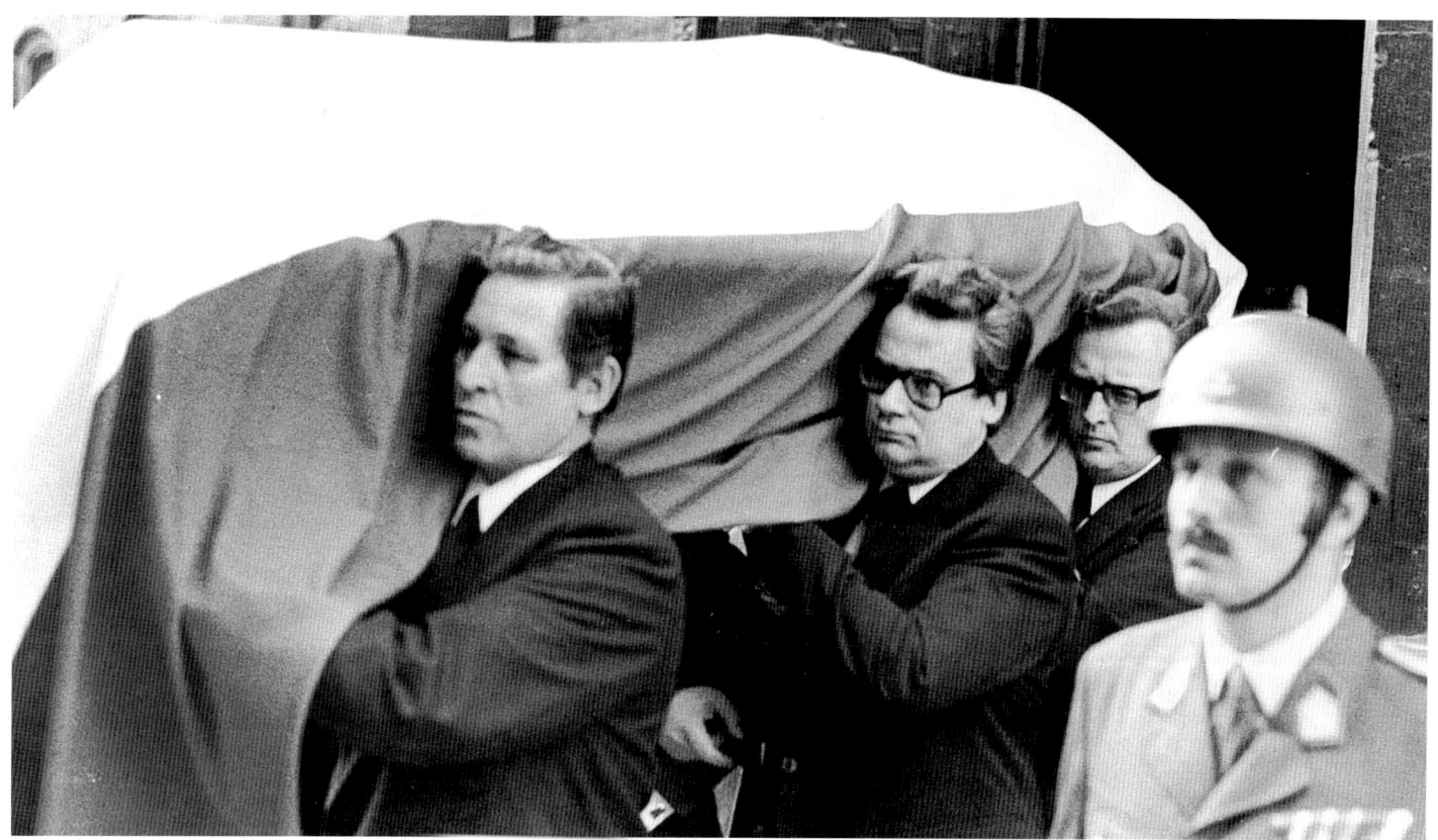

Sie gehörten, wie Schleinzer, zu den Reformern in der ÖVP, jetzt tragen sie ihn zu Grabe: Josef Krainer jun., Erhard Busek, Josef Taus.

dafür längerfristig planen, weniger wahllos versprechen, dafür den Schwachen wirksamer helfen. Und im Sinne dieser Selbsteinschätzung wird Schleinzer nun auch als Kanzlerkandidat der ÖVP für den Wahlkampf 1975 aufgebaut. In ihm verkörpere sich Wirtschaftskompetenz, Ehrlichkeit und Glaubwürdigkeit, Verläßlichkeit, Systematik in all seinem Tun, Ruhe durch eine in sich gefestigte Persönlichkeit, analytische Intelligenz. Dementsprechende Plakate werden gedruckt, dementsprechende Parolen ausgegeben.

Ein tragischer Tod

Doch dann geschieht es. Im Juli will Schleinzer bei einem Segelurlaub im Mittelmeer noch Kraft für den bevorstehenden Wahlkampf schöpfen. Am Samstag, den 19. Juli verläßt er in Rhodos das Boot, fliegt nach Wien, fährt in seine Wohnung im vierten Bezirk, sichtet die Post, führt ein letztes Telefongespräch mit der Parteizentrale und tritt gegen 12 Uhr Mittag am Steuer seines Wagens die Fahrt nach Kärnten an, wo er in seinem Heimatort St. Oswald von seiner Familie erwartet wird. Bei der Ortsausfahrt von Bruck an der Mur wird beobachtet, wie Schleinzer über das Lenkrad seines Wagens nach vorne sinkt, die Kontrolle über das Fahrzeug verliert und mit einem entgegenkommenden Sattelschlepper frontal zusammenstößt. Herbeieilende Helfer können den schwer verletzten Schleinzer nicht rasch genug aus dem zertrümmerten Wagen holen. Als Rettung und Feuerwehr eintreffen, ist Schleinzer bereits tot. Die Obduktion des Leichnams ergibt keinen Hinweis auf irgendein körperliches Versagen vor dem Unfall. So wird angenommen, daß Schleinzer durch starke Ermüdung die Kontrolle über den Wagen verloren hat. Er hinterläßt eine Frau, einen Sohn und vier Töchter.

So tragisch der Tod Schleinzers für seine Familie ist, so besteht nun auch unmittelbarer Handlungsbedarf bei der ÖVP. Noch am selben Abend ruft der Wirtschaftsbundpräsident Rudolf Sallinger die führenden Politiker der ÖVP zur Beratung in seine Wohnung. In drei Monaten wird gewählt. Bis dahin muß der Nachfolger Schleinzers

Rudolf Sallinger, Präsident des Wirtschaftsbunds und Präsident der Bundeshandelskammer, wird zum Königsmacher in der ÖVP. Er stellt die Weichen, die zur Wahl von Josef Taus als Obmann und Erhard Busek als Generalsekretär der Partei führen (unten). Zwei ernsthafte Gegenkandidaten, Stephan Koren und Alois Mock (mit Sallinger links im Bild), stellen sich daraufhin nicht der Wahl. Koren wird später Präsident der Nationalbank, aber Alois Mock wird sein Ziel noch erreichen.

als glaubwürdiger Gegenkandidat zu Kreisky aufgebaut sein. Drei mögliche Nachfolger werden vorgeschlagen: der Finanzsprecher der ÖVP und Klubobmann Stephan Koren, der frühere Unterrichtsminister Alois Mock und der frühere Staatssekretär, Wirtschaftsfachmann und Generaldirektor der Girozentrale Josef Taus. Jeder von ihnen hat seine Vorzüge, gegen jeden von ihnen gibt es Einwände. Doch dann einigt man sich auf Taus. Dieser nimmt nach kurzer Bedenkzeit an. Und er stellt auch gleich eine Bedingung: Statt des bisherigen Generalsekretärs Kohlmaier soll Erhard Busek in diese Funktion gewählt werden. Taus war in der Regierung Klaus als Staatssekretär für die verstaatlichten Unternehmungen verantwortlich, ist noch immer Vorsitzender des Aufsichtsrats der ÖIAG und sitzt auch in den Aufsichtsräten der ÖMV und der VOEST-Alpine. Er kennt sich also aus in diesem so wichtigen, aber auch umstrittenen Wirtschaftssektor. Busek kommt aus der Katholischen Jugend, war ab 1962 Klubsekretär der ÖVP im Parlament, wurde von Withalm in den Wirtschaftsbund entsandt, wo er zunächst als stellvertretender Generalsekretär und ab 1972 als Generalsekretär amtiert.

Rudolf Sallinger ist der Königsmacher. Dem rasch einberufenen 18. außerordentlichen Parteitag der ÖVP am 31. Juli 1975 schlägt er nun dieses Team vor. Taus und Busek werden fast einstimmig zum neuen Obmann und zum neuen Generalsekretär der Partei bestellt. Taus ruft einem jubelnden Parteitag zu: „Unser Wahlziel ist klar, wir wollen wieder mandatsstärkste Partei werden, und wir bieten nach der Wahl Zusammenarbeit an." Taus will also eine große Koalition mit der SPÖ. Doch gleichzeitig hält er sie für gefährlich: „Die Nationalratswahl am 5. Oktober muß so ausfallen, daß die SPÖ auf jenes Maß reduziert wird, wie es für die Demokratie noch erträglich ist!"

Der Wahlkampf 1975 wird zu einem guten Teil bereits im Fernsehen ausgetragen. Die Spitzenkandidaten der drei Parteien, Kreisky, Taus und Peter, liefern dem Fernsehpublikum in einer harten, zum Teil gehässig geführten TV-Diskussion den ersten Höhepunkt des Wahlkampfs. Danach kommt es zu einem vielbeachteten Duell der Spitzenkandidaten der beiden Großparteien, Taus und Kreisky. Taus wirft Kreisky die hohe Staatsverschuldung vor und bietet gleichzeitig an, in der künftigen Regierung Kreisky helfend zur Seite zu stehen. Kreisky will davon nichts wissen. Man könne sich solche Staatsschulden durchaus leisten, und Kreisky zitiert dazu aus einer

Josef Taus, der neue Bundesparteiobmann.

Erhard Busek – neuer Generalsekretär der ÖVP.

Die Fernsehdebatte, die in die Geschichte eingeht. Taus: „Genau zitieren, genau zitieren." – Kreisky: „Nicht mich schulmeistern."

Josef Taus: Wir wollen wieder mandatsstärkste Partei werden.

Broschüre, die Taus selbst geschrieben hat. Dabei kommt es zu einem Eklat, den sich die Wählerinnen und Wähler länger und besser gemerkt haben als alle Wahlparolen. Taus fordert Kreisky mit erhobenem Zeigefinger auf: „Genau zitieren, genau zitieren." Kreisky unterbricht, sieht Taus vorwurfsvoll an und meint: „Herr Dr. Taus, keine versteckten Insinuationen (Unterstellungen). Wenn ich also zitiere, zitiere ich genau. Nicht mich schulmeistern." Taus: „Ich schulmeistere Sie nicht." Kreisky: „Sie haben gesagt, ich soll genau zitieren. Ich habe noch nicht zitiert, und Sie haben schon vorausgesetzt, daß ich es nicht genau tue. Ich zitiere genau. Ich kann nur nicht das ganze Kapitel vorlesen – die Grenzen der Staatsverschuldung. Wie weit kann sich ein Staat verschulden, eine klare einfache Frage, auf die es keine klare und einfache Antwort gibt." Schlußfolgerung: Auch Taus wüßte da kein Patentrezept. Die SPÖ hingegen schon: Sie sichere mit ihrer Finanzpolitik die Arbeitsplätze und habe, wie keine andere Regierung in Europa, ein soziales Netz geschaffen, das jeder Österreicherin und jedem Österreicher Sicherheit in allen Lebenslagen garantiere: Heiratsbeihilfe, Geburtenbeihilfen, Mutter-Kind-Paß, Gesundenuntersuchungen gratis für alle, Lohnfortzahlung im Krankheitsfall, Gratisschulbücher, Schülerfreifahrten, Gratisstudium, 40-Stunden-Woche, Pensionsdynamik und dazu noch Mitbestimmung schon in der Schule, an der Universität, in den Betrieben. Und mit der Fristenlösung und der Gleichberechtigung der Frau im neuen Familienrecht habe man ein völlig neues gesellschaftliches Klima geschaffen. Das Wahlversprechen, den Wehrdienst herabzusetzen und neben diesem als Alternative den Zivildienst einzuführen, sei von der SPÖ ebenfalls gehalten worden. Gegen diese Art der Beweisführung zählt der Vorwurf, man habe dies alles durch eine immer schneller ansteigende Verschuldung und durch eine relativ hohe Inflationsrate – bis über 10 Prozent – teuer, ja zu teuer erkauft, bei der Bevölkerung nur wenig. Außerdem setzt die SPÖ auf die große Popularität Bruno Kreiskys.

Waren sich die Meinungsforscher nicht sicher, ob die SPÖ nochmals die 50-Prozent-Marke erreichen könnte, so stimmten alle Meinungsforschungsinstitute doch darin überein, daß Kreisky als Person weit über 50 Prozent der Stimmen erhalten würde. So lautete die zentrale Wahlparole der SPÖ folgerichtig: Wer Kreisky will, wählt SPÖ. Und so ist es offenbar auch. Obwohl bereits fünf Jahre an der Regierung, kann die SPÖ bei den Wahlen 1975 ihren Stimmenanteil sogar noch etwas erhöhen und zieht erneut mit 93 Abgeordneten in den Nationalrat ein. Auch ÖVP und FPÖ bleiben bei ihrem bisherigen Mandatsstand, die ÖVP erhält 80, die FPÖ 10 Mandate. Kreisky und die SPÖ-Alleinregierung bleiben damit für die nächsten vier Jahre sicher im Amt. Doch schon bald nach der Wahl muß Finanzminister Hannes Androsch zugeben, daß das prognostizierte Budgetdefizit von 20 Milliarden für das Haushaltsjahr 1975 nicht gehalten werden könne, es dürften 30 Milliarden werden. Als das Haushaltsjahr abgerechnet wurde, waren es dann 40 Milliarden.

Kreisky holt sich einen Kronprinzen

Ein Jahr zuvor hatte der Österreicher Friedrich August von Hayek für seine bahnbrechenden Arbeiten auf dem Gebiet der Wirtschaftswissenschaften den Nobelpreis erhalten. Hayek, in Wien geboren, erster Direktor des Österreichischen Wirtschaftsforschungsinstituts, später Professor an der London School of Economics, warnt davor, Arbeitsplätze durch Schulden und Inflation zu sichern: „So ein Versuch führt dazu, daß immer mehr und mehr Arbeit an Arbeitsplätze gelenkt wird, wo sie nur durch fortgesetzte Inflation erhalten werden kann, und je länger wir die Inflation fortsetzen, desto größer wird

Nobelpreise für drei Österreicher. Links: Der schwedische König Carl XVI. Gustav überreicht im feierlichen Rahmen Friedrich August von Hayek den Preis für seine Arbeiten auf dem Gebiet der Wirtschaftswissenschaften. Links unten: Der Verhaltensforscher Konrad Lorenz erhält den Preis für sein Lebenswerk, und Karl Frisch (unten) für seine Entdeckung der Bienensprache.

Ein allzuguter Anfang: Kreisky und Hannes Androsch verbringen sogar die Urlaube am selben Ort (rechts), um sich stets rasch verständigen zu können. Nach dem Tod des Bundespräsidenten Jonas sind Firnberg, Androsch und Gratz der Meinung, Kreisky möge für die Bundespräsidentschaft kandidieren. Androsch und Gratz wären in diesem Fall Kreiskys Nachfolger als Bundeskanzler und Parteiobmann. Mit diesem Vorschlag handeln sie sich das Mißtrauen Kreiskys ein (unten).

schließlich die Arbeitslosigkeit werden. Es ist daher vernünftiger, die Inflation, selbst um den Preis einer merklichen Arbeitslosigkeit, abzubrechen und damit zu verhindern, daß wir später mit noch größerer Arbeitslosigkeit zu kämpfen haben." Hayek wendet sich damit gegen die von John Maynard Keynes aufgestellte Wirtschaftstheorie, daß der Staat durch Umverteilung und Lenkung von Finanzströmen, also durch Intervention, eine fast uneingeschränkte wirtschaftliche Konjunktur erzeugen könne.

Kreisky geht diesen Weg. Und er kann ihn gehen, weil er mit Hannes Androsch einen tüchtigen und phantasievollen Finanzminister an seiner Seite hat. Kreisky hatte ihn schon in die Minderheitsregierung geholt. Androsch war 33 Jahre alt, als er das Amt des Finanzministers antrat. Und auf keine Ministerberufung war Kreisky so stolz wie auf diese. Androsch leitet eine erfolgreiche Kanzlei für Steuer- und Wirtschaftsberatung. Er hat also Erfahrung im Umgang mit Steuern und Finanzen. Und Androsch erfüllt die Erwartungen Kreiskys, er geht elastisch auf dessen Pläne ein und findet immer neue Wege, wie diese zu finanzieren seien. Bald bilden Kreisky und Androsch ein eigenes Team innerhalb der Regierung. Auch privat

verstehen sie einander bestens, verbringen gemeinsame Schiurlaube am Arlberg, und was sie dort gemütlich bei einem Glas Wein am Abend besprechen, wird oft am nächsten Tag schon Regierungsprogramm. Diese enge Beziehung läßt bald vermuten, daß Kreisky Androsch zum Kronprinzen heranziehe, zu seinem Nachfolger. Aber was der Öffentlichkeit zunächst verborgen bleibt, ist die Trübung, die dieses Verhältnis schon 1974 erfährt.

Nach dem Tod des Bundespräsidenten Jonas sind einige der Spitzenpolitiker der SPÖ der Ansicht, daß Bruno Kreisky sich der Wahl zum Bundespräsidenten stellen sollte. Dies würde der SPÖ den Sieg bei dieser Wahl sichern und gleichzeitig auch den Weg freimachen für eine Verjüngung an der Spitze der Partei. Und dazu bieten sich auch zwei junge, dynamische und populäre Politiker an: Hannes Androsch könnte Bundeskanzler und Leopold Gratz Vorsitzender der SPÖ werden. Broda, Firnberg, ein Teil des Parlamentsklubs würden dies unterstützen. Sie alle kommen mit Kreisky nicht gut zurecht, sie finden ihn zu dominierend, und er findet sie zu eigenwillig, wohl auch zu eigenständig. Als Kreisky mit diesem Vorschlag konfrontiert wird, reagiert er verärgert, enttäuscht, gekränkt. Man wolle ihn also abschieben, ihn aus der aktiven Politik verdrängen. Die rasche Versicherung, besonders von seiten Androschs und Gratz', dies wäre nicht so, man wollte damit nur eine noch stärkere, noch breitere Basis für die SPÖ schaffen, nimmt Kreisky zwar zur Kenntnis, aber vergessen hat er diesen Vorstoß nicht mehr.

Konflikt um den harten Schilling

Doch das ist nicht der einzige Grund, weshalb sich das Verhältnis zwischen Kreisky und Androsch verschlechtert. Androsch erkennt, daß er seine – und Kreiskys Art der Finanzpolitik nur so lange wird durchhalten können, als er dafür auch Verständnis und Unterstützung der Gewerkschaften erhält. Er versucht daher, ein gutes und menschlich nahes Verhältnis zum ÖGB-Präsidenten Anton Benya aufzubauen. Doch in den Regierungen Kreisky gibt es, wie schon berichtet, ein ungeschriebenes Gesetz: Der ÖGB hat das Recht, aus seinen Reihen einige Minister zu stellen, aber alle anderen stellt Kreisky. Der ÖGB kann über seine Minister Einfluß auf Teile der Regierungspolitik nehmen, alles andere bestimmt Kreisky. Hannes Androsch wurde von Kreisky entdeckt, geholt und zum Minister gemacht. Von ihm erwartet Kreisky uneingeschränkte Loyalität. In der Frage der Haushaltspolitik, der Kreditaufnahmen, der Weiterfinanzierung der verstaatlichten Industrie, stimmen Kreisky und Androsch nicht mehr ganz überein. Kreisky meint, man könne sich dieses und noch mehr leisten, wenn man einen weicheren Schilling in Kauf nehmen würde, also eine höhere Inflationsrate und eine leichte Abwertung des Schillings.

Androsch ist ganz dagegen, er tritt für einen harten Schilling ein. Dazu Androsch: „Weil wir uns mit einem starken Schilling Stabilität einhandeln konnten und gleichzeitig uns selbst zur Disziplin zwingen mußten. Das setzte voraus, daß vor allem in der Einkommenspolitik die Gewerkschaften mittun. Und dazu waren sie wieder bereit, weil wir mit einer auf Investitionen und Investitionsförderung gezielten expansiven Budgetpolitik durch die siebziger Jahre eine Vollbeschäftigung mit nicht mehr als zwei Prozent Arbeitslosigkeit sichern konnten. Die Hartwährungspolitik war also ein Eckpfeiler, aber insgesamt war es ein Cocktail vieler subtiler Mittel. Für diese Phase, in der die Hochkonjunktur umgeschlagen hat in Währungsturbulenzen, in Erdölpreisexplosionen, in Konjunkturrückschläge, war es eine richtige, erfolgreiche, wirtschaftspolitische Konzeption." Sie wurde im nachhinein als Austro-Keynesianismus bezeichnet.

Äußeres Zeichen des Wohlstands und der Hartwährungspolitik. Finanzminister Androsch läßt goldene 1000-Schilling-Münzen prägen. Sie sind bald vergriffen.

Dazu Androsch: „Man kann genausogut Austro-Monetarismus sagen, und beides zusammen kommt vielleicht dann der Wahrheit am nächsten." Die Londoner „Financial Times" verleiht Österreich für dessen Wirtschafts- und Finanzpolitik den Preis, der in Fachkreisen „Wirtschafts-Oscar" genannt wird.

Aber an der Frage des harten Schillings entzündet sich ein ernster Konflikt zwischen Androsch und Kreisky. Denn in dieser Frage stellen sich Benya und der Gewerkschaftsbund hinter Androsch. Kreisky sieht darin fast so etwas wie einen Verrat, in seinen Augen ist Androsch damit ins andere Lager, in das des ÖGB übergelaufen. Als es darum geht, eine Währungsanpassung um 2,5 Prozent durchzuführen, kommt es zu einem Riesenwirbel mit der Bundeskammer, der Industriellenvereinigung, der Opposition. Androsch bietet Kreisky an, eine Verständigung über die Sozialpartner zu suchen. Das gelingt ihm auch. Androsch berichtet: „Ich war sehr erleichtert und habe freudestrahlend in der Armbrustergasse angerufen, um die Erfolgsmeldung durchzugeben. Mehr habe ich nicht gebraucht – ‚Da braucht's ihr mich überhaupt nicht mehr!' –, er war also völlig beleidigt und bös, weil die Einigung ohne ihn doch noch zustande gekommen ist. Und so haben sich dann immer mehr solche kleine Dinge aufgebaut, woran man sehen mußte, daß es auf die Dauer keine Harmonie mehr gibt."

Auf den Vorhalt, Androsch habe die Kreiskysche Arbeitsmarktpolitik – Schulden sind besser als Arbeitslose – mitgetragen und mitfinanziert, wehrt sich Androsch: „Mit der Formel konnte ich ganz gut leben, sofern man wußte, was man mit den Milliarden tut und mit welchen sonstigen Nebenbedingungen es getan wird. Das Problem war, als Kreisky begann, einen Paradigmenwechsel vorzunehmen von Vollbeschäftigungspolitik auf Arbeitsplatzgarantiepolitik. In einer sich ständig verändernden Welt kann es das nicht geben." Androsch meint, ab dann habe Kreisky versucht, die gesamte verstaatlichte Industrie über die Köpfe aller anderen hinweg zu leiten: „Zur Illustration genügt es ja, wenn ich in der Früh einen Betriebsrat anrief, und alle lang und mühevoll zustandegekommenen Entscheidungen waren über den Haufen geworfen. So kann man mit Sicherheit nicht und schon gar nicht erfolgreich eine Industrie führen."

Androsch muß gehen

Aber vermutlich wären selbst schwerwiegende Differenzen überbrückbar gewesen. Es ist vielmehr die zunehmende Popularität des Hannes Androsch, die nicht zu übersehende Unterstützung, die er durch den ÖGB erfährt, die Kreisky stört. Und auch in der Führungsspitze der SPÖ zeichnet sich eine Pro-Androsch-Fraktion ab, zu der Gratz, Firnberg, Broda, Benya, Waldbrunner, die Landeshauptmänner Kery und Wagner gehören. Kreisky fühlt sich da echt bedrängt. Und sein damaliger Pressesekretär Johannes Kunz, der diesen Konflikt aus nächster Nähe miterlebt hat, beurteilt das so: „Androsch hat aus der Sicht Kreiskys sehr früh Akte gesetzt, die so interpretiert werden konnten, und von Teilen der Medien auch interpretiert wurden, als ob Androsch bereits politisch so stark wäre, daß er die Kanzlerschaft übernehmen könnte und Kreisky eigentlich bereits verbraucht wäre und gehen sollte." Kunz erinnert dabei an den schon erwähnten Vorschlag von Firnberg, Gratz und Androsch, Kreisky solle nach Jonas für die Bundespräsidentschaft kandidieren: „Kreisky hat schon damals den Eindruck gehabt, man wolle ihn weghaben, und hat hier schon Gefühle der Aversion, nicht nur gegen Androsch, auch gegen Gratz entwickelt. Aber ich komme zum Kernpunkt zurück, ich glaube, es war ein Vater-Sohn-Konflikt. Kreisky hat gemeint, Androsch will zu früh das Kanzleramt und hat das Re-

vier verteidigt, wie ein Platzhirsch das Revier verteidigt. Das war der Kernpunkt des Konflikts."

1974/75 war der Bruch zwischen Kreisky und Androsch so gut wie vollzogen. Androsch erinnert sich: „Kreisky wurde gefragt, ob er noch hinter seinem Finanzminister stünde, und er hat gesagt, er steht neben ihm, also er schaut sich das von der Seite an, hieß das doch wohl. Und ich habe ihn dann gefragt, wie das eigentlich ist. Und da hat er gesagt, ja, jeder muß seine Sache selbst austragen. Sage ich, ja seine schon, aber unsere gemeinsame? Und da war spätestens bei mir der Bruch, wo ich gewußt habe, also das hat keine Zukunft. Dafür hat's dann allerdings noch fast sieben Jahre gedauert, mit aller Dramatik, mit der er mich letztlich also doch entfernen konnte." Jene, die Kreisky näher kannten, finden das nicht so überraschend: Kreisky hätte immer eine Scheu davor gehabt, Personen, die ihm unliebsam geworden sind, abzusetzen oder ihre Absetzung zu fordern. Konflikte habe er solcherart über lange Zeit hinweg ertragen und sie zu einem Kulminationspunkt steuern lassen, so daß sie sich dann administrativ selbst erledigt hätten. Der Fall Androsch erledigt sich letztlich auch administrativ. Beim Bau des neuen Allgemeinen Krankenhauses werden nicht nur eklatante Fehlplanungen, sondern auch finanzielle Unregelmäßigkeiten und dann auch noch Bestechungsaffären aufgedeckt. Dabei ergibt sich eine geschäftliche Verbindung zur Wirtschaftsberatungskanzlei des Hannes Androsch. Androsch selbst kann nichts vorgeworfen werden, aber nun kümmert man sich um die Finanzen seiner Kanzlei und um sein persönliches Vermögen. Androsch hat für einige Millionen ein Haus in Neustift am Walde erstanden, das Geld dafür hat ihm ein Wahlonkel zur Verfügung gestellt. Schließlich wird Androsch der Steuerhinterziehung beschuldigt. Das ist zwar nicht so ohne weiteres zu beweisen, und die entsprechenden Verfahren ziehen sich noch über Jahre hin. Aber Kreisky erklärt nun, daß der Besitz einer Steuerberatungskanzlei mit der Funktion eines Finanzministers unvereinbar sei. Als er Androsch 1970 zum Finanzminister machte, habe es diese Kanzlei unter dem Namen „Consultatio" noch nicht gegeben. Sie sei erst Monate später unter diesem Namen eingetragen worden und er,

Hannes Androsch: Das wurde immer mehr zur Konfrontation.

So sieht man sie immer öfter: Androsch strahlend, Kreisky mißvergnügt, und das ist nicht allein auf seine Krankheit zurückzuführen.

Kreisky, habe geglaubt, die Consultatio gehöre nicht Androsch, sondern dessen Mutter. Wie immer – Androsch muß nun gehen, tritt als Vizekanzler und Finanzminister am 20. Januar 1981 zurück. Anton Benya drängt darauf, Androsch nicht auf solche Art gehen zu lassen, und schlägt vor, ihn zum Generaldirektor der Creditanstalt-Bankverein zu machen. Das wird Androsch nun auch. Kreisky aber bestellt den bisherigen Gesundheitsminister Herbert Salcher zum neuen Finanzminister. Salcher und Androsch waren schon früher nicht die besten Freunde. Und nun tauchen im Finanzministerium Akten auf, die Androsch offensichtlich zusätzlich belasten. Die sich daraus ergebenden Verfahren führen 1987 schließlich auch noch zum Ausscheiden des Hannes Androsch als Generaldirektor der Creditanstalt-Bankverein.

Der Konflikt Kreisky–Wiesenthal

Einen Konflikt ganz anderer Art gibt es am Rande der Regierungsbildung 1975. In den Tagen vor der Wahl scheint es keineswegs sicher, daß die SPÖ auch diesmal wieder die absolute Mehrheit an Stimmen und Mandaten bekommen würde. Es liegt auf der Hand – und das von Kreisky seit 1970 gepflegte gute Verhältnis zu Friedrich Peter, dem Obmann der FPÖ, läßt dies um so mehr vermuten –, daß Kreisky in einem solchen Fall mit der FPÖ eine Koalition eingehen würde. Friedrich Peter würde dann wohl Vizekanzler werden. Diese Vorstellung ist für Simon Wiesenthal unerträglich. Wiesenthal hat sein Leben der Auffindung von Nazi- und Kriegsverbrechern gewidmet. Von Anfang an und immer wieder prangert er an, daß Österreich sich einer Ahndung solcher Verbrechen weitgehend verschließe. Wiesenthal hatte auch schon die erste Regierung Kreisky 1970 aufs Korn genommen, als er unter den Ministern gleich vier frühere Nationalsozialisten ortete. Vom FPÖ-Obmann Friedrich Peter ist bekannt – und er selbst hat dies stets zugegeben –, daß er sich zu Beginn des Zweiten Weltkriegs freiwillig zur Waffen-SS gemeldet habe und dort Unteroffizier geworden sei.

Wir erinnern uns: In jenem im böhmischen Schwarzsee im wahrsten Sinn des Wortes aufgetauchten Kriegstagebuch der 1. SS-Infanteriebrigade wird auch Friedrich Peter und dessen Funktion genannt. Diese Brigade hat hinter der Front im Zuge von sogenannten Säuberungsaktionen Partisanen, aber auch Zivilisten und unter ihnen vor allem Juden erschossen, ermordet. Peter hatte ausgesagt, daß er an solchen Aktionen nicht beteiligt gewesen sei, auch habe er nur zeitweise dieser Einheit angehört. Wiesenthal glaubt nun auf Grund eines weiteren Dokuments diesen Zeitraum zu kennen.

Simon Wiesenthal: Er muß diese Sache zurückziehen.

Eine Woche vor den Wahlen 1975 wendet sich Wiesenthal an Bundespräsident Kirchschläger. Dazu Wiesenthal: „Ich habe einen Brief geschrieben an den Bundespräsidenten. Ich habe gesagt, ich will die Wahl nicht stören, aber so wie die Sache aussieht, wird Kreisky die Freiheitliche Partei als Koalitionspartner nehmen. Und Kirchschläger wird eventuell Friedrich Peter als Vizekanzler angeloben müssen, und daß dieser 20 Monate bei jener SS-Brigade war. Wobei ich geschrieben habe, ich habe noch, Betonung auf noch, keinerlei Beweise für Peters persönliche Teilnahme an all diesen Verbrechen. Aber er wurde in jener Zeit vorgeschlagen für eine Auszeichnung." Daraus schließt Wiesenthal, daß Peter zur Zeit der Verbrechen bei der Brigade gewesen sein müßte. Und Wiesenthal übergibt Kirchschläger Dokumente, die diese Schlußfolgerung zulassen könnten. Der Bundespräsident leitet diese Dokumente an den Bundeskanzler weiter.

Kreisky erhält die absolute Mehrheit, er benötigt die FPÖ nicht als Koalitionspartner, und Peter wird daher auch nicht Vizekanzler. Aber Kreisky ist über die Intervention Wiesenthals empört. Und so erklärt Kreisky vor laufender Fernsehkamera: „Herr Peter hat mir persönlich die Erklärung abgegeben, daß er niemals an Erschießungen teilgenommen hat, daß er das Glück hatte, davon verschont geblieben zu sein. Und ich persönlich kann nur sagen, ich kenne den Herrn Ingenieur Wiesenthal, das ist eine Mafia, die hier am Werk ist. Ich halte es für im höchsten Maße unverantwortlich, daß jemand derartig gravierende Beschuldigungen, für die er, wie er selbst sagt, keine Beweise hat, einfach in die Welt setzen kann." Auf die Frage: „Glauben Sie, daß das eine politische Aktion war gegen die FPÖ oder auch gegen die SPÖ?" meint Kreisky: „Nein, das war eine Aktion hauptsächlich gegen mich gerichtet, nämlich für den Fall einer kleinen Koalition gegen mich Stimmung zu machen, eine Kampagne gegen mich zu entfesseln. Ich möchte ausdrücklich feststellen, daß ich die Verbrechen, die damals geschehen sind, in schärfster Weise verurteile und nichts mit denen zu tun haben möchte, die sie begangen haben. Das bedeutet aber nicht, daß diejenigen, die solche Behauptungen aufstellen, davon enthoben sind, dies auch zu beweisen."

Daraus entspinnt sich gleich ein weiterer Konfliktstoff. Kreisky stellt die Frage, wieso Wiesenthal das Naziregime habe überleben können. Und unterstellt Wiesenthal solcherart indirekt, daß er es sich mit der Gestapo gerichtet hätte. Wiesenthal läßt das nicht auf sich sitzen, er klagt Kreisky: „Ach, das Wort Mafia, Mafia heißt es schon, wenn drei italienische Kellner in einem Restaurant streiten. Aber die Sache mit der Kollaboration, die muß Kreisky zurückziehen, und zwar im Parlament, ansonsten ziehe ich die Klage nicht zurück. Und er hat es getan. Er hat es getan, indem er gesagt hat, er habe es nie gesagt, nur die Journalisten hätten es daraus gemacht." So zieht Wiesenthal die Klage zurück. Aber als Kreisky Jahre später diese Unterstellung noch einmal wiederholt, wird er von Wiesenthal erneut geklagt, verliert den Prozeß und wird zu einer hohen Geldstrafe verurteilt. Andererseits hat Wiesenthal den Verdacht gegenüber Peter nicht erhärten können.

Franz Kreuzer hat den Konflikt Kreisky–Wiesenthal aus der Nähe mitverfolgt und beurteilt ihn so: „Wenn man Kreiskys Interessenkonstellation bezüglich Peter betrachtet, dann hat er eben, vielleicht ein politisch zynisches, Interesse, sich diese Gruppierung (die FPÖ) zu sichern. Dieser Angriff (Wiesenthals) hat ihn einfach gereizt, und er hat sicher überreagiert. Da muß man sich fragen, woher kommt das? Das hat sicherlich tiefe, in seinem Leben wurzelnde schicksalhafte Voraussetzungen. Kreisky war niemals, wie manchmal behauptet wurde, ein jüdischer Antisemit. Aber er hatte sicher von Jugend an, eben als jüdischer Intellektueller – in der durchaus nicht antisemitischen, aber gegenüber diesen bürgerlichen Intellektuellen kritisch eingestellten Arbeiterbewegung –, Komplexe davongetragen, die mehrfach in seinem Leben zum Ausdruck gekommen sind. Im Fall Wiesenthal ist es halt herausexplodiert. Daß das dann nicht mehr nobel war, objektiv falsch und zynisch, das ist ja, glaube ich, von der Zeitgeschichte längst entschieden."

Nobelpreise, Olympiamedaillen, Weltmeistertitel

Konflikte, Konfrontationen, Krisen. In der Kreisky-Ära gibt es sie alle. Und doch können sie Kreisky und zunächst auch Österreich offenbar nicht erschüttern. Die Staatsverschuldung wächst, die verstaatlichte Industrie beginnt zu schlittern, aber Österreich erhält international die besten Noten für seine Wirtschaftsdaten. Die Hochschulen platzen aus den Nähten, Wissenschaft und Lehre befinden sich in Not. Aber neben Hayek erhalten drei weitere Österreicher Nobelpreise, die Naturwissenschaftler Konrad Lorenz und Karl Frisch

Zwei Österreicher werden Weltmeister im Formel-1-Autorennen: Jochen Rindt (links mit seiner Frau) im Jahr 1970, und Niki Lauda (rechts unten) im Jahr 1975. Nach seinem Sieg im Rennen um den Grand Prix von Monaco wird Lauda der Preis von Fürstin Gracia Patricia überreicht (rechts).

und der Schriftsteller Elias Canetti. Und auch im Sport bleibt Österreich vorne. 1976 finden die Olympischen Winterspiele zum zweiten Mal in Innsbruck statt, und die Österreicher holen sich zwei Gold-, zwei Silber- und zwei Bronzemedaillen. Und selbst im Autorennsport gibt es in den siebziger Jahren gleich zwei österreichische Weltmeister, Jochen Rindt und Niki Lauda. Jochen Rindt verunglückt bei einer Trainingsfahrt für den Grand Prix von Italien in Monza 1970 tödlich und wird postum Weltmeister. Niki Lauda holt sich den Weltmeistertitel des Jahres 1975, verunglückt ein Jahr später auf dem Nürburgring schwer, kämpft tagelang mit dem Tod, tritt wieder zu Autorennen an und wird 1977 und erneut 1984 Weltmeister in der Formel 1. Offenbar unter dem Eindruck dieser österreichischen Erfolge werden in Österreich gleich zwei internationale Autorennstrecken gebaut. In der Steiermark, in Zeltweg, wird der Österreichring eröffnet und wenige Monate später bei Salzburg der ausgebaute Salzburgring. Letztlich hat sich keine von beiden auf Dauer durchsetzen können, vielleicht auch, weil es gleich zwei waren.

Zum zweiten Mal ist Innsbruck Austragungsort Olympischer Winterspiele, von 4. bis 15. Februar 1976. Es gibt Schwierigkeiten mit dem Schnee, aber mit der kräftigen Hilfe von Bundesheersoldaten gelingt es, die Pisten rechtzeitig zu präparieren. Der Held der Spiele – zumindest für die Österreicher – ist Franz Klammer. Er holt sich die Goldmedaille im Abfahrtslauf (links). Eine weitere Goldmedaille gibt es für Karl Schnabl im Schispringen auf der Großschanze und eine Bronzemedaille im Schispringen auf der Normalschanze. Je eine Silbermedaille ergeht an Brigitte Totschnig (Damenabfahrtslauf) und Anton Innauer (Schispringen auf der Großschanze). Franz Schachner und Rudolf Schmid holen sich die Bronzemedaille im Rodel-Doppelsitzer. Wie schon 1964, so hat Innsbruck auch 1976 allen Sportarten der Winterspiele ausgezeichnete Kampfstätten zur Verfügung gestellt und ist, mit einem Schuß Humor, auch stolz darauf (unten).

Der Schlachthof ist besetzt: „Hier bleiben ist Solidarität." Den Besetzern wird ein Nonstop-Programm geboten. Unter den Musikgruppen zählen die „Schmetterlinge" mit Willi Resetarits, alias Ostbahn-Kurti, zu den prominentesten. In den Schweinekoben richtet man sich häuslich ein.

Der Kampf um die Arena

Wir wechseln den Schauplatz und das Metier. Im Sommer 1976 beschließt das Kulturamt der Stadt Wien, in der Bundeshauptstadt einen „Supersommer" durchzuführen. Die beiden Architekten der Gruppe Coop-Himmelblau, Prix und Swiczinsky, schlagen vor und erhalten den Auftrag, Wiens Sommerkunst auf dem Naschmarkt zu präsentieren. Weiters beteiligt sind die Architekten Hausrucker und Co., Roland Goeschl und Missing Link. Es wird die größte Schau an Objekten, die Wien bis dahin gesehen hat, so unter anderem ein weitgespannter Wolkenhimmel, ein begehbares Hutmuseum, eine Fluglibelle mit Tretantrieb, ein buntes Mauereck und vieles mehr. Die Schau bringt den Gestaltern und ihren Auftraggebern, wie sie meinen, ein negatives Ergebnis: Offenbar fühlen sich viele Menschen durch die modernen Kunstwerke provoziert: Die Objekte werden beschädigt, beschmiert, zerstört.

Zur gleichen Zeit werden im Rahmen der Wiener Festwochen in den alten, zum Abbruch vorgesehenen Hallen des Schlachthofs St. Marx, in der sogenannten „Arena", einige Vorstellungen internationaler Experimentierbühnen aufgeführt. Sie finden großen Anklang, besonders bei der intellektuellen Jugend. Und am letzten Tag der Festwochen, am 27. Juni, gehen die etwa 500 Besucher einer Vorstellung nicht nach Hause, sie besetzen den Schlachthof, sie

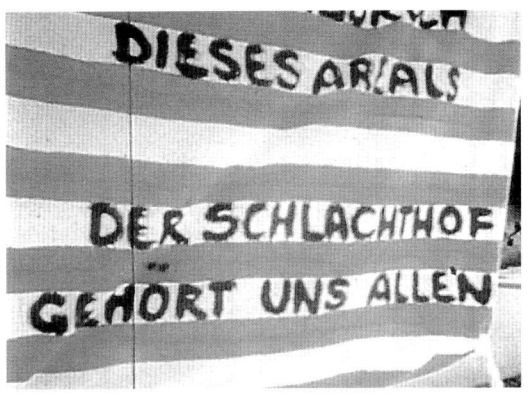

protestieren gegen den beabsichtigten Abbruch der Hallen und fordern die Umgestaltung in einen kulturellen Treffpunkt besonderer Art. Und sie demonstrieren auch gleich, was sie darunter verstehen. Unter dem Transparent „Der Schlachthof darf nicht sterben" halten Schriftsteller und Dichter Lesungen ab, Musikgruppen verschiedenster Art musizieren, Maler und Bildhauer stellen ihre Werke aus und diskutieren darüber. Verschiedene Theater- und Tanzgruppen treten auf. Georg Herrnstatt war einer der Organisatoren der Arena: „Wir haben gesagt, na gut, jetzt ist sie halt irgendwie besetzt, und manche von uns haben geglaubt, jetzt wird die Polizei kommen, dann werden wir hinausgetragen werden. Doch auf einmal hat sich herausgestellt, daß da 500 Leute beschlossen haben, über Nacht zu bleiben. Und am nächsten Tag – oder ein, zwei Tage später – waren schon 3000 Leute dort. Und das hat eine Dynamik entwickelt, die wir alle nicht erwartet haben, die uns unheimlich überrascht hat."

Unter den Musikgruppen zählen die „Schmetterlinge" zu den populärsten. Willi Resetarits, später bekannt als Ostbahn-Kurti, singt Protestlieder, und er formuliert auch die Forderungen der Arena-Besetzer: „Erstens, kein Abbruch des Schlachthofs. Zweitens, ein Kulturbetrieb in der Arena das ganze Jahr hindurch. Drittens, die Organisation der Arena in die Selbstverwaltung der Beteiligten, und viertens, die Bezahlung der Betriebskosten durch die Gemeinde Wien." Durch eine Dauerbesetzung des Schlachthofs soll der Gemeinde die Demolierung des Gebäudes unmöglich gemacht werden. „Hier bleiben ist Solidarität", heißt es, und ein Nonstop-Programm macht den Besetzern das Verbleiben kurzweilig.

Was als spontanes Happening begann, entwickelt sich in kurzer Zeit zu einer Bewegung. Der Schlachthof wird zu einer Art Freistaat. Interessenten aus ganz Österreich stoßen dazu, und dann tauchen auch Leute aus ganz Europa und den USA auf und erklären sich mit der Arena solidarisch. Nicht wenige von ihnen sind begabte Künstler, Dichter, Musiker, Sänger, und ihre Darbietungen sind eine echte Ergänzung und Bereicherung der Wiener Kulturszene. Die Arena zieht viele an: sozial und politisch Engagierte, kulturell Interessierte, Homosexuelle, Feministinnen, aber auch Obdachlose und Süchtige. Dazu Georg Herrnstatt: „Daß so viele verschiedene soziale Schichten zusammen waren, daß so viele Experimente gelaufen sind, daß Schrebergärtner, alte Leute, junge Punks, Rocker auf einem Fleck gemeinsam leben können, das war schon etwas Sensationelles, und das hat es nachher nie wieder gegeben in dieser Form." Alle diese Leute konnten plötzlich miteinander reden, machten gemeinsame Programme, hörten einander zu, veranstalteten Sit-ins.

Das Ende des Schlachthofs

Im ersten Moment wollte die Gemeinde tatsächlich tun, was die Besetzer ursprünglich befürchtet hatten: Der Schlachthof sollte von der Polizei geräumt werden. Doch sowohl die damalige Kulturstadträtin Gertrude Fröhlich-Sandner wie auch der Festwochenintendant Ulrich Baumgartner ließen das nicht zu, Baumgartner schickte die Polizei nach Hause. Und so blieb die Arena für 101 Tage besetzt. Am Anfang hat alles recht gut geklappt. Die Besetzer haben aus ihren Reihen eine eigene Verwaltung gebildet, deren Funktionäre sich immer wieder zur Wahl stellen mußten, eine Art der Basisdemokratie. Und sie funktionierte eine Zeitlang. Aber nach und nach wurde es immer schwieriger, die Ordnung aufrechtzuerhalten, für Sauberkeit und Hygiene zu sorgen, die Rauschgiftsüchtigen, die Alkoholiker, die Obdachlosen, die Zudringlichen davon abzuhalten, die Veranstaltungen zu stören, und sie dazu zu bringen, sich an die Hausordnung

Das Ende der Arena, die Bulldozer kommen. Einige Getreue bereiten der Arena mit Sarg, Kranz und Grabansprachen ein feierliches „Begräbnis".

zu halten oder die Arena zu verlassen. So begann sich die Arena langsam selbst zu überleben.

Zwar gibt es immer noch Demonstrationen gegen den geplanten Abbruch des Schlachthofs, aber als die Tage kürzer und die Nächte kälter werden, ortet die Gemeinde nachlassenden Widerstand. Fröhlich-Sandner hatte den Besetzern mehrfach angeboten, in ein Ersatzquartier zu ziehen. Aber das lehnten sie ab. Der Schlachthof müsse es sein, alles andere kann nicht werden, was die Arena ist. Jetzt wird der Arena das Wasser abgesperrt, die Strom- und Telefonleitungen werden unterbrochen. Die Arena-Leute erkennen, daß sie solcherart nicht mehr lange werden ausharren können. So veranstalten sie am 9. Oktober 1976 ihr eigenes Abschiedsfest mit Feuerwerk. Am 11. Oktober kommen die Bulldozer und legen den Schlachthof in Trümmer. Zehn Tage später ist er dem Erdboden gleichgemacht. Hier soll ein neues, großes Textilzentrum errichtet werden. Am 22. Oktober gibt es ein Arena-Begräbnis. Über die Schutthaufen hinweg ziehen „trauernde Hinterbliebene" mit Sarg und Kränzen, weiß geschminkten und schwarz gekleideten „Pompfüneberern" über das Gelände der ehemaligen Arena. In kabarettistischen Leichenreden wird von der Arena Abschied genommen und werden die Gemeinde Wien und deren Funktionäre des Mordes an der Arena angeklagt. Im übrigen: Letztlich hat man das Angebot angenommen, an einem anderen Platz den Geist der Arena wieder aufleben zu lassen. Allerdings, was er einmal war, wird er nicht mehr. Und eines ist festzustellen: Die Arena war ein für ganz Europa einzigartiges Kulturereignis. Viele Talente wurden hier geweckt, viele Impulse gingen von hier aus. Und die Arena als Erlebnis hat viele junge Menschen geprägt.

Natürlich war die Arena auch Ausdruck des Protests und knüpfte damit an die 68er-Bewegung an. Noch immer nahm ein Teil der Jugend Anstoß an den erstarrten Formen des kulturellen Lebens, an den Zwängen einer im großen und ganzen konservativen Gesellschaft. Sie spürte auch, daß die Sozialdemokratie, die 1970 mit viel Schwung und zum Teil im Sinn der 68er-Bewegung an eine Erneuerung, eine Modernisierung Österreichs gegangen ist, sich auf ihren durchaus erzielten Erfolgen nun satt und selbstzufrieden auszuruhen beginnt. Aus Tatbeflissenen sind Funktionäre geworden.

Zwei Atomkraftwerke für Österreich

Hier zeigt sich die Kehrseite der Reformen, die zu Beginn der Kreisky-Ära einen Modernisierungsschub bewirkten, viele verkrustete Strukturen aufbrachen und die Demokratisierung vieler gesellschaftlicher Bereiche brachten. Die Jugend, die Studenten nützen die neuen Freiheiten in Schule und Hochschule und lehnen sich auf gegen das, was sie immer noch als Obrigkeitsstaat empfinden. War die Jugend zu Beginn der Kreisky-Ära der Aufforderung Kreiskys gefolgt, ein Stück des Weges mit ihm zu gehen, so müßte er, wenn er diese Jugend weiterhin an sich und die SPÖ binden will, jetzt ein Stück des Weges mit ihr gehen. Dieser Weg ist ein postindustrieller, ein ökologiebewußter, ein antimaterialistischer, und er ist auch in mancher Hinsicht ein anarchischer: Man will sich möglichst keiner Fremdbestimmung mehr unterwerfen, sich nicht gängeln lassen, weder von Professoren noch von Parteifunktionären, noch von Beamten und auch nicht von wirtschaftlichen Zwängen.

Doch auf diesen Weg kann der rebellischen Jugend weder Kreisky noch die SPÖ und schon gar nicht der ÖGB folgen, war es doch ein gemeinsames Ziel Kreiskys und Benyas, den Menschen – insbesondere den unteren und mittleren Gesellschaftschichten – mehr Wohlstand und mehr soziale Sicherheit zu bringen. Dazu gehört auch die Sicherung der Arbeitsplätze. Die Rolle, die dabei der

Das Kernkraftwerk Zwentendorf wird fertiggebaut, ehe seine Inbetriebnahme einer Volksabstimmung unterzogen wird. Links: Der von der VOEST gelieferte stählerne Sicherheitsmantel für den Reaktor, rechts das fertiggestellte Kraftwerk.

verstaatlichten Industrie zukam, wurde schon beschrieben – jedesmal, wenn höhere Arbeitslosigkeit drohte, wurde der Beschäftigungsstand im verstaatlichten Bereich gehalten, ja manchmal erhöht, unabhängig davon, ob die Arbeitskräfte tatsächlich benötigt wurden. Doch der ÖGB ist auf ständiger Suche nach neuen Möglichkeiten, Arbeit in der Zukunft zu sichern. Immer schon war dabei der Ausbau der Energiequellen ein übergeordnetes Ziel des ÖGB. Zu den stolzesten Leistungen im Arbeitsbereich zählte daher die Errichtung der großen Kraftwerke in Kaprun und entlang der Donau. Und als in den fünfziger Jahren zunächst in den USA, aber bald darauf auch in Europa die ersten Atomkraftwerke errichtet werden, setzt der ÖGB und im völligen Gleichklang mit ihm auch die Industrie auf diese neue Energiequelle.

Die Atomkraft wird von so gut wie allen internationalen Experten als die Energiequelle bezeichnet, die die geringste Luftverschmutzung verursacht und die letztlich auch unerschöpflich sein wird. Im Gegensatz dazu werde die weitere Energiebeschaffung durch die Verbrennung von Kohle und Erdöl auf die Dauer unerträgliche Luftverschmutzung, ja auch Boden- und Wasserverseuchung mit sich bringen. Die ebenfalls als rein, ja noch reiner als Atomkraftwerke geltenden Wasserkraftwerke würden auch bei voller Ausnüt-

zung der noch vorhandenen Kapazitäten nicht ausreichen, um den Energiebedarf selbst so wasserreicher Länder wie der Schweiz und Österreich voll zu decken. Wer also die Zukunft sichern will, habe auf Atomenergie zu setzen. Das tut man auch in Österreich.

Schon 1958 wird ein Komitee von 20 Fachleuten beauftragt, 29 mögliche Standorte für Atomkraftwerke in Österreich geologisch-hydrologisch zu prüfen. Auch der Standort Zwentendorf an der Donau wird einer solchen Prüfung unterzogen und abgelehnt, weil er in den Augen der Fachleute nicht unbedingt erdbebensicher sei. Die Fachleute favorisieren Rosenau bei Steyr als den besten Standort für ein Atomkraftwerk. Immerhin dauert es bis zum April 1968, ehe auf Betreiben von Bundeskanzler Klaus, der Industrie und des ÖGB eine Kernkraftplanungsgesellschaft gegründet wird, die zur Hälfte der Verbundgesellschaft, also dem Bund untersteht, zur anderen Hälfte den Landeselektrizitätsgesellschaften. Aus der Planungsgesellschaft wird eine Errichtungsgesellschaft, die „Gemeinschaftskernkraftwerk Tullnerfeld Gesellschaft m. b. H.". Aber der endgültige Beschluß, das erste der geplanten Atomkraftwerke zu errichten, wird unter der Kanzlerschaft Kreiskys am 22. März 1971 gefällt. Interessanterweise soll dieses erste Kraftwerk doch in Zwentendorf errichtet werden, das zweite in Sankt Pantaleon und ein drittes in Kärnten an der Drau.

Die Kraftwerke sollen mit Siedewasserreaktoren ausgestattet werden, gebaut von der „Deutschen Kraftwerksunion", einem Zusammenschluß von Siemens und Elin. Zwentendorf wird auf eine Leistung von 700 Megawatt ausgelegt und soll später noch einen zweiten Reaktorblock dazubekommen mit ebenso großer oder noch größerer Leistung. Zwentendorf soll 5,2 Milliarden Schilling kosten und am 1. September 1976 in Betrieb gehen.

Die Errichtung des Kraftwerks wird zunächst von fast allen Seiten begrüßt, es gibt nur wenige Warner. Als diese zur ersten Protestkundgebung auf dem Baugelände Zwentendorf aufrufen, folgen diesem Ruf nur etwa 300 Personen. Dann kommt ein Signal aus Vorarlberg: Die Schweiz will in Rüthi, nahe der österreichischen Grenze, ein Atomkraftwerk errichten, und dagegen protestieren gleich 20 000 Vorarlberger (gemeinsam mit ihren Schweizer Gesinnungsgenossen gelingt es ihnen auch, den Bau dieses AKWs zu verhindern). Als man nach Zwentendorf auch in Sankt Pantaleon das Baugelände für das zweite Atomkraftwerk in Österreich erschließen will, werden dort schon 75 000 Unterschriften gegen den geplanten AKW-Bau geleistet. Und im Mai 1976 schließen sich mehrere Anti-Atom-Initiativen zu einer gesamtösterreichischen Initiative der Atomkraftgegner zusammen.

„Ich habe es nicht notwendig, mich von ein paar Lausbuben so behandeln zu lassen", mit diesen Worten empfängt Kreisky Abgesandte einer Demonstration von Kernkraftwerksgegnern (oben). Rechte Bildfolge: In der Umgebung des Kernkraftwerks werden Proben gezogen, um eine eventuelle erhöhte Radioaktivität später feststellen zu können. Erde von den Wiesen, das Wasser der Donau und Pflanzen aus dem Gemüsegarten werden ins Labor gebracht.

Zwentendorf scheidet die Geister

Jetzt erst beschließt die Regierung, die Bevölkerung doch über den Nutzen und die angebliche Unbedenklichkeit der Atomenergie aufzuklären. Eine Informationskampagne wird ins Leben gerufen. Aber man hat keine gute Hand bei der Auswahl der Informanten. Der erste, der nach Österreich geholt wird, um die Atomkraft zu propagieren, ist der Vater der Wasserstoffbombe Edward Teller. Bei einer

vielbeachteten Fernsehdiskussion sitzen ihm der Umweltschützer Bernd Lötsch und der Zukunftsforscher Robert Jungk gegenüber. Teller zieht den kürzeren. Durch die Diskussion aber werden zwei Umstände bekannt, die bisher kaum Beachtung gefunden hatten: Im ersten Gutachten über den Standort Zwentendorf stand eben, daß das Gebiet nicht erdbebensicher sei, und niemand hat diese Einschätzung bisher entkräftet. Was aber die Endlagerung des radioaktiven Abfalls betrifft, so hieß es bisher, die Lieferanten der Brennstäbe würden den Abfall zurücknehmen, jetzt stellt sich heraus, daß sie das keineswegs tun werden. Also wohin mit dem Atommüll?

Erst jetzt wird sozusagen über Nacht nach einem Endlager für diesen Atommüll gesucht. Doch keiner will ihn haben. Und als die Experten zumindest eine Zwischenlagerung auf dem Gebiet des Truppenübungsplatzes Allentsteig vorschlagen, erhebt sich in Niederösterreich ein Proteststurm, der sich jetzt auch gegen das ursprünglich akzeptierte Atomkraftwerk selbst richtet. Der niederösterreichische Landeshauptmann Andreas Maurer, bisher ein uneingeschränkter Befürworter des AKWs, kommt ins Gedränge und fordert – zu seiner politischen Selbstbefreiung – Kreisky nun energisch auf, Gutachten beizustellen, die die Ungefährlichkeit einer solchen Zwischenlagerung von Atommüll beweisen. Das kann der Kanzler nicht, sie stehen ihm selbst nicht zur Verfügung. Dennoch sind Kreisky, der ÖGB, die Industrie und weite Teile der Wirtschaft weiterhin fest davon überzeugt, daß das Kraftwerk in Betrieb gehen wird. Im Rahmen der Informationskampagne wird zum Gegenangriff geblasen: Noch in keinem Atomkraftwerk der Welt sei es bisher zu einem größeren Unfall gekommen, sie alle arbeiten mit größtmöglicher Sicherheit. Aber ohne Atomstrom würden in Österreich buchstäblich die Lichter ausgehen, viele Arbeitsplätze wären gefährdet, der Lebensstandard würde rapide sinken. Die Anti-Atom-Kampagne sei unverantwortliche Panikmache.

Schon werden die Hochspannungsleitungen montiert, über die das AKW ans Netz gehen soll. Und im Inneren des Kraftwerks ist für die Inbetriebnahme alles bereit, es fehlen praktisch nur noch die Uranbrennstäbe. Und diese sollen demnächst geliefert werden. Doch nun kommt es auch in Wien zu den ersten großen Demonstrationen gegen Zwentendorf. Eine Volksabstimmung wird gefordert, ohne die Zwentendorf nicht in Betrieb gehen dürfe. Die Demonstranten fordern dies lautstark, unterstützt von improvisierten Musikkapellen, die in schrillen atonalen Tönen das Stakkato der Sprechchöre unterstützen. Eine der führenden AKW-Gegnerinnen, Elisabeth Schmitz, Vorsitzende der „Katastrophenhilfe österreichischer Frauen", schreitet inmitten des Protestzugs und trägt einen kleinen Sarg auf der Schulter. Unter den Demonstranten befinden sich nicht wenige, die schon in der Arena-Bewegung aktiv waren. Das ist zumindest ein Teil der Jugend, die einst mit Kreisky ein Stück des Weges gegangen ist. Die Demonstranten marschieren zum Ballhausplatz, belagern das Bundeskanzleramt.

Kreisky hält die Proteste für demagogische Agitation. Nur widerwillig empfängt er eine Abordnung der Demonstranten. Vor laufenden Fernsehkameras fordert die Leiterin dieser Delegation Kreisky auf, persönlich vor den Demonstranten zu deren Forderungen Stellung zu nehmen, „wie es die Pflicht eines Volksvertreters ist". Kreisky reagiert zornig: „Das ist eine ad hoc einberufene Demonstration von Leuten, die in keinster Weise das österreichische Volk repräsentieren. Dennoch bin ich bereit, eine Deputation von höchstens zehn Personen zu empfangen und über diese Fragen mit ihnen zu reden, ruhig zu reden, wie es sich bei einer so ernsten Frage gehört, aber nicht unter dem Gejohle und Geschrei von Leuten, die das jetzt schon eine Stunde lang praktizieren. Ich habe diese Absicht nicht, und ich werde mich einem solchen Druck nicht beugen. Das sind die Methoden, die von terroristischen Gruppen angewendet werden, dem beuge ich mich nicht. Und Sie, gnädige Frau, gehören mit zu den Mißbrauchten, die sich hier mit Leuten zusammentun, die für etwas ganz anderes demonstrieren als für das, was sie vorgeben zu tun. Ich habe es nicht notwendig, mich von ein paar Lausbuben so behandeln zu lassen."

Hubschrauber des Bundesheers bringen die Uranbrennstäbe auf das Gelände des Atomkraftwerks (oben), während die Gegner der Atomkraft die Zufahrtswege nach Zwentendorf blockieren und weiter demonstrieren. Rechts: Elisabeth Schmitz, die besonders drastisch hier mit Sarg auftritt.

Volksabstimmung gegen die Atomkraft

Doch die Proteste verstummen nicht, sie werden stärker. Und als bekannt wird, daß die atomaren Brennstäbe bereits auf dem Schienenweg in Linz eingetroffen seien und von dort nach Zwentendorf gebracht werden sollen, wird das Kraftwerk von Hunderten Demonstranten belagert, werden die Zufahrtswege von den Atomgegnern versperrt. Doch die Regierung gibt nicht nach. Hubschrauber des Bundesheers bringen die atomaren Brennelemente über die Köpfe der Demonstranten hinweg auf das Werksgelände von Zwentendorf, wo sie prompt in das Kraftwerk eingebaut werden. Das AKW Zwentendorf ist betriebsbereit. Seine Errichtung hat 9 Milliarden Schilling gekostet.

Doch die Protestbewegung nimmt zu, die Rückführung der Brennstäbe wird gefordert. Es kommt zu Zusammenstößen. Im Parlament ist ein Konsens aller drei Parteien nicht zu erwarten. Die FPÖ hat ihre Kernkraftgegnerschaft „beim derzeitigen Stand der Technik" seit 1973 im Parteiprogramm und sagt Nein zu Zwentendorf. Da und dort beginnen auch ursprüngliche Befürworter der Atomenergie ihre Positionen zu überdenken. Selbst innerhalb der SPÖ regt sich Oppo-

Karl Blecha: Die Jungen wollte man nicht verlieren.

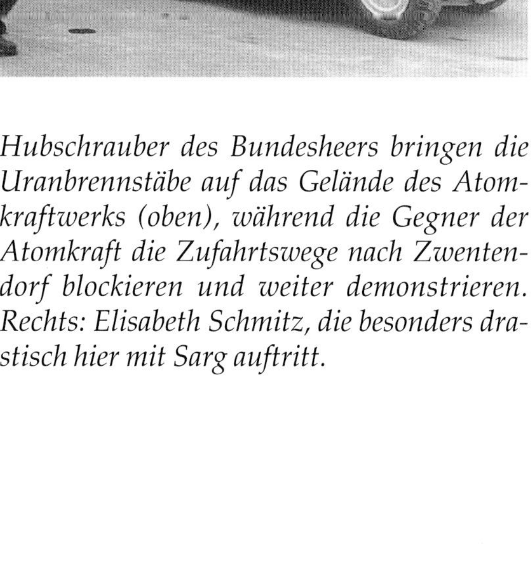

sition, wird ein Komitee „Sozialisten gegen Atomenergie" gebildet, und zu diesem Komitee stößt auch der Sohn des Bundeskanzlers, Peter Kreisky. Kreisky, der eine Volksabstimmung ursprünglich abgelehnt hatte, empfiehlt dem Parteivorstand der SPÖ nun selbst, auf die Forderung nach einer solchen Abstimmung einzugehen, gleichzeitig aber eine Ja-Empfehlung abzugeben. So wird die Abhaltung der Volksabstimmung beschlossen.

Karl Blecha, damals Zentralsekretär der SPÖ, erklärt das so: „Die Jungen, die ja in ihrer Mehrheit die SPÖ in den vorangegangenen Wahlen unterstützt und die absolute Mehrheit abgesichert haben, die wollte man nicht verlieren. Daher ist es besser, das Volk entscheidet, wobei man mit dem Bewußtsein in die Abstimmung gegangen ist, die Mehrheit ist eh dafür, weil doch auch der Wirtschaftsflügel der ÖVP dafür ist. Also was soll denn da noch passieren!" Doch die breite Unterstützung bleibt aus. Die Diskussion wird mehr und mehr von Gegnern der Atomkraft beherrscht. Kreisky, der sich gerne in eine neutralere Position zurückgezogen hätte – das Volk hat das Wort, wie es entscheidet, so wird es geschehen –, erkennt, daß eine Ablehnung Zwentendorfs zu einer Niederlage für ihn und die SPÖ werden könnte. Und so versucht er im letzten Moment, doch noch das Ja zu Zwentendorf herbeizuzwingen, indem er seine eigene Popularität voll für Zwentendorf ausspielt. Er wählt dafür eine Formel, die man wohl nur dahingehend verstehen kann, daß er im Falle einer Nein-Mehrheit als Bundeskanzler zurücktreten würde: „Ich möchte nicht sagen, daß ich nicht zurücktrete, wenn die Atomvolksabstimmung mit Nein ausgeht."

Aber die Erklärung hat offenbar den gegenteiligen als den beabsichtigten Effekt: Innerhalb der ÖVP spitzt man die Ohren, ein

Kreisky-Rücktritt, wenn es eine Nein-Mehrheit gibt – was man bei keinem Wahlgang bisher geschafft hat, könnte einem jetzt in den Schoß fallen, nämlich den unbezwingbaren Gegner Kreisky loszuwerden. Und so rückt die ÖVP von ihrer ursprünglichen Absicht ab, ihren Wählern ebenfalls das Ja zu Zwentendorf zu empfehlen. Statt dessen erklärt die ÖVP, die Gesundheit und Sicherheit der Bevölkerung hätten für sie Priorität, auch sei das Problem der Endlagerung des Atommülls noch nicht gelöst. Die Betonung dieser beiden Erwägungen kommt eindeutig auf eine Nein-Empfehlung heraus. Aber damit würde die ÖVP wieder die ihr nahestehende Industrie und Wirtschaft verärgern, ebenso wie die christlichen Gewerkschafter, die zur ÖGB-Linie pro Zwentendorf stehen. So gibt die ÖVP ihren Wählern „die Entscheidung frei". Das dürfte von vielen ihrer Wähler dahingehend verstanden worden sein, daß sie mit einem Nein zu Zwentendorf Kreisky stürzen sollen, auch wenn sie an sich für die Atomkraft sein sollten. Die Volksabstimmung wird also solcherart ein politisch verfälschtes Ergebnis bringen.

Dazu kommt, daß viele Bürgerinnen und Bürger verärgert sind: Wieso sollen sie wissen, ob man die Atomkraft riskieren kann oder nicht, wenn die Regierung selbst sich geweigert hat, diese Entscheidung zu fällen? Und: Jetzt erst befragt man das Volk, nachdem 9 Milliarden in Zwentendorf verbaut sind und das Kraftwerk mit den Brennelementen betriebsfähig ist? Das kommt vielen wie ein Schildbürgerstreich vor. Und so gibt es auch eine verhältnismäßig geringe Wahlbeteiligung, nur 64 Prozent der Stimmberechtigten nehmen an der Abstimmung am 5. November 1978 teil. Sie bringt ein denkbar knappes Ergebnis, 49,53 Prozent stimmen mit Ja, 50,47 Prozent mit Nein.

Kreisky nimmt das Ergebnis in der Hauptwahlbehörde zur Kenntnis. Auf die Frage, ob er das Ergebnis als Niederlage für die SPÖ empfinde, antwortet Kreisky: „Also eine Niederlage für diejenigen, die der Meinung sind, und zu denen gehöre ich, daß die Kernenergie die umweltfreundlichste Form der Energieerzeugung darstellt und daß Zwentendorf in einer Form errichtet wurde, die allen Sicherheitsanforderungen entspricht. Das ist meine Überzeugung, aber die Mehrheit der Österreicher, ganz gleich ob groß oder klein, hat gegen Zwentendorf entschieden." Der Parteivorstand der SPÖ tritt zusammen und ist sich völlig einig: ein Rücktritt Kreiskys komme nicht in Frage. Die Abstimmungsniederlage in Sachen Atomenergie ist jedenfalls kein Anlaß zur Palastrevolte, waren sie doch alle für Zwentendorf und die Wähler der SPÖ hätten ihnen eine Abhalfterung Kreiskys unter diesem Vorwand gewiß übelgenommen. Das Gegenteil geschieht: Der Parteivorstand erteilt Kreisky eine Generalvollmacht, in Zukunft „rasch und eindeutig jede Entscheidung zu treffen, die er angesichts einer schwierigen Situation für notwendig hält". So gestärkt tritt Kreisky vor die Journalisten: „Ich werde Ihnen etwas sagen: Sie haben mich gefragt in Neusiedl, meine Herren: ‚Werden Sie für den Fall eines negativen Ausgangs der Volksabstimmung zurücktreten?' Und ich habe Ihnen darauf gesagt, daran habe ich nicht gedacht, ich habe diese Absicht nicht, aber ich will auch nicht ganz ausschließen, daß ein solcher Gedanke mich unter Umständen beschäftigen könnte. Mehr habe ich Ihnen nicht gesagt, die Headlines haben dann Sie gemacht, oder einige von Ihnen. Und Sie haben den Österreichern gesagt, ich werde zurücktreten. Sie haben mir damit einen großen Dienst erwiesen, denn ich habe überwältigende Vertrauenskundgebungen erhalten. Und das hat das ganze erst richtig in Bewegung gebracht. Das Spiel also der Volkspartei scheint mir nicht aufgegangen zu sein, nämlich Zwentendorf zu bekommen und mich loszuwerden, beides war zuviel verlangt."

Mit zwei neuen Ministern und fünf Frauen in der Regierung, so stellt Kreisky sein neues Kabinett 1979 der Öffentlichkeit vor. Von links nach rechts: Herbert Salcher löst Ingrid Leodolter als Gesundheitsminister ab, Karl Sekanina ersetzt Josef Moser als Bautenminister, Johanna Dohnal rückt als Staatssekretärin in das Bundeskanzleramt ein, Anneliese Albrecht als Staatssekretärin in das Handelsministerium, Franziska Fast als Staatssekretärin in das Sozialministerium, Beatrix Eypeltauer als Staatssekretärin in das Bautenministerium, und Elfriede Karl übersiedelt vom Bundeskanzleramt als Staatssekretärin in das Finanzministerium.

Österreich bleibt atomfrei

Kreisky tritt nicht zurück, Zwentendorf wird nicht in Betrieb genommen. Ja, um sich mit dem Wahlvolk möglichst schnell wieder zu versöhnen, beantragt die SPÖ-Fraktion im Parlament schon drei Tage später, am 8. November 1978, ein Bundesgesetz, durch das die Nutzung der Kernenergie zur Stromgewinnung und die Inbetriebnahme von AKWs in Österreich verboten wird. Einstimmig wird dieses Atomsperrgesetz am 15. Dezember beschlossen, mit der zusätzlichen Vereinbarung der beiden Großparteien, daß es nur mit Zweidrittelmehrheit und nach einer neuerlichen Volksabstimmung aufgehoben werden könne. Tatsächlich wird zwei Jahre später, 1980, von den Befürwortern der Kernenergie versucht, das Atomsperrgesetz durch ein Volksbegehren zur Revision zu bringen. Mit 422 000 Unterschriften erreicht dieses Volksbegehren zwar, daß der Nationalrat sich damit beschäftigen muß, aber sie reichen bei weitem nicht aus, die Großparteien zu einer Änderung des Atomsperrgesetzes zu bewegen.

Zwentendorf ist eingemottet worden, es ist das einzige betriebsfähige Atomkraftwerk der Welt, das nie in Betrieb genommen worden ist. Nach dem Reaktorunglück von Three Miles Island bei Harrisburg in den USA, das noch halbwegs glimpflich ausging, aber erst recht nach der Reaktorkatastrophe von Tschernobyl, 1986, waren die Österreicher froh und glücklich, daß die Nutzung der Atomkraft 1978 in Österreich verworfen worden war, aus welchen Gründen immer. Und aus dem Zufall machten sie eine Tugend und forderten von da an auch von ihren Nachbarn die Stillegung der in Betrieb befindlichen Atomkraftwerke und einen Baustopp bei den in Konstruktion befindlichen AKWs.

US-Präsident Jimmy Carter und Sowjetpräsident Leonid Breschnew treffen einander in Wien, um hier den SALT-II-Vertrag zu unterzeichnen, der eine weitere Einschränkung der Atom- und Raketenrüstung vorschreibt. Der feierliche Akt findet im Redoutensaal der Wiener Hofburg statt. In der ersten Reihe des Auditoriums, von links nach rechts: Außenminister Willibald Pahr, Androsch, Kreisky und Kirchschläger, in der Damenriege: Rosalynn Carter, Herma Kirchschläger, Vera Kreisky und ganz rechts Amy Carter, die Tochter des Präsidenten. Nach der Unterzeichnung umarmt Carter zum Erstaunen der Welt Breschnew und küßt ihn auf die Wange, eine Geste, die ihm in den USA einige Kritik einbringt. Aber Wien und Österreich stehen wieder einmal im Blickpunkt der gesamten Weltöffentlichkeit.

Nach der Niederlage der größte Sieg

Auch hat das Nein zu Zwentendorf Bruno Kreisky nicht geschadet. Im Gegenteil, nach der Abstimmung über Zwentendorf hat, Meinungsumfragen zufolge, eine solide Mehrheit der Bevölkerung das Empfinden, der Kanzler habe richtig gehandelt, indem er sich trotz seiner eigenen positiven Einstellung zur Atomenergie einem Votum des Volkes unterworfen habe. Negativ kommen die anderen weg: Obwohl die ÖVP so lange Zeit eindeutig für Zwentendorf war, habe sie aus wahltaktischen Gründen, um Kreisky zu schaden, sich nicht hinter Zwentendorf gestellt. Und als es sechs Monate später termingerecht, aber in das Frühjahr vorverlegt, wieder Nationalratswahlen gibt, erhält Kreisky die größte Stimmenmehrheit, seit er Vorsitzender der SPÖ ist. Die SPÖ überflügelt die ÖVP um mehr als 430 000 Stimmen und kann ihre Mandate von 93 auf 95 steigern. Die ÖVP büßt drei Mandate ein und zieht mit 77 Abgeordneten in den Nationalrat. Die FPÖ legt ein Mandat zu, auf insgesamt 11 Mandate.

Kreisky, so scheint es, ist am Höhepunkt seiner politischen Karriere. Ja, wenn es nach dem Wahlverhalten der Bevölkerung geht, so ist er das. Aber er ist auch angeschlagen. Angeschlagen durch den Konflikt mit Hannes Androsch, der zeitweise auch zu Spannungen zwischen Kreisky und Benya führt, da Benya – im Wunsch zu vermitteln – sich wiederholt schützend vor Androsch stellt. Und nicht wenige in der Parteiführung und im Funktionärsapparat der SPÖ nehmen es Kreisky übel, daß er Androsch „auf administrativem Weg" ausbootet, aus der Regierung, aus der Parteispitze. Der Rücktritt des Hannes Androsch fällt zeitlich zusammen mit einer weltweiten Konjunkturabschwächung, die diesmal auch Österreich trifft. Das Kreiskysche Rezept des Durchtauchens, bis die Krise vorüber ist, lieber die Staatsschuld zu steigern als die Arbeitslosenrate, ist in Anbetracht der bereits angehäuften Schuldenlast, aber auch in Anbetracht des Zustands der Wirtschaft nicht mehr haltbar. Friedrich August von Hayeks Voraussage, der Staat könne nicht endlos in der Wirtschaft intervenieren und durch Schulden und Inflation Arbeitsplätze erkaufen, am Ende werde man sowohl Arbeitslose als auch Schulden haben, beginnt sich zu erfüllen. Das Haushaltsdefizit steigt – von 1981 bis 1983 von 2,6 auf 5,4 Prozent –, und analog dazu steigt auch die Arbeitslosenrate auf offizielle 4 Prozent, tatsächlich liegt sie

Nach der abermals verlorenen Wahl wechselt die ÖVP erneut ihr Führungsteam aus. Alois Mock folgt Josef Taus als Bundesparteiobmann und Sixtus Lanner Erhard Busek als Generalsekretär der Partei nach. Ein junges Team, aber es wird bis zum Jahr 1986 dauern, ehe die ÖVP – als Juniorpartner – wieder in die Regierung kommt.

25 Jahre lang war sie eine der engsten Mitarbeiterinnen Bruno Kreiskys – Margit Schmidt. Sie trat 1965 in sein Sekretariat ein, als Kreisky noch Außenminister war, begleitete ihn in die Opposition und leitete sein Büro, als er Vorsitzender der SPÖ wurde, und ging mit Kreisky zurück auf den Ballhausplatz, als er Bundeskanzler wurde. Dort war Margit Schmidt die Seele des Kabinetts Kreisky und verstand es, nicht nur dem Bundeskanzler an die Hand zu gehen, sondern auch allen, die mit ihm zu tun hatten, was ihr allgemeine Wertschätzung einbrachte. Als Kreisky 1983 das Kanzleramt verließ, ging Margit Schmidt mit ihm und arbeitete bis zu Kreiskys Tod an seinen Memoirenbänden.

höher, die Zahl der Frühpensionisten ist von 59 000 im Jahr 1979 auf 99 000 im Jahr 1983 gestiegen. Man hat das Problem also nur verschoben. Die SPÖ, die der Regierung Klaus und der ÖVP so wahlwirksam deren Skandale vorgeworfen hat – den Autobahnskandal, den Bauskandal –, hat nun einen der größten Bauskandale zu verantworten, nämlich den Korruptionsskandal rund um den Bau des Allgemeinen Krankenhauses in Wien. Und, wie sich später herausstellt, bahnen sich in dieser Zeit auch schon andere Skandale an, das Netzwerk des „Club 45" und in dem Zusammenhang die Affäre „Lucona", die Widersprüchlichkeiten zwischen dem Versuch, Arbeitsplätze durch Rüstung zu schaffen, aber der Rüstungsindustrie die Exportmärkte zu sperren, was schließlich als Noricum-Skandal zu Buche schlägt.

Regierung, Partei und Kreisky zeigen Abnützungserscheinungen. Kreisky ist krank, leidet an einer schweren Niereninsuffizienz und läuft Gefahr, auf einem Auge zu erblinden. Der Bundeskanzler strahlt keinen Optimismus mehr aus. Und die SPÖ scheint keine Reformkraft mehr zu besitzen. Das ist nicht zuletzt auch darauf zurückzuführen, daß sie die meisten ihrer ursprünglichen Reformziele erreicht hat. Unter der Alleinregierung der SPÖ sind die Einkommen wesentlich gestiegen, die soziale Absicherung gilt für fast alle Österreicher sozusagen von der Wiege bis zur Bahre, die Chancengleichheit durch den erleichterten Zugang zu den Schulen und Hochschulen ist von Gesetzes wegen hergestellt, das neue Familienrecht und das Gleichstellungsgesetz hat den Frauen zumindest den Weg zu echter Gleichstellung geöffnet. Mit dem Arbeitsverfassungsgesetz haben die Gewerkschaften erreicht, daß die Betriebsräte vom bloßen Informationsrecht und Überwachungsrecht über Mitberatungsrechte bis hin zu gleichrangigen Mitentscheidungsrechten auf die Geschäftsführung der Betriebe weitgehend Einfluß nehmen können.

Das Ende der Ära Kreisky

Zu gleicher Zeit hat sich in der Welt aber auch das vollzogen, was man die dritte industrielle Revolution nennt: Das Computerzeitalter hat begonnen, die Schornsteinindustrien werden zugesperrt. Die Zahl der Arbeiter geht zurück, die der Angestellten wächst. Das gilt auch für Österreich. Während der Zeit der SPÖ-Alleinregierung schrumpft die Zahl der Arbeiter um die Hälfte, die der Angestellten verdoppelt sich fast. Parallel dazu geht auch der Bauernstand konstant zurück. Politisch bedeutet das, daß sich die Zahl der Stammwähler der SPÖ und der ÖVP ständig vermindert, während die wirtschaftlichen und gesellschaftlichen Aufsteiger immer weniger politische Präferenzen zeigen. Das führt zu einer weiteren Entfremdung der Parteien von den Bürgern. Das zeigt sich auch in der steigenden Anzahl von Bürgerinitiativen, die gegen die Pläne und Entscheidungen der Politiker rebellieren, das zeigt sich im Aufkommen neuer Bewegungen, die dem wirtschaftlichen Wachstum skeptisch gegenüberstehen, die der Ökologie Vorrang vor der Ökonomie einräumen wollen. Sie sind zwar untereinander zerstritten, aber sie üben doch eine erhebliche Anziehungskraft auf die jungen Menschen aus. Die „Grünen" beginnen zunehmend eine Rolle zu spielen.

All das bekommt die SPÖ-Regierung, bekommt auch Kreisky Anfang der achtziger Jahre zu spüren. Vielleicht mehr noch als der Partei ist es Kreisky bewußt, daß man diesem Wandel in der Gesellschaft, diesen neuen Ansprüchen und Erwartungen mit neuen Ideen, mit Initiativen, mit Reformen der Reformen entsprechen müßte. Das versteht der Bundeskanzler noch zu formulieren. Aber um dies umzusetzen, bedürfte es einer so jungen, so reformfreudigen und enthusiastischen Mannschaft, wie sie in der SPÖ angetreten war, als sie erstmals allein ans Regieren kam. Gerade die Erfolge dieser Reformjahre haben viele Politiker und Funktionäre selbstzufrieden und in dieser Selbstzufriedenheit selbstgefällig und unbeweglich gemacht.

Aber letztlich ist es die Wirtschaftsentwicklung, die das Ende der Ära Kreisky einleitet. Kreisky wird die Geister nicht mehr los, die er zwar nicht gerufen, aber die er mit immer neuen Zugeständnissen immer mächtiger werden ließ, die Betriebsräte in der verstaatlichten Industrie. Nicht nur über die verstaatlichte Industrie, auch über die Bürokratie hat Kreisky den Arbeitsmarkt zu steuern versucht. In diesen Bereichen gelten die Arbeitsplätze als garantiert, gelten alle in guten Konjunkturzeiten eingeräumten Zugeständnisse als „wohlerworbene Rechte", an denen nicht gerüttelt werden darf. Die Sozialpartnerschaft, ursprünglich als Opfergemeinschaft gegründet – verzichtest du auf mehr Lohn, so verzichte ich auf höhere Preise, und umgekehrt –, hat sich seit den sechziger Jahren mehr und mehr in eine Lizitationsgemeinschaft verwandelt: Gibst du mir, so geb' ich dir, schützt du mich, so schütz' ich dich. So gewährt man einander gegenseitig Vorteile und Schutz, und beides belastet die Wirtschaft, den Steuerzahler, den Staatshaushalt gleich doppelt.

So versucht Kreisky mit Hilfe seines neuen Finanzministers Salcher, dem Staat weitere Finanzierungsquellen zu erschließen. Sie orientieren sich dabei an ausländischen Vorbildern, an einem vor allem, das den Österreichern bestimmt nicht suspekt erscheinen kann, an dem der Schweiz. Dort werden die Zinserträge bei Sparguthaben besteuert. Quellensteuer gibt es auch in Belgien, Italien, Portugal, Spanien, Japan und Deutschland. Kreisky benützt einen Urlaub auf Mallorca, um mit Salcher ein Finanzierungspaket zur Bestreitung des nächsten Staatshaushalts zu schnüren. Und von Mallorca aus verkündet er auch, was da künftig auf die Österreicher zukommen würde. Die Opposition und ein Teil der Medien tauft die von Kreisky angekündigte Quellensteuer gleich um in eine Sparbuchsteuer. Ein

Bei den Nationalratswahlen 1983 erhält die SPÖ nur noch die relative Mehrheit. Bruno Kreisky lehnt es ab, an die Spitze einer kleinen Koalition zu treten, aber er stellt noch die Weichen für eine solche. Der bisherige Vizekanzler, Fred Sinowatz, bildet die nächste Regierung gemeinsam mit der FPÖ. FPÖ-Obmann Norbert Steger wird Vizekanzler und Handelsminister, Karl Blecha bleibt Innenminister. Unser Bild zeigt von links nach rechts Steger, Sinowatz und Blecha auf der Regierungsbank des Nationalrats. Über ihnen: Nationalratspräsident Anton Benya.

Name, der nun Kreisky und die SPÖ bis in die nächsten Nationalratswahlen begleiten wird. Sie sind 1983 fällig.

Noch einmal versucht Kreisky, seine noch immer große Popularität zugunsten der Partei auszuspielen: Er ruft die Wähler auf, ihn nochmals mit der absoluten Mehrheit auszustatten, bekäme er sie nicht, so würde er als Bundeskanzler nicht mehr zur Verfügung stehen. Und beinahe hätte es Kreisky ein viertes Mal geschafft, aber eben nur beinahe: Die SPÖ bleibt mit einem Stimmenanteil von 48 Prozent noch immer die größte Partei, doch zur absoluten Mehrheit hat es nicht gereicht. Diesmal bleibt Kreisky bei seiner Ankündigung, er tritt zurück. Den Nachfolger hat er sich selbst ausgesucht, Fred Sinowatz. Und er hat für ihn und dessen künftige Regierung auch noch die Weichen gestellt. Sinowatz hat nun zu vollziehen, was Kreisky immer schon getan hätte, falls er die absolute Mehrheit verfehlen sollte – in eine kleine Koalition mit der FPÖ zu gehen.

Mit der Abdankung Kreiskys als Bundeskanzler endet eine Ära in Österreich. Eine Ära, die weitgehend von seiner Persönlichkeit geprägt war, von den Reformen, die unter seiner Kanzlerschaft durchgeführt wurden, von der Liberalisierung, der Demokratisierung vieler Bereiche des Staats und der Gesellschaft. Sein Auftreten in der Weltpolitik trug viel zur Identitätsfindung der Österreicher bei, stärkte ihr Selbstbewußtsein. Kreisky hatte im Gegensatz zu seinem Vorgänger Klaus das, was man in der Politik unbedingt braucht, um erfolgreich zu sein: Fortune, Glück. Es gibt Politiker, die kraft ihrer Persönlichkeit Fortune haben, Kreisky gehörte zu ihnen, aber er wußte auch, wie sich Glück in der Politik herbeizwingen läßt. Er wendete Tage auf, um Kritiker zu überzeugen, er rief Journalisten in der Nacht an, er lud sie in sein Haus, um ihnen stundenlang seinen Standpunkt zu erklären, sie für sich zu gewinnen. Was dabei für Kreisky im kleinen galt, das galt für ihn auch im großen: Er trat weite Reisen an, um führende Staatsmänner für seine Ideen zu gewinnen, und er hatte auch immer Ideen. Weder in Österreich selbst noch in der Welt kam er mit diesen Ideen immer durch. Aber er wußte sich damit Respekt zu verschaffen. Ein Teil seiner Popularität ging auch darauf zurück, daß er es verstand, Kompliziertes einfach darzustellen, Schwieriges als leicht lösbar erscheinen zu lassen. Er tat sich dann manchmal schwer, es zu lösen. Manches blieb auch in seiner Ära ungelöst, und, wie geschildert, nicht wenige Probleme hat er mit seiner Politik selbst verursacht. Er hat sie seinen Nachfolgern hinterlassen. Doch das ist nicht mehr Geschichte, das ist zu dem Zeitpunkt, da dieses Buch in Druck geht, noch immer Gegenwart und in einer Nachfolgeserie von „Österreich II" wohl erst darzustellen, wenn es Geschichte geworden sein wird.

ANHANG

Das Projekt und seine Helfer

An dieser Stelle möchte ich jenen danken, die mitgewirkt haben, nun auch die dritte Staffel von „Österreich II" zu dem zu machen, was sie geworden ist, eine Fortsetzung des großen Erfolgs der vorangegangenen 24 Fernsehfolgen. Auf dieser dritten Staffel basiert im wesentlichen der vorliegende dritte Band der Buchausgabe von „Österreich II". Zu danken ist den vielen Menschen, die sich als Zeitzeugen zur Verfügung gestellt und uns mit ihren Erlebnissen, Erinnerungen und Hinweisen weitergeholfen haben. Und zu danken ist jenen, die dieses Projekt erdacht, ermöglicht, es betreut und an ihm mitgearbeitet haben.

Beim Österreichischen Rundfunk

Das Gesamtprojekt „Österreich II" geht auf eine Idee des früheren Generalintendanten Gerd Bacher zurück. Die dritte Staffel der Dokumentation wurde vom damaligen Informationsintendanten Johannes Kunz gewünscht und in Auftrag gegeben, sie sollte der besondere Beitrag des ORF zum 50. Geburtstag der Zweiten Republik im Jahr 1995 sein. Und als solcher wurde diese dritte Staffel vom neuen Generalintendanten des ORF, Gerhard Zeiler, begrüßt und gefördert sowie von Informationsintendant Dr. Rudolf Nagiller und ORF-Generalsekretär Andreas Rudas tatkräftig unterstützt.

Einen verständnisvollen Förderer des Projekts, insbesondere der Kassettenedition, fand „Österreich II" im kaufmännischen Direktor des ORF, Dr. Peter Radel.

Alfred Payrleitner war als Abteilungsleiter für die Gesamtplanung auch dieser dritten Staffel von „Österreich II" zuständig, es konnte keinen umsichtigeren, fachlich beschlageneren Betreuer geben.

Im administrativen Bereich hielt Christa Neukomm ihre helfende Hand über das Projekt.

Und viel von seinem großen Publikumserfolg verdankt die dritte Staffel von „Österreich II" dem Leiter der ORF-Öffentlichkeitsarbeit, Thomas Prantner.

Dr. Peter Dusek, der Leiter des ORF-Archivs, hat unter großem persönlichen Einsatz für die Erfassung und Aufarbeitung der Tausenden historischen Filmbeiträge gesorgt.

Robert Gokl und Mag. Johannes Kraus haben gemeinsam mit den Kolleginnen und Kollegen des Archivs diese Materialien gesichtet, befundet und aufbereitet.

Mag. Peter Pfannenstiel und Elisabeth Weinberger sorgten als produktionswirtschaftliche Leiter für die reibungslose Durchführung des Projekts.

Das Team

Ihm gebührt besonderer Dank, galt es doch fast dreißig Jahre österreichischer Geschichte zu recherchieren, Hunderte Zeitzeugen und Informanten zu befragen, ganze Bibliotheken an Memoiren und wissenschaftlichen Werken zu studieren, Filme, Dokumente und Fotos aufzuspüren, über sämtliche Ereignisse Chronologien und Grundsatzpapiere zu erstellen. Und all dies sowohl für die Fernsehserie als auch für das Buch. Das bedeutete drei Jahre harter und oft mit Opfern verbundene Arbeit.

Die Produktionsleitung der Fernsehdokumentation und des Buchs lag in den Händen von Christine Graf, die beide Projekte in unermüdlicher Arbeit hervorragend betreute.

Maria Sporrer leitete die historischen Recherchen mit hoher Kompetenz und außergewöhnlichem Einsatz, und auch die reichhaltige Illustration dieses Buchs ist ihr zu verdanken.

Christine Maxa bewältigte vorbildlich die schwierige Aufgabe, Tausende Filme aller Art – aus fast dreißig Jahren – zu sichten, auf ihre Originalität und Qualität zu prüfen und sie für das Projekt aufzuarbeiten.

Gertrude Zelinka hat für TV-Serie und Buch das Sekretariat geführt und die für beide Projekte erforderliche umfangreiche Korrespondenz ebenso im verantwortungsvollen Alleingang bewältigt wie die Betreuung der Öffentlichkeitsarbeit.

Dr. Barbara Huemer hat mit großem fachlichen Wissen das Kulturleben und die Gesellschaftspolitik dieser Jahre erschlossen und für das Projekt aufgearbeitet.

Dr. Manfred Jochum erstellte auch für die dritte Staffel von „Österreich II" die chronologische Infrastruktur und half mit seinen Ideen bei der Umsetzung des Projekts.

Dr. Walter Göhring stellte uns wichtige Materialien und sein historisches Wissen zur Verfügung.

Präsident i. R. Josef Holaubek stand uns als wichtiger Zeitzeuge beratend zur Seite.

Prof. Ludwig Stecewicz widmete sich unermüdlich der Sichtung und Aufarbeitung der einschlägigen Archivmaterialien; als der letzte Kader der letzten Folge von „Österreich II" geschnitten war, am Ende seiner Arbeit, endete auch das Leben dieses wertvollen Kollegen.

Herbert Hacker, Wolfgang Röhr, Peter Liska und Ernst Molden haben als Journalisten umfangreiche Recherchen durchgeführt und viele wertvolle Beiträge für das Projekt geleistet.

Prof. Anatol Koloschin recherchierte für uns in den russischen Archiven und sprach mit wichtigen Zeitzeugen der ehemaligen Sowjetunion. Dr. Franz Kössler stellte uns wichtige Aussagen von Zeitzeugen in den USA zur Verfügung, Karen Wyatt recherchierte für uns in den amerikanischen Archiven.

Wissenschaftliche Beratung

Mein Dank gilt vor allem auch den Wissenschaftlern, die mir mit ihrem Rat, ihrer Erfahrung und ihren Forschungsergebnissen zur Seite gestanden sind: Univ.-Prof. Dr. Gerhard Jagschitz, Univ.-Doz. DDr. Oliver Rathkolb, Univ.-Doz. Dr. Manfried Rauchensteiner, Univ.-Doz. Dr. Herbert Steiner, Univ.-Prof. Dr. Gerald Stourzh und Univ.-Prof. Dr. Erika Weinzierl. Sie haben mich beraten; sollte ich dennoch da oder dort geirrt oder mich zu einer eigenwilligen Interpretation bekannt haben, so liegt die Verantwortung dafür allein bei mir.

Das technische Team

Schnitt und Gestaltung aller Folgen der dritten Staffel von „Österreich II" lagen in den bewährten Händen von Adi Wallisch, der mit seinem großen Können wesentlich zum Erfolg der TV-Serie beigetragen hat.

Karl Schlifelner sorgte im Studio der Öko Media für die hervorragende tontechnische Fertigstellung von „Österreich II".

Otto Clemens lieh auch allen Folgen der dritten Staffel seine Stimme und gab den Texten mit seinem großen schauspielerischen Talent starke Ausdruckskraft.

Die technische Gesamtdurchführung des Projekts lag bei der Firma Öko Media, deren Leiter, Dr. Michael Kraus, uns jegliche notwendige Unterstützung gewährte.

Der Avid-Schnitt wurde in der Firma Synchro Video durchgeführt.

Für die Neuaufnahmen und Interviews standen uns folgende Kameraleute und Tonmeister zur Seite: Hermann Kurasch, Harald Mittermüller, Jerzy Palacz, Ralf Rabenstein, Mag. Arno Schaden, Stefan Schneider, Heinz Späth, Roman Wiehart, Gerhard P. Winter als Kameraleute, Bernhard Bamberger, Michael Cerha, Matthias Grunsky, Erich Lazar, Amir Malek, Ernst Neumayer, Herwig Rossbacher, Oliver Roth, Albert Stasic, Ulrich Vlasak, Ernst Wagner als Tonmeister.

Die Finanz- und Wirtschaftsgebarung des Projekts lag in den bewährten Händen von Mag. Karl Scholik und Franz Mayer.

Personen und Institutionen

Sie alle halfen uns, standen uns mit Informationen, Bildern und Dokumenten zur Seite, dafür unser Dank:

Amerikahaus Bibliothek, Wien
Amtsbibliothek und Archiv der Polizeidirektion Wien
Archiv Arbeiter-Zeitung, Wien
Archiv Aufbau, New York
Archiv der Österreichischen Bundestheater, Wien
Archiv der Republik, Wien
Archiv Franz Berger, Bozen
Archiv Gerhard Mumelter, Bozen
Archiv Ludwig Draxler, Wien
Archiv Oskar Spang, Bregenz
Archiv Wiener Stadthalle Kiba, Wien
Archiv Zukunft, Wien
Athesia-Verlag, Bozen
Austrian-Airlines-Pressestelle, Wien
Bank für Arbeit und Wirtschaft – Pressestelle, Wien
Bildarchiv der Österreichischen Nationalbibliothek, Wien
Anny Bock, Wien
Bundesarchiv-Filmarchiv, Koblenz, BRD
Bundeskammer der gewerblichen Wirtschaft, Wien
Bundesministerium für Landesverteidigung, Wien
Bundespressedienst, Wien
Dr. Jutta Burgstaller, Kurier-Archiv, Wien
Büro des Europarates im Parlament, Wien
HR Dr. Gertrud Buttlar, Stadtarchiv, Wr. Neustadt
MR Mag. Ulrich Dobnik, Bundespressedienst, Wien
Dokumentationsarchiv des österreichischen Widerstandes, Wien
Dokumentationsgruppe der Polizeidirektion, Wien
Dolomiten-Archiv, Bozen
Chefredakteur Dr. Toni Ebner, Bozen
Prof. Erich Feigl, Wien
Filmdokumentationszentrum, Wien
Dr. Annemarie Fenzl, Diözesanarchiv, Wien
Dr. Eckhart Früh, Sozialwissenschaftliche Dokumentation – Arbeiterkammer, Wien
Dr. Wilhelm Gansriegler, Kurier-Archiv, Wien
Geschichte-Club VOEST, Linz
Gesellschaft für Weltraumforschung, Wien
Dr. Ronald Gross, Bibliothek des Jüdischen Museums, Wien
Hildegard Gstöttner, Kronen Zeitungs-Archiv, Wien
Willi Haunold, Chefredaktion Kronen Zeitung, Wien

Viktor Häusler, Sportarchiv Kurier, Wien
Heeres-Bild- und Filmstelle, Wien
Heeresgeschichtliches Museum, Wien
Hermann Oberth-Raumfahrt-Museum, Feucht bei Nürnberg
Historisches Archiv des ORF, Wien
Historisches Museum der Stadt Wien
Rosa Hock, Amtsbibl. und Archiv der Polizeidirektion, Wien
Sen. Rat Doz. Dr. Franz-Heinz Hye, Stadtarchiv Innsbruck
Institut für Internationale Politik, Laxenburg
Institut für Zeitgeschichte, München
Institut für Zeitgeschichte, Wien
Internationale Atomenergiekommission (IAEA) – Pressestelle, Wien
Internationale Pressebildagentur Votava, Wien
Adele Jonas, Wien
Julius Raab-Archiv, Wien
Katholische Presse-Agentur, Wien
Kleine Zeitung-Archiv, Graz
Martin Kriegel, Kronen Zeitungs-Archiv, Wien
Dr. Wolfgang Krones, Paneuropabewegung, Wien
Kurier-Archiv, Wien
Edelgard Kundegraber, Karl v. Vogelsang-Institut, Wien
Dr. Barbara Lesak, Theatermuseum, Wien
MR Dr. Gottfried Loibl, Außenpolitische Bibliothek, Wien
Magistratsabteilung 13, Lichtbildstelle der Stadt Wien
Medienstelle des Österreichischen Gewerkschaftsbundes, Wien
Medienstelle des Bundesministeriums für Unterricht und kulturelle Angelegenheiten, Wien
Mosche Meisels, Tel Aviv
National Archives, Washington, USA
Neue Freie Zeitung, Archiv, Wien
Niederösterreichisches Landesarchiv, Wien
Niederösterreichisches Pressehaus, Archiv, St. Pölten
Oberösterreichische Nachrichten, Archiv, Linz
OMV-Archiv- und Pressestelle, Wien
OPEC-Bibliothek, Wien
Österreichische Bundesbahnen – Pressestelle, Wien
Österreichische Donaukraftwerke AG – Pressestelle, Wien
Österreichische Nationalbibliothek, Wien
Österreichische Studienges. für Atomenergie – Reaktorzentrum Seibersdorf
Österreichisches Archäologisches Institut, Wien
Österreichisches Filmarchiv, Wien
Österreichisches Generalkonsulat, Milano
Österreichisches Staatsarchiv, Wien
Jutta Parassl, Archiv der Neuen Freien Zeitung, Wien
Parlamentsbibliothek, Wien
Generaldirektor Dr. Kurt Peball, Österreichisches Staatsarchiv, Wien
Primaria Dr. Elisabeth Pittermann, Wien
Post- und Telegrafendirektion – Pressestelle, Wien
Presse-Archiv, Wien
Preußischer Kulturbesitz, Berlin
Privatarchiv Robert Stolz, Wien
Privatsammlung Michael Kuhn, Wien
Renner-Institut, Wien
Richard Röder, Ressortleiter Fotoarchiv des Kurier, Wien
Univ.-Prof. Dr. Hans Karl Rupp, Institut für Politikwissenschaft an der Philipps-Universität, Marburg, BRD
Salzburger Nachrichten-Archiv, Salzburg
Salzburger Stadtwerke AG – Pressestelle, Salzburg
Sigloch-Verlagsarchiv, Künzelsau, BRD
Simmering-Graz-Pauker-Archiv, Wien
Dr. Martin Sölva, Amt für audiovisuelle Medien, Bozen

Mag. Wolfgang Sporrer, Wien
Sozialwissenschaftliche Studienbibliothek und Dokumentation der Arbeiterkammer, Wien
Südtiroler Kulturinstitut, Bozen
Südtiroler Volkspartei-Archiv, Bozen
Dipl.-Ing. Fritz Sykora, Wien
Ing. Gustav Schikola, Wien
Schlüsselreederei-Archiv, Bremen
Schoeller-Bleckmann-Archiv, Ternitz
Statistisches Zentralamt, Wien
Steiermärkisches Landesmuseum Joanneum, Bild- und Tonarchiv, Graz
Steyr-Daimler-Puch-Archiv, Wien-Graz
Stiftung Bruno Kreisky-Archiv, Wien
Straßenbahnmuseum, Wien
Theater an der Wien-Archiv, Wien
Tiroler Landesbildstelle, Innsbruck
Tiroler Landesmuseum Ferdinandeum, Innsbruck
Tiroler Landesregierung – Südtirolreferat, Innsbruck
Tiroler Landesschützen-Verband-Archiv, Innsbruck
Tiroler Tageszeitung-Archiv, Innsbruck
Universitätsbibliothek, Wien
Verbundgesellschaft Pressestelle und Informationsdienst, Wien
Verein für Geschichte der Arbeiterbewegung, Wien
Reinhard Vogel, Kurier-Archiv, Wien
Helmut Vogrin, Kurier-Archiv, Wien
Vorarlberger Nachrichten-Archiv, Bregenz
Ewald Vukovits, Kurier-Archiv, Wien
Wiener Kirchenblatt-Archiv, Wien
Wiener Stadt- und Landesarchiv, Wien
Wiener Stadt- und Landesbibliothek, Wien
Wiener Stadtwerke-Elektrizitätswerke – Pressestelle
Wiener Stadtwerke-Gaswerke – Pressestelle
Michael Winter, Amtsbibliothek und Archiv der Polizeidirektion, Wien
Dr. Helmut Wohnout, Karl v. Vogelsang-Institut, Wien
HR Dr. Rupert Zimmermann, Wien

Literatur

Abele – Nowotny – Schleicher – Winckler (Hg.), Handbuch der österreichischen Wirtschaftspolitik. Wien 1989

Amt der Kärntner Landesregierung (Hg.), Ortstafelsturm-Dokumentation. Klagenfurt 1974

Archiv der Gegenwart, 1956 ff., div. Jg. Bonn–Wien–Zürich.

Baier – Gottschalch – Reiche – Schmid – Schmierer – Sichtermann – Sofri, Die Früchte der Revolte. Über die Veränderung der politischen Kultur durch die Studentenbewegung. Berlin 1988

Bailer, Brigitte, Wiedergutmachung kein Thema. Österreich und die Opfer des Nationalsozialismus. Wien 1993

Bakshian, Aram (Hg.), Die ganze Welt ist himmelblau. Robert und Einzi Stolz erzählen. 2. Auflage. Bergisch-Gladbach 1986

Bamberger, Richard und Maria – Bruckmüller, Ernst – Gutkas, Karl (Hg.), Österreich Lexikon in zwei Bänden. Wien 1995

Baumann, Wolf-Rüdiger – Fochler, Gustav, Biographien zur Zeitgeschichte 1945–1983. Frankfurt 1983

Baumgartner, Elisabeth – Mayr, Hans – Mumelter, Gerhard, Feuernacht. Südtiroler Bombenjahre. Ein zeitgeschichtliches Lesebuch. Bozen 1992

Bednarik, Karl, Die unheimliche Jugend. Wien 1969

Berchtold, Klaus (Hg.), Österreichische Parteiprogramme 1868–1966. Wien 1967

Bischof, Günter – Pelinka, Anton (Hg.), Edit. Cons. Oliver Rathkolb, The Kreisky Era in Austria. New Brunswick (USA) und London 1994

Bock, Fritz, Der Anschluß an Europa. St. Pölten 1978

Bracher, Karl Dietrich, Zeit der Ideologien. Eine Geschichte des politischen Denkens im 20. Jahrhundert. München 1985

Brandstätter, Christian (Hg.), Stadtchronik Wien. 2000 Jahre in Daten, Dokumenten und Bildern. Wien 1986

Brandt, Willy, Erinnerungen. Berlin und Frankfurt 1993

Bredow von, Wilfried, Der KSZE-Prozeß. Darmstadt 1992

Broda, Christian, Rechtspolitik, Rechtsreform. Ein Vierteljahrhundert Arbeit für Demokratie und Recht. Wien–München–Zürich–Heidelberg 1986

Brusatti, Alois, 100 Jahre österreichischer Fremdenverkehr. Historische Entwicklung 1884–1984. Wien 1984

Brusatti, Alois – Heindl, Gottfried (Hg.), Julius Raab. Eine Biographie in Einzeldarstellungen. Linz o. J.

Brusatti, Alois – Hofstätter, Verena, Produkt Innovation, Band 1: 99 österreichische Erfolgsprodukte mit Weltgeltung. Wien 1986; Band 2: 50 österreichische Erfolgsprodukte mit Weltgeltung. Wien o. J.

Buedeler, Werner, Geschichte der Raumfahrt. Künzelsau 1982

Bundesministerium für Finanzen, Der Koren-Plan. Das wirtschaftliche Konzept der Bundesregierung. Wien 1968

Bundesparteivorstand der SPÖ, Schulprogramm der SPÖ. Bildung für die Gesellschaft von morgen. Wien 1969

Bundesparteivorstand der SPÖ, Humanprogramm der SPÖ. Im Mittelpunkt der Mensch. Wien 1969

Bundesparteivorstand der SPÖ, Hochschulkonzept der SPÖ. Bildung für die Gesellschaft von morgen. Wien 1969

Bundesparteivorstand der SPÖ, Wohnbauprogramm der SPÖ. Mehr, besser und schneller bauen. Wien 1969

Bundesparteivorstand der SPÖ, Reform der österreichischen Wirtschaft. Der Entwurf der Ökonomischen Versammlung der SPÖ für ein Wirtschaftsprogramm. Wien 1968

Bundespressedienst Wien (Hg.), In The Service Of Peace: 35 Jahre österreichische Beteiligung an UN-Friedensoperationen. Wien 1995

Butschek, Felix, Die österreichische Wirtschaft im 20. Jahrhundert. Wien–Stuttgart 1985

Cohn-Bendit, Dany – Mohr, Reinhard, 1968 – Die letzte Revolution, die noch nichts vom Ozonloch wußte. Berlin 1988

Dachs, Herbert (Hg.), Das politische und wirtschaftliche System im Bundesland Salzburg. Festschrift zum Jubiläum „40 Jahre Salzburger Landtag in der Zweiten Repuplik". Salzburg-Dokumentation Nr. 87. Salzburg 1985

Dachs, Herbert, u. a. (Hg.), Handbuch des politischen Systems Österreichs. Wien 1991

Darmstädter, Josef Kurt, Die Donau und ihre Weiße Flotte. Geschichte der Donaupassagierschiffahrt. Wien 1988

Deppe, Frank (Hg.), Europäische Wirtschaftsgemeinschaft (EWG). Zur politischen Ökonomie der westeuropäischen Integration. Reinbek bei Hamburg 1975

Dichand, Hans, Kronen Zeitung, die Geschichte eines Erfolgs. Wien 1977

Diwok, Fritz – Koller, Hildegard, Reinhard Kamitz. Wegbereiter des Wohlstands. Wien–München–Zürich 1977

Dokumentationsarchiv des österreichischen Widerstandes (Hg.), Handbuch des österreichischen Rechtsextremismus. 2. Auflage. Wien 1993

Dusek – Pelinka – Weinzierl, Zeitgeschichte im Aufriß. Österreich seit 1918. 3. erw. Auflage. Wien–München 1988

Eppel, Peter – Lotter, Heinrich (Hg.), Dokumentation zur österreichischen Zeitgeschichte 1955–1980. Wien–München 1981

Ermacora, Felix, Südtirol und das Vaterland Österreich. Wien–München 1984

Fallah-Nodeh, Mehdi, Österreich und die OPEC-Staaten 1960–1990. Stiftung Bruno Kreisky Archiv. Studienreihe Band 2. Wien 1993

Feigl, Erich, Otto von Habsburg. Protokoll eines politischen Lebens. Wien–München 1987

Fischer, Ernst, Das Ende einer Illusion. Wien 1973

Fischer, Heinz (Hg.), Das politische System Österreichs. Wien 1977

Fischer, Heinz, Die Kreisky-Jahre 1967–1983. Wien 1993

Flieder, Viktor – Loidl, Franz, Stephansdom. Zerstörung und Wiederaufbau. Chronik und Dokumentation. Wien 1967

Forum Verlag (Sammelwerk), Österreich – Geistige Provinz? Wien 1965

Freiheitliches Bildungswerk (Hg.), Folge 3/96 der Freien Argumente. 40 Jahre Freiheitliche Partei Österreichs. Wien 1996

Friedrichs, Günther – Schaff, Adam, Auf Gedeih und Verderb. Mikroelektronik und Gesellschaft. Bericht an den Club of Rome. Wien–München–Zürich 1982

Fröschl, Erich – Zoitl, Helge (Hg.), Der österreichische Weg 1970–1985. Fünfzehn Jahre, die Österreich verändert haben. Wien 1986

Gebr. Böhler & Co. AG. Edelstahlwerke Wien (Hg.), 1870–1970. 100 Jahre Böhler-Edelstahl. Wien 1970

Gehler, Michael – Steininger, Rolf, Österreich und die europäische Integration 1945–1993. Wien–Köln–Weimar 1993

Generaldirektion f. d. Post- und Telegraphenverwaltung Wien (Hg.), 500 Jahre europäische Postverbindungen. Aus Österreichs Postgeschichte. Ein Kaleidoskop. Wien 1990

Gerlach, Siegfried (Mitverfasser), Österreich. Herausgegeben von der Landeszentrale für politische Bildung Baden-Württemberg, Berlin–Köln–Mainz 1988

Geschichte-Club VOEST (Hg.), Geschichte der VOEST. Rückblick auf die wechselhaften Jahre des größten österreichischen Industrieunternehmens. Linz 1991

Göhring, Walter, Bildung in Freiheit. Die Erwachsenenbildung in Österreich nach 1945. Wien–München–Zürich 1983

Göhring, Walter, Auf dem Weg zur Kulturpartnerschaft. 1000 Daten Gewerkschaft Kunst, Medien, Freie Berufe. Eisenstadt–Wien 1986

Gosztony, Peter, Der ungarische Volksaufstand in Augenzeugenberichten. Düsseldorf 1966

Gosztony, Peter, Die Rote Armee. Geschichte und Aufbau der sowjetischen Streitkräfte seit 1917. Wien–München–Zürich–New York 1980

Gromyko, Andrej, Erinnerungen. Düsseldorf–Wien–New York 1989

Grosser, Alfred, Frankreich und seine Außenpolitik 1944 bis heute. München 1986

Grössing – Funk – Sauer – Binder, Rot-Weiß-Rot auf blauen Wellen. 150 Jahre DDSG. Wien 1979

Gutkas, Karl, Die Zweite Republik. Österreich 1945–1985. Wien 1985

Haas, Hanns – Stuhlpfarrer, Karl, Österreich und seine Slowenen, Wien 1977

Haider, Siegfried, Die Geschichte Oberösterreichs. Wien 1987

Hanisch, Ernst, Österreichische Geschichte 1890–1990. Der lange Schatten des Staates. Österreichische Gesellschaftsgeschichte im 20. Jahrhundert. Wien 1994

Hannak, Jacques (Hg.), Bestandsaufnahme Österreich 1945–1963. Wien 1963

Hardach, Gerd, Der Marshall-Plan. München 1994

Heeresgeschichtliches Museum – Militärwissenschaftliches Institut (Hg.), 1918–1968 Die Streitkräfte der Republik Österreich. Katalog zur Sonderausstellung. Wien 1968

Heiss, Gernot – Rathkolb, Oliver (Hg.), Asylland wider Willen. Flüchtlinge in Österreich im europäischen Kontext seit 1914. Wien 1995

Helmer, Oskar, 50 Jahre erlebte Geschichte. Wien o. J.

Henke, Reinhold, Leben lassen ist nicht genug. Minderheiten in Österreich. Wien 1988

Hindels, Josef – Pelinka, Peter (Hg.), Roter Anstoß. Vorwort von Heinz Fischer. Wien–München 1980

Höbelt, Lothar, Die Bundespräsidentenwahlen in der 1. und 2. Republik. Heft 7 der Sozialwissenschaftlichen Schriftenreihe des Instituts für politische Grundlagenforschung. Wien 1986

Höchtl, Josef (Hg.), 35 Jahre Junge ÖVP. Geschichte und Politik. Wien 1980

Holl, Adolf, Jesus in schlechter Gesellschaft. Stuttgart 1971

Hölzl, Norbert, Propagandaschlachten: Die österreichischen Wahlkämpfe 1945–1971. Wien 1974

Hörmann, Otto, Von Breschnew zu Gorbatschow. Als Reporter in Moskau. Graz–Wien–Köln 1987

Horowitz, Michael, Helmuth Qualtinger. Wien 1987

Horsky, Vladimir, Prag 1968. Systemveränderung und Systemverteidigung. Studien zur Friedensforschung Heidelberg. Band 14. Stuttgart–München 1975

Horvath, Elisabeth, Ära oder Episode. Das Phänomen Bruno Kreisky. Wien 1989

Jagschitz, Gerhard, Zeitaufnahmen. Österreich im Bild von 1945 bis heute. Wien 1982

Jagschitz, Gerhard – Mulley, Klaus Dieter, Die wilden fünfziger Jahre. St. Pölten–Wien 1985

Jochum, Manfred, Die Zweite Republik in Dokumenten und Bildern. Wien 1982

Kaut, Josef, Die Salzburger Festspiele 1920–1981. Mit einem Verzeichnis der aufgeführten Werke und der Künstler des Theaters und der Musik, zusammengest. von Hans Jaklitsch. Salzburg und Wien 1982

Keller, Fritz, Wien, Mai 1968. Eine heiße Viertelstunde. 2. erw. Auflage. Wien 1988

Khol, Andreas – Stirnemann, Alfred (Hg.), Österreichische Jahrbücher für Politik 1977, 1978, 1979 und 1980. 4 Bände. München–Wien

Kirchschläger, Rudolf, Der Friede beginnt im eigenen Haus. Wien 1980

Kissinger, Henry A., Memoiren 1968–1973. München 1979

Klaus, Josef, Macht und Ohnmacht in Österreich. Konfrontationen und Versuche. Wien 1971

Kleindel, Walter, Österreich. Daten zur Geschichte und Kultur. Wien–Heidelberg 1978

Klenner, Fritz, Sozialismus in der Sackgasse? Wirtschaft und Gesellschaft im Umbruch. Wien 1974

Klose, Alfred – Mantl, Wolfgang – Zsifkovits, Valentin (Hg.), Katholisches Soziallexikon. Innsbruck–Wien–München–Graz–Köln 1980

Kolakowski, Leszek, Die Hauptströmungen des Marxismus. Entstehung – Entwicklung – Zerfall. 3 Bände. München 1988

Kollmann, Eric C., Theodor Körner, Militär und Politik. Wien 1973

Kolman, Arnost. Die verirrte Generation. So hätten wir nicht leben sollen. Frankfurt 1979

Konrad, Helmut – Lechner, Manfred, Millionenverwechslung Franz Olah. Die Kronenzeitung. Geheimdienste. Wien–Köln–Weimar 1992

Koskaverlag (Hg.), Redaktion: Pressereferat der Österreichischen Donaukraftwerke AG Wien. Wien–Berlin 1984

Kreisky, Bruno, Neutralität und Koexistenz. Aufsätze und Reden. Nachwort von Iring Fetscher. München 1975

Kreisky, Bruno, Das Nahostproblem. Reden, Kommentare, Interviews. Vorwort von Olof Palme. Wien 1985

Kreisky, Bruno, Im Strom der Politik. Der Memoiren zweiter Teil. Wien und Berlin 1988

Kriechbaumer, Robert, Österreichs Innenpolitik 1970–1975. Sonderband 1 der Österreichischen Jahrbücher für Politik hg. von Khol–Stirnemann. München und Wien 1981

Kunz, Johannes (Hg.), Die Ära-Kreisky. Stimmen zu einem Phänomen. Wien–München–Zürich 1975

Kunz, Johannes (Hg.), Gerhard Friedrich. Bevor die Zukunft vorbei ist. Österreich 2000. Wien 1988

Kunz, Johannes (Hg.), Erinnerungen. Prominente im Gespräch. Wien 1989

Laqueur, Walter, Europa auf dem Weg zur Weltmacht 1945–1992. München 1992

Lehr, Rudolf, Die Landeschronik Oberösterreichs. Wien 1987

Lendvai, Paul – Ritschel, Karl Heinz, Kreisky. Portrait eines Staatsmanns. Wien–Düsseldorf 1972

Lendvai, Paul, Das eigenwillige Ungarn. Zürich 1986

Lendvai, Paul, Zwischen Hoffnung und Ernüchterung. Wien 1994

Lenhardt, Dieter, Midlifecrisis der Republik, 1986 Wien

Lenotti, Wolfram, Ein Traum vom Fliegen. 200 Jahre Luftfahrt in Österreich. Wien 1982

Lenotti, Wolfram, Schreiben fürs Fliegen. 40 Jahre „austroflug". 200 Jahre Luftfahrtpublizistik in Österreich. Wien 1991

Leser, Norbert, Salz der Gesellschaft. Wesen und Wandel des österreichischen Sozialismus. Wien 1988

Loth, Wilfried – Picht, Robert (Hg.), De Gaulle, Deutschland und Europa. Opladen 1991

Magenschab, Hans, Die 2. Republik zwischen Kirche und Parteien (Forschungen zur Kirchengeschichte Österreichs VII). Wien–München 1968

Mantl, Wolfgang (Hg.), Politik in Österreich. Die Zweite Republik: Bestand und Wandel. Wien–Köln–Graz 1992

Marin, Bernd (Hg.), Wachstumskrisen in Österreich. Band lt. Szenarios. Wien 1979

Marschall, Karl, Volksgerichtsbarkeit und Verfolgung von nationalsozialistischen Gewaltverbrechen in Österreich. Eine Dokumentation. Bundesministerium für Justiz. 2. Auflage. Wien 1987

Marx, Werner – Wagenlehner, Günther (Hg.), Das tschechische Schwarzbuch. Die Tage vom 20. bis 27. August 1968 in Dokumenten und Zeugenaussagen. Stuttgart-Degerloch 1969

Medwedjew, Roy, Chruschtschow. Eine politische Biographie. Stuttgart–Herford 1984

Molden, Fritz, Besetzer, Toren, Biedermänner. Wien 1980

Molden, Fritz, Die Österreicher oder Die Macht der Geschichte. München–Wien 1986

Mommsen-Reindl, Margareta, Die österreichische Proporzdemokratie und der Fall Habsburg. Wien–Köln–Graz 1976

Muhri, Franz, Kein Ende der Geschichte. Erinnerungen. Kritische Bilanz eines politischen Lebens. Wien 1995

Müller, Konrad R. – Perger, Werner A. – Petritsch, Wolfgang, Bruno Kreisky. Gegen die Zeit. Fotoband mit Texten. Positano 1995

Müller, Robert, Fremdenverkehrswerbung in Österreich. Historische Beispiele seit 1884. Wien 1984

Muzik, Peter, Die Zeitungsmacher. Österreichs Presse. Macht, Meinungen und Milliarden. Wien 1984

Nemetschke, Nina – Kugler, Georg J., Lexikon der Wiener Kunst und Kultur. Wien 1990

Nick, Rainer – Pelinka, Anton, Bürgerkrieg-Sozialpartnerschaft. Das politische System Österreichs 1. und 2. Republik. Ein Vergleich. Wien–München 1983

Nowotny, Thomas, Was bleibt von der Ära Kreisky? Wien 1989

Oberleitner, Wolfgang E., Politisches Handbuch Österreichs 1945–1980. Wien 1981

Oberösterreichisches Landesmuseum Linz (Hg.), Katalog Nr. 56, Ausstellung Valie Export 22. 10. bis 29. 11. 1992. Linz 1992

Olah, Franz, Die Erinnerungen. Wien–München–Berlin 1995

Österreichische Jahrbücher. Nach amtlichen Quellen. Herausgegeben vom Bundespressedienst. 1955 ff. Österreichische Staatsdruckerei Wien

Österreichische Verkehrswerbung Wien (Hg.), Das Buch der Bahn. 150 Jahre Eisenbahn in Österreich. Wien 1987

Pelinka, Anton, Windstille. Klagen über Österreich: Wien–München 1985

Pelinka, Anton, Die kleine Koalition. SPÖ-FPÖ 1983–1986. Wien 1993

Pelinka, Peter – Steger, Gerhard (Hg.), Auf dem Weg zur Staatspartei. Zur Geschichte und Politik der SPÖ seit 1945. Wien 1988

Pelinka, Peter – Scheuch, Manfred, 100 Jahre AZ. Die Geschichte der Arbeiter-Zeitung. Wien–Zürich 1989

Piringer, Kurt, Die Geschichte der Freiheitlichen. Beitrag der Dritten Kraft zur österreichischen Politik. Wien 1982

Pisa, Karl, Österreich. Land der begrenzten Unmöglichkeiten. Stuttgart 1985

Pittermann, Bruno, Das Zeitalter der Zusammenarbeit. Reden aus zwei Jahrzehnten. Wien 1966

Pollak, Walter, Sozialismus in Österreich. Von der Donaumonarchie bis zur Ära Kreisky. Wien 1979

Ponger, Lisl (Fotos) – Schmatz, Ferdinand – Schwendter, Rolf (Texte), Doppleranarchie – Wien 1967 bis 1972. Wien, o. J.

Porta, Hans T., Der Fall Olah. Ein Symptom. Die Sozialistische Partei 75 Jahre nach Hainfeld. Wien–Melk 1965

Putz, Gertraud – Dachs, Herbert – Horner, Franz – Reisinger, Ferdinand (Hg.), Politik und christliche Verantwortung. Festschrift für Franz-Martin Schmölz des Internationalen Forschungszentrum Salzburg. Innsbruck-Wien, o. J.

Rauchensteiner, Manfried, Der Sonderfall. Die Besatzungszeit in Österreich 1945–1955. Graz–Wien–Köln 1979

Rauchensteiner, Manfried, Die Zwei. Die Große Koalition in Österreich 1945–1966. Wien 1987

Rauchensteiner, Manfried – Etschmann, Wolfgang (Hg.), Schild ohne Schwert. Das österreichische Bundesheer 1955–1970. Graz–Wien–Köln 1991

Ringel, Erwin, Die österreichische Seele. Wien 1984

Ritschel, Karl Heinz, Julius Raab. Salzburg 1975

Roussel, Daniele, Der Wiener Aktionismus und die Österreicher. Gespräche. Klagenfurt 1995

Rupp, Hans Karl, Politische Geschichte der Bundesrepublik Deutschland. Entstehung und Entwicklung. Stuttgart–Berlin–Köln–Mainz 1981

Sailer, Toni, Mein Weg zum dreifachen Olympiasieger. Salzburg–Stuttgart 1956

Scharpf, Fritz W., Sozialdemokratische Krisenpolitik in Europa. Frankfurt–New York 1987

Scheithauer, Erich – Woratschek, Grete – Tscherne, Werner – Göhring, Walter, Geschichte Österreichs in Stichworten. Teil VII: Vom Staatsvertrag bis zur Gegenwart. Von 1955 bis 1985. Hirt, Unterägeri/Schweiz 1987

Scheuch, Manfred, Der Weg zum 1. März 1970. Demokratischer Sozialismus heute. Wege der Verwirklichung. Wien 1970

Schmidl, Erwin A., Blaue Helme. Rotes Kreuz. Das österreichische UN-Sanitätskontingent im Kongo. 1960–1963. Innsbruck 1995

Schmückle, Gerd, Das Schwert am seidenen Faden: Krisenmanagement in Europa. Stuttgart 1984

Schober, Richard, Geschichte des Tiroler Landtages im 19. und 20. Jahrhundert. Innsbruck 1984

Schulmeister, Otto, Ernstfall Österreich. Stichproben zur Lage der Republik. 2. Auflage. Wien 1995

Schütz, Klaus, Logenplatz und Schleudersitz. Frankfurt 1992

Seidl, Conrad – Vogel, Roland, Wehrhaftes Österreich. Die militärische Landesverteidigung. Wien 1993

Sieder, Reinhard – Steinert, Heinz – Talos, Emmerich (Hg.), Österreich 1945–1995. Gesellschaft Politik Kultur. Wien 1995

Soden von, Kristine (Hg.), Der große Unterschied. Die neue Frauenbewegung und die siebziger Jahre. Berlin 1988

Sozialistische Partei Österreichs, Die Eisenstädter Erklärung der SPÖ. Wien 1969

Spira, Leopold, Ein gescheiterter Versuch. Der Austro-Eurokommunismus. Wien–München 1979

Sporrer, Maria – Steiner, Herbert (Hg.), Simon Wiesenthal, ein unbequemer Zeitgenosse. Wien 1992

Stadler, Karl R., Adolf Schärf. Mensch, Politiker, Staatsmann. Vorwort von Bruno Kreisky. Wien–München–Zürich 1982

Stanek, Eduard, Verfolgt – Verjagt – Vertrieben. Flüchtlinge in Österreich. Wien–München–Zürich 1985

Steiner, Herbert, Gestorben für Österreich. Wien 1968

Steiner, Ludwig, Zur Außenpolitik der Zweiten Republik. Wien 1977

Sternfeld, Albert, Betrifft: Österreich. Wien 1990

Stöger, Hermann, Schwarze Welle – Roter Schirm. Der Proporz am Beispiel Rundfunk. Wien–Melk 1965

Stöger, Hermann (Hg.), So stand's im Kurier. 25 Jahre Zeitgeschichte im Spiegel einer Zeitung. Wien 1979

Stourzh, Gerald, Geschichte des Staatsvertrags 1945–1955: Österreichs Weg zur Neutralität. 3. Auflage. Graz–Wien–Köln 1985

Stourzh, Gerald, The Origins of Austrian Neutrality. Lanham 1988

Stourzh, Gerald, Was heißt Österreich? Wien 1995

Ströbinger, Rudolf, Schicksalsjahre an der Moldau. Die Tschechoslowakei. Siebzig Jahre einer Republik. Gernsbach 1988

Svoboda, Wilhelm, Franz Olah. Eine Spurensicherung. Wien 1990

Sykora Fritz, Pioniere der Raketentechnik aus Österreich, in: Blätter für Technikgeschichte, herausgegeben vom Technischen Museum Wien. Jg. 1960. Wien 1960

Thalberg, Hans, Die Kunst, Österreicher zu sein. Wien 1984

Trost, Ernst, Figl von Österreich, Wien–München 1972

Vodopivec, Alexander, Der verspielte Ballhausplatz. Vom schwarzen zum roten Österreich. Wien–München–Zürich 1970

Vodopivec, Alexander, Die Quadratur des Kreisky. Österreich zwischen parlamentarischer Demokratie und Gewerkschaftsstaat. Wien–München–Zürich 1973

Volgger, Friedl, Mit Südtirol am Scheideweg. Erlebte Geschichte. Innsbruck 1984

Wailand, Georg, Wer regiert Österreich? Hamburg 1983

Walch, Dietmar, Die jüdischen Bemühungen um die materielle Wiedergutmachung durch die Republik Österreich. Wien 1971

Waldhauser, Herbert (Hg.), Vier blau-gelbe Jahrzehnte. Niederösterreich seit 1945. Wien 1985

Weber, Fritz – Venus, Theodor, Austro-Keynesianismus in Theorie und Praxis. Studienreihe Band 1. Stiftung Bruno Kreisky Archiv. Nachwort von John Kenneth Galbraith. Wien 1993

Weinzierl, Erika – Skalnik, Kurt (Hg.), Österreich. Die Zweite Republik. 2 Bände. Graz–Wien–Köln 1972

Weisenfeld, Ernst, Frankreichs Geschichte seit dem Krieg. Von de Gaulle bis Mitterand. München 1982

Weissensteiner, Friedrich – Weinzierl, Erika (Hg.), Die österreichischen Bundeskanzler. Wien 1983

Weissensteiner, Friedrich (Hg.), Die österreichischen Bundespräsidenten. Leben und Werk. Wien 1982 und Ergänzung 1987

Wiesenthal, Simon, Recht, nicht Rache. Berlin 1988

Withalm, Hermann, Aufzeichnungen. Graz 1973

Zenker, Helmut (Hg.), Wespennest Nr. 23. Arena-Dokumentation, Wien 1976

Zenkl, Maria (Hg.), Bürger initiativ. Probleme und Modelle der Mitbestimmung. Wien–Köln o. J.

Zöllner, Erich, Geschichte Österreichs. Von den Anfängen bis zur Gegenwart. 7. Auflage. Wien 1984

Personenregister

Die kursiven Seitenangaben beziehen sich auf die Bildlegenden.

Abdesselam, Belaid 391
Abu Nidal al Benna 394
Achleitner, Friedrich 99 f., *100*, 369
Adenauer, Konrad 27, *28 f.*, 30, 80, 125
Adlmüller, Fred 94
Afritsch, Josef 123, 130, *133*, 203, 205 f., 207
Albert, Prinz von Belgien 95
Albrecht, Anneliese *429*
Aldrin, Edwin 324, *326*
Ambros, Wolfgang 366, *367*
Amery, Jean 369
Amplatz, Luis 153, 159, 162 ff.
Andropow, Juri 40, 44, *47*
Androsch, Hannes *331*, *338*, 348, 407, 409 ff., *409 f.*, 412 f., *430*, 432
Anne, engl. Prinzessin *321*
Arafat, Yassir 388 f., *390*
Armstrong, Louis 116 f., *117*
Armstrong, Neil 324, *325*, 326
Artmann, Hans Carl 99 f., *100*, 369
Assad, Hafis al- 386, 389
Astrid, Prinzessin von Norwegen 175
Attersee, Christian Ludwig *292*
Ausch, Karl 70
Austerlitz, Friedrich 276
Azzawi, Jassim Kadhem, al- 391

Bacher, Gerd 227 f., 233, 269 ff., *270 ff.*, 278, 304, 354, 356 ff.
Bachmann, Ingeborg 367, *368*, 370
Backus, Gus 117
Bahr, Egon 142
Barnard, Christiaan 296 f., *296 f.*
Baudouin, Kg. der Belgier 95
Bauer, Otto 276
Bauer, Wolfgang 367, *368*
Baumgartner, Ulrich 419
Bayer, Konrad 99 f., *100*, 366
Beatles 117, 176, *177*
Beck, Ulrich 289
Becker, Paul 269
Begin, Menachem 390
Behrmann, Hans 227 f., 230
Bendix, Ralph 117
Benedikter, Alfons 154 f., 168
Benya, Anton 180, 254, 265, 277 f., *278*, 331, 358, 401, 410 f., 413, 421, 432, *434*
Bergmann, Kurt 272
Bernhard, Prinz der Niederlande 175
Bernhard, Thomas 367 ff.
Bernstein, Leonard 294
Berthé, Annemarie *273*
Bertil, Prinz von Schweden 175
Bischoff, Norbert 62
Bittmann, Ladislav 313 f., *314*, 316 f.
Blaiberg, Philip 296, *296*
Blagodatow, Alexej 65
Blecha, Karl 293, *426*, 427, *434*
Bobits, Franz *370*, 372 f.
Bobleter, Carl H. 203, *266*

Bock, Fritz 19, 29, *94*, 95, *133*, 266, *266*, 279
Bock, Helmuth 270
Boeckl, Herbert 97, 250, *250*
Böhm, Karl 94 f.
Borodajkewycz, Taras 238 ff., *239*
Brandt, Willy 142, 258, 332, 390, *390*
Brantl, Heinz 218, 249 f., *250*, *331*
Brauer, Arik 96, 366, *367*
Braun, Wernher von 118, *322*
Breschnew, Leonid 40, 298 ff., *301*, 311 f., 341, *345*, *430*
Breton, André 249
Broda, Christian 70, 130, *133*, 198, 206, 209, *211*, 220, 228, 233, 254, 268 f., *338*, 348, 358 ff., *361*, 410 f.
Broesigke, Tassilo 338
Bronner, Gerhard *101*, 366, *366*
Bronner, Oscar 233
Bruckmann, Gerhart 335
Brugger, Peter 168
Brundage, Avery 351, *351*, 355, 371
Brus, Günter 289, *293*
Burger, Norbert 162
Busek, Erhard 403, *405 f.*, 432

Canaval, Gustav 225, 227
Canetti, Elias 369, 415
Cap, Ferdinand 324
Carl XVI. Gustav, Kg. von Schweden *408*
Carlos, siehe Sanchez, Illich Ramirez
Carter, Amy *430*
Carter, Jimmy 390, *430*
Carter, Rosalynn *430*
Castro, Fidel 118, 143 ff., 158
Ceausescu, Nicolae 301
Cernik, Oldrich *299*
Chaloupka, Eduard 77
Chamoun, Camille 82
Chorherr, Thomas 233
Chruschtschow, Nikita 13, 31 ff., *33*, *35*, 36, 86, *87*, 122 ff., *122*, *124 f.*, *129*, 132 ff., *135*, 136 ff., *138*, *141*, 142 ff., 158, 298 f.
Chruschtschowa, Elena 124, *125*, *127*
Chruschtschowa, Nina 123 f., *125*, *127*, 136 ff., *137 f.*
Churchill, Winston 15, 193
Clark, Mark 258
Clinton, Bill 284
Cocteau, Jean 249
Cohn-Bendit, Daniel 285
Collins, Michael 324, *326*
Corti, Axel 368, *368*
Csoklich, Fritz 219, *221*, 222
Czaplik, David 375
Czernetz, Karl 74, 206, 218, 330
Czettel, Hans 276

Dallapozza, Adolf *294*

Dalma, Alfons 270 f., *270*, 273
Danilewitsch, Andrian 26
Danzer, Georg 366, *367*
Davis, Gustav 230
De Gasperi, Alcide 147 f., 150, 152, 156
Dellepiane, Giovanni 77, *80*
Denk, Wolfgang 67 ff., *68*, 337
Deutsch, Julius 70
Dichand, Hans 220, 224 ff., *227*, 228, 230 f., *230*, 233 f.
Dietl, Hans 154
Dilworth, Hubert 294
Distel, Sascha 250
Dobrynin, Anatoli 146
Dohnal, Johanna *429*
Dollfuß, Engelbert 65, 76, *79*, 189, 199, 263, 311
Dönch, Karl 294
Dragon, Friedrich 220, 224, 230
Draxler, Ludwig 198
Drimmel, Heinrich 19, 77, *80*, 123, 131, *133*, 181, 201 f., 220, 248
Dubcek, Alexander 298 ff., *299*, *301*, 306 f., 313
Dulles, John Foster 78 ff., *82*
Durnthaler, Reinhold *174*, 176
Dutschke, Rudi 285

Ebner, Grit 362, *362*
Eckert, Fritz 19
Edelmeier, Waltraud *273*
Ehmke, Horst 331 f.
Ehrenstrasser, Hanni *105*
Eichmann, Adolf 242 f., 246 f., *247*
Eiselsberg, Otto 119, *122*
Eisenhower, Dwight D. 56, 78, 82, *82*, 118, 122, *122*, 133, 158
Eissler, Max 182, 222
Elisabeth II., Kgin. von Großbritannien *321*
Ellington, Duke 117
Export, Valie 290 f., *290*
Eypeltauer, Beatrix *196*, *429*

Falk, Kurt 224, 230 f., *230*, 233 f.
Farah Diba, Ksin. von Persien 175
Fast, Franziska 359, *361*, 362, *429*
Feisal II., Kg. des Irak 81 f.
Feistmantl, Josef *174*, 176
Fellinger, Karl 245
Figl, Leopold 8, 15, *19*, 30, *61*, 62 f., *64*, 65 f., 83, 85, *86 ff.*, 87, 95, 126 f., *129*, 154, 156, 201, *256*, 257 f., *258*, 260
Fioreschy, Robert 168
Firnberg, Hertha *338*, 341, 348, *409*, 410 f.
Fischer, Ernst 312, *313*
Fischer, Heinz 238, 242, 293, *331*, 332
Fischer-Karwin, Heinz 218
Fischer-Kowalski, Marina 287, *287*, 289
Fitzgerald, Ella 117

Flajnik, Bruno 219
Fleischmann, Krista 368 f.
Foltin, Ferdinand 171
Fontana, Josef 157, *157*, 159, 164
Ford, Gerald 389
Franz Joseph I., Ks. von Österreich 30, 64, *196*
Freeman, US-General 175
Freihsler, Johann 338, 340, *340*
Freund, Gerhard 217, *269*, 270
Fried, Erich 369
Frisch, Karl *408*, 414
Frischmuth, Barbara 367, *368*
Froboess, Conny 117
Fröhlich-Sandner, Gertrude 398, *398*, 419, 421
Frühbauer, Erwin *338*, 349
Fuchs, Ernst 96
Füchsl, Wilhelm 217, 270
Fuhrich, Dagmar 182
Furzewa, Jekaterina 124, *125*
Fussenegger, Erwin 51

Gaddafi, Muammar el 389
Gagarin, Juri 118
Gaja, Roberto 167
Galli, Gertraud 182, *182*
Galloway, brit. Major 171
Gatterer, Claus 218
Gaulle, Charles de 122, 136, 194, 285
Geiger, Karl 375, *376*
Genscher, Hans-Dietrich 370
Gerö, Ernö 36
Giudotti, Gastone 154
Gleißner, Heinrich 65
Goeschl, Roland 418
Goldmann, Nahum 59 f., *60*, 81
Gomulka, Wladislaw 34, *35*, 36
Gorbach, Alfons 130 f., *131*, 133, 137, 185, 187 ff., *189*, 198, 200 ff., *202*, 220, 260 f., *261*
Gorbatschow, Michail 298
Göring, Hermann *196*
Görz, Franz 89, *90*
Götz, Alexander 332, 395, *396*
Gracia Patricia, Fstin. von Monaco *415*
Graf, Ferdinand 51, 131, 171
Gratz, Leopold 70, 187, 199 f., 332, *338*, 348, 398, *398*, 400, *409*, 410 f.
Grau, Helge *294*
Gredler, Willfried 188, 338
Gresti, Mauro 163
Grissemann, Ernst 273, *273*
Gromyko, Andrej 124, *141*, 343
Grosberg, Werner 224, 231
Größl, Franz 218
Gruber, Karl 47 f., *50*, 147 f., 150, 152, 156
Gruber, Kurt 167
Grubhofer, Franz 62, 123, 131
Grubmayr, Herbert *86*
Gschnitzer, Franz 62, 123, 131, 149 f., 154, 156, 158, 170
Gutmann, Luis 160, *160*, 164

Haas, Christl *174*, 175
Habsburg, Karl 195, *195*
Habsburg, Marie Louise 64
Habsburg, Otto 24, 192 ff., *192*, *194 ff.*, 198 f., *199*
Habsburg, Regina *194*, 195
Hacha, Emil 301
Hacker, Friedrich 373
Hager, Leopold 105
Haeusserman, Ernst 225 f.
Haider, Erich 77
Haider, Johann *266*
Haider, Jörg 187
Haile Selassie, Ks. von Äthiopien 119
Hammarskjöld, Dag 25, 81, 158, 170 f.
Handke, Peter 367, *368*, 369
Hanel, Egon 395
Hanel, Hildegard 395, *397*
Hansy, Leopold 281, *281*
Hanzlik, Hella 75, *76*
Harald, Kronprinz von Norwegen 175
Hartmann, Eduard *133*
Hartner, Alfred 270 ff.
Harwalik, Adolf 269
Haselgruber, Johann 329
Haslauer, Wilfried 403
Häuser, Rudolf *338*, 348
Hauser, Walter 361
Hausner, Rudolf 96
Hawlicek, Hilde 275
Hayek, Friedrich August von 407, *408*, 409, 414, 432
Haymerle, Heinrich 158, 170
Hecher, Traudl *174*, 176
Heer, Friedrich 286
Hegedüs, Andras 36
Heitzer, Regine *174*, 176
Heller, André 366 f., *367*
Helmer, Oskar 27, 54, 62
Herold, Otto 393
Herrnstatt, Georg 419
Heschgl, Anton 105
Hetzenauer, Franz 201, 266, *266*
Higatsberger, Michael 89 f., *91*
Hilbert, Egon 180 f., *181*
Hintczak, Alexander 375, *376*
Hitler, Adolf 20, 26, 51, 66, 95, 118, 125, 159, 163, 193, 206, 231, 242, 301 f., 311, 380
Hitzinger, Emma 108
Hochleitner, Thea *22*
Höchtl, Josef 403
Hofer, Andreas 154, 160, 162, *167*
Hofmann, Fritz 400
Hofmann, Werner 96, *96*
Holaubek, Josef 54
Hollegha, Wolfgang 97, *99*
Holy, Ilse 273
Honecker, Erich 141
Ho Tschi Minh 236, 284
Hrdlicka, Alfred 248, 250, *250*
Hübl, Reinald 232, 397, *397*
Hundertwasser, Friedensreich 96
Hussein, Kg. von Jordanien 82
Husak, Gustav 307
Hutter, Wolfgang 96

Igler, Hans 20
In der Maur, Wolf 358
Innauer, Anton *417*
Innerhofer, Josef 153
Innitzer, Theodor 70, 96
Izmirli, Y. 391

Jakobowsky, Iwan 140
Jandl, Ernst 369
Janitschek, Hans *343*
Jankowitsch, Peter 332, 336
Jelinek, Elfriede 369
Jochmann, Rosa 74, 206 f.
Johannes XXIII., Papst 76, *79*
Johnson, Lyndon B. 235 ff., *237*, 282 f.
Jonas, Franz 95, 124, 185, 205, 260 ff., *261 f.*, 308, 319, 322, 346 f., *347*, 400 f., *409*, 410 f.
Juliana, Kgin. der Niederlande 175
Jungk, Robert 345, *425*
Jürgens, Udo 250 f., *251 f.*

Kadar, Janos 38, 45, *47*, 55, *62*, 302
Kaganowitsch, Lazar 34
Kalmar, Rudolf 218
Kamitz, Reinhard *19*, 95
Kandutsch, Jörg 192, 338
Karajan, Herbert von 94, 180 ff., *181*
Kargl, Antonia *114*, 115
Karim Aga Khan 175
Karl I., Ks. von Österreich 192, *192*, 195
Karl, Elfriede 348, *429*
Karmel, Franz 226
Karpik, Ferdinand 230
Kathrein, Rudolf 167
Kautsky, Benedikt 71, 74
Kehlmann, Michael *101*
Kelsen, Hans 241
Kennedy, Jacqueline 136 ff., *136 ff.*, 234 ff., *235 f.*
Kennedy, John Fitzgerald 118, 133 f., *135 f.*, 136, 138, 140, *141*, 143 ff., 234 ff., *235 ff.*, 324
Kennedy, Robert 146, *237*
Kerschbaumer, Sepp *149*, 153, 157 ff.
Kery, Theodor 411
Keynes, John Maynard 409
Khafali, Ala Hassan 391
Kimmel, Josef 257
King, Martin Luther 236
Kiraly, Bela 44 f., *46*
Kirchschläger, Herma *430*
Kirchschläger, Rudolf 62, *80*, 158, 167, 170, 302, 306, *306*, 338, 346, 348, 381, 400 ff., *402*, 413, *430*
Kirchweger, Ernst 239, 242, *242*
Kissinger, Henry 343, *345*, 386
Klammer, Franz *417*
Klaus, Josef 130, *133*, 187, *197*, 200 ff., *200*, *202*, 248, 254, 262 ff., *264*, 266, *266*, 268, 271, 273, 278 f., *280*, 304, *305*, 306, 308, 317, 327 f., *327*, 334 ff., *334 f.*, *337*, *339*, 341, 346, 406, 423, 433, 436
Klausnitzer, Rudi 273, *273*
Klecatsky, Hans 266, *266*, 328
Klein, Hans Joachim 392

Klenner, Fritz 71, 206
Klestil, Thomas 304
Klinger, Eva Maria *273*
Klotz, Anton 225
Klotz, Georg 158, 162 ff.
Knöbl, Kuno 218
Kogelnik, Kiki 97 f., *97*
Kohlmaier, Herbert 403, 406
Kolleritsch, Alfred 367, *369*
Komar, Waclaw 34
König, Franz 66, *67,* 70, *70 f.,* 76 f., *79 f.,* 90, 95, 360 f., *361*
Konjew, Iwan 34, 140 f., 258
Konstantin, Kronprinz von Griechenland 174
Koplenig, Johann 258
Koren, Hanns 368
Koren, Stephan 279 ff., *280,* 327, 404, 406, *406*
Körner, Theodor 20, 56, 65 f., *67,* 68 f., *69,* 258, 262
Kossygin, Alexej 124, *125,* 301
Kostroun, Ludwig 207
Kotzina, Vinzenz *266*
Kovacs, Istvan 43
Koxeder, Adolf *174,* 176
Krainer, Josef jun. 403, *405*
Krainer, Josef sen. 130, 191, 201
Kranzlmayr, Otto 131, *133*
Kraus, Herbert 20
Kraus, Peter 117, *117*
Kraus, Wolfgang 369 f.
Kreisky, Bruno 62, 70 f., 77, *80,* 85, *86 f.,* 95, 123, 126, 130, *133,* 154, 156, 158 f., *159,* 164 ff., *167,* 169 ff., 187, 192, *196 f.,* 206 ff., 258, 263, 265 f., 271, *274 ff.,* 275 ff., 281, 287, 293, 304, 327, 330 ff., *331,* 334 ff., *334 f.,* 337 f., *340,* 343, *345,* 346 ff., *349 f.,* 355 ff., *357 f.,* 366, 373 f., *375 f.,* 376 f., 381, 383 ff., *389 f.,* 401 f., *402,* 404, 406 f., *407,* 409 ff., *409,* 413, 421, 423, *424,* 425 ff., *429 f.,* 432 ff., *432, 434,* 436
Kreisky, Eva 360
Kreisky, Peter *345,* 427
Kreisky, Vera *345, 430*
Kreisler, Georg *101*
Kreuzer, Franz 218, 271 f., *271,* 274 ff., *274, 276,* 357 f., 414
Krings, Gerhard 176
Kripp, Joseph 77
Kröcher-Tiedemann, Gabriele 392
Kubin, Alfred 97
Kunz, Johannes 389, *390,* 411
Kunz, Rüdiger 106
Kyrle, Martha 138, *256,* 257 f.

Lacina, Ferdinand 238, 293
Lanc, Erwin 293
Lancaster, Burt *314*
Lanner, Sixtus *432*
Lassnig, Maria 97 f., *97, 291*
Lauda, Hans *196*
Lauda, Niki 415, *415*
Lee, Brenda 250

Leherb (Leherbauer, Helmut) 248 ff., *248*
Lehmann, Silvio *286,* 287, 289
Lehmden, Anton 96
Lenhardt, Helmut 270 f., *272*
Lenin, Wladimir Iljitsch 33, 298, 300, 312
Leodolter, Ingrid 348, *350, 429*
Leopold, Exkg. von Belgien 175
Lewis, Brenda *294*
Liewehr, Florian *294*
Liliane, Prinzessin von Belgien 175
Litwak, Elka *373,* 375
Litwak, Juri 375
Lorenz, Konrad *408,* 414
Lötsch, Bernd 425
Löwenthal-Chlumecky, Max 155
Lübke, Heinrich 258
Lugger, Alois 401, *402*
Lütgendorf, Karl 340, *341,* 349

Macmillan, Harold 122
Machenschalk, Rudolf 324, *324*
Magnago, Silvius 151 ff., *152,* 161 f., 166, *167 f.,* 168 f.
Maleta, Alfred *19, 29, 339,* 403
Maleter, Pal *42,* 43 f., *45*
Malinin, Michail *45*
Malinowski, Rodion *122*
Mandl, Hans 137, 207
Mao Tse-tung 287
Marboe, Ernst Wolfram 358
Marcuse, Herbert 284 f.
Marek, Bruno *321*
Maringer, Ilse *273*
Marshall, George 12
Martini, Louise *101*
Marx, Karl 74, 206, 241
Masaryk, Thomas G. 298
Massu, Jacques 285
Matejka, Viktor 95
Matsch, Franz 158
Matthews, Freeman 82, 126
Matz, Johanna 51, *54*
Mauer, Otto 96 ff., *97*
Maurer, Andreas 353, *425*
Mautner Markhof, Manfred 94 f., *94,* 98
Mayröcker, Friederike 369
McCreery, Richard 258
McNamara, Robert 144 f.
Medzini, Meron 377, *377*
Meindl, Erich 105
Meinrad, Josef *294*
Meir, Golda *375,* 376 f., *377,* 388
Mendt, Marianne 366, *366*
Merz, Carl *101*
Meyer, Conny Hannes 369
Meznik, Fritz 87, *88*
Migenes, Julia *294*
Mikl, Josef 97, *99*
Mikojan, Anastas 34, 43, 62 ff., *64, 86,* 126
Mindszenty, Jozsef 41, *42*
Mitterer, Otto 279, *280*
Mitterhofer, Sepp 153

Mock, Alois 406, *406, 432*
Molden, Ernst 225 f.
Molden, Fritz 218, 226, *227,* 228, 230, 233, 269
Moldovan, Kurt 96, *99*
Molotow, Wjatscheslaw 34
Molterer, Anderl 22
Moorefield, Olive *294*
Moro, Aldo 165, 169, 346
Moser, Josef *338,* 349, *429*
Moser, Joseph 227
Mueller-Graaf, Carl-Hermann 29, 126
Muehl, Otto 289
Muhri, Franz 311 f., *312*
Muliar, Fritz *54*
Müller, Anton *196*
Müllner, Viktor 329
Murer, Franz 247
Mussolini, Benito 159, *159, 161,* 163

Nadig, Marie-Theres 354
Nagel, Trude 214, *214*
Nagy, Imre 34 ff., 38, 40 f., *42,* 44 ff.
Nairz, Josef *174,* 176
Nasser, Gamal Abdel 158
Nayer, Manfred 220, *225*
Nehru, Pandit 158
Nellens, G. J. 249
Nenning, Günther 220, *221,* 332, *345*
Nicoletti, Susi *54*
Nidetzky, Peter *325*
Nittel, Heinz *394*
Nitsch, Hermann 291, *292*
Nixon, Patricia *345*
Nixon, Richard 56, 58, *61,* 81, 133, 326 f., *345,* 346
Norden, Walter *102, 103,* 328
Novotny, Antonin 298

Oberhammer, Aloys 154
Oberhammer, Otto 357
Oberth, Hermann 322, *322*
Oberlerchner, Josef 106
Okopenko, Andreas 369
Olah, Franz 70, 185 f., 188, 191 f., *191,* 199 f., *200,* 203 ff., *203 ff.,* 207, 209, 211, 217, 230 f., 233 f., *233,* 263 f., 274 ff., 330
Öllinger, Johann *338*
Oppelt, Kurt 22
Oswald, Lee Harvey 234

Pacelli, Eugenio, siehe Pius XII.
Pahr, Willibald *430*
Papouschek, Hubert 105
Pascal, Jean Claude 250
Pasternak, Boris 122
Paul VI., Papst 360
Payrleitner, Alfred 218, 274
Peichl, Gustav 274
Peinsipp, Walther 43, *62*
Peres, Shimon 388, 390
Peter, Friedrich *190,* 191 f., 199 f., 209, 304, 313, 332, 335 ff., *337,* 406, 413 f.
Peterlunger, Oswald 373
Petöfi, Sandor *36,* 37
Pfaundler, Wolfgang 153, 157 f., 164

Philip, Hz. von Edinburgh *321*
Picasso, Pablo 96
Pichler, Herbert *325*
Pieber, Gertrud, siehe Vukovits, Gertrud
Piffl-Percevic, Theodor 199, 202, 239, *245*, 248 ff., *248, 250*, 266, *266*
Pipan, Arthur *82*, 83 f.
Piperger, Alois 71, 233
Pircher, Jörg 159
Pirquet, Guido von 322 f.
Pisa, Karl 403
Pittermann, Bruno 70 f., *72*, 74, *75*, 85, *86*, 87, *88*, 106, 123, 130, *131, 133*, 154, 187, 189, *189, 191*, 192, 200 f., *202*, 206 f., 209 f., 220, 254, 262 f., 265 f., *265*, 274 ff., *277*, 330 f., 336 f., *343*
Pittermann, Maria 108
Pius XII., Papst 70, 76, *77, 79*
Podhajsky, Alois 137
Podgorski, Thaddäus 218
Podzerob, Boris 306
Polcar, Fritz 102 f., 228, 328 f.
Polianski, Dmitri 119, 122
Pollak, Oscar 74, 218, 276
Pollak, Manfred 393
Pollak, Walter 225
Polly, Karl 218
Polsterer, Ludwig 226 ff., *227*, 230, 232
Polz, Hermann 220
Popelka, Lubusch 310, *311*
Portisch, Hugo 128, 218 ff., *221*, 225, *227*, 228, 231 f., *272, 325*
Potocnik, Hermann 322 f., *323*
Powers, Gary 122
Prachensky, Markus 97, *99*
Prader, Georg 202, 266, *266*, 304
Presley, Elvis 117
Prix, Wolf D. 418
Probst, Otto *191*, 199, 206, *212*, 213 f., 216 f., *216*, 254, 330
Profohs, Lotte 249
Proksch, Anton 130, *133*
Pröll, Annemarie 354
Pruckner, Heinz 354
Puccini, Giacomo 180

Qualtinger, Helmut *101*, 366

Raab, Hermine *256*
Raab, Julius 13 ff., *15, 19*, 20, *29*, 30, 55, 59, *60*, 61 f., 64 ff., *68*, 72, 76, 77, 78 ff., *82*, 85 f., *86 f.*, 90, 123 f., *124*, 126, 129 f., *130 f.*, 149, 154, 156, 185 f., 201, *254*, 256 ff., *256*, 260, 337, 358
Rabin, Yitzak 388
Rabl, Peter 233
Rainer, Arnulf 96 f., *97* f.
Rainer, Roland 116, *117*
Rajk, Laszlo 35, *36*
Rakosi, Matyas 35 f., *36*, 38, 41, 55
Ramsey, Bill 117, *117*
Rauscher, Hans 233
Rehor, Grete 266, *266*
Reimann, Viktor 20, 225
Reinthaller, Anton 66 ff.

Renner, Karl 65, 68, *69*, 193, 212 f., *215*, 258, 262
Resetarits, Willi *418*, 419
Reza Pahlewi,
   Schah von Persien 175
Rieder, Josl 175
Riff, Sepp 302
Riegler, Josef 233
Rindt, Jochen 415, *415*
Ritschel, Karl Heinz 220
Rohracher, Andreas 75
Rohrer, Hanne 273
Romano, Armando 180 ff.
Roosevelt, Franklin D. 193
Rösch, Otto 130, *133, 338*, 348, 376, *392*, 393
Rosenzweig, Wilhelm 241
Rothmayer,
   Kriminalinspektor 182
Ruby, Jack 234 f.
Rudolf IV., Hz. von Österreich *245*
Rühm, Gerhard 99 f., *100*, 369
Rusk, Dean *141*
Ruß, Eugen 225
Ruß, Toni 220, 225

Sacharow, Matwej 124
Sadat, Anwar as- 386, 388 ff., *389*
Sagmeister, Michael 277
Sailer, Toni 22
Salcher, Herbert 413, *429*, 434
Sallinger, Rudolf 405 f., *406*
Sanchez, Illich Ramirez (Carlos) 390 f., *392*, 393
Sänger, Eugen 322 f.
Saragat, Giuseppe 165 ff., *167*, 169
Saud, Kg. von Saudi-Arabien 82
Scelba, Mario 161, *163*
Schachner, Franz *417*
Schäfer, Karl 175
Schaginger, Benno 269
Schärf, Adolf 15, *18, 18*, 30, 62, 65, 68 ff., *69*, 90, *91*, 95, 123 f., 126, 130, 138, *138*, 175, 179 f., 256 ff., *256*, 260, *261*, 262, 277
Scharff, Heinz 50 f., 305, *305*
Scheidl, Josef 19, 217, 269, *269*
Schell, Maria 226
Schenk, Otto 269
Scherbaum, Gustav 395, *396*
Schieder, Peter 275
Schiele, Egon 96
Schleinzer, Karl 130 f., *133*, 201 f., 266, 281, *339, 353*, 402, *403 ff.*, 404 f.
Schmeller, Alfred *96*
Schmid, Rudolf *417*
Schmidt, Margit *432*
Schmitz, Elisabeth 425, *426*
Schmitz, Wolfgang 202, 266, *266*, 280
Schnabl, Karl *417*
Schöpf, Regina 22
Schramm-Schiessl, Heinrich 218
Schranz, Karl *174*, 176, 351 ff., *351, 353 f.*, 357
Schreiber, Benjamin 328
Schuba, Trixi 354

Schukow, Georgij 34, 140
Schulmeister, Otto 218, 220, *221*, 233
Schumowa, Julia *137*
Schuppich, Walter 363, *363*
Schuschnigg, Kurt *79*, 193, 311
Schuster, Walter 22
Schwanzer, Karl 94, *94, 96*
Schwarz, George 97
Schwarz, Sissy 22
Schwarz, Dr., Landesgerichtsrat 228
Schwind, Fritz 286
Schwingenschlögl, Leopold 106
Scrinzi, Otto 332
Segni, Antonio 155 f., 159, 165, *167*
Sejna, Jan 307
Sekanina, Karl 429
Seligmann, Henry 90
Senn, Reinhold *174*, 176
Serow, Iwan 40
Shaw, Sandy 251, *252*
Sik, Ota 298
Sima, Hans 381 ff., *381*
Simonetti, Gustavo 163 f.
Sinowatz, Fred 70, *275*, 348, 352 ff., *353*, 434, 436
Skalar, Georg 270
Skalnik, Kurt 218
Skoda, Albin 226
Slavik, Felix 192, 206 f., 233, 396 ff., *397 f.*
Sluga, Willibald 373
Smrkovsky, Josef *299*, 300, 303
Sorin, Walerian 124
Soronics, Franz *266*, 279, 304
Sowinetz, Kurt *101*
Sperber, Manès 369
Springer, Axel 284 f.
Stadlmayer, Viktoria 150, 153, 159, *162*, 170
Stalin, Josef 12, 31 ff., 35, *36, 37, 39*, 312
Stanek, Hans 154 f.
Staribacher, Josef *338*, 348
Stefl, Eduard 105 f.
Steger, Norbert *434*
Steinacher, Hans 384
Steiner, Ludwig 131, *133*, 149, 170, 203
Stengl, Manfred *174*, 176
Stiegler, Pepi *174*, 175 f.
Stieler, Hans 150
Stöger, Hermann 219, 222
Stolz, Einzi 252, *252 f.*
Stolz, Robert 252, *253*
Sukarno, Achmed 158
Suslow, Michail 43, 62
Svoboda, Ludvik *299*, 300, 307
Swiczinsky, Helmut 418
Széles, Robert 25
Szöts, Eva 58, *58*

Taus, Josef 266, *266, 405 ff., 406* f., *432*
Teller, Edward 424 f.
Thalberg, Hans 375, *376*
Thaler, Erwin *174*, 176
Thaler, Helmut *174*, 176
Thompson, Llewellyn *61*, 86, 119, 122, 145 f.

Thurner, Helene *174*, 176
Tichler, Anton 391
Tildy, Zoltan 42
Tisserant, Eugène 75
Tito, Josip Broz 158, 306, 312, 379 f., 385
Toncic-Sorinj, Lujo 266, *266*, 279
Tongel, Emil van 199
Torriani, Vico 117
Toscano, Mario 167
Totschnig, Brigitte *417*
Tozzer, Kurt 218
Traintinger, Franz *219*, 222
Trost, Ernst 230, 233
Truman, Harry S. 194
Tschepper, Jörg 307 f., *308*
Tschiang Kai-schek 343
Tschiggfrey, Hans 154
Tschofen, Heribert 170
Turrini, Peter 367, *368 f.*

Übelhör, Alfons 217, 269
Uhlir, Robert 199, 207
Ulbricht, Walter 125, 132, 141, 300, *301*, 302
Urban, Othmar 325
Urzidil, Johannes 369
U-Thant, Sithu 144, 310

Vajda, Otto 180 f.

Valente, Caterina 117, *117*
Valier, Max 322, *323*
Vaughn, Sarah 251
Veselsky, Ernst Eugen *331*, *338*, 349
Volgger, Friedl 150, 154 f., 167 f.
Volcamsek, Emmerich 398 f.
Vranitzky, Franz 60
Vukovits, Gertrud 170 ff., *172 f.*

Wagner, Johann 257
Wagner, Leopold 411
Wagner, Richard 182
Waldbrunner, Karl 17 f., 20, 62, *106*, *125*, 130, *133*, 254, 265, 276, 330, 411
Waldheim, Kurt 25, 60, 158, 169 f., *169*, 248, 279, 304, 319, 343, 346 f., *347*, 387
Wallnöfer, Eduard *321*
Wehle, Peter *101*
Weibel, Peter 289, *290*
Weihs, Oskar *338*, 348
Weikhart, Eduard 130, *133*
Weinberger, Lois 67
Weinwurm, Josef 183
Weis, Gerhard 330, 357 f.
Weiser, Peter 269
Weiß, Ludwig 266
Weizmann, Chaim 390
Weizmann, Ezer 390

Wendl, Ingrid 22
Werner, Oskar 226
Widmoser, Eduard 156, 164
Wiener, Oswald 99 f., *100*, 289
Wiesenthal, Simon 243, 247, 313, 413 f., *413*
Windisch, Fritz *370*
Winkler, Ernst 206
Withalm, Hermann 18, 130, 191, 199 ff., *199 f.*, 264, 273, 279, 309, 336, *339*, 401 f., *403*, 406
Wittgenstein, Ludwig 100
Wondrack, Gertrude *338*
Woods, Arline 294
Woroschilow, Kliment 119
Wotruba, Fritz 94 f.

Yamani, Ahmed Zaki 393

Zechtl, Rupert 150
Zeffirelli, Franco 180
Zeillinger, Gustav 192, 199, 332, 361
Zerbs, Hans 218
Zilk, Helmut 205, *207*, 217 f., 270 ff., *270*, *272*
Zimmermann, Edith *174*, 176
Zimmermann, Egon *174*, 175
Zita, Ksin. von Österreich 112

Bildnachweis

Amtsbibliothek und Archiv der Polizeidirektion Wien 57, 113 o., 280 o. re.
AMW-Pressedienst, München 114 o.
Archiv der Republik, Wien 30, 49, 50, 51, 78, 81
Associated Press - Photo, Wien und Frankfurt 143, 161, 164 u., 175, 246, 282, 297, 324 o., 342, 414, 417 u.
Austria Film & Video GesmbH, Wien 76/2, 89/4, 112 u., 115 u., 116 re., 117 li./2, 188, 189 u., 212 u. re., 260 re./3
Austrian Airlines Pressestelle Wien 102, 103 u.
Begsteiger A. M., Gleisdorf 93
Berger Franz, Bozen 149, 160 o.
Bildarchiv Arbeiter-Zeitung, Wien 152, 274 u., 331, 348
Bildarchiv Zukunft, Wien 388/389
Bissuti Kristian, Wien 248, 292 o., 364, 365 o., 395 u., 418, 435
Brandenstein Gabriela, Wien 375 re.
Breicha Otto, Wien 98/2, 100 u. li.
Bruno Kreisky-Archiv, Wien 390, 432
Dolomiten-Archiv, Bozen 156
Eggenberger Gert, Klagenfurt 379
Feigl Erich, Privatarchiv, Wien 197 o.
Fink Franz, Wien 23
Foto-Alberti, Bozen 153 u.
Gerlach Kurt, Wien 116 li.
Geschichte-Club-VOEST, Linz 107, 108 Mi., 108 u., 108/109 o., 109, 422
Groh Klemens, Wien 273 u.
Grötschnig Heinz, Klagenfurt 383 re.
Hajek, Dorothea und Leo-Heinz, Wien 23

Henisch Walter, Wien 178, 189 o., 272 o., 349, 392/393 o.
Hermann Oberth-Raumfahrt-Museum, Feucht bei Nürnberg 322/2
Hofmeister Harald, Wien 286 o., 287 o., 320 o., 321 u.
Holzbauer Johann, Linz 361 o.
Horowitz Oscar, Wien 213, 215 u.
Hruby Franz Pressefoto, Zeltweg 115
Hutter Birgit, Wien 98 Mi.
Institut für Zeitgeschichte, Wien 223
Intern. Pressebildagentur Votava, Wien 16/2, 17, 18, 22, 23/23, 23/2, 28/29, 32/33, 35, 38, 53 o., 55/3. v. o., 55 u., 56, 57, 59/2, 64, 90 o., 91 o., 92, 101, 123, 124, 125, 126 o., 126/2. v. o., 127 li., 138, 154, 166/2, 174, 183, 186/187, 191, 197 u., 198, 209 u., 218/219 u., 219 o., 226, 230, 231, 232, 239 o., 239 u., 244 u., 245 o., 245 Mi., 245 u., 269 o., 269 u., 270 li., 279 re., 271 li., 275, 283, 314 o., 333 o., 333 Mi., 333 u., 335 re., 339 u., 343, 340 re./u., 345 o., 347, 351 Mi., 352, 353, 354 li., 354 re., 355, 356, 357 o., 365 u., 366 o., 367/4, 403, 412 o.
John F. Kennedy Library, Boston (Mass.) USA 135/3, 140/141/3
Julius Raab-Archiv, Wien 60/3, 77, 80, 83, 86
Kedro Helmut, Wien 71
Keystone Press Agency, Wien 36, 40, 52/53, 79, 84 u., 194, 236 li., 236/237, 416
Kleine Zeitung-Archiv, Graz 218 2. v. li.
Johann Klinger, Wien 179, 202/203, 217 re., 262, 264/265 u., 369 o.
Klinsky Friedrich, Wien 99, 120 u., 167 re., 172 o., 211 u., 281 o., 350, 382

Klomfar Walter, Wien 15, 85, 209 o., 211 Mi., 215 o., 233, 244/245 o., 247 o., 251 o., 279 o., 308 o., 309 o., 408 re. u.
Kloss Ernst, Wien 220, 221 o.
Kofler Herbert, Wien 19, 29 u., 68, 130, 133, 136, 137 u., 137 o., 201, 280 li.
Komers-Lindenbach Adalbert, Wien 96 o.
Kronen Zeitung-Bildarchiv, Wien 63, 72, 105, 128, 129/2, 131, 165, 195, 207 u. re., 208, 211 o., 242/243, 252 o., 256/2, 257, 259, 260 o., 296 o., 302, 303, 320 u., 321 o., 337, 387, 399, 402 li.
Kunze Gerhard, Mödling 255, 267/2
Kurier-Archiv, Wien 67, 84 o., 94, 97 o., 100 u./2, 121 u., 155, 168 o., 169 o., 290 o., 291 re., 295 u., 338/339 o., 378/2, 381 re., 408 u. li., 415 u., 417 o., 423, 426 o., 427 o.
Lehner Peter, Wien 120 o. li., 120/121, 176, 177/2, 180/181/3
Mang Hanni u. Otto Presse-Bild-Agentur, Wien 238 o., 373 re., 376, 404, 420
Mikes Georg, Wien 358/359/2, 398 o.
ORF 46, 54, 55 o./2, 58, 66/4, 69/2, 70, 76 u., 82, 90 u., 91 u., 96 u., 97 u., 102 u., 103 o./2, 112 o./3, 113 Mi., 113 u., 114 u., 116 re./3, 117 li./2, 122/3, 129 o., 153 o., 153 Mi., 157, 158/3, 159/3, 160 u., 162/2, 167 o. li./2, 168 u., 169 u., 172 u., 182, 185/4, 190, 199, 205 u., 206/207 o., 212 o. re., 214 u., 217/3, 221 u., 238 u., 247 o. li., 247 u. li., 250 o., 250 re./2, 251 li., 252 u., 263 o. li., 265 o., 266, 272 re., 273 o., 274 re./3, 276, 278/279, 280 re./2, 281 u., 285 li./4, 286 u., 287 u., 288/3, 290 re., 291 li./2, 292 re., 296 re., 298/299, 300 re., 300 li., 301 re., 301 li., 304/3, 305 o., 305 u., 306, 308 u. li., 309 li., 311 o., 311 u., 312, 314 re., 316/4, 317/4, 323 li./2, 324 re., 325/3, 327, 334 re., 335 li., 340 re./2, 341/2, 345/2, 351/2, 357 li., 360/3, 361 li., 362 u., 363 u., 366 u., 368 li., 368 u., 369 o. li., 370 re., 371 li., 372, 373 li. 375 li., 377, 380/4, 381 li., 383 li./3, 385 li./3, 386/3, 390 re., 391/3, 392 re., 393 li., 396 o. re., 396 u. re., 396 o. li., 397 re., 397 li./2, 398 u., 400/2, 402 re./3, 406 re./2, 407/4, 408 o., 408 Mi., 410/3, 412 re., 314, 415 o., 419/4, 421/4, 425/4, 426 re., 430 u., 431/3
ORF/Franz Hubmann 100 o.
ORF/Fritz Kern 261
ORF/Vienna-Press 75, 202 o.
Österreichische Nationalbibliothek-Bildarchiv, Wien 61, 193
Österreichisches Theatermuseum, Wien 181
Österreich Werbung, Wien 249
Pausinger Clemens, Wien 371 o., 394, 395 o., 395 Mi.
Percze Lajos, Wien 429, 433
Pflaum Barbara, Wien 277
Pittermann Elisabeth, Privatarchiv, Wien 73
Portisch Hugo, Wien 227
Publifoto, Milano 163, 164 o.
Reuters Internationale Nachrichtenagentur, Wien 235
Fred Riedmann, Wien 95 o., 424, 427 li.
Rizzoli-Foto, Milano 157 o.
Russische Informations-Agentur Novosti, Wien 87, 88, 430 o.
Schikola Gustav-Privatarchiv, Wien 139, 253/2
Semotan Rudolf, Wien
Sigloch Edition, Künzelsau 323
Simmering-Graz-Pauker AG-Archiv, Wien 104/2
Sokol Gerhard, Wien 344, 396 u., 405
Sozialwissenschaftliche Dokumentation der AK, Wien 194/195, 206, 207 u. li.
Sozialwissenschaftliche Studienbibliothek d. AK, Wien 74, 330
Spang Oskar Presse-Photo, Bregenz 39, 40, 42 u., 43, 214 o., 215 Mi., 307/4, 409 o.
Stadtarchiv, Wr. Neustadt 196 o. re., 196 o. li., 196 u. re., 196 u. li., 204, 205 o.
Stolz Einzi, Wien 253 li.
Sündhofer Herbert, Wien 173
Sykora Fritz, Wien 323 re.
Timpe Felicitas, München 295 o., 368 o. re.
Tschepper Jörg, Wien 308 re.
Ungarisches Telegraphenbüro, Budapest 37/2, 38/2, 39, 41, 42/2, 44 u., 45/2, 47
Vorarlberger Nachrichten-Archiv, Bregenz 212 li., 216
Wiener Stadt- und Landesbibliothek, Wien 210, 218 o. li., 222, 229/3, 289, 294 re., 334 li.
Windisch Fritz, Marchegg 370 li.
Zugmann Gerald, Wien 369 u., 374, 406 li.
Zvacek Fritz Fotoarchiv, Wien 95 u., 110, 117 re., 263 u./3, 293, 294 o., 294 li., 313, 315, 341 u., 398 Mi.